Marketing dei servizi

Fondamenti, strategie e casi

Marketing dei servizi

Fondamenti, strategie e casi

K. Douglas Hoffman, John E. G. Bateson

Edizione italiana a cura di Giuseppe Cappiello

Pearson

Edizione italiana a cura di Giuseppe Cappiello

Realizzazione editoriale: Giulia Maselli
Grafica di copertina: Maurizio Garofalo
Immagine di copertina: Patrick Batchelder/Alamy Stock Photo
Stampa: Lego Digit - Trento

ISBN 9788891936585

Member of CISQ Federation
RINA
IQNET RECOGNIZED CERTIFICATION
CERTIFIED MANAGEMENT SYSTEM
ISO 9001

1ª edizione: settembre 2024

Ristampa
00 01 02 03 04

Anno
24 25 26 27 28

A Brittain, Emma, Madeline, Anne Price ed Edith
Doug Hoffman

In memoria di Orson Bateson Bellis, 3-5 settembre 2014
John Bateson

Sommario

Prefazione all'edizione italiana

Quidquid recipitur ad modum recipientis recipitur. Ciascuno riceve ciò che riceve per come lo riceve.

Questo assioma dalla filosofia scolastica è un prezioso aiuto per chi decide di intraprendere una carriera nei servizi, per chi li utilizza quotidianamente, ma anche per chi, più semplicemente, deve prepararsi su questo testo per superare un esame.

I servizi sono il frutto dell'interazione tra un fornitore e un cliente, pertanto ciascuno, da una parte e dall'altra "della barricata", porta con sé un'esperienza passata, uno stato d'animo, un pregiudizio, e cercare di comprendere e attraversare tutto questo consente di valutare davvero quanto ricevuto e di vivere a pieno dell'esperienza. Si pensi alle preoccupazioni prima di una visita medica o quanto ci aspettiamo dai servizi pubblici o dalla lezione di marketing; i servizi sono sempre l'esperienza di una relazione tra chi serve e chi riceve, della capacità dell'uno e dell'altro.

Il testo di Hoffman e Bateson descrive approfonditamente tutte le dimensioni di questa relazione e offre numerosi suggerimenti ai fornitori per rendere migliore l'esperienza di servizio.

Nell'edizione italiana sono stati sostituiti alcuni casi aziendali presenti nell'edizione originale nell'intenzione di esemplificare meglio quanto veniva esposto sul piano teorico; il sistema sanitario, quello educativo e, per certi aspetti, anche quello finanziario italiano sono piuttosto diversi da quelli anglosassoni, sia nella versione nordamericana che in quella inglese. Sono rimasti quei casi di interesse anche per un lettore italiano.

Abbiamo tuttavia cercato di rispettare il più possibile l'approccio degli autori e cioè quello di osservare e farsi guidare da quello che succede nel mercato per interrogarsi sulle dinamiche sottostanti; per questo motivo i casi italiani scelti e presentati in ogni capitolo intendono raccontare il cambiamento in atto, un cambiamento dovuto all'impatto della digitalizzazione e alla necessità di offrire servizi più sostenibili sia dal punto di vista ambientale che economico e sociale.

Speriamo di riuscire a far intravedere anche negli approfondimenti le tracce di chi ci sta provando, sia che si tratti di una startup o di una grande impresa, di un'organizzazione senza scopo di lucro o di un fornitore di servizi pubblici.

Il libro si conclude con un capitolo sulla cultura del servizio; la cultura aziendale è fondamentale per cogliere le esigenze del cliente e risolvere il suo problema; la cultura del servizio si sedimenta in una organizzazione ma anche in un territorio se gli attori principali sono in grado di catalizzare le risorse migliori e indirizzarle sulle traiettorie del futuro.

Nell'introdurre questo testo mi sia consentita una nota di ordine personale. Nello studio, ma non solo, ho sempre cercato di partire da una tradizione, da chi ha piantato le radici di ciò di cui noi oggi disponiamo, sia esso una tecnologia, una teoria o un'abitudine, e cerco sempre di suggerire ai più giovani lo stesso atteggiamento di curiosità e gratitudine per chi è venuto prima; Hoffman e Bateson sono insigni professori di marketing, in particolare Bateson è considerato uno dei fondatori del marketing dei servizi e rileggere le cose che ha scritto, immedesimarsi nel modo in cui guarda la realtà e poi anche parlarne direttamente con lui mi ha arricchito molto e suggerisco a chi leggerà il libro di ricevere questi contenuti didattici sapendo che dietro c'è una lunga e significativa esperienza professionale e di servizio alla comunità scientifica. Sono contento e orgoglioso dell'opportunità di questo lavoro.

Da ultimo, vorrei anche esprimere un sincero ringraziamento a Micaela Guerra, Giulia Maselli, Alessandra Piccardo e agli studenti dei Corsi dell'anno accademico 2023/24 perché in aula abbiamo sempre discusso di queste cose mentre proseguiva il lavoro di curatela; anche il loro contributo è stato importante.

Giuseppe Cappiello
Professore Associato di Economia
e Gestione delle imprese
Dipartimento di Scienze Aziendali
Università di Bologna
40126 Bologna
giuseppe.cappiello@unibo.it

Prefazione

L'obiettivo principale di questo libro è fornire materiali che non solo introducano lo studente al marketing dei servizi, ma lo rendano anche consapevole delle specifiche problematiche di questa disciplina. Il mondo degli affari oggi richiede, oltre alle tradizionali conoscenze aziendali, una crescente competenza nello sviluppo di processi efficaci e di ambienti di servizio attrattivi, nella misurazione della soddisfazione del cliente e della qualità del servizio, oltre alle capacità essenziali di recuperare un disservizio e di mantenere la propria base clienti.

Approccio

Seguendo lo stesso approccio delle edizioni precedenti, la quinta edizione di questo libro volutamente propone l'adozione del marketing dei servizi come strumento competitivo in una prospettiva ampia. In tal senso, consideriamo il marketing dei servizi sia come uno strumento di marketing per le organizzazioni di servizi, sia come opportunità per le imprese che commercializzano prodotti tangibili per essere più competitive. Di conseguenza, gli esempi descritti nel testo riflettono una vasta gamma di servizi che operano in tutti i settori dell'economia.

Quella dei servizi rappresenta una delle tre principali categorie di un'economia sviluppata, insieme ai settori industriale e agricolo. Tradizionalmente, in tutto il mondo si tende a passare da un'economia agricola a una industriale (per esempio, manifatturiera, estrattiva, ecc.) per poi evolvere verso un'economia basata sui servizi. Il Regno Unito è stata la prima economia nel mondo moderno a compiere questa transizione. Altri Paesi, tra cui gli Stati Uniti, il Giappone, la Germania e la Francia, hanno seguito la stessa evoluzione, e molti altri si uniranno a questo gruppo a un ritmo accelerato.

Viviamo ancora in tempi interessanti! Il rapido passaggio da un'economia agricola a una manifatturiera e infine a un'economia basata sui servizi è stato influenzato principalmente da un mercato internazionale altamente competitivo. In parole semplici, i beni manifatturieri sono più adatti al commercio internazionale rispetto ai servizi ma ciò li rende più vulnerabili alla concorrenza, per cui i Paesi che hanno industrializzato le loro economie per primi si trovano a essere attaccati da altri Paesi che stanno appena iniziando la transizione da un'economia agricola a una industriale. Questi "nuovi arrivati" offrono costi di produzione più bassi, soprattutto per quanto riguarda la manodopera, e quindi sono attrattivi per l'industria. Di conseguenza, mentre i settori industriali si trasferiscono da un Paese all'altro, i Paesi da cui si spostano iniziano a fare sempre più affidamento sulla crescita dei servizi come principale pilastro delle proprie economie. Questo processo si ripete continuamente mentre altri Paesi meno sviluppati entrano in gioco, facilitando la transizione da economie agricole a industriali e infine a economie basate sui servizi.

Struttura del libro

Questo libro è diviso in tre sezioni principali.

Parte 1: Una panoramica sul marketing dei servizi

La Parte 1 si concentra sulla definizione del marketing dei servizi e analizza in dettaglio i concetti principali e gli aspetti che differenziano il marketing dei servizi dal marketing dei beni tangibili. L'obiettivo principale della Parte 1 è stabilire una base di conoscenze fondamentali su cui si svilupperà il resto del testo.

Il Capitolo 1 fornisce un'introduzione al marketing dei servizi, sottolinea l'importanza del settore dei servizi nell'economia mondiale e la necessità di una formazione nel marketing dei servizi. Il Capitolo 2 offre una panoramica del settore dei servizi e in particolare di sette sub-settori e dei cambiamenti più significativi che stanno avvenendo in questo ambito; inoltre, si sofferma sul tema dell'etica nel settore dei servizi. A causa delle differenze tra beni e servizi, si verificano situazioni che possono favorire comportamenti eticamente scorretti. Il Capitolo 3 approfondisce le differenze tra beni e servizi, ovvero intangibilità, inseparabilità, eterogeneità e deperibilità, e le relative implicazioni gestionali; vengono inoltre discusse possibili soluzioni per minimizzare le conseguenze negative di queste caratteristiche uniche dei servizi.

I Capitoli 1, 2 e 3 introducono dunque i fondamenti dell'esperienza del servizio, forniscono una panoramica delle organizzazioni dei servizi e delle considerazioni etiche, e descrivono nel dettaglio le sfide specifiche legate al marketing dei servizi. Al centro del marketing dei servizi deve esserci il cliente, e il Capitolo 4 si concentra sulla comprensione del comportamento dei clienti di servizi mentre scelgono i fornitori o esprimono la soddisfazione per il servizio ricevuto. Il Capitolo 4 fornisce concetti e modelli che si ritrovano nel resto del libro, mentre le aziende di servizi adattano il loro marketing mix per rispondere ai bisogni in continua evoluzione dei clienti.

Parte 2: Il marketing mix nei servizi

Il marketing mix, uno dei concetti portanti nel marketing, rappresenta le leve che l'organizzazione controlla e che possono essere utilizzate per influenzare i processi decisionali dei clienti e la loro soddisfazione per il servizio. Il marketing mix è tradizionalmente espresso tramite le quattro P: *product, price, place* e *promotion* (prodotto, prezzo, canale di distribuzione e promozione). A causa delle marcate differenze tra beni tangibili e servizi, il marketing mix dei servizi può essere ridefinito e ampliato, includendo tre variabili aggiuntive: processo, ambiente fisico e persone.

La Parte 2 di questo testo si concentra sull'importanza del marketing mix dei servizi, approfondendo le variabili che devono essere maggiormente adattate quando si compete negli ambiti del marketing dei servizi. In particolare, il Capitolo 5 si focalizza sul processo di erogazione del servizio, il Capitolo 6 descrive la determinazione del prezzo dei servizi, il Capitolo 7 la comunicazione nei servizi, il Capitolo 8 l'ambiente di servizio, e i Capitoli 9 e 10 affrontano le questioni legate alle persone nel marketing dei servizi, includendo rispettivamente il personale di servizio e i clienti.

Parte 3: Competere per il successo nei servizi

Il ruolo del marketing all'interno dell'organizzazione è il tema della Parte 3 del libro, che si concentra sulla valutazione e implementazione di strategie di servizio di successo. Il marketing è al centro di ciascuna di queste strategie, ma la loro attuazione dipende dal coordinamento di tutte le funzioni: gestione operativa, risorse umane e marketing. Pertanto, il Capitolo 11 amplia il capitolo sul comportamento del cliente per esplorare come sia possibile soddisfare un cliente in una specifica esperienza di servizio e come misurare e gestire la soddisfazione. Il Capitolo 12 sviluppa ulteriormente i concetti trattati nel Capitolo 11, aiutandoci a comprendere più a fondo come i clienti valutano i servizi e il concetto di qualità nel lungo periodo. Data la complessità delle diverse relazioni che caratterizzano una tipica esperienza di servizio, è inevitabile che si verifichino dei fallimenti. Tuttavia, grazie all'indissolubilità, spesso è possibile recuperare un disservizio; il Capitolo 13 esplora come padroneggiare con successo la gestione dei reclami e il recupero del disservizio.

Considerate le attuali condizioni competitive tra molte organizzazioni di servizi, il Capitolo 14 tratta della fedeltà e della fidelizzazione dei clienti come obiettivo prioritario che le aziende di servizi dovrebbero seriamente prendere in considerazione. Infine, il Capitolo 15 esamina il ruolo più generale del marketing all'interno dell'organizzazione di servizi; si confronta il modello di gestione industriale con il modello orientato al mercato e si mostra quanto sia importante quest'ultimo per un'azienda di servizi. Questo capitolo finale discute anche i componenti chiave per creare una cultura del servizio "world class".

Elementi caratterizzanti la quinta edizione

Versione in 15 capitoli. La quinta edizione di questo libro è stata strutturata per adattarsi perfettamente ai programmi universitari. Grazie a questa revisione, offriamo un libro di testo integrato sul marketing dei servizi che incorpora considerazioni sia sui mercati globali sia sulla sostenibilità e sull'etica delle pratiche aziendali, fornendo al contempo le più recenti teorie e pratiche del marketing dei servizi.

Capitoli revisionati. Ogni capitolo è stato aggiornato per incorporare le più recenti teorie e pratiche nel campo del marketing dei servizi. In particolare, sono stati apportati cambiamenti significativi ai capitoli che trattano l'introduzione al marketing dei servizi, la comprensione dei sub-settori dei servizi, la gestione dei dipendenti, la gestione dei clienti, l'attivazione dei programmi di recupero dei disservizi, e la creazione di una cultura del servizio "world class".

Box di approfondimento "Sostenibilità e servizi in azione". Questo libro di testo è forse il primo a incorporare la prospettiva della sostenibilità in tutto il suo contenuto, affrontando in appositi box di approfondimento le pratiche sostenibili di marketing dei servizi in una varietà di ambiti in tutto il mondo.

Box di approfondimento "Servizi globali in azione". In risposta alla crescita a livello globale delle economie dei servizi, il testo include anche box di approfondimento che descrivono alcune pratiche internazionali del marketing. In questi approfondimenti si illustrano gli aggiustamenti spesso sottili alla strategia internazionale di marketing dei servizi che sono necessari per diventare un'organizzazione di servizi di livello "world class".

Box di approfondimento "E-service in azione". Considerata la pervasività delle tecnologie digitali non potevano mancare esempi relativi alle pratiche di marketing dei servizi online.

Domande di verifica. Ogni capitolo si conclude con 10 domande, preparate per rafforzare ulteriormente la comprensione degli studenti e l'applicazione dei contenuti del capitolo.

Glosse. I termini chiave, forniti in ogni capitolo, sono evidenziati nel testo e definiti nel margine adiacente. Il Glossario alla fine del libro li ripropone tutti in ordine alfabetico.

Ringraziamenti

Desideriamo esprimere un sentito ringraziamento a tutti i fantastici collaboratori di Cengage, molti dei quali conosciamo da diversi anni attraverso altri nostri progetti editoriali. Un ringraziamento speciale va a Erin Joyner, Vice Presidente e General Manager di Social Sciences and Qualitative Business; Jason Fremder, Product Director; Mike Roche, Product Manager; Jamie Mack, Associate Content Developer; Kristen Hurd, Marketing Director; e Jeff Tousignant, Marketing Manager, per il loro costante supporto ed entusiasmo durante tutto il processo legato a questo progetto.

Un sentito ringraziamento a Laura Powers per il suo prezioso contributo nelle fasi iniziali di questa revisione.

Infine, desideriamo ringraziare anche la forza vendita di Cengage per il sostegno a questo progetto. Apprezziamo sinceramente i vostri sforzi nel portare questo prodotto sul mercato e siamo pronti a offrire il nostro sostegno per facilitare ulteriormente il successo dell'iniziativa.

Per concludere, speriamo che apprezzerete il libro e il Corso di marketing dei servizi. È probabile che sia uno dei Corsi più pratici che affronterete nella vostra carriera universitaria. L'istruzione è di per sé un'esperienza di servizio; come partecipanti a questa esperienza, ci si aspetta un vostro contributo attivo alle discussioni in classe. Cogliete le opportunità offerte durante questo Corso e diventate un elemento essenziale del processo educativo. Indipendentemente dall'area principale di studio, il Corso di marketing dei servizi ha molto da offrire.

Apprezzeremo sinceramente qualsiasi commento o suggerimento desideriate condividere con noi. Siamo convinti che questo testo aumenterà la vostra sensibilità verso i servizi e, per tale ragione, vi lasciamo con una promessa: dopo aver completato la lettura di questo libro e il vostro Corso di marketing dei servizi non guarderete più allo stesso modo un'esperienza di servizio. Questa nuova prospettiva potrebbe rivelarsi frustrante per la maggior parte di voi, poiché potreste vivere molte esperienze non soddisfacenti. Traete insegnamento dalle esperienze negative, godetevi le esperienze positive e utilizzate queste informazioni per fare la differenza quando sarà il vostro turno di stabilire gli standard che gli altri dovranno seguire.

Come ambasciatori del marketing dei servizi, non potremmo desiderare una ricompensa migliore.

K. Douglas Hoffman
Professor of Marketing
Marketing Department
Colorado State University
Fort Collins, Colorado 80523
Doug.Hoffman@colostate.edu

John E. G. Bateson
The Hale, Wendover,
Bucks,
HP22 6QR
United Kingdom
john@johnbateson.net

Autori

K. Douglas Hoffman è Professore di Marketing presso la Colorado State University ed è un'autorità riconosciuta nel campo del Marketing dei servizi. Si è laureato presso la Ohio State University e ha conseguito un MBA e DBA presso la University of Kentucky.

Ha 30 anni di esperienza nell'insegnamento universitario presso la Colorado State University, la University of North Carolina a Wilmington e la Mississippi State University. Ha anche insegnato come Visiting Professor presso la Helsinki School of Business and Economics (Helsinki, Finlandia), l'Institute of Industrial Policy Studies (Seul, Corea del Sud), la Thammasat University (Bangkok, Thailandia) e la Cornell-Nanyang Technological University (Singapore).

Ha pubblicato numerosi articoli su prestigiose riviste accademiche. È coautore di tre manuali, tra cui questo. Ha ricevuto numerosi premi per l'eccellenza nell'insegnamento, compreso il prestigioso "Board of Governors Excellence in Undergraduate Teaching Award" presso la Colorado State University, e nel 2007 è stato nominato University Distinguished Teaching Scholar a vita. E' stato redattore della *Marketing Education Review*.

Le attività attuali di ricerca e consulenza di Hoffman si concentrano principalmente sulle seguenti aree: l'interfaccia tra vendita e servizio, il servizio e la soddisfazione del cliente, il recupero del disservizio e l'istruzione nel campo del marketing dei servizi.

John E. G. Bateson attualmente è Visiting Professor presso la Cass Business School, nonché consulente indipendente. Ha conseguito una laurea presso l'Imperial College di Londra, un master presso la London Business School e un dottorato in marketing presso la Harvard Business School.

In passato, è stato amministratore delegato del gruppo SHL, leader globale nei test psicometrici per il lavoro. La società SHL era quotata alla Borsa di Londra ed è stata privatizzata da Bateson nel 2006. Ha ricoperto anche il ruolo di vicepresidente senior di Gemini Consulting e membro del comitato esecutivo del Gruppo Capgemini.

È stato Professore associato di marketing alla London Business School, in Inghilterra, e Visiting Professor alla Stanford Business School. Prima di insegnare, è stato brand manager presso Lever Brothers e marketing manager presso Philips.

Ha contribuito significativamente alla letteratura sul marketing dei servizi con numerosi articoli pubblicati su importanti riviste come *Journal of Marketing Research*, *Journal of Retailing*, *Marketing Science* e *Journal of Consumer Research*. È anche autore di *Managing Services Marketing: Text and Readings* (South-Western) e *Marketing Public Transit: A Strategic Approach* (Praeger).

Ha svolto un ruolo attivo nella creazione della divisione servizi dell'American Marketing Association ed è considerato uno dei fondatori della disciplina del Marketing dei servizi.

Curatore

Giuseppe Cappiello è Professore Associato presso il Dipartimento di Scienze Aziendali dell'Università di Bologna. Ha conseguito il dottorato di ricerca in "Strategia, Gestione e Metodi quantitativi d'impresa" all'Università degli Studi di Milano ed è stato Visiting Scholar presso la Kellogg Graduate School of Management.

È membro della Società italiana di Management e della Società italiana di Marketing.

Insegna ai Corsi di Marketing dei servizi e Gestione dei servizi pubblici.

Parte 1

UNA PANORAMICA SUL MARKETING DEI SERVIZI

Capitolo 1

Introduzione ai servizi

Obiettivi del capitolo

In questo capitolo si illustreranno alcuni concetti di base per introdursi nello studio del marketing dei servizi; a partire dalle differenze tra beni tangibili e servizi, sarà presentata una visione complessiva dell'esperienza del cliente. Si mostrerà, inoltre, la rilevanza del settore e perché è importante occuparsi dell'evoluzione dei servizi come ambito specifico dell'economia globale.

Il Burj al Arab Hotel: l'unico hotel a 7 stelle al mondo

Periodicamente viene costruita una struttura iconica in grado di rappresentare lo spirito culturale dell'ambiente circostante. La Torre Eiffel a Parigi, il Teatro dell'Opera a Sidney, la Cattedrale di San Basilio a Mosca e ora a Dubai il Burj al Arab Hotel. Superando i 300 metri d'altezza e con una vista mozzafiato sulle acque blu del Golfo, il Burj è il quarto hotel più alto del mondo. Il design architettonico della struttura è sorprendente, poiché è stata costruita per assomigliare alle vele gonfie di un *dhow*, una tradizionale barca a vela araba. Di notte, l'albergo è illuminato con una spettacolare coreografia di luci. Non a caso, il Burj al Arab Hotel è una delle strutture più fotografate al mondo.

Entrando, gli ospiti sono abbagliati dallo sfarzo. La vista panoramica inizia già dalla hall: un atrio alto circa 180 metri accoglie i clienti che vengono poi accompagnati in una delle 202 suite a due piani. La suite più piccola è di 170 metri quadrati mentre quelle più grandi sfiorano gli 800.

Come ha osservato un ospite: "La stanza è così grande che solo arrivare alla porta è un'impresa. Ci sono telecomandi che permettono di vedere da ogni televisore chi è alla porta e di aprire; ci sono più schermi presenti nella stanza". Docce a pioggia e vasche con idromassaggio Jacuzzi sono standard in tutte le suite. Fiori e frutta esotica vengono portati ogni giorno in camera dal personale. Il servizio è eccellente e personalizzato per ogni singolo cliente.

Ogni piano dispone di un proprio banco di accoglienza che consente agli ospiti di familiarizzare con il personale dell'hotel. Il servizio di check-in, personalizzato e privato, viene effettuato all'interno della stanza. Ogni suite ha una vista panoramica e un maggiordomo disponibile 24 ore su 24. I clienti del Burj al Arab Hotel hanno a disposizione una serie di Rolls-Royce con autista per accompagnare gli ospiti alla destinazione prescelta. Essendo costruito su un'isola, il Burj al Arab è collegato alla terraferma con un ponte privato.

In pratica il Burj al Arab Hotel offre ai clienti un'esperienza memorabile.

Fonte: http://www.jumeirah.com.

1.1 Introduzione

L'utilizzo di servizi è costante nella nostra giornata: che si tratti della fornitura di acqua o energia, dei mezzi di trasporto, della visita dal medico, di una funzione religiosa, di un viaggio in barca, di un agente assicurativo, di un pasto al ristorante o di una giornata a scuola. Sempre più Paesi, compresi quelli definiti "industrializzati", si stanno accorgendo che la maggior parte del PIL nazionale è generata dai servizi. Inoltre, non solo la crescita di questo settore non si limita ai mercati tradizionali (*industry*), come quello alberghiero, dell'istruzione, sanitario, di intermediazione finanziaria o di consulenza, ma anche i produttori manifatturieri ora pongono molta attenzione ai servizi da offrire al cliente per rimanere competitivi e generare nuove fonti di reddito. In sostanza, molte imprese che in passato competevano producendo e commercializzando beni tangibili, come l'automobile per esempio, da qualche tempo sono impegnati anche nella fornitura di servizi aggiuntivi in modo da aumentare il valore offerto rispetto ai concorrenti.

Numerosi casi documentano questa transizione dalla vendita di beni tangibili alla vendita di servizi. Le industrie tradizionali, come quelle automobilistiche, abbinano al prodotto molti servizi, come finanziamenti a tasso vantaggioso, contratti di leasing, garanzie e manutenzione legati all'acquisto dell'automobile. Allo stesso tempo, si sente parlare meno degli aspetti tangibili dei veicoli, come l'accelerazione o le caratteristiche degli interni.

Analogamente, i produttori di personal computer promuovono riparazioni a domicilio, servizio di assistenza sette giorni su sette o contratti di finanziamento, mentre le imprese di comunicazione televisiva satellitare offrono numerosi servizi, dall'acquisto di singoli eventi in *pay-per-view* decisi autonomamente dal cliente a servizi di sicurezza per impedire ai bambini di accedere a determinati contenuti.

Questa nuova era di servizi globali è caratterizzata da:

- prevalenza del settore dei servizi sia in termini di economia reale sia di occupazione;
- maggiore coinvolgimento del cliente nelle scelte strategiche aziendali;

- maggior orientamento al mercato e prodotti che rispondono alle mutevoli esigenze dei clienti;
- sviluppo di tecnologie evolute che assistono i clienti nella fornitura dei servizi;
- maggiore discrezionalità dei dipendenti per sviluppare soluzioni personalizzate per i clienti e risolvere i reclami;
- emersione di nuovi ambiti di servizio e dell'"**imperativo del servizio**" in cui gli elementi intangibili del prodotto diventeranno sempre più caratteristiche chiave che differenziano l'offerta sul mercato.

Imperativo del servizio: riflette l'idea che gli elementi intangibili del prodotto sono diventati prioritari e differenziano l'offerta sul mercato.

Ormai in molti Paesi il settore dei servizi non è più secondo ad altri. I servizi generano la maggior parte della ricchezza di molti Stati e sono un'importante fonte di occupazione e di esportazioni. Inoltre, ci sono innumerevoli esempi di imprese che utilizzano la leva dei servizi per sviluppare le proprie attività, crescendo e ottenendo risultati. Mentre le economie mondiali continuano a trasformarsi dall'agricoltura al manifatturiero ai servizi, la crescita di quest'ultimo settore sembra destinata ad aumentare in tutto il mondo.

1.2 Che cos'è un servizio?

La distinzione tra beni e servizi non è sempre perfettamente definita e individuare un **bene** o un **servizio** "puro" è molto difficile, se non impossibile. Immaginare un bene senza qualche forma, anche minima, di servizio annesso è molto difficile, così come un servizio completamente privo di elementi tangibili di supporto.

Beni e servizi: i beni sono manufatti, oggetti tangibili; i servizi sono azioni.

Nella realtà dei fatti, molti servizi necessitano di strutture tangibili per essere utilizzati dal cliente, come potrebbe essere l'arredamento al ristorante o l'apparecchio televisivo per poter assistere a un evento sportivo. Dall'altra parte, la maggior parte dei beni tangibili, materiali, necessita di servizi per essere progettata o distribuita; il semplice sale da cucina viene consegnato dal produttore al supermercato e questi può venderlo al cliente finale offrendo altri servizi finanziari che lo differenziano dalla concorrenza, come il pagamento a rate o l'addebito diretto sul conto.

La distinzione tra beni e servizi è resa complessa anche dal fatto che ci sono imprese che operano su entrambi i fronti. General Motors, il gigante della produzione manifatturiera, genera una significativa percentuale dei propri ricavi da attività finanziarie. La transizione da produttore di beni a fornitore di servizi si riscontra in gran parte del settore industriale. Uno dei più grandi produttori di acciaio al mondo considera le attività legate ai servizi come il proprio vantaggio competitivo nella strategia aziendale.

Nonostante la complessità detta, le seguenti definizioni dovrebbero fornire un valido punto di partenza per comprendere la differenza tra beni e servizi. In generale, i beni possono essere definiti come oggetti, dispositivi o cose tangibili, mentre i servizi come azioni, sforzi o prestazioni. Tuttavia, occorre chiarire che quando si parla di prodotto ci si può riferire sia a beni che a servizi. Con l'espressione **prodotto**, quindi, intendiamo in senso lato sia beni (lavatrici, asciugatrici) sia servizi (finanziari, sanitari), persone (celebrità, politici), luoghi (destinazioni turistiche) e idee (risparmiare energia). In definitiva, la prima differenza tra beni e servizi è la proprietà dell'**intangibilità**. Per definizione quindi i prodotti intangi-

Prodotto: termine utilizzato per definire indistintamente beni e servizi.

Intangibilità: caratteristica di un prodotto senza sostanza fisica.

bili non hanno consistenza fisica, pertanto devono affrontare una serie di problemi di marketing dei servizi che non coincidono con il marketing tradizionale dei beni. Queste differenze verranno discusse più estesamente nel Capitolo 3.

1.2a La Scala delle entità di mercato

Scala delle entità di mercato: scala che dispone una serie di prodotti lungo un continuum in base alla loro tangibilità.

Prodotti prevalentemente tangibili: prodotti per lo più costituiti da elementi fisici che possono essere valutati prima dell'acquisto.

Prodotti prevalentemente intangibili: prodotti privi di elementi tangibili che possono essere valutati dagli acquirenti prima della decisione d'acquisto.

Una rappresentazione interessante per quanto riguarda le differenze tra beni e servizi è fornita dalla **Scala delle entità di mercato**, come mostrato nella Figura 1.1. Questa scala mostra un continuum di prodotti basato sulla loro tangibilità, dove i beni sono etichettati come prevalentemente tangibili e i servizi prevalentemente intangibili. Il beneficio principale di un **prodotto prevalentemente tangibile** implica tipicamente un possesso fisico che rende gli aspetti del servizio meno rilevanti. Per esempio, un'automobile è un prodotto prevalentemente tangibile, serve per trasportare persone o cose e i servizi eventualmente aggiunti sono meno apparenti.

I **prodotti prevalentemente intangibili**, invece, non prevedono il possesso fisico di un prodotto e possono essere utilizzati tramite l'esperienza. Come l'automobile, una linea aerea fornisce il trasporto per il cliente, ma quest'ultimo solitamente non dispone del possesso dell'aereo. Il cliente della compagnia aerea usufruisce dell'esperienza di volo, di conseguenza gli aspetti tangibili hanno un rilievo minore e il beneficio principale è dato dal servizio ricevuto. In confronto, i fast food che contengono sia una componente di beni (il cibo) sia una componente di servizi (ordini direttamente dall'app, servizio al tavolo o anche a domicilio) si collocano nel mezzo del continuum.

La Scala delle entità di mercato, quindi, stabilisce due concetti. In primo luogo non esiste un bene o un servizio puro. Le offerte sul mercato, i prodotti, sono un insieme di elementi tangibili e intangibili che si combinano in varia misura. In secondo luogo, gli aspetti tangibili e intangibili dei singoli prodotti sono un'importante fonte di differenziazione per ottenere il vantaggio competitivo e per generare reddito per l'impresa. Per esempio, le imprese che producono prodotti prevalentemente tangibili ignorando gli aspetti legati ai servizi che si possono aggiungere trascurano una parte importante della loro possibile offerta. Definendo quindi le loro attività in modo troppo ristretto, queste imprese hanno creato i classici casi di

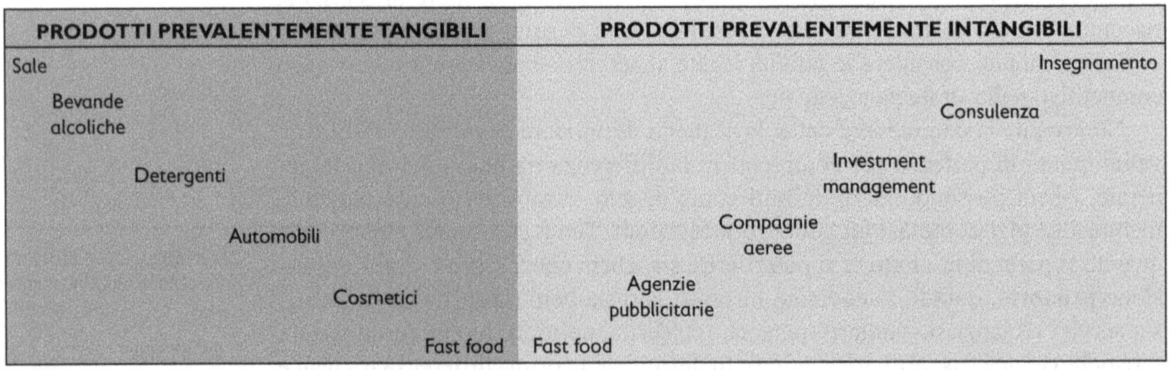

Figura 1.1 Scala delle entità di mercato. *Fonte:* basato su G. Lynn Shostack, "Breaking Free from Product Marketing", *The Journal of Marketing*, April 1977, p. 77.

miopia del marketing dei servizi. Un esempio molto frequente è la tipica pizzeria a conduzione familiare che rischia di comportarsi in maniera miope nel mercato della pizza se si concentra soltanto sulle caratteristiche del prodotto pizza come la qualità delle materie prime o la varietà dell'assortimento; una visione più ampia dell'offerta permette di fornire un prodotto alimentare a un prezzo ragionevole in un formato conveniente, inserito in un'esperienza creata appositamente per i clienti a cui ci si vuole rivolgere. È interessante notare che l'aggiunta di servizi a un prodotto tangibile lo trasforma da merce a esperienza, aumentando notevolmente le opportunità di margine di guadagno.

Miopia del marketing: le imprese che producono beni tangibili corrono il rischio di sottostimare gli attributi di servizio della propria offerta.

1.2b Il valore economico della trasformazione dei beni in servizi

I chicchi di caffè, se venduti come merce grezza, valgono poco più di 2 euro al chilo. Quando viene lavorato, confezionato e venduto nei negozi di generi alimentari, il prezzo del caffè passa dai 5 ai 30 centesimi a tazzina. Se la stessa quantità di caffè viene venduta in un bar o in un ristorante, aumenta notevolmente la componente legata al servizio e si passa a oltre un euro a tazzina. Tuttavia, come ultimo atto di valore aggiunto, quando la merce viene venduta all'interno di un'esperienza coinvolgente, come per esempio Starbucks, il cliente si mette volentieri in coda e paga dai 4 ai 5 euro per una tazzina di caffè. In questo caso, il processo di ordinazione, la preparazione e l'effettivo consumo della bevanda diventano un'esperienza piacevole, persino teatrale. In sintesi, la lezione preziosa da imparare è che il valore economico dei prodotti può passare da materia prima grezza a bene economico, da servizio a esperienza (vedi Figura 1.2).

Nell'esempio di Starbucks, il chicco di caffè si trasforma da un prodotto grezzo valutato all'incirca 2 euro al kg a 4/5 euro a tazzina, con un aumento del 5000%. È chiaro che l'aggiunta dei servizi ai prodotti tangibili può aumentare notevolmente il valore del prodotto fornito ai clienti.

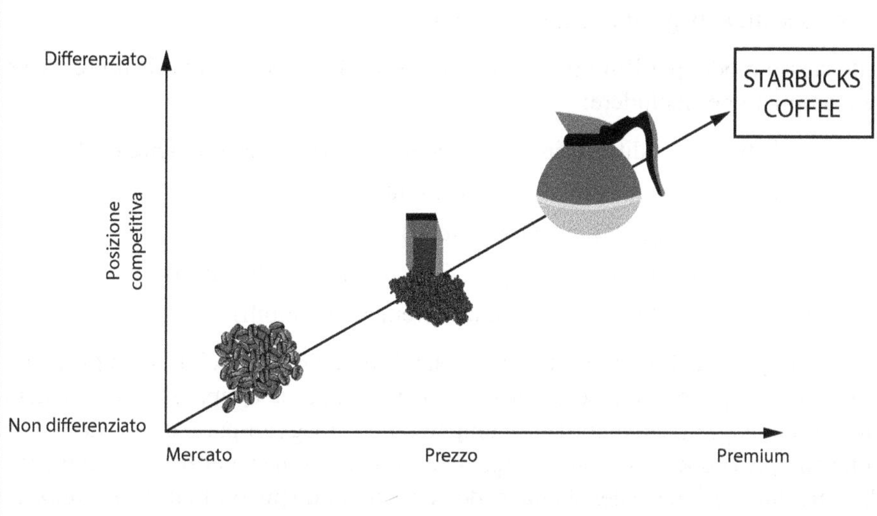

Figura 1.2 La progressione del valore. *Fonte:* http://www.google.com.

1.2c Il modello molecolare

Modello molecolare: rappresentazione grafica della relazione tra i benefici tangibili e intangibili.

Come illustrato in apertura, i prodotti sono una miscela di beni tangibili e servizi intangibili. Il **modello molecolare** proposto da G. Lynn Shostack (1977) fornisce a chi si occupa di marketing uno strumento molto utile per scoprire e comprendere le specifiche componenti tangibili e intangibili di ciò che viene offerto sul mercato. In definitiva, il modello molecolare è una rappresentazione grafica della relazione tra i benefici tangibili e intangibili che un cliente riceve acquistando un prodotto.

Shostack descrive la differenza tra la proprietà di un'automobile (prodotto prevalentemente tangibile) e l'acquisto di un biglietto aereo (prodotto prevalentemente intangibile). Come accennato in precedenza, le compagnie aeree si differenziano dalle case automobilistiche per il fatto che i clienti non possiedono fisicamente l'aereo; nel modello proposto da Shostack, essi acquistano il prodotto, ovvero il trasporto aereo e tutti i benefici tangibili (indicati con veicolo, cibi e bevande) e intangibili (indicati con trasporto, frequenza del servizio, servizi pre e post volo, servizi in volo) che sono associati al volo. Al contrario, chi acquista un'automobile beneficia in primo luogo del possesso del bene fisico (e degli eventuali optional) che poi consente un servizio di trasporto.

Il modello di Shostack evidenzia anche i benefici offerti nell'esperienza di viaggio aereo e con la proprietà di un'auto. Da un punto di vista manageriale, i modelli molecolari identificano le componenti tangibili e intangibili del prodotto che devono essere gestite in modo efficace, poiché mostrano i punti di contatto tra il cliente e l'impresa che offre i servizi. Per esempio, il successo di mercato di una compagnia aerea non è determinato solo dall'arrivo sicuro dei passeggeri a destinazione. Il modello molecolare della compagnia aerea potrebbe essere facilmente ampliato includendo:

- parcheggi a lungo e breve termine (elemento intangibile);
- servizi di navetta (elemento intangibile);
- disponibilità di auto a noleggio (elemento intangibile);
- assistenti di volo (elementi tangibili);
- addetti ai *gate* (elementi tangibili);
- addetti ai bagagli (elementi tangibili).

Allo stesso modo, per l'impresa dell'automotive il prodotto tangibile potrebbe essere ampliato per includere:

- addetti alle vendite all'interno dello show-room (elementi tangibili);
- contratti di finanziamento (elementi intangibili);
- *finance manager* (elemento tangibile);
- servizi di manutenzione e riparazione (elementi intangibili);
- meccanici e addetti all'assistenza (elementi tangibili).

I vantaggi principali ottenuti dall'adozione di modelli molecolari sono principalmente due: in primo luogo essi forniscono ai manager una rappresentazione degli elementi intangibili e tangibili che compongono la maggior parte dei prodotti. Una volta compresa questa visione allargata dei prodotti, i manager possono comprendere meglio le esigenze dei clienti, soddisfarle in modo più ottimale e differenziare le proprie offerte di prodotti da quelle dei concorrenti. Il secondo vantaggio di questi modelli è che dimostrano efficacemente che gli acquirenti valutano i beni e i servizi in modo diverso. Per esempio, la valutazione dei beni si basa principalmente sugli aspetti fisici/tangibili del prodotto stesso. Al contrario, i clienti valutano i servizi in base agli aspetti legati all'esperienza che vengono loro offerti. Di conseguenza, i responsabili di marketing che sviluppano una comprensione approfondita relativa alla creazione e gestione di un determinato servizio hanno un chiaro vantaggio competitivo.

1.3 Creare l'esperienza del servizio

Come fanno le imprese a creare esperienze di servizio convincenti? Lo fanno avendo chiaro come i benefici di un prodotto vengono trasferiti al cliente. Tutti i prodotti, siano essi beni tangibili o servizi, offrono un insieme di benefici al cliente. In effetti, sono proprio questi vantaggi generati da un prodotto che determinano il successo di un'impresa. Quelle che non riescono a fornire benefici ai loro clienti non trovano spazio sul mercato.

Il **concetto di beneficio** si riferisce all'aggiunta nella mente del cliente, quindi agendo su percezione e memorizzazione, delle componenti tangibili e intangibili di un prodotto.

Concetto di beneficio: l'aggiunta nella mente del cliente delle componenti tangibili e intangibili di un prodotto.

Per capire, si consideri l'acquisto di un frutto comune come un'arancia in un tipico negozio di generi alimentari; collocata lungo la Scala delle entità di mercato presentata nel paragrafo precedente, un'arancia sarebbe certamente descritta come prodotto prevalentemente tangibile. Gli acquirenti possono vederla, toccarla, sentirne il profumo e assaggiarla; se consumata a casa a colazione, ci sono pochi aspetti esperienziali associati al suo acquisto. Nella maggior parte dei casi l'acquirente non vedrà mai l'aranceto in cui è stata coltivata, né avrà modo di seguire il processo di lavorazione e spedizione. I clienti inoltre non interagiranno mai con gli operai del frutteto o con la direzione personale che sovraintende all'attività lavorativa. Inoltre, generalmente non consumano il prodotto all'interno del negozio di alimentari in cui l'acquistano in presenza di altri clienti. Di conseguenza, data la natura prevalentemente tangibile dell'arancia, il maggior beneficio che i clienti ricevono dal prodotto è dato dalle sue caratteristiche organolettiche.

A differenza dei beni, i servizi sono prevalentemente intangibili e non hanno componenti fisiche facilmente stimabili. In questi casi, la valutazione dei servizi da parte dei clienti è molto più complessa poiché i benefici e i vantaggi che ne derivano vengono generati dall'esperienza di utilizzo del servizio stesso. A differenza dell'esempio precedente dell'arancia, gli studenti universitari sono fisicamente presenti nella "fabbrica" dove viene prodotta la "conoscenza" e interagiscono con diverse figure di contatto (professori, amministrativi e consulenti) che forniscono un'ampia gamma di informazioni. Inoltre, l'esperienza di servizio è usufruita in presenza di altri studenti che possono influenzarne il vissuto con domande utili a capire meglio oppure, al contrario, disturbando. Ancora, l'atmosfera dell'aula, compresi illuminazione, temperatura e arredamento, influenzerà l'esperienza educativa in corso. Ne consegue che l'insieme dei benefici e vantaggi ricompresi nell'esperienza educativa e la successiva valutazione si baseranno principalmente sull'esperienza creata per lo studente.

1.4 Il modello dei servizi

Modello di Servuction: rappresentazione dei quattro fattori che influenzano l'esperienza del cliente.

Data la natura dei servizi, è molto importante comprendere quali sono le principali forze che influiscono sull'esperienza complessiva del cliente. Il modello illustrato nella Figura 1.3, noto a livello internazionale come "**Modello di *Servuction***", fornisce una semplice ma efficace rappresentazione dei quattro fattori che influenzano maggiormente l'esperienza di servizio del cliente. Il modello comprende:

- ambiente di servizio (*servicescape*);
- personale di contatto/fornitori di servizi;
- altri clienti;
- componenti e sistemi invisibili.

1.4a Il servicescape

Servicescape: l'ambiente, il contesto e il paesaggio in cui viene fornito il servizio.

Il termine ***servicescape*** si riferisce all'ambiente, al contesto e al paesaggio (*landscape*) in cui il cliente usufruisce del servizio. A causa dell'intangibilità di ciò che viene loro fornito (una consulenza legale, una serata in discoteca, ecc.), i clienti spesso hanno difficoltà a valutare la qualità del servizio in modo oggettivo, pertanto per formulare dei giudizi si affidano ad alcuni elementi fisici che caratterizzano l'ambiente circostante. Il servicescape è costituito da tutte le condizioni ambientali in cui il servizio è utilizzato, come la temperatura e la musica, le attrezzature tecnologiche ma anche altre evidenze fisiche, come per esempio simboli, insegne, foto di famiglia e collezioni personali.

L'uso di elementi fisici e tangibili varia a seconda del tipo di servizi; quelli che richiedono la presenza fisica del cliente, come un ospedale, un parco divertimenti, un *Ice Hotel* costruito nel ghiaccio, utilizzano ampiamente gli elementi fisici e tangibili. Al contrario, i servizi che non richiedono la presenza fisica del cliente durante il processo, come un corriere espresso o una banca online, utilizzano un numero più limitato di elementi fisici per caratterizzare l'ambiente di servizio.

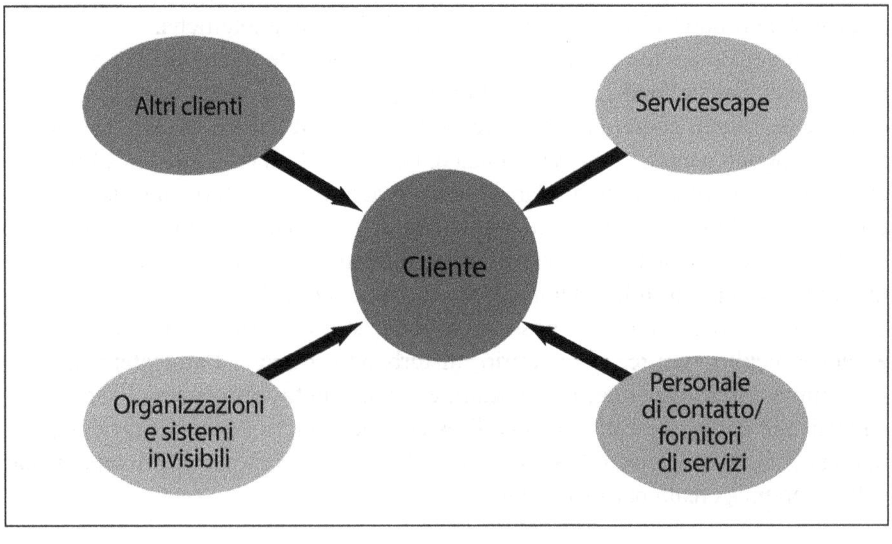

Figura 1.3 Il modello dei servizi. *Fonte:* basato su E. Langeard, J. Bateson, C. Lovelock, P. Eiglier, *Marketing of Services: New Insights from Consumers and Managers*, Report N. 81-104 (Cambridge, MA: Marketing Sciences Institute, 1981).

Indipendente dalla differenza nell'utilizzo, tutte le imprese di servizi devono riconoscere l'importanza di allestire e gestire gli ambienti di servizio a motivo delle funzioni che ricoprono. In particolare evidenziamo le seguenti.

- Il packaging del servizio: il design architettonico esterno e interno di alcune catene di ristorazione (Rossopomodoro, Burger King, Roadhouse, Autogrill, Hard Rock Cafè, ecc.) sono il segno di riconoscimento immediato di queste famose imprese.
- Il processo di erogazione del servizio: le infrastrutture fisiche e la segnaletica informativa predisposte a Gardaland facilitano la formazione delle code di attesa e il deflusso dei clienti dalle numerose attrazioni del parco divertimenti.
- L'interazione tra clienti e personale: le uniformi del personale delle compagnie aeree consentono una facile identificazione degli addetti e creano un'atmosfera di unità tra i dipendenti.
- La differenziazione dai concorrenti: l'esterno e l'interno del nuovo Centro Congressi di Roma (La Nuvola) differenziano chiaramente questa struttura da location alternative.

Data l'importanza del servicescape nel creare l'esperienza del cliente e nell'influenzare le percezioni, il Capitolo 8 è interamente dedicato a questo argomento.

APPROFONDIMENTO 1.1

Servizi globali in azione

Sciare a Dubai

Immaginando una vacanza a Dubai, sicuramente vengono in mente il sole, le spiagge, le dune di sabbia da ammirare o un safari organizzato. Tra tutte le attività possibili da fare, lo sci è probabilmente quella meno immaginabile. Ma Ski Dubai fornisce proprio questo servizio nel deserto: una stazione sciistica artificiale al coperto.

A Ski Dubai, i visitatori possono sciare e fare snowboard in ogni periodo dell'anno su piste create con neve artificiale. L'area è composta da 22.500 metri quadrati di terreno innevato, tra cui cinque piste di diversa difficoltà e una "Freestyle Zone" creata esclusivamente per gli snowboarder che possono tentare le loro acrobazie. Il centro ospita anche diversi ristoranti a tema, un esclusivo negozio al dettaglio, istruttori esperti della Sky Academy e una seggiovia.

All'arrivo i visitatori acquistano gli Slope Pass, che comprendono tutto l'abbigliamento necessario per sciare, giacca, pantaloni, calze e caschi. I costi aggiuntivi includono lezioni di gruppo o private, consulenze con esperti, pasti al ristorante. In alternativa si può anche solo visitare il centro sciistico.

Essendo l'unico parco con tale servizio nella zona, Ski Dubai offre un'esperienza esclusiva a visitatori e clienti. È il primo esempio di un servizio unico, l'offerta di un'esperienza indimenticabile. In nessun altro luogo del Medio Oriente si può sciare su una pista nera, fare pupazzi di neve, imparare a usare uno snowboard o trascorrere 40 minuti con i pinguini. Ski Dubai è stato il primo a offrire questi servizi e rimane l'unico luogo in cui sciare in Medio Oriente.

Fonte: https://www.skidxb.com.

1.4b Personale di contatto/fornitori di servizi

Personale di contatto: lavoratori, diversi dal fornitore principale, che interagiscono temporaneamente con il cliente.

Fornitore: il soggetto principale nell'erogazione del servizio.

Un altro elemento rilevante nell'esperienza del cliente è rappresentato dal **personale di contatto** e dai vari fornitori dei servizi che talvolta interagiscono direttamente con i clienti. Per personale di contatto si intende l'insieme delle figure, diverse dal fornitore principale del servizio, che interagiscono temporaneamente con i clienti; esempi tipici possono essere gli addetti ai parcheggi, al call center o ai servizi periferici. Si considera **fornitore**, invece, l'erogatore del servizio principale, come il cameriere per un ristorante, il docente universitario per i servizi educativi o il dentista nel servizio sanitario.

A differenza dell'utilizzo di beni tangibili, la fruizione dei servizi avviene nel medesimo luogo in cui il servizio stesso viene prodotto (studio dentistico, ristorante, parrucchiere ecc.) o dove il servizio viene richiesto (imbianchino, servizio di portineria o giardiniere). Indipendentemente dal luogo di erogazione, le interazioni tra i clienti e il personale/fornitori sono frequenti e tutti i soggetti hanno un impatto importante sull'esperienza vissuta. Alla domanda su cosa li irritasse di più da parte dei fornitori di servizi, i clienti hanno rilevato sette categorie di problemi.

- Apatia: "Ti sembra che me ne freghi qualcosa?".
- Fretta di mandare via il cliente: tentativo di sbarazzarsi del cliente liquidandolo completamente... la sindrome del "voglio che tu vada via".
- Freddezza: fornitori di servizi indifferenti a cui non importa nulla di ciò che il cliente vuole veramente.
- Condiscendenza: l'approccio "tu sei il cliente/paziente, quindi devi essere stupido".
- Robotismo: quando i clienti sono trattati semplicemente come input di un sistema che deve essere elaborato.
- Eccessivo rispetto dei regolamenti: fornitori che vivono secondo le regole dell'organizzazione anche quando queste non hanno senso.
- Passaggio da un operatore all'altro.

Il personale di assistenza svolge una duplice funzione: interagire con i clienti e riferire all'organizzazione interna. Dal punto di vista strategico, il personale di servizio è un'importante fonte di differenziazione del prodotto. Per un'organizzazione che fornisce servizi è spesso difficile differenziarsi da altre organizzazioni simili in termini di benefici offerti o di sistema di erogazione. Per esempio, molte compagnie aeree offrono servizi simili e sugli stessi tipi di aerei, partendo dagli stessi aeroporti fino alle stesse destinazioni. L'unica opportunità di ottenere un vantaggio competitivo è il livello e la qualità del servizio offerto, ovvero la modalità con cui le operazioni sono svolte. Per questo motivo, il fattore che spesso distingue una compagnia aerea dall'altra è il comportamento e l'atteggiamento dei suoi fornitori di servizi. Singapore Airlines, per esempio, gode di un'ottima reputazione grazie soprattutto alla cortesia degli assistenti di volo. Allo stesso modo, il personale della Southwest Airlines è diventato famoso per gli annunci creativi in volo, come David Holmes, l'assistente di volo rapper.

Al tema del personale di contatto e della gestione delle risorse umane è dedicato il Capitolo 9.

1.4c Gli altri clienti

Il successo di molte imprese di servizi dipende dall'efficacia con cui è gestito il rapporto con la propria clientela. In molti casi, come in ristoranti, hotel, servizi di trasporto e impianti sportivi, vengono serviti più clienti contemporaneamente e questo inevitabilmente ha un impatto. Una ricerca ha dimostrato che la presenza di altri clienti può migliorare o peggiorare l'esperienza di servizio. Per esempio, in quanti modi diversi i compagni di classe hanno influenzato positivamente o negativamente l'esperienza scolastica? L'influenza di altri clienti può essere attiva o passiva. Capita a tutti di incontrare clienti indisciplinati in un ristorante o in una discoteca, bambini che piangono durante una funzione religiosa o spettatori che parlano e inviano messaggi al cinema durante la proiezione di un film o a teatro.

L'influenza può essere anche passiva, come i pazienti che si presentano in ritardo agli appuntamenti dal medico posticipando così ogni appuntamento successivo, oppure una persona più alta della media che siede proprio davanti a un altro spettatore al cinema, o un gruppo numeroso di visitatori a una mostra che allunga i tempi di attesa per poter ammirare le opere esposte.

Anche se molte azioni dei clienti che migliorano o peggiorano l'esperienza del servizio sono difficili da prevedere, le organizzazioni di servizi possono provare a gestire il comportamento dei clienti in modo da farli coesistere pacificamente. Le imprese possono gestire i tempi di attesa dando la priorità ai clienti che arrivano prima degli altri, mirare chiaramente a specifici segmenti di età per ridurre al minimo i potenziali conflitti tra clienti più giovani e più anziani o fornire servizi di ristorazione separati per i clienti con bambini piccoli.

Una spiegazione più dettagliata di come altri clienti influenzano l'esperienza del servizio e le strategie per la gestione di altri clienti è presentata nel Capitolo 10.

1.4d Componenti e sistemi non visibili

Il modello dei servizi illustrato finora indica che i fattori principali dell'esperienza del cliente sono: (1) l'ambiente di servizio (servicescape), (2) il personale di contatto e/o i fornitori di servizi e (3) gli altri clienti. Tutti questi tre fattori sono chiaramente visibili alla clientela ma i benefici che i clienti ricevono derivano da un processo interattivo che si svolge durante tutta l'esperienza.

Gli aspetti visibili non esistono da soli, anzi, devono essere supportati da componenti non visibili che tengono insieme l'organizzazione e il sistema di funzionamento. Per esempio, UPS, impresa di spedizioni globale, attribuisce gran parte del proprio successo alle attività che si svolgono dietro le quinte e che il cliente raramente vede, tra cui 12 mainframe in grado di elaborare 5 miliardi di bit di informazioni al secondo, 90.000 PC, 80.000 palmari per registrare le consegne degli autisti, la più grande rete cellulare privata della nazione e il più grande database al mondo progettato per il monitoraggio dello spostamento dei pacchi.

In definitiva, i sistemi non visibili di un'impresa di servizi rappresentano le regole e i processi alla base dell'intera organizzazione. Nonostante queste componenti non siano visibili, possono avere un'influenza molto importante sull'esperienza complessiva del servizio e, per esempio, vanno a definire come avviene il primo contatto oppure la modulistica che il cliente deve compilare, il numero degli addetti alla fornitura in ogni periodo ma anche tutte quelle decisioni che devono essere assunte al momento (modificare un menù, richiedere i documenti di identificazione per offrire tariffe scontate per i giovani o gli anziani, gestire un reclamo, ecc.).

A differenza dei beni che vengono valutati principalmente sulla base di risultati (per esempio, l'auto parte quando giro la chiave?), i servizi vengono valutati sia in base al processo di erogazione che ai risultati (per esempio, il volo per Chicago è stata un'esperienza piacevole; sono arrivato a destinazione in orario, il servizio è stato impeccabile e i dipendenti sono stati molto disponibili!). L'organizzazione e i sistemi sottostanti guidano i processi dell'azienda e operano con continuità.

Data l'importanza di questo aspetto nella creazione di esperienze di servizio, il Capitolo 5 è dedicato alle questioni relative allo sviluppo e alla gestione dei processi di servizio.

In definitiva, le quattro componenti del modello dei servizi si combinano per creare l'esperienza migliore per il cliente, perché è proprio l'esperienza che genera i benefici che il cliente cerca. Creare esperienze per i clienti non è un'idea nuova. Imprese di intrattenimento come la Disney lo fanno da anni. Altri nel settore alberghiero hanno recentemente ripreso l'idea e introdotto concetti di "prodotto-esperienza" come il Marina Bay Sands Hotel and Casino a Singapore, il Bellagio Fountains a Las Vegas e il Village of Baytowne Wharf a Sandestin, in Florida. La domanda che molti altri tipi di fornitori di servizi devono affrontare è come trasformare il proprio prodotto in esperienze memorabili per il cliente.

Infine, tra le implicazioni del modello c'è quella che dimostra che i clienti sono parte integrante del processo di erogazione del servizio. La loro partecipazione può essere attiva o passiva, ma sono sempre coinvolti nel processo. Ciò ha un'influenza significativa sulla natura delle attività di marketing dei servizi, alcune delle quali sono positive, mentre altre situazioni che comportano la presenza del cliente presentano una serie di sfide tipicamente non affrontate dalle imprese.

1.5 Perché studiare i servizi?

Fin qui è stato detto che i clienti valutano i servizi in modo diverso rispetto ai beni e che i responsabili del marketing dei servizi devono gestire l'esperienza complessiva del cliente nella fruizione del servizio.

Ci sono anche altri motivi per cui lo studio del marketing dei servizi è diventato sempre più importante. Tra questi si segnala in particolare: (1) la crescita a livello globale dell'economia dei servizi in termini di contributo al prodotto interno lordo; (2) la crescita a livello globale della quantità di forza lavoro impiegata nei servizi; (3) l'emergere di servizi basati su tecnologie elettroniche evolute che hanno trasformato radicalmente anche molte imprese; (4) l'importanza di sviluppare pratiche commerciali di marketing sostenibili.

1.5a La crescita dell'economia globale dei servizi

Il settore dei servizi è uno dei tre principali pilastri di un'economia sviluppata; gli altri due sono quello agricolo e quello manifatturiero. Tradizionalmente, le economie di tutto il mondo tendono a trasformarsi da un'economia agricola a una industriale (per esempio manifatturiera) e poi a una di servizi. Il Regno Unito è stata la prima economia moderna a compiere questa transizione. Diversi altri Paesi, tra cui Stati Uniti, Giappone, Germania e Francia, hanno seguito lo stesso percorso e si prevede che molti altri lo faranno a ritmo accelerato.

Nel 2021, dopo l'emergenza sanitaria Covid 19 dell'anno precedente, il settore terziario ha rappresentato circa il 73% del prodotto interno lordo italiano; nel 1960 era al 51%. La Figura 1.4 illustra la composizione del PIL in valori reali nello stesso periodo.

La Figura 1.5 e la Tabella 1.1 illustrano invece con maggiore dettaglio come i vari sub-settori contribuiscono alla composizione del PIL italiano e degli Stati Uniti.

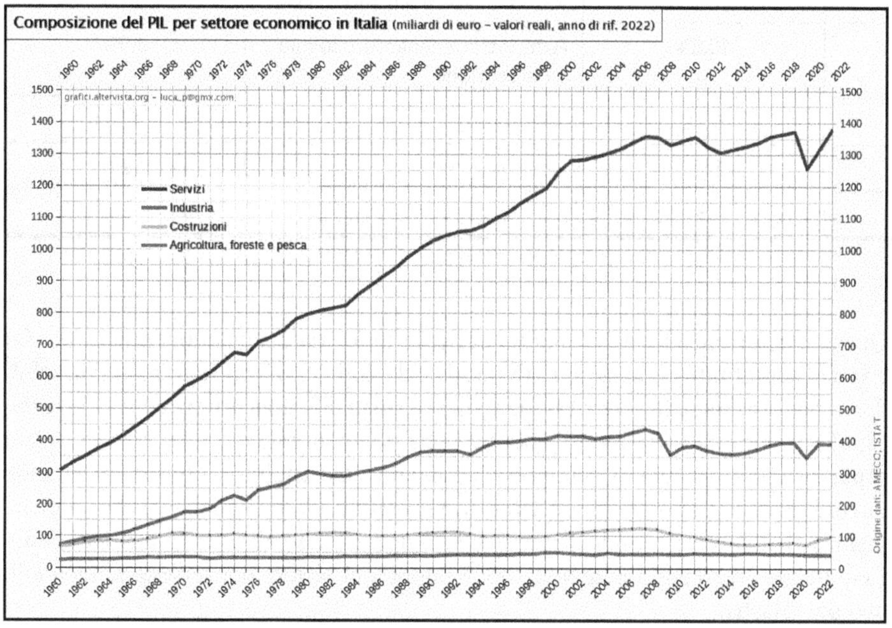

Figura 1.4 Composizione PIL italiano (1960-2022). *Fonte:* Istat.

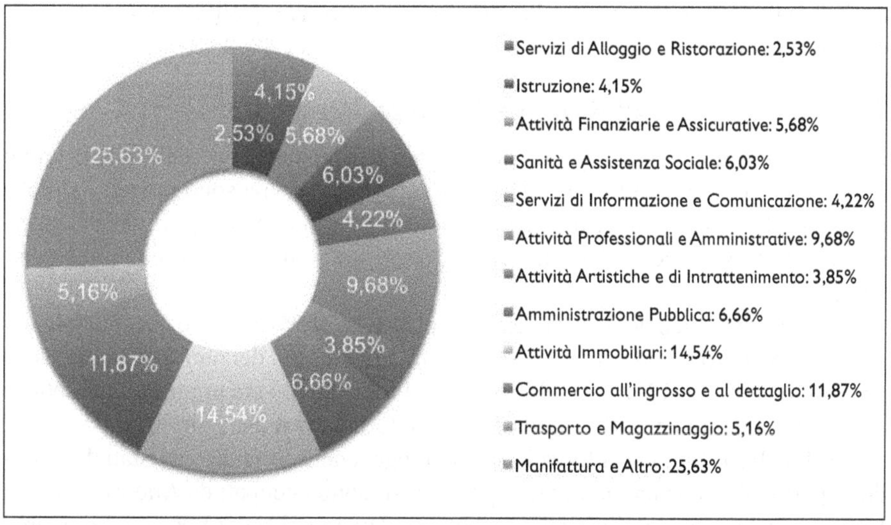

Figura 1.5 Composizione PIL italiano suddiviso per sub-settori. *Fonte:* Osservatorio del terziario ManagerItalia, 2021, "L'evoluzione del settore dei servizi in Italia dal 2010", Oxford Economics, p. 1.

Tabella 1.1 Composizione del PIL degli Stati Uniti per industria 2022. *Fonte:* http://www.bea.gov.

Settore industriale	% contributo al PIL	Settore industriale	% contributo al PIL
Agricoltura, selvicoltura, pesca e caccia	0,9%	Informazioni	5,6%
Miniera	1,4%	Finanza, assicurazioni, immobiliare	21%
Utilità	1,6%	Professionisti e servizi di assistenza	13,1%
Costruzione	4%	Servizi educativi, sanitari e sociali	8,7%
Produzione	10,8%	Arte, intrattenimento, alloggio e ristorazione	3,9%
Commercio all'ingrosso	6,2%	Altri servizi	2%
Commercio al dettaglio	5,9%	Governo	12%
Trasporto e magazzino	3%		

Questa trasformazione da economia agricola-industriale a un'economia di servizi è spinta soprattutto dalla competitività su scala globale; i beni sono più vulnerabili dei servizi sui mercati internazionali e più esposti alla concorrenza cosicché i Paesi che hanno industrializzato per primi le loro economie ora rischiano di essere superati da altri in via di sviluppo, che hanno industrializzato più recentemente ma offrono costi di produzione inferiori (soprattutto la manodopera). Accade che mentre qualche settore industriale si sposta da un Paese all'altro in cerca di benefici, alcune aree hanno puntato sullo sviluppo del settore dei servizi, rendendolo uno dei pilastri.

L'intero ciclo si ripete più volte, alcuni Paesi meno sviluppati passano dall'agricoltura all'industria, mentre altri dall'industria ai servizi, e così sono cresciute le produzioni di tutto il mondo. I maggiori redditi disponibili hanno portato poi anche a un aumento di servizi alla persona, in particolare quelli legati al benessere e all'intrattenimento.

1.5b La crescita globale della forza lavoro dei servizi

In tutto il mondo la crescita e lo spostamento dell'occupazione dall'agricoltura e industria ai servizi è netto. In Italia gli occupati nei servizi sono passati dal 36% del 1960 al 73% del 2021, mentre il settore primario che occupava il 33% degli addetti nel 1960 è sceso al 4% nel 2021 (*fonte:* Italia in dati. Elaborazioni su dati Istat).

L'ufficio statistico del lavoro negli Stati Uniti ha previsto che le occupazioni dei servizi avrebbero rappresentato il 96% di tutta la crescita dei nuovi posti di lavoro nel periodo 2002-2012: nel 1900 il 30% della forza lavoro era impiegata nel settore dei servizi, mentre nel 2013 questa percentuale si è avvicinata all'80%.

La Tabella 1.2 indica la forza lavoro impiegata nei servizi in vari Stati del mondo rispetto all'occupazione totale: i primi posti sono occupati da Andorra e Hong Kong, dove la quasi totalità dell'occupazione lavora nel settore dei servizi. Come

Tabella 1.2 Forza lavoro nei servizi sul totale della forza lavoro. *Fonte:* https://www.cia.gov.

Paese	%	Paese	%
Andorra	94,9%	Francia	76,4%
Hong Kong	93,4%	Canada	76%
Lussemburgo	89,6%	Nuova Zelanda	75%
Bahamas	86%	Barbados	75%
Australia	84,9%	Stati Uniti	74%
Isole Cayman	81%	Media UE	74%
UK	80,4%	Austria	73,9%
Paesi Bassi	80%	Belgio	73%
Svizzera	77,4%	Germania	72,1%

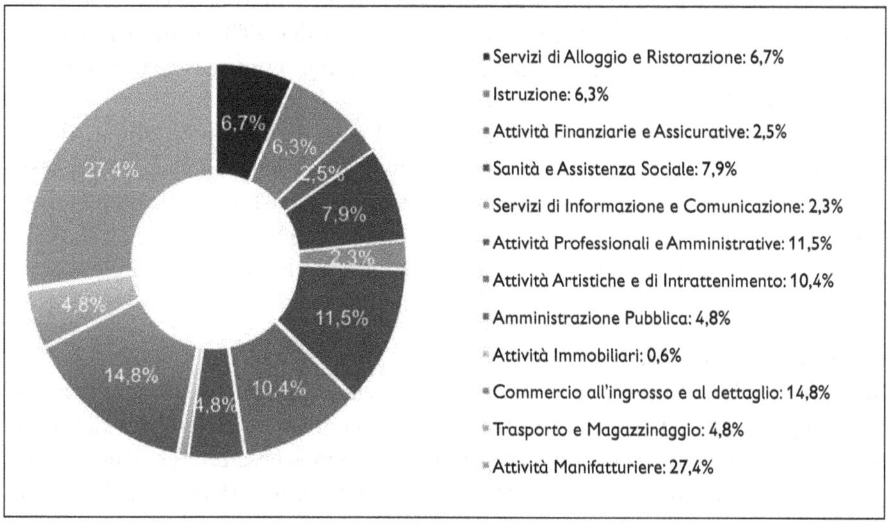

Figura 1.6 Occupazione in Italia nel 2019. *Fonte:* Istat.

detto in precedenza, la percentuale italiana è pari a circa il 73%, descritta e distribuita tra i vari sub-settori come indicato nella Figura 1.6, collocandosi tra le posizioni più alte a livello mondiale e in linea con la media dei Paesi dell'UE, pari al 74% (Istat).

1.5c L'emergere degli e-service

Nella sua forma più pura, la tecnologia è l'applicazione dei risultati dell'attività di ricerca scientifica alla risoluzione di problemi o compiti da svolgere. Lo sviluppo della tecnologia, in particolare Internet, ha apportato cambiamenti radicali nelle strategie di marketing dei servizi. L'era di Internet è iniziata più di venticinque anni fa, a metà degli anni '90. Migliaia di imprese, clienti, dipendenti e partner hanno iniziato a collegarsi tra loro e offrire servizi commerciali in rete (*e-business*). Alla fine, un numero sempre maggiore di clienti (imprese e famiglie) ha iniziato a utilizzare questi servizi. Grazie all'uso ripetuto, è cresciuta sensibilmente la fiducia degli utenti e Internet è diventato uno degli strumenti principali per generare reddito e per la crescita economica collettiva.

L'e-business ha anche spostato il potere di mercato dai venditori agli acquirenti. I clienti hanno più scelta, più informazioni, sono diventati sempre più esigenti e sono più interconnessi di prima. Di conseguenza, i fornitori di servizi sono diventati sempre più accessibili, reattivi e innovativi per soddisfare le esigenze del mercato in continua evoluzione.

La crescita del business online è stata epocale e i numeri sono sorprendenti. Queste sono approssimativamente le percentuali degli utenti Internet nel mondo nel 2021: 54% Asia, 14% Europa, 11% Africa, 10% America Latina, 6% America del Nord, 4% Medio Oriente e 1% Australia/Oceania. Nel 2023, oltre 5 miliardi di persone, pari al 64,4% della popolazione mondiale, hanno avuto accesso a Internet. Nel 2000, invece, solo 361 milioni di persone, pari al 5,2% della popolazione, aveva accesso a Internet.

Di questi utenti Internet però, tra nazione e nazione, esistono sostanziali differenze: i Paesi avanzati e più industrializzati infatti hanno tassi del 90% di popolazione utente di Internet, con picchi addirittura del 99%, come l'Irlanda, la Svizzera e l'Arabia Saudita, ma anche percentuali molto più basse, come il Kenya con appena il 32%.

Si prevede che le vendite online negli Stati Uniti supereranno il trilione di dollari nel 2024, con un valore già di 960,4 miliardi di dollari nel 2022. Allo stesso tempo le vendite online hanno raggiunto una media pro capite negli Stati Uniti di 2.929 dollari, ben superiore rispetto a quella europea che si attesta sui 2.529 dollari. È evidente che gli acquirenti si sentono sempre più a loro agio con gli acquisti online.

Cosa sono gli e-service?

Secondo Hewlett-Packard, un e-service è un servizio elettronico disponibile in rete che completa le attività, risolve problemi o effettua transazioni. I servizi elettronici possono essere utilizzati da persone e imprese e sono accessibili mediante un'ampia gamma di dispositivi informatici. I servizi elettronici online oggi disponibili includono i servizi di conto corrente, i servizi di tracciamento dei pacchi, i servizi di trading, distribuzione alimentare e commerciale, e l'elenco potrebbe continuare a lungo. Oggi molti servizi elettronici sono diventati più comunemente noti come **tecnologie self-service**.

Tecnologie self-service: tecnologie che consentono ai clienti di svolgere in tutto o in parte l'attività necessaria alla fornitura del servizio.

I paladini delle tecnologie self-service (*self-service technologies*, SST) sostengono che questo sia il miglior servizio possibile e pertanto le imprese dovrebbero adottare una filosofia del tipo: "Aiuta il tuo cliente, aiuta te stesso". Concettualmente, le SST sono appositamente create per automatizzare le interazioni di routine tra clienti e fornitori con l'obiettivo di portare convenienza ed efficacia a entrambe le parti. Se sviluppate e impiegate adeguatamente, i clienti apprezzano le tecnologie self-service. Nel caso dei voli aerei, i clienti possono confrontare facilmente le alternative di servizio e di prezzo, prenotare autonomamente i biglietti, scegliere il posto preferito e stampare le carte d'imbarco per evitare le file al check-in. In definitiva, i clienti spesso apprezzano la convenienza, la velocità e la facilità di utilizzo delle tecnologie self-service rispetto ai tradizionali servizi assistiti da persone fisiche. Le tecnologie self-service sono ampiamente utilizzate per i servizi di noleggio auto, bancari, assicurativi, turistici, per i distributori di benzina e altre attività di vendita al dettaglio.

Gli SST sono ottimi quando funzionano, tuttavia, quando qualcosa va storto e i clienti non riescono a navigare nel menu dei vari servizi, le stesse tecnologie possono diventare una fonte importante di insoddisfazione per i clienti, basti pensare a un servizio di risposta automatica che non risponde o non offre al cliente l'opzione desiderata. Di conseguenza, le imprese di servizi che utilizzano gli SST devono considerare attentamente l'esperienza complessiva del cliente. Un sistema self-service per avere successo deve fornire al cliente una qualche forma di beneficio (per esempio, comodità, opportunità di personalizzazione, risparmio di costi, risparmio di tempo). Una tecnologia self-service implementata solo per diminuire i costi operativi del punto vendita molto probabilmente non sarà ben accolta e provocherà l'insoddisfazione del cliente.

I servizi elettronici svolgono un ruolo cruciale nella trasformazione dell'esperienza online del cliente, che passa nel tempo da un'esperienza funzionale a un'esperienza più personalizzata. In sostanza, l'e-service umanizza la rete fornendo varie attività di servizio al cliente e riducendo al contempo i costi operativi del negozio online. Ne sono un esempio le conferme online degli ordini, i servizi di tracciamento dei pacchi, i portafogli digitali, le chat testuali in tempo reale, i servizi di reso gratuito dei prodotti.

1.5d La sostenibilità anche nei servizi

Negli ultimi anni sono state condotte molte ricerche sul concetto di sostenibilità. Tanti operatori economici si sono impegnati per rendere la produzione sempre più sostenibile e "green". Tuttavia, fino a poco tempo fa, la sostenibilità era un argomento di interesse soprattutto per i produttori di beni manifatturieri e poco per i fornitori di servizi.

Quando si parla di sostenibilità si tende a pensare a molte cose diverse, ma la maggior parte delle persone associa il concetto di sostenibilità alla protezione dell'ambiente. La sostenibilità invece va ben oltre e, intesa in senso più profondo, si riferisce alla capacità di soddisfare i bisogni attuali senza ostacolare la capacità di soddisfare i bisogni delle generazioni future in termini di sfide economiche, ambientali e sociali. La sostenibilità è quindi strettamente legata al concetto di responsabilità sociale.

Perché un produttore di servizi dovrebbe adottare pratiche sostenibili? I costi di avvio di un programma di sostenibilità possono essere estremamente elevati sia in termini strettamente finanziari che di altre risorse da destinare. Per questo motivo un'impresa può finire per concentrarsi troppo sui costi iniziali dell'implementazione delle pratiche sostenibili per vedere un ritorno solo nel lungo termine e arrivare alla convinzione che non sia giustificato lo sforzo richiesto. Questa opinione si è rinforzata soprattutto dopo la crisi economica mondiale dei primi anni 2000. Nel lungo periodo, impegnarsi per essere più sostenibili può giovare all'impresa in molti modi.

Indipendentemente dal fatto che un'impresa produca un bene o fornisca un servizio, quando parla di sostenibilità deve essere in grado di produrre ritorni anche in termini finanziari. Le imprese non saranno in grado di giustificare gli sforzi nella direzione della sostenibilità futura senza vedere una sorta di ritorno sul loro investimento. La cosa migliore da fare per la sostenibilità aziendale è far coincidere il beneficio sociale con l'opportunità di business. Tale sovrapposizione è nota come "*sweet spot*": riuscendo a identificare quest'area di sovrapposizione, i dirigenti saranno in grado di presentare il caso agli azionisti, ottenendo così il sostegno per la loro strategia. Un esempio è il Project Shakti di Unilever in India: il progetto mira a formare migliaia di donne nelle zone rurali dell'India per vendere i prodotti per l'igiene personale in quel mercato. Si tratta di un progetto di sostenibilità sociale in quanto è mirato a ridurre la disoccupazione e offrire lavoro, facendo uscire dalla povertà molta gente, ma è anche un'opportunità di business per l'impresa in quanto crea un mercato dove prima non c'era. Il perseguimento di pratiche industriali sostenibili consente alle imprese di trovare non solo aree di miglioramento, ma anche una fonte di vantaggio competitivo. Sono quattro le aree in cui un'impresa può raggiungere tali obiettivi: eco-efficienza, leadership nei costi e ambiente, leadership nella conformità e strategie di eco-branding.

- *Eco-efficienza*: si concentra sul concetto di "doppio dividendo". Le imprese che cercano di ridurre gli sprechi e le inefficienze all'interno del sistema vedono risultati positivi sia dal punto di vista finanziario che ambientale.

APPROFONDIMENTO 1.2

Sostenibilità e servizi in azione
Le origini e la crescita del green

Quando si parla del movimento "green" molti lo associano alle attuali tendenze della sostenibilità. Le origini del movimento, tuttavia, risalgono alla rivoluzione industriale, tra il XVIII e il XIX secolo. Questo periodo è stato caratterizzato da un progresso tecnologico, industriale e scientifico senza precedenti, portando a un'esplosione demografica nelle nazioni più industrializzate. Tale boom dell'industria e della domanda dei prodotti ha portato a un uso eccessivo delle risorse naturali, a un aumento degli sprechi e a condizioni di lavoro precarie.

Il movimento verde si è acceso negli anni '50 e '60 del secolo scorso quando gli acquirenti sono diventati sempre più consapevoli dell'impatto del consumo globale sull'ambiente. Un esempio di questo è rappresentato dalla campagna "Italia più pulita" nata nel 1970, che ha coinvolto cittadini, aziende, associazioni e istituzioni per promuovere la pulizia del territorio nazionale. Questo movimento ha portato a un maggiore impegno per la prevenzione dei rifiuti, il riciclo e la riduzione degli sprechi. Un altro esempio è l'attenzione posta sull'ambiente durante l'Expo di Milano nel 2015, dove lo slogan principale era "Nutrire il Pianeta, Energia per la Vita", mettendo in evidenza l'importanza della sostenibilità e della consapevolezza ambientale, in relazione con l'alimentazione, l'uso dell'energia e l'impiego delle risorse.

Negli anni '70, le imprese si sono messe sulla difensiva in risposta alle politiche ambientali; l'ondata delle nuove leggi portò anche alla creazione della "Giornata della Terra" nel 1970 e contribuì all'organizzazione della prima conferenza sull'ambiente delle Nazioni Unite, tenuta a Stoccolma nel 1972.

Negli anni '80 e '90 il movimento è passato dal controllo dei governi a quello dell'industria e dei consumatori. L'avanzamento del movimento è causato anche dai cambiamenti sociali, e sebbene esso abbia subito una battuta d'arresto dopo gli attentati dell'11 settembre, quando l'attenzione si è spostata sulla sicurezza nazionale, la società poi ha rivendicato la sostenibilità tra i primi interessi. I box di approfondimento "Sostenibilità e servizi in azione", presenti in tutto il testo, forniscono informazioni specifiche sulle industrie dei servizi e sulla loro trasformazione in pratiche commerciali sostenibili.

- *Leadership nei costi e ambiente*: implica lo sviluppo di innovazioni che permettono all'impresa di essere più rispettosa dell'ambiente mantenendo la competitività dei costi.
- *Leadership nella conformità*: coinvolge le imprese che vogliono aumentare i loro sforzi per la sostenibilità, facendo sì, nel contempo, che vengano riconosciuti dal pubblico. Per questo le imprese investono spesso risorse per ottenere certificazioni ambientali. In tal caso, i primi a muoversi avranno un vantaggio più grande rispetto alla concorrenza: chi prende prima l'iniziativa viene considerato innovativo, mentre i concorrenti saranno costretti a seguire l'esempio.
- *Strategie di eco-branding*: si concentrano sull'uso della differenziazione di marketing basata sugli attributi ambientali (per esempio, lo status di prodotto biologico, vegano o equo e solidale) dei prodotti. Tre prerequisiti di base sono necessari alle imprese per attuare con successo questo approccio: gli acquirenti devono essere disposti a pagare per i costi della differenziazione ecologica, le informazioni sulle prestazioni ambientali del prodotto devono essere veritiere oltre che disponibili e la differenziazione deve essere difficile da imitare per i concorrenti.

Riepilogo

I servizi riguardano ogni aspetto della vita quotidiana, pertanto, oggi più che mai, sono necessari una conoscenza approfondita e un utilizzo degli strumenti di marketing adeguati. Quando si cerca di definire i servizi, la distinzione con i beni tangibili è spesso sfumata. In generale i beni sono definiti come oggetti, dispositivi o cose, mentre i servizi sono definiti come atti, sforzi o prestazioni. Pochissimi prodotti possono essere classificati come servizi o beni "puri". Nel capitolo sono stati presentati la Scala delle entità di mercato e il modello molecolare che descrivono come i prodotti variano a seconda delle loro componenti tangibili e intangibili.

Quando si acquista un servizio si acquista un'esperienza. Quattro componenti del modello dei servizi creano l'esperienza per i clienti: il servicescape, i fornitori di servizi/personale di contatto, gli altri clienti, le componenti e i sistemi invisibili. A sua volta, l'esperienza complessiva del servizio offre un insieme di benefici al cliente. A differenza della produzione di beni, il modello dei servizi dimostra come i clienti possono essere parte integrante del processo di erogazione del servizio.

Lo studio del marketing dei servizi è importante per una serie di ragioni: (1) i clienti valutano i servizi in modo diverso dai beni e gli operatori del mercato dei servizi devono gestire efficacemente gli aspetti esperienziali; (2) i servizi possono essere utilizzati in modo efficace come vantaggio competitivo rispetto alla concorrenza di beni e servizi; (3) il trend di crescita dell'economia dei servizi è stato costante ed è destinato a proseguire e (4) di conseguenza lo è anche la crescita della forza lavoro necessaria; da ultimo, (5) l'emergere di servizi basati su tecnologie elettroniche ha trasformato molte imprese di servizi e (6) si rende necessaria nuova conoscenza riguardo alla sostenibilità di questi nuovi business.

Domande di verifica

1. Definire i termini: bene, servizio, prodotto.
2. Cosa si intende per "imperativo del servizio"?
3. Perché è difficile distinguere tra beni e servizi? Utilizzare la Scala delle entità e il modello molecolare per rispondere.
4. Utilizzare il Modello di Servuction per descrivere l'esperienza di una lezione universitaria.
5. Quale differenza c'è tra i sistemi non visibili e gli altri tre fattori del modello dei servizi?
6. Qual è lo scopo dei sistemi non visibili?
7. In che modo la partecipazione del cliente influenza la produzione del servizio?
8. Illustrare i fattori chiave per un utilizzo efficace delle tecnologie self-service.
9. Illustrare i servizi che possono contribuire a rendere più umana l'esperienza online.
10. Cosa si intende per sostenibilità?

Capitolo 2

L'economia dei servizi: sub-settori e considerazioni etiche

Obiettivi del capitolo

Questo capitolo ha due obiettivi principali. Il primo è illustrare la vasta gamma di attività che rientrano nel settore dei servizi. Il secondo è introdurre un aspetto cruciale relativo alle pratiche di marketing dei servizi, poiché le imprese e i clienti dell'economia dei servizi spesso affrontano situazioni con importanti implicazioni etiche che possono influenzare profondamente l'esperienza complessiva del servizio.

"InGalera": il ristorante nel carcere più stellato d'Italia

Tra i servizi che vengono prodotti, uno di quelli a cui forse si pensa meno frequentemente è quello di custodia in carcere di persone condannate o in attesa di giudizio. In Italia, al 2 settembre 2023 erano recluse 57.749 persone; di queste circa il 73% dovevano scontare una condanna definitiva e quasi il 14% era in attesa di giudizio. Nel 25,6% dei casi la pena era compresa tra i 5 e i 10 anni, mentre per il 4,4% delle persone non c'era fine alla pena (ergastolo). Nel 19% dei casi, il segmento numericamente maggiore, l'età era compresa tra i 50 e i 59 anni.

La Costituzione italiana, all'articolo 27, prevede che "le pene devono tendere alla rieducazione del condannato", pertanto il servizio dovrebbe consistere non solo in una custodia dei condannati in condizioni accettabili (in Puglia e Lombardia si raggiungono picchi di occupazione di oltre il 130% della capacità ricettiva) ma anche in programmi di reinserimento nella società, una volta terminato il periodo previsto dalla sentenza.

Per questo motivo in alcune carceri italiane sono state avviate interessanti iniziative.

"InGalera" è il primo e unico ristorante in Italia a essere situato all'interno di un carcere, la Seconda Casa di Reclusione di Milano-Bollate, carcere modello nel sistema penitenziario italiano. L'attività è iniziata nell'anno 2004 e il ristorante è aperto al pubblico e prevede il lavoro dei detenuti, supportati da uno chef e da maître professionisti. Qui, i carcerati imparano la lavorazione dei cibi e servono piatti apprezzati da tutti i clienti. Le recensioni ne dimostrano la qualità attribuendogli 4,5 stelle su 5. Un premio, oltre che per il ristorante, per i detenuti stessi.

Il ristorante persegue l'obiettivo di formare e assumere regolarmente i carcerati dell'istituto penitenziario. Le mansioni svolte dai detenuti permettono loro di seguire un percorso di rieducazione e di reinserimento sociale tramite la formazione, il lavoro e le responsabilità a essi offerte. I dati dimostrano come le opportunità lavorative offerte ai detenuti in carcere incidano in maniera significativa sulla riduzione del tasso di recidiva, compiendo quindi il fine istituzionale del carcere.

L'offerta del ristorante è composta, oltre che dal servizio di pranzo e cena, anche da eventi, serate a tema, open day. I posti disponibili per i pasti sono 50. I detenuti studenti possono anche svolgere lo stage obbligatorio al fine del conseguimento del diploma alberghiero.

Fonte: https://www.ingalera.it/.

2.1 Introduzione

Nel Capitolo 1 è stata fornita una definizione generica dei servizi, intesi come azioni, sforzi o prestazioni, ed è stata documentata la continua crescita del settore nel recente passato. Questa iniziale definizione include una vasta gamma di attività in numerosi ambiti.

Nella prima metà di questo capitolo saranno descritti alcuni sub-settori che possono essere annoverati nel comparto dei servizi in modo da ottenere una panoramica più chiara; la descrizione dei sub-settori conferma anche l'eterogeneità di questo settore, ma allo stesso tempo permette l'identificazione di alcune analogie tra le diverse professioni dei servizi.

Questo capitolo illustrerà anche i concetti relativi alla responsabilità sociale e all'etica del marketing dei servizi. In termini generali, con l'espressione responsabilità sociale d'impresa (CSR) ci si riferisce all'insieme di teorie, politiche, procedure e azioni di marketing volte a migliorare il benessere della società. L'etica è solitamente considerata come una componente della responsabilità sociale e nell'ultimo ventennio i temi legati all'etica degli affari sono stati inseriti in molti piani di studio universitari o di formazione aziendale. Originariamente, l'etica aziendale veniva insegnata nelle Facoltà di economia come corso a sé mentre ora da più parti si ritiene che questo argomento debba essere affrontato lungo tutto il percorso di studi e che le implicazioni etiche dovrebbero essere discusse in modo più approfondito in ogni materia.

A causa di condotte opportunistiche, è importante che chi frequenta corsi di marketing sia consapevole di alcuni risvolti etici connessi al processo decisionale. Sebbene la maggior parte dei fornitori di servizi riesca ad adempiere ai propri doveri etici anche sul fronte dell'impatto sociale, il comportamento di alcune organizzazioni o personalità dello spettacolo e dello sport hanno reso evidente quanto sia necessario affrontare l'argomento.

2.2 L'economia dei servizi

A cosa ci si riferisce quando si parla di **economia dei servizi** e quali opportunità esistono all'interno dei vari ambiti? Una descrizione non esaustiva include tra i servizi la parte più "soft" dell'economia e individua almeno sette sub-settori:

Economia dei servizi: parte dell'economia che ricomprende le attività diverse da quelle primarie (agricoltura) o secondarie (manifattura); si tratta di prestazioni intangibili incorporate o meno in un bene tangibile.

- istruzione e servizi sanitari;
- attività finanziarie;
- informazione;
- ospitalità;
- servizi professionali;
- trasporti, logistica e servizi pubblici;
- commercio all'ingrosso e al dettaglio.

2.2a Istruzione e servizi sanitari

Servizi educativi

Il settore dei servizi educativi comprende scuole dell'infanzia, scuole primarie, scuole di altro ordine e grado e università. In Italia, il sistema educativo è prevalentemente a trazione statale ed è coordinato dal Ministero dell'Istruzione e del Merito per quanto riguarda le scuole, e dal Ministero dell'Università e della Ricerca per i livelli superiori. L'obbligo scolastico in Italia si articola in un percorso di 10 anni. Riguarda la fascia di età compresa tra i 6 e i 16 anni. Diversamente da un pensiero molto diffuso, il settore dell'istruzione non è quello che registra il maggior numero di persone impiegate. L'accesso alle posizioni lavorative avviene tramite un concorso pubblico per il quale è richiesto un titolo di studio riconosciuto. Per ottenere un posto per l'insegnamento bisogna conseguire un'abilitazione.

Assistenza sanitaria e assistenza sociale

Il sistema sanitario italiano è composto da un variegato insieme di organismi che rientrano nel perimetro della Pubblica Amministrazione e da strutture private accreditate. Sono circa 27.000 le strutture che forniscono in Italia servizi di assistenza ai bisogni di salute: si tratta di ospedali, ambulatori specializzati, strutture territoriali di cura e riabilitazione, a cui si aggiungono servizi di prevenzione, igiene pubblica e sicurezza sul lavoro. Il Sistema Sanitario Nazionale italiano è definito solidaristico universale diversamente da altri sistemi nazionali che privilegiano, per esempio, una maggiore contribuzione al pagamento per la fornitura del servizio a fronte però di un diverso sistema tributario.

I servizi sociali, invece, sono prestazioni finalizzate ad affrontare o risolvere situazioni di necessità in un periodo della vita (anziani, giovani in cerca di lavoro, centri estivi per i bambini, ecc.) o un momento di difficoltà (disagio, difficoltà di inclusione sociale, dipendenze, ecc.). L'insieme delle organizzazioni attive in questo ambito comprende anche comunità familiari, comunità per disabili, centri per anziani e centri socioeducativi, che svolgono attività regolate da norme statali e regionali.

2.2b Attività finanziarie

Settore bancario

La banca è un istituto che esercita l'attività di raccolta del risparmio e di cessione del credito verso i propri clienti. Il sistema bancario già da qualche tempo è in forte evoluzione per via dell'estensione globale dei confini e quindi della regolazione delle attività e dello sviluppo delle tecnologie che tendono a ridurre sempre di più l'incontro fisico con il cliente ed enfatizzare i servizi da remoto. Significativa è anche la convergenza di operatori molto diversi tra loro verso le operazioni di pagamento, pertanto si sono diffusi servizi gratuiti e di semplice utilizzo per il cliente finale tramite smartphone.

Settore assicurativo

Il settore assicurativo è composto da aziende che forniscono ai propri clienti protezione dal rischio di inconvenienti come incendi, incidenti automobilistici, furti, spese mediche, disabilità o morte. Nonostante la solidità dell'economia italiana, sembra delinearsi una maggiore integrazione tra le forme previdenziali tradizionali garantite dallo Stato e altre soluzioni proposte da compagnie assicurative private. Per questo motivo l'offerta assicurativa rientra in un ambito di servizi di rilevanza anche sociale in cui l'innovazione giocherà un ruolo fondamentale.

2.2c Informazione

Nell'economia dei servizi, uno spazio sempre maggiore è occupato da chi gestisce informazioni e prodotti culturali. Queste organizzazioni forniscono anche i mezzi per distribuire o trasmettere contenuti ed elaborare dati. I principali attori in questo sub-settore includono: l'editoria (sia tradizionale che su Internet), le industrie legate alla produzione cinematografica e alla registrazione audio, le industrie di radiodiffusione e telecomunicazioni, i fornitori di servizi Internet, i portali di ricerca web e le industrie di elaborazione dati. Secondo i dati raccolti dalla Commissione Europea e da alcuni istituti di ricerca, il 70% delle imprese presenta un fabbisogno di personale con competenze digitali adeguate, con l'Italia in leggero miglioramento e l'80% della popolazione che utilizza Internet anche se il 54% è privo delle competenze digitali di base.

2.2d Ospitalità

Nel sub-settore dell'ospitalità si distinguono almeno due ambiti: quello dei servizi di ristorazione e quello degli hotel e degli altri alloggi. La ristorazione in Italia rappresenta da sempre uno dei settori con maggiore occupazione, in termini sia di lavoratori fissi sia di stagionali. Il settore, essendo ad alto contatto personale, ha registrato una flessione importante a causa della pandemia, ma è finalmente in ripresa. La pandemia ha lasciato in eredità anche alcune tendenze come il *food delivery* e il *take away*, in forte crescita per la diffusione di forme di *smart working* o lavoro da remoto. Inoltre, è cresciuta l'attenzione alla sicurezza alimentare e alla sanificazione dei locali, così come all'immagine da proporre sui social, diventati un mezzo di comunicazione imprescindibile. Gli alberghi invece sono oltre 32.000, compresse le residenze turistico alberghiere (RTA), e insieme agli altri esercizi del settore occupano quasi 1,3 milioni di lavoratori.

2.2e Servizi professionali

La vastità dell'elenco rende impossibile enumerare tutti i servizi professionali, ma a titolo esemplificativo si possono includere le consulenze gestionali, legali e tecniche, la progettazione di sistemi informatici, i servizi offerti dalle agenzie di pubblicità e di pubbliche relazioni, le consulenze lavorative e i servizi legati alla ricerca e all'innovazione. Utilizzando un criterio normativo, quello della direttiva europea, i servizi professionali si caratterizzano dal fatto che l'accesso o l'esercizio della professione sono subordinati alle norme legislative o al possesso di determinati titoli (medico, geometra, perito industriale, ecc.). Nella letteratura internazionale c'è sempre più attenzione verso questa categoria identificata con l'etichetta KIBS (*Knowledge Intensive Business Services*). Questo sub-settore è inevitabilmente in crescita vista la rilevanza assunta dalla conoscenza nella generazione del vantaggio competitivo e la specializzazione verso cui tendono tutti i servizi.

2.2f Trasporti, logistica e servizi pubblici

Trasporto aereo

Il traffico aereo nel 2023 è stato molto intenso, anche superiore a quello del 2019, ultimo anno precedente all'emergenza sanitaria del 2020 che tra fine febbraio e inizio marzo ha vissuto un blocco quasi totale del traffico. I dati riferiti ai servizi aerei commerciali di linea e non linea (*charter*) evidenziano che nel corso del 2021 sono transitati negli aeroporti italiani circa 80,5 mln di passeggeri, con un incremento rispetto al 2020 pari al +52,5%. Il traffico nazionale, con i suoi 42,2 mln di passeggeri, ha registrato un incremento maggiore (+68,2% in confronto con il 2020) rispetto a quello del traffico internazionale (+38,3%, con 38,3 mln di passeggeri): infatti, se è pur vero che la crisi ha colpito in maniera generalizzata l'intero comparto del trasporto aereo, i dati di traffico 2021 confermano che è il traffico non domestico il segmento che ha subito le contrazioni maggiori, anche in considerazione delle misure restrittive adottate a livello internazionale per il contenimento della pandemia.

Logistica, trasporti e magazzinaggio

La logistica in Italia, e non solo, sta vivendo una fase di crescita costante, rappresentando un pilastro fondamentale dell'economia nazionale, con il 5,41% del PIL. Il settore conta 1,16 milioni di occupati nel Paese. I fattori principali per la competitività delle imprese del settore riguardano la digitalizzazione, la sostenibilità (sia ambientale che sociale) e la capacità di attrarre giovani talenti indispensabili per coprire i ruoli che le professioni emergenti richiedono. La logistica italiana include le attività di trasporto, immagazzinaggio e i servizi postali. Nel corso degli anni, il settore ha assistito a una diversificazione delle attività: il trasporto terrestre ha continuato a costituire la parte preponderante, rappresentando oltre la metà degli occupati (50,5%), mentre il trasporto marittimo si limita al 3,6% e quello aereo al 2,1%.

Anche il magazzinaggio, i servizi di supporto (27,9%) e i servizi postali e di consegna (15,8%) hanno guadagnato importanza, soprattutto grazie al legame con il commercio elettronico.

APPROFONDIMENTO 2.1

E-service in azione

Il commercio elettronico

Il termine *e-commerce* si riferisce al processo di vendita e acquisto di beni o servizi tramite il Web. Si tratta di un'attività commerciale a tutti gli effetti, che include i rapporti con i fornitori, la logistica, l'imballaggio e l'assistenza alla clientela.

Negli ultimi anni il mondo intero ha assistito a una rapida evoluzione ed espansione dell'e-commerce, con un crescente numero di acquirenti che preferiscono fare acquisti online.

Il valore del fatturato e-commerce in Italia nel 2021 è stato stimato in 64,01 miliardi di euro, con una crescita del 33% sull'anno precedente, andando a consolidare gli oltre 3 milioni di nuovi clienti entrati sul mercato nel 2020 durante il lockdown.

Di seguito è mostrata la classifica dei 10 e-commerce più popolari in Italia, che comprende tutti i settori, aggiornata a febbraio 2024.

Azienda	Visitatori unici mensili
Amazon	60.659.146
Subito	18.751.566
eBay	14.172.241
Booking.com	13.273.670
Ikea	7.311.520
Leroy Marlen	7.132.724
Trenitalia	7.888.674
Apple	7.220.280
Ryanair	5.933.241
Mediaworld	5.898.823
Zalando	5.594.970
Temu	5.684.149

Fonte: https://www.ecommerceitalia.info/e-commerce-ranking/.

Servizi pubblici

I servizi pubblici, nonostante il forte impatto sulla vita quotidiana di ciascuno, restano uno degli ambiti meno studiati in una prospettiva di management e marketing. Tra questi servizi rientrano anche quelli cosiddetti "a rete", cioè quelli che utilizzano importanti infrastrutture necessarie alla produzione e alla distribuzione e vendita del servizio. I tipici servizi pubblici di interesse economico generale comprendono il trasporto pubblico e la fornitura di energia elettrica e gas naturale.

Il legislatore italiano a più riprese ha inciso sulla materia, spinto dalla necessità di garantire una maggiore efficienza organizzativo-gestionale e riconoscendo al settore un ruolo strategico per l'economia del Paese. L'assetto attuale tende a favorire la concorrenza, pertanto costantemente vengono proposte nuove offerte commerciali per convincere anche i clienti più "conservatori" a cambiare fornitore (concorrenza nel mercato). Laddove non è possibile adottare una soluzione di mercato è la Pubblica Amministrazione a selezionare il fornitore (concorrenza per il mercato: per esempio, servizio idrico o igiene urbana).

2.2g Commercio all'ingrosso e al dettaglio

Commercio all'ingrosso

Per commercio all'ingrosso si intende l'attività svolta professionalmente di acquisto merci per la rivendita ad altri commercianti, all'ingrosso o al dettaglio, e a utilizzatori professionali. L'attività può assumere la forma di commercio interno, di importazione o di esportazione. Il commercio all'ingrosso in Italia nel 2020 contava 374.569 imprese che occupavano 1.152.261 addetti. Nel 2021 si è registrato un aumento del fatturato del settore, rispetto al 2020, del 15,7 per cento.

Commercio al dettaglio

La vendita o somministrazione al dettaglio costituisce l'ultimo anello della catena produttiva. Il venditore al dettaglio (negozio, supermercato, ecc.) acquista quantità, spesso elevate, di merce dal produttore o da un grossista e rivende quantità più contenute ai clienti finali. I servizi di vendita al dettaglio possono essere svolti presso punti di vendita fisici o attraverso la consegna a domicilio. Già da tempo si è affermata la vendita al dettaglio online, che sfrutta le moderne tecnologie del commercio elettronico per offrire agli acquirenti una vasta selezione di prodotti. Nel 2020 in Italia il settore del commercio interno annoverava 1.040.133 imprese che occupavano 3.324.205 addetti. In particolare, il commercio al dettaglio, con 547.264 imprese e 1.783.818 addetti, si caratterizzava per la prevalenza di microimprese, con una media di 3,3 addetti ciascuna. Nello specifico, 444.414 esercitavano vendita al dettaglio in sede fissa e 102.850 prevalentemente commercio elettronico e commercio al di fuori dei negozi.

2.2h Altre considerazioni riguardo all'economia dei servizi

Da ultimo vale la pena soffermarsi su tre considerazioni di ordine generale prima di iniziare a descrivere le attività di marketing dei servizi.

Miopia dei servizi

La descrizione dei sub-settori evidenzia l'eterogeneità delle attività riconducibili nel perimetro dell'economia dei servizi.

Una delle caratteristiche principali di questo testo è l'approccio integrato che non tratta i vari attori come entità separate (banche, trasporti, servizi alle imprese, assistenza sanitaria e aziende di servizi per la ristorazione). Spesso, infatti, le imprese sviluppano idee innovative basandosi esclusivamente sulle pratiche dei concorrenti nel proprio settore. Molti ambiti di servizio, invece, condividono sfide comuni nella fornitura e quindi trarrebbero vantaggio dalla condivisione di conoscenze con altri operatori. Sfortunatamente, molte aziende di servizi soffrono di "*service myopia*" ovvero della scarsa lungimiranza che li conduce a guardare solo alle imprese all'interno del proprio settore; le banche guardano ad altre banche, le compagnie assicurative guardano ad altre compagnie assicurative e così via.

Miopia dei servizi: così come le imprese produttrici di beni tangibili rischiano di sottostimare la componente di servizio dell'offerta ("miopia del marketing"; vedi Capitolo 1), anche le imprese di servizi rischiano di guardare solo al proprio settore e non all'intera economia dei servizi.

Questo approccio miope non permette un reale sviluppo; basti pensare come potrebbero innovare gli ospedali se prendessero in considerazione idee sviluppate da ristoranti e alberghi invece che confrontarsi solo con altri ospedali. Allo stesso modo un impiegato bancario o un operatore aeroportuale, che sembrano svolgere mansioni abbastanza diverse, a ben vedere hanno esperienze comuni e sfide simili nei confronti dei clienti durante una giornata tipo, e potrebbero scambiarsi consigli utili.

Materialismo snobbery: atteggiamento di chi pensa che solo il settore industriale manifatturiero crei benessere.

Materialismo snobbery

Sebbene l'economia dei servizi stia crescendo a passi da gigante, non tutti gioiscono. Il *materialismo snobbery* riflette l'atteggiamento di chi pensa che l'unico settore che può creare benessere sia quello manifatturiero e che tutti gli altri settori dell'economia siano parassitari o irrilevanti. I più materialisti credono che senza la manifattura non ci sarebbero neanche servizi per le persone. Di conseguenza, più persone saranno disponibili a fare meno lavoro, abbassando i salari e il tenore di vita. In conclusione, il materialismo snobbery sostiene che il continuo spostamento verso un'economia di servizi metterà a repentaglio lo stile di vita occidentale. Preoccupazioni simili furono espresse negli Stati Uniti più di 160 anni fa, quando l'economia si stava spostando dall'agricoltura alla produzione. Nel 1850, 50 anni dopo l'avvio dell'industrializzazione, il 65% della popolazione era legato all'agricoltura. Durante questo periodo, molti esperti esprimevano grande timore per i lavoratori che stavano lasciando le fattorie per andare a lavorare nelle fabbriche. Le argomentazioni riflettevano lo stesso tipo di logica: se la stragrande maggioranza della popolazione lasciasse le fattorie, cosa mangerebbe la gente? Oggi, l'1% della forza lavoro statunitense è coinvolto nelle attività agricole. Questa piccola ma potente categoria di lavoratori fornisce un tale surplus di cibo che il governo federale eroga sussidi e sostegno ai prezzi per mantenere attive le aziende agricole. A quanto pare, le preoccupazioni per il passaggio alla produzione industriale erano ingiustificate e, in effetti, il cambiamento ha portato alla crescita economica. Allo stesso modo, con i progressi tecnologici e le nuove pratiche gestionali, non esiste più la necessità di avere tanti addetti all'industria come a metà del 1900. La produzione manifatturiera non è superiore ai servizi. I due settori sono interdipendenti e la metà dei lavoratori manifatturieri esegue attività di servizio.

Divario di ricchezza: aumento delle differenze, in termini economici, tra le fasce di lavoratori con retribuzioni più basse e quelli con retribuzioni alte.

Divario della ricchezza

Un'altra critica all'economia dei servizi riguarda il **divario di ricchezza** tra i lavoratori dei servizi. Negli Stati Uniti, l'80% della popolazione ha registrato una diminuzione del reddito negli ultimi 20 anni, mentre il 5% dei più benestanti ha avuto un aumento del 50% e l'1% di questi ha visto addirittura raddoppiare il proprio reddito. Sebbene gli esperti non siano d'accordo, alcuni ritengono che i bassi salari pagati in certi casi, insieme allo spostamento dell'economia dalla produzione, porteranno a un ulteriore divario di ricchezza: i ricchi diventeranno più ricchi e i poveri diventeranno più poveri. Senza dubbio, il settore dei servizi prevede molte mansioni a bassa retribuzione; le persone sotto i 30 anni che lavorano nei servizi vengono pagate anche il 25% in meno rispetto ai lavoratori del settore manifatturiero. Alcuni esperti ritengono che mentre il settore manifatturiero si ridurrà, le offerte di lavoro nei servizi aumenteranno, facendo scendere ancora di più i salari. Tuttavia, non tutti gli impieghi nell'ambito dei servizi sono mal pagati: nella finanza e in alcuni segmenti del commercio all'in-

APPROFONDIMENTO 2.2

Servizi globali in azione
La televisione digitale

Nel corso dei decenni il mondo dei servizi televisivi è stato caratterizzato da significativi cambiamenti, tecnologici e commerciali.

Uno dei momenti cruciali è stato il passaggio dalla tecnologia analogica a quella digitale: se prima i segnali televisivi venivano trasmessi sotto forma di onde elettromagnetiche, oggi le emittenti televisive trasmettono i segnali in forma digitale, migliorando notevolmente la qualità dell'immagine e del suono ma soprattutto potendo interagire con gli spettatori.

Sky è stata una delle prime società a introdurre i servizi di televisione digitale, svolgendo un ruolo cruciale nell'accelerare il passaggio al digitale in Italia, promuovendo l'ampia gamma di contenuti e la qualità delle proprie trasmissioni.

Nata il 31 luglio 2003 dalla fusione di Stream TV e TELE+ Digitale, l'azienda fornisce agli utenti un decoder e grazie a questo si è abilitati a una serie di contenuti televisivi, tra cui sport, film, intrattenimento e serie televisive.

L'offerta dei servizi inoltre prevede la possibilità di personalizzare i pacchetti di canali, e consente agli utenti di scegliere le categorie di contenuti di proprio interesse.

Negli ultimi anni, inoltre, l'azienda ha sviluppato piattaforme di streaming come SkyGo e NowTV, offrendo una gamma di contenuti anche sui dispositivi mobili e da fruire fuori casa.

Sky ha quindi giocato un ruolo fondamentale nel facilitare la transizione verso la tecnologia digitale e nell'innovare l'offerta dei servizi televisivi in Italia, contribuendo a migliorarla.

Fonte: https://www.sky.it.

grosso i salari sono simili a quelli del settore produttivo. Inoltre, un numero crescente di personale di servizio è altamente qualificato e impiegato in imprese basate sulla conoscenza. In effetti, più della metà della forza lavoro statunitense è attualmente impiegata nella produzione, conservazione, recupero o diffusione della conoscenza. Inoltre, le maggiori opportunità di lavoro sono nel settore finanziario, assicurativo, immobiliare e dei servizi alle imprese: tutte occupazioni che richiedono personale istruito. In generale, i salari dei servizi sembrano recuperare terreno rispetto ai salari nel settore manifatturiero e ovviamente esistono posizioni nei servizi che prevedono stipendi molto maggiori rispetto a posizioni analoghe nel manifatturiero, ma la preoccupazione per i salari associati all'occupazione nei servizi è reale e descrive la continuazione delle tradizionali pratiche di gestione industriale. "La maggior parte delle imprese di servizi paga bene la mente brillante e male il personale di supporto: avvocati da 500 dollari l'ora e segretarie da 10 dollari l'ora." Questo è un punto importante da prendere in considerazione. In tutto il mondo, alcune delle persone che hanno un ruolo molto importante all'interno delle organizzazioni di servizi (in termini di prime impressioni e fonti di informazione per i clienti) sono quelle meno rispettate e meno pagate, come segretarie, receptionist, hostess, insegnanti, infermieri. Questo non ha alcun senso. Perché un dipendente mal pagato e poco rispettato dovrebbe definire l'eccellenza di un'impresa che tratta i propri dipendenti in modo così meschino? Le imprese di servizi di successo infatti riconoscono l'importanza del personale in prima linea e lo trattano di conseguenza.

2.3 L'etica per il marketing dei servizi

La seconda parte di questo capitolo è dedicata a un aspetto molto rilevante per il marketing dei servizi: l'etica. Come descritto nella prima parte, l'economia dei servizi è composta da una moltitudine di organizzazioni e, sebbene la maggior parte di esse adotti comportamenti estremamente corretti, non tutte agiscono allo stesso modo e talvolta si creano situazioni quantomeno discutibili sotto il profilo etico.

I paragrafi che seguono evidenziano alcuni aspetti significativi nella gestione dei servizi e segnatamente:

- vulnerabilità del cliente;
- circostanze che generano un conflitto etico;
- fattori che influenzano il processo decisionale etico;
- gli effetti della cattiva condotta etica;
- strategie per il controllo del comportamento etico.

Si noti che in questo capitolo non si intende definire ciò che è giusto o sbagliato; la decisione, per certi versi, è lasciata alla valutazione del singolo o della collettività. Purtroppo, nella vita quotidiana l'adeguatezza delle pratiche economiche o l'accettazione da parte del cliente viene delegata ai mezzi di comunicazione (giornali o programmi televisivi) o all'opinione pubblica (social network, passaparola). L'obiettivo primario delle pagine che seguono è quello di fornire alcuni spunti di riflessione e incoraggiare una **vigilanza** personale, prestando molta attenzione al fatto che le azioni (individuali o collettive) non sono irrilevanti.

Vigilanza: attenzione alle azioni svolte e al perché di determinati comportamenti.

2.4 Cos'è l'etica?

In prima approssimazione, l'**etica** è definita come: (1) una branca della filosofia che si occupa di ciò che è bene e ciò che è male con i relativi obblighi morali e (2) l'insieme dei principi di condotta morale che governano un individuo o un gruppo. L'**etica aziendale** comprende principi e standard morali che guidano il comportamento nel mondo degli affari. Le imprese che si impegnano in pratiche etiche sostenibili perseguono quella che è nota come la "***triple bottom line***". Questo approccio consiste nello svolgimento delle attività ordinarie tenendo conto non solo della prosperità economica dell'impresa, ma anche del suo scopo (*purpose*) e degli obiettivi relativi ai problemi di ordine ambientale e sociale (inclusione, uguaglianza, ecc.).

Etica: branca della filosofia che si occupa di ciò che è bene e ciò che è male con i relativi obblighi morali. Definisce i principi di condotta di un singolo o della collettività.

Etica aziendale: definisce le linee guida delle scelte economiche e aziendali.

Triple bottom line: approccio che tiene in considerazione il benessere economico e le finalità aziendali e personali anche con riferimento al rispetto dell'ambiente e della giustizia sociale.

Negli ultimi decenni, l'opinione pubblica è stata molto severa riguardo all'etica degli affari. Secondo un sondaggio BusinessWeek/Harris, il 46% degli intervistati riteneva che gli standard etici degli uomini d'affari fossero solo nella media, mentre il 90% riteneva che i reati finanziari fossero piuttosto o molto comuni. Un altro sondaggio ha riportato che la maggioranza degli americani sia convinta che molti uomini d'affari adottino frequentemente comportamenti eticamente discutibili; il 76% degli intervistati ha risposto che il declino degli standard morali negli Stati Uniti è una diretta conseguenza della mancanza di pratiche etiche nella quotidianità della vita aziendale. Forse ancora più preoccupanti sono i risultati di un sondaggio effettuato tra gli stessi operatori del settore: il 66% dei dirigenti intervistati ritiene che gli uomini d'affari occasionalmente agiscano in modo non etico durante le transazioni commerciali, mentre un altro 15% ritiene che la cattiva condotta etica sia un fenomeno frequente nel mondo degli affari.

2.5 Agire in maniera non etica nel marketing dei servizi

Le occasioni per una condotta aziendale discutibile possono essere attribuite soprattutto alle dimensioni di intangibilità, eterogeneità e inseparabilità connesse alla fornitura di servizi. Nel Capitolo 3 verrà descritto più a fondo come l'intangibilità complica la capacità del cliente di valutare la qualità del servizio fornito, l'eterogeneità genera la difficoltà a standardizzare i prodotti e controllarne la qualità, mentre l'inseparabilità riflette la partecipazione umana nel processo di erogazione del servizio.

Tutte e tre le dimensioni citate contribuiscono a rendere il cliente più vulnerabile e dipendente dalla condotta del fornitore nell'esperienza del servizio. Entrando più nel dettaglio, la vulnerabilità dei clienti nei confronti del comportamento dell'impresa di servizi è da attribuirsi ad alcune specifiche ragioni:

- i servizi sono caratterizzati da pochi attributi di ricerca;
- i servizi sono spesso specializzati e/o tecnici;
- alcuni servizi hanno un intervallo di tempo significativo tra le prestazioni e la valutazione;
- molti servizi sono venduti senza garanzie e assicurazioni;
- i servizi sono spesso forniti da personale fuori dal perimetro fisico dell'impresa;
- la variabilità nelle prestazioni del servizio è in qualche modo accettata;
- i sistemi di ricompensa sono spesso basati sui risultati piuttosto che sul comportamento;
- i clienti sono partecipanti attivi nel processo di produzione.

2.5a Servizi con pochi attributi di ricerca

Tutti i prodotti sono costituiti da un insieme di attributi riconducibili a tre categorie: attributi di ricerca (*search*), di esperienza (*experience*) e di fiducia (*credence*). Gli ultimi due tipi di attributi saranno descritti più dettagliatamente nel Capitolo 4, ma per quanto riguarda l'etica del marketing dei servizi è opportuno soffermarsi sugli **attributi di ricerca**.

Attributi di ricerca: attributi di un'offerta valutabili prima dell'acquisto.

Questo tipo di attributi, tra cui il tatto, l'olfatto, gli elementi visivi o il gusto, comprende quelle componenti di un'offerta che possono essere valutate prima dell'acquisto. I prodotti che contengono attributi di ricerca possono essere valutati in maniera più oggettiva e sono molto più facili da confrontare con altri simili. Le automobili contengono molti attributi di ricerca: è possibile confrontarne due differenti e valutarle abbastanza facilmente. I servizi, a motivo dell'intangibilità di cui si è già accennato, contengono pochi attributi di ricerca e i clienti dispongono di scarse informazioni per decidere prima dell'acquisto. Gli acquirenti di servizi spesso devono basare le proprie decisioni di acquisto prevalentemente sulle comunicazioni provenienti dal fornitore e questi può gestire le informazioni al solo fine di trarne un vantaggio.

2.5b Servizi tecnici e specializzati

Molti servizi non sono facilmente comprensibili e valutabili, pertanto aumenta la possibilità di ingannare gli acquirenti. La valutazione delle prestazioni dei fornitori di servizi professionali, per esempio, è particolarmente complessa; è difficile capire se il medico, l'avvocato o il promotore finanziario sia competente e in buona fede. Spesso le valutazioni si basano sull'aspetto esteriore, l'arredamento degli uffici, la posizione dello studio e le capacità relazionali. In altre parole, in assenza di informazioni attraverso le quali poter facilmente valutare il servizio, molte volte i clienti si basano su elementi secondari.

2.5c Intervallo di tempo tra le prestazioni e la valutazione

La valutazione di alcuni servizi utilizzati, quali le assicurazioni o la gestione finanziaria del patrimonio, viene spesso effettuata solo in un secondo momento; il rendimento del piano di accumulo previdenziale talvolta può essere giudicato solo molto dopo averlo scelto, anche a distanza di 30 anni dal versamento delle prime quote. In questo caso, i fornitori di servizi non possono essere ritenuti responsabili per le loro azioni nel breve termine. Ciò può portare a uno scenario in cui i fornitori di servizi meno etici potrebbero massimizzare il loro guadagni a breve termine a scapito dei benefici a lungo termine per i clienti.

2.5d Servizi venduti senza garanzie e assicurazioni

Contrariamente alle vendite di beni, le transazioni di servizi sono generalmente accompagnate da poche garanzie o assicurazioni. Di conseguenza, quando il cliente non è soddisfatto di un fornitore disonesto, ci sono pochi o talvolta nessun mezzo per chiedere un risarcimento. Per esempio, non ci sono garanzie o assicurazioni per un taglio di capelli mal riuscito o una serata noiosa in discoteca.

2.5e Servizi erogati da boundary spanner

Molti fornitori erogano il servizio al di fuori dei locali della propria impresa. In questo modo il perimetro dell'attività si espande oltre la sede principale. Pittori, giardinieri specializzati, paramedici o addetti alle pulizie ne sono esempi tipici. A causa della distanza fisica dal luogo di lavoro effettivo, questi fornitori di servizi oltrepassano i confini fisici della sede dell'organizzazione di appartenenza (e per questo sono definiti ***boundary spanner***) e spesso non sono sotto una diretta supervisione e possono agire in modo non coerente con le procedure operative standard. In casi come questi, aumentano le probabilità di condotte eticamente discutibili poiché chi compie l'infrazione non affronta il rischio di sanzioni disciplinari. Qualche tempo fa su YouTube è stato pubblicato un video che mostrava un dipendente di un'impresa di pulizie che dormiva sul divano di un cliente. Fatti come questi possono succedere e ovviamente non sono condivisibili, ma soprattutto non potrebbero accadere dentro i confini dell'impresa fornitrice o sotto gli occhi di un superiore.

Boundary spanner: il personale ricopre un ruolo di collegamento per superare i confini tra l'interno e l'esterno dell'organizzazione o tra ambiti diversi al suo interno.

2.5f Variabilità accettata nelle prestazioni

L'incertezza nella condotta etica nel settore dei servizi è accentuata dall'eterogeneità delle prestazioni, rendendo difficile stabilire uno standard uniforme per ogni operazione. Molti servizi sono personalizzati, richiedono una varietà di competenze e spesso i clienti sono esposti a diversi fornitori della stessa impresa. In sintesi, è inevitabile che ci sia una variazione nelle prestazioni dei servizi e, nel complesso, i fornitori disonesti possono spingersi oltre i limiti delle prestazioni accettabili a loro vantaggio.

2.5g Sistemi di ricompensa basati sui risultati

I sistemi di incentivazione di un'organizzazione, cioè quelli che consentono di integrare lo stipendio e ricevere riconoscimenti, influenzano il comportamento dei lavoratori, che ben presto individuano la via più rapida per ottenere ricompense. Per questo motivo il sistema dei premi può indurre, anche involontariamente, ad atteggiamenti non corretti o opportunistici. Una commissione o una percentuale elevata sulle vendite effettuate può favorire l'attività commerciale ma anche scoraggiare attività collaterali come il mantenimento di un ampio assortimento nel punto vendita o l'attenzione dedicata al cliente in fase di acquisto.

2.5h Partecipazione attiva dei clienti

A una prima impressione, si potrebbe pensare che maggiore è il coinvolgimento del cliente nella produzione del servizio, minore è l'opportunità per il fornitore di adottare comportamenti eticamente discutibili. Tuttavia, lo scambio può essere compromesso da strategie coercitive utilizzate dal fornitore per influenzare il cliente. Il coinvolgimento nel processo di erogazione del servizio consente a un fornitore di tentare di influenzare il cliente ingenerando timore o senso di colpa affinché accetti un'offerta che altrimenti rifiuterebbe. Un riparatore di automobili che dichiara "Non vorrei che la mia famiglia andasse in giro su un'auto con freni come questi" è un tipico esempio dell'influenza che un fornitore può esercitare su un cliente. Inoltre, a causa dell'input che riceve nel processo di produzione, il cliente tende spesso ad assumersi la gran parte della responsabilità per servizi non soddisfacenti. I clienti potrebbero pensare di non essersi spiegati abbastanza chiaramente e preferire assumersi la colpa per evitare un confronto con il fornitore del servizio; di fatto, preferiscono non presentare reclami proprio per prevenire situazioni conflittuali. Questa dinamica fa sì che i fornitori di servizi si sottraggano alla piena responsabilità delle proprie azioni, offrendo loro ulteriori opportunità di adottare comportamenti non etici.

2.6 I problemi che creano conflitti etici

Le problematiche di tipo etico che i fornitori di servizi incontrano non sono troppo dissimili da quelle di altri settori e ciò può essere dovuto alla combinazione di prodotti (in senso di beni tangibili) e servizi che il cliente ha costantemente a disposizione. Osservando il proprio personale, le imprese possono individuare le questioni etiche che le riguardano. I problemi tipici che manager e dipendenti dovranno affrontare durante lo svolgimento di affari includono:

- conflitto d'interesse;
- relazioni organizzative;
- onestà;
- equità;
- comunicazione.

2.6a Conflitto d'interesse

Conflitti di interesse: situazioni in cui le finalità dell'organizzazione, del personale e dei clienti non coincidono.

Durante l'erogazione dei servizi, i fornitori di servizi sono spesso a contatto diretto con i clienti e possono quindi sperimentare **conflitti di interesse** man mano che la relazione (anche di amicizia) con il cliente si sviluppa. In una tale situazione, il fornitore di servizi può sentirsi combattuto tra l'organizzazione, il cliente e l'interesse personale. Per esempio, il personale di una compagnia di assicurazione può istruire amici e familiari su come compilare i moduli necessari al fine di ottenere una tariffa meno costosa. In questa situazione, il cliente ne beneficia (tramite tassi più bassi), i dipendenti ne beneficiano (tramite "la vendita"), ma l'organizzazione ne risente (non riuscendo a ottenere il premio assicurativo adeguato).

2.6b Relazioni organizzative

Relazioni organizzative: legami tra i vari attori coinvolti nella produzione del servizio caratterizzati da ruoli e mansioni specifici.

I fornitori di servizi stabiliscono **relazioni organizzative** di lavoro con una varietà di partner, tra cui clienti, fornitori, colleghi, subordinati, supervisori o altri. Le informazioni ottenute da queste relazioni sono spesso estremamente sensibili. Per esempio, la maggior parte delle persone non vorrebbe che l'addetto allo sportello rivelasse il contenuto dei propri conti bancari o che il proprio medico comunicasse ad altri eventuali problemi di salute. A causa della delicatezza delle informazioni, i fornitori di servizi etici sono tenuti a mantenere la riservatezza nei rapporti per soddisfare obblighi e responsabilità professionali. Al contrario, i fornitori di servizi non etici possono utilizzare le informazioni acquisite nei rapporti di lavoro per un proprio tornaconto personale.

Ivan Boesky, uno dei principali operatori di Wall Street, è stato accusato di attività di insider trading dalla Securities and Exchange Commission (SEC). Boesky avrebbe guadagnato milioni di dollari ottenendo informazioni sulle acquisizioni di aziende prima che venissero annunciate pubblicamente. Una volta che Boesky veniva a conoscenza di un'acquisizione, acquistava grandi quantità di azioni che successivamente rivendeva con enormi profitti. In cambio dei nomi di altri insider trader, Boesky si è dichiarato colpevole di un'accusa di attività illecita e ha accettato di pagare sanzioni per 100 milioni di dollari. Ha scontato anche tre anni di carcere. Il vecchio detto "la conoscenza è potere" è spesso adottato da coloro che si avvalgono di condotte non etiche.

2.6c Onestà

Onestà è sinonimo di sincerità, integrità e affidabilità. Esempi di disonestà nel servizio clienti includono promettere di fare qualcosa per un cliente senza avere alcuna intenzione di mantenere la promessa o dichiarare che un servizio è stato eseguito sapendo di mentire. I problemi di onestà possono riguardare anche strategie aziendali utilizzate dalle società di servizi per gestire le aspettative degli acquirenti. Una prassi comune in alcuni ristoranti è quella di indicare volutamente tempi di attesa superiori ai tempi di attesa effettivi previsti. Se i clienti vengono accomodati prima, sentono di ricevere un servizio migliore. Questa pratica è etica? Altri problemi di onestà riguardano: (1) il rispetto della proprietà privata dei clienti durante l'erogazione del servizio nelle loro case o nei luoghi in cui lavorano, (2) l'esecuzione dei servizi all'ora stabilita, (3) il rilascio di una fatturazione accurata per i servizi forniti e (4) la fornitura di informazioni precise anche se ciò comporta la perdita di una vendita.

2.6d Equità

L'equità (*fairness*) è il risultato di un trattamento giusto e imparziale. I clienti dovrebbero essere trattati in modo equo e bisognerebbe evitare accordi basati sul favoritismo. Inoltre, dovrebbero essere affrontate anche le questioni relative alla discriminazione dei servizi. Gli uomini ricevono un servizio migliore delle donne o viceversa? Le persone ben vestite sono servite meglio dei clienti in blue jeans? La razza o l'aspetto generale di un cliente influiscono sul livello del servizio fornito?

2.6e Comunicazione

Problemi etici possono emergere anche in relazione alle comunicazioni rilasciate al pubblico dall'organizzazione di servizi. La comunicazione può variare dalla pubblicità attraverso i mass media alle informazioni sulla garanzia fino alla comunicazione interpersonale tra il fornitore e il cliente. La cattiva condotta etica derivante dalla comunicazione può includere false dichiarazioni sulla superiorità dei servizi dell'impresa, dichiarazioni ingannevoli su offerte competitive e/o la formulazione di promesse che, consapevolmente, non possono essere mantenute.

2.7 Gli effetti della cattiva condotta etica

Le organizzazioni di servizi dovrebbero sottolineare l'importanza della condotta etica dei propri dipendenti per diversi motivi: in primo luogo, in termini di responsabilità sociale, le organizzazioni di servizi dovrebbero essere tenute ad agire nel migliore interesse della società. In secondo luogo, i dipendenti costretti a confrontarsi regolarmente con questioni etiche spesso soffrono di tensioni legate al lavoro, a frustrazione, ansia, prestazioni inefficaci (riduzione di vendite e profitti, ecc.), propensione a cambiare lavoro e minore soddisfazione lavorativa. Oltre alle conseguenze sul piano personale, l'intera organizzazione ne risente per via dell'insoddisfazione dei clienti, di un passaparola e di un'immagine pubblica negativa anche per l'intero settore.

2.8 Il controllo del processo decisionale etico

Gli effetti negativi di comportamenti considerati non condivisibili sotto il profilo etico possono indurre le imprese di servizi a un maggiore controllo sui propri dipendenti:

Alcune pratiche di gestione del personale in questa direzione includono:

- socializzazione dei dipendenti;
- norme di comportamento;
- controllo correttivo;
- formazione alla leadership;

- conoscenza del servizio/prodotto;
- monitoraggio delle prestazioni dei dipendenti;
- costruzione di relazioni con i clienti a lungo termine.

2.8a Socializzazione dei dipendenti

Socializzazione dei dipendenti: processi che portano a condividere i valori, le norme e i comportamenti che guidano un'organizzazione.

Per **socializzazione dei dipendenti** si intende il processo attraverso il quale un collaboratore si adatta e arriva ad apprezzare i valori, le norme e i modelli di comportamento richiesti da un'organizzazione. Questioni etiche come l'imbroglio, il pagamento di tangenti e la menzogna possono essere gestite attraverso la socializzazione dei valori e delle norme organizzative. Questi valori e norme possono essere trasmessi mediante sessioni di orientamento per i dipendenti e successivi incontri formali per affrontare nuove problematiche e rafforzare insegnamenti passati.

Le organizzazioni di servizi possono anche trasmettere valori e norme organizzative attraverso comunicazioni come newsletter aziendali o messaggi pubblici. Per esempio, Southwest Airlines è stata elogiata per i suoi post su YouTube che ritraggono dipendenti molto disponibili, amichevoli e felici, impegnati ad assistere volontariamente i clienti della compagnia aerea. Gli annunci non solo attraggono i clienti, ma aiutano i dipendenti di Southwest a capire il loro ruolo all'interno dell'impresa e i tipi di comportamento che questa si aspetta e premia.

2.8b Norme di comportamento

Codice etico: documento che formalizza i comportamenti attesi e aiuta a guidare le azioni individuali e collettive.

Come parte del processo di socializzazione, gli standard formali di condotta possono essere presentati ai dipendenti di servizio attraverso un **codice etico**. Alcune ricerche hanno indicato che i dipendenti desiderano codici etici che li aiutino a definire un comportamento corretto, riducendo così i conflitti e le ambiguità di ruolo. Sviluppare un codice di condotta non garantisce di per sé un comportamento adeguato da parte dei dipendenti, ma è un importante passo iniziale nel processo di controllo delle decisioni etiche.

2.8c Controllo correttivo

Controllo correttivo: utilizzo di incentivi e sanzioni per rinforzare i comportamenti attesi.

Affinché il codice etico dell'impresa di servizi sia efficace, devono essere applicate le condizioni in esso previste. L'applicazione del codice etico può avvenire attraverso il **controllo correttivo**, l'uso di ricompense e punizioni. I fornitori di servizi che vengono ricompensati (o non puniti) per comportamenti non etici continueranno a praticarli. È interessante notare che alcune ricerche indicano che i dipendenti di imprese che hanno codici etici sono più inclini a credere che vadano puniti coloro che li trasgrediscono.

2.8d Formazione alla leadership

Le imprese di servizi devono sottolineare ai leader dell'organizzazione l'importanza dei propri comportamenti e l'influenza che esercitano sui loro sottoposti. I leader devono essere di esempio per gli standard di condotta etica e devono capire che le persone gerarchicamente subordinate chiamate a prendere decisioni etiche spesso emulano il comportamento dei loro supervisori. Questo vale soprattutto per i dipendenti più giovani, i quali tendono a seguire in tutto i superiori come segno di fedeltà.

APPROFONDIMENTO 2.3

Sostenibilità e servizi in azione
La lettera annuale di Larry Fink

Negli ultimi anni Larry Fink, amministratore delegato di BlackRock, una delle più importanti società di investimento al mondo con un patrimonio gestito di 10.000 miliardi di dollari, ha indirizzato delle lettere annuali agli amministratori delegati delle imprese in cui BlackRock investe. Per l'importanza della sua società di investimento e l'autorevolezza del management, questo genere di comunicazioni viene accolto con molta attenzione.

Nel 2022, quando il pianeta stava uscendo da un'emergenza sanitaria epocale, Fink ha scritto: «Nessun rapporto ha subito più modifiche a causa della pandemia di quello tra datori di lavoro e dipendenti». Il tasso di abbandono da parte dei dipendenti stava infatti aumentando come mai era successo prima e, di conseguenza, stava crescendo il costo per trattenere i collaboratori sia in termini strettamente salariali che di gestione complessiva del personale.

La lettera poi proseguiva così: «Le maggiori richieste dei lavoratori nei confronti dei loro datori di lavoro è un tratto essenziale di un capitalismo efficace. Favorisce la prosperità e crea un clima più competitivo per i talenti, spingendo le aziende a creare ambienti migliori e più innovativi per i loro dipendenti – azioni che, a loro volta, le aiuteranno a generare maggiori profitti per gli azionisti. Le società che agiscono in questo modo stanno già raccogliendo i frutti di quanto seminato. La nostra ricerca mostra che le società che hanno instaurato legami solidi con i loro dipendenti hanno registrato livelli più bassi di turnover e rendimenti più alti nel corso della pandemia. Le società che non si adeguano a questa nuova realtà, e non danno seguito alle istanze dei loro dipendenti, lo fanno a loro rischio e pericolo. Il turnover della forza lavoro fa aumentare le spese, abbassa la produttività ed erode la cultura e la memoria aziendale. I CEO devono domandarsi se stanno creando un ambiente che li aiuta a competere per i talenti».

E poi ancora: «Creare un ambiente come quello prospettato è più complesso che mai, e va oltre le questioni legate alla retribuzione e alla flessibilità. Oltre a sovvertire il rapporto con il luogo fisico in cui lavoriamo, la pandemia ha anche fatto luce su questioni come l'uguaglianza etnica, l'assistenza all'infanzia e la salute mentale, rivelando il divario tra le aspettative generazionali sul lavoro. Questi temi ora sono al centro della scena per i CEO, che devono riflettere attentamente su come usare la loro voce per creare sinergie sulle questioni sociali che stanno a cuore ai loro dipendenti. Coloro che si mostrano umili e non perdono di vista il proprio scopo hanno maggiori probabilità di riuscire a costruire quel tipo di legame che perdura per tutta la vita lavorativa di un individuo».

2.8e Conoscenza del servizio/prodotto

Le imprese di servizi devono formare costantemente tutti i dipendenti anche sui dettagli di ciò che il servizio può o non può fornire. A causa della complessità di molte offerte di servizi e di un ambiente aziendale competitivo in continua mutazione, le imprese non possono permettersi di presumere che i dipendenti comprendano autonomamente come si evolveranno i nuovi servizi. Alcune imprese di servizi, come per esempio quelle assicurative, comprendono bene la responsabilità sociale di tenere aggiornati i dipendenti sui prodotti assicurativi che vendono.

2.8f Monitoraggio delle prestazioni dei dipendenti

Un altro possibile metodo per controllare il processo decisionale etico è la misurazione delle prestazioni etiche dei dipendenti. Questo approccio comporta il confronto tra i comportamenti e gli standard etici dell'organizzazione. Le imprese possono monitorare le prestazioni dei dipendenti osservandoli in azione o utilizzando questionari sui comportamenti etici. I risultati ottenuti dal monitoraggio dovrebbero essere discussi con i dipendenti per chiarire eventuali ambiguità sulla corretta condotta da adottare in situazioni dubbie.

2.8g Costruzione di relazioni con i clienti a lungo termine

I fornitori di servizi devono instaurare un rapporto di fiducia con i propri clienti e favorire relazioni a lungo termine reciprocamente vantaggiose. Pratiche di marketing percepite come etiche costituiscono la base per queste relazioni basate sulla fiducia. Molte decisioni non etiche invece mirano a ottenere benefici a breve termine. Per esempio, un fornitore di servizi potrebbe ingannare un cliente per concludere rapidamente una vendita. Le imprese di servizi che formano correttamente i propri dipendenti dovrebbero sottolineare l'importanza di costruire relazioni durature e i dipendenti, a loro volta, dovrebbero essere in grado di ridurre al minimo le decisioni non etiche.

Riepilogo

Nel Capitolo 1 si è detto che i servizi riguardano ogni aspetto della vita quotidiana e che sono necessari una conoscenza approfondita e un utilizzo degli strumenti di marketing adeguati.

L'obiettivo di questo capitolo era duplice: dapprima è stata presentata la varietà di servizi che vengono forniti e sono stati descritti alcuni sub-settori. Si considerano i servizi come la componente "soft" dell'economia, diversamente da agricoltura e industria, e nella maggior parte dei casi si è passati prima da un'economia agricola a una industriale per poi assistere allo sviluppo dei servizi. Molti sub-settori affrontano sfide simili e quindi potrebbero trarre molti benefici condividendo esperienze comuni.

Nonostante la crescente diffusione dei servizi, in molti continuano a criticare il settore. Persone con un'impronta più materialista ritengono che senza manifattura non ci sarebbero neanche servizi da offrire, altri temono che la differenza nei salari tra l'industria manifatturiera e quella dei servizi potrebbe condurre a forti squilibri nella distribuzione della ricchezza.

A seguire, è stato introdotto un argomento importante, soprattutto riguardo ai servizi, quello dell'etica.

I clienti delle imprese di servizi sono particolarmente esposti a comportamenti discutibili per una serie di ragioni: i servizi sono composti da pochi attributi di ricerca (quelli che possono essere valutati prima dell'acquisto), spesso sono molto tecnici o specialistici e difficili da capire dalla media degli acquirenti, molte volte sono venduti senza garanzie o assicurazioni e forniti da personale inviato fuori dai confini dell'impresa. In aggiunta, il sistema delle ricompense è costruito sulla base dei risultati più che sui comportamenti adottati per raggiungerli. Da ultimo, in alcuni casi c'è un ampio lasso di tempo tra l'acquisto e l'effettivo godimento del servizio e ciò rende ancora più difficile la valutazione da parte del cliente.

Domande di verifica

1. Cosa si intende per economia dei servizi?
2. A cosa ci si riferisce quando si parla di miopia dei servizi?
3. Si manifesta anche in Italia un divario nel benessere?
4. Quali sono gli attributi di ricerca?
5. Quali dovrebbero essere i tre obiettivi di un'organizzazione sostenibili (*triple bottom line*)?
6. In che senso il personale nei servizi talvolta supera i confini dell'impresa (*boundary spanner*)?
7. Cosa si intende per *fairness*?
8. Portare un esempio di socializzazione dei dipendenti.
9. Portare esempi di controllo correttivo.
10. Perché è importante una relazione a lungo termine?

Capitolo 3

Le differenze fondamentali tra beni e servizi

Obiettivi del capitolo

Fino a non molto tempo fa, si pensava che non ci fosse differenza tra commercializzare beni industriali o servizi, con la sola eccezione relativa alla tangibilità del prodotto. I responsabili del marketing delle imprese si sono trovati presto ad affrontare problemi che andavano ben oltre la natura intangibile dei servizi. Questo capitolo approfondirà la descrizione delle differenze fondamentali tra beni e servizi, le sfide di marketing che ne derivano e le possibili soluzioni.

Qatar Airways: la migliore compagnia aerea del mondo

Qatar Airways è riconosciuta come una delle migliori compagnie aeree del mondo e ha ricevuto il massimo riconoscimento nel settore aereo. A seguito di interviste e sondaggi sui passeggeri, il premio è stato attribuito sulla base dell'esperienza del cliente in tutti i tipi di classe di servizio, dalla più costosa alla più economica. Più di 18,8 milioni di passeggeri hanno documentato livelli di soddisfazione molto alti, misurati su 38 indicatori, come le procedure di check-in e imbarco, la pulizia della cabina, il comfort delle poltrone, l'intrattenimento a bordo, il cibo, le bevande, la cortesia del personale, ecc.

I passeggeri di Qatar Airways hanno molti motivi per sentirsi soddisfatti: i posti in first class offrono più spazio per le gambe, coperte leggere e poltrone pieghevoli con sistemi di intrattenimento integrati. I passeggeri della business class possono reclinare le poltrone con funzioni di massaggio fino a 173 gradi e ricevono gratuitamente vino e champagne. I nuovi aerei Boeing 787 sono stati progettati in una configurazione 1-2-1 per consentire l'accesso al corridoio a tutti i passeggeri e ogni posto è dotato di televisori con touch screen. Nell'aeroporto di Doha, base della compagnia Qatar Airways, si trova un Premium Terminal e una Lounge per i passeggeri in first class e business class. Una struttura da 90 milioni di dollari in cui sono previsti il check-in rapido, negozi *duty-free*, sale conferenze, un asilo nido e un'area giochi per bambini, servizi termali, sauna e vasca idromassaggio, ristoranti e altro ancora.

Di recente, in occasione del ventesimo anno di attività, la compagnia aerea ha cambiato la comunicazione di marketing da "*Taking You More Personally*" a "*World's 5-Star Airline*" per consolidare il proprio posizionamento a livello mondiale.

Una delle sole sei compagnie aeree di questa categoria, Qatar Airways soddisfa o supera almeno 800 standard di qualità nella fornitura del servizio, guadagnandosi "la massima approvazione di qualità per una compagnia aerea che raggiunge le prestazioni complessive più elevate". A differenza del premio Best Airline, che si basa sul feedback dei clienti, questo punteggio può essere ottenuto solo attraverso valutazioni delle prestazioni competitive condotte dai revisori professionisti di Skytrax, che rivedono e modificano le valutazioni ogni due o tre mesi. Il risultato è un sistema di classificazione a stelle uniforme e riconosciuto a livello internazionale che rappresenta in tempo reale standard prestazionali di prim'ordine.

Fonte: http://www.worldairlineawards.com e www.qatarairways.com.

3.1 Introduzione

All'inizio, il processo di sviluppo delle conoscenze nel campo dei servizi e di affermazione del marketing dei servizi come disciplina autonoma del settore è stato lento. In effetti, solo intorno al 1970 il marketing dei servizi è stato preso in considerazione anche in ambito accademico e ci sono voluti poi altri 12 anni perché si organizzasse negli Stati Uniti, nel 1982, la prima conferenza internazionale sull'argomento. Molti pensavano che il marketing dei servizi non fosse molto diverso dal marketing dei beni industriali; a quel tempo sembrava che non ci fossero grandi differenze tra i clienti, dovevano ancora essere identificati i mercati di riferimento a cui rivolgersi (*target*) e anche il cosiddetto **marketing mix**, ovvero l'insieme degli strumenti adatti a soddisfare le esigenze del mercato target.

Marketing mix: insieme degli strumenti di marketing a disposizione dell'organizzazione per soddisfare le esigenze degli acquirenti.

Da quei primi giorni a oggi è stato scritto molto sulle differenze tra beni e servizi e sulle relative implicazioni di marketing. La maggior parte di queste differenze è riconducibile essenzialmente a quattro caratteristiche specifiche: intangibilità, inseparabilità, eterogeneità e deperibilità.

Come anticipato nei capitoli precedenti, i servizi sono intangibili perché sono prestazioni e non manufatti; i servizi in quanto tali non possono essere toccati o visti allo stesso modo delle merci. Al contrario, vengono vissuti come esperienza dai clienti, e le valutazioni che ne conseguono tendono a essere molto soggettive. L'inseparabilità tra produzione e consumo deriva dal fatto che, mentre i beni industriali vengono prima prodotti e successivamente venduti e consumati, i servizi vengono prima venduti e poi prodotti e utilizzati contemporaneamente. Un passeggero di Qatar Airways prima acquista un biglietto e poi sale su un aereo e usufruisce dell'eccezionale servizio a bordo man mano che questo viene prodotto dalla compagnia aerea.

L'eterogeneità si riferisce al fatto che le prestazioni possono variare tra un servizio e l'altro. I servizi sono prodotti dalle persone, pertanto un certo grado di variabilità è intrinseco al processo produttivo. Questa mancanza di uniformità non può essere eliminata come accade invece con le merci.

Infine, per deperibilità si intende la peculiarità per cui i servizi non possono essere conservati nel tempo; inoltre, la capacità inutilizzata non può essere venduta in un momento successivo così come i servizi non possono essere inventariati. La deperibilità richiede grande attenzione per cercare di equilibrare l'offerta con la domanda.

In questo capitolo si illustrerà ciascuna delle quattro caratteristiche distintive che differenziano il marketing dei servizi da quello dei beni. I servizi si collocano in molti punti lungo il continuum che va dalla prevalenza di tangibilità alla prevalenza di intangibilità, come descritto dalla Scala delle entità di mercato nel Capitolo 1; l'entità e quindi l'impatto di queste quattro caratteristiche sulla commercializzazione del servizio specifico è variabile.

Attualmente, il campo del marketing dei servizi è fiorente sia in termini di ricerca scientifica sia per numero di corsi tenuti in tutto il mondo. Il marketing dei servizi, un tempo considerato inferiore al marketing dei beni, è ora autorevolmente studiato nella gran parte del mondo come forza trainante nel marketing. Gli addetti ai lavori che abbracciano questa logica dominante dei servizi (***Service-Dominant Logic*, SDL**) sostengono che il compito principale di un'organizzazione sia quello di fornire servizi. Di conseguenza, le merci sono semplicemente un mezzo per rendere un servizio al cliente; le automobili prodotte dalla BMW forniscono il trasporto, un Apple iPod fornisce intrattenimento e i tapis roulant dei centri benessere 24 Hour Fitness forniscono un mezzo per allenarsi. In tal senso, il posto del marketing dei servizi all'interno del campo del marketing è cresciuto notevolmente rispetto a quei primi anni, e giustamente!

Service-Dominant Logic (SDL): approccio teorico che spiega la creazione di valore come uno scambio di risorse e competenze all'interno di una configurazione di attori economici; ciò che viene scambiato sono soprattutto dei servizi.

3.2 L'intangibilità: la madre di tutte le differenze

Delle quattro caratteristiche che tendono a distinguere i beni dai servizi, l'intangibilità è la fonte da cui emergono poi anche le altre tre. Per questo ci si riferisce all'intangibilità come alla madre di tutte le differenze. Già nel Capitolo 1, i servizi sono stati definiti come prestazioni, azioni e sforzi, mentre i beni sono definiti come oggetti, dispositivi o cose. A causa dell'intangibilità, i servizi non possono essere visti, sentiti, gustati o toccati allo stesso modo dei beni tangibili. Si confronti l'acquisto del biglietto d'ingresso al cinema e quello di un paio di stivali: gli stivali sono beni tangibili e possono essere valutati in maniera oggettiva prima dell'acquisto. Si può controllare la qualità dei materiali con cui sono realizzati, vedere lo stile e il colore e indossarli per provarne la comodità; dopo l'acquisto, è possibile portarli a casa come proprietari di un oggetto tangibile.

Al confronto, nell'acquisto di un servizio come la proiezione di un film, il cliente acquista un biglietto che gli dà diritto a un'esperienza che, in quanto intangibile, viene valutata in maniera meno oggettiva. Per decidere prima dell'acquisto di un servizio si deve fare affidamento su esperienze precedenti o su giudizi di altri che hanno già fatto la stessa esperienza. Poiché le informazioni fornite da altri si basano sulle proprie aspettative e percezioni, le opinioni saranno diverse sul valore dell'esperienza. Se si chiede a cinque spettatori cosa pensano di un film horror in distribuzione in quel momento, è probabile che esprimano opinioni molto divergenti che vanno da "L"ho adorato!" a """L'ho odiato!" a "Non riesco più a dormire con le luci spente!". Dopo il film, il cliente torna a casa con un ricordo dell'esperienza e conserva la proprietà fisica solo del biglietto acquistato, se era cartaceo.

3.2a Le sfide di marketing generate dall'intangibilità

Dall'intangibilità dei servizi deriva una serie di problemi di marketing che normalmente non vengono affrontati quando si commercializzano beni tangibili. Più specificamente, occorre fronteggiare: (1) la mancanza di scorte di servizi, (2) la mancanza di protezione brevettuale, (3) le difficoltà legate alla visualizzazione e alla comunicazione degli attributi del servizio al mercato di destinazione previsto e (4) i problemi legati alla determinazione del prezzo da applicare.

I paragrafi seguenti affrontano queste sfide e offrono possibili soluzioni per minimizzarne gli effetti. Un riepilogo delle questioni relative all'intangibilità è presentato nella Tabella 3.1.

Mancanza di scorte di servizi

A causa dell'intangibilità, i servizi non possono essere immagazzinati. Se ne parlerà più volte. Di conseguenza, le prestazioni di servizi non possono essere immagazzinate come riserva da sfruttare in periodi di picco di domanda. I medici non possono produrre e conservare turni per esami clinici da utilizzare in un secondo momento, i posti al cinema non occupati per lo spettacolo pomeridiano non possono essere aggiunti in sala per lo spettacolo serale. Analogamente, un club automobilistico non può preventivare e garantire ore di assistenza stradale da distribuire durante i periodi di punta della domanda in prossimità delle vacanze. Per questo motivo talvolta i clienti sono costretti ad aspettare il proprio turno per ottenere il servizio desiderato e i fornitori possono vendere i servizi solo sulla base della capacità produttiva. La questione di fondo è che l'impossibilità a costituire una scorta si traduce in costanti problemi di allineamento tra domanda e offerta di servizi. Questo è uno dei motivi principali della crescita del turismo medico; i pazienti di alcuni Paesi semplicemente non riescono a ottenere alcune prestazioni specialistiche in tempi brevi e pertanto spostano la loro domanda in altri Paesi dove i servizi sono forniti secondo necessità e in qualche caso anche con un risparmio in termini di costo. Infine, la mancanza di magazzini di servizi presenta così tante sfide per i professionisti del marketing che si è guadagnata un proprio nome: deperibilità.

Tabella 3.1 Intangibilità: sfide di marketing e soluzioni.

Caratteristica	Sfide	Soluzioni possibili
Intangibilità	I servizi non possono essere immagazzinati	Utilizzare indizi tangibili per aiutare a "tangibilizzare" i servizi
	I servizi non sono protetti da brevetto e possono essere facilmente copiati	Utilizzare il passaparola per commercializzare i servizi
	I servizi sono difficili da mostrare e descrivere	Creare una forte immagine aziendale
	Il prezzo dei servizi è più difficile da applicare	Utilizzare un approccio di Activity-Based Costing

I servizi sono privi di protezione brevettuale

A causa dell'intangibilità, i servizi non possono essere brevettati; non esiste un oggetto fisico da brevettare e l'unicità del lavoro o dell'impegno umano non può essere protetta. Le imprese a volte pubblicizzano il fatto che i loro processi sono brevettati, ma in realtà sono gli impianti coinvolti nel processo a essere protetti legalmente, non il processo. Ne consegue che per la mancanza di tutela brevettuale i servizi, nuovi o tradizionali che siano, possono essere facilmente copiati ed è difficile mantenere a lungo il vantaggio competitivo conquistato differenziandosi dai concorrenti.

I servizi sono difficili da mostrare e descrivere

La promozione dei servizi presenta un'altra serie di criticità per chi deve commercializzarli; si entrerà in maggiore dettaglio nel Capitolo 7.

Al fondo, la questione è questa: come convincere i clienti a ricordarsi del servizio quando non possono vederlo? Si pensi, per esempio, alle numerose compagnie di assicurazioni. La polizza è un prodotto complicato per molte persone, perché non è possibile vederlo né provarlo prima dell'acquisto, e talvolta è anche complicato da capire del tutto. L'assicurazione sembra costare tanto a fronte di benefici che si concretizzano, forse, solamente in un certo momento futuro. Anzi, per determinati aspetti si è fortunati quando non se ne traggono i benefici. Perché allora i clienti dovrebbero spendere migliaia di euro all'anno per qualcosa che, se va tutto bene, non verrà utilizzato? A causa dell'intangibilità, il compito di spiegarne i motivi è impegnativo.

È più difficile applicare un prezzo ai servizi

In genere, il prezzo di un prodotto tangibile è basato sul costo di produzione (se ne parlerà estesamente nel Capitolo 6). Ciò significa che l'impresa calcola il costo di produzione e aggiunge un ricarico predeterminato. Il problema nel caso dei servizi è che, a causa dell'intangibilità, potrebbe non esserci alcun costo. In definitiva, il costo principale della produzione di un servizio è la manodopera.

3.2b Le possibili soluzioni all'intangibilità

Nel corso degli anni, gli esperti di marketing hanno sperimentato numerose strategie nel tentativo di compensare o minimizzare i problemi generati dall'intangibilità. Se ne segnalano tre: (1) l'uso di indizi tangibili per aiutare a "tangibilizzare" il servizio, (2) l'uso di fonti di informazione personali per aiutare a diffondere il passaparola sulle alternative di servizio e (3) la creazione di una solida immagine aziendale per ridurre la quantità di rischio percepito associato all'acquisto di un servizio. Sebbene sia impossibile eliminare le conseguenze dell'intangibilità dei servizi, queste soluzioni si sono dimostrate efficaci per molte imprese.

Utilizzare indizi tangibili

Data la presenza limitata di attributi tangibili, i servizi vengono valutati in modo diverso rispetto ai beni e, in molti casi, in assenza di un'**evidenza fisica**, i clienti si basano sui pochi **indizi tangibili** associati al servizio per essere in grado di esprimere una valutazione. L'arredo dello studio di un avvocato, l'aspetto del personale di una banca e il progetto architettonico per rinnovare un College of Business sono esempi di indizi tangibili per la valutazione di un servizio.

Evidenza fisica e indizi tangibili: elementi dell'ambiente o del processo di servizio che possono essere utilizzati dagli acquirenti come indicazione per riconoscere o valutare l'esperienza di servizio.

APPROFONDIMENTO 3.1

Servizi globali in azione
Turismo medico in aumento

Il turismo medico sta diventando rapidamente l'ultima mania per gli americani, con un mercato stimato di oltre 100 miliardi di dollari all'anno. Molti Paesi stranieri offrono cure e terapie alternative a un costo inferiore, tempi di attesa più brevi e una crescente esperienza in alcune specialità mediche. Sebbene il turismo medico possa ancora essere considerato rischioso, le destinazioni più popolari offrono vantaggi degni di nota. Questi Paesi servono i turisti con personale ben istruito, in gran parte di lingua inglese.

- Brasile: è il secondo mercato più grande al mondo per la chirurgia plastica dopo gli Stati Uniti. Servizi a basso costo e di alta qualità, nonché ospedali ben attrezzati e accreditati.
- Costa Rica: offre cure mediche economiche e di alta qualità con tempi di viaggio convenienti (da 7 a 10 ore dagli Stati Uniti). Gli interventi di chirurgia estetica e dentale sono i più comuni, a meno della metà del costo che si dovrebbe sostenere negli Stati Uniti.
- India: è il Paese con l'assistenza di più alta qualità di tutti quelli stranieri, secondo il National Center for Policy Analysis, con ospedali accreditati JCI, tecnologia all'avanguardia e medici altamente qualificati. L'India offre anche assistenza al costo più basso tra i fornitori stranieri. Per contro, la sovrappopolazione, la povertà, le questioni ambientali e religiose e i costi di viaggio possono rendere l'India un'opzione proibitiva.
- Malesia: propone un'ampia varietà di interventi chirurgici (medici, estetici e dentistici) a costi molto bassi. L'intervento di bypass cardiaco costa $20.000 negli Stati Uniti, ma solo $7.000 in Malesia. I viaggiatori apprezzano anche il clima politico ed economico stabile, i tassi di cambio favorevoli e l'alto grado di alfabetizzazione tra i cittadini malesi.
- Panama: offre interventi chirurgici a un costo inferiore dal 40 al 70%, medici formati negli Stati Uniti e costi di viaggio ridotti. Panama è anche piuttosto americanizzata: il dollaro è la valuta ufficiale.

Fonte: http://www.nuwireinvestor.com.

Gli indizi tangibili sono utilizzati spesso anche nella pubblicità dei servizi: tornando all'esempio fatto in precedenza, un'ipotesi per una compagnia di assicurazioni è quella di comunicare in uno spot televisivo di 30 secondi ciò che l'impresa ha da offrire e in che modo differisce dai concorrenti. La società di servizi finanziari Prudential usa Dwayne "The Rock" Johnson come portavoce della sua campagna pubblicitaria e promette "protezione solida come una roccia". La compagnia assicurativa Allstate mostra "mani che aiutano" o un personaggio chiamato Mayhem e garantisce che "Sei in buone mani con Allstate". L'elenco potrebbe continuare all'infinito: Merrill Lynch ha l'immagine di un toro, Nationwide promuove la "protezione generale", Kemper ha "la cavalleria", Travellers Insurance utilizza un ombrello, Geico un geco, Aflac una paperella e Transamerica promuove la forma del suo edificio per uffici come "il potere della piramide". Insomma, sono tutti tentativi per rendere il servizio quasi tangibile. La lezione che queste imprese hanno imparato nel tempo è che i servizi che vendono sono astratti e quindi difficili da capire per il cliente medio ed è utile fornire indizi facilmente comprensibili dal pubblico e direttamente correlati al pacchetto di vantaggi offerti. Il messaggio di State Farm "Come un buon vicino, State Farm è lì" rafforza la pratica dell'impresa di assegnare un agente specifico a ciascuno dei suoi clienti, il che a sua volta differenzia efficacemente State Farm dai suoi concorrenti online.

Utilizzare fonti di informazione personali

Siccome i clienti non dispongono di elementi oggettivi per valutare i servizi, spesso si affidano alle valutazioni trasmesse da amici, familiari o altri opinion leader. Quando si trasferiscono in una nuova città e cercano un medico di famiglia, le persone chiedono suggerimenti ai colleghi e ai vicini. Nell'acquisto di servizi, le fonti di informazione personali diventano più importanti di quelle non personali come i mass media (giornali, televisione, radio, Internet, ecc.).

Le **fonti di informazione personali** trasmettono comunicazioni veicolate con un passaparola (si potrebbero anche considerare forme di marketing virale) che gli acquirenti utilizzano per raccogliere elementi che li aiutino a scegliere. Una strategia utilizzata per stimolare il passaparola consiste nell'offrire incentivi agli attuali clienti affinché informino i loro amici delle offerte in corso (*referral*). Alcuni complessi residenziali usano come incentivo un mese di affitto gratuito per incoraggiare gli inquilini dell'immobile a convincere i loro amici a prendere in affitto le unità vacanti. Le imprese di servizi a volte simulano la comunicazione personale mentre utilizzano i mass media: la pubblicità che presenta le testimonianze dei clienti simula il passaparola e può essere molto efficace. Gli esempi sono vari e includono anche spot di ospedali con ex pazienti che si sono ripresi con successo da un intervento chirurgico importante e ora vivono una vita normale e felice. Oppure compagnie assicurative presentano vittime di uragani, incendi e terremoti che sono grate per la protezione ricevuta quando ne avevano più bisogno. In tempi più recenti, i social network basati sul Web si sono rivelati come una fonte significativa di contatto e anche gli hotel personalizzano i propri servizi per gli ospiti tramite Twitter.

Fonti di informazione personali: amici, conoscenti o familiari rappresentano una fonte informativa per prendere decisioni su situazioni non facilmente valutabili in anticipo.

Creare una solida immagine aziendale

Un'altra strategia utilizzata per ridurre al minimo gli effetti dell'intangibilità è creare una forte immagine dell'impresa. È già stato detto che, a causa dell'intangibilità e della mancanza di elementi oggettivi per valutare i servizi, il rischio percepito associato all'acquisto è generalmente maggiore di quello per i beni materiali. Nel tentativo di fronteggiare livelli più elevati di rischio percepito, alcune imprese di servizi impegnano tempo e risorse per sviluppare un'immagine riconosciuta a livello nazionale; un'immagine aziendale nota e rispettata riduce il livello di rischio percepito dai potenziali clienti e, in alcuni casi, il ricorso a fonti di informazione personali.

Una famiglia che si trasferisce in una nuova città della California può evitare di chiedere agli amici a quale banca rivolgersi e cercare direttamente la Chase Bank più vicina sulla base della reputazione di cui gode. In questo caso, Chase Bank, attraverso la notorietà e il valore della marca, ha sviluppato un vantaggio competitivo rispetto a piccole banche locali di cui il cliente potrebbe non essere a conoscenza.

L'immagine aziendale è solitamente il risultato della strategia di posizionamento dell'impresa sul mercato. Le tipiche strategie includono la leadership in aree quali il prezzo, l'innovazione, la competenza del personale o l'affidabilità.

Negli ultimi anni, la sostenibilità è diventata il nuovo campo di battaglia per le imprese che vogliono differenziarsi dalla concorrenza. Per esempio, Chipotle Mexican Grill si è distinto dagli altri ristoranti con servizio rapido evidenziando le sue pratiche commerciali sostenibili in un video che è diventato virale; ciò nonostante alcuni ritengono che Chipotle potrebbe fare ancora meglio (vedi Approfondimento 3.2).

Utilizzare l'Activity-Based Costing

Activity-Based Costing (ABC): metodo di calcolo dei costi che suddivide il funzionamento dell'organizzazione in singole attività e ripartisce tra esse le risorse necessarie e relativi costi.

Le tradizionali pratiche di contabilità analitica, progettate per monitorare il costo connesso all'utilizzo di materie prime, l'ammortamento e la manodopera, non sono di grande aiuto ai responsabili di marketing dei servizi per comprendere la reale struttura dei costi. Un approccio più efficace per calcolare i costi di produzione e stabilire il prezzo a cui commercializzare i servizi è l'***Activity-Based Costing* (ABC)**, che si fonda sulla quantificazione delle risorse impiegate. L'abitudine di aggiungere una quota di margine di profitto atteso ai costi diretti del lavoro necessario a realizzare quanto richiesto dal cliente è stata per anni fonte di grande frustrazione per i fornitori perché questo metodo non coglie la natura specifica dei servizi, soprattutto nel caso di servizi nuovi.

APPROFONDIMENTO 3.2

Sostenibilità e servizi in azione
Chipotle Mexican Grill: cibo con integrità

Chipotle Mexican Grill, il famoso ristorante fast-casual fondato a Denver, in Colorado, nel 1993, si è fatto un nome enfatizzando il concetto di "Food with Integrity" e servendo ai clienti "i migliori ingredienti, tutti coltivati nel rispetto degli animali, dell'ambiente e degli agricoltori".

Nel menù sono presenti solo ingredienti freschi, naturali, privi di ormoni e biologici. Le cucine sono visibili ai clienti e non contengono congelatori, forni a microonde o apriscatole. Chipotle è una società quotata in borsa con vendite annuali superiori a 2,7 miliardi di dollari e che sta investendo in strategie di marketing green per far crescere il marchio. Nel suo sforzo di difendere un trattamento etico degli animali, l'agricoltura sostenibile e l'acquisto di prodotti locali, l'azienda spera di fidelizzare alle sue pratiche virtuose, oltre ai gustosi burrito giganti. Le iniziative di marketing includono anche un cortometraggio trasmesso in televisione durante i Grammy Awards 2012 che descrive in dettaglio un allevamento intensivo che ha deciso di cambiare i suoi modi e operare con pratiche sostenibili. Il documentario è stato elogiato per aver aperto nuovi orizzonti nell'industria del fast food, dove l'alto contenuto di grassi e il basso valore nutrizionale è stato per decenni il tema dominante e sempre più negativo.

La spinta del marketing verde ha anche rinvigorito i critici. Per anni Chipotle è stato preso di mira per aver rifiutato di sostenere salari di lavoro migliori per i raccoglitori di pomodori, così come altri diritti dei lavoratori. Inoltre, mentre i singoli ingredienti di Chipotle sono freschi e sani, un singolo burrito contiene ben 1.300 calorie, che è come mangiare due Big Mac da McDonald's. E il contenuto di grassi, colesterolo, carboidrati e sodio per lo stesso burrito supera i valori raccomandati per un'intera giornata.

Chipotle ha fatto molta strada e ne ha ancora tanta da fare.

Fonte: http://ecosalon.com.

Il calcolo del costo basato sulle attività, invece, scompone le varie attività svolte dall'organizzazione in compiti necessari per convertire materiali, lavoro e tecnologie in prodotti da servire. Questi compiti sono considerati come attività che necessitano di risorse e sono identificati come fattori di costo. I risultati precedenti dell'azienda consentono di arrivare a cifre di costo per le singole attività che vengono quindi attribuite a ciascun progetto in base alle risorse necessarie per completarlo. Suddividendo le spese generali complessive in una serie di attività guidate da fattori di costo, l'azienda può a questo punto concentrare i propri sforzi sulla riduzione dei costi e sull'aumento della redditività.

3.3 L'inseparabilità: l'interconnessione tra i partecipanti al servizio

Una delle caratteristiche più intriganti nella comprensione dei servizi riguarda il concetto di **inseparabilità**, ovvero il legame inscindibile tra il fornitore del servizio, il cliente che beneficia del servizio e altri clienti che condividono la stessa esperienza. A differenza del produttore di beni industriali che raramente vede il cliente mentre sta realizzando il manufatto, magari in una fabbrica lontana, il fornitore di servizi si trova quasi sempre a diretto contatto con i propri clienti e deve svolgere le proprie operazioni tenendo conto della loro presenza fisica. Questa interazione tra cliente e fornitore di servizi è stata denominata anche **incidente critico** e rappresenta la più grande opportunità sia di guadagni che di perdite per quanto riguarda la soddisfazione e la fidelizzazione del cliente.

Inseparabilità: nei servizi è quasi sempre impossibile separare il fornitore dal cliente e dagli altri clienti che condividono l'esperienza perché il servizio è prodotto e utilizzato contemporaneamente.

Incidente critico: specifica interazione tra cliente e fornitore di servizi.

3.3a Le sfide di marketing generate dall'inseparabilità

La natura inseparabile dei servizi rappresenta un problema unico per i professionisti di marketing. In primo luogo, in molti casi l'erogazione del servizio necessita della presenza fisica del fornitore e quindi servono quelle capacità relazionali non richieste a un addetto alla produzione industriale che potrebbe non interagire mai direttamente con un cliente. In secondo luogo, la partecipazione del cliente al processo di erogazione deve prevedere l'evenienza che siano i clienti stessi a dettare il tipo di servizio richiesto, la durata e il ciclo del processo del servizio. Anche qui, il coinvolgimento del cliente talvolta mette a repentaglio l'efficienza complessiva delle operazioni programmate. In terzo luogo, i servizi sono spesso un'esperienza condivisa tra numerosi clienti. Le incognite sorgono allora quando i clienti influenzano negativamente l'esperienza di servizio degli altri. Da ultimo, l'inseparabilità presenta problemi per la produzione su larga scala di servizi e un singolo fornitore ne può produrre solo una quantità ridotta. Inoltre, solo un limitato numero di clienti può recarsi nel luogo fisico designato per usufruire del particolare servizio. Un riepilogo delle sfide e delle potenziali soluzioni relative all'inseparabilità è riportato nella Tabella 3.2.

Il fornitore di servizi è fisicamente connesso al servizio

In molti casi il fornitore deve essere fisicamente presente nel momento della produzione e fornitura del servizio. Per esempio, i servizi odontoiatrici richiedono la presenza fisica di un dentista o di un igienista, la chirurgia medica richiede un chirurgo e i suoi assistenti, i servizi a domicilio come le pulizie o l'imbiancatura richiedono la presenza del fornitore del servizio per completare il lavoro.

Tabella 3.2 Inseparabilità: sfide di marketing e soluzioni.

Caratteristica	Sfide	Soluzioni possibili
Inseparabilità	Il fornitore di servizi è fisicamente connesso al servizio	Selezione strategica e formazione del personale di contatto con il pubblico
	I clienti sono coinvolti nel processo produttivo	Gestione efficace del comportamento del cliente
	Sono coinvolti altri clienti nel processo produttivo	Produzione su più sedi (multisito)
	La produzione su larga scala è limitata	

A causa dell'intangibilità di cui si è detto, il fornitore del servizio diventa un indizio tangibile su cui si basa almeno una parte della valutazione dell'esperienza vissuta da parte del cliente. Gli indizi tangibili che i clienti utilizzano vanno dall'uso del linguaggio all'abbigliamento, all'igiene personale o alle capacità di comunicazione interpersonale. Molte imprese valorizzano da tempo l'impatto che il personale di contatto suscita sulla valutazione complessiva del fornitore. Agli operatori quasi sempre è richiesto di indossare una divisa o conformarsi ai codici di abbigliamento per riflettere la propria professionalità. Altre imprese come i ristoranti collocano i propri dipendenti più intraprendenti o attrattivi in posizioni di contatto con il pubblico, come i camerieri, le hostess e i barman. Il personale che non ha queste capacità è impiegato in aree meno visibili, come la cucina e la zona lavaggio.

A complicare ulteriormente l'esperienza di servizio nelle interazioni faccia a faccia con i clienti c'è sicuramente la soddisfazione dei dipendenti. Senza dubbio, la soddisfazione dei dipendenti e quella dei clienti sono direttamente correlate. I dipendenti insoddisfatti che sono a contatto con i clienti ne influenzeranno negativamente la percezione sulle prestazioni dell'azienda.

L'importanza della soddisfazione dei dipendenti all'interno delle imprese di servizi non può essere sottovalutata. I clienti non saranno mai la priorità numero uno in un'impresa in cui i dipendenti sono trattati male. I dipendenti devono essere visti e trattati come clienti interni. Questo problema sarà affrontato in modo molto più dettagliato nel Capitolo 9.

I clienti sono coinvolti nel processo di produzione

La seconda particolarità distintiva dell'inseparabilità è che il cliente è coinvolto nel processo di produzione. Il coinvolgimento del cliente può dipendere dai seguenti fattori: (1) la necessità che il cliente sia fisicamente presente per ricevere il servizio, come per i servizi dentistici, un taglio di capelli o un intervento chirurgico; (2) la necessità che il cliente sia presente solo per avviare e interrompere il servizio, come nella lavanderia a gettoni e nell'autolavaggio; (3) la necessità per il cliente di essere solo mentalmente presente, come nella partecipazione a corsi universitari trasmessi via Internet. Ogni scenario riflette un diverso livello di contatto con il cliente e, di conseguenza, ogni sistema di erogazione del servizio dovrebbe essere progettato in modo diverso.

Perché tanto clamore allora per il coinvolgimento dei clienti? Nel complesso, con l'aumentare del contatto con il cliente, l'efficienza dell'operazione si riduce. Più specificamente, il cliente ha un impatto diretto sul tipo di servizio desiderato, sulla durata del processo di erogazione del servizio e sul ciclo della domanda di servizio. Cercare di bilanciare le esigenze dei clienti con procedure operative efficienti è un'arte delicata.

Per quanto riguarda il ciclo della domanda, i ristoranti sarebbero più efficienti se i clienti distribuissero la richiesta di cibo lungo tutta la giornata invece che concentrarla nelle ore tradizionali di colazione, pranzo e cena. Come ha detto un dipendente anziano di McDonald's a uno degli autori di questo testo: «Queste persone [i clienti] otterrebbero un servizio migliore se non si presentassero tutti allo stesso momento». Ulteriori complicazioni sorgono quando i clienti dettano anche la natura o il tipo di servizio necessario, come talvolta succede agli operatori sanitari che devono assistere i pazienti nell'area di attesa del Pronto Soccorso. Ogni paziente ha un bisogno diverso, alcuni bisogni sono più urgenti di altri e non si sa mai di cosa necessiterà il prossimo paziente.

Ovviamente, questo scenario è frustrante per i pazienti in attesa poiché l'assistenza a quelli meno bisognosi di cure subisce ulteriori ritardi. Infine, anche quando le esigenze dei clienti sono simili, alcuni fanno più domande e richiedono più attenzione di altri, influenzando così la durata dell'erogazione del servizio per tutti. Ciò complica il rispetto degli orari predefiniti senza incorrere in ritardi. Questo scenario spiega perché gli appuntamenti con il medico raramente iniziano all'ora stabilita.

Durante l'interazione con il fornitore, il cliente spesso contribuisce attivamente al processo di produzione del servizio, svolgendo così un ruolo fondamentale nel garantire il successo dell'esperienza. Un paziente che si sente male deve essere in grado di descrivere con precisione i propri sintomi a un medico per ricevere una cura adeguata; non solo deve descrivere i sintomi con accuratezza, ma deve anche seguire correttamente la posologia dei farmaci prescritta. In questo caso, il cliente (il paziente) diventa un attore chiave nel processo di produzione del servizio e può influenzare direttamente l'esito del processo stesso. Il mancato rispetto da parte del paziente delle istruzioni raccomandate porterà probabilmente a un'esperienza di servizio insoddisfacente.

Un'ultima questione direttamente correlata alla presenza del cliente nella "fabbrica" di servizi riguarda l'aspetto stesso di quest'ultima. Le fabbriche dei servizi, ovvero l'ambiente in cui il cliente usufruisce del servizio, siano esse ristoranti, ospedali, musei o università, devono essere costruite pensando alla presenza dei clienti.

Di conseguenza, l'ambiente non solo consente di fornire il servizio, ma diventa di per sé un indizio chiave tangibile nella formazione delle percezioni sulla qualità servita. La progettazione e la gestione dell'ambiente del servizio sono discusse in modo molto più dettagliato nel Capitolo 8.

Altri clienti sono coinvolti nel processo di produzione

La presenza di **altri clienti** durante l'esperienza di servizio è la terza conseguenza dell'inseparabilità. Poiché la produzione e il consumo avvengono contemporaneamente, diversi clienti spesso condividono la stessa esperienza. Questa "esperienza condivisa" può essere negativa o positiva. Le sfide di marketing derivanti dalla

Altri clienti: in molti casi l'utilizzo del servizio avviene alla presenza di altri clienti che condividono la stessa esperienza.

partecipazione di altri clienti nel processo produttivo generalmente riflettono gli aspetti negativi di tale coinvolgimento.

I ristoranti ancora una volta documentano numerosi esempi di eventi negativi, tra cui i fumatori che violano lo spazio dedicato ai non fumatori, famiglie con bambini piccoli che condividono lo stesso spazio con coppie adulte in cerca di una serata tranquilla, clienti che bevono un po' troppo e si comportano in maniera non consona o parlano ad alta voce al telefono e litigi tra innamorati che hanno luogo nei corridoi. Nel complesso, la sfida principale riguarda la gestione efficace di diversi segmenti di mercato con esigenze differenti all'interno di un unico ambiente di servizio.

L'impatto di altri clienti non è sempre negativo: la reazione del pubblico come delle risate o urla di terrore aumenta il livello di emozione in un cinema. Allo stesso modo, un pub affollato può facilitare l'opportunità di interazione sociale; capita che tra clienti si formino delle squadre che competono l'una contro l'altra in giochi a quiz. Gli esseri umani sono per natura sociali e si sentono più a proprio agio in luoghi che ospitano altre persone. In effetti, la mancanza di altri clienti può fungere da indizio per un'esperienza poco soddisfacente, ed è difficile che qualcuno, dovendo scegliere tra due ristoranti vicini, uno molto frequentato e uno quasi vuoto, opti per quello con poche persone.

Difficoltà a produrre su larga scala

Un ultimo ostacolo causato dall'inseparabilità è la produzione di servizi su larga scala. Le criticità connesse alla produzione di massa sono almeno due: in primo luogo, siccome il fornitore produce personalmente il servizio, un singolo operatore può servire solo una quantità limitata di clienti. Il secondo problema riguarda invece il cliente: le persone interessate a un particolare servizio in molti casi devono recarsi presso la sede del fornitore. Se un appassionato di sport volesse provare lo sci sulla neve nel deserto, dovrebbe recarsi personalmente in Medio Oriente per sperimentare le meraviglie di Ski Dubai, come discusso nel Capitolo 1.

3.3b Le possibili soluzioni alle sfide generate dall'inseparabilità

In maniera analoga alle soluzioni proposte per l'intangibilità, i professionisti del marketing ne hanno sviluppate altre nel tentativo di compensare o minimizzare le sfide poste dall'inseparabilità. Queste soluzioni includono: (1) una maggiore enfasi posta sulla selezione e la formazione del personale a contatto con il pubblico per assicurare la giusta collocazione dei dipendenti; (2) l'attuazione di strategie di gestione della partecipazione che faciliti un'esperienza di servizio positiva per tutti i clienti che la condividono; (3) l'utilizzo di più sedi per affrontare le sfide della produzione su larga scala.

Selezionare strategicamente e formare il personale di contatto con il pubblico

Il personale di contatto, a differenza delle merci, non è un oggetto inanimato ed essendo umano presenta variazioni nel comportamento che non possono essere controllate solo da un processo. Inoltre, gli atteggiamenti e le emozioni del personale di contatto sono visibili al cliente e possono influire positivamente o negativamente sull'esperienza del servizio. Dipendenti scontrosi o scontenti possono influenzare sia i clienti con i quali entrano in contatto diretto sia altri dipendenti.

Per contro, un dipendente brillante e altamente motivato può creare un'esperienza di servizio più piacevole per chiunque vi entri in contatto.

A causa della frequenza e della profondità delle interazioni tra fornitori di servizi e clienti, è essenziale selezionare personale di servizio dotato di eccellenti competenze comunicative e relazionali. Inoltre, è altrettanto cruciale la formazione del personale una volta in servizio.

Si considerino le esigenze di formazione di UPS, che consegna più di 15 milioni di pacchi al giorno a 6,1 milioni di clienti situati in più di 220 paesi: le attività che si svolgono "dietro le quinte" come assunzione, formazione o incentivi per i dipendenti sono direttamente proporzionali alla qualità del servizio offerto ai clienti. UPS crede nella costruzione di fiducia e spirito di squadra e nella condivisione con i dipendenti della missione dell'azienda; spende centinaia di milioni di dollari all'anno per la formazione, paga gli autisti a tempo pieno con una media di oltre 74.000 dollari l'anno e fa sondaggi tra i propri dipendenti per raccogliere suggerimenti sul miglioramento del servizio.

Troppo spesso, i dipendenti neo-assunti sono lasciati a sé stessi e vengono messi di fronte ai clienti con poca o nessuna formazione. Non sorprende sapere che un'ampia percentuale di reclami si concentra sull'azione o sull'inazione di dipendenti poco preparati. Anche quando i dipendenti ricevono una formazione, non è detto che il suo contenuto centri l'obiettivo. I più critici riguardo alla qualità dei servizi si sono concentrati sulle risposte ripetitive e sul personale che è stato addestrato a utilizzare la tecnologia disponibile ma non a trattare con diversi tipi di clienti. Gli esperti in qualità del servizio ritengono, invece, che i dipendenti debbano essere formati anche in competenze gestionali "soft" come affidabilità, reattività, empatia, capacità di fornire rassicurazione e gestione degli aspetti tangibili attinenti al servizio.

Gestire il comportamento dei clienti

I problemi creati dall'inseparabilità possono essere gestiti anche cercando di **modificare i comportamenti dei clienti** in modo da ridurre al minimo gli aspetti negativi e massimizzare gli aspetti positivi. Alcuni esempi: separare i fumatori per ridurre l'impatto su chi non fuma, inviare ai pazienti i moduli necessari e le informazioni sulle procedure della visita medica prima del loro arrivo per ridurre i tempi di permanenza in ambulatorio, facilitare la prenotazione del ristorante per ridurre un eccesso di domanda in determinati orari, fornire servizi di consegna per ridurre la presenza fisica del cliente all'interno del punto vendita.

Modificare i comportamenti dei clienti: per ridurre le conseguenze della presenza contemporanea di più clienti si può cercare di modificare alcuni comportamenti.

Per contro, ci sono aspetti positivi della presenza di altri clienti ed è possibile sfruttarli. Incoraggiare la partecipazione in classe rende le lezioni più piacevoli per tutti, incoraggiare le attese di gruppo in cui i clienti parlano tra loro può rendere l'attesa meno noiosa.

Produrre in più sedi

Per compensare gli effetti dell'inseparabilità e soprattutto della difficoltà nella produzione su larga scala, le imprese che devono servire un pubblico numeroso si organizzano su **più sedi**. Questa soluzione serve almeno a due scopi: innanzitutto, dato che il cliente è coinvolto nel processo di produzione, le diverse ubicazioni limitano la distanza che deve essere coperta per ottenere il servizio. In secondo luogo, ogni sede è gestita da un operatore, che in autonomia può organizzare la propria offerta per servire il mercato locale. In definitiva, le sedi periferiche

Produrre in più sedi: soluzione organizzativa che consente di superare la distanza tra fornitore e cliente e gestire l'offerta a livello locale.

Fabbrica sul campo: sede periferica di un'organizzazione che produce su larga scala.

fungono da **fabbriche sul campo**. Senza di esse, paradossalmente, chiunque cerchi assistenza legale dovrebbe recarsi in un unico punto che ospita tutti gli avvocati del paese. Ovviamente, questo non è pratico o realistico, né un posto che qualcuno vorrebbe davvero frequentare.

L'uso di più sedi non è privo di una serie di controindicazioni. Ogni sito è gestito da un operatore che ha una propria personalità e competenza e le differenze possono essere problematiche per le società di servizi che cercano di stabilire un'immagine coerente fornendo un prodotto standardizzato. La variabilità delle prestazioni da una sede a un'altra e persino da un operatore all'altro all'interno di una singola sede introduce alla successiva caratteristica dei servizi: l'eterogeneità.

3.4 L'eterogeneità: la variabilità del servizio

Eterogeneità: i servizi si definiscono eterogenei poiché si può riscontrare una notevole variazione tra un'esperienza e l'altra anche del medesimo servizio.

Una delle differenze che vengono più frequentemente sottolineate tra beni e servizi è l'**eterogeneità** e cioè la variazione che si può riscontrare anche nello stesso servizio tra un'esperienza e l'altra. I momenti di interazione con il servizio avvengono in tempo reale e il più delle volte i clienti sono fisicamente presenti, quindi se qualcosa va storto durante il processo di servizio è troppo tardi per istituire misure di controllo della qualità. Se in un albergo si verifica un problema durante il pernottamento, l'esperienza del cliente inevitabilmente ne risente e il gestore non può chiedere al cliente di uscire, rientrare e ricominciare da capo l'esperienza. Peraltro, il cliente (o altri clienti che condividono l'esperienza dello stesso servizio) può essere parte o addirittura causa del problema. Una recente storia pubblicata online e intitolata "Donne ubriache di rum cercano di prendere d'assalto la cabina di pilotaggio, costringendo l'equipaggio a procedere con un atterraggio d'emergenza", offre una prova, drammatica, del fatto che non è sempre colpa del fornitore se il servizio non procede come previsto.

L'eterogeneità, quasi per definizione, rende impossibile raggiungere una qualità perfetta in maniera continuativa. Anche la produzione industriale riscontra dei problemi a raggiungere l'obiettivo di una qualità totale, ma si possono isolare gli errori e correggerli nel tempo, perché questi tendono a ripetersi nelle medesime fasi del processo. Al contrario, molti errori nelle operazioni di servizio sono eventi occasionali; il cameriere che fa cadere un piatto sull'abito di un cliente crea un problema che non può essere né previsto né corretto in anticipo.

Un'altra sfida posta dall'eterogeneità è che lo standard di servizio varia da azienda ad azienda e tra il personale all'interno di una singola azienda, e varia anche quando si interagisce quotidianamente con lo stesso fornitore di servizi. Per esempio, alcuni franchising di McDonald's hanno dipendenti premurosi e sorridenti, mentre altri impiegano persone meno disponibili. E questo può succedere non solo tra diversi franchising, ma anche all'interno dello stesso franchising su base giornaliera a causa degli sbalzi d'umore delle persone coinvolte.

3.4a Le sfide di marketing generate dall'eterogeneità

Le principali sfide derivanti dall'eterogeneità si traducono nel fatto che la standardizzazione del servizio e il controllo della qualità sono difficili da mettere in pratica. Perché è così? A causa dell'inseparabilità precedentemente illustrata, in molti casi il prestatore di servizi deve essere presente per erogare il servizio. Le istituzioni finanziarie impiegano una moltitudine di operatori di prima linea, ognuno con una personalità diversa e uno stile di interazione unico con i clienti. Inoltre, ogni dipendente può comportarsi in modo diverso da un giorno all'altro a causa dei cambiamenti di umore e di diversi altri fattori. Molti studenti lavorano come camerieri nei ristoranti e riconoscono che la qualità dell'interazione tra loro e i clienti varia anche da tavolo a tavolo. Gli impiegati della reception dell'hotel, gli addetti alle prenotazioni delle compagnie aeree e il personale di servizio *business-to-business* risponderebbero in modo simile.

I problemi di marketing creati dall'eterogeneità sono particolarmente frustranti. Un'azienda potrebbe fornire il miglior servizio al mondo, ma se un dipendente è di cattivo umore, le percezioni del cliente potrebbero risentirne negativamente. L'azienda potrebbe non avere più un'altra opportunità di servire quel cliente. In McDonald's, l'affiliato può pagare fino a $1.000.000 per il franchising e il diritto di vendere un "prodotto collaudato", ma il vero segreto del successo di ogni singola filiale è il sedicenne dietro il bancone che interagisce con i clienti e gestisce il registratore di cassa.

3.4b Le possibili soluzioni alle sfide generate dall'eterogeneità

Le soluzioni proposte per fronteggiare le sfide dell'eterogeneità potrebbero essere considerate diametralmente opposte tra loro (Tabella 3.3). Da un lato, alcune imprese di servizi abbracciano la scelta dei servizi personalizzati e adattano le offerte alle esigenze individuali del cliente. La seconda soluzione invece è quella di sviluppare un sistema di erogazione del servizio che standardizza l'offerta e ogni cliente riceve lo stesso tipo e livello di servizio. Entrambe le strategie presentano vantaggi e svantaggi.

Perseguire una strategia di personalizzazione

Una prima soluzione ai problemi creati dall'eterogeneità è quella di sfruttare la variazione insita in ogni occasione di interazione e **personalizzare** (*customization*) il servizio in modo da soddisfare le esigenze specifiche di ciascun cliente. I produttori di beni industriali in genere fabbricano il prodotto in un ambiente isolato dal cliente, ma le merci prodotte in serie non soddisfano del tutto le esigenze dei singoli acquirenti. Poiché sia il cliente che il fornitore sono coinvolti nel processo di erogazione del servizio, è più semplice personalizzare il servizio in base alle istruzioni specifiche del cliente.

Personalizzazione del servizio: adattamento delle prestazioni alle esigenze specifiche del cliente.

Esistono compromessi associati a un servizio personalizzato. Da un lato, se tutto viene fornito esattamente secondo le specifiche del cliente, questi si ritrova con un servizio che soddisfa le sue esigenze particolari; tuttavia, il servizio richiede più tempo per essere prodotto e potrebbe anche essere più costoso. Di conseguenza, il perseguimento di una strategia di personalizzazione consente al fornitore di appli-

Tabella 3.3 Eterogeneità: sfide di marketing e soluzioni.

Caratteristica	Sfide	Soluzioni possibili
Eterogeneità	La standardizzazione del servizio e il controllo della qualità sono difficili da raggiungere	Perseguire una strategia di personalizzazione
		Perseguire una strategia di standardizzazione

care prezzi al dettaglio più elevati, potenzialmente generando margini di profitto superiori. I fornitori che abbracciano questa strategia tendono a concentrarsi sui margini di profitto per singolo cliente invece che puntare a profitti attraverso un aumento significativo delle transazioni complessive o del fatturato.

Lo svantaggio di fornire servizi personalizzati è triplice. In primo luogo, i clienti potrebbero non essere disposti a pagare i prezzi più elevati associati ai servizi personalizzati. In secondo luogo, la velocità di erogazione del servizio potrebbe risentirne. I servizi personalizzati richiedono più tempo per essere forniti e consegnati e il cliente potrebbe non avere la possibilità di aspettare il servizio finale. Infine, i clienti potrebbero non essere disposti ad affrontare l'incertezza associata ai servizi personalizzati. Ogni servizio personalizzato è diverso, quindi il cliente non è mai sicuro su come sarà esattamente il prodotto finale fino a che non viene terminato. Quindi, i clienti preferiscono i servizi personalizzati rispetto ai servizi standardizzati? Intuitivamente, si ritiene che i clienti preferiscano prodotti personalizzati, ma la risposta più realistica è: "dipende". Se il prezzo, la velocità di consegna e la costanza delle prestazioni sono incerti, il cliente sarà probabilmente più soddisfatto nel ricevere un servizio standardizzato.

Perseguire una strategia di standardizzazione

Standardizzazione: scelta di fornire anche a clienti diversi un servizio uniforme.

La **standardizzazione** del servizio è una seconda possibile soluzione alle sfide di marketing poste dall'eterogeneità. La standardizzazione è la scelta di fornire un servizio uniforme, standard appunto, ai vari clienti. Le imprese cercano di standardizzare i servizi attraverso una formazione intensiva dei loro operatori. La formazione aiuta certamente a ridurre le variazioni estreme nelle prestazioni. Tuttavia, nonostante le competenze acquisite, i dipendenti continueranno a comportarsi in modo diverso tra una prestazione e l'altra. Un modo per eliminare queste difformità è quello di sostituire il lavoro umano con macchine.

Uno sportello automatico (bancomat) di una banca, un autolavaggio automatizzato, servizi basati sul Web come l'acquisto di biglietti aerei, le prenotazioni alberghiere o l'ascolto di brani musicali su piattaforme globali sono ottimi esempi di servizi standardizzati che fanno appello alle esigenze orientate alla comodità dei clienti. Quando si utilizza un bancomat per i servizi bancari, i correntisti procedono rispondendo a una serie di richieste predeterminate e il servizio viene fornito di conseguenza. Questo sistema riduce al minimo la quantità di contatti e le variazioni di qualità durante i processi di ordine e consegna.

Di positivo, la standardizzazione porta a prezzi di vendita più bassi, coerenza delle prestazioni e fornitura di servizi più rapida; per contro, alcuni gruppi di consumatori ritengono che la standardizzazione trasmetta il messaggio che l'azienda non si preoccupa veramente delle esigenze dei singoli e sta cercando di prendere le distanze dal cliente. La percezione di distanziamento è un problema particolarmente sentito visto che le organizzazioni stanno sostituendo sempre più il lavoro umano con macchine automatiche, come i risponditori telefonici o i chatbot. I clienti stanno manifestando sempre più frustrazione soprattutto se costretti a selezionare da un menu di istruzioni o interagire con un software di riconoscimento vocale tutt'altro che perfetto.

A differenza di quanto si tende a pensare, standardizzazione e personalizzazione non sono soluzioni alternative e molte imprese, in particolare nel settore dei viaggi e del turismo, forniscono un prodotto di base standardizzato e poi consentono agli acquirenti di selezionare delle opzioni per personalizzare parzialmente il risultato finale.

3.5 La deperibilità: bilanciare domanda e offerta

La quarta e ultima caratteristica distintiva dei servizi è la **deperibilità**; è già stato detto che i servizi, in quanto intangibili, non possono essere immagazzinati, pertanto non è possibile conservare la capacità inutilizzata e venderla in un secondo momento. A differenza dei beni materiali, i servizi che non vengono utilizzati quando sono disponibili cessano di esistere e avere valore. Le camere d'albergo che rimangono libere una sera non possono essere conservate e utilizzate in una data successiva, così come un passaggio aereo che non viene venduto non può essere aggiunto agli aerei successivi. I fornitori di servizi professionali, come i dentisti, gli avvocati o i parrucchieri, non possono recuperare il tempo perso aumentando gli appuntamenti nei giorni seguenti.

Deperibilità: i servizi si definiscono deperibili perché non è possibile immagazzinarli, conservarli per un utilizzo successivo, come i beni tangibili.

L'impossibilità a creare scorte presenta gravi difficoltà per il marketing dei servizi. Quando si commerciano beni tangibili, la possibilità di creare scorte implica che produzione e consumo possono essere separati nel tempo e nello spazio. In altre parole, un bene può essere prodotto in un luogo e trasportato per la vendita in un altro Paese del mondo così come può essere prodotto a gennaio e non immesso nei canali di distribuzione fino a giugno. Al contrario, la maggior parte dei servizi viene utilizzata nel momento della produzione; una lezione universitaria viene fruita mentre viene prodotta e lo stesso vale per i servizi sanitari e una miriade di altri servizi.

L'esistenza di un magazzino, inoltre, facilita enormemente il controllo di qualità. Varie tecniche statistiche vengono utilizzate per formare le scorte e per selezionare i singoli articoli da testare, compresi i test di prodotto. Il processo di campionamento può essere impostato anche per garantire una variabilità minima nella qualità del prodotto prima della sua distribuzione. Ancora una volta, lo stesso non si può dire per i servizi poiché il controllo della qualità non è fattibile prima che il servizio incontri il cliente. I sistemi di controllo della qualità forniscono anche obiettivi numerici sui quali i manager possono lavorare. È quindi possibile per Procter & Gamble produrre decine di milioni di confezioni di detersivo per bucato Tide sostanzialmente identiche. Al contrario, quando si prenota una camera in un hotel, è probabile imbattersi in vari fattori che influiscono sulla qualità del sonno. Problemi come il funzionamento dell'aria condizionata, l'impianto idraulico o i vicini rumorosi influiscono sull'esperienza complessiva dell'ospite.

Infine, nelle imprese produttrici di beni, il magazzino separa i reparti di marketing e produzione. In molte organizzazioni, i prodotti tangibili vengono venduti a un prezzo di trasferimento da un reparto all'altro all'interno della stessa azienda. Le due parti hanno una sorta di contratto per tipologia di prodotto e volumi. Una volta che questo contratto è stato negoziato, ogni dipartimento può lavorare in modo piuttosto indipendente dall'altro. Nelle imprese di servizi, invece, come si vedrà anche nei capitoli successivi, gli addetti al marketing e alla gestione operativa devono costantemente interagire tra loro, a causa dell'impossibilità di immagazzinare il servizio.

3.5a Le sfide di marketing generate dalla deperibilità

Senza poter disporre di un magazzino, l'incontro tra domanda e offerta è una sfida difficile per la maggior parte delle imprese; la domanda di servizi da parte dei clienti non è del tutto prevedibile e la probabilità che l'offerta corrisponda perfettamente alla domanda è molto bassa. Sebbene si provi a stimare le ore in cui il negozio registrerà un aumento delle presenze, il numero può variare notevolmente in un intervallo di 15 minuti ed è quindi difficile programmare la presenza dei cassieri. Stessa cosa se si prova a prevedere l'afflusso al Pronto Soccorso di un ospedale, a un parco a tema o a una stazione sciistica. Si può tentare di indovinare, ma raramente la previsione sarà esatta.

La mancanza di scorte e la pressione sull'impresa a fornire il servizio quando il cliente si presenta portano a diversi possibili scenari, rappresentati nella Tabella 3.4.

La domanda supera l'offerta del servizio disponibile

In questo scenario, ci sono più richieste di quante l'impresa sia in grado di servire, determinando prolungati tempi di attesa e, in molti casi, l'insoddisfazione dei clienti. In queste condizioni le vendite potrebbero andare perdute a favore dei concorrenti. Paradossalmente, in presenza di costante eccesso di domanda, talvolta i clienti continuano a richiedere il servizio per curiosità o per l'attenzione generata dal passaparola: "Finalmente siamo riusciti a entrare per vedere lo spettacolo!".

La domanda supera l'offerta ottimale del servizio disponibile

Le conseguenze associate a una domanda di mercato che supera il livello ottimale di offerta possono essere anche peggiori rispetto a quando la domanda supera l'offerta disponibile. Accettando di svolgere l'attività e iniziando a erogare il servizio (per esempio, accettando un'ulteriore prenotazione al ristorante o un

Tabella 3.4 Deperibilità: sfide di marketing e soluzioni.

Caratteristica	Sfide di marketing	Soluzioni possibili per gestire la domanda	Soluzioni possibili per gestire la fornitura
Deperibilità	La domanda supera la fornitura del servizio disponibile	Utilizzare strategie di prezzo creative per spostare la domanda	Utilizzare dipendenti part-time per aumentare l'offerta di servizio
	La domanda supera i livelli ottimali di offerta	Implementare un sistema di prenotazione	Condividere la capacità con altri
	Domanda inferiore ai livelli di approvvigionamento ottimali	Spostare la domanda a servizi complementari	Prepararsi all'espansione in anticipo
		Utilizzare i periodi di domanda non di punta per prepararsi ai periodi di domanda di punta	Utilizzare terze parti per aumentare le fonti di fornitura
			Aumentare la partecipazione del cliente

nuovo cliente per un avvocato), il fornitore implicitamente garantisce sempre lo stesso standard. Pare che le compagnie aeree in genere gestiscano i voli con lo stesso numero di assistenti indipendentemente dal numero di biglietti effettivamente venduti. Quando la domanda supera i livelli ottimali, il servizio fornito è generalmente peggiore, le aspettative non vengono soddisfatte e si genera un passaparola negativo.

Quando la domanda supera i livelli ottimali di offerta, la tentazione è quella di accettare una vendita aggiuntiva ma, molte volte, il personale e la gestione operativa non sono in grado di fornire il servizio in modo efficace. Si pensi a un architetto che ha ottenuto molto successo in breve tempo fornendo servizi di elevata qualità per clienti di alto livello; man mano che la voce si diffonde ad altri potenziali clienti, la domanda per i servizi dell'architetto aumenta notevolmente. Man mano che lo studio dell'architetto si espande per servire nuovi clienti attraverso l'acquisto di nuove attrezzature e l'assunzione di nuovo personale, l'architetto scopre rapidamente che sta perdendo il controllo sulla qualità del servizio erogato dalla sua stessa attività. I suoi nuovi dipendenti non offrono lo stesso livello di servizio che i clienti storici erano abituati a ricevere. Nel corso del tempo, l'architetto può perdere i vecchi clienti ma anche quelli nuovi a causa del declino della sua reputazione. In questo scenario, si può comprendere come i tratti del servizio relativi a deperibilità, inseparabilità ed eterogeneità presentino tutti delle insidie.

La domanda è inferiore rispetto a livelli di offerta ottimali

Come detto in precedenza, disporre il numero esatto di cassieri nei negozi di alimentari in un dato momento è una sfida per la maggior parte dei gestori. Una soluzione potrebbe essere quella di assegnare a ciascuna cassa un addetto a tempo pieno, ma questa strategia comporterebbe un impiego inefficiente delle risorse umane. Durante i periodi in cui la domanda è al di sotto della capacità ottimale, le risorse sarebbero sottoutilizzate e i costi operativi sprecati.

La domanda e l'offerta sono a livelli ottimali

La condizione ottimale è la corrispondenza tra domanda di mercato e offerta disponibile. Questo scenario descrive la situazione in cui i clienti non aspettano in lunghe file e i dipendenti sono abituati alla loro produttività ottimale. Siccome i servizi non possono essere immagazzinati, non è possibile sviluppare un *buffer* (una compensazione) per ridurre la domanda in eccesso (si illustrerà il concetto di *buffering* nel Capitolo 5). Inoltre, i fornitori di servizi non sono macchine e non possono produrre in maniera illimitata. La domanda e l'offerta di servizi raramente si bilanciano e purtroppo talvolta i clienti patiscono lunghe attese, mentre i fornitori di servizi si trovano a volte senza nessuno da servire.

3.5b Le possibili soluzioni alle sfide generate dalla deperibilità

Poiché è raro che la domanda di servizi e l'offerta siano bilanciate, le imprese di servizi hanno sviluppato alcune strategie per cercare di regolare l'offerta e la domanda e raggiungere un equilibrio. Quelle che seguono sono possibili soluzioni per superare le difficoltà legate alla deperibilità dei servizi. Il primo gruppo di strategie riguarda il tentativo di gestire la domanda di mercato, mentre il secondo si concentra sulla gestione dell'offerta.

Strategie verso la domanda: determinare i prezzi in modo da influenzare la domanda

Le imprese di servizi utilizzano talvolta **strategie di prezzo creative** per attenuare le fluttuazioni della domanda. L'offerta di riduzioni di prezzo sotto forma di "speciali *early bird*" e "*matinée*" ha funzionato bene per ristoranti e cinema. I mercati attenti ai prezzi, come le famiglie con bambini, sono disposti a modificare i propri comportamenti a fronte di un risparmio sui costi e le imprese di servizi sono disposte a offrire riduzioni di prezzo per attirare i clienti durante le ore non di punta, rendendo così la gestione operativa più efficiente.

Spostando la domanda in altri periodi, l'impresa può accogliere più clienti e fornire un servizio migliore se la domanda era stata precedentemente respinta a causa dell'offerta limitata o non soddisfatta come al solito perché aveva superato i livelli di offerta ottimali.

I prezzi creativi sono stati utilizzati anche per rivolgersi a gruppi specifici come anziani, bambini e genitori o studenti universitari. Questo tipo di strategia di prezzo ha aiutato non solo ad attenuare le fluttuazioni della domanda, ma anche a separare diversi mercati target dalla condivisione della stessa esperienza di servizio. Con offerte speciali tipo "I bambini mangiano gratis nel tardo pomeriggio e in prima serata", un ristorante può ridurre molto la quantità di potenziali conflitti tra i clienti "famiglie" e quelli "solo adulti", che generalmente cenano più tardi la sera. Gli incentivi di prezzo sono utilizzati anche per invitare a utilizzare i siti web delle imprese, e i clienti che desiderano effettuare ordini online possono farlo 24 ore al giorno, 7 giorni alla settimana. L'aumento dell'utilizzo del sito web riduce la domanda di servizi durante il normale orario lavorativo.

Strategie verso la domanda: introdurre un sistema di prenotazione

Sistema di prenotazione: i fornitori in molti casi richiedono una prenotazione per evitare sovraffollamento o sottoutilizzo della capacità produttiva.

Un'altra strategia comunemente utilizzata per ridurre le fluttuazioni della domanda consiste nell'introdurre un **sistema di prenotazione** per fasce orarie. Ristoranti, alberghi, compagnie aeree, agenzie di autonoleggio, parrucchieri, medici, campi da golf sono le tipiche imprese che applicano un sistema di prenotazione. Come lato positivo, le prenotazioni riducono il rischio per il cliente di non trovare il servizio disponibile e di minimizzare il tempo di attesa in fila. I sistemi di prenotazione consentono inoltre alle imprese di prepararsi in anticipo per una quantità nota di domanda e quindi di organizzare al meglio l'arrivo del cliente.

Nonostante tali aspetti positivi, questa strategia è accompagnata anche da una serie di svantaggi. Innanzitutto, qualcuno deve mantenere il sistema di prenotazione, il che aggiunge costi operativi. Inoltre, i clienti non si presentano sempre in orario o talvolta non si presentano affatto lasciando il fornitore con capacità inutilizzata e quindi mancati ricavi. Per esempio, un atteggiamento frequente di alcuni golfisti (in particolare giovani e single) è quello di prenotare più *tee time* (l'orario di partenza) in diversi campi da golf. A seconda dei loro capricci e del campo da golf dove decidono di giocare quel particolare giorno, i giocatori scelgono quale tee time utilizzare, lasciando prenotati gli altri campi da golf per giocatori che non si presenteranno. Dato che il *green fee* per un giro di 18 buche con carrello è di almeno €50, il campo da golf perde €200 che avrebbe potuto altrimenti ricavare riempiendo il turno con altri giocatori.

Un altro inconveniente legato ai sistemi di prenotazione è che questi offrono una garanzia implicita che il servizio sarà disponibile a un'ora specifica, aumentando così le aspettative del cliente. Troppo spesso questa garanzia implicita non viene rispettata; i clienti con appuntamenti precedenti possono presentarsi in ritardo, provocando una reazione a catena di appuntamenti posticipati per il resto della giornata. Allo stesso modo, la velocità con cui i tavoli del ristorante si liberano è difficile da prevedere e può variare anche in relazione alla quantità di persone in attesa. I medici programmano fino a quattro pazienti alla stessa ora nel tentativo di soddisfare le richieste di tutti. Nonostante l'uso dei sistemi di prenotazione, i clienti potrebbero comunque dover attendere e diventare ancora più insoddisfatti rispetto a un sistema "primo arrivato, primo servito" a causa della promessa implicita del sistema di prenotazione.

Strategie verso la domanda: spostare le richieste verso i servizi complementari

Le imprese possono anche tamponare i problemi derivanti dalla deperibilità sviluppando **servizi complementari** direttamente correlati all'offerta di servizi di base. Un bar all'ingresso di un ristorante è un tipico esempio di servizio complementare che offre ai clienti uno spazio in cui attendere che il proprio tavolo si liberi e, al tempo stesso, rappresenta un'ulteriore fonte di entrate (centro di profitto). Analogamente, i golf club forniscono il *putting green* per i loro clienti come servizio complementare; sebbene gratuito, il putting green intrattiene il cliente, riducendo al minimo il tempo di attesa percepito. Il risultato finale sono clienti più soddisfatti. Altri servizi complementari che sono stati sviluppati per aiutare a gestire la domanda includono sale giochi nei cinema, materiale di lettura negli studi medici e televisori nelle aree di attesa del Pronto Soccorso degli ospedali o nelle sale d'attesa esclusive presso le stazioni o gli aeroporti.

Servizi complementari: servizi aggiuntivi connessi a quello principale.

Strategie verso la domanda: usare efficacemente i periodi di domanda non di punta

Sfruttare i **tempi morti** e i momenti in cui non c'è picco di domanda può attenuare le conseguenze negative della deperibilità. Nei momenti di inattività si può: (1) prepararsi in anticipo ai periodi di punta, (2) commercializzare il servizio a segmenti di mercato che presentano preferenze diverse. Per esempio, i dipendenti possono essere impiegati per aiutare colleghi che solitamente svolgono altre mansioni (i lavapiatti possono aiutare ad apparecchiare e sparecchiare i tavoli prima del servizio). Inoltre, sebbene non possano essere immagazzinati, ci sono aspetti tangibili associati ai servizi, come la lavorazione di alcune materie prime o l'allestimento delle sale in un ristorante, che possono essere preparati in anticipo, prima dell'effettiva interazione con il servizio. La preparazione anticipata consente al personale libero di svolgere altri compiti quando necessario. In secondo luogo, i momenti in cui non c'è picco di domanda possono anche essere sfruttati per generare entrate aggiuntive attraendo clienti diversi da quelli abituali. Alcuni club di golf utilizzano i periodi di domanda scarsa per rivolgersi a casalinghe, anziani o lavoratori con turni fissi e occupare il campo da golf durante le ore mattutine dei giorni feriali tradizionalmente meno frequentate. Oppure ospitano convegni infrasettimanali nelle sale libere della *Club house*.

Tempi morti: momenti in cui la capacità produttiva è sottoutilizzata e può essere sfruttata per prepararsi per quando ci sarà un picco di domanda o per rivolgersi ad altri acquirenti con preferenze diverse.

Strategie di fornitura: utilizzare dipendenti part-time

Gli effetti negativi della deperibilità possono essere ridotti al minimo anche attraverso strategie finalizzate a rendere disponibile un'offerta aggiuntiva nei momenti di maggior richiesta; una di queste è l'assunzione di personale part-time durante i periodi di picco della domanda. I rivenditori da anni utilizzano con successo dipendenti part-time per aumentare la loro offerta di servizi durante i periodi di vacanza. Il personale part-time genera costi inferiori di quello a tempo pieno ma soprattutto garantisce flessibilità. Purtroppo i dipendenti a tempo parziale inducono talvolta i clienti a pensare a competenze inferiori o mancanza di motivazione e impegno organizzativo e quindi riducono la soddisfazione. Questi rischi si manifestano più comunemente nelle organizzazioni che impiegano stabilmente lavoratori part-time rispetto a quelle che ne fanno ricorso solo durante i periodi di picco della domanda.

Strategie di fornitura: condividere la capacità

Condivisione delle risorse: utilizzo condiviso delle risorse con altri fornitori per fronteggiare la mancanza di capacità produttiva.

Un altro metodo per aumentare la capacità di offerta del servizio è la **condivisione delle risorse** con altri operatori; si forma in questo modo un servizio "cooperativo" che consente al gruppo che si è formato di espandere la propria offerta. Molti fornitori di servizi medici professionali stanno unendo i loro sforzi condividendo le spese di acquisto e manutenzione di costose apparecchiature diagnostiche; allo stesso modo, i taxisti condividono alcune auto sostitutive per non rimanere senza mezzo di trasporto in caso di incidente o di problemi alla propria automobile. Condividendo i costi, ciascun operatore può fornire tipi di servizio che altrimenti non sarebbe in grado di offrire a causa dei costi proibitivi associati all'acquisto di tali apparecchiature. Inoltre, le risorse risparmiate attraverso la condivisione dei costi vengono liberate per essere spese in risorse aggiuntive come altre attrezzature o nuovo personale, ampliando ulteriormente l'offerta di servizi.

Strategie di fornitura: preparare in anticipo l'espansione

Prepararsi in anticipo: pianificazione di un'espansione futura adottando un orientamento di lungo termine per la progettazione di impianti e attività.

La decisione di **prepararsi in anticipo** per un'espansione futura non fornisce una soluzione immediata ma può far risparmiare mesi o anni nella reazione alle pressioni della domanda, per non parlare delle ingenti spese necessarie per realizzare all'ultimo minuto quello che serve. Nel tentativo di prepararsi in anticipo per probabili cambiamenti futuri, molte imprese di servizi stanno adottando un orientamento di lungo termine anche per quanto riguarda la costruzione delle infrastrutture fisiche.

Per esempio, recentemente è stato progettato un terminal aeroportuale pensando a una sua espansione futura; è stato costruito in una porzione isolata della proprietà dell'aeroporto, dove nessuna struttura adiacente avrebbe interferito con la crescita futura. Tutte le linee idrauliche ed elettriche sono state estese alle estremità su entrambi i lati dell'edificio e sigillate, facilitando i collegamenti quando l'espansione diventerà realtà. Anche la strada che conduce al terminal è stata pensata in previsione di eventuali nuove aggiunte al terminal.

Strategie di fornitura: utilizzare terze parti

Terze parti: soggetti esterni all'organizzazione di servizi con cui collaborare per ampliare l'offerta.

Un'impresa di servizi può ampliare la propria offerta di un servizio anche ricorrendo a terzi. Le organizzazioni spesso utilizzano **terze parti** per servire i clienti e quindi risparmiare sui costi, sul personale, ecc. Le agenzie di viaggio ne sono un tipico esempio. Gli agenti di viaggio forniscono ai clienti le stesse informazioni dei rappresentanti di una compagnia aerea. Questo accordo con terze parti consente alla compagnia aerea di ridurre il numero di personale impiegato per effettuare le prenotazioni dei voli e di reindirizzare gli sforzi del personale esistente verso altre aree di servizio. Il risparmio sui costi associato all'utilizzo di terzi è dimostrato dalla disponibilità delle compagnie aeree a pagare commissioni per la prenotazione dei voli alle agenzie e ai siti web di viaggi.

Si noti che, sebbene l'utilizzo di terze parti aumenti l'offerta del servizio, questo tipo di accordo può anche esporre i clienti a offerte competitive. Di conseguenza, occorre un compromesso. Molte terze parti, come le agenzie di viaggio, rappresentano una varietà di fornitori. Un cliente che intendeva prenotare un volo con British Airways potrebbe finire per prendere un volo Lufthansa a causa di un programma di volo più compatibile o di una tariffa meno costosa.

Questo tipo di informazioni sulla concorrenza non sarebbe stato disponibile se il cliente avesse chiamato direttamente British Airways per effettuare la prenotazione del volo.

Strategie di fornitura: aumentare la partecipazione dei clienti

Un altro metodo per aumentare l'offerta di servizi disponibili è quello di far svolgere direttamente ai clienti una parte del servizio. In alcuni ristoranti i clienti hanno a disposizione tazze e bicchieri e si servono da soli caffè e bevande analcoliche, mentre in altri locali si preparano le insalate al "*salad bar*", farciscono i propri panini al "*fixings bar*", si preparano piatti al "*food bar*" oppure scelgono i dolci al "*dessert bar*".

Ogni giorno i clienti si servono da soli in tanti modi: riempiono il serbatoio dell'automobile, si recano agli sportelli bancari automatici e fanno la spesa nei supermercati senza più passare dalle casse tradizionali con un operatore. Uno dei maggiori vantaggi di Internet è quello di permettere ai clienti di aiutarsi da soli, o quantomeno di essere più preparati quando richiedono aiuto al personale di servizio. Tuttavia, sebbene le procedure self-service consentano agli operatori di dedicarsi ad altri servizi, una serie di vantaggi e svantaggi è associata alla partecipazione dei clienti. La disponibilità dei clienti a produrre autonomamente il servizio richiesto è generalmente legata alla convenienza, al prezzo e alla possibilità di personalizzarlo. Gli sportelli automatici offrono al cliente la comodità delle operazioni bancarie 24 ore su 24, l'imballaggio della spesa è generalmente accompagnato da processi di pagamento più rapidi e Dell offre ai clienti l'opportunità di configurare gli ordini di personal computer secondo le proprie specifiche.

Per contro, la **partecipazione attiva dei clienti** può anche essere associata a una sensazione di perdita di controllo. In molti casi, più il cliente diventa importante nella produzione del servizio, minore è il controllo che l'impresa di servizi può mantenere sulla qualità del servizio fornito. Il medico che spiega al paziente quando assumere il farmaco rinuncia al controllo sull'esito delle cure prescritte. Il controllo di qualità del servizio finale può risentire anche della confusione dei clienti che riducono l'efficienza del sistema operativo. È probabile che un cliente confuso in una cassa self-service influisca non solo sull'esito del proprio servizio, ma anche su quello di altri clienti che sono in fila dietro di lui. Si pensi a chi paga a una cassa automatica per la prima volta e alla curva di apprendimento.

Partecipazione attiva dei clienti: delega ai clienti dello svolgimento di una parte dell'attività.

La perdita del controllo della qualità può anche essere accompagnata dalla perdita del controllo sui costi operativi. Il self-service, in particolare nell'industria alimentare, è associato allo spreco a causa dell'abuso del sistema. I clienti possono prendere più cibo di quanto normalmente ordinerebbero e poi condividerlo con amici non paganti. Anche i costi operativi sono aumentati con l'uso delle casse self-service nei negozi di alimentari, poiché i clienti dimenticano inavvertitamente o di proposito di scansionare tutti gli articoli prima di uscire dal negozio.

Infine, la crescente partecipazione dei clienti può essere interpretata da alcuni come il tentativo dell'organizzazione di servizi di allontanarsi fisicamente da loro. Di conseguenza, potrebbe svilupparsi l'immagine di un'impresa indifferente, insensibile e fuori dal mondo, indirizzando una parte dei clienti verso quei concorrenti che continuano a offrire un servizio completo. Quindi, il trade-off è evidente; mentre l'aumento della partecipazione dei clienti consente ai fornitori di offrire servizi aggiuntivi e può portare al cliente maggiore convenienza, opportunità di personalizzazione e prezzi ridotti, questa strategia può anche creare clienti insoddisfatti che sono costretti a cavarsela da soli.

3.6 Marketing, gestione operativa e risorse umane

Questo capitolo ha delineato i fattori chiave che distinguono il marketing dei servizi da quello dei beni industriali e ha evidenziato le sfide molto specifiche per chi si occupa dei servizi. A causa di intangibilità, inseparabilità, eterogeneità e deperibilità, il marketing svolge un ruolo molto diverso nelle organizzazioni orientate ai servizi rispetto alle organizzazioni di beni puri. Come risultato di queste quattro caratteristiche uniche del servizio, questo capitolo ha mostrato quanto strettamente siano intrecciate le diverse componenti del modello di servizio presentato nel Capitolo 1. Le parti invisibili e visibili dell'organizzazione, il personale di contatto, l'ambiente di servizio (servicescape) e i clienti sono tutti connessi da una complessa serie di relazioni.

La missione di qualsiasi impresa è soddisfare le esigenze e i desideri dei propri clienti, tuttavia, nel portarla a termine, l'obiettivo prioritario dovrebbe essere quello di soddisfare i bisogni e i desideri del personale che fornisce il servizio. A causa dell'intreccio di relazioni che è stato descritto, il personale di marketing deve mantenere un rapporto molto più stretto con il resto dell'organizzazione di quanto non sia consueto nelle tradizionali aziende produttrici di beni. La filosofia secondo cui il reparto operativo è l'unico responsabile della produzione del prodotto, il reparto risorse umane è l'unico responsabile per i dipendenti e il reparto marketing è responsabile esclusivamente delle questioni relative al cliente non funziona bene all'interno di un'azienda di servizi; quelle che hanno successo comprendono le interrelazioni tra queste aree funzionali fondamentali e fanno sì che lavorino insieme per creare e fornire un'esperienza di servizio di livello superiore per il cliente.

Riepilogo

Le principali differenze tra la produzione di beni industriali e quella dei servizi sono comunemente attribuite a quattro caratteristiche distintive dei servizi: intangibilità, inseparabilità, eterogeneità e deperibilità. Questo capitolo ha descritto le criticità derivanti da queste quattro caratteristiche e ha presentato le possibili soluzioni per ridurne l'impatto negativo.

A causa dell'intangibilità, i servizi mancano di sostanza fisica e quindi non possono essere toccati o valutati come lo sono le merci; ne consegue una difficoltà nella comunicazione ai clienti, nelle scelte relative ai prezzi, nella tutela delle innovazioni e nella conservazione del prodotto per un utilizzo futuro. Per compensare si è suggerito l'uso di indizi tangibili, lo sviluppo dell'immagine aziendale, lo sviluppo di fonti di informazione personali a cui i clienti accedono quando selezionano i fornitori di servizi, e l'uso di tecniche di calcolo dei costi basate sulle attività.

L'inseparabilità riflette invece la relazione tra i fornitori di servizi e i loro clienti; a differenza dei produttori di beni, i fornitori di servizi si trovano spesso faccia a faccia con i clienti direttamente coinvolti nel processo di produzione del servizio. Per ridurre al minimo le conseguenze negative dell'inseparabilità sono state proposte una selezione attenta e la formazione approfondita del personale a contatto con il cliente, l'adozione di strategie volte a gestire i comportamenti durante l'esperienza del servizio e l'uso di più sedi per superare le difficoltà associate alla produzione di massa in un unico punto.

L'eterogeneità è la terza caratteristica che distingue i beni tangibili dai servizi e riguarda la variabilità intrinseca nel processo di produzione dei servizi. Il principale problema di marketing associato all'eterogeneità è che l'uniformità e il controllo della qualità sono difficili da gestire. Le imprese di servizi tipicamente rispondono alle sfide presentate dall'eterogeneità in due diverse direzioni: alcune cercano di standardizzare le prestazioni attraverso una formazione intensiva o sostituendo il lavoro umano con le macchine; al contrario, altre imprese sfruttano la variabilità offrendo servizi personalizzati che soddisfano le esigenze dei singoli clienti. Una strategia non è sempre superiore all'altra, perché la preferenza del cliente nei confronti di un'offerta personalizzata rispetto a una standardizzata dipende anche dal prezzo al quale viene proposta, dalla velocità nella consegna e dalla costanza delle prestazioni.

La deperibilità è la quarta e ultima caratteristica del servizio e si riferisce all'incapacità del fornitore di servizi di immagazzinare i servizi. In poche parole, i servizi che non vengono usufruiti nel momento stabilito non possono essere conservati per l'utilizzo in un momento successivo. Inoltre, poiché i servizi non possono essere immagazzinati, sono poche e quasi casuali le volte in cui l'offerta coincide con la domanda. Anche in questo caso, sono state sviluppate diverse strategie per cercare di neutralizzare i potenziali problemi creati dalla deperibilità. Alcune strategie affrontano il problema tentando di gestire la domanda, mentre altre tentano di gestire l'offerta. Le strategie di gestione della domanda includono strategie di prezzo creative, l'uso di sistemi di prenotazione, l'organizzazione della domanda attraverso servizi complementari e lo spostamento verso periodi con minore domanda. Le strategie di gestione dell'offerta includono l'utilizzo di dipendenti part-time, la condivisione della capacità produttiva, l'utilizzo di fornitori esterni, l'aumento della partecipazione dei clienti al processo di produzione e la preparazione in anticipo per ridurre i tempi di risposta all'aumento della domanda.

A causa delle sfide poste da intangibilità, inseparabilità, eterogeneità e deperibilità, l'attività di marketing può essere molto diversa nelle organizzazioni orientate ai servizi rispetto a quelle dei beni puri. La logica secondo cui il reparto operativo è l'unico responsabile della produzione, il reparto risorse umane è l'unico responsabile per i dipendenti e il reparto marketing è responsabile esclusivamente delle questioni relative al cliente non si adatta bene a un'impresa di servizi.

Le quattro caratteristiche presentate in questo capitolo che distinguono i servizi dai beni puri forniscono ampia evidenza che le parti invisibili e visibili dell'organizzazione, il personale di contatto, l'ambiente fisico e l'organizzazione stessa insieme ai suoi clienti sono legati da un complesso insieme di relazioni. Di conseguenza, il marketing deve mantenere un rapporto molto più stretto con il resto dell'organizzazione di quanto non sia consueto in un'organizzazione tradizionale di produzione di beni.

Domande di verifica

1. Descrivere brevemente come le caratteristiche specifiche del servizio (intangibilità, inseparabilità, eterogeneità e deperibilità) si possono rinvenire nell'esperienza di una classe di marketing dei servizi.
2. Spiegare perché fissare il prezzo per i servizi è più difficile che per i beni industriali.
3. Quali strategie ha utilizzato il settore assicurativo nel tentativo di minimizzare gli effetti dell'intangibilità?
4. Descrivere i pro e contro del coinvolgimento del cliente nel processo di produzione.
5. Illustrare le ragioni di convenienza della produzione centralizzata su larga scala di servizi.
6. Cosa si intende con l'espressione "altri clienti" e perché la loro influenza è tanto maggiore per i servizi che per i beni tangibili?
7. Perché la standardizzazione e il controllo della qualità sono difficili da mantenere durante tutto il processo di erogazione del servizio?
8. Cos'è preferibile per i clienti: (1) un servizio personalizzato o (2) un servizio standardizzato? Perché?
9. Perché la deperibilità è un problema per il fornitore di servizi più che per il produttore di beni tangibili?
10. Quali sono le soluzioni all'impossibilità per un'impresa di servizi di creare un magazzino?

Capitolo 4

Il comportamento del cliente di servizi

Obiettivi del capitolo

In questo capitolo l'attenzione è sul cliente dei servizi e, in particolare, verrà descritto il comportamento degli acquirenti nelle varie fasi del processo decisionale. Negli ultimi anni sono stati sviluppati molti modelli che tentano di spiegare le scelte prima dell'acquisto, durante la fruizione e come si forma il giudizio del cliente per il servizio ricevuto. Benché nessun modello sia definitivo, è necessario comprendere più a fondo le esigenze del cliente e come queste si caratterizzano nei servizi.

HeyLight: pagare a rate le prenotazioni alberghiere

Holipay è una startup italiana attiva dal 2022 che ha sviluppato un software che permette alle strutture ricettive di vendere il prodotto online con pagamento dilazionato.

Il modello di Holipay è definito come "saas" (*software as a service*) poiché tecnicamente si tratta di un software che permette di suddividere l'importo totale in singoli pagamenti, le rate, dal momento in cui si prenota il servizio fino al termine del soggiorno (*booking window*). Il software Holipay viene integrato nei sistemi di prenotazione alberghiera online (*booking engine*) e mostra il prezzo già suddiviso in rate, senza interessi aggiuntivi. Il software è poi collegato anche a un gateway di pagamento per addebitare l'importo di ogni singola rata al cliente e accreditarlo alla struttura alberghiera.

Dal punto di vista strategico, Holipay suddivide l'importo totale in un primo pagamento fisso di €49 al momento della prenotazione, a cui seguono tanti pagamenti il primo e il quindicesimo giorno di ogni mese, con un ultimo pagamento il giorno prima che il cliente lasci l'hotel (check-out). Questa scelta è un vero e proprio strumento di marketing. I pernottamenti vengono solitamente commercializzati a un prezzo che dipende dalla tipologia di camera, dal numero di persone, dai servizi extra, dalla tipologia di tariffa e dal momento della prenotazione, e il prezzo varia ogni giorno, o addirittura anche ogni ora. Questa politica di prezzi variabili, nota come *revenue management*, crea indecisione nell'acquirente, poiché ogni volta che apporta una modifica o rientra nella pagina di prenotazione dopo un po' di tempo si trovano davanti a un prezzo cambiato. In questo modo l'acquirente non si sente sicuro e fa tante valutazioni diverse prima di confermare la prenotazione. La proposta di un primo pagamento di importo fisso (€49) rappresenta una "soglia di ingresso" certa. In questo modo, per decidere quale tipo di camera o di tariffa scegliere, chi compra non si concentrerà più sulla variazione del prezzo ma sulle caratteristiche della camera.

Inoltre, il pagamento rappresenta un momento di frizione nel processo di acquisto. Riuscire a ridurre la percezione negativa associata al pagamento, agevolando il cliente con una rateizzazione, porta una pluralità di vantaggi. I più immediati sono: aumento delle vendite e della conversione, fidelizzazione, disintermediazione dalle *online travel agency* (OTA) e anticipo degli incassi.

Nella vendita online di un bene tangibile, alla conferma di acquisto segue la spedizione della merce; la dilazione del pagamento in questo caso necessita di una forma di finanziamento, tipicamente operato da strutture fintech denominate *Buy Now Pay Later* (BNPL), poiché c'è il rischio che il cliente non paghi le rate una volta ricevuta la merce.

Per permettere la miglior modalità di rateizzazione nell'*hospitality*, Holipay può integrare al suo interno tutti i sistemi di BNPL esistenti. In questo modo si crea un'ulteriore modalità di vendita a rate; chi vuole prenotare una vacanza sotto data (entro 60 giorni dall'arrivo in hotel), entro un certo importo limite (genericamente €1.500) e proviene da un Paese dove la BNPL è attiva, si vedrà come unica proposta di pagamento a rate quella offerta dalla BNPL. Nel caso in cui una delle condizioni sopra citate non si verifichi, l'acquirente si vedrà come unica proposta di pagamento a rate Holipay.

Con questa modalità di vendita a rate complementare viene soddisfatto il 100% dei clienti potenziali di un hotel e la struttura può anche sfruttare gli enormi investimenti in marketing che tutte le BNPL attuano nei settori diversi dall'hospitality; per esempio, a un cliente che ha acquistato degli scarponi da sci tramite una BNPL, verrà proposto anche un soggiorno in montagna presso una struttura che utilizza la stessa BNPL. Con questo intento, Holipay ha integrato a fine 2022 Klarna, una delle principali BNPL del mondo, per poi diventare HeyLight dal 2024.

4.1 Introduzione

Nella gestione delle organizzazioni di servizi, l'orientamento al cliente è alla base delle attuali strategie di marketing e i fornitori sono chiamati innanzitutto a capire meglio le loro esigenze. Jeff Bezos, fondatore di Amazon, ha affermato che un'impresa deve sentirsi come un padrone di casa che invita i suoi clienti a una festa, sforzandosi di rendere sempre migliore ogni aspetto della loro esperienza.

Nonostante sia ormai riconosciuta l'importanza di aumentare la conoscenza riguardo ai clienti e migliorare l'esperienza di acquisto, molte organizzazioni tendono ancora a essere focalizzate più sulla gestione operativa; Richard Branson, fondatore del Gruppo Virgin composto da oltre 400 società, in un'occasione ha raccontato che non si rivolge mai ai contabili prima di avviare una nuova attività, ma che lo fa seguendo l'istinto, soprattutto quando si accorge che questi si concentrano sul lato operativo dell'azienda trascurando le esigenze del cliente. Nell'attuale scenario economico e competitivo, è essenziale comprendere come gli acquirenti scelgono tra le diverse alternative di servizi e come li valutano una volta provati.

Lungo le tre principali fasi del processo decisionale – pre-acquisto, fruizione e valutazione post-acquisto – i clienti adottano dei modelli di comportamento, alcuni dei quali presentati in questo capitolo. Sebbene questi modelli siano stati sviluppati nel corso degli anni, è importante sottolineare che nessuna rappresentazione è definitiva. La mente del consumatore resta ancora in parte sconosciuta ed è una "scatola nera" sigillata; si possono osservare gli input che arrivano alla scatola e le decisioni che ne derivano, ma non è ancora del tutto noto il processo di elaborazione delle informazioni ricevute.

Perché, quindi, perdere tempo con queste rappresentazioni? Piaccia o no, ogni volta che vengono prese decisioni di marketing, queste si basano su modelli che fanno riferimento al comportamento del consumatore. Spesso questi modelli sono impliciti e non vengono condivisi pubblicamente ma rispecchiano l'esperienza professionale degli esperti di marketing; ogni volta che il prezzo cambia, che viene lanciato un nuovo prodotto o pianificata una campagna pubblicitaria, vengono fatte alcune supposizioni su come il cliente reagirà. L'obiettivo di questo capitolo è quello di descrivere alcuni modelli che spiegano il processo decisionale del cliente nell'acquisto di servizi. Per le caratteristiche specifiche dei servizi di cui si è detto nei capitoli precedenti, vanno evidenziate delle differenze con le decisioni riguardanti l'acquisto e il consumo di beni tangibili.

Questo capitolo si divide in due parti: la prima parte offre una panoramica generale del processo decisionale del cliente e la sua applicabilità alle decisioni di marketing. La seconda parte si focalizza su alcuni aspetti specifici riguardanti il processo decisionale quando questo riguarda i servizi.

4.2 Il processo decisionale del cliente

I fornitori di servizi, se vogliono rimanere competitivi, devono conoscere i criteri usati dagli acquirenti durante le tre fasi del **processo decisionale**: (1) la scelta tra le alternative in fase di pre-acquisto, (2) la reazione del cliente durante l'esperienza di fruizione (3) la valutazione sulla soddisfazione in fase di post-acquisto (Figura 4.1).

Processo decisionale del cliente: tre fasi nelle decisioni d'acquisto: pre-acquisto, fruizione e post-acquisto.

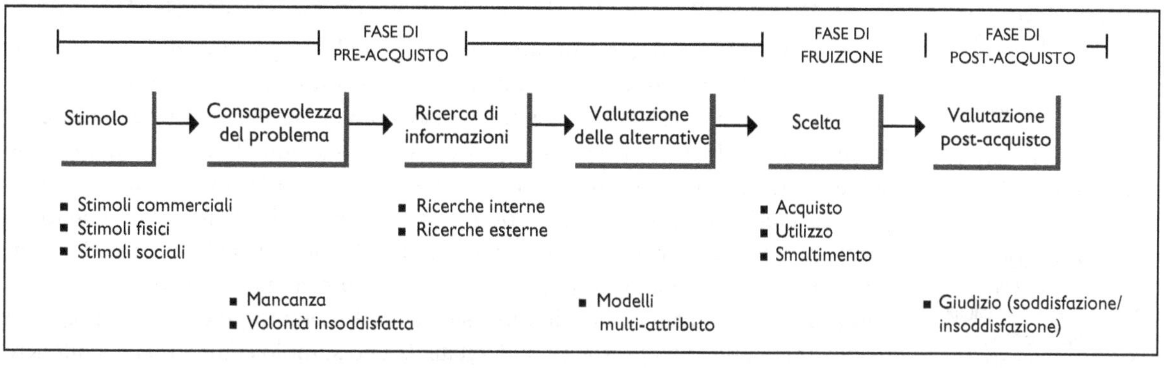

Figura 4.1 Modello del processo decisionale del cliente.

Sebbene non si riesca quasi mai a comprendere del tutto il pensiero di una persona che decide di effettuare un acquisto, l'analisi del processo decisionale aiuta ad addentrarsi nella struttura di quel pensiero e guida a una maggiore conoscenza del comportamento del cliente. Per iniziare occorre osservare la fase precedente l'acquisto che include lo stimolo, la consapevolezza del problema, la ricerca di informazioni e la valutazione delle alternative.

4.2a Fase di pre-acquisto: lo stimolo

Stimolo: il pensiero, l'azione o la motivazione che induce una persona a prendere in considerazione un acquisto.

Stimolo commerciale: stimolo (evento o motivazione) caratterizzato dall'iniziativa promozionale dell'azienda.

Stimolo sociale: stimolo (evento, suggerimento, ecc.) proveniente dal gruppo dei pari o da altre persone care.

Stimolo fisico: stimolo come la sete o la fame o un altro segnale biologico.

La fase di pre-acquisto del processo decisionale comprende tutte quelle attività che si svolgono prima della scelta del fornitore. Questa fase inizia quando una persona riceve uno **stimolo** che induce a prendere in considerazione un acquisto. Per esempio, quando viene chiesto agli studenti quali sono le principali motivazioni che li spingono a conseguire una laurea, le risposte includono "trovare un buon lavoro", "essere preso seriamente", "uscire di casa", "rendere felici i miei genitori", "fare amicizia" e "divertirmi".

Nella pratica, lo stimolo che avvia il processo decisionale può provenire da un annuncio commerciale, da una norma sociale o anche da una casualità. Gli **stimoli commerciali** sono il risultato di sforzi promozionali; una persona potrebbe essere esposta a uno spot pubblicitario di un'università locale e iniziare a valutare la propria posizione attuale di vita e l'eventualità di iscriversi per conseguire un titolo di studio universitario. Allo stesso modo, gli **stimoli sociali** si ottengono dal gruppo dei pari o da altre persone care. Per esempio, vedere gli amici partire per l'università in autunno o i coetanei che si sono laureati e hanno ottenuto una promozione al lavoro può spingere qualcuno a considerare di migliorare il proprio livello di istruzione. Infine, l'avvio del processo decisionale può anche essere la conseguenza di uno **stimolo fisico** come l'avere sete o l'avere fame o altri segnali biologici. Ipoteticamente, una persona può iscriversi all'università come risposta a un bisogno biologico di trovare un partner per sposarsi e creare una famiglia oppure maturando si inizia a pensare più seriamente a conseguire una laurea. Dopo aver ricevuto uno stimolo, le persone iniziano a ponderare la categoria di prodotti (in questo caso i tipi di corsi universitari) e a valutare la propria situazione attuale. Gli esperti di marketing delle aziende di servizi possono utilizzare efficacemente segnali commerciali, sociali e fisici per stimolare gli acquirenti a riflettere sui propri bisogni e desideri così da passare al secondo stadio del processo decisionale, ovvero la consapevolezza del problema.

4.2b Fase di pre-acquisto: la consapevolezza del problema

Consapevolezza del problema: nel secondo stadio della fase di pre-acquisto, l'interessato determina se esiste una necessità per il prodotto.

Mancanza: necessità di un bene o servizio dovuta al fatto che l'interessato non ha quel particolare bene o servizio.

Volontà insoddisfatta: necessità di avere un prodotto o servizio a causa dell'insoddisfazione verso un bene o servizio già disponibile.

La **consapevolezza del problema** emerge quando le persone devono attivarsi per tornare allo stato di comfort abituale. In questa fase del processo decisionale, ognuno esamina se esiste veramente un bisogno o un desiderio per quella categoria di prodotto. In estrema sintesi, i bisogni sono situazioni di insoddisfazione che spingono le persone a compiere un'azione per migliorare le condizioni. Al contrario, i desideri corrispondono alla volontà di ottenere qualcosa in più di quanto sia strettamente necessario per migliorare una condizione insoddisfacente. La consapevolezza del problema si può basare su una **mancanza** (un bisogno) o su una **volontà insoddisfatta** (un desiderio); seguendo l'esempio precedente, si parla di mancanza quando una persona è sollecitata da uno stimolo commerciale a ottenere una laurea e non è ancora iscritta a un'università. Al contrario, si tratta di volontà insoddisfatta se uno studente già iscritto all'università non attribuisce più valore a quella particolare istituzione, però, allo stesso tempo, vuole completare gli studi in un'altra università. Da ultimo, se un acquirente non distingue la mancanza dalla volontà insoddisfatta, il processo decisionale termina qui. In caso contrario, il processo decisionale continua e l'interessato cerca di risolvere il problema attuale passando allo stadio successivo, quello della ricerca delle informazioni. Gli esperti che comprendono le esigenze e i desideri degli acquirenti possono, in primo luogo, cogliere le motivazioni reali sottese alla propria categoria di prodotti. I messaggi promozionali che rinforzano queste motivazioni, come un cartellone pubblicitario di un'università che recita "Stanco di lavorare nello stesso posto mal retribuito?" o "Non incontri mai nessuno di nuovo passando la vita sul divano dei tuoi genitori?" possono consolidare le ragioni già note nella mente dei potenziali acquirenti e incentivarli a intraprendere azioni definitive.

4.2c Fase di pre-acquisto: la ricerca delle informazioni

La consapevolezza del problema sollecita una soluzione e, di solito, conduce a un potenziale acquisto. Durante la **ricerca delle informazioni**, nella fase di pre-acquisto, le persone cercano delle soluzioni e raccolgono elementi su possibili alternative che potrebbero risolvere il problema. Raramente esse prendono in considerazione tutte le alternative attuabili, ma di solito hanno un elenco limitato di opzioni sulla base dell'esperienza passata, della convenienza e della conoscenza. L'elenco con la serie di alternative di cui l'acquirente è a conoscenza viene definito in letteratura **insieme di consapevolezza** (*awareness set*). Questo elenco viene ulteriormente ristretto al momento della decisione vera e propria: le alternative che le persone ricordano effettivamente al momento della decisione sono chiamate **insieme evocato** (*evoked set*). Tra le offerte inserite nell'evoked set, quelle considerate inadatte (troppo costose, troppo lontane, ecc.) vengono eliminate immediatamente. Le alternative che restano sono chiamate **insieme di considerazione** (*consideration set*).

Ricerca delle informazioni: passaggio nella fase di pre-acquisto in cui l'interessato raccoglie informazioni relative a possibili alternative.

Insieme di consapevolezza: l'insieme di alternative di cui l'interessato è a conoscenza.

Insieme evocato: alternative che una persona ricorda effettivamente al momento della decisione.

Insieme di considerazione: alternative effettivamente prese in considerazione dopo aver eliminato quelle non pertinenti.

Tornando all'esempio della decisione sull'università, quando si considerano le varie possibilità, l'interessato può prima intraprendere una **ricerca interna** che fa ripensare alle possibili scelte; la conoscenza pregressa può basarsi sulla vicinanza a un'università locale, su informazioni acquisite durante un evento o ascoltando i ricordi di esperienze universitarie dei propri familiari. Una ricerca interna è un approccio passivo di raccolta di informazioni. La ricerca interna può essere poi seguita da una **ricerca esterna**, che include l'acquisizione di nuove informazioni visitando le sedi universitarie, chiedendo agli amici o leggendo riviste specifiche che ogni anno stilano una classifica delle università. Basandosi sul processo di ricerca interno ed esterno, gli acquirenti si fanno strada attraverso un'ampia gamma di alternative e restringono le loro ricerche passando così da un awareness set a un evoked set per giungere, poi, a una scelta finale.

Ricerca interna: approccio passivo alla raccolta di informazioni; la propria memoria è la fonte di informazioni principale riguardo ai prodotti.

Ricerca esterna: approccio proattivo alla raccolta di informazioni in cui l'interessato cerca nuove informazioni da fonti al di fuori della propria esperienza personale.

I manager che analizzano i processi di ricerca delle informazioni da parte dei consumatori riescono a veicolare in modo più strategico le informazioni promozionali. Fornendo informazioni facilmente reperibili e accessibili aumentano le probabilità di acquisto. Quando viene chiesto agli studenti su quali informazioni si sono basati per scegliere l'università, tra le varie risposte si trovano: consulenti delle scuole superiori, Internet, amici, famiglia, visite alle università e brochure inviate per email. Sorprendentemente, la pubblicità fatta dai mass media è raramente menzionata.

4.2d Fase di pre-acquisto: la valutazione delle alternative

Valutazione delle alternative: fase in cui l'acquirente attribuisce un valore o classifica le alternative disponibili.

Valutazione non sistematica: scelta tra le alternative in modo casuale o in base all'istinto.

Valutazione sistematica: scelta tra le alternative utilizzando una serie di passaggi formalizzati per arrivare a una decisione.

Una volta raccolte le informazioni rilevanti con ricerche sia interne che esterne, l'acquirente dispone di un consideration set che comprende le varie alternative per trovare una soluzione al bisogno o al desiderio insoddisfatto.

Le possibili soluzioni vengono vagliate con la **valutazione delle alternative** del processo decisionale, la quale consiste in una **valutazione non sistematica** delle opzioni, come la scelta per intuizione di un'alternativa in base a una sensazione più immediata e istintiva, o può evolvere in una **valutazione sistematica**, come descritto dai modelli di scelta multi-attributo che utilizzano una serie di passaggi formalizzati per arrivare a una decisione.

Gli studiosi di marketing hanno fatto ampio uso dei modelli multi-attributo per simulare il processo di valutazione dei prodotti. Secondo questi modelli, gli acquirenti utilizzano una serie di attributi o criteri come riferimento di base per valutare un servizio. Rimanendo sul solito esempio, gli studenti possono confrontare le alternative universitarie basandosi sul luogo, sull'importo delle tasse, sui requisiti di ammissione, sulla reputazione accademica, su specifici corsi di laurea e su programmi sportivi e fissare la preferenza sommando i punteggi dati a ogni singolo attributo.

Durante la valutazione, si presume che gli acquirenti confrontino le alternative creando concettualmente una matrice simile a quella mostrata nella Tabella 4.1, che descrive la scelta di uno studente per un corso di laurea triennale. Nella parte superiore sono indicate due variabili: la prima riporta l'insieme delle alternative presenti nel consideration set (i vari Atenei, in questo caso UA, ASU, BYU e UNM), mentre la seconda indica la rilevanza dei vari attributi dell'offerta.

Dalla Tabella 4.1 emerge che l'interessato attribuisce una maggior rilevanza all'ubicazione e alle tasse di iscrizione, seguite dalla reputazione accademica, dai programmi dei corsi, dai requisiti di ammissione e infine dagli impianti sportivi. Per completare la tabella, l'interessato valuta le alternative in base alle proprie aspettative.

Approccio compensativo lineare: modello secondo cui l'interessato crea un punteggio globale per ogni alternativa moltiplicando la valutazione di ciascun attributo per la rilevanza conferita a quell'attributo e sommando i punteggi.

Approccio lessicografico: approccio sistematico secondo cui l'interessato prende una decisione esaminando ogni attributo, a partire dal più importante, per escludere le alternative.

Una tabella così strutturata consente di far emergere i processi di scelta effettuati per prendere una decisione. Secondo l'**approccio compensativo lineare**, l'interessato genera un punteggio totale per ogni università moltiplicando i punti assegnati alle alternative di ciascun attributo per l'indice di rilevanza assegnato all'attributo e, infine, sommando i punteggi. L'UA otterrebbe così un punteggio di 10×10 (posizione), più 9×10 (tasse di iscrizione), più 8×8 (requisiti di ammissione) e così via. Viene, quindi, scelta l'università con il punteggio più alto, in questo esempio l'ASU.

Un altro tipo di approccio multi-attributo che può emergere è l'**approccio lessicografico**. Questo approccio descrive un soggetto "pigro a prendere decisioni" e cerca di minimizzare lo sforzo richiesto. Questi soggetti osservano uno alla volta ciascun attributo, iniziando dal più importante, cercando di prendere una decisione. La persona che ha indicato le preferenze rappresentate nella Tabella 4.1 darebbe priorità all'ubicazione ed escluderebbe ASU, BYU e UNM. Quindi, una differente regola decisionale si traduce in una scelta diversa: l'AU secondo il modello lessicografico e l'ASU secondo il modello compensativo lineare.

Data la popolarità dei modelli multi-attributo, non sorprende il fatto che siano stati utilizzati dei fruitori di servizi per descrivere e spiegare i processi decisionali. Il merito di questi modelli risiede nella loro semplicità e chiarezza. Gli attributi

Tabella 4.1 Esempio di modello multi-attributo per la scelta tra università alternative.

	Consideration set di alternative di università				
Attributo	**UA**	**ASU**	**BYU**	**UNM**	**Indice di rilevanza**
Ubicazione	10*(10)**	8(10)	8(10)	7(10)	10
Tasse di iscrizione	9(10)	7(10)	7(10)	8(10)	10
Requisiti di ammissione	8(8)	8(8)	8(8)	8(8)	8
Reputazione accademica	9(9)	10(9)	8(9)	8(9)	9
Programmi dei corsi	8(9)	9(9)	9(9)	8(9)	9
Programmi sportivi	7(8)	10(8)	10(8)	8(8)	8
Totale	463	465	447	422	

*I punteggi vanno da 1 (il più basso) a 10 (il più alto)

** I numeri tra parentesi sono gli indici di rilevanza di ciascun criterio

identificati coprono un'ampia gamma di problemi relativi all'esperienza del servizio e sono facilmente capiti dagli esperti dei servizi.

L'analisi dei modelli multi-attributo fornisce almeno cinque informazioni preziose:

1. una lista di alternative incluse nel consideration set;
2. la lista di attributi che gli interessati considerano quando prendono decisioni sull'acquisto;
3. il peso assegnato a ogni attributo;
4. convinzioni sulla prestazione, riflesse dalle valutazioni e associate a una particolare alternativa;
5. convinzioni sulla prestazione, riflesse dalle valutazioni e associate ad alternative concorrenti.

I compiti del management, quando si usano questi modelli, sono relativamente semplici. Per esempio, la pubblicità può essere utilizzata per sottolineare un particolare attributo dell'istituzione accademica che magari, nelle menti delle persone, sembra scarso. Un'università, in passato, può aver avuto una scarsa reputazione accademica, ma la pubblicità può cambiare la percezione dei possibili fruitori mettendo in risalto i risultati raggiunti dai laureati.

4.2e Fase di fruizione: la scelta

Fin qui è stata affrontata la fase di pre-acquisto del processo decisionale, che comprende lo stimolo, la consapevolezza del problema, la ricerca delle informazioni e la valutazione delle alternative. Un risultato importante della prima fase è la decisione di acquistare una delle alternative prese in considerazione.

Nella fase di fruizione, la prima scelta che l'acquirente effettua è quella relativa al punto vendita e quindi se recarsi presso un preciso luogo fisico o se acquistare da un catalogo, da un sito Internet o da una varietà di altri venditori. Questa decisione è accompagnata da una serie di aspettative riguardanti le prestazioni del prodotto che si intende acquistare.

Processo di consumo: attività di acquisto, utilizzo e smaltimento del prodotto.

Nel caso di beni tangibili, il cliente utilizza il prodotto e smaltisce eventuali rifiuti solidi rimanenti. Le attività di acquisto, fruizione e smaltimento sono raggruppate insieme e prendono il nome di **processo di consumo**.

Comprendere le scelte del cliente riguardo alle alternative di utilizzo è importante ai fini delle decisioni manageriali. In passato i servizi bancari venivano erogati da personale incaricato all'interno delle varie agenzie; nel corso degli anni, i clienti si sono abituati a svolgere molte operazioni bancarie tramite gli sportelli automatici (bancomat) o il banking online. Oggi, di fatto, per molti clienti la sede fisica della banca è diventata irrilevante. È interessante notare che fornire l'accesso online ai servizi riduce drasticamente la necessità di avere sedi fisiche e, di conseguenza, di risparmiare sui costi associati alla loro gestione. Naturalmente, fornire un'alternativa online è fattibile solo per i servizi che possono essere erogati elettronicamente: una soluzione online non è fattibile per ristoranti e hotel dove la fornitura di un prodotto fisico (per esempio cibo e camera da letto) è parte integrante del servizio offerto.

Analogamente, un tempo si pensava che l'istruzione universitaria potesse essere fornita solo in luoghi fisici, mentre adesso sempre più studenti optano per corsi online come unica fonte di istruzione o come un'integrazione al percorso tradizionale.

Gli esperti di marketing devono monitorare i cambiamenti delle preferenze e adeguare, di conseguenza, il processo di fornitura del servizio.

4.2f Fase di post-acquisto: la valutazione post-acquisto

Dissonanza cognitiva: dubbio nella mente del cliente per quanto riguarda la correttezza della decisione d'acquisto.

Una volta effettuato l'acquisto e usufruito del servizio, avviene la valutazione post-acquisto, nella quale i clienti possono andare incontro a diversi livelli di **dissonanza cognitiva**, ovvero al dubbio che non sia stata fatta la scelta migliore.

Chi si occupa di marketing prova a minimizzare la dissonanza cognitiva rassicurando con contatti post-vendita, lettere rassicuranti, forme di garanzie e altra pubblicità come rinforzo della decisione assunta. Per esempio, leggere sui giornali che l'università scelta si è posizionata a un buon livello nei ranking nazionali o internazionali rafforzerebbe positivamente la decisione presa dallo studente.

In altre parole, la valutazione post-acquisto riguarda la soddisfazione del cliente, che è la chiave del successo nel processo di marketing. Come si vedrà più estesamente nel Capitolo 11, la soddisfazione del cliente si raggiunge quando le percezioni sul servizio ricevuto incontrano o superano le sue aspettative. La soddisfazione del cliente ha importanza in sé, ma in genere porta anche alla fidelizzazione e al mantenimento del rapporto nel tempo, genera raccomandazioni positive tramite passaparola e crea un conseguente aumento di vendite e redditività.

Durante la fase di post-acquisto è possibile utilizzare nuovamente dei modelli multi-attributo; in questo processo, le scelte delle università vengono sostituite da due colonne denominate punteggio di percezione e punteggio di aspettativa. Il punteggio di percezione, per ciascun attributo, viene assegnato dallo studente dopo l'iscrizione e riflette le sensazioni basate sull'esperienza. Il punteggio di aspettativa per ogni attributo era presentato nella Tabella 4.1 e rifletteva le aspettative che lo studente aveva prima di iniziare a frequentare l'università. Il

Tabella 4.2 Esempio di valutazione dopo la scelta dell'università.

Attributo	Punteggio di percezione[1]	Punteggio di aspettativa[2]	Punteggio di soddisfazione[3]	Valutazione del cliente	Indice di rilevanza
Ubicazione	8(10)	8(10)	0	Soddisfatto	10
Tasse di iscrizione	5(10)	7(10)	-20	Insoddisfatto	10
Requisiti di ammissione	8(8)	8(8)	0	Soddisfatto	8
Reputazione accademica	8(9)	10(9)	-18	Insoddisfatto	9
Programmi dei corsi	10(9)	9(9)	+9	Molto soddisfatto	9
Programmi sportivi	10(8)	10(8)	0	Soddisfatto	8
Totale	436	465	-29	Insoddisfatto	

[1] Punteggi della percezione basate sull'esperienza reale degli studenti
[2] Punteggi di aspettativa per ASU ottenuti dal modello multi-attributo originale della Tabella 4.1
[3] Punteggio di soddisfazione = Percezione – Aspettativa

punteggio di soddisfazione totale è dato dalla comparazione tra il punteggio di percezione e quello di aspettative, basandosi sul valore di ogni attributo, come mostrato nella Tabella 4.2.

In questo esempio, lo studente ha scelto l'ASU utilizzando la matrice di scelta multi-attributo mostrata nella Tabella 4.1, che si basa sull'approccio compensativo lineare. I livelli previsti su ogni attributo sono quindi presi dalla matrice. In realtà, c'è stato un aumento delle tasse e la scuola non è stata all'altezza della sua reputazione. Il cliente, di conseguenza, ha abbassato la sua valutazione su tali attributi. Quando le percezioni superano le aspettative, il punteggio di soddisfazione è positivo e i clienti si considerano più che appagati. Quando le percezioni sono uguali alle aspettative, il punteggio di soddisfazione è pari a 0 e i clienti sono definiti soddisfatti. Quando le percezioni non superano le aspettative, il punteggio di soddisfazione è negativo e, come in questo specifico caso, i clienti si considerano insoddisfatti della scelta dell'ASU.

- Percezioni = Aspettative → *SODDISFATTO* ☺
- Percezioni < Aspettative → *INSODDISFATTO* ☹
- Percezioni > Aspettative → *MOLTO SODDISFATTO* 😄

4.3 Alcune considerazioni specifiche relative ai servizi

Sebbene i modelli che spiegano i processi decisionali siano applicabili a ogni tipo di prodotto, sono opportune alcune considerazioni specifiche riguardanti i servizi. Molte di queste considerazioni possono essere direttamente attribuite alle caratteristiche tipiche dei servizi di cui si è detto in precedenza, ovvero intangibilità, inseparabilità, eterogeneità e deperibilità, e aiutano a sviluppare una migliore comprensione del comportamento degli acquirenti.

4.3a Fase di pre-acquisto: il rischio percepito

A differenza di coloro che acquistano beni tangibili, nella fase precedente l'acquisto gli acquirenti di servizi tendono a percepire un livello più elevato di rischio. Il concetto di rischio percepito è stato introdotto per la prima volta negli anni '60; l'idea di base spiega che il processo d'acquisto implica dei rischi, nel senso che ogni azione intrapresa dal cliente produrrà delle conseguenze che quest'ultimo non può prevedere con certezza e alcune potrebbero anche essere spiacevoli.

Il rischio percepito è costituito dalle seguenti due dimensioni.

- Conseguenza: il grado di importanza o pericolo degli esiti derivanti da qualsiasi decisione d'acquisto.
- Incertezza: la possibilità soggettiva del verificarsi di questi esiti.

La chirurgia medica fornisce un esempio lampante di come conseguenza e incertezza ricoprano un ruolo significativo nell'acquisto dei servizi; riguardo all'incertezza, il paziente può non essere mai stato sottoposto a un intervento chirurgico e quindi non sa cosa aspettarsi, e nonostante il chirurgo abbia eseguito l'intervento centinaia di volte con successo non si può garantire che anche questa volta vada tutto bene. L'incertezza è destinata ad aumentare se il paziente prima dell'intervento non ha informazioni sufficienti sui dettagli specifici dell'operazione, gli effetti collaterali e il trattamento successivo.

Rischio finanziario: possibilità di una perdita monetaria nel caso in cui l'acquisto non vada come previsto o non funzioni correttamente.

Rischio prestazionale: possibilità che l'articolo o il servizio acquistato non adempia alla funzione attesa.

Rischio fisico: possibilità che qualcosa vada storto, causando eventuali lesioni all'acquirente.

Rischio sociale: possibilità di una perdita di status sociale personale associata a un particolare acquisto.

Rischio psicologico: possibilità che un acquisto influenzi l'autostima di un individuo.

Tipi di rischi

Con lo sviluppo del concetto di rischio percepito sono emerse similitudini nelle decisioni di acquisto e, sulla base dei risultati, i rischi possono essere classificati in cinque tipi: finanziario, prestazionale, fisico, sociale e psicologico. Il **rischio finanziario** presuppone il verificarsi di perdite economiche se l'acquisto è sbagliato o non va come sperato. Il **rischio prestazionale** si riferisce all'idea che il servizio comprato non svolga l'attività per il quale è stato acquistato. Il **rischio fisico** può emergere se qualcosa va storto, causando addirittura danni all'acquirente. Gli esperti di marketing, come le compagnie assicurative e i fornitori di assistenza sanitaria, spesso utilizzano il rischio fisico nelle loro pubblicità. Il **rischio sociale** invece implica che potrebbe esserci una perdita di status sociale dovuta a un acquisto specifico (per esempio, la paura che il proprio gruppo di pari reagisca in modo negativo: "Chi ha comprato questa cosa?"). Come esempio lampante di rischio sociale è emerso, in base a degli studi, che gli utenti delle casse automatiche, come quelle che si trovano nei supermercati, si sentono sotto pressione sapendo che altri utenti stanno aspettando che completino la transazione. Alle persone semplicemente non piace sembrare stupide, quindi se la fila aumenta si sentono maggiormente sotto pressione e il livello di fiducia in sé stessi diminuisce. Ciò porta talvolta a rinunciare all'utilizzo delle casse automatiche, anche se le code alle casse tradizionali sono molto più lunghe. Infine c'è il **rischio psicologico**, che riguarda l'influenza che l'acquisto ha sull'autostima della persona. Per esempio, una persona può rinunciare a certi eventi musicali o di danza in quanto non coerenti con l'immagine di sé.

Rischi e standardizzazione

Un livello elevato di rischio percepito può essere attribuito alla difficoltà di fornire un servizio standardizzato. Nel Capitolo 3 è stato introdotto il concetto di eterogeneità; poiché un servizio è un'esperienza che implica interazioni altamente complesse, non sorprende che sia davvero difficile replicare l'esperienza da cliente a cliente o da un giorno all'altro. Di conseguenza, il cliente potrebbe avere difficoltà a prevedere la qualità di un servizio. Il fatto che un artigiano locale abbia svolto bene un servizio con un cliente non garantisce lo stesso risultato con un altro. Il rischio percepito, quindi, tende a essere più alto per l'acquisto di servizi piuttosto che per l'acquisto di beni.

Rischio co-produttore

Il coinvolgimento del cliente nel processo di produzione dei servizi è un'altra fonte di aumento del rischio percepito; questo tipo di rischio è strettamente collegato al concetto di inseparabilità. Il servizio odontoiatrico fornisce un buon esempio del coinvolgimento del paziente nel processo di produzione. Se vengono commessi degli errori, il paziente ne soffre. Anche se non vengono commessi degli errori, il paziente si confronta comunque con gli effetti del processo di lavorazione. Il video pubblicato su YouTube intitolato "*David after the dentist*", con più di 140 milioni di visualizzazioni, è un caso simpatico e diventato anche molto famoso di rischio connesso alla partecipazione al processo produttivo.

Rischi e informazioni

Alcuni sostengono che alti livelli di rischio associati all'acquisto di servizi siano dovuti alle poche informazioni reperibili dall'acquirente prima che prenda la decisione. Per esempio, la letteratura economica suggerisce che beni e servizi hanno i tre diversi tipi di attributi descritti di seguito.

- **Attributi di ricerca:** attributi che possono essere valutati prima dell'acquisto.
- **Attributi di esperienza:** attributi che possono essere valutati solo durante e dopo il processo produttivo.
- **Attributi di fiducia:** attributi che non possono essere valutati con sicurezza nemmeno dopo la ricezione del bene o la fruizione del servizio.

Attributi di ricerca: attributi di un'offerta valutabili prima dell'acquisto.

Attributi di esperienza: attributi del prodotto che possono essere valutati solo durante e dopo il processo produttivo.

Attributi di fiducia: attributi del prodotto che non possono essere valutati con sicurezza, nemmeno immediatamente dopo la ricezione del bene o la fruizione del servizio.

Gli attributi di ricerca, generalmente, consistono in elementi tangibili, come quando si acquista un'automobile e l'acquirente può vederla, sedersi al suo interno, testare tutti i gadget spesso presenti nelle nuove auto e fare anche un giro di prova. Lo stesso non vale per la maggior parte dei servizi. A causa della loro natura intangibile, spesso è difficile dare una valutazione oggettiva ai servizi prima di acquistarli. I servizi hanno quindi pochissimi attributi di ricerca.

Gran parte delle proprietà inerenti ai servizi, come la cordialità degli assistenti di volo, l'ospitalità del personale dell'hotel o il livello di abilità di un parrucchiere, può essere scoperta solo durante e dopo la fruizione del servizio; questi sono gli attributi di esperienza.

Inoltre, alcune caratteristiche della maggior parte dei servizi non possono essere valutate nemmeno dopo il completamento del servizio; questi sono gli attributi di fiducia. Per esempio, come si fa a sapere se lo psicologo o il commercialista sono davvero bravi? In questi casi al paziente o al cliente manca la conoscenza tecnica o specialistica per effettuare una valutazione consapevole.

A causa delle proprietà di intangibilità (che limitano gli attributi di ricerca), di inseparabilità (che aumentano gli attributi di fiducia) e di eterogeneità (la variazione della qualità fornita dal personale), i servizi tendono a essere caratterizzati dagli attributi di fiducia ed esperienza che, a loro volta, riducono la quantità di informazioni reperibili e pertanto fanno aumentare il livello di rischio percepito.

Rischi e fidelizzazione alla marca

Considerato che a molte persone non piace correre dei rischi, è ovvio che proveranno, quando possibile, a ridurli durante il processo di acquisto. Una strategia frequente è quella di fidelizzazione a una specifica marca sulla base del grado di soddisfazione nelle passate esperienze. Se i clienti sono stati soddisfatti del fornitore di servizi, sono poco incentivati a provarne uno nuovo.

Il cliente soddisfatto da un precedente acquisto ad alto rischio difficilmente cambia fornitore. Di conseguenza, il mantenimento di un rapporto a lungo termine con lo stesso fornitore di servizi aiuta a ridurre il livello di rischio percepito associato a quell'acquisto. Questo è il motivo per cui è comune trovare persone che si rivolgono allo stesso dottore, parrucchiere o istituto bancario per lunghi periodi di tempo.

La fidelizzazione al fornitore potrebbe essere più forte quando si tratta di acquistare servizi poiché spesso ci sono meno alternative tra cui scegliere, in particolare per quanto concerne i servizi professionali, per i quali potrebbero non essere disponibili sostituti adeguati. Infine, la fidelizzazione al fornitore potrebbe risultare più alta per i servizi, poiché spesso comporta **costi di cambiamento** nel passaggio a un nuovo fornitore.

Costi di cambiamento: costi che possono emergere quando si passa da un fornitore di servizi a un altro.

A seconda del tipo di servizio, è possibile accumulare un'ampia gamma di costi di cambiamento (*switching cost*), tra cui quelli descritti di seguito.

- Costi di ricerca: i costi di tempo associati alla ricerca di nuove alternative.
- Costi di transazione: i costi monetari associati alle prime visite, come le nuove radiografie quando si cambia dentista.
- Costi di apprendimento: costi come il tempo e il denaro associati all'apprendimento di nuovi sistemi, come le nuove versioni dei pacchetti software.
- Sconti per clienti fedeli: sconti concessi per il mantenimento dello stesso servizio nel tempo, come le assicurazioni auto senza incidenti. Si rinuncia a questi sconti nella transizione da un fornitore a un altro.
- Abitudini del cliente: costi associati al cambiamento dei modelli di comportamenti consolidati.
- Costi emotivi: il turbamento emotivo che si può provare quando si rompe una relazione a lungo termine con il fornitore. I costi emotivi sono particolarmente alti quando tra il cliente e il fornitore si è sviluppata una relazione personale.
- Costi cognitivi: costi in termini di tempo necessario solo per pensare di cambiare un fornitore di servizi.

4.3b Fase di pre-acquisto: importanza delle fonti di informazione personali

Un altro aspetto relativo alla fase di pre-acquisto è l'importanza delle fonti di informazione personali; vari studi hanno dimostrato che spesso viene data più importanza alle forme personali di comunicazione come il passaparola e le informazioni degli *opinion leader* rispetto a quelle gestite direttamente dal fornitore, come la pubblicità sui media. La raccomandazione di un amico diventa anche più importante quando la scelta da effettuare presenta un rischio maggiore; per esempio, andare da un nuovo dentista può essere stressante perché il risultato del servizio sarà visibile, ma la tensione può essere ridotta dalla rassicurazione di qualcuno di cui il paziente si fida.

Allo stesso modo, l'evidenza suggerisce che gli opinion leader svolgono un ruolo importante nella scelta del fornitore di servizi. In una comunità, l'opinion leader è una persona a cui si chiede consiglio, e per quanto attiene al rischio percepito, un opinion leader può essere visto come una fonte di riduzione del rischio sociale. Un potenziale studente che visita un'università per la prima volta può trovarsi incerto sulla qualità del risultato ma può essere rassicurato dal fatto che la persona che gliel'ha consigliata è un amico riconosciuto per la sua capacità di giudizio in certe situazioni. In questo modo, il parere dell'opinion leader si sostituisce parzialmente a quello del cliente.

Oltre a ridurre il rischio percepito, le fonti di informazione personali sono rilevanti per gli acquirenti anche per altre ragioni: a causa dell'intangibilità dei servizi, i mass media non sono altrettanto efficaci nel comunicarne le qualità così come lo sono le fonti di informazione personali: si pensi alla scelta di un avvocato solo perché apparso in uno spot televisivo. Sarebbe possibile per un avvocato descrivere in modo adeguato la propria esperienza in ambito legale in uno spot di 30 secondi?

Nel complesso, le fonti di informazione personali diventano più importanti man mano che gli standard oggettivi necessari alla valutazione diminuiscono e la complessità del servizio commercializzato aumenta.

Gli acquirenti fanno così tanto affidamento sulle fonti personali anche perché capita frequentemente che non sono disponibili altre informazioni oltre a quelle veicolate da chi già conosce il servizio. Vincoli professionali o atteggiamenti negativi sull'uso della pubblicità di massa in alcuni settori dei servizi riducono il suo utilizzo come strumento di comunicazione. Per contro, molti fornitori di servizi sono di piccole dimensioni e privi di risorse o competenze per fare pubblicità in modo efficace. Quanti corsi di marketing o di comunicazione può aver seguito un medico o un avvocato all'università? Molti non sanno esattamente cosa sia un mercato di riferimento, una strategia di posizionamento o il marketing mix.

Indipendentemente dalla formazione ricevuta o dallo status, i fornitori di servizi professionali sono molto impegnati nella gestione operativa quotidiana, devono competere in maniera efficace per mantenere le proprie fonti di reddito e si sentono a disagio nel commercializzare i propri servizi.

4.3c Fase di pre-acquisto: le alternative da considerare

Rispetto ai beni tangibili, un'ulteriore differenza che gli esperti di marketing dei servizi devono considerare è il minor numero di alternative che gli acquirenti solitamente valutano. Questa situazione si verifica per vari motivi: innanzitutto, ogni fornitore di servizio tende a presentarsi con una sola marca (il dentista, l'idraulico, il commercialista, ma anche la compagnia assicuratrice), mentre coloro che vogliono acquistare un bene industriale (un frullatore, una macchina fotografica, ecc.) generalmente possono prendere in considerazione varie marche in ciascun punto vendita.

La seconda ragione per la quale il consideration set nei servizi tende a essere più ristretto riguarda il numero di fornitori che erogano lo stesso servizio. I servizi solitamente hanno un numero inferiore di punti vendita rispetto ai beni industriali. Per esempio, un'area di mercato può sostenere solo un certo numero di neurochirurghi, fisioterapisti e medici generici, mentre beni industriali simili sono spesso disponibili in molte località.

La differenza tra la distribuzione dei beni e dei servizi è direttamente correlata alla diversificazione del mix di prodotti. I rivenditori di beni industriali vendono molti prodotti di marchi diversi e generano ricavi da fonti diverse; se in un giorno o in una stagione un negozio di generi alimentari non vende un determinato bene, potrà vendere tanti altri prodotti grazie al mix diversificato di offerte. Al contrario, la sopravvivenza di tante imprese di servizi spesso dipende dalla vendita di un solo brand (si pensi ai negozi monomarca).

Un terzo motivo per cui gli acquirenti considerano meno alternative tra i servizi è legato alla mancanza di informazioni disponibili prima dell'acquisto o spesso semplicemente perché non sono a conoscenza delle molte alternative esistenti o non fanno lo sforzo di informarsi sulle offerte concorrenti. Nel caso dei beni industriali più comuni è sufficiente guardare ciò che c'è sugli scaffali del negozio e confrontare i prezzi con una serie di altri fattori come gli ingredienti o la quantità.

4.3d Fase di pre-acquisto: il fai-da-te come un'alternativa valida

L'ultima, ma altrettanto importante, differenza tra beni e servizi nella fase di scelta di pre-acquisto nel processo decisionale è quella del cosiddetto fai-da-te. Mentre gli acquirenti non ipotizzano di costruire un frigorifero autonomamente, ma piuttosto ne acquistano uno da un rivenditore locale, spesso eseguono personalmente una serie di servizi come la cura del prato, le pulizie e la tinteggiatura della casa. Per questo molti fornitori di servizi devono prestare attenzione alle soluzioni in cui è il cliente a svolgere autonomamente l'attività come un valido concorrente sul mercato.

La Tabella 4.3 offre una sintesi degli aspetti specifici relativi alle decisioni degli acquirenti nella fase di pre-acquisto di servizi.

4.3e Fase di fruizione

La fruizione di beni tangibili prevede quattro attività: produzione, acquisizione, fruizione e smaltimento. Per tali beni, le quattro attività si verificano secondo l'ordine citato e presentano confini chiari tra loro. Un detersivo per bucato viene prodotto in una fabbrica, il cliente ne compra una confezione al supermercato, usa il detersivo a casa in lavatrice e poi smaltisce la confezione vuota quando il detersivo è terminato.

Questa sequenza non si applica ai servizi. Innanzitutto, non esiste un confine netto o un ordine stabilmente definito tra produzione, acquisizione e fruizione dei servizi in quanto non c'è trasferimento di proprietà. A causa delle interazioni prolungate tra il cliente e il fornitore, nei servizi le fasi si intrecciano e sembrano

Tabella 4.3 La decisione degli acquirenti nella fase di pre-acquisto.

Fase del processo decisionale	Aspetti specifici nei servizi
Fase di pre-acquisto	1. Rischi percepiti più alti 2. Maggiore fedeltà al fornitore 3. Maggiore affidamento a fonti di informazione personali 4. Minore scelta tra alternative disponibili 5. Possibilità di produrre autonomamente il servizio (fai-da-te)

essere un unico processo. Inoltre, il concetto di smaltimento è irrilevante a causa dell'intangibilità e della natura esperienziale dei servizi.

Senza dubbio la fase di fruizione dei servizi è molto più complessa rispetto a quella dei beni. Come trattato nel Capitolo 1, i benefici ottenuti dal cliente acquistando un servizio consistono nell'esperienza vissuta tramite i quattro fattori del Modello di Servuction. Anche quando un servizio viene eseguito su un oggetto di proprietà del cliente, come un'automobile o una caldaia da riparare, il processo di produzione del servizio spesso implica una sequenza di interazioni personali (faccia a faccia, tramite email o telefono) tra il cliente e il fornitore.

Nei servizi le interazioni tra il cliente, le strutture e il personale sono inevitabili: è da queste interazioni interpersonali che si acquisisce l'esperienza e ciò contraddice l'idea che la valutazione avviene solo in un dato momento dopo l'uso.

La differenza principale nel modo in cui beni tangibili e servizi vengono valutati, quindi, risiede nel fatto che il consumo di beni industriali è sostanzialmente libero da qualsiasi influenza diretta dei venditori: il produttore dei cereali acquistati per la colazione non ha alcuna interazione con il cliente che decide quando, dove e come consumare il prodotto. Per contro, i fornitori di servizi svolgono un ruolo attivo nelle fasi di fruizione poiché, come si è detto in precedenza, i servizi sono prodotti e utilizzati nello stesso tempo e nessun servizio può essere prodotto o usufruito senza il fornitore e il cliente.

A causa della durata del processo, nei servizi sono in molti a ritenere che la valutazione da parte del cliente avvenga sia durante che dopo la fruizione del servizio e non solo quando questo è terminato. In altre parole, i clienti valutano il servizio durante la fase di fruizione, così come lo valutano nella fase di post-acquisto.

Dal punto di vista del responsabile di marketing, questo apre la possibilità di influenzare direttamente il giudizio del cliente; il direttore del ristorante che gira tra i tavoli e chiede ai clienti come sta andando la cena può individuare subito e risolvere eventuali problemi nel servizio durante la fase di fruizione e, pertanto, anche modificare le valutazioni che farebbero i clienti, cosa che un produttore di beni industriali non può fare. In conclusione, i manager devono riconoscere che il cliente valuta il servizio già durante il processo di svolgimento oltre che dopo averne fruito e che quindi è necessario sviluppare e gestire in modo efficace l'esperienza complessiva del cliente.

Nella Tabella 4.4 è rappresentata una sintesi delle differenze nella fruizione di beni tangibili e servizi.

Tabella 4.4 La decisione degli acquirenti nella fase di fruizione.

Fase del processo decisionale	Confronto tra beni e servizi
Fase di fruizione	1. Nei beni industriali, produzione, acquisizione, fruizione e smaltimento sono attività distinte e separate. 2. Nei servizi, acquisizione, produzione e fruizione sono in un processo non separabile. 3. Nei servizi non c'è smaltimento perché sono intangibili. 4. Nei beni industriali, il giudizio sulla soddisfazione viene dato dopo il consumo. 5. Nei servizi, il cliente esprime soddisfazione o insoddisfazione già mentre li utilizza.

APPROFONDIMENTO 4.1

E-service in azione
Social media e recensioni di ristoranti

TheFork è una piattaforma online di prenotazione di ristoranti appartenente al Gruppo TripAdvisor. Secondo una ricerca commissionata da TheFork nell'ottobre del 2022, metà delle persone che scelgono di provare un ristorante di cui non sono mai state clienti si basano sulle recensioni di TheFork. Le persone leggono tante recensioni (fino a dieci) prima di farsi un'idea e, mediamente, trovano riscontro di ciò che hanno letto nella propria esperienza.

TheFork da una parte stimola i clienti che hanno provato il ristorante a pubblicare recensioni e dall'altra mette a disposizione dei ristoratori momenti di formazione per comprendere i vantaggi che derivano da un'accurata gestione delle recensioni.

In alcuni periodi TheFork chiede ai ristoranti del network di garantire un minimo di coperti al 50% (tattica *disruptive* per l'aggancio e la fidelizzazione della clientela) e vengono realizzate campagne di comunicazione utilizzando diversi canali (televisione, Spotify, YouTube) per favorire l'aumento del traffico e la consapevolezza del brand; possono essere periodi sia di bassa stagionalità che molto trafficati a cui dare ulteriore spinta, incentivando anche i turisti stranieri che vengono in Italia a scegliere i ristoranti su TheFork.

Questi elementi documentano quanto possa essere produttivo per i ristoratori utilizzare Internet e come l'investimento su questo strumento sia potenzialmente vincente.

4.3f Fase di post-acquisto

La valutazione post-acquisto è un processo altrettanto complesso, comincia poco dopo che l'acquirente ha scelto il fornitore di servizi a cui rivolgersi e continua durante e dopo la fase di fruizione.

La valutazione del cliente è influenzata dall'interazione tra un'inevitabile quantità di variabili sociali, psicologiche e situazionali. La soddisfazione per un servizio, infatti, non si basa soltanto sulle proprietà dei quattro fattori del sistema di erogazione dei servizi (*Servuction model*) – il personale di contatto, l'ambiente del servizio, gli altri clienti e i sistemi invisibili dell'organizzazione – ma anche sulla loro sincronizzazione nel corso del processo di produzione e fruizione del servizio. Per questa ragione è interesse dei fornitori osservare meglio anche le dinamiche successive alla scelta in modo da acquisire più informazioni su come si formano le valutazioni di soddisfazione o insoddisfazione dei clienti.

I vari modelli proposti di seguito tentano di descrivere questo processo, poi si tornerà sull'argomento nel Capitolo 11.

Modelli post-acquisto: teoria della conferma e disconferma delle aspettative

Come si determina la soddisfazione dei clienti durante la fase di fruizione del servizio e al suo termine? Sono stati proposti numerosi approcci, ma forse il più semplice e il più efficace è la **teoria della conferma e disconferma delle aspettative** (*Expectancy Disconfirmation Theory*). Il concetto base dietro questa spiegazione è semplice: i clienti valutano un servizio comparando aspettative e percezioni. Se il servizio ricevuto è percepito come migliore o uguale al servizio che si aspettavano, allora i clienti sono soddisfatti. Quindi, la soddisfazione dei clienti si ottiene attraverso una gestione efficace delle loro percezioni e aspettative.

Teoria della conferma e disconferma delle aspettative: teoria secondo cui le persone valutano i servizi confrontando le aspettative con le percezioni.

Soddisfazione del cliente = Percezioni ≥ Aspettative

È fondamentale notare che l'intero processo di comparazione tra aspettative e percezioni avviene nella mente del cliente; è il servizio percepito che ha importanza, non ciò che effettivamente viene servito. Uno degli esempi che più ha fatto riflettere sul problema della gestione delle percezioni riguarda un grande albergo disposto su svariati piani. Il management riceveva molti reclami per l'attesa dell'ascensore all'ingresso. Rendendosi conto che, da un punto di vista operativo, la velocità degli ascensori non poteva essere aumentata e che cercare di pianificare l'utilizzo degli ascensori da parte degli ospiti era inutile, la direzione installò degli specchi accanto al vano degli ascensori. I reclami si ridussero drasticamente perché gli specchi fornivano agli ospiti una distrazione durante l'attesa; la velocità degli ascensori non era cambiata, ma la percezione del tempo d'attesa adesso era accettabile.

È anche possibile gestire le aspettative in modo da soddisfare i clienti senza alterare in alcun modo le caratteristiche del servizio. Motel Six, per esempio, minimizzando la propria offerta di servizi nelle comunicazioni pubblicitarie ha aumentato il gradimento abbassando le aspettative in fase di scelta. La pubblicità di questo gruppo alberghiero descriveva cosa aspettarsi e cosa non aspettarsi: "Una bella camera pulita per $49,99... un po' di più in alcuni posti... un po' meno in altri ... e ricorda... lasceremo la luce accesa per te". Molti clienti non usano alcuni servizi come la piscina, il centro benessere o il servizio di ristorazione che sono associati a hotel più costosi. Gli alberghi di categoria più economica, come Motel Six, si sono ritagliati una nicchia di mercato fornendo i servizi di base. Il risultato è che i clienti sanno in anticipo cosa aspettarsi e non solo sono contenti della qualità del servizio ricevuto, ma anche del risparmio. Motel Six nel 2022 ha festeggiato il suo sessantesimo anniversario.

Modelli post-acquisto: la prospettiva del controllo percepito

Una seconda spiegazione alla formazione dei giudizi di soddisfazione del cliente adotta la **prospettiva del controllo percepito**. Negli anni il concetto di controllo ha attirato notevole attenzione da parte degli psicologi che sostengono che nella società moderna, in cui le persone non devono più preoccuparsi di soddisfare i bisogni biologici primari, la necessità di avere il controllo della situazione diventa una forza dominante che guida il comportamento umano. L'ipotesi alla base di questa prospettiva, dunque, è che durante l'esperienza del servizio più è alto il livello di controllo percepito sulla situazione e maggiore sarà la soddisfazione. Una relazione simile si può notare anche tra la sensazione di controllo da parte dei fornitori di servizi e la loro soddisfazione sul lavoro.

Prospettiva del controllo percepito: modello secondo cui i clienti valutano i servizi in base alla percezione di controllo sulla situazione.

Quando si prendono in considerazione le strategie per aumentare il controllo da parte dei clienti e dei dipendenti, è importante che l'organizzazione stessa abbia il controllo dell'esperienza del servizio; se il cliente ha un controllo eccessivo, la posizione dell'azienda potrebbe risentirne poiché i clienti ribaltano l'equazione del valore a loro favore, fino al punto che l'azienda può iniziare a perdere soldi (per esempio, le casse automatiche dei supermercati forniscono al cliente un maggior controllo, ma questa tecnologia è spesso associata a un aumento dei casi di furto e a una diminuzione dei margini di profitto). D'altro canto, se i dipendenti del servizio assumono il controllo completo (per esempio, un assistente di volo che impone ai passeggeri dove sedersi), i clienti potrebbero risultare insoddisfatti e cercare un altro fornitore. Anche se nessuno di questi due scenari si verifica, l'aumento del controllo da parte del cliente è spesso associato a una diminuzione dell'efficienza operativa.

Per meglio capire la prospettiva del controllo, si pensi ai servizi come esperienze in cui il cliente cede denaro e controllo al fornitore di servizi in cambio di benefici.

Ci sono due tipi di controllo: comportamentale e cognitivo. Il controllo comportamentale, ovvero la capacità di controllare cosa sta succedendo, è solo una parte del concetto. Gli studi mostrano che è importante anche il controllo cognitivo; quando i clienti percepiscono di avere il controllo, o almeno ciò che gli sta accadendo è prevedibile, l'effetto può essere lo stesso di quello ottenuto dal controllo comportamentale.

Da un punto di vista manageriale, questo concetto solleva una serie di suggestioni interessanti. La prima riguarda il valore delle informazioni fornite ai clienti durante l'esperienza, in modo da aumentare la loro sensazione di controllo. Le informazioni facilitano la prevedibilità e la prevedibilità fornisce il controllo cognitivo. Ciò è particolarmente importante per i fornitori di servizi professionali che spesso danno per scontato che il semplice fatto di avere un buon risultato renderà felici i propri clienti; se i clienti non ricevono loro notizie per più di un'ora, si potrebbero agitare a causa del mancato contatto e della scarsità o assenza di informazioni. Questo concetto si applica anche alle compagnie aeree quando un volo tarda a partire con i passeggeri già a bordo e non viene comunicato cosa sta succedendo e a quanto ammonta il ritardo. In entrambe le situazioni, ai clienti sembrerà di aver perso il controllo e questo tende a tradursi in insoddisfazione.

Seguendo la prospettiva del controllo percepito, se un'organizzazione deve apportare modifiche alla gestione operativa e queste avranno impatto sui clienti, è necessario che gestisca anche la comunicazione. Se i clienti non vengono informati dei cambiamenti, spesso percepiscono che la situazione è fuori controllo e, di conseguenza, diventano insoddisfatti e finiscono per cambiare fornitore.

La prospettiva del controllo solleva questioni interessanti anche relativamente al compromesso tra prevedibilità e scelta. Dal punto di vista operativo, una delle questioni strategiche più importanti riguarda il grado di libertà di scelta (*customization/personalizzazione*) da offrire al cliente. Poiché sia la possibilità di scelta (servizi personalizzati) sia la prevedibilità (servizi standard) possono alterare il senso di controllo, è fondamentale determinare quale di esse sia la fonte di controllo più efficace sia per il cliente che per l'azienda di servizi.

Modelli post-acquisto: la prospettiva dello script

Il mondo è il palcoscenico e le persone sono gli attori. Il terzo modello che prova a descrivere il processo di valutazione del cliente nella fase di post-acquisto è la **prospettiva dello *script***, concetto sviluppato in numerose teorie psicologiche e sociologiche. Secondo la prospettiva dello script, esistono delle regole, determinate da ragioni culturali e sociali, che facilitano le interazioni negli eventi quotidiani ricorrenti, incluse le esperienze di servizio. Queste regole influenzano le aspettative dei partecipanti in questo tipo di interazioni. Inoltre, se si vogliono ottenere risultati soddisfacenti, le regole devono essere riconosciute e rispettate da tutti i partecipanti. Per esempio, i clienti di un ristorante raffinato hanno aspettative sul comportamento dei camerieri coerenti con la proposta, così come i camerieri avranno delle aspettative sul comportamento dei clienti. Se un partecipante si discosta dalle regole, gli altri attori nel contesto del servizio si sentiranno a disagio, quindi è improbabile che un fornitore di servizi insoddisfatto renda i clienti sod-

Prospettiva dello script: per facilitare le interazioni quotidiane, dagli eventi che si ripetono alla fruizione dei servizi, si consolidano delle regole, norme culturalmente o socialmente variabili.

disfatti e, viceversa, è improbabile che un fornitore di servizi soddisfatto renda i clienti insoddisfatti.

L'idea alla base dello script prevede che, durante lo svolgimento di un servizio, i clienti seguano un copione prestabilito e la loro soddisfazione dipenda dalla **congruenza del copione**, ovvero è determinante che i copioni effettivamente seguiti dai clienti e dal personale corrispondano a quelli attesi.

Congruenza del copione: il copione è congruente quando ciò che viene svolto da clienti e personale è allineato con quanto ci si aspetta.

Le principali implicazioni manageriali dello script sono: (1) creare copioni da seguire durante lo svolgimento del servizio che siano accettabili e capaci di soddisfare le esigenze sia dei clienti sia dei fornitori di servizi; (2) comunicare questi copioni sia ai clienti sia ai dipendenti in modo tale che, durante l'interazione, ognuno abbia aspettative e percezioni realistiche del proprio ruolo e di quello degli altri. La mancata comunicazione dei copioni può portare a momenti imbarazzanti e deludenti sia per i clienti sia per i fornitori. In molte culture è consuetudine dare la mancia a un fornitore per un buon servizio, mentre in altre potrebbe risultare offensivo. Senza un copione appropriato per le mance, i clienti che viaggiano in tutto il mondo non sanno quando sia opportuno o meno dare la mancia (vedi Approfondimento 4.2).

In conclusione, il modello della conferma-disconferma delle aspettative, la prospettiva del controllo percepito e la prospettiva dello script ci permettono di fare deduzioni logiche sul comportamento dei clienti quando vengono prese decisioni legate al marketing. Questi tre modelli, inoltre, dovrebbero essere considerati complementari anziché a se stanti. Per esempio, tutti e tre i modelli affrontano punti diversi ma complementari riguardo aspettative e percezioni. Le intuizioni manageriali possono essere sviluppate in modo più efficace combinando queste tre diverse prospettive mentre si analizza il processo decisionale del cliente.

Per un riepilogo dei principali modelli relativi alla formazione del giudizio di soddisfazione del cliente si veda la Tabella 4.5, ma si tornerà per un approfondimento di questo argomento nel Capitolo 11.

Tabella 4.5 La decisione degli acquirenti nella fase successiva alla fruizione.

Modelli di analisi della soddisfazione del cliente	Descrizione
Modelli di analisi della soddisfazione del cliente	Il cliente è soddisfatto quando la percezione di quanto ricevuto supera le aspettative.
Teoria della disconferma delle aspettative	Tanto più il cliente percepisce di avere controllo della situazione in corso, tanto più sarà soddisfatto del servizio ricevuto.
Prospettiva del controllo percepito	La soddisfazione del cliente è una conseguenza della coerenza dei "copioni" dei clienti e personale.

Riepilogo

Questo capitolo ha descritto le dinamiche relative ai processi decisionali degli acquirenti di servizi.

Essi consistono in tre fasi principali: di pre-acquisto, di fruizione e di post-acquisto. Si considera fase di pre-acquisto quella riguardante gli eventi che si verificano prima dell'acquisto del servizio e che include la ricezione dello stimolo, la consapevolezza del problema, la ricerca di informazioni e la valutazione delle alternative. L'esito della fase di pre-acquisto è una scelta che avvia la fase di fruizione del servizio.

La fase di fruizione parte dall'acquisto e si conclude con lo smaltimento del prodotto, mentre si considerano post-acquisto le attività di valutazione sulla soddisfazione per l'acquisto effettuato e l'esperienza vissuta.

Sebbene i modelli decisionali si applichino per qualsiasi tipo di acquisto, sono necessarie alcune considerazioni specifiche relative ai servizi per ciascuna delle tre fasi.

Nella fase di pre-acquisto, gli interessati ai servizi (1) percepiscono livelli più alti di rischio associato all'acquisto, (2) tendono a essere più fidelizzati alla marca di riferimento, (3) fanno più affidamento su fonti di informazione personali, (4) tendono ad avere meno alternative da considerare e (5) spesso considerano il fai-da-te come alternativa valida.

La fase di fruizione dei servizi è più complessa rispetto a quella dei beni tangibili poiché la produzione, l'acquisto e la fruizione dei servizi spesso si intrecciano in un unico processo. Inoltre, a causa dell'estensione, in termini temporali, della fruizione del servizio, molti studiosi ritengono che la valutazione da parte del cliente inizi già nel corso dell'esperienza e non solamente al termine. Ciò significa, per esempio, che è possibile influenzare la valutazione del cliente già durante lo svolgimento del servizio, individuando i problemi e correggendoli, cosa non consentita a un produttore di beni tangibili.

Allo stesso modo, la valutazione dei servizi successiva alla fruizione è altrettanto complessa. Il processo di valutazione inizia subito dopo che il cliente sceglie a quale organizzazione di servizi rivolgersi e continua durante e dopo la fase di fruizione. La valutazione è influenzata dall'inevitabile interazione di una serie di fattori sociali, psicologici e situazionali. La soddisfazione del servizio non dipende soltanto dalla qualità tecnica dei quattro fattori del sistema di erogazione dei servizi (Modello di Servuction) – personale di contatto, ambiente di servizio (servicescape), altri clienti, sistemi di organizzazione interna – ma anche dalla sincronizzazione di questi fattori nel processo di produzione del servizio.

Tra i modelli che cercano di spiegare il processo di valutazione post-acquisto sono prevalenti quelli cosiddetti della conferma e disconferma delle aspettative, la prospettiva del controllo percepito e la presenza dello script. In sintesi, la conferma e disconferma del servizio definisce la soddisfazione come il raggiungimento o superamento delle aspettative del cliente. La prospettiva del controllo percepito presuppone che, durante l'esperienza del servizio, maggiore è il livello di controllo percepito dal cliente sulla situazione, più questo sarà soddisfatto del servizio. Infine, la presenza dello script presuppone che, durante lo svolgimento di un servizio, clienti e dipendenti seguano un copione: la loro soddisfazione dipenderà dalla sua congruenza, cioè il copione effettivamente seguito dai clienti e dal personale dovrà essere coerente con quello atteso.

Questi modelli ci aiutano a capire come vengono elaborate le decisioni degli acquirenti e indicano le aree in cui gli esperti di marketing dei servizi possono concentrare i propri sforzi nel perseguimento dell'obiettivo finale di soddisfare il cliente.

APPROFONDIMENTO 4.2

Servizi globali in azione
L'etichetta delle mance in tutto il mondo

Negli Stati Uniti è consuetudine dare una mancia per aver ricevuto un buon servizio, al punto che non farlo può essere considerato maleducato. Lavoratori come camerieri, baristi e personale dei centri benessere sono categorizzati legalmente come "impiegati che ricevono mance" e possono ricevere un salario più basso (di solito minore del salario minimo legale) in quanto le mance integrano significativamente il loro reddito. Al di fuori degli Stati Uniti, le consuetudini riguardanti la mancia cambiano notevolmente e in alcuni casi in modo insolito.

- Egitto: le guide turistiche sono anche egittologi qualificati che educano i turisti e li tutelano da chi spesso li sollecita per farsi dare la mancia. La mancia per la guida equivale a $20 al giorno.
- Iran: gli americani devono essere accompagnati nel giro turistico da una guida nominata dal governo e quindi le spese di servizio sono già incluse. Ai dipendenti dell'hotel piace particolarmente ricevere regali personali, come cappelli con l'etichetta di qualche squadra sportiva famosa e altri oggetti difficili da reperire.
- Israele: qui i tassisti sono stati definiti "i più scontrosi del mondo". Gli esperti consigliano di abbassare le aspettative e lasciare una mancia del 10-15%
- Giordania: i beduini gestiscono la maggior parte delle attività turistiche e spesso chiedono un'ulteriore mancia oltre a quella già pagata in anticipo. Si deve rifiutare in modo gentile ma con fermezza.
- Arabia Saudita: è comune lasciare una mancia del 10-15% sul conto del ristorante, ma non bisogna chiedere se è possibile portar via il cibo avanzato perché di solito sono i dipendenti a prenderselo.
- Yemen: lasciare la capitale richiede una scorta di guardie armate di kalashnikov. Se si visita la casa di uno dei tanti leader tribali, è opportuno portare piccoli regali per i bambini o regalare dei soldi al padrone di casa (mai alla donna) e dire che sono per i bambini.
- Marocco: le mance del 10% sono generose e dovrebbero essere date in modo discreto, passando il denaro in una stretta di mano insieme ai ringraziamenti.
- Costa Rica: le spese di servizio coprono le mance, ma lasciare un extra è una "piacevole sorpresa". Le guide costaricane raramente si aspettano una mancia.
- Messico: così come negli Stati Uniti, il personale di servizio si aspetta le mance e ne fa affidamento per il proprio reddito. Tuttavia, se un artigiano fa una dimostrazione è meglio comprare qualcosa.
- Cina: gli hotel possono aggiungere costi di servizio alla fattura. Tuttavia, la mancia è considerata scortese, tranne che per i facchini o nei centri massaggi, dove sono consentite piccole mance.
- India: qui la gente chiede aggressivamente mance o "Baksheesh" (elemosina). Aspettatevi che il personale dell'hotel bussi alla vostra porta semplicemente per controllarvi. Portate con voi un sacco di monete.

Fonte: http://www.cntraveler.com.

Domande di verifica

1. Quali sono le quattro fasi del processo decisionale del cliente?
2. Quali stimoli attivano il processo decisionale?
3. Illustrare la differenza tra awareness set, evoked set e consideration set.
4. In cosa consiste la valutazione sistematica delle alternative?
5. Illustrare la differenza tra approccio compensativo lineare e approccio lessicografico.
6. Cosa si intende per dissonanza cognitiva?
7. Elencare alcuni possibili rischi percepiti dal cliente di servizi.
8. Portare due esempi di attributi di fiducia nei servizi.
9. Perché la fidelizzazione del cliente cresce per effetto dei costi di cambiamento?
10. Cosa si intende per controllo percepito? Fare un esempio nella propria esperienza personale.

Parte 2

IL MARKETING MIX NEI SERVIZI

Capitolo 5

Il processo di erogazione del servizio

Obiettivi del capitolo

L'obiettivo principale di questo capitolo è familiarizzare con i concetti relativi alla gestione operativa nella fornitura dei servizi. Saranno classificate le modalità con cui le organizzazioni decidono di svolgere le proprie attività e descritti i modelli di programmazione dei processi di produzione. Sarà poi illustrata una delle principali tecniche per progettare la produzione di servizi (*blueprinting*) ed evidenziata l'importanza strategica del bilanciamento tra i processi della gestione operativa e gli obiettivi di marketing.

La trasformazione digitale del calcio italiano: Kama.Sport e Wolico

Il 13 giugno 2019 tre giovani, Carlo Bertelli (24 anni), Davide Ragazzi (29 anni) e Nicola Bosio (29 anni), avendo intuito le potenzialità dell'applicazione di tecnologie evolute al settore del calcio, hanno fondato Kama.Sport. Tutto ha avuto inizio nel 2017, quando Carlo, ancora studente di fisica a Trento, partecipa a un hackathon organizzato dall'Università di Trento e dalla FIGC con oggetto i dati nel mondo del calcio. Nonostante in quell'occasione la loro idea non sia stata premiata, Carlo si è reso conto che si poteva colmare la distanza tra le fonti dei dati già disponibili e la loro fruibilità. Due anni dopo Kama.Sport è stata iscritta nel registro delle startup innovative.

Un evento calcistico, ma più in generale una società calcistica professionistica, richiede grande preparazione e una gestione operativa molto efficiente. Fino a quel momento, informazioni tecniche, tattiche e della performance fisica relative al calcio erano sparse in diversi luoghi e formati; pertanto, era difficile per gli allenatori, i club e le federazioni ottenere una visione completa e dettagliata delle prestazioni dei giocatori e delle squadre. Con l'introduzione della piattaforma Kama.Sport, tutti questi dati sono stati integrati in un unico sistema che consente di risparmiare tempo ed energie preziose. Gli allenatori possono facilmente consultare le statistiche e le metriche di ogni giocatore e squadra, identificare punti di forza e di debolezza, valutare l'efficacia delle strategie e delle tattiche adottate. Inoltre, la piattaforma offre strumenti di personalizzazione e consente agli utenti di adattare l'analisi alle loro specifiche esigenze e preferenze.

Kama.Sport ha avuto il vantaggio competitivo di essere la "*first mover*" in questo settore ed è riuscita a uniformare il processo di personalizzazione della piattaforma. Questo significa che i clienti non devono partire da zero ogni volta che creano un nuovo template, il modello di business è scalabile per grandi numeri e mantiene una qualità alta e costante con prezzi molto più bassi e competitivi sul mercato. In meno di tre anni, Kama.Sport è riuscita a costruire una piattaforma unica e integrata, diventando un partner chiave per i club di calcio italiani e internazionali.

Nel 2022, Kama.sport ha siglato un accordo di partnership di lungo termine con la Lega Serie A, l'organismo che gestisce il campionato di calcio di massima divisione in Italia. Nel 2023 è stato siglato un altro importante accordo con la FIGC.

Nel 2023, Carlo Bertelli ha deciso di investire ulteriormente nelle potenzialità dei dati nel mondo del calcio, espandendosi anche agli aspetti legati alla *business intelligence* utilizzando l'intelligenza artificiale e la blockchain. Viene quindi fondata Wolico: la nuova società sancisce immediatamente un accordo commerciale con la Lega Calcio e TIM per la realizzazione di una piattaforma integrata che sarà utilizzata per i campionati di Serie A, Serie B, Coppa Italia, Supercoppa e tutti i campionati primavera e giovanili. La nuova piattaforma è in grado di gestire in maniera sincronizzata tutti i professionisti di Lega Calcio (dirigenti, arbitri, giudici sportivi, personale) nonché tutti i 40 club professionistici e i relativi team manager e dirigenti dei campionati della massima serie e della serie cadetta.

L'imponente gestione dei dati della nuova piattaforma permetterà a Wolico di sviluppare un progetto chiamato PLAAI, che mira a certificare tutti gli asset del mondo calcistico, a partire dai giocatori. In sintesi, l'obiettivo è creare un mercato secondario, una sorta di borsa, in cui le persone possono acquisire Security Token, paragonabili a pezzettini di azioni, che rappresentano le performance dei giocatori. Questo permetterà agli utenti non solo di interagire, ma anche di diventarne proprietari. Il progetto si preannuncia promettente per il futuro, grazie al vantaggio unico di Wolico nel gestire tutti i dati, il network e una serie di tecnologie che altre startup non hanno. Il percorso di Wolico, che con Kama.Sport è iniziato dagli allenatori, si è esteso ai club, alle leghe e alle federazioni, ai media e ora si sta espandendo nel Web 3.0.

5.1 Introduzione

Come illustrato nel Capitolo 3, i clienti sono una delle componenti essenziali del processo di produzione del servizio (inseparabilità). La partecipazione alla realizzazione del servizio può essere più attiva (per esempio, allenarsi presso un centro benessere per tenersi in forma) o passiva (per esempio, assistere a uno spettacolo teatrale), ma quasi sempre i clienti devono partecipare anche fisicamente al processo di produzione. Quando questo accade e il cliente è presente sul luogo in cui fruisce del servizio, è chiaro che se cambia il processo predisposto dall'organizzazione fornitrice (il centro benessere, il teatro o il ristorante) cambia anche il comportamento che dovranno tenere i clienti. Si pensi a cosa significa effettuare un pagamento presso una banca tradizionale invece che a uno sportello automatico: sono due processi diversi che raggiungono lo stesso obiettivo finale ma che richiedono ai clienti l'esecuzione di due procedure completamente diverse, così come sarebbe diverso effettuare il pagamento direttamente da casa utilizzando un sistema di Internet banking.

Per questo motivo occorre comprendere l'importanza della progettazione del processo di fornitura e delle attività operative (*operations*) nell'esperienza complessiva del cliente. Poiché la valutazione del servizio da parte del cliente avviene durante e dopo l'esperienza di servizio, la sua soddisfazione dipende sia dal risultato finale che dal processo svolto.

In questo capitolo si metteranno in evidenza i compromessi necessari per ottenere al tempo stesso efficienza (velocità, riduzione dei costi, ecc.) ed efficacia (soddisfazione del cliente, aumento dei volumi e dei ricavi, ecc.). Per quanto riguarda la gestione operativa, molti dei metodi solitamente raccomandati per aumentare l'efficienza non si riescono ad applicare senza influenzare il comportamento del cliente o del personale. Le modifiche apportate per aumentare l'efficienza possono talvolta peggiorare il risultato finale del servizio.

5.2 I livelli di competitività nei processi operativi

La gestione operativa è fondamentale nella fornitura dei servizi, e quando qualcosa non funziona, i clienti si sentono frustrati per il livello scadente del servizio ricevuto. Un albergo può vantare un'ottima posizione o camere più belle dei concorrenti, ma se gli ospiti devono attendere molto tempo il check-in e il check-out, il ristorante propone un menù con una scelta ridotta o la pulizia lascia a desiderare, allora l'albergo finirà per perdere molti clienti attuali e potenziali.

Le imprese che cercano di migliorare i processi di servizio per essere più efficienti hanno varie opzioni: dal punto di vista strategico, l'impresa deve scegliere se considerare la gestione operativa come un male necessario per portare a termine le attività quotidiane, oppure se utilizzarla come componente chiave della propria strategia competitiva.

La modalità in cui viene affrontata dalle imprese di servizi la questione della gestione operativa può essere classificata su quattro livelli:

1. disponibilità del servizio;
2. percorso di specializzazione;
3. competenze distintive;
4. fornitura di servizi "world class".

5.2a Livello 1: disponibilità del servizio

A questo livello, la gestione operativa è considerata dall'impresa un male necessario. Nel migliore dei casi, le procedure reagiscono alle esigenze del resto dell'organizzazione e forniscono solo i servizi previsti. Come missione, il reparto operativo cerca soprattutto di evitare gli errori. Il supporto *back-office* è ridotto al minimo per mantenere bassi i costi. Anche gli investimenti tecnologici sono ridotti al minimo, così come quelli per la formazione del personale in prima linea. La direzione definisce le competenze richieste per svolgere l'attività, lasciando poco spazio alla discrezionalità e offrendo il salario minimo, quando possibile.

Un esempio di questo livello di servizi è rappresentato dalla vendita online di biglietti per eventi. I clienti effettuano gli ordini e l'impresa si limita a evaderli man mano che arrivano. In questo caso, le procedure sono reattive alle richieste, l'obiettivo principale è inviare il biglietto giusto alla persona giusta e la complessità dell'operazione è ridotta al minimo.

5.2b Livello 2: percorso di specializzazione

La motivazione per passare al livello 2 della gestione operativa è spesso indotta dal manifestarsi della concorrenza. L'impresa di servizi può rendersi conto che non è più sufficiente svolgere un'attività di base che funziona e che deve cercare un feedback dai propri clienti sui costi relativi e sulle qualità percepite al fine di migliorare il processo. A quel punto, il reparto operativo si orienta molto di più verso l'esterno e cerca un confronto con la concorrenza sulle prestazioni svolte.

Questo livello è caratterizzato dall'introduzione di soluzioni tecnologiche soprattutto per ridurre i costi, come per esempio le casse automatiche nei negozi di generi alimentari. L'enfasi, a questo livello, si sposta dal controllo del personale alla gestione dei processi. Per questo motivo, in molti casi ai dipendenti vengono fornite procedure standardizzate da seguire e la direzione si impegna per garantire che siano seguite. Molti ristoranti fast food o i servizi di assistenza telefonica (*call center*) sono un esempio di questo tipo di gestione operativa. La motivazione dei dipendenti a seguire le procedure è rafforzata dai supervisori che ne valutano le prestazioni, stabiliscono gli orari di lavoro e determinano i livelli di retribuzione.

5.2c Livello 3: competenze distintive

Quando si sale al livello 3, la gestione operativa ha raggiunto un punto in cui il miglioramento è continuo, rafforzato dalla funzione di gestione del personale e dai reparti dei sistemi che supportano la cura del cliente. A questo punto, l'impresa ha acquisito padronanza del servizio principale e comprende la complessità di modificare i processi attuali. Al livello 3, la tecnologia non è più vista solo come opportunità per contenere i costi, ma anche come una risorsa per aumentare l'efficacia rispetto alle richieste dei clienti. Di conseguenza, il passaggio dal livello 2 al 3 comporta un cambiamento di prospettiva per bilanciare l'efficienza con l'efficacia.

Il cambiamento forse più importante riguarda la forza lavoro e la natura della gestione del *front-line*. A questo livello, il personale di contatto può scegliere tra procedure alternative e non è obbligato a trattare tutti i clienti in modo uniforme. Il management incoraggia il personale di contatto ad ascoltare i clienti e svolge il ruolo di coach e facilitatore.

5.2d Livello 4: fornitura di servizi "world class"

Al livello 4 l'impresa fornisce dei servizi di qualità superiore. Per sostenere questo livello di prestazioni, la gestione operativa non solo deve eccellere costantemente, ma deve anche apprendere velocemente per adattarsi alle offerte della concorrenza e alle esigenze in continua evoluzione dei clienti. A questo livello, la tecnologia è vista come un modo per "rompere gli schemi", per realizzare qualcosa che i concorrenti non riescono facilmente a copiare. Amazon tiene traccia degli acquisti effettuati e invia suggerimenti basati sulle scelte di altri acquirenti. Inoltre, i dati di fatturazione e spedizione vengono archiviati con il consenso dei clienti, e si può procedere all'acquisto successivo solo con un clic.

Quando si raggiunge una fornitura di servizi "world class", anche la forza lavoro deve essere una fonte di innovazione e non sono sufficienti macchine evolute che seguono un processo standardizzato. Per raggiungere questo obiettivo, i supervisori di prima linea devono andare oltre il coaching e diventare mentori. In qualità di mentori, devono essere disponibili per la crescita personale, in modo che i dipendenti possano sviluppare le competenze necessarie per il miglioramento del servizio.

Nel complesso, mentre le imprese di servizi attraversano i quattro livelli della gestione operativa, il passaggio da quello di base, in cui si garantisce solo la fornitura, a quello eccellente "world class" evidenzia che i problemi nella gestione operativa si risolvono meglio con gli sforzi congiunti del personale di marketing e di quello operativo. Come evidenziato nei quattro livelli descritti, la ricerca dell'efficienza può essere cruciale per la competitività a lungo termine. Tuttavia, l'efficienza operativa deve essere bilanciata con l'efficacia del sistema dal punto di vista del cliente.

APPROFONDIMENTO 5.1

Servizi globali in azione
DHL Global Mail: la posta internazionale semplificata

Fino a non tanto tempo fa, una spedizione rapida e sicura era uno dei maggiori ostacoli al commercio internazionale. Non è più così grazie al notevole sviluppo di un processo di consegna unico e su misura. DHL Global Mail ha progettato un servizio che inizia dalla porta del cliente e termina alla destinazione richiesta. Basta una semplice procedura d'ordine online o una telefonata per connettersi rapidamente con oltre 220 Paesi.

DHL promuove il proprio servizio come una partnership con i propri clienti, lavorando insieme per creare relazioni durature fornendo la massima qualità possibile. DHL raccoglie lettere, riviste, pacchi e qualsiasi altro oggetto da spedire e li porta direttamente in un centro di smistamento e tracciamento elettronico per essere indirizzati al centro di distribuzione appropriato. Una volta arrivati al punto più vicino alla destinazione tra oltre 40 centri di distribuzione, vengono presi in consegna dai corrieri locali e consegnati come posta ordinaria.

DHL non solo utilizza questo processo unico, creando relazioni positive con i propri clienti nei Paesi in cui opera, ma stabilisce anche uno standard di eccellenza per l'intero settore. Il sistema di tracciamento utilizzato per identificare i pacchi in tutto il mondo è facilmente accessibile online dai clienti, i quali in qualsiasi momento possono controllare lo stato della consegna. Inoltre, DHL verifica gli indirizzi postali degli invii presso il centro di smistamento; se l'indirizzo è errato, viene apposta un'etichetta corretta e viene inviata al cliente una notifica della modifica via email.

Con l'avanzare della globalizzazione e l'eliminazione di molte barriere commerciali, le imprese troveranno i processi avanzati utilizzati da DHL estremamente vantaggiosi; se abbinati a standard superiori di servizio al cliente, non c'è da stupirsi che l'azienda si sia affermata come impresa globale di grande successo.

Fonte: DHL GlobalMail, http://us.dhlglobalmail.com.

Da una prospettiva esclusivamente operativa, è facile vedere il cliente come un ostacolo: "Se questi clienti non si presentassero sempre alla stessa ora, potremmo fornire un servizio migliore!". Questo atteggiamento negativo tralascia una grande opportunità poiché la presenza anche fisica dei clienti nella produzione del servizio può essere utilizzata per aiutare, non per ostacolare le attività operative. Una visione positiva richiede tuttavia che il personale operativo riconosca l'importanza degli obiettivi delle controparti di marketing per migliorare l'esperienza complessiva del cliente. Altrettanto importante è che chi si occupa di marketing abbia una conoscenza approfondita del sistema operativo e delle sue sfide. Non è sufficiente proporre nuove offerte da erogare attraverso i sistemi operativi esistenti. Le imprese che eccellono nel fornire un servizio "world class" riconoscono che il potenziale impatto negativo dell'offerta di nuovi servizi attraverso i sistemi operativi esistenti deve essere valutato attentamente prima che siano introdotti sul mercato.

5.3 Il marketing e la gestione operativa: importanza dell'equilibrio

In un'impresa di servizi, raggiungere un equilibrio tra marketing e gestione operativa è fondamentale. È già stato detto che un servizio è essenzialmente un'esperienza da cui un cliente ottiene dei benefici; l'esperienza di una cena al ristorante non riguarda solo il cibo che è stato servito ma è determinata anche dall'ambiente fisico e dalla cortesia del personale. Ogni aspetto influenza le percezioni dei clienti, pertanto è molto difficile stabilire un compromesso tra efficienza operativa ed efficacia di marketing. Il successo nel marketing dei servizi richiede una maggiore comprensione dei vincoli e delle opportunità poste dalla gestione operativa.

Per affrontare tale problematica, in questo capitolo si adotta innanzitutto la prospettiva di chi deve gestire i processi: qual è il sistema ideale per l'erogazione dei servizi dal punto di vista operativo?

L'esperienza del servizio è resa possibile dal sistema operativo dell'impresa che interagisce con il cliente, pertanto il sistema operativo, in tutta la sua complessità, è di fatto il prodotto-servizio. Ciò che viene realizzato tramite la gestione operativa è il servizio. Per un responsabile marketing, questo impone vincoli alle possibili strategie, ma presenta anche nuove e stimolanti opportunità per migliorare la redditività dell'impresa.

Nel Capitolo 4 è stata fornita una base da cui partire per affrontare il problema della progettazione. L'analisi del comportamento del consumatore, infatti, è già da tempo al centro delle strategie di marketing e la progettazione del processo di erogazione del servizio può essere vista come la combinazione di questa analisi con le competenze tecnologiche e produttive dell'organizzazione. Tuttavia, per offrire un servizio di successo, non è sufficiente conoscere il comportamento dei clienti ma serve anche una profonda comprensione dei concetti e delle strategie di gestione dei processi e delle risorse umane.

Nel Capitolo 3 è stato evidenziato che per i produttori manifatturieri è possibile separare il momento della produzione da quello della commercializzazione attraverso l'uso delle scorte. Nonostante ciò, esistono molte aree di potenziale conflitto tra i reparti di marketing e di produzione. I problemi che emergono sono solitamente considerati come conflitti ma potrebbero anche essere gestiti come delle opportunità, e in ogni area è chiaro che una migliore integrazione tra marketing e gestione operativa potrebbe condurre a un'organizzazione più efficiente e profittevole.

Un'impresa che sta valutando se espandere la propria linea di prodotti o concentrarsi solo su un prodotto può essere vista come una scelta tra le richieste eterogenee degli acquirenti e la preferenza da parte dell'azienda di mantenere una produzione uniforme. Se i responsabili del marketing hanno il controllo decisionale è probabile che vengano sviluppati troppi prodotti, portando a un'inefficienza operativa. Finché questo rischio viene compensato da prezzi più alti, allora questa strategia ha successo.

Al contrario, se prevale la posizione di chi si occupa della gestione operativa, i clienti avrebbero a disposizione un'unica opzione di prodotto, un'alternativa decisamente meno attraente. Tuttavia, se ciò viene compensato da costi inferiori e quindi da prezzi più bassi, è possibile che anche questa strategia abbia successo.

In sintesi, gestione operativa e marketing devono trovare un equilibrio tra tensioni verso direzioni opposte. Nei servizi, inoltre, le aree di possibile conflitto sono molto più ampie perché le attività operative in molti casi costituiscono il prodotto stesso offerto al cliente, come si è già detto nei capitoli precedenti.

In questo capitolo si affrontano le problematiche della gestione operativa piuttosto che del marketing e la prospettiva adottata è quella del responsabile operativo. Pertanto, l'attenzione è rivolta soprattutto sui requisiti per ottenere efficienza operativa e sul contributo fornito dal marketing al raggiungimento di tale obiettivo. Da ultimo, va sottolineato che, nella ricerca di un vantaggio competitivo sul mercato, gli obiettivi di marketing possono produrre una minore efficienza operativa. Ciò vale soprattutto per le imprese di servizi ad alto contatto con il cliente; man mano che aumenta il numero di contatti, diminuisce la probabilità che l'impresa di servizi operi in modo efficiente. In definitiva, sono i clienti dei servizi a determinare:

- tipo di domanda;
- ciclo della domanda;
- durata dell'esperienza di servizio.

Nel frattempo, il fornitore di servizi perde sempre più controllo sulle sue attività operative quotidiane. È la natura del business dei servizi.

5.4 Le imprese di servizi in un mondo perfetto

L'ideale sarebbe organizzare i processi in modo da far funzionare un centro servizi con il massimo dell'efficienza. Il modello di "mondo perfetto" di J. D. Thompson ci fornisce una direzione per raggiungere questo obiettivo. Purtroppo, nella realtà dei fatti, il picco di efficienza è spesso irraggiungibile. I concetti di fabbrica specializzata e di impianto all'interno di un impianto sono proposti come soluzioni più realistiche e forniscono ai manager strategie alternative che migliorano l'efficienza tenendo anche conto dell'efficacia in termini di marketing.

5.4a Il modello di mondo perfetto di Thompson

Il punto di partenza per affrontare la questione dell'efficienza è il lavoro di J. D. Thompson. A fine anni Sessanta, Thompson ha introdotto l'idea di "**nucleo tecnico**", ovvero il luogo all'interno dell'organizzazione in cui vengono svolte le funzioni operative principali. Nel settore dei servizi, si considerano nucleo tecnico, per esempio, le cucine dei ristoranti, le aree di manutenzione delle concessionarie

Nucleo tecnico: luogo in cui sono svolte le principali attività di produzione del servizio.

Modello di mondo perfetto: modello in cui la gestione operativa perfetta si ottiene mantenendo costanti e certi gli input, gli output e la qualità.

auto o le sale chirurgiche degli ospedali. Nel suo **modello di mondo perfetto**, Thompson suggerisce che, per operare in modo efficiente, un'impresa deve essere in grado di agire "come se il mercato assorbisse ogni singolo tipo di prodotto a un ritmo continuo e come se i fattori di produzione fossero forniti continuamente a un ritmo costante e con una qualità specifica". Al centro della sua argomentazione c'è l'idea che l'incertezza crea inefficienza.

In una situazione ideale, il nucleo tecnico può operare senza incertezze sia in entrata che in uscita, creando così molti vantaggi per il management. In altre parole, gli input arrivano a un ritmo costante per essere lavorati all'interno del nucleo tecnico e vengono poi assorbiti dal mercato istantaneamente, eliminando la necessità di mantenere le scorte.

L'assenza di incertezza significa che le decisioni all'interno del nucleo possono essere pianificate e che la discrezionalità delle unità operative può essere sostituita da regole. Ridurre la discrezionalità significa anche che le mansioni vengono dequalificate con un conseguente contenimento del costo del lavoro. In alternativa, le regole possono essere applicate alle macchine e la manodopera sostituita da impianti automatici. Dato che input e output possono essere gestiti utilizzando le scorte, è semplice pianificare la produzione, operare ad alti livelli di utilizzo e ottenere prestazioni operative più efficienti. In sostanza, un sistema privo di incertezza è facile da gestire e controllare; le prestazioni possono essere misurate utilizzando standard oggettivi e, poiché il sistema è isolato da fattori di disturbo provenienti dall'esterno, anche le cause di eventuali problemi operativi sono facili da individuare.

5.4b Il concetto di fabbrica specializzata

Il modello di mondo perfetto proposto da Thompson, come facilmente intuibile, è impossibile da applicare alla pratica quotidiana, e anche nelle imprese produttrici di beni tangibili è necessario bilanciare di continuo le esigenze di acquisto dei fattori produttivi, dei rapporti di mercato e della gestione operativa.

Sono stati proposti modelli alternativi che descrivono in maniera più realistica la natura delle imprese di beni e servizi, includendo i concetti di fabbrica specializzata e di impianto nell'impianto.

Fabbrica specializzata: sede nella quale vengono svolti solo determinati compiti; l'efficienza si ottiene per la focalizzazione su determinate attività e per l'accumulo di esperienza.

La **fabbrica specializzata** è quella dedicata a uno specifico compito in un luogo specifico; una volta raggiunta questa specializzazione, la fabbrica sarà più efficiente perché la ripetitività e la concentrazione in un unico sito permettono alla forza lavoro e al management di acquisire esperienza e performare meglio. Si consideri per esempio una lavanderia che raccoglie gli indumenti sporchi utilizzando dei contenitori situati vicino alle case dei clienti e ai luoghi di lavoro. Questi contenitori raccolgono e restituiscono gli indumenti e devono funzionare bene per queste uniche operazioni, mentre per il lavaggio viene utilizzato uno stabilimento apposito separato. La struttura per il lavaggio (fabbrica specializzata) è isolata dal contatto con i clienti in entrata e in uscita e può funzionare senza disturbi.

Il modello della fabbrica specializzata amplia quello del mondo perfetto di Thompson e aggiunge l'idea che la concentrazione genera efficacia oltre che efficienza. In altre parole, la fabbrica specializzata può soddisfare meglio le richieste del mercato, in termini di contenimento costi, di efficienza e di qualità per il cliente.

5.4c Il concetto di impianto all'interno di un impianto

L'idea di fabbrica specializzata può, a sua volta, essere ulteriormente estesa introducendo il concetto di **impianto all'interno di un impianto** (*plant within a plant*, PWP). Poiché la capacità produttiva in un unico sito presenta dei vantaggi, la strategia dell'impianto all'interno di un impianto prevede la suddivisione di grandi impianti non specializzati in unità più piccole separate tra loro, ciascuna con la propria aria di competenza.

Impianto all'interno di un impianto: suddivisione di grandi impianti non specializzati in unità più piccole separate tra loro, ciascuna con la propria aria di competenza.

Nella produzione di beni, il concetto di ***buffering*** è molto diffuso. Le organizzazioni cercano di "arginare" le ondate provenienti dall'ambiente esterno collocando intorno al nucleo tecnico unità di input e output, una sorta di unità cuscinetto. Un PWP può quindi essere gestito secondo la logica del modello del mondo perfetto di Thompson se vengono create intorno scorte di input e di output, delle unità *buffer*. Sul fronte degli input, le componenti necessarie all'impianto centrale possono essere inventariate e controllate nelle unità periferiche prima che siano richieste generando sul PWP un flusso e una qualità costanti. Analogamente, il PWP può essere separato dagli impianti a valle o dal mercato creando fabbriche di prodotti finiti. I produttori di automobili ne sono un buon esempio. I prodotti finiti sono assorbiti a valle da un sistema consolidato di concessionari al dettaglio che acquistano e trattengono le scorte del produttore nei mercati regionali fino alla vendita al cliente finale.

Buffering: tentativo di arginare, utilizzando unità periferiche, l'attività del nucleo tecnico al fine di ridurre l'influenza delle condizioni esterne.

Le alternative proposte da Thompson al buffering sono il livellamento (***smoothing***), l'anticipazione e il razionamento. Livellamento e anticipazione reagiscono all'incertezza introdotta nel sistema dal flusso di lavoro; il primo tende a ridurre le fluttuazioni dell'offerta e della domanda, mentre l'**anticipazione** consiste nel mitigare gli effetti negativi di tali fluttuazioni pianificandoli. Infine, il **razionamento** prevede la selezione della domanda (*triage*) quando le richieste poste al sistema dall'ambiente superano la sua capacità di gestirle; è il caso del Pronto Soccorso, in cui è necessaria un'immediata valutazione delle condizioni del malato (input) in modo da soddisfare le richieste (output) in base alle priorità e all'urgenza.

Smoothing: livellamento delle fluttuazioni di domanda e offerta.

Anticipazione: pianificazione delle fluttuazioni di domanda e offerta.

Razionamento: allocazione diretta di input e output se le richieste superano la capacità produttiva.

Le imprese di successo pianificano per tempo le strategie di livellamento, anticipazione e razionamento, in modo da poterle attuare più efficacemente nei momenti di necessità.

5.5 L'applicazione dei modelli di efficientamento alle imprese di servizi

L'applicazione ai servizi dei concetti relativi alla gestione operativa è un percorso accidentato e i motivi sono facilmente comprensibili se si pensa alle caratteristiche dei servizi presentate nei capitoli precedenti: il cliente è parte integrante del processo e il sistema funziona in tempo reale con un'alta intensità di personale.

Poiché i clienti sono inseparabili dal processo di produzione, il sistema può essere (e spesso lo è) utilizzato per personalizzare (*customization*) il servizio offerto con la conseguenza che all'aumentare del numero di clienti diminuisce l'efficienza della gestione operativa.

Il sistema di fornitura del servizio è intrinsecamente molto complicato e nella maggior parte dei casi è impossibile utilizzare le scorte in entrata e in uscita ed estromettere il cliente dalla fase produttiva. Invece di ricevere le richieste a un ritmo costante, il sistema di produzione del servizio è esposto direttamente alle variazioni quotidiane e persino orarie del mercato. Ciò crea enormi problemi nella pianificazione e nell'utilizzo della capacità produttiva, elementi fondamentali per una fornitura ottimale. In effetti, in molti casi l'unico momento in cui la domanda e l'offerta coincidono è quando ciò avviene per puro caso. Per esempio, quando c'è il numero esatto di camerieri per servire i clienti del ristorante, quando c'è il numero esatto di medici e infermieri per curare i pazienti arrivati in ospedale? E qual è il numero esatto di commercialisti? Ci sono momenti in cui la domanda e l'offerta si equilibrano, ma a causa dei flussi non del tutto prevedibili di clienti, l'equilibrio spesso si raggiunge solo per caso.

È chiaro che, per loro stessa natura, i servizi non soddisfano i requisiti del modello del mondo perfetto di Thompson. La parte che più si avvicina a questo modello ideale è la parte del sistema invisibile al cliente (ovvero il nucleo tecnico). Anche qui le spinte verso una maggiore personalizzazione possono introdurre incertezza nel sistema; tenendo separata la parte invisibile al cliente, ovvero il nucleo tecnico, si cerca di lasciare margini per la personalizzazione solo al personale di contatto, ma quando ciò non è sufficiente si rischia di portare incertezza anche nella parte centrale del processo, il nucleo tecnico.

Invece di un unico prodotto auspicato dal modello del mondo perfetto, il sistema di servizi è sollecitato a realizzare un prodotto diverso per ogni cliente. In effetti, si potrebbe sostenere che, poiché ogni cliente è diverso ed è parte integrante del processo, e poiché ogni esperienza o prodotto sono unici, l'incertezza sul compito da svolgere è enorme.

Il modello di Thompson richiede input che fluiscano in modo continuo, a una velocità costante e a una qualità specifica. Gli input del sistema di erogazione del servizio sono i seguenti: l'ambiente fisico, il personale di contatto, gli altri clienti e il singolo cliente. Se l'ambiente fisico (servicescape) è generalmente costante, gli altri tre input variano totalmente, non solo in qualità, ma anche nella velocità con cui entrano a far parte del processo.

Inoltre, va sottolineato che il personale addetto alle interazioni con la clientela è costituito da persone, non da oggetti inanimati. In quanto tali, possiedono emozioni e sentimenti e sono influenzate dagli eventi che si verificano nella loro vita al di fuori dell'ambiente lavorativo. Il loro umore può avere un impatto significativo sulle performance lavorative quotidiane, con conseguenti ripercussioni dirette sull'esperienza complessiva del cliente. Questo fenomeno è particolarmente rilevante, poiché gli operatori del servizio rappresentano una componente visibile e tangibile dell'intera esperienza di fruizione del servizio.

I clienti, a loro volta, sono soggetti a stati d'animo che hanno un impatto sul loro comportamento nei confronti dell'impresa e degli altri clienti. Alcuni di questi stati d'animo sono prevedibili, come l'euforia condivisa dai tifosi quando vince la squadra locale, ma molti altri sono fortemente individuali, specifici e del tutto casuali fino a quando il cliente non si inserisce in prima persona nell'ambiente di servizio.

I clienti arrivano in modo imprevedibile, il che presenta una sfida notevole nella gestione e anticipazione della domanda in arrivo. Un'esemplificazione della variabilità della domanda è un ristorante, che può passare da vuoto a pieno in pochi minuti, così come la coda alla cassa di un supermercato. Analizzando la domanda si possono prevedere picchi e pianificare i flussi in anticipo, ma tale precauzione comporta inefficienze, che verrebbero evitate da un flusso costante di clienti. Per prevenire invece picchi imprevedibili, si viene a creare una capacità produttiva eccessiva, che oltre a essere un problema per l'intero sistema compromette anche l'esperienza sia per i clienti sia per il personale.

5.5a Le soluzioni operative per le imprese di servizi

La letteratura scientifica degli ultimi anni relativa alle attività operative (*operations*) e ai rapporti di mercato (*marketing*) fornisce varie indicazioni preziose per superare alcuni problemi di processo di cui si è detto in precedenza.

Queste soluzioni possono essere classificate in cinque aree principali:

1. Isolare il nucleo tecnico
2. Progettare l'intera linea di servizio
3. Favorire flessibilità nella capacità produttiva
4. Aumentare la partecipazione dei clienti
5. Spostare la domanda nel tempo

Isolare il nucleo tecnico

Questa strategia prevede la netta separazione tra il nucleo tecnico (il luogo all'interno dell'organizzazione in cui vengono svolte le funzioni operative principali) e il luogo del contatto, che è caratterizzato da un elevato grado di partecipazione del cliente. Una volta realizzata tale separazione, si dovrebbero adottare logiche di gestione diverse per ogni area operativa. In altre parole, si applica il concetto di fabbrica specializzata o di impianto nell'impianto e si suddivide l'intero servizio in due aree distinte da gestire in modo diverso: quella ad alto contatto con il cliente e quella a contatto basso o nullo con il cliente. Un ristorante prevede un contatto alto con i clienti nelle aree di ristorazione e bar e un contatto basso o nullo in cucina.

Nelle aree ad alto contatto con il cliente, il management dovrebbe concentrarsi sulla cura dell'esperienza per il cliente, mentre nel nucleo tecnico (area a contatto basso o nullo e isolata dal resto) seguire i tradizionali approcci di ottimizzazione della produzione. In sintesi, gli ambiti ad alto contatto dovrebbero sacrificare l'efficienza nell'interesse del cliente, mentre in quelli a basso contatto ciò non è necessario.

Isolare il nucleo tecnico (*decoupling*) significa ridurre al minimo il contatto del cliente con quella parte di produzione in cui è auspicabile essere efficienti; rimanendo nell'esempio precedente, si dovrebbe evitare che un cliente entri nella cucina del ristorante nel momento del picco di lavoro, quando il personale è indaffarato nelle preparazioni.

Isolare il nucleo tecnico: separare il luogo in cui vengono svolte le attività principali da ingerenze esterne.

Un esempio di come separare il nucleo tecnico dalle aree ad alto contatto è dato dalle raccomandazioni degli esperti di attività operative, i quali suggeriscono di gestire solo le situazioni eccezionali di persona, mentre le transazioni ordinarie dovrebbero essere gestite per telefono o, meglio ancora, tramite posta o email. Le transazioni via posta o email hanno il grande vantaggio di poter essere registrate. Inoltre, è importante adattare il livello di contatto con il cliente alle sue esigenze, offrendo il minimo servizio ad alto contatto accettabile. In sintesi, l'efficienza operativa favorisce sempre i sistemi a basso contatto, ma l'efficacia dal punto di vista del cliente potrebbe essere qualcosa di completamente diverso.

A questo punto risulta chiara la necessità di coinvolgere anche il marketing nell'approccio strategico, poiché la decisione sulla quantità di contatto desiderato dal cliente è chiaramente una questione che ricade nel suo ambito. In alcuni casi, un elevato livello di interazione con il cliente può differenziare il servizio rispetto alla concorrenza; in tali casi, i costi operativi devono essere messi a confronto con i benefici competitivi derivanti da tale strategia. Si considerino i vantaggi competitivi di cui gode un ristorante a cinque stelle rispetto a una catena di fast food.

Al contrario, in alcune situazioni, il segmento dell'azienda considerato dal gruppo operativo come back office non è effettivamente invisibile al cliente; per esempio, in alcuni servizi finanziari, le operazioni allo sportello avvengono negli uffici amministrativi. Dal punto di vista operativo, ciò significa che i dipendenti interrompono le loro attività di back office per servire i clienti solo quando necessario. Benché più efficiente, questo sistema viene percepito negativamente dal cliente che, mentre attende di essere servito, può osservare una postazione chiusa e percepire disinteresse nei suoi confronti da parte del personale. L'apparente disinteresse è in realtà impegno nel lavoro amministrativo.

Anche se si decidesse di rendere una parte del sistema indipendente dall'altra, il marketing ha un ruolo fondamentale nel valutare e implementare approcci alternativi, poiché qualsiasi cambiamento nel funzionamento del sistema di erogazione del servizio implica una modifica nel comportamento del cliente. Per esempio, il passaggio da un servizio bancario tradizionale a un servizio bancario online richiede un radicale cambiamento nell'interazione tra cliente e fornitore. Non sempre i tentativi di rendere i processi più efficienti sono ben accolti dai clienti. Per esempio, nel tentativo di utilizzare in modo più efficiente il tempo dei suoi cassieri, la First National Bank di Chicago è finita sulle prime pagine dei giornali nazionali quando ha iniziato a chiedere ai suoi clienti una commissione di $3 per essere serviti a uno sportello fisico. La concorrenza ha rapidamente diffuso messaggi promozionali con "cassieri in carne e ossa" e l'offerta di servizi "gratuiti" presso i propri sportelli.

Progettare l'intera linea di servizio

Approccio "catena di montaggio": applicazione di tecnologie hard e soft alla gestione operativa in modo da standardizzare l'erogazione dei servizi.

Tecnologie hard: impianti che facilitano la produzione.

Tecnologie soft: ruoli, regole e procedure che facilitano la produzione standardizzata.

Una seconda possibile soluzione per affrontare le problematiche operative delle imprese di servizi consiste nell'applicare il modello di produzione in serie all'intero sistema. L'**approccio "catena di montaggio"** prevede l'adozione di **tecnologie *hard* e *soft*** sia per le attività che coinvolgono l'interazione diretta con il cliente sia per quelle dietro le quinte: le tecnologie hard riguardano l'hardware per facilitare la produzione di un prodotto standardizzato, mentre le tecnologie soft si riferiscono a regole, regolamenti e procedure da seguire per ottenere sempre lo stesso risultato. Questo approccio volto ad aumentare l'efficienza operativa si sta diffondendo e ne sono esempi i bancomat, i chioschi per il check-in all'aeroporto, i sistemi telefonici automatizzati e i fast food. Queste situazioni sono accomunate da minima personalizzazione, elevati volumi e significativa partecipazione del cliente al processo.

Generare efficienza operativa in sistemi ad alto contatto come questi richiede una gamma limitata di prodotti, come il menù dei fast food, e una personalizzazione minima. Il problema principale è come fornire un servizio efficiente e standardizzato a un livello qualitativo accettabile, trattando al contempo ogni cliente come unico. Gli sforzi profusi per risolvere questo problema evidenziano la sua complessità, come mostra la cosiddetta sindrome del "*have-a-nice-day*", che ha avuto effetti positivi sull'accoglienza percepita ma effetti negativi sulla percezione della competenza del personale. Tali impressioni sono gli effetti complessi di una decisione operativa apparentemente semplice.

Il successo di un intero sistema di fast food dipende anche dal numero di clienti disposti ad acquistare il cibo standardizzato prodotto. Dal momento che la componente invisibile non è scollegata e il cibo non può essere preparato su ordinazione, il sistema operativo deve funzionare indipendentemente dalla domanda individuale, presupponendo che, in definitiva, la domanda aggregata assorbirà il cibo prodotto. Questo è il motivo per cui i panini preconfezionati vengono impilati in attesa di essere acquistati dalla futura domanda di mercato. Un sistema operativo di questo tipo richiede molto ai clienti, che devono preselezionare ciò che vogliono mangiare, ordinarlo prontamente in cassa, ritirarlo rapidamente e portarlo al tavolo, che in molti casi viene sgomberato dai clienti stessi.

Favorire flessibilità nella capacità produttiva

Il terzo metodo per gestire efficacemente le operazioni di servizio è quello di minimizzare le conseguenze delle variazioni della domanda rendendo la capacità produttiva più flessibile.

Un centro congressi è progettato per essere utilizzato in vari modi in base alle richieste, un corriere pianifica le consegne in relazione alla quantità, la destinazione o il traffico, un locale estivo dispone gli allestimenti in base alle serate. Queste strategie nascono come soluzioni operative ma hanno implicazioni di marketing di vasta portata nel momento in cui si confrontano con la base clienti del servizio. Se ne è già parlato nel Capitolo 3 relativamente alla deperibilità dei servizi.

Le strategie finalizzate a rendere flessibile la capacità produttiva comprendono (1) l'utilizzo di personale part-time, (2) la formazione trasversale tra i dipendenti in modo che la maggior parte dell'impegno si riversi sulle attività di contatto con i clienti durante le ore di punta e (3) la condivisione di risorse con altre imprese.

Sebbene queste soluzioni non siano complicate da un punto di vista strettamente operativo, bisogna considerare le ricadute in termini di marketing. Ingaggiare personale part-time sembra un'ipotesi utile per fornire capacità produttiva aggiuntiva nei momenti di picco senza aumentare i costi nei momenti di bassa affluenza. Tuttavia, il personale part-time rischia di fornire un servizio di qualità inferiore rispetto ai colleghi a tempo pieno e l'impegno per la qualità può essere minore, come probabilmente lo sarà la formazione ricevuta. Il personale part-time o stagionale è assunto quando la domanda è pressante, in alta stagione nei servizi turistici o in concomitanza di grandi eventi nei servizi fieristici, ma questo può generare un senso di frustrazione, talvolta visibile ai clienti, che si riflette negativamente sulla qualità del servizio offerto.

Anche le altre due possibili strategie per creare capacità produttiva flessibile non sono prive di implicazioni: concentrarsi sui punti di contatto con i clienti durante i picchi di domanda presuppone la capacità di identificare la parte centrale del servizio dal punto di vista del cliente. In secondo luogo, i pericoli della condivisione di risorse con altri fornitori sono numerosi. Nella mente del cliente può crearsi confusione su cosa stia facendo esattamente l'impresa di servizi (per esempio, chi è il suo mercato di riferimento?) e questo potrebbe essere particolarmente critico durante i momenti di passaggio da un fornitore all'altro, quando i clienti di due imprese diverse condividono la stessa struttura, ciascuno con priorità e schemi di comportamento diversi.

APPROFONDIMENTO 5.2

E-service in azione
Verizon Enterprise Solutions Group

Il Verizon Enterprise Solutions Group, fornitore di soluzioni di rete per grandi imprese, enti governativi e istituti di istruzione negli Stati Uniti, ha condotto uno dei suoi progetti più interessanti in collaborazione con UMass Memorial Healthcare, il più grande sistema sanitario del Massachusetts. Grazie a un accordo tra il sistema sanitario e Verizon, medici specialisti collaborano nella diagnosi e nella cura dei pazienti attraverso l'uso di servizi a banda larga ad alta velocità. Il progetto SONET, in particolare, permette la visualizzazione simultanea della storia clinica dei pazienti e dei dati diagnostici in vari punti del sistema sanitario, quali i tre campus, i quattro ospedali comunitari e altre strutture sanitarie. Un aspetto cruciale di questi servizi è la capacità di consentire agli operatori sanitari di comunicare fra loro senza la necessità di trovarsi fisicamente nello stesso luogo contemporaneamente, garantendo la massima tutela della privacy dei pazienti.

Il Verizon Enterprise Solutions Group offre inoltre soluzioni di telemedicina per il settore sanitario, fornendo conoscenze mediche chiave nelle case dei pazienti e in luoghi critici. I medici possono comunicare con i paramedici durante il trasporto in ospedale e supervisionare procedure in sala operatoria a distanza, grazie a sistemi di archiviazione e comunicazione delle immagini che forniscono informazioni a molti utenti in vari luoghi. Gli obiettivi principali di tutte le soluzioni sanitarie di Verizon sono quelli di aumentare l'accesso ai servizi sanitari, migliorare la tempestività nella fornitura dei servizi, ottimizzare gli esiti per i pazienti e ridurre i costi sanitari.

Fonte: www.verizon.com.

Aumentare la partecipazione dei clienti

Un quarto approccio alla gestione delle operazioni di servizio tende a prevedere un maggior coinvolgimento del cliente nel processo produttivo anche mediante la delega di una parte del lavoro normalmente svolto dal personale dell'impresa. A differenza delle altre strategie descritte, che si focalizzano sul miglioramento dell'efficienza delle operazioni di servizio, questo approccio punta alla riduzione dei costi associati alla fornitura.

Anche questa strategia richiede compromessi: una maggiore partecipazione nella produzione del servizio impone una modifica sostanziale del comportamento del cliente e questi è chiamato anche ad assumersi una responsabilità in prima persona per il servizio che riceve. L'introduzione di uno sportello automatico o di una tecnologia digitale è vista da molti addetti alla gestione operativa come un'opportunità per risparmiare lavoro. In effetti, la sostituzione della manodopera umana con delle macchine può essere interpretata in quest'ottica. Dal punto di vista del cliente, gli sportelli automatici effettivamente offrono maggiore comodità, per esempio in termini di orari di funzionamento, ma è stato dimostrato che per alcuni clienti uno sportello automatico aumenta la percezione del rischio, diminuisce il controllo della situazione e riduce il contatto umano. Si pensi al check-in automatico per accedere a un albergo o a un appartamento e al timore di non riuscire a entrare per pernottare o di non avere qualcuno a cui chiedere informazioni necessarie per il giorno successivo.

Un simile trasferimento di attività al cliente ha chiaramente implicazioni di mercato, poiché cambia l'intera natura del prodotto ricevuto. Le modifiche nel ruolo del cliente, allora, richiedono un'attenta analisi del suo comportamento, delle diverse culture e delle abitudini locali oltre a una pianificazione dettagliata prima di essere introdotti nel processo di erogazione del servizio. Se ne parlerà più estesamente nel Capitolo 10.

Spostare la domanda nel tempo

Un'altra strategia utilizzata per ottimizzare l'efficienza delle operazioni di servizio è il tentativo di spostare il momento in cui si manifesta la domanda al fine di attenuare i picchi in eccesso o in difetto. Forse l'esempio più tipico di questa situazione è il trasporto pubblico locale, che risulta insufficiente nelle ore di punta mentre gran parte della flotta è inutilizzata nelle ore centrali. Molti gestori del trasporto pubblico hanno cercato di ridurre il disagio incentivando i viaggiatori a muoversi in orari meno trafficati. Ancora una volta, *operations* e marketing si intrecciano. L'attenuazione della domanda è una strategia utile dal punto di vista operativo, ma i suoi effetti si scontrano con il fatto che la gran parte degli spostamenti di chi utilizza il trasporto pubblico locale è vincolata a orari di lavoro non sempre gestibili.

5.6 L'arte del blueprinting

Una delle tecniche più comuni utilizzate per analizzare e gestire processi produttivi complessi alla ricerca dell'efficienza operativa è il diagramma di flusso (*flowchart*). I diagrammi di flusso identificano:

- le direzioni in cui i processi si muovono;
- il tempo necessario per passare da una fase all'altra;
- i costi relativi a ciascuna fase del processo;
- la quantità di accumulo di inventario in ogni fase;
- i colli di bottiglia nel sistema.

Il diagramma di flusso di un'operazione di servizio, chiamato anche ***blueprint***, è uno strumento utile non solo per il responsabile della gestione operativa, ma anche per il responsabile marketing.

Blueprint: diagramma di flusso, o mappa, della fornitura del servizio.

Poiché i servizi vengono erogati attraverso un processo interattivo che coinvolge il cliente, il responsabile marketing di un'impresa di servizi deve avere una conoscenza dettagliata delle procedure. Il *blueprinting* rappresenta un metodo utile e sistematico per acquisire questa conoscenza poiché consente al responsabile marketing di capire quali parti del sistema operativo sono visibili al cliente e gli elementi fondamentali della sua percezione del servizio.

L'identificazione delle componenti del sistema di servizio di un'impresa è meno semplice di quanto si possa pensare e molte imprese dimenticano la quantità di punti di contatto con i clienti. Altre, invece, sottovalutano l'importanza di alcuni ruoli, come gli operatori telefonici, il personale di segreteria e di pulizia o il personale contabile. Di seguito si descrive il processo di *flowcharting* di questi numerosi punti di contatto.

Il nucleo del prodotto è l'esperienza di servizio che genera una serie di benefici al cliente. Questa esperienza può verificarsi in un luogo specifico o in un ambiente appositamente costruito dall'impresa di servizi, come Disneyland Paris, Gardaland e Cinecittà World. In altri casi, come per le prestazioni di giardinaggio, l'interazione del servizio avviene in un ambiente naturale. Alla fine, è il processo realizzato che crea l'esperienza che porta poi i vantaggi desiderati dal cliente, pertanto la sua progettazione diventa fondamentale per la definizione del prodotto da servire. Il processo interattivo visibile ai clienti sviluppa le loro percezioni della realtà e definisce il servizio finale. Tuttavia, come ha mostrato il Modello di Servuction introdotto nel Capitolo 1, la parte visibile dell'attività, quella in cui il cliente interagisce, deve essere supportata da un processo non visibile.

La ricerca dell'efficienza operativa è comune a molte imprese di servizi, ma comporta alcune sfide. Un cambiamento nel processo di servizio può aumentare l'efficienza ma modificare la qualità dell'interazione con il cliente. Per esempio, l'automazione dei servizi di iscrizione all'università che da molti anni è sempre più diffusa offre maggiore efficienza ma talvolta riduce la qualità dell'interazione con gli studenti.

Una progettazione dettagliata dei processi consente maggiore comunicazione tra chi si occupa della gestione delle attività operative e il marketing e individua potenziali problemi prima che si verifichino nella pratica.

5.6a Un esempio pratico di blueprinting

La Figura 5.1 illustra il blueprint di un ristorante self-service in cui, per semplicità, si presume che l'intero servizio sia visibile al cliente e ogni cliente desideri i prodotti di ogni stazione; la figura rappresenta un processo essenziale e sono specificate le fasi necessarie per completare il servizio di un pasto. In questo caso, ciascuna attività lungo il processo è rappresentata da una casella. A differenza della produzione di beni, "le materie prime" che scorrono lungo le fasi del processo sono i clienti stessi; inoltre, a causa dell'intangibilità dei servizi, non ci sono scorte ed è evidente che si formino file a ogni passo del processo mentre i clienti attendono il proprio turno per procedere al banco successivo. Un servizio gestito in questo modo potrebbe essere organizzato con una serie di banchi allineati e i clienti che avanzano lungo la linea ed escono dal flusso dopo aver pagato. Nella Figura 5.1, la cifra indicata accanto a ciascuna fase rappresenta il costo del personale impiegato per servire al banco.

	Banco antipasti →	Banco insalate →	Banco cibi caldi →	Banco dessert →	Banco bevande →	Cassiere
	$8/ora	$8/ora	$8/ora	$8/ora	$8/ora	$10/ora
Numero di stazioni	1	1	1	1	1	1
Tempo di attività	15 sec	30 sec	60 sec	40 sec	20 sec	30 sec
Tempo di procedimento	15 sec	30 sec	60 sec	40 sec	20 sec	30 sec
Produzione massima/ora	240	120	60*	90	180	120

*Collo di bottiglia. 60 pasti al massimo. Costo per pasto = $50/60=$0,83

Figura 5.1 Blueprint di un ristorante tipo self-service.

Per calcolare il **costo pasto**, ovvero i costi del lavoro associati alla preparazione del singolo pasto, vengono effettuati i seguenti calcoli: innanzitutto, si calcola la **durata del processo** dividendo la **durata dell'attività** (il tempo necessario per eseguire l'attività) per il numero di **stazioni** o posizioni che svolgono l'attività. Nell'esempio rappresentato nella Figura 5.1, la durata del processo e quella dell'attività coincidono poiché è disponibile solo una stazione per ciascuna attività. In secondo luogo, si calcola l'output massimo per ogni posizione in base alla durata del processo. La **produzione massima per ora** rappresenta il numero di persone che possono essere servite presso ciascuna stazione in un'ora. Per esempio, se il tempo di processo al banco insalate è di 30 secondi, due persone possono essere servite in un minuto o 120 persone in un'ora (due persone × 60 minuti). Un altro metodo per calcolare l'output massimo per ora è utilizzare la formula: 60 × (60/tempo di processo). Nel nostro esempio, il calcolo per il banco insalate sarebbe 60 × (60/30), che equivale a 120.

Costo pasto: calcolo del lavoro necessario per il servizio (al netto delle materie prime).

Durata del processo: tempo necessario per svolgere il singolo processo (si calcola dividendo la durata dell'attività per il numero di stazioni).

Durata dell'attività: tempo necessario per svolgere un'attività presso una stazione.

Stazioni: postazioni presso cui sono svolte le attività.

Produzione massima per ora: numero massimo di persone che possono essere servite presso una stazione.

Infine, per calcolare il costo del servizio per pasto, si dividono i costi totali del lavoro per ora dell'intero sistema per l'output massimo orario del sistema (costo del servizio per pasto = costi totali del lavoro/output massimo per ora). I costi totali del lavoro per ora vengono calcolati semplicemente sommando i salari orari del personale posizionato presso ciascun banco.

Nel nostro esempio, il costo totale del lavoro per ora equivale a $50 ($8 + $8 + $8 + $8 + $8 + $10).

Per determinare l'output massimo per ora, si individua il passaggio in cui l'output massimo è più basso. Pertanto, il costo del servizio per pasto nel nostro esempio è di $50/60 clienti, ovvero $0,83 per pasto.

Perché utilizzare l'output massimo per ora più basso? Questo passaggio può risultare meno chiaro ad alcuni studenti. L'output massimo più basso nel sistema rappresenta il numero massimo di persone che possono essere elaborate attraverso l'intero sistema in un'ora. Nel nostro esempio, possono essere serviti 240 clienti presso il banco antipasti in un'ora; tuttavia, solo 120 clienti possono essere serviti presso il banco insalate nello stesso periodo di tempo. Ciò significa che dopo la prima ora, 120 clienti (240 – 120) sono ancora in attesa di essere serviti presso il banco insalate. Allo stesso modo, solo 60 clienti possono essere serviti presso il banco piatti caldi in un'ora. Poiché 60 rappresenta l'output massimo per ora più basso per qualsiasi banco nel sistema, solo 60 clienti possono effettivamente completare l'intero sistema in un'ora.

5.6b La prospettiva del responsabile della gestione operativa

La prima informazione utile che si ottiene con il blueprinting è il controllo del flusso logico dell'intero processo, poiché il diagramma mostra immediatamente se un compito viene svolto fuori sequenza. Prima di proporre modifiche, devono essere posti eventuali vincoli del sistema: la cassa è fissa e non può essere spostata in un altro punto del processo, mentre tutte le altre stazioni non sono così vincolate e possono essere spostate e riordinate. Una volta identificati i vari passaggi, è relativamente semplice individuare i possibili **colli di bottiglia**, che sono i punti nel sistema in cui i clienti devono attendere maggiormente.

Colli di bottiglia: punti nel sistema in cui i clienti devono attendere maggiormente.

Nella Figura 5.1, il banco dei cibi caldi è un evidente rallentamento poiché evidenzia il tempo di processo più lungo (60 secondi), cioè il tempo necessario

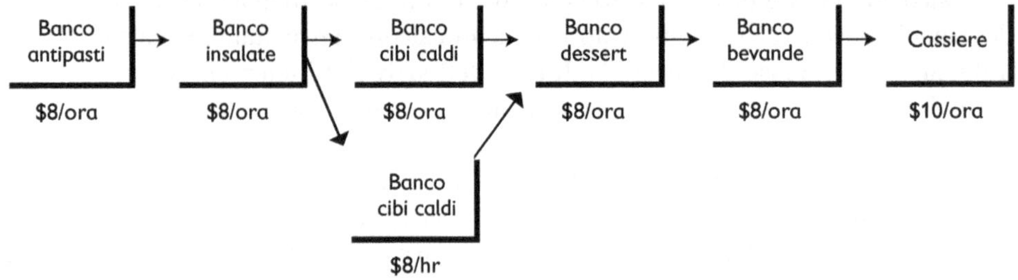

Numero di stazioni	1	1	2	1	1	1
Tempo di attività	15 sec	30 sec	60 sec	40 sec	20 sec	30 sec
Tempo di procedimento	15 sec	30 sec	30 sec	40 sec	20 sec	30 sec
Produzione massima/ora	240	120	120	90*	180	120

*Collo di bottiglia. 90 pasti al massimo. Costo per pasto = $58/90=$0,64

Figura 5.2 Blueprint modificato del ristorante self-service.

per servire una persona in quella fase. Una linea di produzione bilanciata è quella in cui i tempi di processo di tutti i passaggi sono uguali e i clienti scorrono senza intoppi nel sistema, senza dover attendere il passaggio successivo.

Il problema del rallentamento rappresentato nella Figura 5.1 si potrebbe risolvere con l'introduzione di una stazione extra, come mostrato nella Figura 5.2 con l'aggiunta di un banco alla fase dei cibi caldi; questa soluzione porterebbe a un dimezzamento della durata del processo di questo banco a 30 secondi (60 secondi divisi per 2 banchi). Il collo di bottiglia diventerebbe quindi il banco dei dessert, che ha una durata del processo di 40 secondi e un tasso massimo di rotazione di 90 persone all'ora. I costi aumenterebbero di $8 all'ora poiché abbiamo aggiunto un altro dipendente al banco aggiuntivo dei cibi caldi; tuttavia, il costo del servizio per pasto scenderebbe a $0,64 per pasto.

L'uso creativo di ulteriori banchi e personale potrebbe portare a un modello ancora più complesso che combina determinate attività e utilizza più stazioni: questa disposizione sarebbe in grado di gestire anche 120 clienti all'ora. Sebbene i costi del lavoro aumentino, il costo del servizio per pasto diminuisce a causa dell'aumento del numero di clienti serviti in un lasso di tempo più breve. Ulteriori cambiamenti in questa configurazione specifica sarebbero tuttavia inutili, poiché l'aggiunta di banchi ai colli di bottiglia creati dai banchi di dessert e bevande e dei cassieri aumenterebbe effettivamente il costo del servizio per pasto.

5.6c La prospettiva del responsabile di marketing dei servizi

Il responsabile marketing che deve gestire il processo illustrato nella Figura 5.1 si trova ad affrontare alcune problematiche del suo collega della gestione operativa. Il processo è progettato per funzionare a determinati livelli di produzione e questi sono gli standard di servizio che i clienti dovrebbero percepire. Tuttavia, se il processo gestisce al massimo 60 clienti all'ora, potrebbe sorgere un problema: i clienti del pranzo potrebbero preferire un ristorante concorrente più efficiente, e il collo di bottiglia al banco dei cibi caldi comporterebbe attese lunghe e frustranti nella fila.

Il responsabile delle attività di marketing dovrebbe riconoscere immediatamente i vantaggi di modificare il sistema per gestire i clienti in modo più efficace. Tuttavia, la mappa di processo mostra anche il cambiamento nel comportamento del cliente necessario affinché il nuovo sistema funzioni. Nella Figura 5.1, il cliente passa da un banco all'altro, ha solo una scelta in ciascun banco, dovrà probabilmente attendere in fila presso ciascun banco e dovrà sicuramente attendere più a lungo presso il banco dei cibi caldi. Inoltre, l'attesa in ogni fase supererà certamente il tempo trascorso in ciascuna attività. Modificando il numero e la disposizione dei banchi, il cliente potrebbe vedere meno banchi ma trovarsi di fronte a scelte diverse, il che comporta un copione comportamentale diverso a seconda del formato scelto. Inoltre, il ristorante avrebbe un aspetto completamente diverso.

L'uso del blueprinting consente quindi al personale di marketing e a quello della gestione operativa di analizzare in dettaglio il processo che stanno cercando congiuntamente di creare e gestire, evidenziando i tipi di conflitti tra i manager e fornendo un quadro comune per la loro discussione e una base per la risoluzione dei problemi.

5.6d Utilizzo dei blueprint per identificare i punti di contatto tra l'impresa di servizi e il cliente

I blueprint possono anche essere impiegati per individuare i punti di contatto tra l'impresa di servizi e il cliente, che serviranno a quest'ultimo per valutare la qualità del servizio ricevuto.

Si possono identificare i clienti come proattivi piuttosto che reattivi, ovvero come individui attenti che cercano indizi come conferma di aver preso la decisione giusta, piuttosto che come esseri inanimati su cui agire. I punti di contatto sono gli indizi che sviluppano il processo di servizio ma anche i potenziali **punti di fallimento**. I punti di fallimento hanno tre caratteristiche:

Punti di fallimento: punti nel sistema in cui possono verificarsi malfunzionamenti visibili anche al cliente.

- alta probabilità di malfunzionamenti nelle operazioni;
- i risultati del malfunzionamento sono visibili ai clienti;
- un malfunzionamento del sistema è considerato particolarmente significativo dai clienti.

5.6e Un blueprint per il marketing o per la gestione operativa?

Sebbene l'idea di un blueprint sia allettante sia per il marketing che per la gestione operativa, potrebbe essere opportuno elaborarne uno per il marketing in modo diverso. I blueprint discussi finora hanno un focus prevalentemente interno: sebbene identifichino chiaramente i punti tangibili di contatto con il cliente, partono dall'organizzazione e si orientano verso l'esterno.

Un modo alternativo per sviluppare un blueprint potrebbe essere iniziare dai copioni di comportamento (*script*) dei clienti. Si chiede loro, individualmente o in gruppi, di descrivere il processo o le fasi che seguono nell'utilizzo di un servizio. Ovviamente, un approccio del genere non può interessare la parte invisibile dell'azienda, ma può offrire una comprensione molto migliore dei punti di contatto perché il processo descritto dal cliente potrebbe differire notevolmente da quello percepito dall'impresa stessa.

I clienti a cui viene chiesto di descrivere un volo con Lufthansa, per esempio, potrebbero iniziare dalla loro esperienza con l'agenzia di viaggi, per poi descrivere l'iter per arrivare in aeroporto, il parcheggio e l'accesso al terminal. Se le indicazioni per Lufthansa e per l'ingresso al terminal risultano confuse, ciò si rifletterà nelle percezioni dei clienti nei confronti della compagnia aerea, così come un parcheggio sporco, male illuminato e frequentato da vagabondi inciderà negativamente su questa prima fase della loro esperienza di viaggio. Anche se la compagnia aerea non avesse un controllo diretto su questi punti di contatto, potrebbe essere un investimento saggio utilizzare il proprio personale per migliorare il parcheggio. McDonald's ha imparato tempo fa il valore di rimuovere i rifiuti non solo dalla propria proprietà, ma anche dalle strade adiacenti, riconoscendo che l'esperienza dei loro clienti iniziava molto prima di entrare effettivamente nel ristorante.

5.6f Realizzazione di un blueprint dei servizi

Il primo passo nella progettazione di un blueprint dei servizi è quello di estrarre gli script di dipendenti e acquirenti, con l'obiettivo principale di suddividere il sistema in una sequenza di eventi seguita da entrambe le parti. Il concetto di script sarà ripreso più estesamente nel Capitolo 10. Troppo spesso, la direzione commette l'errore di sviluppare una **mappa unilaterale** basata sulla propria percezione di come dovrebbero verificarsi le sequenze degli eventi. Questo approccio unilaterale non riconosce l'importanza delle percezioni dei clienti e dei dipendenti per sviluppare una mappa di successo. Le percezioni dei clienti, non quelle della direzione, definiscono le realtà dell'interazione, mentre gli script dei dipendenti sono altrettanto importanti nell'individuare quelle parti del sistema di servizio non osservabili dal cliente.

Mappa unilaterale: diagramma di flusso basato solo sulle percezioni del management.

La teoria degli script suggerisce che gli acquirenti abbiano un "copione" di acquisto che guida il loro pensiero e comportamento durante le interazioni di servizio. I copioni contengono la sequenza di azioni che si seguono entrando in un'interazione di servizio. Gli esperti credono che queste sequenze di azioni, o script cognitivi, guidino l'interpretazione delle informazioni, lo sviluppo delle aspettative e l'attuazione di routine comportamentali appropriate.

Allo stesso modo, anche i dipendenti hanno script che dettano il loro comportamento durante le interazioni con il cliente. Gli **script convergenti**, quelli che sono mutualmente accettabili, aumentano la probabilità di soddisfazione del cliente e la qualità del rapporto tra il cliente e l'operatore. Gli **script divergenti** indicano aree che devono essere esaminate e corrette perché le aspettative del cliente e del dipendente non vengono soddisfatte e le valutazioni della qualità del servizio potrebbero essere più basse.

Script convergenti: copioni del personale e dei clienti che corrispondono e aumentano la probabilità di soddisfazione.

Script divergenti: aspettative del personale e dei dipendenti che vanno allineate per ottenere la soddisfazione.

Acquisire script da acquirenti e dipendenti è una tecnica potenzialmente efficace per analizzare l'interazione di servizio. Gli script forniscono il dialogo da cui possono essere analizzate le percezioni dei clienti e del dipendente durante l'interazione e individuati problemi potenziali o esistenti. In generale, forniscono la base per:

- pianificare le interazioni di servizio;
- impostare obiettivi;

- sviluppare routine comportamentali che massimizzino le opportunità per uno scambio di successo;
- valutare l'efficacia dei sistemi di erogazione del servizio attuali.

La procedura utilizzata per sviluppare **mappe bidirezionali** è quella di presentare ai dipendenti e ai clienti una situazione rilevante per lo script, come le fasi necessarie per procedere all'imbarco su un aereo. Ai partecipanti viene chiesto di annotare eventi o attività specifici che si aspettano in quella determinata situazione. In particolare, a dipendenti e clienti viene chiesto di prestare particolare attenzione alle attività di contatto che suscitano forti reazioni positive o negative durante l'interazione di servizio. Le **norme degli script** vengono quindi create raggruppando insieme eventi comunemente menzionati e mettendoli in ordine cronologico.

Mappe bidirezionali: diagrammi di processo che tengono in considerazione sia le percezioni degli operatori che quelle dei clienti e di come vengono realmente svolte le attività.

Norme degli script: procedure sviluppate unendo gli eventi comunemente citati dagli operatori e dai clienti e poi ordinandoli in sequenza.

Per facilitare il processo di identificazione delle norme degli script, il progettista della mappa può confrontare la frequenza di eventi specifici menzionati da ciascuno dei gruppi, riconoscendo potenziali discrepanze tra le percezioni dei dipendenti e quelle dei clienti. Per esempio, questi ultimi potrebbero menzionare le difficoltà legate al parcheggio, che i dipendenti potrebbero non considerare poiché iniziano a lavorare prima dell'apertura al pubblico.

Il secondo passo dello sviluppo della mappa è identificare le fasi del processo in cui il sistema può incepparsi, isolando i punti di insuccesso attraverso il coinvolgimento di dipendenti e clienti, chiedendo loro di concentrarsi ulteriormente sugli eventi che sono importanti nel trasmettere la soddisfazione/insoddisfazione del servizio. Analizzando tali punti, è possibile ridurre le conseguenze dei fallimenti del servizio attraverso la formazione dei dipendenti sulla risposta da fornire o l'azione appropriata da attivare in caso di fallimento.

Successivamente, il terzo passo consiste nella definizione della durata dell'erogazione del servizio. Stabilendo standard di tempi di esecuzione per gli eventi dell'interazione di servizio, il gestore può analizzare la redditività del sistema considerando i costi necessari per il suo funzionamento. La mappa risultante consente al pianificatore di valutare la redditività del sistema di erogazione del servizio esistente e di prevedere gli effetti sulla redditività in caso di modifiche al sistema.

La mappa di servizio consente all'impresa di testare le proprie ipotesi e affrontare le carenze del sistema prima di provarlo con clienti e dipendenti. Il gestore può utilizzare un prototipo del sistema di erogazione, raccogliendo il feedback dei potenziali clienti per apportare modifiche alla mappa prima di effettuare ulteriori test.

5.7 Blueprinting e sviluppo di nuovi prodotti: i ruoli della complessità e della divergenza

I blueprint possono essere utilizzati anche nello sviluppo di nuovi prodotti. Una volta che il processo è stato progettato e un piano è stato tracciato, è possibile effettuare scelte che porteranno alla creazione di "nuovi" prodotti. Sebbene i processi nelle Figure 5.1 e 5.2 riguardino la stessa attività, dal punto di vista del cliente appaiono molto diversi. I blueprint definiscono alternative praticabili dal punto di vista operativo, e la decisione di quale implementare spetta al reparto marketing.

Strategicamente la decisione finale potrebbe essere quella di spostare la linea che separa la visibilità dall'invisibilità, mentre, dal punto di vista operativo, si favorisce la riduzione del componente visibile isolando il nucleo tecnico del processo. Tuttavia, dal punto di vista del marketing, una maggiore visibilità può generare una maggiore differenziazione nella mente del cliente. Per esempio, un ristorante può trasformare la cucina in una caratteristica distintiva rendendola visibile ai clienti e aggiungere valore al servizio, nonostante ciò imponga limitazioni al personale operativo.

Complessità: misura del numero e della difficoltà nelle fasi che costituiscono un processo.

Divergenza: grado di libertà concesso al personale di servizio.

Lo sviluppo di nuovi prodotti all'interno delle imprese di servizi può avvenire attraverso l'introduzione di **complessità** e **divergenza**. La complessità è una misura del numero e della difficoltà delle fasi e delle sequenze che costituiscono il processo: più fasi, più complessità. La divergenza è definita come il grado di libertà concesso al personale durante la fornitura del servizio.

Strategia orientata al volume: riduzione della divergenza per uniformare i prodotti e ridurre i costi.

Nello sviluppo di prodotti nel settore dei servizi, la quantità di manipolazione della complessità e della divergenza dell'operazione sono le due scelte chiave. Ridurre la divergenza crea uniformità, abbassando i costi, ma a scapito della creatività e della flessibilità del sistema. Le imprese che desiderano perseguire una **strategia orientata al volume** spesso lo fanno riducendo la divergenza. Per esempio, un costruttore di piscine che si concentra sull'installazione di piscine in vinile prefabbricate ha notevolmente ridotto la divergenza delle sue attività operative. Oltre a ridurre i costi di produzione, la riduzione della divergenza aumenta la produttività e facilita la distribuzione del servizio standardizzato, e dal punto di vista del cliente è associata a un miglioramento dell'affidabilità, della disponibilità e della qualità uniforme del servizio. Tuttavia, il lato negativo della riduzione della divergenza è la mancanza di personalizzazione che può essere offerta ai singoli clienti.

Strategia di nicchia: aumento della divergenza per sviluppare prodotti "su misura" per ciascun cliente.

D'altra parte, l'aumento della divergenza offre più possibilità di adattare l'esperienza a ciascun cliente, ma ciò comporta un aumento dei costi e, di conseguenza, prezzi più elevati. Le imprese che desiderano perseguire una **strategia di nicchia** lo fanno aumentando la divergenza delle loro attività operative. Nell'esempio precedente, il costruttore di piscine potrebbe aumentare la divergenza delle sue operazioni specializzandosi nella progettazione e costruzione di piscine e vasche personalizzate di qualsiasi forma, da una chitarra classica a un punto esclamativo. In questo scenario, i profitti dipendono meno dal volume e più dal margine di guadagno su ciascun acquisto individuale. Il lato negativo dell'aumento della divergenza è che l'operazione di servizio diventa più difficile da gestire, controllare e distribuire; inoltre, i clienti potrebbero non essere disposti a pagare i prezzi più alti associati a un servizio personalizzato.

Strategia di specializzazione: riduzione della complessità suddividendo i vari servizi offerti.

Unbundling: scorporo dei diversi servizi per concentrarsi e specializzarsi solo su alcuni.

Ridurre la complessità è una **strategia di specializzazione** che comporta la suddivisione dei diversi servizi offerti (***unbundling***). Il costruttore di piscine potrebbe limitarsi all'installazione di un solo tipo di piscina prefabbricata e dismettere le operazioni che erano incentrate su servizi supplementari, come la manutenzione, la riparazione e la progettazione di piscine e vasche. I vantaggi associati alla riduzione della complessità includono un miglior controllo del prodotto finale e un miglioramento della distribuzione. Tuttavia, ci sono rischi se continuano a operare concorrenti che offrono servizi completi, attirando gli acquirenti che desiderano lavorare con un fornitore che offre una serie di scelte. L'aumento della complessità è utilizzato da imprese che perseguono una strategia di penetrazione nel mercato di massa.

Aumentare la complessità si traduce nell'aggiunta di ulteriori servizi o nell'arricchimento di quelli attuali. In questo scenario, il costruttore di piscine offrirebbe piscine e vasche personalizzate e una vasta gamma di piscine in vinile prefabbricate. Oltre all'installazione, verrebbero offerti altri servizi come la manutenzione generale e la riparazione della piscina. Le imprese che perseguono una **strategia di penetrazione** cercano di soddisfare tutte le esigenze di tutti e spesso trascurano le necessità particolari dei singoli clienti. Inoltre, quando viene offerta una vasta gamma di servizi, la qualità delle competenze del fornitore è destinata a variare a seconda del compito svolto, lasciando alcuni clienti insoddisfatti. Pertanto, le imprese che aumentano la complessità delle loro proposte operative offrendo servizi aggiuntivi o innovativi corrono il rischio di diventare più vulnerabili di quelle che perseguono tipi di operazioni più specializzate.

Strategia di penetrazione: scelta di aumentare la propria quota di mercato sviluppando i servizi offerti o aggiungendone altri.

Riepilogo

L'obiettivo primario di questo capitolo è stato quello di evidenziare l'idea che per offrire servizi di successo occorre coniugare le esigenze operative con quelle di marketing. In termini generali, si potrebbero considerare le funzioni di marketing e quelle della gestione operativa come il connubio tra le esigenze dei clienti e le capacità tecnologiche e produttive dell'impresa. Questa unione comporta molti compromessi per bilanciare l'efficienza operativa con l'efficacia del sistema complessivo dal punto di vista del cliente; in questo senso, il personale addetto alle operazioni deve riconoscere l'importanza della controparte di marketing e viceversa.

Le imprese che operano al massimo dell'efficienza sono libere da influenze esterne e operano come se il mercato assorbisse l'intera produzione a ritmo continuo. L'incertezza crea inefficienza.

In una situazione ideale, il nucleo tecnico della produzione è in grado di operare senza incertezze né in entrata né in uscita. Sebbene il tentativo di ottenere il massimo dell'efficienza sia un obiettivo meritevole, è probabile che sia irrealistico da raggiungere per la maggior parte delle imprese di servizi.

La produzione di molti servizi è un incubo dal punto di vista operativo. Invece di far fronte a una domanda costante, le imprese di servizi frequentemente si trovano in un mercato che varia da un giorno all'altro, da un'ora all'altra e persino da un minuto all'altro. I clienti stessi influenzano il momento della domanda, il ciclo della domanda, il tipo di domanda e la durata di molte transazioni di servizio.

I piani per servire in maniera efficiente devono essere modificati in modo da far fronte alle incertezze insite nella gestione operativa. Le strategie che cercano di aumentare l'efficienza cercando di tenere in equilibrio domanda e offerta includono: l'isolamento del nucleo tecnico, la produzione di un sistema completo utilizzando tecnologie hard e soft, la creazione di capacità produttiva flessibile, l'aumento della partecipazione dei clienti e lo spostamento del momento in cui si manifesta la domanda.

È possibile sviluppare blueprint dei servizi per identificare i flussi dei processi e riconoscere le parti di un processo che possono aumentare l'efficienza operativa e migliorare l'esperienza del servizio per il cliente. Le modifiche operative apportate al blueprint del servizio richiedono cambiamenti nel comportamento del cliente e, in alcuni casi, portano a nuovi prodotti di servizio. Lo sviluppo di nuovi servizi viene realizzato attraverso l'introduzione di complessità e divergenza. La riduzione della divergenza standardizza il prodotto di servizio e riduce i costi di produzione, mentre l'aumento della divergenza consente ai fornitori di servizi di adattare i propri prodotti ai singoli clienti. Allo stesso modo, la riduzione della complessità è coerente con una strategia di specializzazione, mentre l'aumento della complessità è appropriato per le imprese che perseguono una strategia di penetrazione.

Domande di verifica

1. Perché lo sviluppo di una strategia di processo efficace è così importante per le imprese di servizi?
2. Illustrare il ruolo della tecnologia nella transizione di un'impresa di servizi lungo i quattro livelli della gestione operativa.
3. Spiegare come l'incapacità di inventariare i servizi del nucleo tecnico si rifletta sull'efficienza operativa della maggior parte delle imprese di servizi.
4. Confrontare il modello del mondo perfetto di Thompson con i concetti di fabbrica specializzata e di impianto nell'impianto.
5. Che cos'è il buffering?
6. Descrivere come il coinvolgimento del cliente nell'interazione con il servizio influenzi l'efficienza operativa di un'azienda media nel settore dei servizi.
7. Cosa significa isolare il nucleo tecnico di un'impresa?
8. Fornire esempi di tecnologie hard e soft e spiegare la loro rilevanza.
9. Discutere le fasi di sviluppo di un blueprint significativo.
10. Quali sono i compromessi associati alla divergenza crescente o decrescente e alla complessità crescente o decrescente?

Capitolo 6

Il prezzo dei servizi

Obiettivi del capitolo

In questo capitolo si esplorerà il ruolo cruciale del prezzo nella strategia complessiva di produzione dei servizi. L'obiettivo principale è familiarizzare con le decisioni relative ai prezzi dei servizi, illustrando i pro e i contro delle pratiche prevalenti e le strategie emergenti.

Il movimento "Pay What You Can"

Il movimento "Pay What You Can" (paga quello che puoi) è nato nel 2003 all'One World Cafè di Salt Lake City. Attualmente sono circa 50 i locali negli Stati Uniti in cui i clienti possono pagare i loro pasti in contanti o in cambio di una prestazione lavorativa, o anche non pagare. La mission di questi ristoranti socialmente responsabili è semplice: garantire il cibo a tutti, indipendentemente dalla capacità di pagare, e chiedere a chi può permetterselo di contribuire con un po' di più per aiutare gli altri.

Il menù non prevede prezzi fissi. Al Denver's Cafe il cliente medio paga 8-9 dollari per un pasto, ma alcuni clienti lasciano anche 20 dollari per una bevanda. E talvolta capita anche di trovare una banconota da 100 dollari nella cassetta delle donazioni.

Gli studiosi stanno osservando questo modello commerciale per scoprire i segreti del suo successo. È emerso che le persone hanno un forte senso di equità (*fairness*) e che, grazie a una combinazione di altruismo e vergogna, prendono decisioni economiche a vantaggio di altri. Per esempio, i clienti che pagano direttamente la cameriera sotto gli occhi degli altri tendono a lasciare una mancia più generosa rispetto a coloro che effettuano il pagamento in forma anonima tramite una cassetta per le donazioni.

Oltre a pagare quello che si può, sedersi a tavola in uno di questi ristoranti è un'esperienza unica perché riunisce persone di ogni estrazione sociale, a differenza delle mense dei poveri.

Anche il volontariato è fondamentale sia per il funzionamento che per la condivisione delle finalità: i clienti lavano i vetri e i piatti, servono gli altri o addirittura cantano per pagare il proprio conto.

La fondazione One World Everybody Eats, avviata a partire dall'esperimento iniziale dell'One World Cafè, organizza un summit annuale e programmi formativi per coloro che vogliono aprire nuovi locali o contribuire alla crescita della community.

Fonte: https://www.oneworldeverybodyeats.org.

6.1 Introduzione

Tra le variabili tradizionali del marketing mix, il prezzo che viene fissato per lo scambio sul mercato ha l'effetto più diretto sulla redditività ed è anche l'elemento più facilmente controllabile. Tuttavia, nonostante l'importanza e la relativa semplicità di applicazione, lo sviluppo di un'efficace strategia di prezzo (*pricing*) rimane una delle attività meno praticate.

Il pricing è un argomento che suscita molte perplessità sia tra i professionisti che tra i ricercatori e spesso capita di sentire che il prezzo deve essere basato solo sui costi di produzione, che non c'è una razionalità nelle modalità in cui vengono determinati i prezzi dei prodotti o che non è equo (*fair*) applicare prezzi diversi per lo stesso prodotto.

La strategia di prezzo è anche una delle aree meno studiate e insegnate nei corsi di marketing, per cui le relative ricerche e le competenze sono particolarmente carenti. In questo capitolo saranno presentati alcuni metodi di determinazione del prezzo nei servizi e le strategie emergenti.

6.2 Il valore per il cliente

Per iniziare a comprendere le varie modalità di determinazione dei prezzi nei servizi, è importante innanzitutto chiarire un aspetto fondamentale riguardo agli scambi di mercato.

La maggior parte dei fornitori e dei clienti ritiene, erroneamente, che il valore di un prodotto sia rappresentato semplicemente nel confronto tra quanto ottenuto con quanto pagato per ottenerlo.

In estrema sintesi, la percezione del valore per il cliente nasce dal bilanciamento tra i benefici percepiti del servizio e il sacrificio totale sostenuto per ottenerlo.

I **costi** totali per il cliente, infatti, non comprendono solo quelli espressi in termini **monetari**: bisogna considerare anche il **tempo**, l'**energia** e lo **sforzo psicologico** sostenuti per accedere al servizio. Allo stesso modo, il **valore totale** di quanto offerto da parte del fornitore va oltre il prodotto in sé e comprende anche il **valore del servizio, del personale** e **dell'immagine**.

Costi monetari: pagamento effettuato dal cliente per l'acquisto.

Costi di tempo: tempo complessivo speso dal cliente per la fruizione del servizio.

Costi di energia: energia impiegata dal cliente per la fruizione del servizio.

Sforzo psicologico: sacrificio psicologico sostenuto dal cliente per la fruizione del servizio.

Valore totale del prodotto: valore assegnato dal cliente a un determinato prodotto.

Valore del servizio: valore assegnato dal cliente al servizio.

Valore del personale: valore assegnato dal cliente al personale.

Valore dell'immagine: valore assegnato dal cliente all'immagine del fornitore.

Per esempio, un cliente che desidera acquistare un biglietto aereo deve sostenere il costo per il diritto di salire a bordo e viaggiare verso una destinazione. Se il cliente sceglie un volo diretto che riduce il tempo totale di viaggio (costo del tempo), potrà utilizzare il tempo risparmiato per restare più a lungo nella destinazione. Inoltre, se sceglie una compagnia aerea che consente il check-in *curbside* (una pratica diffusa negli Stati Uniti che consente il check-in presso l'area esterna dell'aeroporto), ridurrà la fatica necessaria per trasportare i bagagli (costo in termini di energia). Infine, se acquista il biglietto da una compagnia aerea ben consolidata, ridurrà al minimo le sue preoccupazioni per la sicurezza (costo psicologico).

Supponiamo che, in cambio del prezzo del biglietto, il cliente sia salito a bordo di un moderno jet dotato di sedili molto comodi e di una serie di comfort (valore del prodotto). Gli assistenti di volo sono stati molto cordiali e competenti (valore del personale). La compagnia aerea ha poi offerto una serie di opzioni per il cibo o le bevande e una politica di cancellazione molto flessibile in caso di rinvio del viaggio (valore del servizio). Infine, ha goduto del prestigio dato dalla reputazione della compagnia aerea di alto livello (valore dell'immagine).

In altre parole, se il segnale che deriva dal costo totale sostenuto dal cliente è superiore al valore ricevuto, allora il prezzo avrà un effetto negativo o respingente e potrà ridurre la domanda. Se invece il prezzo segnala un beneficio superiore ai sacrifici richiesti, allora il prezzo avrà un effetto attrattivo e potrà anche aumentare la domanda. A causa della connessione tra costo e beneficio percepiti, infatti, gli acquirenti hanno soglie di prezzo più alte o più basse. Gli acquirenti potrebbero, per esempio, essere scoraggiati ad acquistare anche quando il prezzo è basso perché ciò potrebbe essere recepito come un indicatore di qualità inferiore.

I clienti scambiano denaro, tempo e impegno per il pacchetto di benefici offerto dal fornitore. La teoria economica suggerisce che gli acquirenti hanno un prezzo "di riserva" che riflette il valore che essi attribuiscono a questi benefici. Finché il costo totale è inferiore al prezzo di riserva, il cliente sarà disposto ad acquistare. Di conseguenza, se l'acquirente può ottenere il servizio a un prezzo più basso di quello da lui valutato, si creerà un surplus.

Queste dimensioni del valore forniscono alcune prime indicazioni su come le imprese di servizi possono differenziarsi dai concorrenti.

6.3 I metodi di determinazione del prezzo di un servizio

La decisione che la maggior parte delle organizzazioni deve affrontare è quella di fissare un prezzo che consenta da una parte di vendere i propri prodotti e dall'altra di generare un rendimento economico. Nonostante tante imprese spendano ingenti somme di denaro per aumentare la notorietà del proprio marchio, acquisire preferenze e creare un vantaggio distintivo nella mente degli acquirenti, spesso sono incapaci di reagire quando i concorrenti riducono i prezzi, limitandosi ad abbassare i propri o rimanendo inerti senza intraprendere alcuna azione. Il risultato finale è che l'azienda finisce per concentrarsi esclusivamente sulla "determinazione dei prezzi", trascurando le attività di "pricing strategico".

La determinazione tra impostazione dei prezzi e pricing strategico risiede nella differenza tra reagire esclusivamente alle condizioni di mercato e gestirle in modo proattivo.

La letteratura suggerisce che le decisioni di pricing strategico dovrebbero essere basate su considerazioni relative ai costi, alla domanda, ai clienti, alla concorrenza, ai profitti, ai prodotti e anche su aspetti legali. Sebbene le condizioni di mercato siano le stesse per i beni e i servizi, nella fornitura di servizi si presentano alcune specificità illustrate di seguito. La Tabella 6.1 fornisce un riepilogo delle considerazioni chiave.

6.3a L'orientamento ai costi

Rispetto ai produttori di beni, le imprese di servizi devono fronteggiare una struttura dei costi molto particolare e che deve essere tenuta presente nella formulazione della strategia di determinazione dei prezzi.

In primo luogo, talvolta il calcolo dei costi sostenuti, e quindi dei prezzi da addebitare per i servizi resi, è definibile solo dopo la fruizione e ciò genera inevitabilmente una maggiore incertezza nel cliente. In secondo luogo, poiché i costi per la produzione dei servizi non si possono attribuire solo a elementi tangibili, come le materie prime o le attrezzature, la determinazione dei prezzi finali sulla base dei costi è più difficile. In terzo luogo, in molti settori c'è una componente

Tabella 6.1 La determinazione dei prezzi nei servizi.

	Considerazioni relative ai costi
1.	In molti servizi professionali, ma non solo, il cliente potrebbe conoscere il prezzo che deve pagare solo quando il servizio è terminato.
2.	Determinare il prezzo sulla base dei costi è più difficile nei servizi.
3.	I servizi tendono a essere caratterizzati da alti costi fissi e pochi costi variabili.
4.	Le economie di scala sono limitate.
	Considerazioni relative alla domanda
5.	La domanda di servizi tende a essere più inelastica di quella dei beni.
6.	I prezzi possono generare un'elasticità incrociata tra servizi.
7.	La discriminazione dei prezzi è un metodo per allineare domanda e offerta.
	Considerazioni relative al cliente
8.	Il prezzo tende a essere uno dei pochi segnali disponibili all'acquirente.
9.	Gli acquirenti tendono a usare il prezzo come segnale di qualità.
10.	Gli acquirenti sono meno certi del prezzo di riferimento.
	Considerazioni relative alla concorrenza
11.	Il confronto dei prezzi dei concorrenti è più difficile per gli acquirenti di servizi.
12.	La disponibilità di opzioni fai-da-te ha un effetto sulla percezione del servizio da parte dei clienti.
	Considerazioni relative ai profitti
13.	Il bundling rende più complicata la determinazione dei singoli prezzi del pacchetto.
14.	Il bundling è più efficace nel contesto dei servizi.
	Considerazioni relative ai prodotti
15.	Nel settore dei servizi si tende a dare molti nomi diversi al prezzo.
16.	I clienti sono meno in grado di fare scorta di servizi approfittando degli sconti.
17.	Il pricing per linea di prodotto tende a essere più complicato.
	Considerazioni legali
18.	Le opportunità di pratiche illegali sono maggiori nei servizi rispetto ai beni industriali.

molto elevata di costi fissi rispetto ai costi variabili e anche questo complica il calcolo finale. Da ultimo, la produzione dei servizi su larga scala genera economie più limitate.

Il prezzo del servizio talvolta viene comunicato solo dopo la sua erogazione

Sebbene gli acquirenti possano fare riferimento a un prezzo di base da usare come termine di paragone durante la valutazione pre-acquisto, molti servizi presentano un elevato livello di personalizzazione; un paziente immagina o si informa sulla tariffa di una visita medica, ma potrebbe non sapere quanto costano le analisi di laboratorio necessarie, le radiografie o altri servizi accessori. Allo stesso modo, un cliente può conoscere la parcella di un avvocato per un'ora di lavoro, ma potrebbe non sapere quante ore serviranno per la stesura di un testamento. A differenza dei beni, che di solito vengono prodotti, acquistati e consumati (in quest'ordine specifico), i servizi spesso vengono prima acquistati, poi prodotti e utilizzati contemporaneamente e il conto finale viene presentato al cliente solo dopo l'erogazione del servizio. Le imprese di servizi che desiderano ridurre il rischio percepito associato all'utilizzo di servizi dovrebbero mettere in campo delle azioni per aumentare la trasparenza dei prezzi e facilitarne la previsione.

La determinazione dei prezzi dei servizi sulla base dei costi è più difficile

Per molti fornitori di servizi non è semplice stimare con precisione i costi di gestione. Questa difficoltà dipende da diversi motivi: innanzitutto, quando si produce qualcosa di immateriale, il costo di realizzazione di una singola unità venduta è una parte minoritaria del costo totale; qual è il costo di produzione per un consulente di marketing che interviene in un seminario di un'ora presso un'impresa locale? Poiché non viene prodotto qualcosa di tangibile, il costo del venduto è minimo o addirittura nullo. In secondo luogo, la determinazione dei prezzi dei servizi in base ai costi è più difficile perché in molti contesti è difficile prevedere con precisione il fabbisogno di manodopera, anche a causa della fluttuazione della domanda. In terzo luogo, il turnover della forza lavoro è tipicamente elevato in molte industrie dei servizi e questo fatto, unito alla difficoltà a reperire personale di qualità, rende ancora più difficile la stima del fabbisogno di manodopera e genera ulteriore difficoltà nella stima dei costi. Questi fattori fanno sì che quello che viene considerato l'approccio più comune alla determinazione dei prezzi, ossia quello orientato ai costi, nella migliore delle ipotesi sia difficile da utilizzare per le imprese di servizi.

La produzione di molti servizi è caratterizzata da un'elevata percentuale di costi fissi

Lo United Parcel Service (UPS) gestisce 3.400 UPS Store, 1.100 Mail Boxes Etc., 1.000 UPS Customer Center, 17.000 punti vendita autorizzati, 1.000 centri di distribuzione e 45.000 UPS Drop Boxes. I pacchi e i documenti raccolti in queste sedi vengono poi convogliati verso 1.748 strutture operative, e da qui smistati e distribuiti mediante una flotta composta da 88.000 vetture, furgoni, rimorchi e motociclette per la consegna, ma anche da 270 aerei di proprietà e 304 aerei a noleggio. Grazie a questa infrastruttura, l'azienda gestisce più di 3 miliardi di pacchi e rappresenta il 5,5% del PIL degli Stati Uniti ogni anno. Rispetto agli ingenti costi fissi di UPS, i costi variabili associati alla gestione di un pacco in più sono praticamente nulli.

Costi fissi: costi pianificati e sostenuti indipendentemente dal livello di produzione e vendita.

Costi variabili: costi direttamente associati agli aumenti nella produzione e nelle vendite.

Il settore del trasporto aereo è un altro tipico esempio di servizio in cui i **costi fissi** sono preponderanti rispetto ai **costi variabili**. Le tre voci di costo principali per una compagnia aerea sono quello della flotta, della manodopera e del carburante. I costi della flotta e della manodopera sono principalmente fissi, mentre i costi del carburante sono variabili; l'aspetto più rilevante, però, è che mentre il prezzo del carburante è fuori dal controllo della compagnia aerea, questa ha una certa influenza sulle altre due voci. Per aumentare i profitti, le compagnie aeree possono vendere più biglietti, ridurre i costi o fare entrambe le cose. Nel tentativo di vendere più biglietti, iniziano ad applicare sconti sulle tariffe, e vengono quasi sempre imitate dalla concorrenza. Il risultato netto è che la struttura dei costi dell'impresa è rimasta quasi invariata, mentre i ricavi del settore sono costantemente in diminuzione. In altre parole, si tratta di una perdita maggiore per la compagnia aerea.

Alla fine, i vincitori di qualsiasi guerra dei prezzi nel settore aereo saranno gli operatori con la struttura dei costi più bassa. Per esempio, il fattore di carico necessario per raggiungere un pareggio dei costi (*break-even*) di Frontier Airlines è circa il 55%. Ciò significa che, in media, il 55% dei posti disponibili deve essere occupato su ogni volo affinché la compagnia aerea sia in pareggio. Al contrario, per United Airlines il break-even è circa al 91% del carico. È chiaro quindi che Frontier e altre compagnie aeree a basso costo sono meglio posizionate per resistere alle pressioni competitive.

Le sfide che le aziende con costi fissi più alti rispetto a quelli variabili devono affrontare sono molteplici, e una delle principali riguarda proprio la determinazione dei prezzi da applicare ai singoli clienti. Nel settore aereo i prezzi cambiano anche 75.000 volte al giorno (si veda Approfondimento 6.1).

In che modo una compagnia aerea dovrebbe gestire la capacità inutilizzata? Dovrebbe proporre 20 posti invenduti a una tariffa ridotta ai clienti che sono disposti ad accettare il rischio di non avere una prenotazione garantita prima del giorno della partenza? La vendita della capacità inutilizzata a tariffe scontate allontana i clienti che pagano il prezzo pieno? Come possono le compagnie offrire prezzi ridotti per vendere la capacità inutilizzata senza influenzare i modelli di acquisto dei clienti che pagano la tariffa piena?

Le economie di scala dei servizi tendono a essere limitate

C'è un ultimo problema specifico della struttura dei costi nei servizi. Si pensi alle operazioni quotidiane di uno studio dentistico: non c'è un magazzino con scorte su cui poter contare per tamponare la domanda, e la presenza fisica di pazienti e operatori è essenziale per la fornitura dei servizi dentistici. In questi casi è difficile ottenere i vantaggi di costo tradizionalmente associati alle **economie di scala,** basati sull'idea che maggiore è la produzione, minore è il suo costo; più basso è il prezzo di vendita, maggiore è la quantità venduta; maggiore è la quantità venduta, maggiore è la possibilità di produrre di più (e così via). Inoltre, poiché molti servizi sono forniti in base a specifiche richieste del cliente, la personalizzazione limita la quantità di lavoro che può essere svolta in anticipo rispetto alla richiesta del cliente e riduce ulteriormente i potenziali vantaggi di costo ottenuti attraverso le tradizionali economie di scala.

Economie di scala: economie che si generano in relazione alla quantità di prodotto realizzato. A una maggiore quantità corrisponde una riduzione dei costi di produzione e quindi dei prezzi di vendita.

Per concludere, è opportuno ripetere che, sebbene i costi siano un fattore fondamentale da considerare per la formulazione della strategia di pricing, gli esperti concordano sul fatto che il loro ruolo è eccessivamente enfatizzato.

Senza dubbio, la conoscenza approfondita della struttura dei costi è necessaria per valutare la redditività dell'azienda, ma i fornitori di servizi che accentuano il ruolo dei costi nella definizione dei prezzi finali limitano la loro attenzione alla dimensione interna e tendono a sottovalutare la reazione del mercato. Le organizzazioni che si basano esclusivamente sul recupero dei costi rischiano di non cogliere i mutamenti del contesto competitivo e non riescono a estrarre tutto il valore che i clienti attribuiscono ai servizi offerti. I biglietti per determinati eventi sportivi e concerti sono spesso acquistati da intermediari che li rivendono a un prezzo da cinque a dieci volte superiore rispetto a quello iniziale. In casi come questo, i profitti aggiuntivi vanno ai rivenditori e non a chi ha creato il valore iniziale e fissato il prezzo dei biglietti solo per coprire i propri costi.

APPROFONDIMENTO 6.1

Servizi globali in azione

Il software che aggiorna i prezzi dei biglietti aerei

Vi è mai capitato di trovare online un'ottima offerta per un volo aereo e scoprire a distanza di un'ora che lo stesso prezzo non era più disponibile? È come se la compagnia avesse monitorato il vostro comportamento online e poi vi avesse fatto pagare un prezzo più alto: è molto frustrante! In realtà, le compagnie aeree utilizzano sofisticati software che prevedono la domanda dei biglietti come i modelli meteorologici prevedono il tempo. Quando è previsto un aumento della domanda di biglietti, i prezzi dei biglietti aumentano di conseguenza. Il sistema funziona così. Per esempio, supponiamo che Continental Airlines operi circa 2.000 voli al giorno. Per ogni volo propone tra i 10 e i 20 prezzi diversi, a seconda del momento dell'acquisto anticipato, del giorno della settimana, della rimborsabilità, delle tariffe di terzi e della classe di cabina (solo per citare alcuni dei fattori che influenzano la strategia di prezzo delle compagnie aeree). In questo scenario, una compagnia aerea potrebbe avere quasi 7 milioni di prezzi pubblicati sul mercato che possono cambiare più volte al giorno in base ai prezzi delle altre compagnie aeree.

ATPCO è un'azienda che ha il compito di raccogliere i prezzi di tutte le principali compagnie aeree e di distribuire queste informazioni alle compagnie aeree e ad altri servizi di prenotazione. In origine, ATPCO raccoglieva queste informazioni una volta al giorno e le riportava il giorno successivo, con chiusure nei fine settimana. Di conseguenza, una compagnia aerea poteva modificare le sue tariffe una volta al giorno e i concorrenti potevano scoprire solo il giorno successivo quali cambiamenti erano stati apportati alla tariffazione del settore. Oggi, ATPCO accetta cambiamenti di prezzo tre volte al giorno e una volta ogni sabato e domenica. Di conseguenza, le modifiche tariffarie che prima ricorrevano cinque volte alla settimana, ora vengono registrate 17 volte alla settimana. Tra le variazioni di prezzo proattive e le conseguenti reazioni dei clienti, le compagnie aeree cambiano i prezzi in media 75.000 volte al giorno. In una giornata molto attiva, i prezzi delle compagnie aeree possono cambiare fino a 400.000 volte al giorno. Per tenere traccia di tutti i cambiamenti e prendere decisioni sui prezzi in tempo reale, le compagnie aeree utilizzano i cosiddetti "turbo software", che facilitano la gestione della strategia di prezzo.

Fonte: http://www.fastcompany.com.

6.3b L'orientamento alla domanda

Le aziende di servizi che riescono a ottenere il massimo valore dal mercato considerano anche fattori esterni all'impresa come le dinamiche della domanda.

Una serie di ragioni differenzia il prezzo dei servizi da quello dei beni nella prospettiva della domanda di mercato. In primo luogo, la domanda per i servizi tende a essere meno elastica e gli aumenti dei costi spesso sono semplicemente trasferiti sui clienti. In secondo luogo, i clienti in molti casi fanno implicitamente una somma dei prezzi delle singole componenti del servizio; la domanda di ristorazione in un parco a tema, per esempio, può essere influenzata dal prezzo dell'hotel e da quelli dei biglietti delle attrazioni, quindi deve essere presa in considerazione attentamente l'elasticità incrociata. Infine, a causa delle fluttuazioni della domanda e dell'offerta, è necessario immaginare strategie di discriminazione dei prezzi.

La domanda di servizi tende a essere più anelastica

In generale, gli acquirenti di servizi sono disposti a pagare prezzi più elevati se ciò riduce il livello di rischio percepito. Il rischio percepito dipende dalla rilevanza delle conseguenze (come il grado di importanza e/o di pericolo associato all'acquisto) e dell'incertezza (la variabilità delle prestazioni del servizio da un cliente all'altro o da un giorno all'altro). Le caratteristiche del servizio (intangibilità, inseparabilità, eterogeneità e deperibilità) contribuiscono notevolmente a innalzare i livelli di rischio percepito.

Gli esperti del settore suggeriscono dieci fattori che possono rivestire un ruolo importante nell'influenzare la sensibilità al prezzo dei clienti:

- effetto dei prodotti percepiti sostitutivi;
- effetto unicità;
- effetto costi di sostituzione;
- effetto difficoltà di paragone;
- effetto qualità-prezzo;
- effetto spesa complessiva;
- effetto beneficio finale;
- effetto costo condiviso;
- effetto equità;
- effetto scorta.

La Tabella 6.2 fornisce una descrizione di ognuno dei dieci fattori e la relazione con la sensibilità al prezzo. Una strategia di pricing di successo esamina l'impatto di ciascun fattore sulla decisione finale. Ovviamente la sensibilità al prezzo varia a seconda del tipo di servizio ma, in linea generale, la domanda per i servizi tende a essere più **inelastica**: gruppi diversi di acquirenti attribuiranno un valore diverso per ogni fattore e le imprese dovranno individuare quale fattore pesa di più nelle decisioni d'acquisto del proprio mercato obiettivo.

Domanda inelastica: domanda poco sensibile al prezzo; a variazioni di prezzo non corrispondono variazioni nella domanda.

I prezzi possono generare un'elasticità incrociata tra servizi

Gli acquirenti talvolta raggruppano implicitamente i prezzi dei servizi; per esempio, tendono a pensare che il costo totale per andare a un concerto comprenda il costo del biglietto sommato al costo del parcheggio o a quello del cibo in attesa dell'inizio dello spettacolo. Ciò è particolarmente vero nei casi in cui il prezzo

Tabella 6.2 I fattori che influenzano la sensibilità degli acquirenti al prezzo.

Sensibilità al prezzo	Fattori
Effetto dei prodotti percepiti sostitutivi	La sensibilità al prezzo aumenta quando il prezzo per il servizio A è più alto del prezzo dei sostituti percepiti.
Effetto unicità	La sensibilità al prezzo aumenta quando l'unicità per il servizio A è uguale o minore a quella dei sostituti percepiti.
Effetto costi di sostituzione	La sensibilità al prezzo aumenta se i costi associati al passaggio da un fornitore a un altro diminuiscono.
Effetto difficoltà di paragone	La sensibilità al prezzo aumenta se diminuisce la difficoltà a confrontare le offerte.
Effetto qualità-prezzo	La sensibilità al prezzo aumenta nella misura in cui il prezzo non è usato come indicatore di qualità.
Effetto spesa complessiva	La sensibilità al prezzo aumenta nella misura in cui la spesa è alta rispetto al reddito disponibile.
Effetto beneficio finale	Tanto più gli acquirenti sono sensibili al beneficio finale, tanto più saranno sensibili al prezzo dei servizi che contribuiscono a formarlo.
Effetto costo condiviso	La sensibilità al prezzo aumenta man mano che i costi condivisi con altri diminuiscono.
Effetto equità	La sensibilità al prezzo aumenta se il prezzo pagato per servizi simili è minore.
Effetto scorta	La sensibilità al prezzo aumenta se l'acquirente ha la possibilità di immagazzinare i prodotti.

del servizio principale influenza la domanda di servizi aggiuntivi. L'**elasticità incrociata** della domanda misura la reattività della domanda di un servizio rispetto a una variazione di prezzo di un altro servizio. Se questa relazione è negativa (il prezzo del prodotto A aumenta, la domanda del prodotto B diminuisce), allora i due servizi si dicono complementari. Per esempio, se il prezzo dei biglietti per il concerto continua ad aumentare, i clienti possono compensare l'aumento di prezzo decidendo di portare con sé il cibo e non comprarlo sul posto, o utilizzare i mezzi pubblici rinunciando alla comodità di un mezzo proprio. Se la relazione è positiva (il prezzo del prodotto A aumenta, la domanda del prodotto B aumenta) i due servizi possono essere **sostitutivi** e l'acquisto di uno di essi va a scapito di quello dell'altro o può indurre anche alla rinuncia all'acquisto.

Elasticità incrociata: misura della reazione alla domanda per un prodotto a seguito della variazione di prezzo di un altro prodotto.

Servizi sostitutivi: servizi la cui domanda varia in maniera inversa, ovvero l'aumento del prezzo del servizio A aumenta la domanda del servizio B.

Le considerazioni multiprodotto dominano molte industrie di servizi, come quelli alle imprese, alla persona, i servizi professionali o l'industria dell'ospitalità.

Il golf è un ottimo esempio degli effetti dell'elasticità incrociata dei prezzi. I praticanti hanno diverse sensibilità ai prezzi per i campi da golf, i carrelli, le aree di pratica e le spese per cibo e bevande. Se i praticanti considerano il prezzo dell'ingresso (tariffe dei campi da golf) vantaggioso, è probabile che acquistino prodotti aggiuntivi come l'uso dei carrelli o delle palline per l'allenamento, cibo e bevande, aumentando così le entrate del club. Al contrario, se il prezzo d'ingresso è percepito come poco conveniente, i praticanti saranno più sensibili ai prezzi dei servizi aggiuntivi, facendo delle rinunce per mantenere la spesa totale sotto controllo. In realtà, un prezzo d'ingresso percepito come alto spesso comporta una riduzione della spesa complessiva degli utenti e riduce il flusso di entrate per l'azienda. Pertanto, all'impresa di servizi conviene mantenere un prezzo d'ingresso relativamente basso per ottenere margini maggiori sui servizi complementari.

La discriminazione dei prezzi è un metodo per allineare domanda e offerta

Discriminazione dei prezzi: strategia che fissa prezzi diversi per lo stesso servizio.

La **discriminazione dei prezzi** consiste nel fissare prezzi diversi per lo stesso tipo di servizio. Per esempio, alcune compagnie aeree internazionali applicano prezzi diversi per gli stessi voli in base alla provenienza dei passeggeri o ad altri parametri (si veda Approfondimento 6.1).

Queste pratiche trovano il loro fondamento essenzialmente nella deperibilità dei servizi e nella simultaneità tra produzione e consumo di cui si è detto nei primi capitoli.

La discriminazione dei prezzi è praticabile in molti ambiti di servizio, in parte per le differenze nell'elasticità della domanda dei clienti e in parte per l'esigenza dell'organizzazione di bilanciare in ogni periodo domanda e offerta. La praticabilità, inoltre, è rafforzata dal fatto che in alcuni servizi i clienti hanno iniziato ad abituarsi al fatto che i prezzi possono scendere o alzarsi significativamente poco prima della scadenza (offerte *last minute*). Inoltre, esistono diversi servizi online che consentono agli acquirenti di prenotare voli, hotel, auto a noleggio, pacchetti vacanza e altre esperienze di viaggio a tariffe scontate. I fornitori di servizi accettano le proposte degli acquirenti per coprire almeno una parte dei loro costi fissi. In queste situazioni, qualche entrata è meglio di niente.

Un'efficace strategia di prezzo di questo tipo va a vantaggio sia dei clienti che dei fornitori; i clienti possono beneficiare di opzioni più economiche, mentre i fornitori sono in grado di gestire la domanda e di massimizzare l'uso delle risorse disponibili.

In pratica, la determinazione dei prezzi è chiamata a cercare di regolare la domanda in due modi: creando nuova domanda nei periodi non di punta con basso utilizzo delle risorse e spostando una parte delle richieste nei momenti di picco verso periodi meno trafficati.

Per adottare una strategia di prezzi differenziati tra i clienti devono essere soddisfatti i seguenti sei requisiti.

1. ***La reazione ai prezzi deve variare a seconda della categoria di acquirenti.*** Se gruppi diversi di acquirenti rispondono allo stesso modo alle variazioni di prezzo, allora la strategia di discriminazione dei prezzi diventa controproducente. Per anni cinema e teatri hanno offerto matinée o spettacoli pomeridiani a tariffa ridotta e questa strategia si è rivelata efficace perché non tutti hanno risposto allo stesso modo al cambiamento di prezzo. Se la maggior parte dei clienti avesse spostato la propria domanda verso gli spettacoli a tariffa ridotta, il cinema o il teatro avrebbero sfruttato la capacità di quelle specifiche fasce orarie ma alla fine avrebbero ottenuto minori ricavi totali.
2. ***Identificare i diversi segmenti di mercato e stabilire un meccanismo per applicare loro prezzi differenti.*** Un'efficace **segmentazione** basata sui prezzi richiede che i segmenti con diverse strutture di domanda siano identificabili sulla base di alcune caratteristiche comuni facilmente individuabili, come età, fase del ciclo di vita familiare, sesso e/o livello di istruzione. La discriminazione basata su uno schema di segmentazione complicato confonde i clienti e i fornitori di servizi, che devono rendere operativa la

Segmentazione: suddivisione del mercato in gruppi (segmenti) omogenei al loro interno e diversi dagli altri.

strategia. Forme comuni di identificazione dei segmenti per una strategia di discriminazione dei prezzi basata sull'età includono i titolari di tessere universitarie e di patenti di guida.

3. ***Non deve esistere l'opportunità per le persone che hanno pagato un prezzo basso di vendere i loro biglietti a quelle di un altro segmento.*** Per un teatro è poco utile vendere posti a prezzo ridotto per il pomeriggio ad acquirenti che potrebbero rivenderli per lo spettacolo serale a prezzo intero. Un golf club, pensando fosse una buona idea, ha iniziato a offrire ai clienti anziani dei coupon per giocare a prezzo ridotto. Poco dopo l'inizio della promozione, alcuni clienti anziani sono stati visti nel parcheggio a vendere a prezzo pieno i loro coupon ad altri clienti.
4. ***Il segmento deve essere sufficientemente ampio da rendere l'esercizio proficuo.*** Il tempo e gli sforzi necessari per preparare un sistema di prezzi differenziati devono trovare giustificazione nel ritorno in termini di ricavi. Una risposta scarsa o nulla agli sforzi dell'impresa indica che i clienti non sono interessati, che quelli idonei sono pochi o che l'offerta non ha centrato il bersaglio.
5. ***Il costo di gestione della strategia di prezzo non deve superare l'incremento dei ricavi ottenuti.*** Gli obiettivi dell'impegno nella determinazione di prezzi diversi possono essere quelli di ridurre i picchi di domanda, il sottoutilizzo della capacità produttiva, l'aumento dei ricavi complessivi o anche il raggiungimento di finalità non lucrative, come per esempio rendere disponibile il servizio a persone o fasce sociali che altrimenti non potrebbero permetterselo. Se i costi di gestione della strategia di prezzo superano i rendimenti prodotti, il management deve riconsiderare questa opzione.
6. ***I clienti non devono essere confusi dall'uso di prezzi diversi.*** I fornitori di energia elettrica offrono ai clienti tariffe scontate in alcune fasce orarie di utilizzo. Spesso, però, gli sconti cambiano con l'arrivo di nuove promozioni. I clienti che non si accorgono del cambiamento finiscono in qualche caso per pagare tariffe più alte del previsto e ciò influisce molto negativamente sulla soddisfazione. In passato, alcune compagnie telefoniche, in particolare i fornitori di servizi di telefonia cellulare, offrivano "tariffe di punta" a prezzi più elevati e "tariffe non di punta" a prezzi più bassi, che variavano a seconda del giorno. I clienti dovevano sapere in ogni momento quale tariffa stavano pagando per poterne usufruire. Alla fine, questo tipo di offerte tariffarie confondono e molte volte frustrano i clienti.

6.3c L'orientamento al cliente

Una terza prospettiva riguardante la determinazione dei prezzi di un servizio riguarda le esigenze del cliente e il prezzo che è disposto a pagare per ottenerlo. A differenza dei beni tangibili, il prezzo di acquisto di un servizio tende a essere uno dei pochi attributi utili per confrontare le offerte nel momento in cui le si sta cercando, pertanto è spesso usato come indicatore di qualità: più alto è il prezzo, più alta è la qualità percepita del servizio. I servizi che hanno un prezzo troppo basso possono essere percepiti come peggiori e vengono scartati a favore di alternative più costose. Inoltre, i clienti dei servizi tendono a essere meno sicuri sui prezzi di riferimento.

Il prezzo tende a essere uno dei pochi indicatori a disposizione degli acquirenti durante la fase di preacquisto

A causa della natura intangibile, i servizi presentano pochi attributi di tipo *search* (di ricerca). Gli attributi di ricerca sono spunti informativi che possono essere valutati prima dell'acquisto. Al contrario, la tangibilità dei beni aumenta notevolmente il numero degli attributi di ricerca; lo stile e la vestibilità o il colore di un abito si esaminano prima dell'acquisto, mentre il gradimento di una cena emerge solo al completamento dell'esperienza.

Alcune ricerche hanno rilevato che il valore informativo del prezzo diminuisce all'aumentare del numero di altri indicatori informativi. Altri studi hanno inoltre riscontrato che la modalità con cui il cliente si affida al prezzo segue una forma a U: il prezzo è molto utilizzato se sono presenti pochi indicatori, perde importanza man mano che aumentano gli indicatori e, infine, aumenta di nuovo di importanza se gli acquirenti sono sommersi da troppe informazioni.

Articoli di riferimento: prodotti che l'acquirente conosce bene e di cui ricorda il prezzo di mercato.

Altre ricerche suggeriscono di utilizzare **articoli di riferimento** per avere un'idea complessiva dei prezzi praticati da una determinata azienda di servizi. Gli articoli di riferimento sono i prodotti che i clienti acquistano più spesso e di cui hanno una chiara idea del prezzo. Le aziende più abili fissano prezzi competitivi per gli articoli di riferimento poiché i clienti li usano per valutare il valore di tutti gli altri servizi offerti. Per esempio, se un centro fitness vende acqua e bibite a un distributore automatico a prezzi competitivi, questi articoli diventano indicatori di riferimento per i membri del club, suggerendo che anche le tariffe dei personal trainer saranno competitive.

Gli acquirenti tendono a usare il prezzo come segnale di qualità

Molto lavoro è stato dedicato a conoscere il rapporto che intercorre tra prezzo e qualità. Alcuni studi rilevano che il cliente utilizza il prezzo per dedurre la qualità del prodotto che sta considerando, ma altri sembrano dimostrare il contrario. In alcune ricerche sono stati presentati ai clienti prodotti identici, come dei tappeti, con prezzi diversi, e il giudizio degli intervistati ha indicato che la percezione di qualità segue il prezzo. Tuttavia, studi molto simili hanno successivamente riscontrato una scarsa relazione tra prezzo e qualità percepita.

Il prezzo svolge un ruolo informativo fondamentale nei processi decisionali. La teoria delle decisioni suggerisce che gli acquirenti utilizzano i segnali più disponibili al momento del confronto tra le alternative per valutare la qualità del prodotto; data l'importanza del suo ruolo, il prezzo dovrebbe essere un indicatore predominante per coloro che cercano di valutare la qualità del servizio prima dell'acquisto.

Gli studi indicano che è più probabile che il prezzo venga utilizzato come indicatore di qualità alle seguenti condizioni:

- il prezzo è la principale informazione differenziale disponibile;
- le alternative sono eterogenee;
- le differenze di prezzo comparative sono relativamente grandi.

Queste condizioni esistono in molti scenari di acquisto di servizi.

Prezzo di riferimento: è il prezzo che l'acquirente utilizza come parametro per valutare i benefici offerti dal servizio.

Gli acquirenti di servizi tendono a essere meno certi del prezzo di riferimento

Il **prezzo di riferimento** (o prezzo di riserva, *reservation price*) è il prezzo massimo che un acquirente è disposto a pagare per un prodotto e determina l'eventuale decisione di acquisto. Se il prezzo richiesto è più basso del prezzo di riferimento, l'acquirente è più propenso ad acquistare quel servizio, mentre se è più alto tende a non comprarlo. Alcune ricerche hanno rilevato la mancanza di certezza da parte degli acquirenti di servizi riguardo a questi prezzi di riferimento, che sono determinati soprattutto dalla loro conoscenza dei prezzi di mercato. Per alcuni servizi, la mancanza di informazioni sui prezzi disponibili e la scarsa frequenza di acquisto possono portare a una minore certezza nella stima del prezzo del servizio in esame.

6.3d L'orientamento alla concorrenza

La strategia di determinazione dei prezzi dei servizi è subordinata anche a due condizioni competitive atipiche: primo, in molti casi confrontare i prezzi delle alternative è difficile, il che può rendere i prezzi basati sulla concorrenza una modalità meno significativa sia per i servizi che per i beni e, secondo, quando si fissano i prezzi dei servizi si deve tenere conto di un concorrente molto particolare, il cliente fai-da-te. I clienti sono sempre più frequentemente disposti a prodursi autonomamente il servizio per risparmiare denaro o tempo e personalizzare il risultato finale.

Il confronto dei prezzi dei concorrenti è più difficile per gli acquirenti di servizi

Le informazioni sui prezzi effettivi dei servizi tendono a essere più difficili da acquisire rispetto a quelle sui prezzi dei beni industriali. Inoltre, quando le informazioni sui prezzi sono disponibili, risulta spesso più difficile fare confronti significativi tra le offerte. Per esempio, sebbene sia possibile determinare i prezzi base dei servizi in anticipo, i servizi concorrenti non sono venduti insieme nei negozi al dettaglio come avviene per molti beni di consumo nei supermercati, nei discount o nei grandi magazzini. Gli interessati devono recarsi di persona presso le diverse aziende di servizi distanti tra loro o contattarle direttamente per confrontare i prezzi. In definitiva, il confronto dei prezzi dei servizi richiede più tempo e sforzo rispetto a quello dei beni.

Il "fai-da-te" rappresenta un'alternativa competitiva valida

Un'implicazione dell'inseparabilità tra produzione e fruizione dei servizi è la possibilità per il cliente di partecipare attivamente al processo di erogazione del servizio. La disponibilità di opzioni cosiddette "fai-da-te" influisce sulle percezioni del servizio da parte dei clienti, in quanto esse offrono inevitabilmente qualche forma di riduzione del prezzo (effettuare un bonifico autonomamente online costa meno che farlo presso lo sportello fisico della banca). Tuttavia, la letteratura suggerisce che i clienti dei servizi spesso cercano altri vantaggi oltre ai prezzi più bassi quando scelgono queste opzioni. Questi vantaggi possono includere una maggiore convenienza, più controllo, meno contatto umano, tempi di servizio più rapidi, maggiore efficienza e maggiore indipendenza. Le opzioni fai-da-te devono essere prese in considerazione nella definizione della strategia dei prezzi.

6.3e I pacchetti di servizi

Offrire un pacchetto di servizi (***bundling***) a un prezzo unico è un'altra strategia di vendita e in certi casi aumenta la profittabilità delle imprese. Rispetto ai beni, i servizi si prestano meglio al raggruppamento dei prezzi, nonostante questa pratica renda più complicata la determinazione dei singoli prezzi del pacchetto di servizi.

Bundling: offerta di un insieme (pacchetto) di servizi a un unico prezzo.

Il bundling consiste nel fissare un prezzo per un insieme di servizi che sia inferiore alla somma dei prezzi dei singoli servizi acquistati separatamente. Un albergo situato sulle piste da sci può offrire un pacchetto abbinando il pernottamento con la cena, il noleggio degli sci, i biglietti per gli impianti di risalita e anche le lezioni con un maestro; il prezzo del pacchetto è inferiore alla somma dei prezzi dei singoli servizi.

In generale, i pacchetti sono percepiti di valore maggiore per il cliente e generano ricavi aggiuntivi per il fornitore.

Il bundling rende più complicata la determinazione dei singoli prezzi del pacchetto

Il bundling è un valido strumento di pricing che può aiutare le organizzazioni di servizi a raggiungere diversi obiettivi strategici ma, al contempo, complica il processo di valutazione delle alternative. I clienti hanno difficoltà a calcolare quanto ogni componente del pacchetto contribuisca al costo totale; chi valuta le alternative disponibili per un viaggio in Giamaica potrebbe avere difficoltà a comparare un pacchetto di hotel all-inclusive con biglietto aereo e trasferimenti rispetto a un'opzione di vacanza tradizionale in cui si paga solo ciò che si utilizza.

Il bundling è più efficace nel contesto dei servizi

Un'ampia gamma di servizi prevede il bundling; molti fornitori raggruppano le proprie offerte, come il poliambulatorio che combina test diagnostici con esami fisici. Alcune organizzazioni di servizi scelgono di formare alleanze strategiche con altri fornitori e di raggruppare i servizi che ciascuna di esse offre.

I tour operator raggruppano i soggiorni in hotel, i biglietti aerei e i servizi di trasferimento in un unico prezzo. Indipendentemente dalla forma o dal tipo di accorpamento, questa strategia crea essenzialmente un nuovo servizio che può essere utilizzato per attirare nuovi clienti, vendere a clienti esistenti o fidelizzare quelli attuali.

Il bundling si è diffuso nel settore dei servizi soprattutto per l'elevato rapporto tra costi fissi e variabili, il grado di condivisione dei costi e gli alti livelli di domanda interdipendente (la domanda per il ristorante dell'albergo è direttamente correlata alla domanda per il pernottamento).

6.3f Tre ulteriori considerazioni sul pricing dei servizi

L'esposizione della strategia di determinazione dei prezzi dei servizi necessita anche di altre tre utili considerazioni. In primo luogo, nel settore dei servizi il prezzo viene chiamato con molti nomi diversi; ne consegue che esso può essere percepito differentemente in alcuni ambiti rispetto ad altri. In secondo luogo, poiché i servizi non possono essere immagazzinati, gli acquirenti dovrebbero essere meno sensibili al prezzo e meno inclini a rimandare gli acquisti in attesa di un prezzo migliore in futuro. Infine, la pratica comune di definire i prezzi per linea di prodotto utilizzata per i beni tangibili ha meno senso per chi utilizza i servizi.

Nel settore dei servizi si tende a dare molti nomi diversi al prezzo

Uno degli aspetti singolari della determinazione dei prezzi per i servizi è rappresentato dai diversi nomi utilizzati nei diversi settori. In ambito finanziario, il termine prezzo viene usato raramente, se non mai: i clienti pagano interessi, spese di servizio, punti o commissioni. Allo stesso modo, i viaggiatori pagano una tariffa per il biglietto aereo o quello dell'autobus; gli abitanti di un appartamento pagano l'affitto, gli occupanti di un albergo pagano il prezzo della camera, i cittadini una tassa per i servizi ambientali e un premio per l'assicurazione, e l'elenco potrebbe continuare.

A un'osservazione più approfondita si nota che molti dei termini utilizzati nel settore dei servizi per indicare il corrispettivo monetario comprendono i benefici che i clienti ricevono; i clienti pagano le tariffe per beneficiare del trasporto, gli affitti per l'occupazione di uno spazio e il canone per un abbonamento telefonico. Il prezzo, o qualsiasi altro termine utilizzato, è sempre un sacrificio economico o l'incorporazione del beneficio nel termine usato per il prezzo ne altera la percezione?

I clienti sono meno in grado di fare scorta di servizi approfittando degli sconti

Gli studiosi di prezzi al dettaglio indicano che le politiche di prezzo possono avere un impatto diretto anche sulle decisioni e sulla pianificazione delle scorte. Le merci vengono periodicamente scontate per ridurre le scorte di invenduto e gli acquirenti approfittano degli sconti e si impegnano in acquisti per utilizzi futuri. L'**acquisto per il futuro** consente di costruire proprie scorte di prodotti e avvantaggia anche il venditore riducendo il numero di acquisti di prodotti concorrenti. Per contro, i servizi non possono essere immagazzinati e non si possono accumulare offerte di servizi. Quando si ha bisogno di un servizio, si deve pagare il prezzo in vigore in quel momento.

Acquisto per il futuro: offerte scontate per fare scorte di cui gli acquirenti approfittano per momenti successivi.

Il pricing per linea di prodotto tende a essere più complicato

La pratica di stabilire prezzi per diverse versioni dello stesso prodotto o di raggruppare prodotti simili (**pricing per linea di prodotto**) è molto diffusa nel marketing dei beni industriali. Per le attrezzature sportive sono disponibili versioni per principianti, per livelli intermedi o per esperti e generalmente vengono proposte a prezzi diversi per riflettere i differenti livelli di esperienza degli acquirenti e dei venditori. Chi sta cercando dei beni può valutare più facilmente le differenze tra le offerte poiché la tangibilità presenta attributi che possono essere stimati oggettivamente prima dell'acquisto. Per contro, servizi come quelli telefonici raggruppano le tariffe in fasce in modo che ciascuno possa scegliere il piano più adatto ai propri consumi.

Pricing per linea di prodotto: strategia che fissa i prezzi per un'intera linea differenziandoli tra versioni di prodotto.

I prezzi per linea di prodotto offrono ai clienti maggiore scelta e ai fornitori l'opportunità di massimizzare i ricavi totali, ma a volte generano qualche confusione nei clienti.

Anche le imprese di servizi sono impegnate costantemente con l'allineamento dei prezzi delle loro offerte, compresi gli operatori telefonici, le compagnie assicurative o quelle di servizi finanziari. Si pensi, per esempio, ai piani tariffari per la telefonia mobile oppure a quelli di copertura per le prestazioni sanitarie e previdenziali.

6.3g Le implicazioni legali

Da ultimo, quando programmano la strategia di prezzo, gli addetti al marketing non devono considerare solo ciò che è redditizio, ma anche quello che è legale. L'intangibilità, l'inseparabilità e l'eterogeneità di cui si è ripetutamente detto inducono talvolta pratiche illegali; l'intangibilità riduce la capacità di valutare con oggettività i prezzi proposti, mentre l'inseparabilità riflette l'elemento umano dell'esperienza di servizio che può potenzialmente esporre il cliente a forme di influenza quasi coercitiva.

APPROFONDIMENTO 6.2

E-service in azione
Funivie di Pinzolo

Funivie di Pinzolo è un'azienda che opera nel settore turistico, situata nella suggestiva cornice delle Dolomiti Trentine, più precisamente nella Val Rendena. Considerato sia il contesto territoriale che la crescente fama nazionale e internazionale del luogo, l'azienda pone al centro della propria attività la soddisfazione e la tutela di clienti, turisti e popolazione locale, e si impegna a garantire un elevato livello qualitativo dei servizi offerti. Questo si traduce innanzitutto nell'adozione delle più moderne tecnologie nel trasporto funiviario e nelle tecniche di innevamento artificiale, con un'attenzione importante alla salvaguardia dell'ambiente.

Per migliorare l'esperienza del cliente e ottimizzare la gestione dell'affluenza agli impianti sono state sviluppate applicazioni mobili che, tramite l'utilizzo di telecamere, sistemi GPS e algoritmi che monitorano la densità degli sciatori, rendono disponibili informazioni in tempo reale relativamente alle condizioni degli impianti e alle eventuali code, consentendo una migliore pianificazione delle attività sportive.

Nel costante sforzo di migliorare l'esperienza per la clientela, Funivie di Pinzolo ha orientato anche le proprie strategie di pricing verso una maggiore personalizzazione dell'offerta e ha recentemente introdotto una metodologia innovativa di pagamento, Pay per Use, che rivoluziona il tradizionale modello di tariffe fisse giornaliere o stagionali. La principale caratteristica del Pay per Use è la capacità di allineare il prezzo del servizio al reale utilizzo da parte del cliente. Questo significa che gli sciatori pagano solo per il tempo trascorso sulle piste evitando sovraccarichi economici legati a tariffe fisse che non tengono conto del consumo effettivo del servizio.

Inoltre, Funivie di Pinzolo ha introdotto una nuova tipologia di abbonamenti stagionali basati anch'essi sul consumo effettivo, che rappresentano un'ulteriore evoluzione del concetto di Pay per Use. Questi pacchetti consentono ai clienti di stabilire un limite massimo di spesa, garantendo un maggiore controllo dei propri costi e una gestione più precisa del budget dedicato alle attività sciistiche. Tale approccio permette di soddisfare le esigenze specifiche della clientela, offrendo un'esperienza più aderente alle proprie necessità e preferenze.

L'adozione della metodologia Pay per Use da parte delle Funivie di Pinzolo rappresenta un passo significativo verso una maggiore flessibilità e personalizzazione dell'offerta, consentendo agli utenti di godere appieno delle attività sciistiche senza eccessivi oneri economici.

Inoltre, la possibilità che le pratiche di determinazione dei prezzi illegali passino inosservate è maggiore per i servizi che per i beni. È legale che un medico applichi prezzi troppo alti per le vaccinazioni durante un'epidemia di influenza o che i servizi di manutenzione triplichino le loro tariffe orarie per riparare le case nei quartieri danneggiati dal maltempo? In alcuni Stati esistono leggi che proteggono i clienti da comportamenti di questo tipo.

Alcune circostanze particolari (le epidemie, il maltempo o altri eventi inattesi) attirano l'attenzione sugli operatori economici, ma l'identificazione di pratiche opportunistiche per i servizi non è così facile da individuare per le occasioni di acquisto più "quotidiane".

I fruitori di servizi sono più vulnerabili alle pratiche di prezzo illegali e le implicazioni sono almeno due. In primo luogo, la vulnerabilità dei clienti e il rischio percepito sono direttamente correlati. I clienti che si sentono particolarmente vulnerabili sono disposti a pagare prezzi più alti per un servizio se questo riduce il loro rischio percepito. In secondo luogo, i fornitori di servizi che abusano della fiducia dei clienti, approfittando di quelli vulnerabili con prezzi eccessivi, possono trarre vantaggio nel breve periodo, ma una volta scoperti difficilmente riusciranno a mantenere il loro successo duraturo. Per i clienti, è una questione di equità e di doppio diritto (***dual entitlement***). Le variazioni di prezzo causate da una variazione dei costi sono percepite come eque perché consentono ai venditori di mantenere inalterata la propria quota di profitto. Al contrario, i prezzi che seguono l'andamento della domanda sono spesso percepiti come ingiusti perché consentono ai venditori di aumentare i propri margini di profitto solo perché c'è più richiesta da parte del mercato.

Dual entitlement: principio secondo il quale gli acquirenti si formano un giudizio sull'equità del prezzo applicato in uno scambio di mercato.

6.4 Le strategie emergenti per la determinazione dei prezzi

Le considerazioni svolte fin qui portano a ritenere che le strategie di prezzo tradizionali, come il prezzo di penetrazione, il prezzo competitivo e il *premium pricing* offrano vantaggi tutto sommato limitati ai clienti e ai fornitori di servizi; i prezzi orientati alla concorrenza hanno eroso i margini di profitto in molti settori come l'autonoleggio, il trasporto aereo o la telefonia mobile.

Alla base delle problematiche relative ai prezzi c'è la mancanza di comprensione della specificità dei servizi e di come i clienti effettivamente utilizzino ciò che acquistano e ne beneficino. I fornitori dovrebbero immaginare strategie di prezzo in equilibrio tra complessità e semplicità, dal momento che i due estremi trascurano le variazioni delle esigenze dei clienti.

Per definire il prezzo dei servizi in modo efficace, l'azienda di servizi deve innanzitutto capire a quali aspetti il proprio mercato di riferimento attribuisce valore.

6.4a I prezzi orientati alla soddisfazione dei clienti

L'obiettivo principale dei **prezzi orientati alla soddisfazione** è quello di ridurre al massimo la percezione del rischio associato all'acquisto di un servizio per rivolgersi a mercati che apprezzano la certezza. Questo approccio può essere realizzato attraverso l'offerta di garanzie, una determinazione del prezzo basata sui benefici offerti e una tariffazione a prezzo fisso (*flat*).

Prezzi orientati alla soddisfazione: strategia di prezzo finalizzata a ridurre la percezione del rischio associata a un acquisto.

La garanzia di servizio è un'opzione che si è diffusa rapidamente e sarà discussa in modo molto più approfondito nel Capitolo 14 come strumento per fidelizzare i clienti, che possono invocarla se non sono soddisfatti dell'acquisto e ottenere un rimborso parziale o totale per compensare la loro delusione. L'offerta di garanzie segnala ai clienti che l'azienda si impegna a fornire servizi di qualità ed è fiduciosa sulla propria capacità di riuscita.

Gli acquirenti ritengono che un'azienda che offre garanzie non lo farebbe se non fosse sicura della propria capacità di fornire servizi e, nei casi in cui i concorrenti hanno prezzi simili o poche opzioni per differenziare le proprie offerte, la garanzia offre un vantaggio competitivo importante.

I **prezzi orientati ai benefici** si focalizzano su quegli aspetti del servizio che i clienti utilizzano effettivamente; l'obiettivo di questo approccio è sviluppare un'associazione diretta tra il prezzo del servizio e le componenti del servizio stesso. Per esempio, i servizi Internet non utilizzano strategie di prezzo orientate ai benefici. Questo è evidente dalla loro prassi di addebitare ai clienti un cano-

Prezzi orientati ai benefici: strategia finalizzata a collegare il prezzo ai benefici effettivamente ottenuti.

ne mensile, invece che fatturare per il tempo che essi trascorrono effettivamente online. I servizi online innovativi hanno introdotto una tariffazione orientata ai benefici e hanno spostato l'attenzione del marketing dal mantenimento dei clienti online alla commercializzazione di informazioni che sono vantaggiose per i loro clienti.

La tariffazione basata sulla soddisfazione può essere realizzata anche attraverso un canone forfettario. L'obiettivo principale della tariffazione forfettaria è ridurre l'incertezza sul prezzo finale del servizio, concordando un prezzo fisso prima che avvenga la transazione.

Tariffazione forfettaria: strategia che fissa un prezzo in anticipo.

Con la **tariffazione forfettaria**, il fornitore si assume il rischio di aumenti e superamenti dei prezzi.

La tariffazione forfettaria è più sensata quando:

- il prezzo è competitivo;
- l'azienda che offre il prezzo forfettario ha i costi sotto controllo e gestisce un'operazione efficiente;
- esiste la possibilità di instaurare un rapporto a lungo termine e di generare ulteriori ricavi con il cliente.

Il servizio postale degli Stati Uniti (USPS) ha introdotto una tariffa forfettaria per i clienti interessati a spedire pacchi in tutto il Paese. Secondo USPS, la spedizione non dovrebbe richiedere molto tempo e congetture. Con le scatole di posta prioritaria a tariffa forfettaria, se il pacco entra nella scatola viene spedito ovunque negli Stati Uniti a una tariffa forfettaria bassa.

6.4b I prezzi orientati alla relazione

Relationship pricing: strategia finalizzata a rinforzare la relazione con i clienti.

L'obiettivo principale del ***relationship pricing*** è quello di migliorare ed espandere le relazioni dell'azienda con i mercati di riferimento (target). Nel settore bancario, il relationship pricing viene utilizzato per offrire ai propri clienti conti di risparmio a condizioni speciali, offerte sulle cassette di sicurezza e tassi vantaggiosi sui certificati di credito.

Due tipi di tecniche di relationship pricing sono i contratti a lungo termine e il bundling: i contratti a lungo termine offrono ai potenziali clienti incentivi di prezzo e non solo per rimanere presso lo stesso fornitore per un certo numero di anni. UPS ha recentemente stipulato contratti di spedizione a lungo termine con Land's End e Ford Motor Company; grazie agli impegni a lungo termine, UPS è stata in grado di trasformare la sua attività con questi clienti da transazioni discrete a transazioni continue. UPS dispone ora di operazioni e personale dedicati esclusivamente alla fornitura di servizi a questi clienti specifici. Poiché le transazioni sono ora continue, si sono generate economie di scala e risparmi sui costi che possono essere trasferiti al cliente e sono emerse opportunità per aumentare i profitti.

Dal momento che la maggior parte delle organizzazioni fornisce più di un servizio, la pratica del bundling dei servizi è diventata più comune. Il bundling, in senso lato, è la pratica di commercializzazione di due o più servizi in un unico pacchetto a un unico prezzo. Molte compagnie telefoniche abbinano i servizi cosiddetti "voce", cioè la telefonia fissa e quella mobile, a servizi Internet ad alta velocità e anche a pacchetti televisivi a un unico prezzo. Altri esempi comuni sono gli hotel che offrono pacchetti per il fine settimana che includono alloggio, pasti e opzioni di intrattenimento a una tariffa comprensiva, e siti di viaggio online come

Booking.com che offrono pacchetti vacanza che includono il viaggio aereo, il noleggio di un'auto e la sistemazione in hotel a un unico prezzo.

Bundling misto: strategia che commercializza i servizi sia insieme, sotto forma di pacchetto, che separatamente.

In termini generali, il **bundling misto** permette di acquistare il servizio A e il servizio B insieme oppure separatamente. L'argomentazione più semplice a favore del bundling si fonda sul cosiddetto surplus del consumatore: il bundling consente di spostare il surplus da un servizio a un altro che altrimenti avrebbe un surplus negativo (cioè non verrebbe acquistato). Inoltre, il bundling misto offre ai clienti un valore maggiore rispetto all'acquisto separato dei singoli servizi. Sono state individuate tre ragioni per cui il bundling misto genera un valore superiore alla somma delle singole parti. In primo luogo, la teoria dell'informazione indica che il cliente trova valore nella facilità di accesso ai servizi e alle informazioni. Per esempio, gli ospiti internazionali di un hotel in Messico risparmiano sui costi per la raccolta di informazioni quando acquistano un'escursione di un giorno direttamente dall'hotel anziché dal fornitore stesso. Il concierge dell'hotel fornisce semplicemente agli ospiti informazioni sugli itinerari disponibili, riducendo così i loro costi di ricerca delle informazioni. Una seconda ragione si riferisce al fatto che unendo il servizio B con il servizio A si può migliorare la soddisfazione nei confronti del servizio A; per esempio, l'ampia selezione di pacchetti di escursioni di un giorno proposta al Moon Palace resort in Messico potrebbe arricchire il soggiorno degli ospiti, offrendo loro la possibilità di visitare le rovine della città maya di Tulum. L'ultima ragione è che l'aggiunta del servizio B al servizio A può migliorare l'immagine complessiva dell'hotel; quindi, la reputazione del Moon Palace, nota come destinazione balneare a Playa del Carmen, rinomata per il relax, la tranquillità e l'isolamento, è rafforzata dalle opzioni di escursioni giornaliere disponibili per gli ospiti che cercano un approccio più movimentato alle vacanze. Attività come lo *zip-lining* nella foresta pluviale, lo *snorkeling* a XelHa o la gita in barca di nove miglia a Isla Mujeres (l'Isola delle Donne) rafforzano la reputazione del resort come destinazione che offre qualcosa a tutti.

6.4c I prezzi orientati all'efficienza

Pricing orientato all'efficienza: strategia mirata a ridurre i prezzi riducendo i costi e le inefficienze operative.

Il primo obiettivo del **pricing orientato all'efficienza** è di attirare acquirenti più sensibili e che stanno cercando il prezzo migliore. Le imprese che propongono prezzi "efficienti" spesso sembrano compiere un'eresia nel settore in cui operano, perché abbandonano le pratiche tradizionali a favore di sostenibilità e costi vantaggiosi.

Southwest Airlines e i suoi sforzi incessanti per ridurre i costi ne sono un esempio. Propone rotte più brevi e voli diretti verso aeroporti meno congestionati e meno costosi; non vengono serviti pasti e i passeggeri vengono fatti accomodare in base all'ordine di arrivo. È stata la prima compagnia aerea a offrire viaggi "senza biglietto" su tutti i voli. L'efficienza dei prezzi si concentra sull'offerta del servizio migliore e più economico disponibile. La gestione operativa è razionalizzata e le innovazioni che consentono un'ulteriore riduzione dei costi diventano parte della cultura aziendale. Quanto più snella è la struttura dei costi, tanto più è difficile per i nuovi concorrenti imitare il successo di Southwest.

La comprensione e la gestione dei costi sono gli elementi fondamentali per un pricing efficiente. Oggi, Southwest Airlines continua a detenere la leadership di prezzo nel settore aereo con la sua promozione Bags Fly Free. Mentre molte altre compagnie aeree addebitano ai loro clienti le spese anche per il primo e il secondo bagaglio in aggiunta al prezzo del biglietto, Southwest si vanta orgogliosamente: "Non crediamo nel riservare spiacevoli sorprese ai nostri Clienti... Opponiti alle spese per il bagaglio delle altre compagnie aeree. Prenota un volo Southwest oggi stesso e risparmia fino a $100 andata e ritorno quando i tuoi Bagagli Volano Gratuitamente". Da notare che quando parla dei suoi clienti, Southwest simbolicamente usa la "C" maiuscola per riflettere l'importanza attribuita all'offerta di servizi di alto livello e di valore.

APPROFONDIMENTO 6.3

Sostenibilità e servizi in azione
La Smac Card

Nel 2008, l'Amministrazione Pubblica della Repubblica di San Marino ha deciso di sviluppare e coordinare centralmente un progetto finalizzato ad aumentare la convenienza degli acquisti nel territorio sammarinese attraverso l'applicazione di strategie innovative, come il *cashback*.

Il progetto ha previsto l'emissione di una tessera (SMaC Card - San Marino Card) con funzionalità operative assimilabili a una carta di credito prepagata, disponibile sia fisicamente che in digitale (attraverso l'utilizzo dell'applicazione).

Il possesso della SMaC garantisce sconti variabili dal 2% al 10% sugli acquisti presso gli esercizi affiliati e uno sconto di €0,15 al litro sull'acquisto di carburante presso le stazioni di servizio sammarinesi. La SMaC funge anche da borsellino elettronico e consente l'accredito sulla carta dell'importo equivalente allo sconto, trasformato in credito spendibile, ma anche la ricarica presso le banche sammarinesi senza commissioni.

Gli sconti applicati rappresentano un incentivo a preferire i negozi locali e incoraggiano gli acquirenti a tornare e a continuare a fare acquisti nel territorio di San Marino utilizzando il credito maturato.

Per gli operatori economici aderenti al circuito SMaC è previsto un rimborso dell'imposta sulle importazioni, in percentuale in base all'importo dello sconto.

Lo strumento viene poi utilizzato per altri rimborsi, accrediti o incentivi da parte dello Stato nei confronti dei cittadini; anche in questo caso le somme versate possono essere spese presso gli esercenti situati a San Marino aderenti al circuito PaGO!SMaC.

Il lavoratore sammarinese o frontaliero che aderisce al progetto SMaC si impegna a destinare parte del proprio reddito agli acquisti nella Repubblica e ottiene benefici fiscali, come ridotte ritenute IGR sulla busta paga mensile; inoltre è possibile detrarre dal proprio reddito complessivo una somma annua fino a €9.000 di transazioni effettuate con la SMaC. Questi incentivi finanziari aumentano il potere d'acquisto dei lavoratori.

La SMaC si configura come un programma di ricompense multi-venditore che offre sia sconti immediati che indiretti e non richiede il raggiungimento di una soglia per ottenere una ricompensa, e l'importo accumulato al suo interno non ha limiti temporali.

Il progetto mira a evolversi ulteriormente diventando un programma di pagamento più ampio, coinvolgendo non solo i residenti e i cittadini limitrofi ma anche i turisti che visitano San Marino.

In definitiva, la SMaC ha dimostrato di essere efficace non solo per incentivare l'economia locale, ma anche come strumento di sviluppo sociale della Repubblica di San Marino. La sua implementazione ha portato a un miglioramento degli indicatori economici principali nel corso degli anni confermando il suo impatto positivo sul benessere generale del Paese.

6.4d I prezzi adattivi

Durante la recessione dei primi anni duemila, gli acquirenti hanno ridotto la spesa e le imprese si sono date da fare per mantenere la redditività. Disperati, molti rivenditori hanno applicato sconti significativi per aumentare la domanda dei loro prodotti, accettando una contrazione dei margini come contraccolpo inevitabile della crisi economica.

La cosiddetta "Guerra della pizza" del 2009 documenta questa dinamica: Domino's, Papa John's e Pizza Hut hanno tagliato i prezzi fino a un terzo del livello originario e hanno costretto le altre pizzerie a scegliere se seguire la stessa strategia o perdere clienti. In effetti le vendite sono aumentate per tutti, ma anche altri esiti sono persistenti. L'economia è in ripresa ormai da anni, ma i clienti sono stati abituati a pagare prezzi bassi per la pizza e non vengono mai accettati aumenti, anche quando l'economia è in crescita.

Per evitare questa situazione, molte imprese hanno fatto ricorso a strategie di **prezzo adattivo** offrendo sconti senza cedere sui margini in maniera permanente.

Prezzo adattivo: strategia che mira a ridurre i prezzi temporaneamente, senza intaccare il prezzo di riferimento del cliente.

L'idea è quella di variare gli attributi dell'offerta per soddisfare clienti diversi e i loro modelli di valore. Le strategie più comuni di prezzo adattivo includono modifiche sulle quantità, l'utilizzo di nuovi canali di distribuzione (online rispetto a quelli tradizionali), vincoli di acquisto minimo, differenziazione dei prezzi in base alla versione del prodotto (per esempio, standard, medio, grande), prezzi "a consumo" (offerte disaggregate) e prezzi promozionali (offerte due per uno).

Quiznos ha sperimentato il cambiamento di prospettiva di valore dei propri clienti quando ha introdotto nuovi menu a basso prezzo, come i Sammie da 2 dollari. P&G ha messo sul mercato versioni "Basic" di asciugamani e fazzoletti di carta a prezzi inferiori del 15-25%. Best Buy ha offerto finanziamento a tasso zero per acquisti superiori a $999 e Hyundai ha offerto agli acquirenti di auto nuove un Assurance Program che permetteva loro di restituire l'auto in caso di perdita del lavoro. La maggior parte di queste offerte sono state proposte insieme a quelle tradizionali, di prezzo più elevato, e sono state tolte quando la situazione macroeconomica è migliorata.

6.5 Considerazioni conclusive

La determinazione dei prezzi è un momento complesso nella gestione dei servizi: i clienti stanno acquistando un'esperienza ma talvolta sono a disagio o non capiscono per cosa stanno pagando. Allo stesso modo, i fornitori di servizi non hanno un riferimento preciso di costo su cui basare i prezzi da applicare. Confusi e disorientati, molti fornitori si limitano a imitare i prezzi praticati dalla concorrenza, indipendentemente dalla propria struttura dei costi e dal proprio vantaggio competitivo. Al contrario, le organizzazioni di servizi di successo tendono a rispettare le seguenti linee guida:

- il prezzo deve essere chiaro e comprensibile per i clienti;
- il prezzo deve offrire un valore significativo per il cliente;
- il prezzo deve incoraggiare la fidelizzazione del cliente e favorire il legame con il fornitore;
- il prezzo deve rafforzare la fiducia del cliente;
- il prezzo deve ridurre l'incertezza del cliente.

Riepilogo

Nei servizi, una strategia di prezzo è efficace quando individua il valore che gli acquirenti attribuiscono al prodotto. La percezione del valore per il cliente si forma a partire dal rapporto tra i benefici attesi e i sacrifici da sostenere, in termini di costo. Ma il calcolo dei costi non si limita a quelli monetari (l'esborso) ma considera anche il tempo, l'energia e l'impegno psicologico della scelta. Allo stesso modo, il valore per il cliente, oltre al servizio in senso stretto, include anche il personale e l'immagine del fornitore.

Quando si sviluppa una strategia di prezzo nei servizi occorre considerare la struttura dei costi, la domanda di mercato, la concorrenza, la profittabilità delle offerte, la specificità del prodotto (i servizi) e anche gli aspetti di ordine legale.

In linea generale, i metodi tradizionali di determinazione dei prezzi e l'orientamento ai costi non sono di grande utilità sia per il fornitore sia per il cliente.

Tra le strategie che mirano a creare valore per il cliente vi sono quelle incentrate sulla soddisfazione, sulla relazione, sull'efficienza o sull'adattamento dei prezzi. La prima intende ridurre il rischio associato all'acquisto di servizi; la seconda si prefigge di sviluppare e far crescere la relazione con il cliente; la terza si rivolge ad acquirenti più sensibili al prezzo con offerte che massimizzano il rapporto qualità-prezzo; la quarta è una pratica volta ad applicare degli sconti senza erodere i margini in maniera permanente.

Domande di verifica

1. Cosa si intende per valore percepito dal cliente?
2. Quali sono i limiti della determinazione dei prezzi con orientamento ai costi?
3. Illustrare la differenza tra costi fissi e costi variabili.
4. Quando la domanda è inelastica?
5. Cosa si intende per elasticità incrociata?
6. Qual è il prezzo di riferimento?
7. Cosa si intende per bundling?
8. Descrivere il concetto di dual entitlement.
9. Portare un esempio di tariffa flat.
10. Descrivere i vantaggi dei prezzi adattivi.

Capitolo 7

La comunicazione nei servizi

Obiettivi del capitolo

L'obiettivo di questo capitolo è fornire una panoramica sulle attività di comunicazione nel marketing dei servizi. Prima verranno descritte le varie fasi previste per la strategia di comunicazione e poi evidenziati alcuni aspetti specifici relativi ai servizi. Al termine saranno indicate delle linee guida per una comunicazione efficace, in particolare per i servizi professionali.

Tripadvisor: molto più che un sito di viaggi

In assenza di un prodotto tangibile, gli acquirenti spesso si affidano ai consigli di altri per decidere quali servizi acquistare; tuttavia, ciò non è sempre agevole, come per esempio quando si cerca un albergo dall'altra parte del mondo.

Proprio in questa situazione interviene tripadvisor.com, che può suggerire una miriade di luoghi in cui soggiornare e rispondere a tutte le domande.

Tripadvisor, con sede a Newton, Massachusetts, è stato fondato nel 2000 e nel 2019 veniva utilizzato da 463 milioni di viaggiatori al mese. Inizialmente, l'obiettivo era quello di fornire informazioni aggiornate e recensioni su argomenti legati ai viaggi, utilizzando guide, giornali e riviste come fonte dei contenuti. Il modello di business si è rapidamente trasformato quando altri viaggiatori hanno iniziato a contribuire al sito con le proprie esperienze di viaggio, rendendo Tripadvisor uno dei primi gestori di contenuti generati dagli utenti, superando in breve tempo le recensioni professionali.

Ora Tripadvisor si propone come il sito di viaggi più grande al mondo, con oltre 60 milioni di utenti registrati e più di 859 milioni di recensioni e suggerimenti relativi a 8,6 milioni di hotel, ristoranti e altre attrazioni connesse ai viaggi.

Il potere di Tripadvisor nel trasformare la vita dei clienti e dei fornitori di servizi è enorme. Da un lato, i clienti hanno ora accesso a informazioni che prima non erano disponibili, non solo sugli alberghi e i ristoranti situati nella destinazione a cui sono interessati, ma anche riguardo alle escursioni e alle attrazioni locali che possono acquistare durante il soggiorno. Dall'altro lato, le informazioni che vengono diffuse in tutto il mondo possono avere un grande impatto sul singolo fornitore di servizi.

Jermsak (pronunciato "Gem Sak"), ex dipendente di un'agenzia di viaggi situata nella zona di Chiang Rai, nel nord della Thailandia, lavorava come guida turistica accompagnando i turisti nei vari punti di interesse della zona e arricchendo il servizio con notizie sulla storia e la cultura della Thailandia. La sua competenza è stata notata da una cliente proveniente dal Colorado, che possedeva lo status di esperta della destinazione di Chiang Rai su tripadvisor.com. Gli esperti di destinazione su Tripadvisor sono solitamente residenti nella destinazione stessa o visitatori frequenti, e accolgono i nuovi membri nel forum, fornendo consigli amichevoli e utili per i viaggiatori. In pratica, gli esperti di destinazione diventano i punti di riferimento principali per le destinazioni specifiche su Tripadvisor.

L'esperta statunitense ha spiegato a Jermsak che avrebbe presto ricevuto email da altri viaggiatori desiderosi di richiedere i suoi servizi durante la visita a Chiang Rai. Jermsak usava raramente la posta elettronica e non conosceva Tripadvisor, né era consapevole del ruolo che questo avrebbe avuto nella sua vita. Oggi, Jermsak gestisce la sua attività di guida turistica e ha un amico che si occupa della conduzione del furgone al suo posto mentre lui interagisce con i clienti. Oltre a introdurre ai molti luoghi tradizionali situati nell'area di Chiang Rai, Jermsak aggiunge un tocco locale ai suoi servizi di guida. I clienti possono visitare i villaggi delle tribù sulle colline e acquistare braccialetti e altri gadget venduti dai bambini del posto, contribuendo così all'economia locale. Inoltre, i viaggiatori possono visitare l'orfanotrofio El Shaddai, dove vengono intrattenuti dai bambini con canzoni e in cambio portano doni come cibo, prodotti per il bagno e giocattoli oppure fanno donazioni all'orfanotrofio. Un'altra attività organizzata è una gita lungo il fiume: Jermsak ha assunto altri due uomini che hanno costruito una zattera di bambù che naviga sul fiume, mentre grigliano pesce fresco sulla zattera e si fermano in vari punti di interesse.

Tripadvisor è più di un servizio di viaggio per i turisti: ha cambiato letteralmente la vita di molti lavoratori che offrono servizi di viaggio in tutto il mondo, molti dei quali non avrebbero altri mezzi per promuovere i propri servizi a livello globale. Mettendo un adesivo di Tripadvisor sul finestrino del furgone, queste persone diventano parte di qualcosa di più grande, riconosciuto dai viaggiatori quasi ovunque. Nel caso di Jermsak, il suo coinvolgimento con Tripadvisor ha cambiato non solo la sua vita e quella della sua famiglia, ma anche quella delle persone che lo circondano. Jermsak ritiene che una volta garantito un tetto sulla testa e il cibo sulla tavola per la propria famiglia non serva accumulare altri soldi. Per questo condivide la sua fortuna con la comunità, offrendo a tutti opportunità lavorative.

7.1 Introduzione

Strategia di comunicazione: comunica gli obiettivi dell'impresa a tutti gli interessati (clienti, personale, fornitori, azionisti) al fine di raggiungere gli obiettivi aziendali prefissati.

Per raggiungere i propri obiettivi, ogni organizzazione adotta una **strategia di comunicazione** finalizzata a informare, persuadere e mantenere aggiornato il pubblico sui beni e i servizi offerti. L'espressione "**mix di comunicazione**" descrive la gamma degli strumenti a disposizione dei responsabili di marketing per la realizzazione della strategia di comunicazione. Cosi come si devono combinare gli elementi del mix di marketing (le cosiddette quattro P, *product, price, place, promotion*, ovvero prodotto, prezzo, canale di distribuzione e promozione) per creare un programma di marketing, analogamente si devono selezionare gli strumenti di comunicazione più appropriati per veicolare i messaggi definiti.

Mix di comunicazione: insieme di strumenti di comunicazione che include pubblicità, vendita personale, propaganda, promozioni e sponsorizzazioni.

Gli strumenti del mix di comunicazione rientrano in cinque categorie principali: vendita personale, pubblicità, propaganda, promozioni e sponsorizzazioni. Ciascuno di questi strumenti si caratterizza per uno scopo specifico. La vendita personale è l'unico strumento che consente una comunicazione bidirezionale tra il fornitore di servizi e il cliente, permettendo ai primi di adattare il proprio messaggio a ciascun cliente, mentre la pubblicità (*advertising*) è il mezzo più veloce per creare consapevolezza generale. La propaganda è gratuita e solitamente veicolata da terze parti, per cui diventa la fonte di informazione più credibile, mentre le promozioni offrono il vantaggio strategico di aumentare le vendite a breve termine. Da ultimo, le sponsorizzazioni rappresentano una valida alternativa per adattarsi alle mutevoli abitudini dei clienti e consentono alle imprese di servizi di mirare a un mercato target ristretto ma altamente redditizio. Con la crescente tendenza a ignorare o saltare la pubblicità grazie ai dispositivi tecnologici in uso, le sponsorizzazioni diventano un'opzione preziosa per raggiungere il pubblico desiderato.

L'utilizzo di più strumenti di comunicazione per inviare lo stesso messaggio (comunicazioni di marketing integrate) o l'utilizzo ripetuto di uno qualsiasi di questi strumenti aumenta le possibilità che i clienti esistenti e potenziali siano raggiunti dal messaggio, lo associno a chi lo invia e se lo ricordino. Rinforzando il proprio messaggio, i clienti esistenti e potenziali diventano più consapevoli di tutte le proposte disponibili. Il mix di comunicazione spesso costituisce la base per i successivi contatti con i potenziali acquirenti, rendendo la comunicazione più agevole per i fornitori e più accettabile per i clienti.

7.2 La gestione del processo di comunicazione dei servizi

Una solida strategia di comunicazione segue intrinsecamente i passaggi dello sviluppo di una strategia di marketing efficace: identificare un mercato di riferimento, selezionare una strategia di posizionamento e adattare un mix di comunicazione all'audience mirata. Gestire il mix di comunicazione per i servizi va ben oltre la diffusione di un annuncio, l'acquisto di uno spazio pubblicitario e l'attesa degli effetti della campagna promozionale. La disciplina del marketing comprende una serie di attività che, svolte in modo appropriato, aumentano le probabilità di successo. In modo analogo, i professionisti che si occupano di comunicazione dei servizi aumentano notevolmente le probabilità di raggiungere gli obiettivi fissati (vedi Figura 7.1).

7.2a La selezione dei mercati di riferimento

Lo sviluppo di una strategia di comunicazione segue un modello comune, indipendentemente dal fatto che l'impresa produca beni o servizi. Il primo step è l'analisi delle esigenze degli acquirenti e quindi la suddivisione in gruppi con esigenze simili (segmentazione). Ogni segmento di mercato dovrebbe quindi essere valutato in base al potenziale di profitto e di crescita e in base alla compatibilità delle risorse e degli obiettivi fissati. I segmenti che diventano l'obiettivo degli sforzi di marketing dell'impresa diventano i **mercati di riferimento** (target).

Mercati di riferimento: mercati a cui ogni organizzazione intende rivolgere la propria offerta; sono anche definiti mercati "target" o obiettivo.

Figura 7.1 Il processo di comunicazione dei servizi.

Selezione del mercato target
||
Definizione degli obiettivi di comunicazione
||
Definizione della previsione di spesa
||
Formulazione di una strategia di posizionamento
||
Definizione del contenuto dei messaggi e della strategia sui mezzi
||
Monitoraggio, valutazione e controllo della strategia di comunicazione

Negli Stati Uniti, gli spot televisivi da parte di avvocati sono popolari, ma spesso non sono visti dal target giusto; Greg Norton (vicepresidente di Rainmaker Marketing, Inc. a Wilmington, North Carolina) sostiene che oltre la metà degli avvocati che fanno pubblicità in televisione manda il messaggio sbagliato al pubblico sbagliato, allontanando di fatto le persone che desiderano raggiungere. Rainmaker Marketing offre consulenza ai legali per evitare che commettano gli stessi errori.

I risultati di chi risponde agli spot degli avvocati in televisione sono sorprendenti. Una ricerca effettuata indica che nel 60/70% dei casi sono le donne a telefonare per prime all'avvocato a seguito di un incidente stradale (indipendentemente dal fatto che sia un uomo o una donna la persona coinvolta nell'incidente). I messaggi degli avvocati, quindi, dovrebbero essere preparati pensando a un pubblico femminile e incentrati sulla fiducia. Le donne, infatti, tendenzialmente cercano una relazione basata sulla fiducia quando scelgono un avvocato. I destinatari tipici della pubblicità degli avvocati, invece, sono persone impiegate in lavori manuali, di età compresa tra i 21 e i 54 anni, con diploma di scuola superiore. Questo pubblico è molto legato alla televisione, che rappresenta la fonte del 90% delle sue informazioni. Le donne tendono a rispondere immediatamente agli annunci degli avvocati visti al mattino, ma posticipano le risposte nel pomeriggio al termine dei loro programmi televisivi preferiti.

7.2b Gli obiettivi della comunicazione

A livello più generale, gli obiettivi di comunicazione dell'organizzazione di servizi sono quelli di informare, persuadere e mantenere aggiornati i clienti attuali e potenziali sulle offerte di servizio dell'azienda. Inoltre, gli obiettivi del mix di comunicazione spesso sono direttamente correlati alle fasi del ciclo di vita del prodotto (CVP).

Come illustrato nella Tabella 7.1, nelle fasi di introduzione e crescita, gli obiettivi principali sono di informare il cliente. Le comunicazioni informative introducono l'offerta di servizio, creano consapevolezza della marca, incoraggiano la prova e preparano spesso la strada per gli sforzi di vendita personale da condurre in seguito.

Siccome i fornitori di servizi professionali iniziano lentamente a relazionarsi con il mercato, le comunicazioni nelle prime fasi tendono a essere soprattutto informative. Esse sono meno invasive di altre forme di comunicazione e spesso veicolano informazioni anche di interesse pubblico che i clienti potrebbero non conoscere, come per esempio la gamma disponibile di servizi legali o sanitari.

Tabella 7.1 Ciclo di vita del prodotto e obiettivi della comunicazione.

Fase del ciclo di vita del prodotto	Obiettivo di comunicazione	Tattiche di comunicazione
Introduzione	Informativo	Introdurre i servizi offerti Creare notorietà della marca Preparare il terreno per la vendita personale Incoraggiare la prova del prodotto
Crescita e maturità	Informativo e persuasivo	Creare un atteggiamento più favorevole rispetto alle offerte concorrenti Indurre a un acquisto immediato Sviluppare l'immagine aziendale
Maturità e declino	Persuasivo e di aggiornamento	Incoraggiare il riacquisto Generare contatti ripetuti Esprimere gratitudine alla base clienti Confermare precedenti decisioni d'acquisto

Benché gli spot televisivi degli avvocati sembrino fine a sé stessi, molti dei clienti che attraggono sono a basso reddito e con un livello di istruzione limitato; molti di questi ammettono che, se non fosse per gli annunci, non saprebbero a chi rivolgersi.

Gli obiettivi di comunicazione durante le fasi di crescita e maturità del ciclo di vita del prodotto tendono a orientarsi verso contenuti informativi e persuasivi. Gli obiettivi in questa fase includono la creazione di un atteggiamento positivo rispetto alle alternative della concorrenza e cercano di indurre a un acquisto immediato e migliorare l'immagine dell'impresa.

Le associazioni di servizi professionali spesso scoraggiano l'uso della pubblicità comparativa tra i propri membri per evitare competizione all'interno della stessa organizzazione; per esempio, è difficile immaginare che un medico citi un concorrente e dichiari che un medico è migliore dell'altro. In generale, le organizzazioni di servizi professionali sostengono che le comunicazioni comparative sminuiscono l'immagine dell'intera categoria. Di conseguenza, i messaggi promozionali basati prevalentemente sulla fornitura di informazioni sono considerati un metodo più accettabile ed elegante di promozione. Quando si adottano approcci persuasivi nell'ambito dei servizi, solitamente sono meno personali e più generali; per esempio, alcune imprese possono affermare di avere una maggiore competenza o di essere attive da più tempo rispetto alla concorrenza (senza menzionare i nomi specifici dei concorrenti).

Gli obiettivi di comunicazione durante le fasi di maturità e declino del ciclo di vita del prodotto tendono invece a utilizzare comunicazioni persuasive e di aggiornamento come promemoria. Gli obiettivi di comunicazione in questa fase sono: influenzare i clienti esistenti a effettuare nuovi acquisti; mantenere un contatto costante per ricordare che l'azienda continua a valorizzare la relazione con loro; riaffermare le decisioni d'acquisto passate dei clienti, riducendo così i livelli di dissonanza cognitiva percepita. Come le comunicazioni informative, le comunicazioni di aggiornamento tendono a essere meno invasive e più accettabili per le organizzazioni professionali.

Infine, le ampie categorie informative, persuasive e di promemoria hanno l'obiettivo di ottenere aumenti delle vendite, cambiamenti positivi nelle opinioni dei clienti e un incremento complessivo della consapevolezza riguardo alle offerte in corso.

Principio SMART: gli obiettivi di comunicazione devono essere SMART (Specifico, Misurabile, Attuabile, Rilevante e Temporizzato) per essere efficaci.

Inoltre, nella definizione degli obiettivi di comunicazione, ciascun obiettivo dovrebbe essere formulato seguendo il **principio SMART**.

- *Specifico*: gli obiettivi dovrebbero essere definiti in termini specifici (vendite, consapevolezza, ecc.) e non in maniera generica (facciamo un buon lavoro quest'anno).
- *Misurabile*: gli obiettivi dovrebbero essere espressi in termini quantitativi in modo da essere misurati (l'obiettivo è aumentare le vendite del 10%).
- *Attuabile*: gli obiettivi dovrebbero essere realistici e raggiungibili. Gli obiettivi irrealistici potrebbero addirittura scoraggiare invece di incoraggiare il comportamento dei dipendenti.
- *Rilevante*: gli obiettivi dovrebbero essere rilevanti per le persone che li perseguono. I dirigenti aziendali dovrebbero perseguire obiettivi di ordine generale, mentre il personale operativo dovrebbe concentrarsi sugli obiettivi specifici del proprio reparto.
- *Temporizzato*: gli obiettivi dovrebbero essere definiti in modo da essere completati entro un periodo di tempo specifico (per esempio, sei mesi, un anno).

7.2c Il budget per la comunicazione

Una volta selezionato il mercato di riferimento e stabiliti gli obiettivi di comunicazione, è necessario definire una previsione di spesa (*budget*). Le tecniche di definizione del budget sono trattate nella maggior parte dei corsi introduttivi di marketing e includono approcci come *top-down budgeting, bottom-up budgeting, bottom-up/top-down budgeting* e *top-down/bottom-up budgeting*. Altre tecniche di definizione del budget più adatte alle piccole imprese di servizi includono la percentuale sulle vendite, la tecnica incrementale, l'approccio "tutto quello che si può", il confronto competitivo e l'analisi di obiettivi e risultati. La Tabella 7.2 fornisce una descrizione generale di ciascuna tecnica.

Tabella 7.2 Breve descrizione delle tecniche di budgeting.

Tecnica di budgeting	Descrizione
Top-down budgeting	Il preventivo è fissato dal vertice aziendale
Bottom-up budgeting	Il preventivo è fissato dai responsabili di prodotto o della marca
Bottom-up/top-down budgeting	Il preventivo è fissato dai responsabili di prodotto o della marca e verificato dal vertice aziendale
Top-down/bottom-up budgeting	Il preventivo è fissato dal vertice aziendale e verificato dai responsabili di prodotto o della marca
Percentuale sulle vendite	Il preventivo è fissato sulla base delle vendite dell'anno precedente
Tecnica incrementale	Il preventivo cresce di una percentuale fissa ogni anno
Tutto quello che si può	Il preventivo è fissato sulla base di quanto resta dopo aver coperto i costi operativi e i profitti attesi
Confronto competitivo	Il preventivo è fissato in relazione al comportamento della concorrenza
Obiettivi e risultati	Il preventivo è fissato in relazione a quanto è necessario per raggiungere gli obiettivi di comunicazione attesi

Idealmente, il budget delle comunicazioni dovrebbe fornire le risorse necessarie per consentire di centrare gli obiettivi di comunicazione stabiliti, ovvero questi ultimi dovrebbero guidare il budget. Tuttavia, una rapida revisione della maggior parte delle tecniche di definizione del budget appena menzionate rivela che spesso è il budget a determinare quali obiettivi possano essere raggiunti, e non il contrario. Limitare il budget ostacola notevolmente il raggiungimento degli obiettivi di comunicazione e, come ha affermato Derby Brown, "L'azienda che si ritiene immune alla necessità di pubblicità [comunicazioni] prima o poi si ritrova immune agli affari".

7.2d La strategia di posizionamento

Il passo successivo nel processo di comunicazione del servizio consiste nell'impostazione della strategia di **posizionamento** dell'azienda. Una strategia di posizionamento efficace comunica ai clienti come riconoscere una data offerta dalle alternative concorrenti. Starbucks, per esempio, si posiziona come un fornitore di caffè socialmente responsabile (vedi Approfondimento 7.1).

Posizionamento: lo spazio che una determinata offerta ricopre nella mente degli acquirenti; come l'offerta è percepita in relazione a proposte concorrenti.

Altre strategie di posizionamento, sia delle aziende che producono beni industriali sia di quelle che forniscono servizi, includono la differenziazione del prodotto, la differenziazione dell'immagine, la differenziazione del personale e la differenziazione del servizio (vedi Tabella 7.3).

Tabella 7.3 Approcci alla differenziazione per un posizionamento efficace.

Differenziazione del prodotto	Differenziazione del personale
Funzionalità	Competenza
Prestazioni	Cortesia
Conformità	Credibilità
Durata	Affidabilità
Affidabilità	Reattività
Riparabilità	Stile comunicativo
Design	
Differenziazione dell'immagine	**Differenziazione del servizio**
Simboli	Consegna (velocità, precisione)
Materiali scritti, video o audio	Installazione
Atmosfera	Formazione dei clienti
Eventi	Consulenza
	Manutenzione
	Servizi vari

Fonte: adattato da Philip Kotler, *Marketing Management: Analysis, Planning, Implementation, and Control*, 9th ed. (Englewood Cliffs, NJ: Prentice-Hall, 1997), p. 283.

APPROFONDIMENTO 7.1

Sostenibilità e servizi in azione
La missione ambientale di Starbucks

La maggior parte delle persone conosce Starbucks come fornitore al dettaglio di caffè, ma solo una parte del mercato conosce la pratica eco-sostenibile dell'azienda. Sebbene Starbucks non nasconda deliberatamente i propri sforzi ambientali, non ne fa sfoggio quanto potrebbe. Forse la scelta di non mostrare apertamente le proprie pratiche eco-sostenibili nelle comunicazioni di marketing per attirare nuovi clienti rende questi sforzi più credibili in termini di responsabilità sociale e sostenibilità.

Per comprendere appieno l'impegno di Starbucks, i clienti devono cercare informazioni nella sezione "Chi siamo" sul sito web dell'azienda: non ne viene menzionato nemmeno un accenno sulla pagina principale del sito. Per esempio, oltre alla dichiarazione della mission, l'impegno di Starbucks per pratiche eco-sostenibili è dimostrato in una dichiarazione separata sulla missione ambientale.

Dichiarazione ambientale di Starbucks

Starbucks si impegna a svolgere un ruolo di leadership ambientale in tutti gli aspetti del nostro business. Per adempiere a questa missione, ci impegniamo a:

- comprendere le questioni ambientali e condividere informazioni con i nostri partner;
- sviluppare soluzioni innovative e flessibili per apportare cambiamenti;
- cercare di acquistare, vendere e utilizzare prodotti eco-sostenibili;
- riconoscere che la responsabilità finanziaria è essenziale per il nostro futuro ambientale;
- presentare la responsabilità ambientale come valore aziendale;
- misurare e monitorare i nostri progressi per ogni progetto;
- incoraggiare tutti i partner a condividere la nostra missione.

Di conseguenza, Starbucks cerca attivamente di ridurre al minimo il proprio impatto ambientale e di creare opportunità per un'attività eco-sostenibile in vari modi. In primo luogo, l'azienda ha adottato linee guida al fine di acquistare prodotti eco-sostenibili da produttori che condividono la sua preoccupazione per l'ambiente. Inoltre, Starbucks acquista inchiostro privo di piombo, adotta sistemi amministrativi senza carta quando possibile, pratica un imballaggio minimo, ricicla materiali post-consumo, ricicla in compost i fondi di caffè ottenuti dalle operazioni di tostatura ed estrazione, incorpora pratiche di conservazione dell'energia nei suoi punti vendita e luoghi di produzione, monitora le proprie emissioni di gas serra e intraprende azioni per ridurle e forma attivamente i dipendenti sull'impegno per la preservazione dell'ambiente. Inoltre, l'iniziativa "impegno alle origini" assiste attivamente "i produttori, le loro famiglie e comunità e l'ambiente naturale per promuovere un modello sociale, ecologico ed economico sostenibile per la produzione e il commercio del caffè".

Fonte: http://www.starbucks.com.

Si noti che, in definitiva, nonostante i migliori sforzi profusi dall'impresa per comunicare il posizionamento desiderato, sarà il cliente a determinarlo. Un posizionamento efficace è particolarmente complesso nei servizi in cui l'intangibilità offusca la capacità dell'acquirente di distinguere un fornitore da un altro. Per esempio, una delle sfide che si presentano ai responsabili di marketing di servizi internazionali è lo sviluppo di campagne promozionali che soddisfino le esigenze della clientela locale, adattando il posizionamento in base al comportamento, i gusti, le attitudini e le tradizioni, al fine di ottenere l'approvazione dei clienti. Pertanto, in termini di strategia di comunicazione, un hotel Marriott di una particolare località potrebbe essere presentato come una destinazione per weekend per adulti, mentre un altro hotel della stessa catena situato in un paese più conservatore potrebbe mettere in evidenza i valori della famiglia.

A supporto della strategia di posizionamento, il ***copy*** del mix di comunicazione deve essere adattato per attirare il cliente internazionale. Anche se alcune comunicazioni possono condividere elementi grafici comuni, il testo degli annunci verrà personalizzato in base alla cultura locale. Marriott ha utilizzato annunci simili per raggiungere i viaggiatori d'affari negli Stati Uniti, in Arabia Saudita, in America Latina e nei Paesi di lingua tedesca. Sebbene il tema comune, "Quando ti senti a tuo agio, puoi fare qualsiasi cosa", sia stato utilizzato in tutto il mondo, gli approcci creativi locali sono stati diversi; per esempio, nella versione per i Paesi di lingua latina è stata enfatizzata la comodità, mentre nella versione per i Paesi di lingua tedesca è stato dato maggior risalto ai risultati. Gli annunci nei Paesi occidentali possono presentare un uomo e una donna abbracciati con le braccia nude, mentre gli annunci per la stessa struttura alberghiera in Arabia Saudita tengono conto degli standard morali locali, e mostrano il braccio dell'uomo coperto da una tunica scura e la mano della donna che sfiora appena la sua mano.

Copy: contenuto del messaggio.

In sintesi, le comunicazioni internazionali dei servizi dovrebbero essere attentamente posizionate e adattate per soddisfare le esigenze e le aspettative dei mercati locali.

7.2e Le strategie sul contenuto e sui canali

Dopo aver deciso la strategia di posizionamento, è necessario definire il contenuto del messaggio per trasmetterla ai clienti attuali e potenziali. Ritz Carlton si posiziona efficacemente come fornitore di ospitalità di alto livello attraverso il suo motto: "Siamo Signore e Signori al servizio di Signore e Signori". Questo è un tipico esempio di utilizzo della differenziazione del personale come strategia di posizionamento.

Oltre a confezionare il contenuto, si devono scegliere accuratamente i canali (media) da utilizzare per consegnarlo ai clienti. L'efficacia della strategia sui media varia a seconda che i destinatari del messaggio siano utenti o non utenti.

Strategie di comunicazione rivolte ai non utenti

Se l'obiettivo è raggiungere coloro che non utilizzano il servizio, i canali di comunicazione ai quali è possibile ricorrere sono la pubblicità sui media, la forza vendita, le relazioni pubbliche e le sponsorizzazioni.

Un modo per selezionare la gamma di canali di comunicazione è quello di considerare il grado in cui il messaggio può essere mirato a pubblici specifici. La specificità del pubblico può variare considerevolmente a seconda del media utilizzato; la pubblicità televisiva può raggiungere un pubblico molto ampio ma non è particolarmente selettiva, tranne che per la variazione degli spettatori nei diversi canali in base all'orario.

Secondo le statistiche sugli incidenti stradali, il 50-60% di tutti gli incidenti che causano lesioni avviene tra il venerdì mattina e la mezzanotte di domenica, in cui i due terzi di tutte le lesioni sono danni ai tessuti molli che iniziano a manifestare sintomi dalle 24 alle 72 ore dopo l'incidente. Di conseguenza, il periodo di punta per la pubblicità degli studi legali inizia il lunedì mattina e si estende fino al mercoledì pomeriggio.

In confronto, le stampe nazionali come giornali e riviste offrono un focus più selettivo, in quanto sono tendenzialmente indirizzate a segmenti più specifici di clienti e ancora più specifiche sono le riviste di settore. La posta inviata direttamente a casa è la forma di comunicazione più mirata tra tutti i mezzi di comunicazione impersonali. In pratica, la scelta tra questi media deve basarsi sul costo per raggiungere il target e sul rischio di rivolgersi ai segmenti sbagliati.

Quando il fornitore di servizi ha un pubblico ben definito e ha poco da perdere rispetto a segmenti che non sono esattamente i propri, la pubblicità televisiva può risultare il mezzo più conveniente da un punto di vista economico in base al costo per contatto. Per contro, la televisione e altri mezzi di comunicazione di massa non sono efficienti per un servizio specializzato come un ristorante di alta classe, dove il pubblico target è chiaramente identificabile e c'è un alto costo associato all'attrarre il pubblico sbagliato. In altre parole, se al ristorante si presentano clienti non in linea con il suo target di riferimento, l'esperienza potrebbe risultare negativa per tutti e confondere il messaggio di posizionamento del locale.

Le relazioni pubbliche e la pubblicità possono essere sia ad ampio raggio che molto specifiche, a seconda di come vengono utilizzate, come succede per i commenti editoriali. Le relazioni pubbliche hanno il vantaggio di ricevere più credibilità da parte del cliente rispetto alla pubblicità a pagamento, ma sono molto più difficili da controllare: il contenuto potrebbe non essere progettato o la copertura potrebbe essere limitata.

La pubblicità nei media, le relazioni pubbliche e la propaganda sono forme unidirezionali di comunicazione, per cui non possono rispondere alle domande dei clienti o adattare il messaggio a un pubblico specifico.

La comunicazione personale o il telemarketing hanno un costo maggiore per persona, ma offrono la flessibilità di modificare il messaggio durante la presentazione. Quando il messaggio è difficile da comunicare o richiede una persuasione più diretta, la comunicazione personale è spesso la scelta più adatta. Una forza vendita può essere altamente specializzata e addestrata per presentare argomentazioni complesse in modo interattivo, rispondendo agli input dei clienti durante il processo.

Strategie di comunicazione per raggiungere gli utenti

I clienti attualmente serviti possono essere raggiunti non solo da tutti i canali presentati in precedenza, ma anche direttamente da parte dei fornitori.

È evidente che il ruolo dei fornitori di servizi è multiforme poiché essi sono chiamati a svolgere diverse funzioni di comunicazione. Questi fornitori e queste funzioni sono classificati in base ai seguenti tipi di personale.

Personale di servizio di Tipo 1: ha contatti rapidi ed efficienti con un numero elevato di clienti. I contatti non sono ripetuti.

Il **personale di servizio di Tipo 1** è richiesto per affrontare i clienti in modo rapido ed efficace in incontri "*una tantum*" e si relaziona con un numero elevato di clienti. Gli scambi consistono in informazioni semplici e risposte limitate alle richieste dei clienti. Una comunicazione efficace richiede la capacità di stabilire relazioni con i clienti molto rapidamente, gestire in modo efficiente i problemi e trasmettere messaggi brevi e rapidi che i clienti possano facilmente capire. Esempi tipici includono il personale di contatto dei ristoranti fast food o delle stazioni di rifornimento carburante.

Personale di servizio di Tipo 2: ha contatti limitati con numerosi clienti ma di durata maggiore rispetto al Tipo 1 e talvolta ripetuti.

Il **personale di servizio di Tipo 2** interagisce con numerosi clienti in incontri limitati, spesso ripetuti e di durata leggermente maggiore. Le informazioni fornite sono miste, in parte semplici e in parte più complesse, e richiedono ai membri dello staff di prendere decisioni indipendenti. La comunicazione in questa categoria richiede efficaci capacità di ascolto e di instaurare un rapporto di fiducia, interpretare le informazioni dei clienti e prendere decisioni nelle relazioni con i clienti che spesso perdurano nel tempo. Le comunicazioni sono generalmente più intense rispetto alle situazioni di Tipo 1. Esempi tipici includono un cliente che richiede periodicamente composizioni floreali da un fioraio, un cliente fedele di un sarto o un cameriere storico presso un ristorante di alto livello.

Al **personale di servizio di Tipo 3** sono necessarie competenze di comunicazione più complesse. A esso vengono rivolte richieste complicate e non ripetibili e l'interazione con il cliente si protrae nel tempo. La comunicazione efficace richiede la capacità di ascoltare ed elaborare informazioni complesse, di pensare in modo creativo nelle interazioni faccia a faccia con i clienti e di fornire informazioni in modo chiaro e comprensibile. Esempi di questo tipo includono i professionisti nel campo medico o legale.

Personale di servizio di Tipo 3: ha rapporto con i clienti per problemi più complessi per cui sono richieste capacità di ascolto e decisionali.

Qualsiasi organizzazione di servizi può avere dipendenti appartenenti a una, due o tutte e tre le categorie precedenti. Per esempio, una banca può avere cassieri che svolgono comunicazioni di Tipo 1, un funzionario che tratta i prestiti impegnato in comunicazioni di Tipo 2 e un dirigente che si occupa di operazioni più complesse impegnato in comunicazioni di Tipo 3. Un'agenzia di viaggi può avere un agente coinvolto sia in comunicazioni di Tipo 2 (quando emette biglietti o prenota soggiorni) sia in comunicazioni di Tipo 3 (quando pianifica eventi) e un receptionist che gestisce comunicazioni di Tipo 1.

Ogni tipo di comunicazione richiede competenze specifiche e comporta responsabilità diverse da parte dei fornitori. È fondamentale assegnare il ruolo di comunicazione appropriato alla persona giusta all'interno dell'organizzazione. Il Tipo 1 è principalmente un ruolo operativo, mentre il Tipo 3 è un ruolo misto di marketing e attività operative.

Date le categorie appena definite, è importante ricordare la posizione dell'operatore che fornisce il servizio; questi non è semplicemente un venditore, ma è una parte integrante del processo operativo e dell'esperienza acquistata dal cliente. Una decisione apparentemente semplice, per esempio quella di far vendere polizze assicurative o piani previdenziali al cassiere di banca, può avere conseguenze profondamente negative, dato che potrebbe provocare un **conflitto di ruolo e di identità personale** per il cassiere. Il conflitto potrebbe essere causato dal desiderio del cassiere di pensare a sé stesso non come venditore ma come bancario. Il **conflitto diretto** tra i due ruoli, invece, può sorgere quando il ruolo operativo richiede un servizio veloce e la minimizzazione del tempo trascorso con ciascun cliente mentre il ruolo di vendita richiede il contrario. Inoltre, il "copione" può crollare sia per il fornitore di servizi che per il cliente; mentre il cassiere cerca di fare qualcosa di nuovo desiderando di instaurare un rapporto personale parlando del tempo e dello sport prima di iniziare una vendita, il cliente invece potrebbe aspettarsi una transazione rapida e professionale.

Conflitto di ruolo e di identità personale: si verifica quando i dipendenti sono chiamati a svolgere un nuovo ruolo che è in contrasto con la loro percezione di sé stessi.

Conflitto diretto: condizione in cui a un operatore è chiesto di svolgere attività in contrasto tra loro.

Potenzialmente, tale decisione può anche diminuire l'efficienza operativa poiché il tempo di transazione per cliente aumenta. Questo problema si è verificato nell'esperienza di FedEx prima di aver centralizzato il proprio sistema di contatto telefonico con i clienti: in periodi di forte domanda, specialmente se questi non erano previsti, tutti i dipendenti dei magazzini FedEx rispondevano al telefono, compresi i rappresentanti di vendita sul campo con sede nei magazzini. Il risultato è stato che i vari dipendenti hanno dovuto trasformare la comunicazione di servizio da Tipo 1 a Tipo 3 e che di conseguenza le chiamate richiedessero molto più tempo del solito e si creassero numerosi "colli di bottiglia" telefonici.

7.2f Il monitoraggio, la valutazione e il controllo della strategia di comunicazione

Una volta lanciata la strategia di comunicazione, i manager dovrebbero monitorare le reazioni a essa, valutarne l'efficacia e apportare eventuali aggiustamenti quando necessario.

La valutazione della strategia di comunicazione viene condotta confrontando i risultati con gli obiettivi precedentemente dichiarati; se l'obiettivo dichiarato è aumentare la consapevolezza del cliente del 20% durante le prime quattro settimane della campagna di comunicazione, sondaggi pre-test e post-test sui livelli di consapevolezza aiutano a verificare il successo della campagna. Va notato che le strategie di comunicazione efficaci non portano sempre ad aumenti immediati delle vendite, infatti molte comunicazioni di servizio sono caratterizzate da un **effetto ritardato**, poiché la domanda per molti tipi di servizi è poco frequente e, quindi, il successo della campagna potrebbe essere raggiunto solo in un momento successivo. Per esempio, molti pazienti vanno dal dentista o dal medico solo una o due volte all'anno, e la maggior parte dei clienti si rivolge al proprio agente assicurativo o consulente finanziario ancora meno frequentemente. Tuttavia, anche se la strategia di comunicazione potrebbe non generare un aumento immediato delle vendite, spesso contribuisce ad aumentare la consapevolezza del cliente e favorisce la formazione di atteggiamenti positivi verso il fornitore di servizi. La campagna sarà stata efficace nelle vendite se in futuro il cliente decidesse di cambiare un fornitore di servizi esistente o cercasse nuove soluzioni.

Effetto ritardato: esito di una comunicazione che si manifesta con tempi più lunghi.

7.3 Le caratteristiche della strategia di comunicazione per i servizi

Come sottolineato più volte, il marketing dei servizi presenta alcune caratteristiche che lo rendono unico, per cui si devono affrontare problemi non presenti nel marketing dei beni industriali.

In primo luogo, poiché i servizi sono spesso un'esperienza condivisa con altri clienti, le comunicazioni non mirate con precisione possono portare target diversi a reagire alla stessa comunicazione simultaneamente. In secondo luogo, le comunicazioni sono spesso interpretate come promesse implicite di servizio su cui i clienti basano le proprie aspettative iniziali. In terzo luogo, poiché i dipendenti spesso producono il servizio in stretta vicinanza con i clienti, dovrebbero essere considerati clienti interni di uguale importanza rispetto ai clienti esterni tradizionali. Infine, in molti casi i fornitori di servizi non solo producono il servizio ma devono anche venderlo, e sorgono domande riguardo alle implicazioni strategiche di trasformare chi fa in chi vende. Quando il fornitore di servizi è coinvolto in attività di vendita, la produzione del servizio stesso si ferma; d'altra parte, quando il fornitore di servizi è impegnato nella produzione dei servizi, non si stanno coltivando i clienti futuri, mettendo a rischio la capacità della gestione operativa di funzionare senza interruzioni. Questo porta dunque a chiedersi come i fornitori di servizi dovrebbero bilanciare le attività di vendita e la produzione.

7.3a Comunicazioni imprecise

La segmentazione è uno dei concetti fondamentali del marketing ed è ormai assodato che l'attività di marketing può essere migliorata rivolgendosi a gruppi specifici di acquirenti che si comportano in modo diverso tra loro. Sebbene la segmentazione venga applicata sia ai mercati di beni che a quelli di servizi, comunicare al segmento sbagliato genera conseguenze meno gravi per chi vende beni tangibili piuttosto che servizi.

Se un detersivo viene acquistato da un cliente diverso da quello a cui era rivolto, non ci sono effetti negativi sul produttore del detersivo; le vendite vengono comunque generate. La Pepsi-Cola viene proposta ai giovani, ma se arriva a un segmento di anziani che interpretano la comunicazione nel senso che la bevanda li farà sentire giovani di nuovo, benché questo non fosse l'intento originale dell'azienda produttrice, le vendite vengono generate senza conseguenze negative sul prodotto.

Si supponga, invece, che il segmento sbagliato di clienti decida di prenotare a un ristorante di alto livello perché all'apertura la direzione ha proposto una promozione di prezzo e l'agenzia pubblicitaria ha sviluppato una pubblicità imprecisa. Il risultato sarà che il ristorante attirerà due tipi di clienti: coppie economicamente agiate di mezza età da una parte e gruppi di studenti attenti al prezzo dall'altra. I primi sono il target originale, mentre i secondi sono stati attirati da comunicazioni di marketing errate. Purtroppo, per il ristorante e per molti altri servizi come si è visto in precedenza, tutti i clienti sono parte integrante del servizio e per questo nessun segmento di clienti apprezzerà del tutto l'esperienza a causa della presenza dell'altro, e forse molti clienti non torneranno.

In conclusione, a causa dell'esperienza di utilizzo condivisa, le conseguenze delle **comunicazioni non mirate** con precisione sono molto più significative per le aziende di servizi rispetto a quelle per le aziende tradizionali produttrici di beni.

Comunicazioni non mirate: comunicazioni ricevute da destinatari sbagliati.

7.3b Gestione delle aspettative e delle percezioni

La strategia di comunicazione svolge un ruolo chiave nella formazione delle aspettative dei clienti riguardo ai servizi. Le comunicazioni possono rafforzare idee preesistenti o modificarle in modo significativo, sostituendole con nuove aspettative, che possono essere indotte da qualcosa di esplicito come una promessa ("Il cibo sarà pronto in cinque minuti") o implicito come un comportamento (un saluto cordiale all'ingresso del luogo di lavoro). Spesso tali aspettative vengono create inavvertitamente, per esempio quando un cameriere promette di "tornare subito" e il cliente lo considera quasi un contratto vincolante.

Oltre alle aspettative, anche le percezioni sono condizionate da vari aspetti; la qualità tecnica del servizio è data da un livello oggettivo di performance del sistema operativo e potrebbe essere persino misurabile con un cronometro, un termometro o altri strumenti. Purtroppo, questo non è il livello di performance che il cliente coglie e la percezione agisce come un filtro che, alla fine, determina il livello.

La percezione è influenzata dagli stessi fattori che formano le aspettative; le comunicazioni possono creare sentimenti positivi verso l'organizzazione che innalzano il livello di servizio percepito. Al contrario, il personale vestito in modo inadeguato o con comportamenti impropri può offrire alti livelli di qualità tecnica del servizio ma essere mal percepito dal cliente, che abbasserà il livello di servizio percepito.

Molti fattori che generano aspettative sono sotto diretto controllo del management, ma tra questi non è possibile collocare l'esperienza passata dei clienti e le attività dei concorrenti. Data tale capacità di controllo, l'organizzazione deve determinare gli obiettivi del mix di comunicazione. In assenza di concorrenza, un possibile obiettivo di comunicazione potrebbe essere quello di ridurre le aspettative dei clienti prima del loro arrivo, dato che aspettative ridotte portano a livelli di soddisfazione più elevati, mantenendo gli stessi livelli di servizio percepiti. Più realisticamente, le comunicazioni devono anche svolgere il ruolo più tradizionale di stimolare la domanda; promettendo un servizio mediocre, però, si riducono le aspettative dei clienti ma non se ne guadagnano di nuovi.

In termini di concorrenza, le imprese fanno promesse e cercano di creare aspettative che le differenzino sul mercato e inducano i clienti a rivolgersi a loro invece che ai concorrenti. La tentazione è quindi quella di promettere troppo e alzare le aspettative a un livello irrealistico. È forse un bene che la variabilità nei servizi sia ben nota alla maggior parte degli acquirenti, portando la maggior parte di essi a ignorare le promesse fatte dalle aziende. Quando tali promesse vengono invece prese sul serio, il risultato è spesso l'insoddisfazione dei clienti. Si tornerà sull'argomento nel Capitolo 11.

7.3c La pubblicità per i dipendenti

Il personale delle imprese di servizi spesso rappresenta un pubblico secondario per qualsiasi campagna pubblicitaria. Se i dipendenti si identificano o si sentono coinvolti positivamente nella pubblicità della propria azienda, può aumentare il loro coinvolgimento nel lavoro.

Per contro, se le comunicazioni vengono sviluppate senza tenere in considerazione il personale che effettivamente erogherà il servizio, si può creare l'attesa di livelli di prestazione tecnicamente o burocraticamente impossibili. Questo ha un effetto doppiamente negativo sul personale, poiché: (1) dimostra che le persone che hanno sviluppato le comunicazioni (il reparto marketing) non capiscono l'azienda e (2) crea nei clienti l'aspettativa che il servizio funzioni effettivamente in quel modo, obbligando il personale a spiegare loro che la realtà è diversa da quanto descritto nelle comunicazioni dell'azienda. In entrambi i casi, ci sarà un impatto negativo sulla motivazione del personale, che a sua volta influenzerà negativamente la soddisfazione del cliente.

Un esempio noto riguarda American Airlines; la compagnia aerea aveva diffuso un annuncio che mostrava un assistente di volo che leggeva una favola a un bambino durante il volo. Di conseguenza, i passeggeri si aspettavano che gli assistenti di volo si prendessero cura dei loro figli, mentre gli stessi assistenti di volo erano infastiditi dall'idea di dover fare da babysitter in aggiunta a tutte le altre loro mansioni.

In definitiva, per raggiungere il successo, le aziende di servizi devono anzitutto convincere i propri dipendenti dell'importanza del loro ruolo nel fornire il servizio, prima ancora di rivolgere le loro attenzioni al cliente. Per anni, le comunicazioni di Southwest Airlines hanno mostrato dipendenti sorridenti che facevano di tutto per accontentare i viaggiatori. Sebbene le comunicazioni siano chiaramente rivolte ai clienti, inviano un messaggio anche ai dipendenti sul comportamento atteso.

Alla fine, le comunicazioni non rappresentano solo un mezzo per comunicare con i clienti, ma fungono anche da veicolo per coinvolgere, motivare e formare i dipendenti.

APPROFONDIMENTO 7.2

Servizi globali in azione
Waikiki Hawaiian Food

Waikiki Hawaiian Food è una catena di ristoranti fast food fondata nel 2017 dal brand designer Gianluca Di Cecco. All'epoca Waikiki fu il primo locale di poké nel mercato italiano, iniziando a promuovere cibo sano e goloso soddisfacendo ogni tipo di regime alimentare con infinite combinazioni di materie prime di qualità.

Oggi i punti vendita di proprietà e in franchising coprono diverse regioni Italiane e, al fine di garantire la medesima qualità dei prodotti serviti, ciascuno di essi viene rifornito da un laboratorio centralizzato sito nel centro Italia.

Gli oltre 20 punti vendita oggi aperti godono di un know-how consolidato e in continua evoluzione al fine di offrire la medesima esperienza in ogni città.

In parallelo alla cura per i suoi prodotti di consumo, Waikiki pone altrettanta attenzione al rendersi riconoscibile, dal packaging agli interni dei locali, e alla comunicazione del brand tramite i canali social, da "Waikikipedia – le Hawaii in tasca", una rubrica digitale che racconta le Hawaii, a "Radio Waikiki", playlist musicale combinata a messaggi promozionali all'interno di ogni store.

L'identità fresca e giocosa del marchio Waikiki strizza l'occhio al mondo del wellness, in particolar modo alla cultura del surf trasmessa con vere e proprie lezioni "Surf Tips" e, non ultimo, con un merchandise dedicato ai Waikikers, una capsule d'abbigliamento e accessori per il surf, e altri articoli per arricchire ulteriormente l'*experience* dei suoi clienti.

Waikiki Hawaiian Food offre anche servizio d'asporto, "Take Hawaii", e a domicilio con la sua app, oltre ad avere rapporti convenzionati su territorio nazionale con delivery partner esterni.

Avendo intuito che il poké sarebbe diventato uno dei cibi più richiesti nel settore food, Waikiki fin dall'inizio ha cercato di esaltare le origini hawaiane del prodotto al tempo sconosciuto seguendo una linea ben precisa: dalle marinature dei cubetti di proteina alle salse e ai condimenti, costruendo attorno al marchio molteplici situazioni dedicate. Oggi la gamma prodotti si è estesa anche a Gyoza, Bao e al Saimin, cioè il ramen delle Hawaii.

Waikiki punta a far rigenerare i suoi clienti, i Waikikers, facendo loro disconnettere la mente da tutto il resto come se si ritrovassero su una spiaggia lontana alle Hawaii, seppur invece a due passi dall'ufficio, dall'aula universitaria o da qualsiasi altro luogo di routine.

7.3d Conflitti tra vendita e gestione operativa

Un'altra considerazione peculiare del settore dei servizi è che spesso le persone che vendono il servizio sono le stesse che lo forniscono. In molti casi, l'operatore si sente molto più a suo agio nel fornire il servizio che nel commercializzarlo. D'altra parte, il personale talvolta è così coinvolto negli aspetti comunicativi che trascura l'operatività.

I conflitti tra la vendita e la gestione operativa sono di almeno due tipi: il primo è economico e il secondo è di ruolo.

Gli operatori vengono pagati per la fornitura di servizi e non per il tempo trascorso per la comunicazione; essi tuttavia devo impegnarsi anche in attività di marketing per garantirsi futuri clienti, ma il tempo dedicato a esse non produce entrate per il fornitore in quel momento. A complicare ulteriormente le cose è il fatto che il tempo dedicato alla comunicazione con i potenziali nuovi clienti si sovrappone spesso ad altre attività in corso. Ciò significa che il tempo per la comunicazione deve essere allocato cercando di prevedere quando sarà completato il lavoro per i clienti che già si stanno servendo. Le funzioni di comunicazione, quindi, devono essere tendenzialmente svolte durante la fase di elaborazione dei servizi venduti al fine di evitare interruzioni tra un ordine e l'altro dei clienti.

Il secondo conflitto è legato ai ruoli. Molti fornitori di servizi professionali ritengono che le necessità legate alla comunicazione, come la vendita personale, non rientrino nelle proprie aree di competenza e, in alcuni casi, siano considerate addirittura denigratorie. Per questo motivo, alcuni si sentono a disagio nel gestire le attività di comunicazione. Il settore sanitario, in particolare, ha sofferto di questo problema nel corso degli anni. Tuttavia, la crescente concorrenza tra i fornitori ha portato molti a riconoscere l'importanza della formazione dei propri specialisti tecnici nei principi del marketing. Molte istituzioni sanitarie, soprattutto quelle di alto livello, ora abbracciano l'importanza degli sforzi di comunicazione dell'azienda.

7.4 Linee guida specifiche per lo sviluppo delle comunicazioni dei servizi

Da un'analisi della letteratura sugli aspetti specifici del marketing dei servizi emergono diverse tematiche comuni che consentono di delineare alcune linee guida per lo sviluppo delle comunicazioni di servizio. Molte di queste linee guida sono state introdotte nel corso degli anni dalle imprese di servizi come soluzione all'intangibilità, all'inseparabilità, all'eterogeneità e alla deperibilità dei servizi.

7.4a Sviluppare il passaparola

I clienti di servizi si affidano a fonti di informazione personali (amici, familiari, colleghi) più che a fonti generiche (media di massa, brochure informative) al fine di ridurre il rischio associato a un acquisto, e per questo motivo è importante facilitare una rete di passaparola. Le comunicazioni aziendali spesso presentano clienti soddisfatti e strategie promozionali che incentivano i clienti attuali a reclutare i propri amici.

Altre strategie di comunicazione come le presentazioni a comunità professionali o la sponsorizzazione di eventi si sono rivelate efficaci per stimolare il passaparola. Per molti versi, oggi i clienti e le imprese di servizi possono consultare e generare fonti di informazione più personali attraverso Internet, i blog, i social media e i siti web di recensioni e opinioni. Gli acquirenti più intelligenti utilizzano queste fonti di informazione per prendere decisioni di acquisto più consapevoli, e le imprese di servizio innovative stanno imparando a utilizzare questi siti per indirizzare il traffico verso le proprie attività.

7.4b Promettere ciò che è possibile

In sostanza, la soddisfazione del cliente si basa sul confronto tra le sue aspettative e la sua esperienza effettiva con il servizio ricevuto. In tempi di crescente pressione competitiva, le imprese potrebbero essere tentate di fare promesse eccessive nelle loro comunicazioni di marketing. Tuttavia, questa strategia può inizialmente alzare le aspettative dei clienti, ma in un secondo momento porta a una delusione quando le promesse non vengono mantenute.

Ci sono due problemi associati alle promesse eccessive. In primo luogo, i clienti rimangono delusi, si verifica una significativa perdita di fiducia verso il fornitore e l'impatto negativo aumenta tramite il passaparola. In secondo luogo, i dipendenti si ritrovano in posizioni imbarazzanti e spesso conflittuali, dato che sono loro stessi costretti a dover spiegare ripetutamente ai clienti il motivo per cui il fornitore non può mantenere le sue promesse. Dato il legame stretto tra soddisfazione dei dipendenti e soddisfazione dei clienti (come spiegato estesamente nel Capitolo 9) creare aspettative che non possono essere soddisfatte può avere effetti devastanti nel lungo termine.

7.4c Rendere tangibile l'intangibile

Data la natura intangibile dei servizi, questi spesso appaiono astratti nella mente dei potenziali acquirenti. Una delle principali indicazioni per la pubblicità di un servizio è, quindi, quella di renderlo più concreto. Le compagnie di assicurazione affrontano questa sfida quotidianamente: come rendere tangibile ciò che è intangibile? Una soluzione adottata da molte compagnie è stata quella di utilizzare simboli tangibili per rappresentare le proprie aziende: Prudential ha la roccia (Dwayne "The Rock" Johnson), Merrill Lynch ha un toro, GEICO ha un geco e Aflac Duck ha l'emblematica papera.

La campagna dell'Aflac Duck è stata creata da Linda Kaplan Thaler, CEO e direttore creativo, e Robin Koval, direttore marketing e direttore generale del Kaplan Thaler Group (KTG) Ltd. con l'obiettivo di aumentare la notorietà del marchio Aflac. Il presidente e CEO di Aflac disse a Thaler: «Non mi interessa cosa fate, purché facciate in modo che le persone conoscano il nome di questa azienda». L'ispirazione dietro la campagna della papera si basava sulla teoria "*big bang*" di KTG: "se permettiamo a un po' di illogicità di entrare nei nostri pensieri... possiamo sfondare la prigione della convenzione attuale". Quando viene pronunciato ad alta voce, Aflac suona come il suono emesso da una papera, un uccello acquatico leggermente fastidioso (che odia essere ignorato) che è diventato l'emblema dell'azienda.

La campagna dell'Aflac Duck è stata un successo senza precedenti; innanzitutto la notorietà di Aflac è cresciuta dal 12% al 90% in cinque anni. Aflac è ora il principale fornitore di assicurazioni garantite negli Stati Uniti e in Giappone. Aflac è presente in tutti gli Stati Uniti, è attivamente coinvolta in numerose iniziative filantropiche ed è stata riconosciuta a livello nazionale tra le 100 migliori aziende in cui lavorare in America, tra le 100 migliori località di lavoro nell'IT, tra le 50 migliori aziende per le donne latino-americane, tra le aziende americane più stimate e tra le 100 migliori aziende per le mamme che lavorano. Oltre al suo successo negli Stati Uniti, Aflac assicura una casa su quattro ed è la quarta azienda straniera più redditizia in Giappone.

In sintesi, per quanto concerne molti prodotti dominanti tangibili, come un profumo che l'acquirente può provare e confrontare, la pubblicità tenderà a renderli più astratti al fine di differenziare un prodotto da un altro su diverse dimensioni. Per contro, la pubblicità dei prodotti dominanti intangibili, astratti per natura, li presenterà in maniera più concreta attraverso l'uso di segnali fisici ed evidenze tangibili; i prodotti assicurativi sono già astratti, quindi l'obiettivo della comunicazione è spiegare i benefici in termini semplici e concreti. Oltre ai simboli tangibili, molte aziende di servizi rendono concreti i loro servizi utilizzando dati numerici nelle loro pubblicità, come per esempio: "Siamo in attività dal 1925" o "Nove clienti su dieci ci raccomanderebbero a un amico".

Da ultimo, gli obiettivi di comunicazione per i prodotti che si collocano nel mezzo della scala delle entità di mercato spesso utilizzano entrambi gli approcci, elementi astratti e concreti. McDonald's promuove "cibo, gente e divertimento" nella sua pubblicità: cibo e persone sono concreti, mentre il divertimento è astratto.

7.4d Evidenziare la relazione di lavoro tra cliente e fornitore

La fornitura di servizi è un processo interattivo tra il fornitore e il cliente e per questa inseparabilità è opportuno che le comunicazioni del fornitore mettano in evidenza un rappresentante dell'organizzazione e un cliente che lavorano insieme per raggiungere il risultato desiderato. La pubblicità dell'Hyatt Hotel mostra spesso un dipendente e un cliente che interagiscono in modo amichevole e rassicurante, e seguono lo stesso modello molte istituzioni finanziarie, studi legali e compagnie assicurative. La pubblicità dei servizi, in particolare, deve concentrarsi non solo a incoraggiare i clienti all'acquisto, ma anche i dipendenti a svolgere il proprio lavoro. Chiaramente, la pubblicità che illustra l'inscindibilità del processo di erogazione dei servizi deve rivolgersi sia al cliente che al personale.

7.4e Ridurre le preoccupazioni del cliente riguardo le variazioni nelle prestazioni

Le comunicazioni di marketing possono ridurre al minimo i timori del cliente sulla variabilità del servizio. Fornire documentazione chiara e numeri concreti aiuta a rassicurare il cliente sulla qualità costante del servizio. Esempi tipici sono l'indicazione dei risultati ottenuti dall'azienda attraverso i numeri anziché testimonianze qualitative. L'uso di dati "oggettivi" nelle pubblicità riduce la paura del cliente rispetto alla variabilità e rende anche più tangibile il servizio, come già accennato; affermazioni come "9 su 10 medici concordano che il servizio 'X' è il migliore" o "la nostra azienda mantiene un livello di soddisfazione del cliente del 98%" aiutano a rassicurare i clienti sulla coerenza delle prestazioni fornite.

7.4f Individuare e focalizzarsi sulle dimensioni rilevanti della qualità del servizio

Le ragioni per cui i clienti scelgono tra servizi concorrenti sono spesso strettamente legate alle cinque dimensioni della qualità del servizio: affidabilità, reattività, garanzia, empatia e qualità dei beni tangibili associati al servizio (come verrà discusso in modo molto dettagliato successivamente in questo testo). Tuttavia, è frequente che alcune caratteristiche siano più importanti per i clienti rispetto ad altre; il 30% dei clienti delle compagnie aeree elenca la "sicurezza" come una delle cinque principali variabili nella scelta di una compagnia aerea. Di conseguenza, sarebbe opportuno che le compagnie aeree enfatizzassero la dimensione di garanzia della qualità del servizio, evidenziando i risultati della compagnia in termini di sicurezza, come i programmi di manutenzione e di formazione e tutti i passaggi certificati della gestione operativa. Una campagna di comunicazione di marketing che ha avuto un effetto contrario ha promosso un hotel come uno dei più alti del mondo. Anche se ciò ha rafforzato la dimensione tangibile del "più grande è meglio", questa componente non è stata ritenuta importante dai clienti nella scelta degli hotel. In realtà, molti clienti che avevano anche la minima paura dell'altezza hanno evitato l'hotel per timore di trovarsi nei piani alti. La lezione da imparare è che, nello sviluppo delle comunicazioni di marketing, il contenuto dovrebbe concentrarsi sulle caratteristiche e sui vantaggi che contano davvero per i clienti.

7.4g Differenziare il prodotto di servizio attraverso il suo processo di erogazione

Esiste una differenza significativa tra *ciò* che il servizio fornisce e *come* viene fornito. Identificare i vari aspetti all'interno del processo che contribuiscono a un vantaggio competitivo o di qualità e sottolineare questi elementi nella pubblicità è probabilmente un approccio di successo. A una prima impressione sembra abbastanza difficile differenziare un consulente fiscale da un altro, ma se consideriamo il processo in cui si fornisce la consulenza, che include il contatto per fissare un appuntamento, l'interazione con il personale alla reception, l'immagine della sala d'attesa e quella dello studio del professionista, l'interazione con il cliente e le procedure di pagamento, emergono diverse aree di potenziale differenziazione. Elencare gli elementi all'interno del processo di erogazione del servizio può mostrare quali siano i vantaggi competitivi, che altrimenti potrebbero essere trascurati. Queste differenze competitive possono essere enfatizzate nelle comunicazioni di marketing determinando una strategia di posizionamento chiave nel mercato.

7.4h Rendere il servizio più comprensibile

I servizi possono essere spiegati nel dettaglio ai potenziali acquirenti come una sequenza e perciò, quando interrogati, i clienti spesso scompongono l'esperienza in una serie di eventi in successione. Comprendere la sequenza consente al fornitore di vedere il servizio dal punto di vista del cliente; i clienti di una banca potrebbero prima valutare l'edificio esterno, i parcheggi, il paesaggio e la pulizia dell'area circostante e poi, entrando in banca, notarne l'arredamento, i profumi, la musica, la temperatura e il personale di servizio.

Durante le transazioni bancarie, l'aspetto e il comportamento del personale di contatto diventano ulteriori indizi di qualità; essa viene percepita e valutata in ogni fase dell'esperienza di servizio, perciò sviluppare strategie di comunicazione nella prospettiva di sequenza di eventi permette di considerare il comportamento del cliente durante l'intero processo, evidenziando i punti di forza dell'azienda in ciascuna area.

7.5 Lo sviluppo delle strategie di comunicazione per i fornitori di servizi professionali

I fornitori di servizi professionali si trovano spesso a dover affrontare problematiche ancora più specifiche che possono essere mitigate dallo sviluppo di un programma di comunicazione efficace. In particolare, i 10 problemi più frequenti incontrati sono i seguenti.

1. ***Responsabilità di terze parti.*** Gli investitori, le compagnie di assicurazione, le banche, le agenzie governative e persino i colleghi delle stesse professioni

ritengono che i fornitori di servizi professionali abbiano responsabilità sulle proprie azioni e le tengono monitorate.
È possibile creare credibilità e proiettare una buona immagine verso terze parti attraverso il mix di comunicazione, riducendo così la sorveglianza eccessiva di parti esterne. Tali strategie di comunicazione includono l'organizzazione di seminari aziendali o eventi pubblici e la pubblicazione di articoli nel settore. I corsi di formazione nell'area di specializzazione del professionista dimostrano l'esperienza del fornitore non solo ai potenziali clienti e a quelli esistenti, ma anche a terze parti interessate, in particolare ad altri membri della categoria. Interventi a eventi pubblici locali e conferenze nazionali mettono in luce le competenze dell'azienda migliorandone ulteriormente l'immagine. Gli articoli che sono stati pubblicati dovrebbero essere inclusi nelle newsletter aziendali e inviati ai destinatari appropriati.

2. ***Incertezza del cliente.*** Molti servizi professionali sono costosi, per i rischi o l'importanza, e in alcuni casi sono molto tecnici e specializzati, il che li rende difficili da comprendere per il cliente. Le comunicazioni efficaci possono presentare le procedure previste, mostrare i probabili risultati (gestendo le aspettative del cliente), rispondere alle domande comuni e minimizzare le aree di preoccupazione dell'acquirente. Per esempio, molti centri chirurgici inviano ai pazienti opuscoli informativi o li indirizzano a siti web che descrivono e illustrano le procedure che verranno attuate prima dell'appuntamento programmato del paziente.
3. ***L'esperienza è essenziale.*** Una comunicazione di marketing efficace è in grado di attirare e mantenere la clientela. L'apertura di un nuovo studio medico non è accolta con lo stesso entusiasmo di quella di un nuovo ristorante. Ciò che conta per i potenziali clienti è la professionalità del fornitore, gli anni e la qualità dell'esperienza nell'erogazione di servizi. Ancora una volta, il valore della proposta di corsi, l'appartenenza a organizzazioni locali, la partecipazione a eventi o a programmi radiofonici e la scrittura di blog sono ottimi strumenti per rompere il ghiaccio.
4. ***Differenziabilità limitata.*** Con l'aumento della concorrenza tra i fornitori di servizi professionali, la differenziazione tra loro diminuisce man mano che si adeguano alle offerte reciproche con alternative comparabili. È fondamentale raggiungere il mercato con comunicazioni di marketing che differenzino il fornitore su fattori diversi dal mero prodotto (come il personale, il servizio clienti e l'immagine; vedi Tabella 7.3).
5. ***Mantenere il controllo di qualità.*** Siccome il cliente fa parte del processo di produzione, alla fine ha un ampio controllo sulla qualità del risultato finale. La comunicazione che sottolinea l'importanza di seguire i consigli del professionista per il raggiungimento di risultati positivi educa l'acquirente all'importanza del proprio ruolo nel sistema. I medici che prescrivono ai propri pazienti diete specifiche o piani di esercizio per migliorare la loro salute ne sono un classico esempio.
6. ***Trasformare i fornitori in venditori.*** In molti casi, l'impiego di rappresentanti esterni per commercializzare servizi professionali alla clientela è inappropriato e inefficace. L'incertezza del cliente impone che il professionista stesso debba essere attivamente coinvolto nel processo di vendita per

rassicurare i clienti e ridurre le loro paure. In definitiva, nessuno dovrebbe essere in grado di vendere il servizio disponibile meglio del fornitore, tuttavia, come discusso in precedenza, mentre alcuni fornitori non hanno difficoltà ad autopromuoversi, altri si sentono a disagio nei panni di venditori.

7. ***Difficoltà a dividere il tempo del professionista tra marketing e produzione dei servizi.*** Direttamente legato al punto precedente è il problema associato al coinvolgimento eccessivo del fornitore professionale nella parte di vendita personale del mix di comunicazione dell'azienda. I professionisti generano ricavi, fatturando il tempo dedicato a clienti esistenti. Le attività di marketing occupano una parte delle ore fatturabili del professionista, ma sono difficilmente quantificabili dal punto di vista del ritorno economico. Di conseguenza, il professionista deve valutare quanto tempo personale allocare alle attività di marketing e come suddividerlo tra lo sviluppo di nuove opportunità, il mantenimento delle relazioni con clienti esistenti e il coinvolgimento in attività di pubbliche relazioni più generali. Questo è un compito tutt'altro che semplice.
8. ***Tendenza a essere reattivi piuttosto che proattivi.*** La pressione degli impegni di tutti i giorni riduce il tempo che il professionista può dedicare alle attività di marketing. I clienti richiedono l'attenzione del fornitore nell'immediato, aspettandosi una risposta in modo celere. Di conseguenza, molti professionisti si trovano in modalità reattiva e cercano nuovi affari quando terminano le attività in corso. Questo porta alla situazione complessa di dover gestire un'attività mentre si passa da un cliente all'altro. Frequentemente si verifica un intervallo di tempo libero tra la conclusione di un incarico con un cliente e l'inizio di un altro, il che comporta una riduzione del flusso di denaro, senza considerare l'aumento della pressione sui fornitori e sul personale dipendente per la ricerca di nuovi clienti. Il mix di comunicazione non dovrebbe affidarsi esclusivamente agli sforzi di vendita del professionista. È importante che le comunicazioni siano proattive e supportino il professionista mentre gestisce le attività quotidiane con la clientela esistente, consentendogli di concentrarsi sulla finalizzazione delle vendite senza dover necessariamente iniziare l'intero processo da zero sentendosi l'unico responsabile.
9. ***Gli effetti della pubblicità non sono noti.*** In un passato non troppo lontano, molte organizzazioni professionali, come quelle per gli avvocati negli Stati Uniti, vietavano ai propri membri di intraprendere attività di marketing. Nel 1978, il divieto di comunicazioni di marketing è stato dichiarato incostituzionale, basandosi sul caso "Bates vs The State Bar of Arizona". Nonostante il responso, alcuni metodi di comunicazione, come la pubblicità tradizionale, non sono ben visti.

   I clienti apprezzano l'impegno dei servizi professionali in attività di marketing, poiché ritengono che un potenziamento degli sforzi comunicativi fornisca loro più informazioni e aumenti la concorrenza tra i fornitori, a seguito della quale i prezzi diminuiranno e la qualità del servizio migliorerà. Tuttavia, certi fornitori di servizi, come quelli nel settore sanitario, non sono d'accordo e sostengono che un aumento delle comunicazioni avrà probabilmente un impatto negativo sull'immagine, la credibilità e la dignità della loro professione, senza portare benefici reali per i clienti, ma causando un aumento dei costi che dovranno coprire gli sforzi di comunicazione. Il dibattito è ancora aperto ma, col passare del tempo e l'aumento della pressione competitiva, l'uso delle comunicazioni di marketing sembra essere più accettato.

10. ***I fornitori professionali hanno una base di conoscenze di marketing limitata.*** Molti dei termini che sono ben noti agli studenti di economia aziendale, come segmenti di mercato, mercati di riferimento, variabili del marketing mix e strategie di differenziazione e posizionamento, sono sconosciuti a molti fornitori di servizi professionali. I fornitori di servizi professionali sono formati per svolgere efficacemente le proprie mansioni tecniche: gli avvocati frequentano i corsi di giurisprudenza, i medici quelli di medicina e gli ingegneri quelli di ingegneria. Eppure quando questi fornitori professionali aprono un'attività propria si ritrovano a gestire delle imprese senza avere una formazione aziendale strutturata.
A causa di una conoscenza limitata in materia di marketing, i fornitori di servizi professionali sono spesso tentati a sviluppare il mix di comunicazione in modo isolato, senza tener conto della strategia complessiva. Alla fine, il mix di comunicazione deve essere coerente con le aspettative dei clienti e sinergico con gli altri elementi del marketing mix.

7.5a Alcuni consigli per i fornitori di servizi professionali

Le prime impressioni sono tutto

Effetto alone: condizionamento dovuto a un'impressione (positiva o negativa) generata nel cliente nelle prime interazioni con il fornitore.

A causa dell'**effetto alone**, le prime fasi dell'interazione di servizio spesso determinano l'andamento delle valutazioni dei clienti per l'intera esperienza. Di conseguenza, i fornitori devono prestare particolare attenzione alle interazioni iniziali, poiché spesso sono le più importanti, in particolare i primi quattro minuti di contatto sono decisivi sull'inizio o meno di una relazione. Per esempio, è importante rispondere al telefono in maniera puntuale e cortese.

Durante un discorso sull'eccellenza del servizio, Tom Peters, famoso per il libro *In Search of Excellence*, ha riportato la propria esperienza con il personale di contatto telefonico di Federal Express. In 27 dei 28 casi, gli operatori di FedEx hanno risposto al primo squillo o addirittura l'hanno preceduto, e che il ventottesimo caso poteva addirittura essere un suo errore.

Le prime impressioni si formano anche dai siti Internet, dagli annunci sulla carta stampata, dalla segnaletica e dall'accessibilità di un luogo. L'area di accoglienza di un'infrastruttura aziendale dovrebbe essere un luogo di presentazione, completo di indizi tangibili che rafforzano l'immagine di qualità, come un elenco dei servizi offerti esposti in modo evidente, arredi che riflettono la personalità del fornitore, fiori freschi, una bacheca che include lettere da clienti soddisfatti, newsletter passate, profili dei professionisti disponibili e indicazioni sul coinvolgimento nella comunità locale. Infine, l'area di accoglienza dovrebbe essere gestita da personale di contatto professionale e gradevole.

Nonostante l'importanza delle prime impressioni, molti professionisti considerano le proprie aree di accoglienza semplici sale d'attesa, facendo pochi sforzi per migliorarne l'aspetto estetico. Spesso queste aree sono arredate con mobili scomodi e poco accattivanti e gestite da personale poco qualificato e mal retribuito. Data l'importanza delle prime impressioni, questo è un grave errore.

Creare percorsi visivi che riflettano la qualità dell'offerta

L'immagine dell'azienda comprende tutte le comunicazioni cartacee inviate ai clienti, quali corrispondenza, relazioni annuali, newsletter e fatture. Comprende anche il materiale stampato di uso generale, come brochure, carta intestata, buste e biglietti da visita, nonché le comunicazioni interne, dalle agende alle liste di controllo, dai memo ai manuali. I materiali stampati creano un **percorso visivo** attraverso il quale l'immagine professionale può essere trasmessa in modo coerente.

Percorso visivo: materiali stampati (carta intestata, brochure, biglietti da visita, ecc.) predisposti per trasmettere l'immagine aziendale.

Dal momento in cui il biglietto da visita viene consegnato a un potenziale cliente, passando dalla prima lettera che il cliente riceve fino ai rapporti finali e alle fatture definitive, la presentazione dei materiali stampati lascia un'impressione. Infatti, a tutto il materiale ricevuto il cliente reagisce inconsciamente, dalla qualità della carta alla riproduzione e alla rilegatura, e soprattutto reagisce alle immagini visive che il fornitore professionale ha scelto per rappresentarsi, a cominciare dal logo.

Una comunicazione efficace del logo aiuta il professionista ad affermarsi nel mercato in cui opera. Oltre a identificare, il logo deve semplificare e spiegare lo scopo dell'organizzazione. In sostanza, lo sviluppo di un logo può essere visto come la creazione di una forma di simbolo grafico che consente di identificare rapidamente il fornitore.

Date le conoscenze limitate nel campo del marketing, i fornitori di servizi professionali dovrebbero avvalersi dei consigli di esperti di comunicazione; grafici, agenzie pubblicitarie e aziende di relazioni pubbliche sono esempi di specialisti che collaborano con un cliente per produrre l'immagine che conferirà un'identità distintiva e professionale di successo, grazie alla quale si posizionerà nel mercato. Infine, la scelta del tipo di carta, del carattere tipografico e del tipo di stampa (incisione, offset o termografia) completerà l'immagine altamente professionale dei materiali stampati e creerà un percorso visivo che comunica in modo coerente la qualità.

Stabilire comunicazioni regolari con i clienti

Ogni lettera inviata a un cliente o a un collega rappresenta una potenziale opportunità promozionale. Gli esperti suggeriscono di sfruttare queste opportunità fin dall'inizio del rapporto: ogni nuovo cliente dovrebbe ricevere una lettera speciale di benvenuto e una newsletter campione che trasmetta il concetto di servizio offerto. L'uso di lettere standard con il logo del fornitore in rilievo, che possono essere adattate a diverse circostanze come lettere di benvenuto, ringraziamenti per i riferimenti e lettere di promemoria per gli appuntamenti imminenti, è altrettanto efficace. Meglio ancora, messaggi personalizzati scritti a mano su cartoline aziendali aggiungono un tocco personale.

Il pezzo più importante delle comunicazioni regolari con i clienti dovrebbe essere la newsletter, che può essere una semplice comunicazione via email, un foglio in A4 preparato in ufficio e fotocopiato oppure elaborato come un piccolo opuscolo, impaginato e stampato a colori su carta di qualità. Alcuni professionisti scelgono di rendere le proprie newsletter dei bollettini informali; altri preferiscono farne delle pubblicazioni curate. Indipendentemente dalla tecnica, la newsletter dovrebbe sempre presentare un aspetto pulito e professionale e contenere informazioni preziose per la clientela.

Sviluppare una brochure aziendale
La brochure aziendale rappresenta un menu delle offerte di servizio ed è il pezzo scritto di punta per un fornitore. Oltre a dare una panoramica dei servizi disponibili, le brochure aziendali di solito includono la storia, la filosofia e i profili del personale. Per aumentarne la flessibilità, la brochure può essere realizzata con alette all'interno delle copertine anteriori o posteriori per contenere anche materiali supplementari o altre informazioni che cambiano periodicamente, come per esempio i profili del personale con fotografie e biografie stampate. Le alette per i materiali supplementari consentono anche di personalizzare la comunicazione per clienti specifici che desiderano servizi particolari e saranno in contatto con personale dedicato. La brochure aziendale è un'opportunità per presentare la propria unicità con entusiasmo ai clienti esistenti e potenziali.

Informare il proprio personale
Da ultimo, ma non per questo meno importante, il rispetto e l'orgoglio per le capacità del fornitore non si limitano alla promozione esterna. Internamente, generare un'immagine professionale a beneficio del personale può essere altrettanto importante quanto promuovere quell'immagine tra i clienti, dato che il personale è in costante e diretto contatto con loro. La mancanza di una comunicazione efficace con il personale vanifica rapidamente tutti gli altri sforzi volti a promuovere un programma di qualità.

Riepilogo

La strategia di comunicazione di un'organizzazione è finalizzata a informare, persuadere e aggiornare i mercati di riferimento, compresi clienti, dipendenti e azionisti, riguardo ai beni e ai servizi offerti.

Lo sviluppo di una solida strategia di comunicazione è strettamente connesso allo sviluppo di una strategia di marketing efficace: identificare uno o più mercati obiettivo, definire un posizionamento e predisporre comunicazioni che rafforzino la strategia di posizionamento dell'azienda.

In pratica, le organizzazioni di servizi che gestiscono efficacemente la propria strategia di comunicazione si impegnano in un processo che prevede la scelta dei mercati di riferimento, la definizione degli obiettivi, la determinazione del budget, la formulazione della strategia di posizionamento, la pianificazione della messaggistica e dei mezzi di comunicazione e poi il monitoraggio, la valutazione e il controllo della strategia.

Lo sviluppo di una strategia di comunicazione efficace per i servizi deve tenere conto di alcune peculiarità che di solito non riguardano i produttori di beni. L'intangibilità e l'inseparabilità dei servizi presentano sfide specifiche. Poiché i servizi vengono utilizzati in un'esperienza condivisa con altri clienti, comunicazioni non mirate con precisione possono far sì che acquirenti di mercati diversi rispondano contemporaneamente.

I manager dei servizi devono essere consapevoli del fatto che le comunicazioni inviate sono spesso interpretate come promesse esplicite su cui i clienti basano le aspettative iniziali, pertanto i fornitori devono essere pronti a rispettare quanto dichiarato nei messaggi promozionali. Inoltre, dato che i dipendenti dell'azienda fornitrice operano spesso in stretta vicinanza ai clienti durante la produzione del servizio, è importante considerarli come clienti interni, destinatari dei messaggi tanto quanto i tradizionali clienti esterni.

Infine, in molti casi, i fornitori che producono il servizio devono anche venderlo; di conseguenza, sorgono domande riguardo alle implicazioni strategiche e operative nel trasformare i produttori in venditori.

Rispetto ai fornitori in generale, quelli di servizi professionali devono risolvere problemi distinti che possono essere mitigati attraverso lo sviluppo di un programma di comunicazione efficace. In particolare, i dieci problemi più frequenti incontrati includono la responsabilità di terzi, l'incertezza del cliente, l'importanza dell'esperienza, la limitata differenziabilità, il mantenimento del controllo di qualità, la trasformazione dei realizzatori in venditori, la divisione del tempo tra il marketing e la fornitura dei servizi, la tendenza a reagire piuttosto che agire in modo proattivo, gli effetti sconosciuti della pubblicità e la tendenza dei fornitori di servizi professionali a possedere una base di conoscenze limitata nel campo del marketing.

Domande di verifica

1. Illustrare il processo per gestire una strategia di comunicazione efficace.
2. Descrivere, dal punto di vista delle differenze degli obiettivi, i cinque elementi del mix di comunicazione.
3. Cosa significa sviluppare obiettivi di comunicazione in termini SMART?
4. Confrontare le competenze di comunicazione necessarie per le interazioni con i clienti di Tipo 1, Tipo 2 e Tipo 3.
5. Perché lo sviluppo di una strategia di posizionamento efficace è particolarmente critico per le organizzazioni di servizi?
6. Quali problemi sono associati alle comunicazioni non mirate con precisione? Perché si verificano?
7. Perché dovrebbero essere presi in considerazione i dipendenti dei servizi nello sviluppo dei materiali di comunicazione?
8. Illustrare come le compagnie di assicurazioni possono rendere i servizi offerti più comprensibili.
9. Quali problemi sorgono nel trasformare i fornitori di servizi professionali in personale di marketing proattivo?
10. Come potrebbe essere il percorso visivo per un servizio medico?

Capitolo 8

L'ambiente di servizio

Obiettivi del capitolo

I clienti spesso si affidano agli elementi tangibili che incontrano nell'esperienza di servizio per formulare le proprie valutazioni. Nel Capitolo 1 si è detto che l'ambiente di servizio (servicescape) è uno dei quattro fattori che vanno a comporre l'esperienza complessiva del cliente; in questo capitolo verrà descritta la funzione specifica degli elementi tangibili dell'ambiente di servizio e sarà evidenziato come questi elementi rappresentano degli stimoli che impattano sul comportamento del cliente.

L'Eroica: la bellezza della fatica, il gusto dell'impresa

"L'Eroica" è un progetto ideato da Giancarlo Brocci nella seconda metà degli anni Novanta e cresciuto notevolmente in venticinque anni. L'obiettivo originario dell'iniziativa era quello di organizzare una manifestazione che facesse rivivere i sentimenti e i valori del ciclismo del passato, quelli che hanno scritto una parte significativa della storia, della letteratura, della cultura, del costume e persino della musica italiana.

Scriveva lo stesso Brocci: «Il ciclismo eroico di Bartali e Coppi è capace di insegnare i bisogni veri, quelli legati al sacrificio che cerca i limiti del proprio fisico, quando sete, fame e stanchezza si fanno sentire con tutta la loro intensità». E poi ancora: «L'Eroica è nata come evento ciclistico che guarda al passato per indicare un nuovo futuro del ciclismo e dello sport tutto».

La prima edizione dell'Eroica si è svolta nel 1997 a Gaiole in Chianti, un piccolo Comune della provincia di Siena, in Toscana, e ha visto la partecipazione di 92 "cacciatori di sentimenti ed emozioni", come li ha definiti lo stesso Brocci.

L'amore per l'ambiente è stato fondamentale per la nascita dell'Eroica. In quegli anni le strade "bianche", quelle non asfaltate su cui si svolge la corsa, erano in grave pericolo a causa della continua cementificazione delle città e della graduale scomparsa di boschi e strade sterrate, e l'Eroica è stata pensata anche per dare un importante segnale: non toccate le strade bianche!

Ora le manifestazioni legate al circuito dell'Eroica vengono organizzate anche fuori dall'Italia in 4 continenti e 7 Paesi diversi (California, Cuba, Germania, Francia, Svizzera, Sudafrica, Giappone). Le corse combinano percorsi di diversi formati (es. Nova Eroica) e difficoltà (es. Eroica Dolomiti) con magnifici paesaggi, cibo e bevande locali nei tipici punti di ristoro, e richiamano ciclisti giovani e più attempati, uomini e donne, italiani e stranieri da tutto il mondo.

Dalla sua prima edizione nel 1997, l'Eroica ha assistito a un costante aumento di presenze che ha portato la manifestazione a contare più di 8.000 partecipanti all'ultima corsa di Gaiole in Chianti e 25.000 partecipanti complessivi, considerando tutte le tappe gestite dagli attuali organizzatori.

L'obiettivo che l'azienda si pone è quello di arrivare a 30.000 partecipanti entro l'anno 2030, e non è utopistico pensare di raggiungere quel numero nei prossimi 6 anni, considerando che le ultime edizioni hanno visto partecipare dai 2.000 ai 3.500 corridori in più rispetto a quella precedente. Oltre ai ciclisti iscritti, gli eventi Eroica coinvolgono famiglie, amici e curiosi per un totale di oltre 60.000 persone ogni anno.

Ogni evento Eroica ha un programma diverso, con il mercato delle bici vintage, il concorso d'eleganza, musica, teatro, cinema e altre offerte culturali che sono un must di ogni appuntamento e riescono ad attirare anche persone non direttamente coinvolte nella corsa. È questo, unito a una minuziosa attenzione ai dettagli (compresi gli stand, la segnaletica e i gadget) e all'amore per la natura e il territorio, a garantire una costante crescita in termini di coinvolgimento.

Nel 2018 è stato aperto anche il primo Eroica Cafè, un punto di incontro per i ciclisti di ogni età ma anche per tutti coloro che vogliono vivere il clima e l'ambiente dell'Eroica anche in città.

La credibilità dell'Eroica deriva, inoltre, dal fatto che sono i partecipanti stessi a raccontare l'esperienza agli altri. Si parla in questo caso di "*storybeing*", ovvero il racconto che gli stessi ciclisti fanno della propria Eroica, dell'ambiente, dei paesaggi, del cibo e della compagnia. L'Eroica, grazie allo storybeing dei partecipanti, può permettersi di non adottare strategie di marketing "*pushing*"; infatti, non è l'organizzatore a raccontarsi in maniera diretta con i partecipanti, ma è chi vive questa esperienza che la pubblicizza tra i propri contatti. L'Eroica non fa comunicazione in senso tradizionale, ma si impegna a curare minuziosamente gli eventi e a pubblicare le foto scattate direttamente dall'organizzazione, creando quell'esperienza unica che poi gli stessi ciclisti trasmetteranno.

8.1 Introduzione

Come si è detto più volte nei capitoli precedenti, i servizi sono intangibili, pertanto nella fase di progettazione non si deve sottovalutare, come utile strumento di marketing, la disponibilità di alcuni elementi tangibili, materiali o fisici, dato che le valutazioni dei clienti sono spesso soggettivamente basate proprio su di essi.

La maggior parte delle persone non possiede la conoscenza specialistica necessaria per valutare le competenze di un dentista, per cui i pazienti nel decidere si affidano a certi aspetti, che fungono da "involucro" per i servizi del medico. Se l'ambulatorio si trova in una zona screditata della città, l'arredo è trascurato, il personale di aiuto è poco professionale o le riviste in sala d'attesa sono datate, è probabile che le percezioni sulle competenze del medico saranno negative.

Benché un vecchio adagio suggerisca di non giudicare un libro dalla copertina, questo è proprio ciò che avviene nella valutazione dei servizi.

L'esempio del dentista fa capire che i fornitori di servizi dovrebbero scegliere la migliore attrezzatura disponibile, l'ambulatorio più bello, la migliore posizione, l'arredamento più costoso, ma anche questa scelta potrebbe essere un errore di comunicazione poiché un ambiente lussuoso potrebbe essere ritenuto un indicatore di una parcella fuori dalla propria portata. In questo caso, gli stessi elementi fisici strategicamente utilizzati per segnalare servizi di alta qualità sarebbero un deterrente per molti potenziali clienti.

In sintesi, è fondamentale per chi si occupa di marketing dei servizi analizzare accuratamente ciò che il cliente percepisce dall'ambiente e comprendere le aspettative del mercato di riferimento.

8.2 Le funzioni di base degli elementi tangibili

Per la commercializzazione di qualcosa di intangibile, gli elementi tangibili hanno varie funzioni. Innanzitutto, nella fornitura di un servizio gli elementi tangibili, materiali o fisici, sono riconducibili a tre ampie categorie: (1) le strutture esterne; (2) le strutture interne e (3) gli altri elementi tangibili.

Per **strutture esterne** si intende il design esterno, l'insegna, il parcheggio, ma anche il paesaggio e l'ambiente circostante. Le **strutture interne** comprendono elementi come il design degli arredi, le attrezzature utilizzate per servire il cliente o per gestire l'attività, la segnaletica, l'organizzazione degli spazi, la qualità dell'aria e la temperatura. **Altri elementi tangibili** sono articoli come biglietti da visita, carta intestata, fatture, relazioni, aspetto dei dipendenti, uniformi, brochure e sito web.

Strutture esterne: parte esterna dell'ambiente in cui è fornito il servizio, ovvero architettura delle strutture, insegne, parcheggio, paesaggio circostante.

Strutture interne: parte delle strutture interne come gli arredi, la segnaletica, le attrezzature necessarie per produrre il servizio ma anche la qualità dell'aria e la temperatura.

Altri elementi tangibili: i biglietti da visita, le ricevute o le uniformi sono altri elementi che il cliente può vedere e toccare.

L'utilizzo degli elementi fisici varia a seconda del tipo di organizzazione. Nelle imprese di servizi ad alta intensità di relazione, in cui i fornitori e i clienti sono presenti durante tutta l'esperienza del servizio, come alberghi, studi professionali, ospedali, resort e asili, si fa un uso intensivo di elementi fisici nella progettazione delle strutture e del servizio. Al contrario, nelle imprese con interazioni personali limitate, come servizi di spedizione, call center, assicurazioni e punti di raccolta della posta, anche l'uso di elementi fisici è limitato (Figura 8.1).

In ogni caso, tutte le organizzazioni di servizi devono riconoscere l'importanza della gestione dei loro elementi fisici per almeno quattro funzioni:

- "confezionare" il servizio;
- facilitare il processo di erogazione;
- socializzare sia tra i clienti sia tra gli operatori i rispettivi ruoli e comportamenti;
- differenziare l'offerta dai concorrenti.

Ristoranti come Hard Rock Cafè, America Graffiti e molti altri vengono progettati quasi come dei "musei con cibo", poiché il pasto è servito in un'esperienza immersiva in cui il locale è altamente curato. Nei locali di Rainforest Cafè ci sono acquari, pappagalli vivi, cascate, coccodrilli meccanici, scimmie in vetroresina,

Figura 8.1
L'importanza della dimensione fisica.

schermi e alberi parlanti puntualmente programmati. Il tema ambientale è fortemente presente nell'arredamento e nei prodotti della catena: nei ristoranti non è servita carne proveniente da terre deforestate o pesce catturato nelle reti, gli alberi parlanti inviano ai clienti in fila messaggi ecologici e, in generale, è posta molta attenzione per garantire qualità in ottica ambientale.

8.2a Il confezionamento del servizio

Gli elementi fisici sono importanti innanzitutto per "confezionare il servizio".

Il servizio è intangibile e nella maggior parte dei casi non richiede un "involucro" per motivi puramente funzionali. Tuttavia, la presenza di elementi fisici correlati al servizio invia ai clienti segnali circa le caratteristiche dell'offerta e aggiunge valore in termini di sviluppo dell'immagine, che, a sua volta, migliora le percezioni, riducendo i livelli di rischio percepito e di dissonanza cognitiva dopo l'acquisto. La divisa degli operatori piuttosto che la tovaglia al ristorante sono esempi di elementi tangibili non indispensabili ma preziosi per segnalare qualcosa.

Il servizio di trasporto aereo, invece, senza un aeromobile, ovvero un involucro, non sarebbe possibile: un Airbus A380, per esempio, si configura con la confezione del servizio. Questo jumbo jet pesa 308 tonnellate e ha richiesto ad Airbus 11 anni e un costo di circa 13 miliardi di dollari per essere progettato. L'A380 è alto oltre 24 metri (un edificio di sette piani), lungo oltre 70, con un'apertura alare di quasi 80 e può volare per circa 15.000 chilometri. Può trasportare fino a 840 passeggeri su due ponti, o, se richiesto, lo spazio può essere ridisegnato per includere negozi, un casinò e un ristorante sul ponte inferiore, mantenendo l'area passeggeri sopra.

In definitiva, gli elementi esterni, gli elementi interni e altri elementi tangibili vanno a comporre il packaging del servizio. Allo stesso modo, in un ambiente online, la homepage del sito web crea l'involucro che racchiude i contenuti del sito.

L'infrastruttura fisica crea la prima impressione del cliente riguardo al tipo e alla qualità del servizio offerto; i ristoranti che servono cucina etnica, come quelli indiani, thailandesi e cinesi, spesso utilizzano un design dell'arredo tipico per comunicare meglio ai clienti la propria offerta. Questi elementi contribuiscono anche a generare le aspettative; un ristorante con sale da pranzo poco illuminate, musica soft e tovaglie e tovaglioli di lino comunica qualcosa di diverso rispetto a un ristorante con pavimenti in cemento, tavoli da picnic e gusci di arachidi sparse per il pavimento.

8.2b Gli elementi fisici e il processo di erogazione del servizio

Un altro obiettivo degli elementi fisici è quello di agevolare il flusso delle attività necessarie a produrre il servizio. Questi elementi possono fornire informazioni su come funziona il processo di erogazione, come la segnaletica che informa su entrate e uscite, ascensori o casse per pagare oppure i menù e i display che illustrano le offerte agevolando la fase di ordinazione. Le strutture fisiche gestiscono il flusso dei clienti in attesa, mentre le barriere, come i banconi di una tintoria, separano il nucleo tecnico dell'attività (operazioni sul retro) dalla parte dell'attività in cui i clienti partecipano al processo di produzione.

Gli elementi fisici possono anche essere utilizzati per l'orientamento, come succede nei centri commerciali. In alcuni ospedali sono dipinte a terra linee di diversi colori che partono dalla reception principale verso le destinazioni più richieste, in modo da individuare più facilmente il percorso per raggiungerle. In altri casi, chioschi interattivi tecnologici sono utilizzati per assistere nell'orientamento e, date le loro funzionalità avanzate, aumentano le percezioni di qualità del servizio offerto.

8.2c La socializzazione di operatori e clienti

Come si è visto nel Capitolo 2, la socializzazione organizzativa è il processo mediante il quale una persona (operatore o cliente) si adatta e arriva ad apprezzare i valori, le norme e i modelli comportamentali richiesti da un'organizzazione. Gli elementi fisici dell'azienda svolgono un ruolo importante anche nel processo di socializzazione, comunicando i ruoli, i comportamenti e le relazioni attese tra i dipendenti e tra i dipendenti e i clienti.

Lo scopo del processo di socializzazione è creare un'immagine positiva e coerente per il pubblico anche se l'immagine dell'azienda dipende molto da ciò che viene trasmesso dal singolo dipendente che interagisce con il pubblico, come si vedrà anche nel Capitolo 9.

Le uniformi facilitano l'accettazione degli obiettivi organizzativi da parte degli operatori e influenzano le percezioni dei clienti sulla qualità del servizio fornito. Più precisamente, la ricerca ha mostrato che l'uso delle uniformi:

- aiuta a identificare il personale dell'azienda;
- costituisce un simbolo fisico che rappresenta gli ideali e gli attributi del gruppo;
- crea coesione;
- agevola la percezione di coerenza delle prestazioni;
- fornisce un simbolo tangibile del cambiamento di status di un dipendente (le uniformi militari cambiano man mano che il personale scala le gerarchie);
- aiuta a controllare il comportamento dei dipendenti quando non è conforme.

Gli hotel forniscono un esempio emblematico dell'uso efficace delle uniformi, poiché esse sono ideate per differenziare i vari compiti: ci sono uniformi diverse per il personale della reception, i facchini, gli addetti alla concierge, il personale delle pulizie, la sicurezza e il personale della ristorazione e delle bevande. La funzionalità delle uniformi nel processo di socializzazione dei dipendenti ha riguardato anche la presenza delle donne nelle forze armate; negli Stati Uniti, inizialmente, le donne militari in stato di gravidanza potevano indossare abiti civili al posto delle uniformi tradizionali, ma poiché ciò andava a ridurre l'identificazione con l'esercito e rischiava di creare problemi disciplinari sono state disegnate delle uniformi premaman.

8.2d La differenziazione dai concorrenti

La gestione degli elementi fisici può anche essere un efficace strumento di differenziazione dell'offerta. L'industria alberghiera ha da tempo dimostrato come differenziare i propri servizi attraverso un uso strategico delle prove fisiche, come la cura dell'aspetto esterno e interno delle strutture e degli altri elementi tangibili legati all'esperienza dell'hotel. Il letto stesso è diventato un elemento di differenziazione. Con l'introduzione dell'"Heavenly Bed", Westin Hotels ha inaugurato una nuova tendenza nel settore; nel corso degli anni, il gruppo Westin e il suo Heavenly Bed hanno accumulato numerosi riconoscimenti, tra cui un miglioramento della soddisfazione degli ospiti, tariffe più elevate per i pernottamenti, maggiori ricavi per camera disponibile e tanta pubblicità. Inoltre, i punteggi complessivi relativi alla pulizia sono aumentati anche se Westin ammette che tutto ciò che ha fatto in più è stato valorizzare il letto. Dall'introduzione degli Heavenly Bed, Westin ha anche venduto oltre 7.000 materassi ai propri clienti affezionati.

Anche l'aspetto del personale e delle infrastrutture può fungere da fattore differenziante e avere un impatto diretto sulle percezioni dei clienti riguardo il servizio. Numerosi studi hanno dimostrato che le persone ben vestite sono percepite come più intelligenti, lavoratori migliori e gente con cui è più piacevole interagire. Allo stesso modo, le strutture con un design gradevole saranno percepite come migliori.

La differenziazione può anche essere ottenuta facendo un *upgrade* degli elementi fisici per riqualificare l'azienda di servizi agli occhi dei clienti. L'aggiornamento delle strutture migliora infatti l'immagine dell'azienda nella mente degli acquirenti e può attirare segmenti di mercato più desiderabili, differenziando ulteriormente dai concorrenti.

D'altra parte, occorre rilevare che un upgrade troppo sofisticato potrebbe allontanare coloro che ritengono che il fornitore sia intenzionato a trasferire sul cliente stesso i costi di tale aggiornamento attraverso prezzi più alti. Questo è il motivo per cui molti uffici, come quelli delle assicurazioni o gli studi dentistici e medici, sono arredati in modo professionale ma non sfarzoso.

8.3 Il Modello SOR

Psicologia ambientale: disciplina che studia l'utilizzo degli elementi fisici negli ambienti e la loro influenza sulle percezioni e sui comportamenti delle persone.

La **psicologia ambientale** è la scienza che studia l'utilizzo degli elementi fisici negli ambienti e la loro influenza sulle percezioni e sui comportamenti delle persone. La percezione è il processo mediante il quale una persona coglie, organizza e interpreta le informazioni che riceve dall'esterno. Chi si occupa di marketing cerca di comprendere come si formano le percezioni dei clienti e come gestirle.

Quando le persone decidono di mangiare in un ristorante, gli odori, l'atmosfera e il gusto del cibo influenzano i loro sensi e la loro percezione complessiva. I clienti elaborano queste informazioni come simili o diverse dalle esperienze precedenti e attraverso ciò determinano se l'esperienza è stata di loro gradimento.

Taco Bell, una famosa catena di ristoranti statunitense, a un certo punto ha modificato l'allestimento dei locali utilizzando negli interni colori come il viola e il verde, più vivaci rispetto a quelli del passato. I nuovi colori erano così diversi rispetto a quelli precedenti da essere notati dalla gran parte dei clienti. Inoltre, considerando le associazioni pregresse che la maggior parte delle persone ha con i colori neon vivaci, i clienti hanno prontamente interpretato il nuovo arredo come un segno di giovialità e di un'atmosfera allegra. Le percezioni dei clienti influenzano il loro comportamento: per esempio, parlano con un tono più alto, ridono, scherzano con gli amici e così via.

Il **modello stimolo-organizzazione-risposta (SOR)** è stato sviluppato da alcuni psicologi per descrivere gli effetti dell'ambiente in cui è fornito il servizio sul comportamento di chi ne usufruisce.

Modello SOR: sviluppato da psicologi ambientali, intende descrivere gli effetti dell'ambiente di servizio sul comportamento dei clienti.

Il modello individua tre componenti (Figura 8.2):

- un insieme di stimoli ambientali (vista, suono, tatto, gusto e olfatto);
- l'organizzazione degli stimoli da parte del personale o dei clienti destinatari degli stimoli;
- un insieme di risposte (attrazione/rifiuto).

In un contesto di servizio, gli elementi fisici come l'architettura esterna, il design interno, l'illuminazione, e così via, costituiscono l'insieme degli stimoli. Gli stimoli sono raccolti attraverso i cinque sensi (vista, suono, tatto, gusto e olfatto) e possono essere gestiti efficacemente per creare atmosfere di servizio coinvolgenti. Una volta ricevuti e interpretati, essi portano a creare aspettative e percezioni riguardo all'offerta di servizi: per esempio, le luci basse e i tovaglioli di lino fanno percepire al cliente che il ristorante è di un certo livello e che il cibo è buono e costoso.

L'organizzazione, invece, rappresenta il processo di elaborazione degli stimoli da parte del personale e dei clienti. Gli stimoli, in pratica, sono organizzati (moderati) in funzione di tre stati emotivi di base: piacere-dispiacere, eccitazione-non eccitazione e dominanza-sottomissione. Lo stato emotivo **piacere-dispiacere** riflette il grado in cui i clienti e i dipendenti si sentono soddisfatti dell'esperienza di servizio. Lo stato emotivo **eccitazione-non eccitazione** riflette il grado in cui gli acquirenti e i dipendenti si sentono stimolati. Il terzo stato emotivo, **dominanza-sottomissione**, riflette i sentimenti di controllo e la capacità di agire liberamente all'interno dell'ambiente di servizio. Idealmente, le organizzazioni dei servizi dovrebbero utilizzare gli elementi fisici per realizzare ambienti attrattivi che generano piacevolezza e serenità ed evitare di creare atmosfere che suscitano sottomissione.

Piacere-dispiacere: stato emotivo che riflette il grado di soddisfazione di lavoratori e clienti per l'esperienza di servizio.

Eccitazione-non eccitazione: stato emotivo in cui acquirenti e dipendenti provano (o non provano) eccitazione a seguito di uno stimolo.

Dominanza-sottomissione: stato emotivo che indica il senso di controllo da parte di acquirenti e lavoratori che si sentono liberi nell'esperienza di servizio.

Infine, le **risposte** dei clienti e dei dipendenti agli stimoli ambientali sono caratterizzate come **comportamenti di attrazione-rifiuto**. Tali comportamenti si declinano in quattro modi.

Risposte: reazioni degli acquirenti a uno stimolo.

Comportamenti di attrazione-rifiuto: tipo di risposta degli acquirenti a uno stimolo.

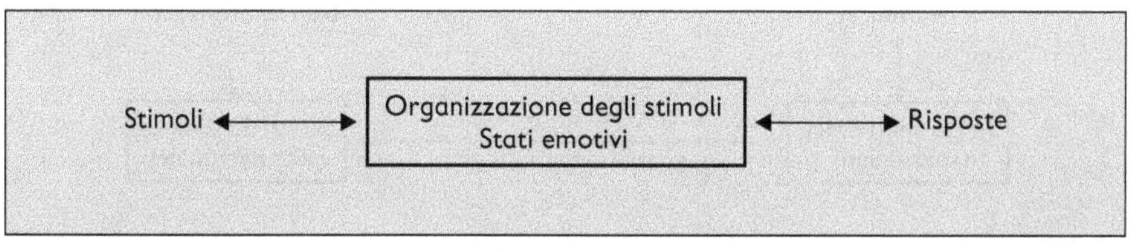

Figura 8.2
Le tre componenti del modello SOR.

1. Il desiderio di rimanere (attrazione) nell'ambiente di servizio o di lasciarlo (rifiuto).
2. Il desiderio di esplorare ulteriormente e interagire con l'ambiente del servizio (attrazione) o una tendenza a ignorarlo (rifiuto).
3. Il desiderio di comunicare con gli altri (attrazione) o di ignorare i tentativi di comunicare con gli acquirenti da parte del fornitore del servizio (rifiuto).
4. La soddisfazione (attrazione) o delusione (rifiuto) nei confronti dell'esperienza di servizio.

8.4 Lo sviluppo degli ambienti di servizio

Il modello SOR può essere utilizzato efficacemente dai responsabili marketing per lo sviluppo creativo dell'ambiente di servizio. Come detto anche nel Capitolo 1, l'espressione servicescape descrive questo ambiente, ovvero il contesto entro cui si svolge il servizio.

È importante, peraltro, ricordare che il servicescape deve essere progettato per soddisfare le esigenze di coloro che trascorrono più tempo all'interno delle strutture.

8.4a I servizi da remoto, self-service e interpersonali

La progettazione degli ambienti di servizio dovrebbe partire innanzitutto da una decisione riguardo al grado di coinvolgimento del cliente nella produzione dei servizi e cioè se questi si caratterizzano come servizi da remoto, self-service o interpersonali.

La Figura 8.3 presenta un continuum dell'uso delle strutture in base al tipo di servizio.

Servizi da remoto: servizi nei quali gli operatori sono fisicamente presenti mentre il coinvolgimento del cliente potrebbe essere anche distante.

Alcuni servizi, come quello postale, i call center e alcuni di quelli di pubblica utilità, sono descritti come **servizi da remoto**. In questi casi, gli operatori sono fisicamente presenti per la fornitura del servizio mentre il cliente è distante. In altre parole, la fruizione di questi servizi richiede pochissima presenza fisica del cliente e, di conseguenza, la progettazione degli impianti deve facilitare soprattutto il lavoro dei dipendenti e aumentarne la motivazione, la produttività e possibilmente la soddisfazione.

Servizi self-service: servizi che richiedono la presenza fisica del cliente che può autonomamente co-produrre il servizio.

All'estremo opposto ci sono servizi che i clienti possono ottenere autonomamente, ovvero i **servizi self-service**. Gli ambienti dei self-service sono dominati dalla presenza fisica del cliente e includono servizi come gli sportelli bancomat, i *locker* per il ritiro dei pacchi o i lavaggi automatici. Gli impianti self-service dovrebbero essere posizionati in luoghi facilmente accessibili e realizzati in modo da attirare i clienti e aumentare la soddisfazione.

Figura 8.3 Il continuum nell'utilizzo delle strutture in relazione al tipo di servizio.

Tra i due estremi, si trovano molti servizi come ristoranti, ospedali, alberghi, banche e compagnie aeree, che sono descritti come **servizi interpersonali**, in cui lo spazio fisico è condiviso da clienti e dipendenti (e in alcuni casi, come negli ospedali, anche la famiglia del paziente è coinvolta ed è fisicamente presente). Gli ambienti per i servizi interpersonali devono essere sviluppati tenendo conto delle esigenze di entrambe le parti in modo da facilitare l'interazione tra i clienti e tra i clienti e i dipendenti.

Servizi interpersonali: servizi in cui il cliente e il personale interagiscono.

Per comprendere più nel dettaglio l'importanza della progettazione degli ambienti sulla partecipazione del cliente, si devono valutare le seguenti decisioni a prescindere che il servizio sia ad alto o a basso contatto.

Posizione della struttura

La scelta dell'ubicazione degli impianti dipende dalla misura del coinvolgimento del cliente durante il processo di produzione del servizio. Se i clienti sono una parte integrante del processo come per i servizi ad alto contatto, le posizioni (*location*) più convenienti sono quelle in zone residenziali o vicino a luoghi di lavoro poiché offriranno un vantaggio differenziale rispetto ai concorrenti; a parità di livello di servizio, i lavaggi auto, le banche e i parrucchieri situati in posizioni più convenienti otterranno risultati migliori in termini di traffico e fatturato.

Per contro, le imprese di servizi che prevedono una bassa intensità di contatto dovrebbero considerare posizioni più convenienti con riferimento al costo del lavoro, alle forniture o alla vicinanza alle principali vie di comunicazione (logistica). I centri di smistamento di corrieri come FedEx e UPS hanno poco o nessun contatto con i clienti e possono effettivamente aumentare l'efficienza della gestione operativa posizionandosi vicino ai principali snodi autostradali per il trasporto su camion oppure agli aeroporti per le spedizioni aeree. In molti casi, questi spazi sono anche meno costosi da acquistare o affittare, poiché si trovano generalmente fuori dalla città.

Layout delle strutture

Per quanto riguarda la disposizione delle strutture connesse alla gestione operativa del servizio, laddove è previsto un livello alto di contatto si devono tenere in considerazione le esigenze fisiche e psicologiche dei clienti. Quando questi entrano in un ambiente di servizio, si aspettano che l'ambiente non somigli a un magazzino polveroso e obsoleto ma che invece ci siano personale professionale, segnaletica chiara, spazio sufficiente per muoversi comodamente all'interno della struttura e luoghi adatti a portare anche amici e familiari. Al contrario, i layout delle strutture a basso contatto devono essere progettati per soddisfare le aspettative dei dipendenti e i requisiti per la produzione. È evidente che la progettazione delle strutture per i servizi ad alto contatto è spesso più costosa rispetto alla progettazione di quelle per servizi a basso contatto.

Progettazione dell'offerta

Poiché il cliente è molto coinvolto nel processo di produzione nei servizi ad alto contatto, sarà lui a definire il prodotto in modo diverso da quanto avverrebbe per un servizio a basso contatto. Al ristorante, in cui sono presenti elementi molto tangibili insieme al servizio, il cliente valuterà sia in base alla qualità del prodotto (cibo più servizio) sia in base agli altri elementi fisici dell'ambiente. Nei servizi ad alto contatto puramente intangibili, come l'istruzione o l'assicurazione, gli elementi tangibili correlati al servizio e le opinioni altrui hanno un peso molto alto.

Nei servizi a basso contatto, il cliente non è direttamente coinvolto nel processo di produzione, pertanto il prodotto è definito da meno attributi. Nella vendita per corrispondenza, il cliente non entra mai fisicamente nella struttura, per cui definirà il prodotto finale solo in base a quanto ottenuto (es. un paio di stivali), alla relazione con il personale al momento dell'ordine, alla chiarezza del catalogo in cui sono presentati i prodotti, alla scatola in cui sono confezionati e ai documenti contabili che dettagliano il pagamento.

Progettazione del processo

Nei servizi ad alto contatto, è necessario considerare la presenza fisica del cliente anche nel corso del processo produttivo; ogni fase avrà un effetto diretto e immediato sul cliente e, di conseguenza, contribuirà alla valutazione complessiva. Un ospite in un hotel è personalmente coinvolto nella prenotazione, nel check-in, nel processo associato all'utilizzo della camera e di altri servizi dell'hotel, come il ristorante, la piscina e il club fitness, e nel processo di check-out. Al contrario, consideriamo l'esperienza dei clienti che semplicemente consegnano e ritirano i loro capi al servizio di lavanderia a secco. Poiché i clienti non sono coinvolti in molte delle fasi di produzione nei servizi a basso contatto, la loro valutazione si basa principalmente sull'esito finale del servizio.

8.4b Fase 1 dello sviluppo dell'ambiente di servizio: le dimensioni fisiche

Il modello del servicescape si compone di cinque fasi e inizia riconoscendo gli stimoli comunemente utilizzati nella realizzazione degli ambienti di servizio.

Condizioni ambientali: caratteristiche distintive dell'ambiente di servizio (illuminazione, aereazione, rumore, ecc.).

Rapporto spazio-funzione: dimensioni dell'ambiente di servizio.

Segnali, simboli e altri elementi: evidenze fisiche dell'ambiente di servizio.

In termini generali, gli stimoli includono le condizioni ambientali, il rapporto spazio-funzione, i segnali, i simboli e altri elementi.

Le **condizioni ambientali** riflettono l'atmosfera distintiva dell'ambiente e comprendono fattori come l'illuminazione, l'aereazione, il rumore, la musica ecc. Riguardo all'uso del **rapporto spazio-funzione**, ci sono aspetti come la disposizione delle strutture, l'attrezzatura e gli arredi. **Segnali, simboli e altri elementi** includono la segnaletica che guida il flusso del processo di servizio, oggetti personali che conferiscono carattere e personalità all'ambiente e lo stile dell'arredamento, per esempio contemporaneo o tradizionale.

8.4c Fase 2 dello sviluppo dell'ambiente di servizio: la visione olistica

Visione olistica: percezione complessiva dell'ambiente di servizio.

Una volta realizzate le strutture fisiche, si formano le percezioni dell'ambiente nel suo insieme sia da parte dei dipendenti che dei clienti. In una **visione olistica**, l'ambiente di servizio è una situazione complessiva o un'immagine percepita dell'offerta o dell'impresa basata anche su elementi tangibili, nota nel modello come atmosfera di servizio percepita. È difficile definire con precisione l'atmosfera di servizio percepita, e anche le percezioni della stessa struttura varieranno. In sostanza, l'atmosfera di servizio percepita è una composizione di processi cognitivi relativi a elementi tangibili dell'impresa di servizi.

Un'accurata gestione dell'atmosfera percepita aiuta a stabilire una strategia di posizionamento che differenzi l'offerta da quella dei concorrenti e influisca sulla decisione del cliente tra le alternative disponibili. L'impresa, pertanto, dovrebbe sviluppare il servicescape tenendo presente il proprio mercato di riferimento. I

clienti molto sensibili al prezzo, quelli che prendono decisioni d'acquisto basate soprattutto sulla convenienza, eviteranno ambienti di servizio che appaiono troppo lussuosi o elaborati poiché, basandosi sulla percezione, tenderanno a pensare a un prezzo più elevato, mentre saranno attratti da ambienti semplici che riflettono la qualità e da quelli puliti e moderni. Al contrario, i **clienti di servizi personalizzati** desiderano essere coccolati e quando decidono sono molto meno sensibili al prezzo. I fornitori di servizi personalizzati creano ambienti che riflettono lo status che i loro clienti cercano investendo, per esempio, in arredi in marmo, strutture in vetro e ottone e arredi che invitano gli acquirenti a fare acquisti in modo rilassato. Allo stesso modo, quelli che servono **clienti apatici**, che cercano la comodità, o **clienti etici**, che sostengono fornitori di servizi più piccoli o locali invece che quelli più grandi o multinazionali, dovrebbero creare ambienti coerenti con questi mercati.

Clienti molto sensibili al prezzo: clienti che basano le scelte principalmente sul prezzo del servizio.

Clienti di servizi personalizzati: clienti che desiderano ricevere attenzioni particolari e sono meno sensibili al prezzo.

Clienti apatici: clienti che ricercano soprattutto la convenienza sia nel prezzo che nella cura del servizio.

Clienti etici: clienti sensibili a fattori di ordine etico o valoriale.

8.4d Fase 3 dello sviluppo dell'ambiente di servizio: i moderatori della risposta

Le risposte di clienti e dipendenti all'ambiente in cui si trovano sono moderate da diversi fattori: i **moderatori della risposta** del modello SOR si riferiscono a tre stati emotivi di base: piacere-dispiacere, eccitazione-non eccitazione e dominanza-sottomissione.

Moderatori della risposta: stati emozionali che moderano la risposta agli stimoli provenienti dall'ambiente.

I tre moderatori mediano la relazione tra l'atmosfera percepita e le risposte dei clienti e dei dipendenti all'ambiente di servizio.

Se un cliente desidera minimizzare gli stimoli esterni e trascorrere una serata tranquilla con qualcuno di speciale, eviterà ambienti eccessivamente illuminati, rumorosi e affollati e sarà invece attratto da situazioni più calme e adatte alla conversazione. Allo stesso modo, le risposte degli operatori saranno influenzate anche dai loro stati emotivi: a volte essi sono estremamente disponibili a intrattenersi in conversazioni con i clienti, altre preferirebbero limitarle trattando semplicemente i clienti come input su una linea di produzione.

I moderatori della risposta aiutano a capire perché i servizi sono caratterizzati dall'eterogeneità, in quanto il servizio varia da un fornitore all'altro e persino da un giorno all'altro con lo stesso fornitore.

8.4e Fase 4 dello sviluppo dell'ambiente di servizio: le risposte interne

Finora si è detto che il modello servicescape include una varietà di dimensioni ambientali fisiche, che queste dimensioni formano la percezione complessiva (olistica) dell'atmosfera di servizio e che la reazione delle persone sarà moderata dal loro stato emotivo attuale. Il passo successivo nel modello cerca di descrivere come gli individui rispondono all'atmosfera che incontrano, la quale può essere descritta a tre diversi livelli: cognitivamente, emotivamente e fisiologicamente.

Le risposte cognitive

Le risposte cognitive sono i processi che coinvolgono il pensiero degli acquirenti e includono convinzioni, categorizzazione e significato simbolico.

Nella formazione delle **convinzioni**, l'ambiente funge da forma di comunicazione non verbale e influenza l'opinione dell'acquirente riguardo alla capacità del fornitore di erogare il servizio. Per esempio, se le lezioni di un professore risultano

Convinzioni: opinioni degli acquirenti riguardo alla capacità del fornitore di erogare il servizio.

difficili da seguire in classe, lo studente potrebbe attribuire questa difficoltà all'incapacità del docente di insegnare, oppure potrebbe colpevolizzare sé stesso per non riuscire a comprendere la materia. Studi hanno dimostrato che, in questo tipo di scenario, l'ambiente fisico influisce sui clienti quando attribuiscono la colpa. Per esempio, se l'ufficio del professore è in disordine, gli studenti sono più inclini ad attribuire un servizio scadente al docente.

In sintesi, gli elementi tangibili possono aiutare i clienti a formulare opinioni sulle capacità e sulla competenza del fornitore e sul prezzo dei servizi. Allo stesso modo, i dipendenti formano tipi simili di convinzioni sul datore di lavoro basandosi sulla percezione generale dell'atmosfera di servizio. La **categorizzazione** è il secondo tipo di risposta cognitiva. Il processo di categorizzazione facilita la comprensione umana, poiché i clienti, attraverso i cinque sensi, classificano rapidamente gli ambienti di servizio in base ai tipi di attività esistenti e quindi accedono allo script di comportamento appropriato. Un ristorante con le luci soffuse solitamente indica una certa raffinatezza e suggerisce ai clienti di parlare a bassa voce mentre pasteggiano.

Categorizzazione: classificazione operata dagli acquirenti basata su esperienze precedenti.

Le persone colgono anche un **significato simbolico** dall'uso degli elementi tangibili; se un bar espone immagini di James Dean, Jimi Hendrix, Michael Jackson, Kurt Cobain e altri, evoca un significato per i dipendenti e i clienti e intende simboleggiare, probabilmente, individualità, successo giovanile, sogni infranti o altro, a seconda dell'interpretazione individuale. I significati simbolici percepiti dagli elementi fisici contribuiscono alla differenziazione e al posizionamento.

Significato simbolico: significato che si evince dagli elementi tangibili utilizzati dal fornitore di servizi.

Risposte emotive

Le persone risponderanno all'ambiente fisico anche a **livello emotivo**, talvolta in maniera inspiegabile e improvvisa; musica o profumi, per esempio, possono indurre sentimenti di felicità o tristezza, a seconda della persona. Ovviamente, l'obiettivo della gestione efficace degli elementi tangibili è quello di suscitare emozioni positive che creano un ambiente in cui i dipendenti lavorano volentieri e i clienti sono disponibili a investire il loro tempo e denaro.

Livello emotivo: reazione emozionale all'ambiente di servizio.

Risposte fisiologiche

Rispetto alle risposte cognitive ed emotive, le **risposte fisiologiche** sono spesso descritte in termini di piacere o disagio fisico. Tipiche risposte fisiologiche coinvolgono il dolore o il comfort. La musica a volume troppo alto può creare disagio sia per i dipendenti che per i clienti, spingendoli da allontanarsi dalla fonte del rumore; per esempio, alcuni negozi di abbigliamento sono apprezzati dagli adolescenti ma non sempre da un pubblico più adulto, oppure alcuni clienti sono a disagio in locali in cui altri hanno fumato (bar o stanze d'albergo). Gli ambienti molto illuminati possono causare disagio agli occhi, mentre ristoranti poco illuminati spingono i clienti a sforzarsi per leggere il menu. Tutte queste risposte determinano se un cliente si avvicinerà ed esplorerà le offerte o eviterà e lascerà il locale per ridurre al minimo il disagio fisiologico.

Risposte fisiologiche: reazioni fisiologiche all'ambiente di servizio.

A causa del tempo trascorso sul luogo di lavoro, gli operatori potrebbero trovare particolarmente dannoso l'ambiente fisico quando non viene gestito correttamente; uno spazio adatto, l'attrezzatura adeguata a svolgere le mansioni e condizioni appropriate come temperatura e qualità dell'aria sono direttamente correlati alla disponibilità dei dipendenti di continuare a lavorare, alla loro produttività, alla soddisfazione lavorativa e alle interazioni positive tra colleghi.

8.4f Fase 5 dello sviluppo dell'ambiente: le risposte agli stimoli dell'ambiente

Comportamenti individuali

Il modello del servicescape si completa con i **comportamenti individuali** di risposta agli stimoli dell'ambiente fisico. Questi si distinguono tra attrazione e rifiuto.

Comportamenti individuali: risposte al contesto dei servizi spesso descritte come comportamenti di attrazione e rifiuto.

In contesti di vendita al dettaglio, l'ambiente del negozio favorisce l'attrazione e comportamenti del tipo:

- piacere dello shopping;
- visite ripetute;
- impressioni favorevoli del negozio;
- denaro speso;
- tempo trascorso per lo shopping;
- disponibilità a rimanere ed esplorare il negozio.

In altri casi, gli stimoli sono gestiti appositamente per scoraggiare segmenti di mercato indesiderati. Per esempio, alcuni negozi negli Stati Uniti hanno intelligentemente utilizzato una musica noiosa fuori dai propri negozi per allontanare gruppi indesiderati che si riunivano nel parcheggio al loro esterno dissuadendo la clientela desiderata dall'entrare nel negozio.

Interazioni sociali

In ultima analisi, nei servizi a forte relazione interpersonale, il servicescape dovrebbe incoraggiare le interazioni tra clienti, tra dipendenti e tra dipendenti e clienti. Creare un ambiente di questo tipo non è semplice, poiché il cliente è spesso disponibile all'interazione, mentre il dipendente tenderebbe a completare i propri compiti con il minimo coinvolgimento del cliente. Variabili ambientali come la prossimità fisica, la disposizione dei posti a sedere, le dimensioni delle strutture e la flessibilità nel cambiare la configurazione dell'ambiente di servizio definiscono le possibilità e pongono limiti alla quantità di interazione sociale possibile.

Per esempio, in alcuni ristoranti di cucina giapponese, gruppi diversi di clienti sono serviti su un unico tavolo, a differenza delle disposizioni tradizionali in cui ogni gruppo ha il proprio tavolo; questo tavolo comune favorisce l'interazione tra i clienti. Inoltre, a ogni tavolo è assegnato uno chef che interagisce con i clienti durante il processo di preparazione. Analogamente, per aumentare l'interazione nei ristoranti della catena americana Max and Erma's, i tavoli sono stati numerati e dotati di telefoni in modo che i clienti si possano parlare. I tavoli spaziosi dei ristoranti Outback Steakhouse permettono ai camerieri di sedersi al tavolo dei clienti mentre spiegano il menu e prendono ordinazioni; questo approccio, sebbene inizialmente possa sembrare invadente per alcuni (una modifica al tradizionale script del ristorante), facilita le interazioni tra clienti e camerieri. Un altro esempio è dato dalla compagnia aerea Virgin America, che incoraggia le interazioni sociali attraverso un sistema di messaggistica in volo: un passeggero può offrire una bevanda a un altro o comunicare tramite il sistema di chat sui sedili dell'aereo.

APPROFONDIMENTO 8.1

Sostenibilità e servizi in azione
Effetto Flaminio

"Dare a Rimini ciò che il tempo le aveva tolto: la pallacanestro come attività di condivisione, intrattenimento ma soprattutto come espressione dell'appartenenza a una città e a un popolo. Rimini al centro di tutto, il Basket Rimini come sogno raggiungibile per migliaia di giovani locali."

Questa è ciò che, fin dal 2018, anno di fondazione, Rinascita Basket Rimini (società militante oggi nel campionato di Serie A2) si è posta come vision principale.

Rimini e i riminesi quindi al centro dell'*experience* che la Società mette in scena durante l'anno, con un focus totale su ciò che ormai viene comunemente indicata come "la domenica alle 18:00 di Rimini" o, ancora di più, "effetto Flaminio".

In questi sei anni, il progetto ha generato un'affluenza media al Palasport Flaminio che è passata dai 2.100 del 2018/19 in CGold ai 3.118 spettatori del 2023/24 in serie A2, nonostante un inizio campionato che ha visto solo 2 vittorie e 9 sconfitte.

La centralità del tifoso è evidente in ogni contesto del progetto: partendo dalla comunicazione social, in cui viene costantemente messo in primo piano come principale protagonista dell'esistenza del prodotto *entertainment*, fino ad arrivare al giorno del match (appunto "la domenica alle 18:00 di Rimini"). È proprio in questo momento che prende forma la strategia di RBR, che ruota intorno a due concetti chiave: *user experience* e intrattenimento.

Il responsabile marketing Simone Campanati specifica di essersi fin da subito posto un quesito cruciale: in quale settore opero? E la risposta è stata immediatamente chiara: quello del tempo libero e quindi dell'intrattenimento. «È così che nasce Effetto Flaminio, il mio modo di spiegare all'utente cosa abbiamo generato al Palasport e cosa succede ogni due domeniche alle 18:00 al Flaminio. È il modo che ho scelto per raccontare quanto le persone siano protagoniste di questo spettacolo, venerabile a prescindere dal risultato sportivo della partita in corso (prodotto).»

In sostanza, la user experience che si eleva sulla qualità o riuscita del prodotto core.

Questo approccio rende lo spettatore protagonista di quello spettacolo, facendolo sentire allo stesso livello dei giocatori che scendono in campo, come si può evincere dai commenti sui canali social.

Grazie a questo posizionamento, in pochi anni sono stati raggiunti risultati notevoli:

- record di abbonati nella storia del Basket Rimini;
- record di sold out in una stagione (8);
- una community di 150 partner;
- una community di società sportive affiliate (18);
- nomea di "evento di tendenza";
- creazione di una curva *family*, generatasi automaticamente;
- organizzazione di una serie di eventi mirati a diversi tipi di target che hanno generato ingenti sponsorizzazioni.

Oggi RBR è uno stile di vita, un contenitore di persone che genera continuamente emozioni tramandabili. Ognuno trova il modo di sentirsi protagonista e sa cosa deve raccontare: l'Effetto Flaminio.

Lo storiverso è ben delineato in queste due parole che sono sacre a Rimini e che permettono alla società di far vivere un'esperienza ancora più alta, una percezione di divertimento assoluto anche nella sconfitta.

RBR propone quindi il Flaminio come teatro di "spettacoli interattivi", dove l'evento principale è la partita, ma allo stesso momento non esiste un momento morto: lo spettatore ha sempre qualcosa a cui assistere, o qualcosa a cui partecipare, uno show a 360 gradi. È diventato qualcosa a cui appartenere, da raccontare e in cui coinvolgere.

L'esperienza va oltre al luogo di culto, il Flaminio: grazie alle collaborazioni pro attive coi partner, RBR porta in trasferta anche alcuni tifosi. Con Audi, una zia e un bimbo hanno vissuto una trasferta con il team comunicazione, e con un'azienda di noleggio camper una famiglia intera ha fatto la stessa cosa in direzione Torino.

Nel progetto "Esprimi un desiderio", tanti bambini hanno potuto vivere esperienze con i giocatori della squadra, creando un effetto "*cute*" che ha avvicinato numerose famiglie.

E poi c'è RBR Sporteam Academy, un corso di formazione per manager sportivi. Infine, come non menzionare la Curva chiamata Barrio: il suo ritmo, la sua costanza, il suo esempio hanno dato linfa e velocizzato il lavoro di fidelizzazione del fan RBR, perché il Barrio è Rimini.

8.5 La gestione dei cinque sensi nella creazione del servicescape

Nei paragrafi precedenti è stato detto che, nello sviluppo del servicescape, i fornitori devono esaminare con attenzione l'impatto che l'ambiente in cui è fornito il servizio provoca sulle percezioni di clienti e dei dipendenti e sulla gestione operativa.

Siccome un fornitore presumibilmente non può essere tutto per tutti, nelle scelte relative all'ambiente di servizio è necessario accettare compromessi per soddisfare le esigenze delle risorse umane, del marketing e della gestione operativa.

Gli esperti suggeriscono di rispondere alle seguenti domande prima di rendere esecutivo un piano di sviluppo.

1. Come è composto il mercato di riferimento?
2. Quali benefici cerca nel servizio il mercato di riferimento?
3. Quali elementi dell'atmosfera possono rafforzare le convinzioni e le reazioni emotive degli acquirenti?
4. Come questi stessi elementi influiscono sulla soddisfazione dei dipendenti e sulla gestione operativa?
5. Il piano di sviluppo consente di competere efficacemente con i concorrenti?

In ultima analisi, le persone basano le proprie percezioni sull'interpretazione degli stimoli che provengono dall'esterno. La sezione che segue suggerisce come gestire in modo efficace questi richiami sensoriali e le reazioni di vista, udito, olfatto, tatto e gusto in modo da rendere gli ambienti più attrattivi per clienti e dipendenti.

8.5a Stimoli visivi

La vista trasmette ai clienti più informazioni rispetto a qualsiasi altro senso e, pertanto, dovrebbe essere considerato il mezzo più importante a disposizione nello sviluppo del servicescape. I richiami visivi possono essere definiti come il processo di interpretazione degli stimoli, che si traduce in relazioni visive percepite. Su un livello di base, i tre stimoli visivi primari che attraggono gli acquirenti sono la **dimensione**, la **forma** e i **colori** Le persone interpretano gli stimoli visivi in termini di relazioni visive, che consistono in percezioni di armonia, contrasto e

Dimensione, forma e colori: principali stimoli visivi che attraggono gli acquirenti.

Armonia: grado di equilibrio visivo con gli ambienti circostanti.

Contrasto e conflitto: grado di disaccordo con gli ambienti circostanti.

conflitto. L'**armonia** si riferisce a un equilibrio visivo ed è associata ad ambienti più tranquilli, sofisticati e formali. Al contrario, il **contrasto** e il **conflitto** sono associati ad ambienti più stimolanti, allegri e informali.

In base alle dimensioni, alla forma e ai colori degli stimoli visivi utilizzati e al modo in cui i clienti interpretano le varie relazioni visive, possono emergere percezioni molto diverse dell'azienda. Per esempio, alcuni segmenti di mercato percepiscono alcuni negozi come accoglienti, mentre altri sono disorientati dall'eccesso di stimoli.

Dimensione

La dimensione delle strutture aziendali, dei cartelli e dei vari reparti trasmette significati diversi a mercati diversi. In generale, quanto più grande è l'impresa e le relative evidenze fisiche, tanto più gli acquirenti le attribuiscono importanza, successo, sicurezza e stabilità. Il rischio percepito all'acquisto di servizi presso un'azienda di grandi dimensioni è minore, poiché sono ritenute più competenti, più di successo e più propense a impegnarsi nel recupero del disservizio in caso di problemi. Altri clienti talvolta beneficiano del prestigio associato alle relazioni professionali con un'azienda grande e famosa.

Alcuni clienti, invece, possono ritenere le grandi aziende come impersonali e poco attente e cercano interlocutori di dimensione inferiore e di nicchia perché ritenuti più personali e cordiali.

Un'azienda più piccola si può tradurre in un servizio più personale, e per questo alcune banche locali stanno continuando a tenere aperte filiali, anche di piccole dimensioni ma con sportelli fisici, in modo da garantire continuità e vicinanza alla propria clientela tradizionale.

In sintesi, a seconda del mercato di riferimento servito, la dimensione attrae in modi diversi i diversi segmenti.

Forma

L'utilizzo e il posizionamento di scaffali, specchi e finestre, e persino il design della carta da parati, contribuiscono alle percezioni. Alcuni studi hanno dimostrato che forme diverse suscitano emozioni diverse nei consumatori. Le forme e le linee verticali sono percepite come "rigide, severe e conferiscono una qualità maschile a un'area... esprimono forza e stabilità... danno all'osservatore un movimento dell'occhio verso l'alto e verso il basso... tendono a elevare un'area, danno l'illusione di un aumento dello spazio in quella direzione".

Al contrario, le forme e le linee orizzontali evocano relax e riposo, mentre le forme e le linee diagonali richiamano progressività, proattività e movimento, e le forme e le linee curve sono percepite come femminili e fluide.

Utilizzare forme simili e/o dissimili nella progettazione dell'ambiente creerà una relazione visiva di armonia, contrasto o conflitto: per esempio, l'utilizzo di diverse forme in una stessa area può contribuire a enfatizzarne un punto.

Colore

Tonalità: colore base, come rosso, blu, giallo o verde.

Valore: luminosità dei colori in base alla presenza di bianco o di nero.

Il colore genera spesso la prima impressione negli interlocutori, sia che si tratti della brochure aziendale, dei biglietti da visita del personale o dell'interno o esterno della struttura. L'impatto psicologico del colore è il risultato di tre proprietà: tonalità, valore e intensità. La **tonalità** si riferisce alla famiglia effettiva del colore, come rosso, blu, giallo o verde. Il **valore** definisce la luminosità e l'oscurità dei colori. I valori più scuri sono chiamati sfumature, e i valori più chiari sono chiamati tinte. L'**intensità** qualifica la luminosità o l'opacità della tonalità.

Intensità: saturazione di uno specifico colore.

Le tonalità sono classificate in colori caldi e freddi. I colori caldi includono tonalità di rosso, giallo e arancione, mentre i colori freddi includono tonalità di blu, verde e violetto.

In generale, i colori caldi suscitano sensazioni di comfort e informalità: il rosso evoca sentimenti di amore e romanticismo, il giallo sentimenti di luminosità e calore, e l'arancione di apertura e cordialità.

Alcuni studi hanno dimostrato che i colori caldi, in particolare il rosso e il giallo, nella vendita al dettaglio sono preferibili, poiché incoraggiano decisioni rapide e dunque avvantaggiano gli acquisti a basso coinvolgimento. Al contrario, i colori freddi sono percepiti come distanti, freddi e formali: l'uso eccessivo del viola può smorzare lo spirito del consumatore e demoralizzare i dipendenti.

Anche se i colori freddi non attirano inizialmente i clienti come i colori caldi, sono preferiti quando il cliente ha bisogno di tempo per prendere decisioni, per esempio se gli acquisti sono ad alto coinvolgimento.

Dati i diversi effetti psicologici, quando utilizzate insieme in modo adeguato, le combinazioni di colori caldi e freddi possono creare atmosfere rilassanti ma stimolanti.

Il valore delle tonalità influisce anche psicologicamente sui clienti; gli uffici con pareti con colori più chiari sembrano più grandi, mentre i colori più scuri ottengono l'effetto opposto. Le tonalità più chiare vengono usate per le placche elettriche frontali, i bocchettoni dell'aria condizionata e i sistemi di altoparlanti a soffitto, poiché aiutano queste apparecchiature a integrarsi nell'ambiente.

D'altra parte, i colori più scuri catturano l'attenzione; i rivenditori hanno evidenziato che solo il 25% dei clienti arriva oltre il punto medio del negozio, ma dipingendo il muro posteriore di un colore più scuro riescono ad attirare l'attenzione in fondo al negozio.

Anche l'intensità del colore influenza le percezioni dell'atmosfera dell'azienda di servizi. Per esempio, i colori brillanti fanno sembrare gli oggetti più grandi ma sono visti come più "duri", mentre i colori più spenti sono percepiti come più "morbidi". In generale, i bambini sembrano preferire colori più brillanti, mentre gli adulti tendono a preferire tonalità più morbide.

Per i fornitori che servono mercati internazionali, le percezioni riguardo i colori devono essere adattate ai diversi contesti culturali.

Posizione

Come già detto, la scelta relativa all'ubicazione è connessa al coinvolgimento del cliente nella produzione del servizio. I servizi a basso contatto possono anche posizionarsi in zone distanti, meno costose e più vicine alle fonti di approvvigionamento, alle reti di trasporto e alla disponibilità di manodopera, mentre i servizi ad alto contatto manifestano altre necessità.

Nella scelta circa la posizione in cui stabilire l'azienda, è utile rispondere a tre domande.

In primo luogo, quanto il fornitore è visibile? I clienti tendono a fare acquisti in luoghi che già conoscono, per cui la *visibilità* è essenziale per creare consapevolezza. Essere localizzati nelle vie principali e nella direzione del traffico massimizza la visibilità. Inoltre, è preferibile che i siti siano distanziati dalla strada per consentire ai clienti di ottenere una prospettiva ampia, pur rimanendo abbastanza vicini in modo che la segnaletica sia leggibile.

Le dimensioni del luogo sono adeguate all'edificio pianificato? Questa domanda interroga sulla *compatibilità* con l'ambiente circostante. È importante individuare quali altri tipi di attività sono presenti nell'area.

Il sito è accessibile? La terza domanda riguarda la *comodità* per il cliente, quindi si richiede la presenza di ampi parcheggi o di alternative nelle vicinanze oltre a trasporti pubblici che rendano facilmente raggiungibile il sito.

Architettura

L'architettura dell'infrastruttura fisica dell'azienda è spesso il risultato di un compromesso tra un design che attiri il mercato target, uno che massimizzi l'efficienza delle operazioni di servizio e uno che sia economicamente sostenibile.

L'architettura dell'azienda fornisce informazioni ai clienti circa la natura dell'attività svolta, la sua solidità e stabilità e il prezzo dei servizi offerti. Per esempio, il Burj Al Arab Hotel a Dubai è una struttura diventata iconica anche per la forma dell'edificio che richiama una vela ed è stato progettato per trasmettere in ogni particolare, dalle dimensioni dell'ingresso a quelle delle stanze o la vista panoramica, il posizionamento esclusivo dell'offerta.

Insegna

L'insegna ha due scopi principali: identificare l'azienda e attirare l'attenzione, dato che questa è la prima cosa che si nota. Tutti i loghi presenti sugli altri documenti, come carta intestata, biglietti da visita e cartoline o le ricevute di pagamento, devono essere coerenti con l'insegna dell'azienda per rafforzarne l'immagine. Idealmente, le insegne dovrebbero indicare ai clienti chi, cosa, dove e quando del servizio offerto. Le dimensioni, la forma, i colori e l'illuminazione dell'insegna contribuiscono all'immagine complessiva.

Ingresso

Anche l'ingresso e le aree di attesa del servizio possono influenzare in maniera significativa le percezioni dei clienti riguardo alle attività offerte. Un tappeto usurato, pareti scrostate, opere d'arte di dubbio gusto, riviste datate, personale poco competente e trascurato formano una certa impressione.

Al contrario, aree di ricevimento ben arredate, l'uso creativo dei colori, arredamento distintivo e un personale cordiale e professionale creano un'immagine diversa e più positiva.

Altre considerazioni pratiche includono: un'illuminazione che renda chiaramente visibile l'ingresso; porte di facile apertura; ingressi senza gradini per evitare incidenti ai clienti; pavimenti antiscivolo per i giorni piovosi; porte sufficientemente larghe per consentire l'accesso a clienti disabili e il trasporto agevole di materiali ingombranti dentro e fuori dall'azienda.

Illuminazione

Gli effetti psicologici dell'illuminazione sul comportamento del cliente sono particolarmente intriganti; poiché fin da bambini vengono spente le luci prima di addormentarsi, la maggior parte delle persone associa stanze poco illuminate al riposo e al rilassamento. L'illuminazione influenza l'umore, il tono e il ritmo dell'interazione di servizio. Quando le luci sono basse, i clienti parlano più sommessamente, l'ambiente di servizio viene percepito come più formale e il ritmo dell'interazione rallenta. Al contrario, gli ambienti molto illuminati sono solitamente più rumorosi, gli scambi di comunicazione tra i clienti e tra i clienti e i dipendenti sono più frequenti e l'ambiente complessivo viene percepito come più informale, stimolante e allegro.

8.5b Stimoli acustici

Gli stimoli acustici svolgono principalmente tre funzioni: creare atmosfera, catturare l'attenzione e informare. L'uso strategico della musica o degli annunci è un metodo proattivo nell'interazione del servizio; la musica aiuta a creare l'atmosfera desiderata, mentre gli annunci possono essere utilizzati per attirare l'attenzione dei clienti o informarli sul servizio in corso, come nel caso del trasporto ferroviario. Gli stimoli acustici possono anche distrarre l'utente, pertanto dovrebbe essere valutata la necessità di evitare rumori di fondo.

Musica

La musica influenza le vendite in almeno due modi, come dimostrano molti studi. In primo luogo, la musica di sottofondo migliora la percezione dell'atmosfera del negozio, influenzando a sua volta l'umore del cliente. In secondo luogo, la musica spesso influenza la percezione del tempo trascorso nel punto vendita. Alcuni studi hanno rilevato che laddove è riprodotta musica di sottofondo, il fornitore è percepito come più attento ai clienti.

Oltre a creare un atteggiamento positivo, la musica influenza direttamente il comportamento di acquisto; la musica a ritmo più veloce aumenta la velocità delle transazioni, mentre un ritmo più lento incoraggia i clienti a rimanere più a lungo nel punto vendita. Altre ricerche hanno indicato che gli acquirenti considerano che la musica sia una distrazione durante gli acquisti ad alto coinvolgimento, mentre in quelli a basso coinvolgimento semplifichi il processo di selezione. Inoltre, i dipendenti tendono a essere più contenti e produttivi quando ascoltano musica di sottofondo, il che a sua volta porta a un'esperienza più positiva per i clienti.

La durata del servizio offerto e della permanenza in un ristorante è influenzata dal ritmo della musica; sebbene il margine di guadagno stimato sia più alto quando il ristorante propone musica lenta, il numero aggiuntivo di tavoli che si libererebbero se la musica avesse un ritmo più sostenuto potrebbe invertire il risultato.

Annunci

Gli annunci sono un altro tipo di stimolo frequente nei luoghi di servizio, per esempio per avvisare i clienti dei ristoranti quando i loro tavoli sono disponibili, informare i passeggeri sui processi di imbarco in aeroporto o cercare singoli dipendenti all'interno dell'edificio. Il modo professionale con cui vengono effettuati gli annunci influisce direttamente sulla percezione dei clienti riguardo al fornitore.

Rumori

Quando si progettano le infrastrutture che ospiteranno l'ambiente di servizio è importante anche comprendere come evitare i rumori indesiderati, quelli che disturbano l'atmosfera, o come creare gli stimoli che invece attraggono i clienti. In un ristorante, i rumori che provengono dalla cucina, dalla lavastoviglie al personale che parla ad alta voce, o dai servizi igienici dovrebbero essere coperti in quanto possono disturbare l'esperienza del cliente.

Altre tattiche per eliminare o ridurre i rumori indesiderati includono l'installazione di tappeti nei corridoi, il posizionamento strategico dei condizionatori d'aria in zone lontane dalle aree principali dell'attività e l'installazione di soffitti più bassi e pareti divisorie fonoassorbenti.

8.5c Stimoli olfattivi

Anche gli odori possono influenzare notevolmente il contesto dei servizi dell'azienda. Quando si valutano gli stimoli olfattivi, come anche nel caso di quelli sonori, i fornitori di servizi devono prestare la stessa attenzione nell'evitare gli odori sgradevoli così come nel proporre profumi attrattivi perché rischiano di creare impressioni negative sia sui clienti che sui dipendenti; analogamente, sistemi di areazione inadeguati o rifiuti posizionati in luoghi sbagliati creano problemi. D'altra parte, gli odori piacevoli spesso inducono i clienti a effettuare acquisti e possono influenzare la percezione di prodotti che non hanno un proprio odore naturale.

In uno studio condotto da Nike, è stato chiesto ai clienti di valutare in due stanze diverse un paio di scarpe da ginnastica; una stanza era completamente priva di odori, mentre l'altra era artificialmente permeata da un odore floreale. I risultati dello studio hanno indicato che il profumo dei fiori ha avuto un effetto positivo diretto sulla desiderabilità delle scarpe da ginnastica per l'84% dei partecipanti. Anche se l'esempio si riferisce a un prodotto tangibile, lo stesso è stato osservato su prodotti che non hanno un proprio odore, come i servizi.

Nella gestione degli odori, le organizzazioni devono allinearsi alle aspettative del mercato target: gli ospedali dovrebbero emanare un odore pulito e antisettico, mentre negli studi legali più storici e consolidati, paradossalmente, potrebbero presentare persino un leggero odore di muffa.

8.5d Stimoli tattili

Le probabilità di vendita aumentano notevolmente quando l'acquirente ha modo di toccare il prodotto. Ma come si fa a toccare un prodotto intangibile? Alcuni fornitori, come i venditori per corrispondenza, hanno una componente tangibile che può essere spedita ai clienti.

Una delle ragioni per cui la vendita online è in crescita è la liberalizzazione delle policy sulla restituzione degli acquisti, attuate per favorire una prova dei prodotti; Zappos ha delle procedure sui resi considerata tra le migliori perché consente la spedizione gratuita fino a 365 giorni dopo l'acquisto e non richiede ai clienti di conservare lo scontrino originale o l'imballaggio (una copia della conferma dell'ordine è sufficiente). Inoltre, Zappos offre uno "scambio anticipato" quando un cliente ha bisogno di un colore o una taglia diversi da quelli dell'articolo originariamente spedito, inviando immediatamente al cliente il nuovo articolo basandosi sulla sua promessa di restituire quello originale entro due settimane.

Secondo Corey Schrieber, sviluppatore di contenuti per Zappos Insights (un sito web speciale che condivide i segreti di Zappos con dipendenti e membri abbonati), Zappos utilizza deliberatamente gli "scambi anticipati" come strategia per stupire i clienti.

Per servizi cosiddetti puri, cioè senza una parte tangibile, è possibile promuovere l'attrattiva attraverso degli "open day" in cui il pubblico ha l'opportunità di incontrare le persone che forniscono il servizio. Stringere la mano e interagire di persona con clienti potenziali o già esistenti è sicuramente una forma di richiamo tangibile, e le aziende impegnate in questo senso sono percepite come più attente, più vicine ai loro clienti e sinceramente interessate al loro benessere.

8.5e Stimoli gustativi

Il gusto, l'ultimo dei cinque sensi, viene sollecitato non solo in termini di sapori ma più in generale di gradimento dell'offerta del fornitore. In questa accezione si comprendono le proposte di "provare" il servizio.

Per esempio, iTunes di Apple fornisce un campione, un assaggio, del brano musicale che le persone sono interessate ad acquistare, aiutando così a verificare le scelte e facilitando l'acquisto finale. Altre imprese di servizi come gli autolavaggi, le lavanderie a secco e i ristoranti possono prevedere prove gratuite per attirare inizialmente i clienti. Durante la prova, il cliente avrà la possibilità di osservare gli aspetti tangibili e di formarsi idee più precise sul servizio e sulle sue capacità di soddisfare le aspettative.

Riepilogo

La gestione degli elementi tangibili connessi all'esperienza di servizio è molto importante poiché, a causa dell'intangibilità, gli acquirenti non dispongono di informazioni oggettive per prendere decisioni e per questo cercano evidenze fisiche correlate al servizio.

Sono esempi di elementi tangibili l'architettura esterna degli edifici, le insegne, il parcheggio, il paesaggio e l'ambiente circostante; sono componenti di design interne le dimensioni, la forma e i colori, l'ingresso e le aree di accoglienza, l'attrezzatura utilizzata per gestire l'attività, la segnaletica, il layout ma anche la qualità dell'aria e la temperatura. Ci sono poi altri indizi che contribuiscono a formare le percezioni dei clienti, tra cui biglietti da visita, materiale di cancelleria, fatture, rapporti, aspetto del personale e brochure.

Dal punto di vista strategico, l'importanza della gestione degli elementi tangibili dell'azienda deriva dalla capacità di (1) "confezionare" il servizio, (2) agevolarne il flusso del processo di erogazione, (3) socializzare clienti e dipendenti allo stesso modo in termini di rispettivi ruoli, comportamenti e relazioni e (4) differenziare l'offerta dai concorrenti.

Dal punto di vista teorico, l'ambiente influenza il comportamento dei clienti e dei dipendenti in ugual misura, a causa dell'inseparabilità di molti servizi.

Nella progettazione delle strutture, occorre inoltre considerare se si tratta di un servizio fornito da remoto, interpersonale o self-service; nei vari casi la progettazione dovrebbe rispecchiare le esigenze delle parti che dominano il processo di produzione del servizio.

Decisioni riguardo la posizione delle strutture, il layout, il design del prodotto e il design dei processi possono portare a esiti diversi, a seconda che la gestione operativa sia ad alto o a basso contatto con il cliente.

Infine, devono essere assunte anche molte decisioni di tipo tattico nella progettazione dell'ambiente, dato che le persone basano le proprie percezioni dei servizi offerti sulla base degli stimoli sensoriali. Decisioni specifiche, per esempio, devono essere prese riguardo alla creazione e talvolta alla riduzione di stimoli olfattivi, visivi, sonori o tattili e di richiami gustativi perché sono cruciali per il successo a lungo termine dell'azienda.

Domande di verifica

1. Spiegare la relazione tra gli elementi tangibili di un servizio, le percezioni e le aspettative dei clienti.
2. Illustrare le quattro funzioni di base degli elementi tangibili di un servizio.
3. Spiegare le criticità che devono essere affrontate dalle imprese di servizi a basso contatto rispetto a quelle ad alto contatto in relazione all'ubicazione, al layout e al design del prodotto e del processo.
4. Come potrebbe essere progettato il servicescape di un fornitore che si rivolge a clienti sensibili ai problemi di sostenibilità ambientale?
5. Descrivere come i moderatori della risposta influenzano la risposta del cliente.
6. Quali sono i tre tipi di risposte interne all'ambiente di servizio?
7. Descrivere l'impatto della musica sul comportamento dei clienti e dei dipendenti.
8. Descrivere possibili strategie per aumentare attrattività attraverso richiami tattili e gustativi.
9. Descrivere come l'uso delle uniformi per i dipendenti possa rappresentare una prova tangibile delle caratteristiche specifiche di un servizio.
10. Completare il quiz su www.colorquiz.com per verificare il proprio profilo psicografico.

Capitolo 9

Le persone come strategia: il personale di servizio

Obiettivi del capitolo

Nelle imprese di servizi, il personale ricopre ruoli molto diversi: alcuni operatori non incontrano direttamente i clienti ma permettono il funzionamento dei processi e delle infrastrutture oppure forniscono supporto a distanza; altri operatori, invece, sono quotidianamente a contatto con i clienti e sono parte integrante dell'esperienza complessiva del servizio. Questo capitolo evidenzierà l'importanza della gestione del personale per la soddisfazione dei clienti e la redditività dell'impresa e fornirà alcuni suggerimenti su come creare un clima organizzativo positivo.

CIRFOOD: il valore strategico della ristorazione collettiva

Con oltre 50 anni di storia, CIRFOOD è una delle principali imprese italiane attive nella ristorazione collettiva e commerciale e nei servizi di welfare. Grazie al lavoro di 12.000 persone, la vera forza dell'impresa, CIRFOOD è presente in 17 regioni e 74 province d'Italia, in Olanda e in Belgio, producendo 100 milioni di pasti all'anno.

CIRFOOD è un'impresa cooperativa, che nello svolgimento delle sue attività si avvale prevalentemente delle prestazioni dei propri soci.

CIRFOOD, anche in un contesto complesso come quello della pandemia e dell'aumento incontrollato di materie prime ed energia, ha dimostrato la sua solidità e ha mantenuto la sua posizione di riferimento sul mercato.

Feed the future è la visione che ispira da sempre CIRFOOD nel modo di fare impresa e guardare al domani per migliorare gli stili di vita delle persone nel rispetto dell'ambiente. L'impresa si impegna ogni giorno a nutrire il futuro di idee e soluzioni in grado di garantire a tutta la società uno sviluppo sostenibile, dal punto di vista economico, ambientale, sociale e culturale.

CIRFOOD crede che l'alimentazione sia un diritto da garantire a tutta la società e che il cibo non sia solo nutrimento, ma anche tradizione e innovazione, salute e benessere, etica e responsabilità. È il simbolo dell'identità culturale di un paese, un'eredità di tradizioni, buone pratiche, storie di persone e territori: una cultura con profonde radici, ma capace di adattarsi al cambiamento per abbracciare nuove tendenze.

Le persone sono il vero vantaggio competitivo delle imprese della ristorazione collettiva; credere nelle persone significa investire e promuovere continuamente il loro sviluppo offrendo servizi di welfare adeguati (con programmi che consentano la conciliazione tra vita e lavoro a tutte le persone dell'impresa, l'80% delle quali sono donne), valorizzando il capitale umano e investendo in conoscenza e sviluppo.

È per questo che CIRFOOD si impegna per:

- condividere gli obiettivi chiave dell'impresa attraverso un forte coinvolgimento delle persone stesse;
- pensare come "cliente" ogni risorsa che lavora e fornisce il proprio contributo all'impresa, assicurandogli la stessa attenzione e dedizione che si riserva a tutti i clienti;
- favorire un dialogo aperto e costante con tutti, perché ognuno con le proprie caratteristiche e individualità può contribuire a fare la differenza;
- incoraggiare e premiare la curiosità, la tenacia nel raggiungere gli obiettivi, l'attenzione ai dettagli e l'andare oltre il perimetro assegnato ricercando sempre l'eccellenza, promuovendo la valorizzazione delle diversità e sostenendo con fermezza l'importanza di una cultura aziendale priva di ogni forma di discriminazione.

In particolare, l'Accademia CIRFOOD è nata con l'obiettivo di promuovere lo sviluppo delle competenze delle persone che lavorano all'interno delle cucine, distribuite su tutto il territorio.

Per questo ha realizzato anche CIRFOOD DISTRICT, il centro di ricerca e innovazione dedicato a immaginare, sperimentare e progettare il futuro, consapevole del grande valore sociale della ristorazione collettiva in termini di: educazione al valore del cibo e al consumo consapevole; salute, prevenzione e cura; sostenibilità ambientale ed economica della filiera agroalimentare; occupazione (in particolare femminile); benessere delle persone; socialità e welfare. In sintesi: sperimentare insieme il futuro, conoscere e comprendere il presente per immaginare e progettare il domani, a partire dal cibo e dalla condivisione di esperienze e *know how*.

9.1 Introduzione

Il volto pubblico di un'organizzazione di servizi è rappresentato soprattutto dal personale di contatto, costituito da impiegati, commessi, operai, camerieri e tanti altri che rispondono costantemente alle richieste della clientela. Questo personale svolge attività complesse e difficili da realizzare ma, nonostante l'importanza dei compiti assegnati, in molte imprese e forse nella società intera è il meno retribuito e rispettato. Nel sistema sanitario, gli infermieri sono tra i principali responsabili della cura dei pazienti e della percezione della qualità del servizio, eppure sono tra i meno pagati e riconosciuti. In quello educativo, gli insegnanti hanno un ruolo prioritario nell'istruzione e interazione quotidiana con gli studenti, ma sono i meno pagati e rispettati.

Isadore Sharp, fondatore del gruppo alberghiero Four Seasons, sosteneva che il trattamento riservato ai dipendenti da parte del top management dovrebbe riflettere il modo in cui ci si aspetta che essi trattino i clienti; se i dipendenti non vengono rispettati all'interno dell'organizzazione, questo avrà un impatto significativo sul modo in cui i clienti vengono trattati e un forte impatto sulla gestione aziendale.

Il modello della Service Profit Chain (Heskett, Jones, Loveman, Sasser, Schlesinger, 1994) descrive la dinamica che collega la qualità interna del servizio (design dei luoghi di lavoro, selezione del personale, sistema delle remunerazioni, ecc.) alla soddisfazione dei clienti, alla fidelizzazione e alla profittabilità.

Se i dipendenti sono soddisfatti saranno meno propensi a cambiare lavoro e più produttivi, e questo significa che la soddisfazione del personale contribuisce alla produttività generale delle imprese e riduce i costi di selezione e formazione, che talvolta possono essere molto elevati.

Una recente ricerca ha rilevato che circa un quinto dei dipendenti inglesi (21%) non è soddisfatto del proprio lavoro e quasi un quarto (23%) si dice intenzionato a cambiare impiego entro un anno; in Italia la situazione non si discosta di molto, con diverse gradazioni in relazione alle aree geografiche del Paese o ai diversi aspetti della vita lavorativa (retribuzioni, ore lavorate, opportunità di carriera, ecc.).

Gli atteggiamenti e le convinzioni del personale condizionano il modo in cui viene svolto il lavoro e, di conseguenza, la soddisfazione dei clienti. Numerosi studi hanno dimostrato che la soddisfazione dei clienti è direttamente influenzata dalla loro percezione delle pratiche e delle politiche del reparto risorse umane dell'organizzazione di servizi e da come queste condizionano il personale a contatto con i clienti.

A sua volta, la soddisfazione dei clienti è direttamente correlata alla fedeltà che si manifesta attraverso acquisti ripetuti e passaparola ad altri clienti. La fidelizzazione genera un aumento dei ricavi e della redditività. Come si vedrà nei capitoli successivi, diversi studi hanno esaminato il rapporto tra i costi per acquisire nuovi clienti e quelli necessari per mantenere quelli già acquisiti.

La soddisfazione del personale, quindi, genera valore percepito del servizio, soddisfazione e fedeltà del cliente, crescita dei ricavi e aumento della redditività; tali risultati rafforzano l'impegno dell'organizzazione a migliorare continuamente il servizio. I dipendenti, poi, beneficiando delle migliorie interne e delle risposte positive dei clienti, raccolgono in prima persona il frutto del proprio impegno. Questa soddisfazione dei dipendenti viene quindi rinforzata, contribuendo a mantenere l'integrità della catena del valore del servizio.

Dal punto di vista strategico, il personale di servizio rappresenta una fonte importante di differenziazione del prodotto. Spesso è difficile per un fornitore di servizi differenziarsi da altre organizzazioni simili per il tipo di prestazioni offerte o per il processo di erogazione. Molte compagnie aeree, per esempio, offrono benefici molto simili e volano con i medesimi modelli di aeromobili dagli stessi aeroporti verso le stesse destinazioni e dunque possono solo sperare in un vantaggio competitivo generato dal livello di servizio, ovvero dal modo in cui le attività vengono svolte. La differenziazione può avvenire in base al livello dello staff o di alcuni elementi fisici, ma la gran parte delle volte il fattore decisivo è l'atteggiamento del personale.

9.2 Il ruolo del personale a contatto con il cliente

I dipendenti che scelgono di lavorare a contatto con il cliente non partono con l'intenzione di offrire un servizio scadente; la letteratura suggerisce che, potendo scegliere, le persone tendono a optare per lavori soddisfacenti e non sono inclini a offrire servizi di bassa qualità.

La natura del lavoro a costante contatto con altre persone è complessa. Questi operatori (come detto già nel Capitolo 2) vengono definiti *boundary spanner* poiché ricoprono posizioni al confine dell'organizzazione, interagendo sia con l'ambiente esterno, in particolare con i clienti, sia con l'organizzazione interna e la sua struttura; rappresentano l'impresa e devono raccogliere le informazioni necessarie dai clienti per eseguire il servizio; fanno parte del processo produttivo, ma fungono anche da ponte tra il cliente e l'organizzazione.

Ruoli di servizio subordinati: mansioni meno prestigiose, dove l'impiegato si sente subordinato non solo rispetto all'organizzazione, ma anche rispetto al cliente.

Nel ruolo di contatto, questi lavoratori possono essere classificati lungo un continuum che va dai **ruoli di servizio subordinati** ai ruoli più professionali. I primi sono subordinati all'organizzazione e si trovano alla base della gerarchia aziendale. Essi sono trattati come tali anche dai clienti e talvolta ciò è sottolineato con messaggi pubblici ben visibili del tipo "il cliente ha sempre ragione". La maggior parte degli operatori nei servizi ricopre questo tipo di ruolo subordinato.

Conflitto persona/ruolo: se la percezione che un lavoratore ha di sé stesso è molto distante dalla mansione che sta svolgendo, può generarsi un conflitto di ruolo.

Queste posizioni di confine sono fonte di stress e tensione per il lavoratore, poiché piene di ambiguità e conflitti. Il ruolo può essere in conflitto con la percezione di sé (**conflitto persona/ruolo**) e l'operatore è spesso chiamato a contenere i propri sentimenti, a sorridere ed essere disponibile anche quando si sente frustrato e vorrebbe reagire. Ciò è stato definito "lavoro emotivo" ed è una nota causa di stress.

Conflitto organizzazione/cliente: se le procedure prefissate non consentono di soddisfare le richieste di un cliente, può sorgere un conflitto.

Più problematici sono i **conflitti organizzazione/cliente**. Si consideri il caso di un cliente che chiede un panino in più quando la procedura aziendale ne prevede uno a testa: questa situazione può essere risolta applicando il buon senso (per esempio esaudire la richiesta se non ci sono più clienti e il pane potrebbe andare sprecato). Si tratta spesso di un contrasto tra l'efficienza organizzativa e la soddisfazione del cliente, con la persona di contatto nel mezzo. Esempi più singolari sono quello di un passeggero che ha chiesto al conducente dell'autobus di modificare l'itinerario stabilito per lasciarlo più vicino a casa essendo lui l'ultimo passeggero rimasto oppure quello di una cliente di McDonald's che, avvisata che i Chicken McNuggets non vengono venduti al mattino, ha aggredito fisicamente il cameriere che non ammetteva eccezioni.

La reazione del dipendente è spesso legata alla sua posizione all'interno dell'organizzazione. Un lavoratore subordinato a un basso livello tende a schierarsi con il cliente se le motivazioni delle regole non sono abbastanza condivisibili, mentre il personale di servizio professionale, avendo uno status più elevato e una comprensione più chiara dello scopo di specifiche regole, è in grado di controllare meglio la situazione.

Conflitti tra clienti: la presenza contestuale di più clienti nella fornitura del servizio può generare conflitti tra aspettative diverse, e il personale deve cercare di risolverli.

I **conflitti tra clienti** derivano dal fatto che certi servizi sono erogati contemporaneamente a più clienti che si condizionano reciprocamente. Clienti diversi hanno probabilmente bisogni diversi e tendono a seguire schemi comportamentali differenti riguardo sé stessi, il personale e gli altri clienti. Se i clienti entrano in conflitto, il personale è chiamato a risolverlo, come quando il cameriere deve chiedere a un cliente di non fumare in un'area non fumatori o di abbassare il tono di voce se altri clienti lo reclamano. Soddisfare sempre tutti i clienti può acuire il conflitto, come accade quando un cliente in un ristorante pretende un servizio più rapido e causa rimostranze da parte di altri tavoli.

La reazione e l'efficacia nel risolvere i conflitti tra clienti sembrano dipendere ancora una volta dal ruolo occupato dal dipendente all'interno dell'organizzazione. Coloro che ricoprono ruoli subordinati partono da una posizione di svantaggio poiché è più probabile che i clienti possano ignorare le loro risposte. Anche i professionisti possono trovarsi in questa situazione, per esempio quando un paziente nella sala d'attesa dell'ospedale insiste per ottenere un trattamento preferenziale. Tuttavia, in queste situazioni, il professionista può fare affidamento sul suo status e sulla sua esperienza per gestire la situazione in modo appropriato.

9.2a Conflitti e implicazioni per i clienti

I conflitti di ruolo e lo stress generano insoddisfazione, frustrazione e rischi di licenziamento, pertanto il personale cerca di proteggersi dalle tensioni che possono degenerare in comportamenti sgradevoli. Nel libro *At America's Service* vengono identificati i sette atteggiamenti che, in misura diversa tra i vari settori, maggiormente irritano i clienti.

1. Apatia: "Ma ti sembra che mi interessi?".
2. Rifiuto: sbarazzarsi dei clienti respingendoli in fretta.
3. Freddezza: indifferenza per ciò che il cliente desidera veramente.
4. Presunzione: "Tu sei il cliente/paziente, quindi non sai di cosa parli".
5. Automatismo: trattare il cliente solamente come input in un processo che deve essere elaborato.
6. Zelo: seguire alla lettera le regole anche quando non hanno senso.
7. Scaricabarile: passare il cliente a un altro fornitore, che lo passerà semplicemente a un altro fornitore ancora.

Questi comportamenti possono essere interpretati come una "lotta per il controllo", dato che le persone hanno necessità di padroneggiare la situazione in cui si trovano, come descritto anche nei capitoli precedenti.

Il modo più semplice per evitare il conflitto è evitare i clienti, come un cameriere che finge di non accorgersi di un cliente che alza la mano per ordinare, quindi adottare atteggiamenti di apatia, rifiuto o freddezza per aumentare il proprio senso di controllo sull'esperienza del servizio.

Un approccio alternativo è quello di entrare in una modalità "robotica", in cui i clienti sono trattati come oggetti inanimati da spostare invece che come persone, riducendo così la necessità di simpatizzare con loro ed evitando il conflitto. Tali comportamenti sono sostanzialmente riconducibili a degli automatismi o a un passivo rispetto delle regole.

Il personale utilizza anche altre strategie per mantenere il controllo e utilizza, per esempio, barriere o strutture fisiche per evidenziare il proprio status: "rifugiarsi" dietro a una scrivania o nel back office è un modo frequente per gestire un momento di tensione organizzativa. Alcuni assistenti di volo scelgono di personalizzare gli annunci sulle norme di sicurezza per affrontare la noia e il conflitto del ruolo. Southwest incoraggia i propri assistenti di volo a rendere più personali le interazioni con i clienti. È successo che uno steward dicesse ai passeggeri "Ho fatto cinque voli oggi e un altro annuncio standard mi farebbe addormentare" per poi cantare l'annuncio, accompagnato dai passeggeri.

Sabotaggio del servizio: iniziative intenzionalmente finalizzate a rovinare l'esperienza del servizio o danneggiare il fornitore principale.

Nel caso estremo, il conflitto e l'ambiguità della situazione possono portare anche a forme di **sabotaggio del servizio**. Questi gesti servono a riconquistare il controllo o il senso di controllo da parte del fornitore. Talvolta ciò avviene in maniera non evidente, servendo porzioni più piccole o bevande scadenti ai clienti difficili, mentre in altri casi si manifesta pubblicamente, per esempio con lamentele ad alta voce in presenza dei clienti. Tutto ciò rappresenta una rottura nel rapporto di servizio ed è più frequente di quanto ci si aspetti; un sondaggio condotto su 182 dipendenti di servizio di prima linea ha rilevato che il 90% di loro mette in campo azioni intenzionalmente negative per ridurre o danneggiare il servizio.

Un'alternativa per stemperare il conflitto tra organizzazione e cliente è quella di schierarsi completamente dalla parte del cliente. Quando il dipendente è costretto a seguire una regola che non condivide, procede a elencare al cliente tutti i difetti dell'organizzazione. In questo modo, i dipendenti provano a ridurre lo stress cercando di catturare simpatia da parte del cliente.

9.2b La capacità del marketing di influenzare positivamente o negativamente le attività

Il marketing può aumentare o ridurre la tensione legata al ruolo ricoperto. Senza apportare modifiche organizzative sostanziali, il marketing può contribuire a ridurre i livelli di stress dei dipendenti del servizio, e ciò è nell'interesse stesso del marketing. Se il personale che incontra il cliente è frustrato e in visibile disaccordo con l'organizzazione per cui lavora, ciò influenza le percezioni sulla qualità del servizio; i clienti, infatti, non gradiscono essere ignorati o trattati come se fossero oggetti inanimati, e se il personale di contatto cerca di massimizzare il proprio senso di controllo durante l'esperienza di servizio, potrebbe trascurare le esigenze e le percezioni dei clienti. Inoltre, sebbene i clienti possano simpatizzare con un dipendente che imputa all'organizzazione la responsabilità di non poter offrire un servizio eccellente, questo svilupperà nelle loro menti percezioni negative sull'impresa responsabile del servizio.

Ridurre i conflitti tra persone e ruoli

Il marketing può ridurre il conflitto tra l'individuo e il ruolo assegnato mostrando sensibilità e coinvolgendo attivamente i dipendenti nel processo decisionale riguardante questo problema. Una campagna promozionale può sembrare eccezionale sulla carta, ma deve tenere conto della disponibilità dei dipendenti per essere veramente efficace. Per esempio, una giornata a tema medievale in un hotel può avere un grande valore per le relazioni con i clienti, ma i dipendenti saranno costretti a indossare costumi strani e scomodi e, senza la loro piena collaborazione, l'iniziativa potrebbe non raggiungere gli obiettivi sperati.

L'approccio di marketing potrebbe suggerire modifiche nella procedura operativa al fine di migliorare la qualità del servizio, ma è importante assicurarsi che gli operatori siano adeguatamente preparati al nuovo script, altrimenti potrebbero trovarsi in situazioni imbarazzanti con i clienti, soprattutto se questi sono più informati di loro sul nuovo servizio a causa della pubblicità che ne è stata fatta.

Ridurre i conflitti tra organizzazione e clienti
Analogamente, il marketing può contribuire a ridurre i conflitti tra l'organizzazione e i suoi clienti. È fondamentale, per esempio, che le aspettative dei clienti siano coerenti con le capacità di fornitura del servizio, in modo tale che i clienti non richiedano servizi che non vengono forniti. La pubblicità è una delle principali cause di aspettative esagerate, poiché tende a enfatizzare le prestazioni. L'esempio della pubblicità dell'hostess o dello steward che leggeva una storia a un bambino mentre l'aereo era in volo voleva solo mostrare quanto fosse amichevole e premurosa la compagnia aerea, ma alcuni passeggeri hanno preso la pubblicità alla lettera chiedendo agli assistenti di volo di leggere storie ai loro bambini. Il risultato è stato un problema per l'equipaggio di cabina, ben lontano dall'immagine premurosa che la pubblicità intendeva diffondere.

Ridurre i conflitti tra clienti
I conflitti tra clienti possono essere evitati se i clienti presentano aspettative relativamente omogenee. A causa dell'inseparabilità dei servizi, i clienti spesso condividono le proprie esperienze con altri, pertanto è fondamentale una segmentazione efficace, che minimizzi la possibilità che gruppi molto diversi condividano il servizio contemporaneamente. In questo modo tutti i clienti condividono lo stesso script e si aspettano lo stesso standard di servizio, riducendo i conflitti. La presenza di turisti in vacanza e di una conferenza nella stessa sala da pranzo di un hotel è destinata a creare tensioni a causa delle tempistiche diverse dei due gruppi.

9.3 Il clima organizzativo

Il ruolo del lavoratore subordinato presenta conflitti intrinseci, ma questi possono essere risolti poiché gli operatori non hanno intenzione di fornire un servizio scadente, come si è detto.

Il personale è influenzato dalla percezione delle policy aziendali, delle procedure stabilite e dei tipi di comportamento che vengono premiati; questa percezione condivisa va a creare il **clima organizzativo**. L'importante è creare un clima che favorisca la prestazione di un buon servizio.

Clima organizzativo: percezione condivisa riguardo alla gestione, alle procedure previste per la realizzazione del servizio e ai comportamenti apprezzati.

Le mansioni di prima linea sono progettate per essere semplici e limitate in modo che chiunque sia in grado di svolgerle. Per contro, non vengono richieste qualificazioni specifiche, i criteri di selezione sono minimi e i salari sono bassi; pertanto, gli operatori di contatto sono talvolta poco preparati e il cliente riceve assistenza ridotta e di qualità inferiore. I clienti purtroppo riversano la loro impazienza e insoddisfazione proprio su queste figure, il che demotiva i dipendenti, specialmente quelli più coscienziosi che sono già consapevoli del servizio scadente che si trovano a dover offrire. Spesso i dipendenti migliori se ne vanno e vengono sostituiti da nuovi assunti poco preparati, perpetuando così il circolo vizioso di un cattivo servizio.

In confronto, quando l'impegno è alto e l'impresa di servizi dimostra passione per migliorare la prestazione, ne risulta che i dipendenti parlino favorevolmente del processo e del prodotto offerto ai clienti, nonché dell'attenzione e della reattività dell'organizzazione alle loro opinioni.

9.3a La creazione di un clima organizzativo

Facilitazione del lavoro: disponibilità di infrastrutture, macchinari o tecnologie che consentono all'operatore di erogare il servizio atteso.

Supporto interdipartimentale: collaborazione di tutti i reparti per raggiungere l'obiettivo di erogare il servizio atteso.

Esistono tre elementi fondamentali per la creazione di un clima favorevole al servizio: la **facilitazione del lavoro**, il **supporto interdipartimentale** e la politica di gestione delle risorse umane. Questi elementi dovrebbero minimizzare lo stress e l'ambiguità del ruolo e favorire l'offerta di un buon servizio. I primi due costituiscono le fondamenta per svolgere il servizio. Il personale deve essere dotato delle capacità per svolgere il proprio compito: gli strumenti, i processi e, sempre più, la tecnologia dell'informazione devono essere disponibili per svolgere il lavoro (facilitazione del lavoro). Un agente di check-in di una compagnia aerea ha bisogno che i sistemi di imbarco siano funzionanti, altrimenti il servizio ne risente e di conseguenza anche il clima, dato che è il dipendente a raccogliere le lamentele, demotivandosi. Nessun dipendente lavora isolato e tutti sono in qualche modo legati al resto dell'organizzazione. Il team del check-in può fornire il servizio solo se l'aereo è disponibile, sottoposto a manutenzione, rifornito di carburante e dotato di equipaggio; ciascun dipartimento, come l'equipaggio di volo, gli addetti alla manutenzione e il personale di cabina, è fondamentale per il servizio del team di check-in (supporto interdipartimentale).

Dopo aver posto le basi affinché i dipendenti possano eseguire con successo i propri compiti, il clima può essere creato attraverso le politiche e le pratiche delle risorse umane progettate per perseguire la strategia del servizio. Se ciò per cui i dipendenti vengono ricompensati non è coerente con ciò che i manager esaltano, si creerà ambiguità e stress. Se l'obiettivo è offrire una qualità superiore rispetto ai concorrenti ma le misure interne sono tutte basate sulla gestione dei costi, è improbabile che si sviluppi il clima adeguato. In sintesi, le politiche delle risorse umane devono essere coerenti tra loro e con la strategia del servizio.

Ruota delle risorse umane per il servizio: la "ruota" descrive l'insieme delle attività che creano il clima organizzativo.

Nella "**Ruota delle risorse umane per il servizio**" (*The Service HR Wheel*) sono ricomprese le varie attività (Figura 9.1).

Definire i compiti degli operatori

Al centro della Ruota si trova il beneficio che deriva dal servizio e da cui è possibile desumere il ruolo richiesto al fornitore di servizi.

Si consideri il caso di Wegmans, una catena di supermercati statunitense, con oltre 52.000 dipendenti, 100 negozi e un fatturato di 11 miliardi di dollari nel 2020. I negozi più recenti di Wegmans occupano 12.000 metri quadrati e sono tre volte più grandi rispetto alle dimensioni di un tipico supermercato. Nel 2005 i margini operativi di Wegmans erano quasi il doppio di quelli dei supermercati tradizionali negli USA (Albertson's, Kroger, Safeway e Ahold USA), e le vendite per metro quadrato erano il 50% superiori alla media del settore. Uno dei segreti del successo di Wegmans è stato quello di riconoscere che un supermercato deve diventare qualcosa di più di un semplice rivenditore e non può competere solo sul prezzo. I supermercati sono visti solamente come luoghi dove si acquistano beni di consumo e l'84% dei clienti crede che quelli tradizionali siano tutti più o meno uguali. Di conseguenza, i supermercati non tradizionali o i discount sono stati in grado di acquisire una quota di mercato. Per fronteggiare questa concorrenza, i supermercati tradizionali hanno reagito riducendo i prezzi, il che ha ulteriormente abbassato i margini che erano già minimi.

Per competere efficacemente, Wegmans ha proposto di far diventare la spesa un'esperienza coinvolgente. I commenti dei dipendenti riflettono questa idea:

"Stiamo portando i clienti in un luogo in cui non sono mai stati prima" oppure "Andare lì non è solo fare la spesa, è un evento". L'esperienza Wegmans è stata il risultato di una sapiente combinazione di beni di consumo, servizi al cliente e personale eccellente. Ogni negozio Wegmans offre servizi di lavanderia, giochi per bambini, un laboratorio fotografico, un fioraio, un'enoteca, una farmacia e una libreria. Oltre a tutto ciò, c'è un clima generale che favorisce un'esperienza coinvolgente.

Ci sono approcci diversi per determinare il ruolo del fornitore di servizi anche nello stesso settore. FedEx è stata la prima organizzazione di servizi a vincere il prestigioso Malcolm Baldrige National Quality Award ed è organizzata con team autogestiti e dipendenti abilitati a servire il cliente in modo flessibile e creativo con piani di miglioramento continuo. In UPS, invece, ci sono persone e profitti in crescita, ma senza lo stesso livello di autonomia: sono previsti controlli, regole, un contratto sindacale dettagliato e metodi di lavoro attentamente studiati. UPS non promette che i propri dipendenti si impegneranno al massimo per soddisfare le esigenze specifiche dei clienti, ma segue linee guida operative rigide che garantiscono un servizio affidabile a basso costo. In entrambe le organizzazioni ci sono dipendenti motivati che cercano di servire i clienti al meglio creando un clima percepito e apprezzato dal cliente.

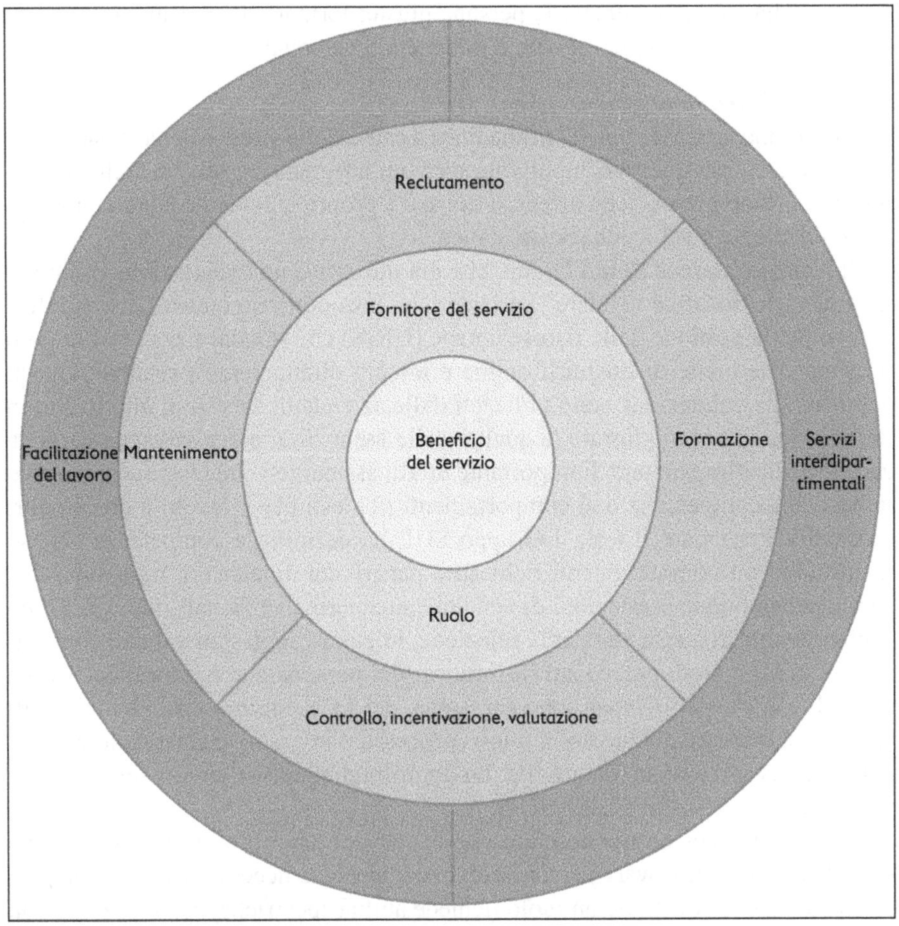

Figura 9.1
La Ruota delle risorse umane per il servizio.

Prima di introdurre pratiche relative al personale vanno definite le aspettative dell'impresa sul personale stesso; per assegnare un compito occorre iniziare dalla formulazione del servizio che si intende offrire. La strategia di marketing e il beneficio che l'organizzazione ha scelto come vantaggio competitivo determinano i sistemi e le tecnologie.

Un'organizzazione di servizi che vuole garantire la coerenza del prodotto e del servizio in diverse sedi adatterà di conseguenza i sistemi e le strutture. I processi e i sistemi dei ristoranti McDonald's sono strutturati per garantire un'erogazione del servizio standardizzata. I comportamenti richiesti agli operatori sono ben definiti, dato che il ruolo del dipendente fa parte di una formula rigidamente progettata. Il personale troppo amichevole, che parla con i clienti e personalizza gli ordini, è incompatibile con la coerenza e la velocità promesse.

Gli esempi di UPS e FedEx mostrano che, anche all'interno dello stesso settore, strategie diverse portano a soluzioni diverse. Si consideri l'offerta alberghiera, suddivisa in un sistema di valutazione a stelle; le aspettative sul servizio (e anche sul prezzo) da parte dei clienti variano da un hotel a una stella a uno a cinque stelle.

Nella Ruota delle risorse umane per i servizi è previsto il ruolo che il fornitore di servizi deve svolgere, ovvero l'insieme dei comportamenti e delle competenze necessari. Con una definizione corretta, non ci dovrebbero essere ambiguità sul ruolo, su cui manager e dirigenti devono essere allineati, poiché si basa sulla strategia concordata. Una volta che il ruolo è stato definito, esso guida il livello successivo della Ruota: assumere le persone giuste; formare dipendenti competenti; controllare, ricompensare, valutare e trattenere il personale.

Assumere le persone giuste

Non tutti sono adatti al ruolo di prima linea a causa dello stress e della tensione che può generare e per questo è importante avere un'adeguata capacità di reclutamento poiché esistono persone che invece si trovano a proprio agio nel contatto quotidiano con il cliente e nel feedback istantaneo.

Il Neiman Marcus Retail Group, che già utilizzava una valutazione psicometrica per selezionare e valutare i candidati, ha introdotto un nuovo sistema informativo per la gestione delle risorse umane (HRIS) che standardizza i test in tutto il gruppo, permette di eseguirli online e integra direttamente i risultati. Questi approcci alla valutazione sono utilizzati dalle aziende di servizi di alto livello in tutto il mondo per migliorare la qualità delle assunzioni e per salvaguardarsi da accuse di discriminazione. È importante infatti assicurarsi che i test scelgano solo in base alla competenza o ai comportamenti richiesti per il lavoro e non su altri parametri. Per creare il test, il Gruppo SHL ha definito le competenze chiave, le attitudini e i comportamenti richiesti a partire dai dipendenti già assunti che garantiscono buone prestazioni di vendita e una permanenza nell'impiego. Dopo l'introduzione di questi test per la selezione, i risultati sono stati valutati confrontandosi con i metodi precedenti: il turnover del personale si è ridotto del 18% e le vendite orarie per persona sono aumentate del 15%. Inoltre, visti i tempi stretti richiesti al mercato del lavoro, il nuovo processo è in grado di fornire un ciclo di colloquio-assunzione in 24 ore. Per un approfondimento su questi tipi di test, è possibile visitare il sito CEB.SHL.com.

Neiman Marcus ha riconosciuto che la selezione nel processo di assunzione è fondamentale per trovare persone con le competenze necessarie e la giusta propensione verso i clienti. Se un ruolo richiede abilità specifiche, come lavorare con i numeri per i cassieri, i test di personalità possono essere integrati con i test di abilità. Selezionare la persona giusta ha molti vantaggi: l'organizzazione migliora la produttività e il servizio, e il dipendente riduce lo stress aumentando il proprio benessere.

La strategia complessiva di un'impresa deve prevedere la creazione di un'adeguata riconoscibilità anche sul versante dei lavoratori (***employer branding***). La proposta lavorativa deve essere così competitiva da attrarre un gruppo di candidati ampio per trovare un numero sufficiente di dipendenti con le competenze giuste.

Employer branding: reputazione di cui un'organizzazione gode nel mercato del lavoro così come succede per i propri prodotti nei confronti dei clienti.

Una recente ricerca di Gallup, effettuata intervistando 13.085 lavoratori statunitensi, ha rilevato che la retribuzione resta una priorità negli interessi lavorativi ma il 61% delle persone dichiara di ritenere importante la compatibilità tra il benessere personale e quello professionale (*work-life balance*), la possibilità di svolgere al meglio le proprie mansioni (58%) e la stabilità della posizione lavorativa (53%).

Non si tratta di nient'altro che estendere l'applicazione del marketing al mercato dei dipendenti sviluppando una EVP (*Employer Value Proposition*): le competenze di comunicazione, branding e sviluppo della proposta sono le stesse.

Formare dipendenti competenti nei servizi

La formazione dei dipendenti è centrale per la loro soddisfazione e quella dei clienti ma è cumulativa e costosa, quindi deve essere combinata con un forte impegno a trattenerli. La strategia di sviluppo delle risorse umane copre tutti gli aspetti: dall'inserimento dei nuovi assunti alla formazione tecnica sull'utilizzo delle infrastrutture e della tecnologia, alla formazione interpersonale e alla preparazione per ricoprire il ruolo successivo.

È compito della **formazione tecnica** preparare un nuovo dipendente per operare in un ruolo di "produzione" e, al tempo stesso, mantenere e potenziare le competenze dei dipendenti esistenti. I dipendenti devono sapere come utilizzare la "tecnologia" messa a disposizione, che si tratti di un sistema sofisticato di gestione delle relazioni con i clienti in un call center, di una cassa in un ristorante fast food o di un blocco di carta per prendere gli ordini in un ristorante di alto livello. Conoscere la propria posizione nel processo e quella del cliente garantisce un funzionamento efficiente. Insegnare ai nuovi dipendenti uno script ben sviluppato è una pratica diffusa.

Formazione tecnica: formazione finalizzata all'apprendimento dei compiti operativi necessari a erogare il servizio.

Lo script di McDonald's include:

- accogliere i clienti;
- registrare l'ordine (con suggerimenti per articoli aggiuntivi);
- preparare l'ordine (prima le bevande fredde, poi le calde, ecc.);
- mettere vari articoli sul vassoio;
- posizionare il vassoio dove il cliente può raggiungerlo;
- raccogliere il denaro e restituire il resto;
- dire "grazie" e "torni presto".

Nella maggior parte dei casi, per il personale subordinato di livello iniziale lo script comprende sia la formazione interpersonale che gli aspetti tecnici del lavoro, poiché include istruzioni su cosa dire al cliente.

Un investimento inadeguato nella formazione tecnica porta al rischio di fallimento: i dipendenti sono nervosi e impreparati, e la loro prestazione scadente è visibile ai clienti. I clienti si lamentano peggiorando la situazione per il dipendente, che a sua volta diventa insoddisfatto e se ne va, vanificando tutto l'investimento nella formazione. I costi dell'alta rotazione talvolta spingono la direzione a ridurre la formazione per mantenere la redditività.

Formazione interpersonale: formazione finalizzata a gestire la relazione con i clienti.

La parte più difficile della formazione è quella finalizzata allo sviluppo delle competenze e delle abilità per gestire il rapporto con i clienti; la **formazione interpersonale** deve essere progettata su una solida base di conoscenze tecniche, in modo che le mansioni operative più semplici possano essere svolte senza difficoltà e le energie utilizzate per gestire la relazione con i clienti. Alcuni metodi usati per la formazione interpersonale sono lo sviluppo della sensibilità, il gioco di ruolo e la modellizzazione del comportamento. Per la formazione alla sensibilità, per esempio, i nuovi autisti trascorrono la prima settimana di lavoro allo sportello di assistenza clienti anziché sull'autobus, in modo da comprendere, prima di iniziare a guidare, i problemi e le lamentele dei passeggeri. Nei giorni precedenti all'apertura di un negozio o un albergo si organizza un gioco di ruolo: alcuni dipendenti interpretano il ruolo dei clienti. Questo serve come formazione interpersonale per tutti i soggetti coinvolti.

Modellizzazione del comportamento: classificazione dei clienti per comportamenti simili in modo da consentire agli operatori di servire i vari tipi di clienti e ridurre lo stress.

La **modellizzazione del comportamento** fornisce alcuni parametri attraverso i quali un dipendente può categorizzare i clienti e suggerimenti su come gestire ogni categoria. I clienti difficili influiscono sia sugli altri clienti che sul personale di servizio.

Durante la formazione del personale, le imprese tendono a creare profili clienti specifici e strategie per ridurre la quantità di conflitti effettivi.

I dipendenti che davvero padroneggiano l'arte di gestire i clienti difficili sono premiati diventando i preferiti di quei clienti, quelli che vengono richiesti per nome volta dopo volta.

APPROFONDIMENTO 9.1

Servizi globali in azione
E questo è tutto, ho finito

Lo steward Steven Slater, dopo aver lavorato per Delta e TWA, ha iniziato a lavorare per Jet Blu. Un giorno, in fase di atterraggio all'aeroporto John F. Kennedy di New York, un passeggero si è alzato per prendere i propri effetti personali dalla cappelliera mentre l'aereo era ancora in movimento sulla pista. Al microfono Slater ha chiesto al passeggero, senza successo, di tornare al proprio posto, poi si è avvicinato per ripetere personalmente la richiesta. A quel punto il passeggero ha iniziato a insultare lo steward e ha preso il bagaglio dalla cappelliera. Il bagaglio è caduto addosso a Slater ferendolo in fronte.

Dopo che l'aereo si è fermato, Slater ha ripreso nuovamente il microfono e ha detto: «Ne ho abbastanza! Vada al diavolo il passeggero che mi ha trattato in quel modo! Ho lavorato in questo settore per 28 anni e questo è tutto, ho finito!».

Dopo aver recuperato la propria borsa e due lattine di birra dal carrello delle bevande, Slater ha tirato la leva dell'uscita di emergenza, ha gonfiato lo scivolo ed è saltato fuori dall'aereo. Una volta arrivato a casa, Slater è stato arrestato. La sua storia è diventata famosa su Facebook e Slater è rappresentato su varie t-shirt di sostegno, alcune con la scritta "Scivolo... per Slater".

9.3b Il controllo, la remunerazione e la valutazione del personale

Un determinato comportamento da parte dei dipendenti può avere molte cause: ciò che viene detto loro di fare, ciò per cui vengono valutati e ciò per cui vengono ricompensati. Purtroppo, data la natura intangibile dei servizi di cui si è detto ripetutamente, è difficile per i supervisori verificare direttamente le prestazioni, per cui è necessario fidarsi del giudizio dei dipendenti sul proprio operato.

I clienti sono attivamente coinvolti nel processo di produzione del servizio e perciò il personale deve essere sensibile alle loro esigenze per guidare i propri comportamenti. È importante includere anche il contributo del cliente nella valutazione delle prestazioni.

La simultaneità della produzione e del consumo comporta che il controllo di qualità non sia ottenibile con un metodo "ispeziona e correggi", come nella produzione industriale. Al contrario, il controllo di qualità avviene al momento della fornitura, cambiando i sistemi di controllo e ricompensa che un'organizzazione può utilizzare.

È importante ricordare che le ricompense possono essere **estrinseche**, come il salario, o **intrinseche**, come il piacere derivante dal lavoro stesso, il riconoscimento da parte dei colleghi e dei superiori oppure il raggiungimento di obiettivi stimolanti e significativi. Le catene di fast food, come molte organizzazioni di servizi, utilizzano ricompense intrinseche all'interno dei lavori di prima linea, come i premi "Dipendente del mese" o "Promozione". Questi sono sistemi di riconoscimento, ma spesso a essi è legata anche una piccola ricompensa economica, al fine di rafforzare i comportamenti desiderati e stabiliti nella descrizione del ruolo.

Ricompense estrinseche: forme di ricompensa che integrano il motivo per cui il dipendente lavora (es. premi in denaro).

Ricompense intrinseche: forme di ricompensa che motivano il dipendente, come il piacere di svolgere il lavoro o essere gratificato dai colleghi o dai supervisor.

In generale, per essere efficaci, i sistemi di ricompensa, sia intrinseci che estrinseci, devono avere le sette caratteristiche elencate di seguito. Si tenga presente che la ricompensa economica da sola non è sufficientemente efficace.

- *Disponibilità.* Le ricompense devono essere disponibili e consistenti (relativamente al ruolo). Se le ricompense non sono adeguate, i comportamenti desiderati vengono scoraggiati anziché incoraggiati. Non c'è niente di peggio del "Dipendente del mese" deluso dal suo premio.
- *Flessibilità.* Le ricompense dovrebbero essere abbastanza flessibili da poter essere date a chiunque in qualsiasi momento. Molti studi dimostrano che il comportamento viene rinforzato di più se la ricompensa viene data immediatamente. "Vedi qualcosa di buono? Ricompensalo!".
- *Reversibilità.* Le ricompense non devono essere a vita se vengono date alle persone sbagliate per le ragioni sbagliate. I bonus sono migliori degli aumenti salariali che diventano rendite a vita.
- *Contingenza.* Le ricompense devono essere direttamente legate ai criteri di prestazione desiderati, ovvero ai comportamenti desiderati. Solo in questo modo le ricompense sono coerenti con la strategia di servizio seguita dal resto dell'organizzazione.
- *Visibilità.* Le ricompense devono essere visibili, e il loro valore dovrebbe essere compreso da tutti i dipendenti. Per esempio, il salario non è pubblico, mentre i sistemi di riconoscimento funzionano per la loro visibilità.

- *Tempestività.* Le ricompense dovrebbero essere date immediatamente dopo i comportamenti desiderati. Perché la ricompensa sia efficace, non si può aspettare fine mese per assegnarla.
- *Durabilità.* Gli effetti motivazionali di una ricompensa dovrebbero durare a lungo. Gli effetti motivazionali di targhe e medaglie durano più a lungo rispetto a quelli di breve termine come i premi economici.

9.3c L'empowerment

La gestione delle risorse umane è progettata soprattutto sulla definizione dei ruoli. Per la gestione dei ristoranti fast food, il percorso di formazione degli operatori prevede script molto precisi che programmano la gran parte delle interazioni interpersonali, e le valutazioni avvengono in riferimento all'aderenza ai protocolli; capita anche che dei finti clienti (*mistery shoppers*) visitino i punti vendita insieme agli altri clienti, valutino l'adesione allo script previsto e assegnino un punteggio in base alla conformità. Tale punteggio alimenta il sistema di valutazione delle prestazioni e le ricompense.

Empowerment: responsabilizzazione degli operatori per attribuire maggior autonomia nella risposta alle esigenze dei clienti.

Enfranchisement: emancipazione e affrancamento dei dipendenti; la responsabilizzazione è integrata con il sistema retributivo e premiale.

Anche all'interno dei vincoli del modello rigido del fast food, tuttavia, è possibile fornire un tipo di ricompensa intrinseca ridisegnando il ruolo degli operatori per arricchirlo. L'arricchimento consiste, per esempio nella responsabilizzazione e nell'emancipazione del dipendente. Responsabilizzare significa concedere autonomia e poteri più discrezionali al personale di contatto (***empowerment***), allentando la rigidità. L'***enfranchisement*** enfatizza ancora di più questa logica della responsabilizzazione delle persone e la rafforza con un sistema di ricompense che riconosce le prestazioni svolte. In entrambi i casi, il ruolo si arricchisce e si genera nel lavoratore un maggiore senso di autonomia e padronanza.

I benefici sono chiari: i dipendenti sono più orientati al cliente e rispondono molto più rapidamente alle sue esigenze, personalizzando l'offerta in tempo reale. Essi sono anche più propensi a rispondere in modo efficace a eventuali incidenti di servizio e ad adottare soluzioni efficaci di recupero. In più, i dipendenti tendono a sentirsi meglio riguardo al lavoro e a sé stessi, e questo si riflette automaticamente nel modo in cui interagiscono con i clienti.

In pratica queste politiche non solo riducono i costi non più necessari per il recupero del disservizio, ma migliorano la qualità del prodotto. Essendo in prima linea, l'operatore è continuamente esposto agli aspetti negativi e positivi del sistema di erogazione del servizio e per questo può costituire una fonte più economica di ricerca di mercato rispetto all'approccio diretto con i consumatori.

Responsabilizzare a vari livelli

Come evidenziato dagli esempi di UPS e FedEx, alcune imprese non prevedono per i propri dipendenti elevati livelli di autonomia ma ciò non significa che sia loro precluso un buon successo di mercato. Si possono responsabilizzare i collaboratori in vario modo; ci sono almeno tre livelli di partecipazione che, collocati lungo un continuum, vanno dalle modalità più orientate al controllo a quelle più orientate al coinvolgimento. La catena di montaggio o i servizi standardizzati sono esempi di controllo e basso coinvolgimento, mentre all'estremo opposto si trovano le attività di progettazione o di consulenza in cui i professionisti sono molto coinvolti con il cliente e hanno massima discrezionalità nell'individuare la soluzione migliore.

Il **coinvolgimento nei suggerimenti** si colloca nella parte della scala più orientata al controllo. Questo tipo di coinvolgimento consente ai dipendenti di proporre suggerimenti per modificare e migliorare alcune operazioni di servizio, ma senza dar loro il potere di metterli in pratica autonomamente. Solitamente le imprese organizzano programmi formali per raccogliere le proposte dei dipendenti attraverso **circoli di qualità** a cui partecipano piccoli gruppi di dipendenti dei vari dipartimenti. Un caso di successo di questo tipo di iniziative è McDonald's, dove i dipendenti hanno suggerito lo sviluppo di prodotti come il Big Mac e l'Egg McMuffin.

Coinvolgimento nei suggerimenti: il personale è sollecitato a fornire suggerimenti per migliorare il servizio.

Circoli di qualità: piccoli gruppi di dipendenti provenienti da dipartimenti diversi che si riuniscono, senza un programma predefinito (brainstorming) per individuare soluzioni di miglioramento dei servizi.

Il **coinvolgimento nella definizione delle mansioni lavorative** si colloca tipicamente nel mezzo del continuum, tra approcci più orientati al controllo e approcci più orientati al coinvolgimento. Esso consente ai dipendenti di esaminare le mansioni e di definire il proprio ruolo all'interno dell'organizzazione. Le imprese utilizzano frequentemente squadre di dipendenti per migliorare l'erogazione dei servizi offerti. A differenza del coinvolgimento nei suggerimenti, qui i dipendenti utilizzano varie competenze, godono di notevole libertà e ricevono feedback dalla direzione, dai colleghi e dai clienti. Tuttavia, le decisioni più strategiche e quelle riguardanti l'allocazione delle ricompense sono prese dai vertici aziendali.

Coinvolgimento per le mansioni: il personale esamina il contenuto del proprio lavoro e collabora alla definizione del ruolo e delle mansioni.

L'**alto coinvolgimento** si trova all'estremità opposta; fondamentalmente, l'obiettivo è quello di portare le persone ad autogestirsi. Questo viene realizzato attraverso un approfondito programma di formazione finalizzato allo sviluppo di competenze nel lavoro di squadra, nella risoluzione dei problemi e nella gestione operativa. Inoltre, i dipendenti controllano la maggior parte delle decisioni sull'allocazione delle ricompense partecipando agli utili e anche all'assetto proprietario dell'impresa. In sostanza, ogni aspetto di un'azienda ad alto coinvolgimento è diverso da quelli di un'azienda orientata al controllo.

Alto coinvolgimento: il personale è formato per lavorare in autonomia ed è gestito attraverso strumenti di controllo e valorizzazione.

Responsabilizzare e affrancare

Purtroppo, le strategie di empowerment implicano costi elevati. La responsabilizzazione richiede un investimento maggiore per l'assunzione e la remunerazione delle persone giuste. Un modello di gestione a basso costo che fa largo uso di manodopera economica o a tempo parziale non genera un alto coinvolgimento che comporta costi del lavoro più elevati. Per contro, il servizio offerto sarebbe di qualità superiore e il turnover del personale inferiore.

Se i fornitori di servizi non ricevono il giusto supporto dall'organizzazione e dai vari dipartimenti, il programma si può rivelare un disastro. La tecnologia consente maggiore autonomia, ma comporta un costo. Per esempio, il personale bancario junior può essere autorizzato a concedere prestiti solo quando è supportato da un sistema sofisticato di valutazione del credito, che deve essere integrato con l'infrastruttura della banca e sempre disponibile in tempo reale.

Anche dal punto di vista del marketing emergono considerazioni importanti. Un dipendente responsabilizzato, per definizione, tende a personalizzare il prodotto in modo più marcato. Ciò significa che l'esperienza di servizio può variare notevolmente da un incontro all'altro, a seconda del dipendente coinvolto. Questo potrebbe comportare tempi di consegna più lunghi, poiché il servizio è più adattato alle esigenze del cliente. Inoltre, dato che i clienti vengono trattati in modo diverso, alcuni potrebbero percepire che altri ricevano un trattamento preferenziale. In sintesi, l'autonomia deve essere coerente con il beneficio che il servizio si propone di offrire.

I dipendenti più autonomi, nel tentativo di soddisfare i clienti, a volte concedono troppo e prendono decisioni sbagliate; un usciere che nota che un uomo d'affari ha dimenticato la borsa alla reception dovrebbe fare il possibile per fargliela avere, ma rintracciare il proprietario fino all'aeroporto salendo sul primo taxi disponibile va oltre le sue mansioni e non è economicamente sostenibile. L'autonomia deve avere confini chiaramente definiti.

Potrebbe allora essere necessario introdurre un nuovo stile di gestione, che è un costo sommerso. I dipendenti autonomi hanno bisogno di manager che guidino e facilitino senza controllare e manipolare, dato che alcuni dipendenti hanno alte esigenze di crescita e forti competenze interpersonali. Al contrario, ci sono aziende governate da manager secondo i quali i dipendenti lavorano principalmente per ricevere uno stipendio; tali manager, che si adattano meglio a dipendenti con basse esigenze di crescita, basse esigenze sociali e deboli competenze interpersonali, sono più funzionali alle organizzazioni orientate al controllo.

In sintesi, il livello di autonomia dipende dal beneficio offerto dall'organizzazione e dalla definizione dei ruoli che ne deriva. Un'organizzazione che garantisce la coerenza del prodotto e del servizio non può concedere totale autonomia per non generare difformità. Un'organizzazione che compete sulla base dei vantaggi che derivano da costi bassi non può permettersi di concedere autonomia a causa delle spese coinvolte. Allo stesso modo, un'organizzazione di servizi di alto livello che utilizza una tecnologia non comune e multiuso quasi certamente deve concedere autonomia, poiché la sua capacità di adottare un approccio industriale è fortemente limitata. Queste decisioni, come il resto della strategia di gestione delle risorse umane, dipendono dalla strategia generale riguardo al servizio, dal beneficio offerto, dalla tecnologia, dall'ambiente di servizio e dai processi.

Trattenere i collaboratori

Uno dei problemi principali che le imprese di servizi si trovano ad affrontare è il ricambio del personale (turnover) che per i ruoli più bassi si aggira tra il 20% e il 70% all'anno. Nel settore dell'ospitalità il fenomeno è particolarmente sentito, a causa della stagionalità e degli orari di lavoro, spesso in contrasto con le esigenze personali. Anche le imprese tecnologiche più innovative soffrono di questo problema: in Apple, Amazon e Meta la permanenza media è inferiore a due anni (https://www.visualcapitalist.com/cp/ranked-worst-companies-for-employee-retention-u-s-and-uk/).

Abbassare anche di poco il tasso di ricambio (*churn rate*) può ridurre significativamente i costi, dato l'elevato impatto che comporta ogni nuova assunzione, come detto in precedenza.

È evidente che ci sono costi elevati e ce ne sono anche altri oltre quelli citati; quando i dipendenti se ne vanno, non sono subito sostituiti oppure sono sostituiti da persone con livelli di competenze tecniche e relazionali inferiori, perciò per chi rimane le pressioni e le tensioni aumentano, mettendo in pericolo il clima organizzativo generale.

Per trattenere i dipendenti si può procedere in maniera diretta o indiretta: nel primo caso si forniscono bonus o benefici difficili da sostituire, mentre indirettamente si possono progettare iniziative per migliorare il clima organizzativo. Definire chiaramente i compiti riduce l'ambiguità, una buona selezione e assunzione diminuisce il ricambio e un buon equilibrio tra ricompense intrinseche ed estrinseche aumenta la permanenza dei dipendenti.

Wegmans, la catena di supermercati di cui si è detto in precedenza, utilizza molte strategie per trattenere i dipendenti e migliorare il clima organizzativo facendo leva, per esempio, sulla formazione continua. La formazione anche su mansioni diverse da quella ricoperta in quel momento aumenta la flessibilità operativa poiché il personale può sostituirsi a vicenda, arricchisce le competenze del dipendente e genera varietà. Conoscere altre mansioni, inoltre, consente ai dipendenti di capire meglio le interdipendenze all'interno dell'organizzazione; un operatore è meno propenso a lamentarsi di un altro dipartimento se ne conosce i compiti e ne comprende i problemi.

Con iniziative tipo questa, Wegmans trasforma "lavori senza prospettive" in una possibile carriera, dando alle persone l'opportunità di crescere quanto possono. Negli ultimi 30 anni, Wegmans ha investito decine di milioni di dollari in borse di studio universitarie per i propri dipendenti a tempo pieno e part-time. L'impresa favorisce anche promozioni interne, dato che è demotivante avere un nuovo manager che non conosce le basi del lavoro. La promozione, per contro, può allontanare dal contatto diretto con il cliente e ciò potrebbe essere demotivante, per cui molte imprese introducono un processo interno di selezione formale utilizzando test e simulazioni per valutare la reazione a un nuovo ruolo.

9.4 Il ruolo del management

Nei paragrafi precedenti l'attenzione è stata volta soprattutto al personale a contatto con il cliente, ma il supporto deve provenire da tutti i livelli dell'organizzazione. Al vertice, la direzione deve assicurare che l'azienda abbia fondamenta solide, per esempio con investimenti in tecnologie che consentano alle squadre di prima linea di svolgere il proprio lavoro. Inoltre, la direzione deve garantire che i vari dipartimenti siano allineati sul beneficio offerto dal servizio e che non si perda di vista il cliente. Per avere un impatto diretto sul clima organizzativo, è bene che anche i dirigenti senior mettano in pratica quanto chiedono ai sottoposti; per questo, in alcune imprese vengono stabiliti alcuni giorni in cui i manager tornano a ricoprire ruoli di prima linea per non perdere contatto con il mercato.

Per le caratteristiche specifiche dei servizi già descritte, ogni giorno c'è il rischio di un'emergenza, ed è quasi impossibile evitare errori (*service failure*). La direzione comunicazione deve, quindi, consentire al personale di concentrarsi sui clienti senza distrazioni, gestendo le crisi e risolvendo ciò che ostacola il servizio. È compito suo alleviare la pressione svolgendo parte del lavoro di prima linea. Quando la situazione è frenetica, anche il direttore di un ristorante può mettersi a pulire i tavoli.

9.5 La tecnologia dell'informazione e il fornitore di servizi

La tecnologia facilita il personale di prima linea, dando autonomia e responsabilità ai dipendenti affinché si possano focalizzare sul rapporto con i clienti. Tuttavia, non tutte le innovazioni tecnologiche sono valutate positivamente. L'introduzione di sistemi di ***Customer Relationship Management* (CRM)**, insieme alla diffusione dei call center in tutto il mondo, ha trasformato il ruolo del fornitore di servizi in vari settori. Questa trasformazione ha riproposto in un nuovo contesto le sfide

Customer Relationship Management (CRM): strumenti e metodi di gestione della relazione con i clienti attuali e quelli potenziali.

delle risorse umane, con i benefici e i costi che questo comporta. Gli ambiti in cui si forniscono informazioni o gestiscono le vendite sono cambiati totalmente, dato che la tecnologia ha reso possibile l'industrializzazione di ampie porzioni di attività. Le linee di assistenza automatizzate richiedono ora ai clienti di imparare nuovi script solo per raggiungere il messaggio registrato corretto; le email e le richieste in tempo reale vengono gestite in modo miracoloso da tutto il mondo. Tuttavia, è il call center che è diventato il simbolo più evidente della riprogettazione.

Si stima che il 4% della forza lavoro totale degli Stati Uniti lavori in un call center, senza considerare l'esplosione dei call center in tutto il mondo, in particolare in India. Le imprese Fortune 500 hanno tutte almeno un call center e in media dispongono di 4.500 rappresentanti del servizio clienti (*customer service representative* o CSR). Solo negli Stati Uniti vengono spesi oltre 300 miliardi di dollari all'anno per i call center e i centri di contatto. Ora la tendenza è spostare le chiamate ripetitive, come le domande frequenti (FAQ), sul Web proponendo risposte standard preconfezionate, mentre le richieste più articolate vengono gestite al telefono.

La logica descritta nel Capitolo 5 è ampiamente rappresentata da un call center; mediante la progettazione del processo di gestione di una richiesta, è possibile identificare i "punti di contatto" e comprendere come possono essere gestiti in modo diverso a seconda che siano di persona, al telefono, via email o tramite FAQ. Tutto ciò, unito all'emergere di sistemi CRM sofisticati, ha rivoluzionato la fornitura dei servizi e il ruolo del fornitore di servizi al suo interno.

9.5a La gestione delle relazioni con i clienti

La crescita del CRM è stata trainata soprattutto dalla diffusione di Internet. La rete ha consentito alle imprese di creare enormi archivi di dati (*database*) per tenere traccia degli acquisti e del comportamento individuale dei clienti. Tesco, il più grande gestore di supermercati nel Regno Unito, attraverso la carta fedeltà Clubcard analizza le abitudini di spesa settimanali di circa 20 milioni di clienti. I comportamenti di acquisto su Amazon vengono tracciati automaticamente e integrati con informazioni relative alle preferenze e alle valutazioni fornite dall'utente.

I dati provengono dalle transazioni nei punti vendita al dettaglio, dal comportamento online o dalla storia finanziaria di ciascuno, ma l'abilità è quella di utilizzarli per migliorare la qualità del servizio offerto. Tesco utilizza il proprio database per sviluppare coupon mirati per singolo cliente. Unendo questa conoscenza del cliente con le informazioni sulla redditività, le imprese possono rivolgersi a diversi mercati con diversi livelli di servizio a seconda della profittabilità attuale o potenziale. Ciò porta anche a una riduzione delle figure di contatto con i clienti.

Progettare il CRM e le mansioni di contatto con il cliente

La prima fase nella progettazione di nuove procedure per il contatto con i clienti è la loro classificazione in base alla redditività; a seguire si stabilisce il grado e il livello di contatto. I livelli variano dalla semplice consultazione delle domande frequenti sul sito aziendale (FAQ) alle richieste su specifiche problematiche. Se un cliente si rivolge a un call center, il sistema riconosce il numero di telefono, lo individua e genera una scheda prima che il telefono faccia tre squilli. Ai CSR viene dato l'incarico di gestire i clienti in modo diverso.

- I clienti "Signature" di Charles Schwab Corp., quelli valutati come migliori perché spendono almeno $100.000 o effettuano almeno 12 operazioni all'anno, non attendono mai più di 15 secondi e alle loro chiamate risponde personalmente un rappresentante del servizio clienti. I clienti ordinari possono attendere anche più di 10 minuti.
- In generale, il tempo d'attesa dipende dallo status di chi chiama. I primi 350 clienti commerciali sono serviti da sei persone. La fascia successiva, composta dai successivi 700 clienti più redditizi, è gestita da altre sei persone. I successivi 30.000 clienti sono assistiti da due rappresentanti del servizio clienti. Il gruppo finale, composto da 300.000 clienti, viene indirizzato a un sistema telefonico automatizzato.
- Un passeggero della United Airlines è rimasto scioccato quando un addetto alla biglietteria gli ha detto: "Wow, a qualcuno non piaci proprio". A quanto pare, il passeggero era stato coinvolto in una discussione con un altro dipendente della United diversi mesi prima. Evidentemente l'accaduto è diventato parte della sua scheda permanente e che lo segue ovunque voli con United. Il passeggero, titolare di un conto Premier Executive, ovviamente ritiene che la compagnia aerea sia stata poco corretta in questo.
- Continental Airlines ha introdotto un sistema informativo relativo ai clienti con il quale tutti i dipendenti dei gate, delle prenotazioni e dei servizi di assistenza avranno accesso alla storia e allo status di ciascun cliente. Il sistema suggerisce anche rimedi specifici per il recupero dei disservizi e offre dei coupon per ritardi e aggiornamenti automatici. Il sistema è progettato per garantire anche un comportamento e una fornitura del servizio più coerenti da parte del personale.

Dal punto di vista del cliente, ci sono limiti alle pratiche di CRM: scoprire che ci sono diversi livelli e che non si sta ricevendo il servizio migliore è motivo di disappunto, mentre altri clienti sono più preoccupati della privacy. Offrire servizi diversi pone anche interessanti questioni di ordine etico: solo chi è disposto a pagare di più dovrebbe ricevere un servizio di qualità?

La questione più incombente resta tuttavia quella dei potenziali problemi nella gestione delle risorse umane. I call center sono spesso sottoposti a condizioni lavorative stressanti, turni prolungati e un'alta pressione sui dipendenti, che ricordano le difficoltà e i carichi di lavoro eccessivi della prima rivoluzione industriale e delle fabbriche del passato. Molti dei conflitti intrinseci al ruolo di CSR sono stati risolti automatizzando le chiamate e, in alcuni casi, la conversazione viene elaborata sullo schermo prima di rispondere alla chiamata. Questa chiarezza genera noia e monotonia, perciò alcune richieste vengono risolte direttamente sul Web, creando così diversi livelli di ruoli.

Gli approcci al successo descritti in altri punti di questo capitolo sono altrettanto applicabili ai call center quanto ad altri contesti di servizio: alcuni call center sono stati trasformati in ambienti di lavoro di squadra, il lavoro viene arricchito fornendo varietà e la rigidità degli obiettivi legati al numero di chiamate per ora sta venendo bilanciata con misure di soddisfazione del cliente. La formazione incrociata è comune e le opportunità di carriera per ruoli di supervisione stanno diventando più diffuse. La selezione del personale avviene anche tramite test di personalità per assumere lavoratori più inclini ad adattarsi all'ambiente del call center. Le opportunità di promozione sono state ampliate grazie alla disgregazione dei ruoli; i dipendenti possono avanzare partendo da ruoli più di routine per servire clienti importanti o quelli con problemi di difficile soluzione.

APPROFONDIMENTO 9.2

E-service in azione
Amazon Mechanical Turk

Durante la prima rivoluzione industriale, l'autore e inventore ungherese Wolfgang von Kempelen pubblicizzò la sua nuova creazione come una fantastica innovazione tecnologica: una macchina in grado non solo di giocare a scacchi contro gli esseri umani, ma anche di battere alcuni dei migliori giocatori al mondo. L'automa, chiamato "il Turco", si esibì in tutta Europa, battendo anche Napoleone Bonaparte. Ci vollero molti anni prima che si scoprisse l'inganno di von Kempelen, ovvero che all'interno della macchina si nascondeva un umano esperto di scacchi, che usava magneti per muovere le pedine.

Nel 2005, avendo creato milioni di pagine web per i vari prodotti da vendere, Amazon si trovò di fronte a un problema apparentemente semplice: individuare quali di esse fossero dei duplicati. Questo compito, semplice per un essere umano, era assai complesso per un computer. Il fondatore di Amazon, Jeff Bezos, ebbe una soluzione intelligente: se i computer non possono fare il lavoro, perché non assumere esseri umani per farlo al posto loro? Lo descrisse in modo elegante come "intelligenza artificiale artificiale", esseri umani che si comportano come macchine che si comportano come esseri umani. Come per il Turco, dentro le macchine erano nascosti esseri umani, da qui il nome di Amazon Mechanical Turk.

Il servizio fu in seguito reso accessibile anche ad altri fornitori, andando in questo modo a creare una nuova piattaforma di crowdsourcing, un modello che esternalizza le attività in maniera non organizzata. I Requester (richiedenti) pubblicano sulla piattaforma, specificando il compenso, le attività da svolgere (note come *Human Intelligence Tasks* o HIT), come cercare codici postali stranieri, trascrivere podcast, abbinare siti web a termini di ricerca pertinenti, categorizzare immagini in base al loro soggetto e segnalare contenuti inappropriati sui siti web.

Secondo uno studio di Panos Ipeirotis, professore di Technology, Operations and Statistics presso la New York University, circa il 40% dei compiti svolti è effettivamente legato alla creazione e diffusione di spam. Questi compiti spesso coinvolgono l'utilizzo di HIT per indirizzare visitatori verso siti web, pagine Facebook o blog al fine di aumentarne il punteggio o la popolarità.

I lavoratori, i "Turchi", se accettano l'incarico, hanno un tempo prestabilito per completarlo, interamente online. Una volta completato, il compito viene inviato al richiedente per la revisione. Se viene approvato, i soldi vengono depositati sul conto bancario del fornitore o sull'account Amazon.com. La maggior parte dei compiti viene pagata da pochi centesimi a qualche dollaro, in base al tempo e alla difficoltà richiesti. Un sondaggio condotto da Ipeirotis del 2010 ha rilevato che c'erano circa 200.000 Turchi, di cui il 46,8% viveva negli Stati Uniti, il 34% in India e il 19,2% altrove. Lo studio di Ipeirotis mostrava anche che il reddito annuale medio per i Turchi statunitensi era tra i 25.000 e i 40.000 dollari, mentre per i Turchi indiani era inferiore ai 10.000 dollari. Inoltre, il 49% dei Turchi intervistati diceva di farlo per motivi economici.

I richiedenti possono respingere il lavoro dei Turchi senza fornire alcuna ragione, ma ciò influenza le loro valutazioni all'interno del sistema. Questo metodo solleva questioni etiche e di responsabilità sociale, insieme al fatto che i Turchi guadagnano meno del salario minimo all'ora e non hanno i diritti dei dipendenti. Per questo è stato creato Turkopticon, un sito web utilizzato dai Turchi per raccontare le proprie esperienze e identificare i richiedenti che sfruttano la "clausola di respingimento" o rappresentano organizzazioni deprecabili.

Riepilogo

Le migliori imprese di servizi sviluppano una relazione continuativa tra chi ha responsabilità di marketing, della gestione operativa e delle risorse umane, avendo come comune punto di riferimento il beneficio da offrire al cliente.

In questo capitolo l'attenzione è stata posta su alcune delle questioni relative alle risorse umane, aspetti da considerare attentamente quando ci si occupa di marketing dei servizi poiché il personale costituisce una componente fondamentale del prodotto offerto.

È importante innanzitutto comprendere il ruolo degli operatori all'interno dell'organizzazione; utilizzando alcuni concetti provenienti dalle teorie sul comportamento organizzativo e, in particolare, quelli di boundary spanner, responsabilizzazione, affrancamento, ricompensa e riconoscimento, questo capitolo ha fornito un solido quadro con cui finalizzare la gestione delle risorse umane all'aumento del beneficio che si intende offrire al cliente.

Come boundary spanner, il personale di servizio svolge le funzioni di collegamento sia con l'ambiente esterno sia tra l'organizzazione e la struttura interna. Per tale motivo, in questi ruoli si manifestano spesso situazioni di conflitto e stress che gli strumenti di marketing possono contribuire a ridurre o aumentare.

Il personale non parte con l'intenzione di fornire un servizio insoddisfacente. È quindi necessario mitigare tensioni e conflitti che possono sorgere creando un buon clima organizzativo, definendo chiaramente i ruoli degli operatori e quali azioni intraprendere in situazioni di conflitto, mettendo al centro della strategia il concetto di beneficio del servizio.

Una chiara definizione del ruolo può essere utilizzata anche per garantire che siano selezionate le persone giuste, acquisite le competenze, svolti i controlli, ricompensati e valutati i lavoratori in maniera appropriata per aumentare la soddisfazione del personale e quindi quella del cliente.

Domande di verifica

1. Cosa si intende per Service Profit Chain?
2. Descrivere un'esperienza recentemente vissuta di conflitto tra clienti all'interno di un ambiente di servizio e il ruolo assunto dal fornitore. Si tratta del tipo di situazione per la quale l'organizzazione potrebbe creare politiche e procedure o fornire formazione agli operatori?
3. I piloti di linea fanno parte dell'esperienza di servizio per i passeggeri? In che modo possono utilizzare il loro status "professionale" per sostenere gli assistenti di cabina?
4. Raccogliere delle pubblicità che fanno promesse difficili da mantenere all'interno dell'esperienza di servizio.
5. In che misura le proposte di beneficio del servizio fortemente caratterizzate, come per esempio nei ristoranti fast food, escludono la responsabilizzazione e l'affrancamento? Come può essere arricchito il lavoro?
6. Cosa si intende per "empowerment"?
7. Quali sono i tipi di costi da includere per calcolare il "costo del churn" per le imprese di servizi?

8. Quanti ruoli svolge Steven Slater, l'assistente di volo dell'Approfondimento 9.1? Sono tutti ruoli di servizio subordinato? I molteplici ruoli generano conflitto e ambiguità di ruolo per Steven? In che modo i diversi ruoli influiscono sui clienti?
9. Il servizio Amazon Mechanical Turk rappresenta una possibilità per far crescere la ricchezza nei paesi sottosviluppati o in alcune parti della società oppure è un modo per sfruttare le persone?
10. Quali sono i rischi connessi a un uso intensivo di strumenti di CRM?

Capitolo 10

Le persone come strategia: i clienti

Obiettivi del capitolo

Questo capitolo si concentrerà sull'impatto della partecipazione del cliente al processo di fornitura dei servizi. Per le imprese ci sono due aspetti rilevanti: il primo riguarda il ruolo ricoperto dai clienti e di come questi contribuiscono alla produzione, diventando quasi dei "dipendenti temporanei", e il secondo è che l'utilizzo del servizio avviene prevalentemente all'interno dei confini dell'impresa. Poiché un servizio è soprattutto un'esperienza, è opportuno gestire il percorso del cliente (*customer journey*) in maniera da massimizzare il valore percepito e la soddisfazione. In questo, l'impresa di servizi si differenzia da quella produttrice di beni tangibili che può avere un'influenza più limitata sul modo in cui il prodotto viene utilizzato.

Hera E Gli Eco-Collaboratori In Azione: Il Progetto #Genherazioni

Il Gruppo Hera è una delle principali *multiutility* italiane.

Nata nel 2002 dall'aggregazione di numerose aziende municipalizzate in Emilia-Romagna, Hera opera su quattro business principali: gas, elettricità, acqua e ambiente, con un portafoglio che comprende attività regolamentate, attività a libero mercato e prodotti e servizi per l'efficienza energetica.

Oggi il Gruppo eroga servizi a oltre 4,2 milioni di cittadini e rappresenta il 1° operatore italiano per la gestione di raccolta e trattamento dei rifiuti, il 2° nel sistema di gestione del ciclo idrico integrato per volumi erogati, il 3° nella vendita di gas ed energia elettrica per numero di clienti, il 4° per la ▷

distribuzione di gas per volumi erogati e il 5° nella distribuzione di energia elettrica per volumi erogati e nell'illuminazione pubblica per numero di punti luce gestiti.

La strategia del Gruppo è da sempre improntata alla creazione di valore nel lungo termine, "condiviso" con i propri stakeholder. L'ambiente, da questo punto di vista, non solo è parte dell'attività, ma è anche e soprattutto un patrimonio dell'intera collettività da preservare e tutelare a vantaggio delle generazioni future.

In tale ottica, Hera ha recentemente lanciato il programma "#genHERAZIONI – I vantaggi di cambiare insieme" che ha l'obiettivo di promuovere la transizione verso un futuro sostenibile per tutti.

In sostanza, Hera si prefigge l'obiettivo di rendere i propri clienti più esperti sulle tematiche ambientali, in modo da contribuire direttamente al perseguimento della strategia per la decarbonizzazione e l'economia circolare.

Il programma si basa su azioni di *gamification* e su livelli di esperienza dell'utente. I livelli previsti sono 5: ECOesordiente, ECOaiutante, ECOesperto, ECOmaestro e ECOguru. La progressione dall'uno all'altro è la prova della crescita del cliente che diventa più esperto delle tematiche ambientali. L'evoluzione del profilo del cliente si realizza attraverso due tipi di premialità: per ogni azione prevista dal programma, infatti, si accumulano sia "puntiAZIONE" sia "ECOcoin". I primi consentono di scalare i livelli e cambiare il proprio status, in una logica di gamification puro; i secondi, invece, possono essere convertiti in premi tangibili e forniscono un *reward* concreto che costituisce un ulteriore incentivo rispetto alla partecipazione al gioco, all'ingresso nella community e al compimento di azioni rispettose dell'ambiente.

Segue l'elenco delle categorie di azioni che permettono di guadagnare ECOcoin e puntiAZIONE.

- "Gioca e impara": quiz relativi a energia, acqua, rifiuti e impatto ambientale, *instant win* e sfide sui temi legati alla sostenibilità per mettersi alla prova e accrescere le proprie conoscenze.
- "Mondo Hera" e "Scelte che valgono": azioni premianti riguardanti la gestione dei contratti di fornitura e l'acquisto di prodotti e servizi per l'efficienza energetica.
- "Storie di sostenibilità": prevedono la lettura di articoli, la visualizzazione di video e l'ascolto di podcast per approfondire i temi proposti, tra cui, a titolo di esempio, rientrano articoli di ampio respiro sulla cultura della sostenibilità, articoli con consigli pratici per l'utilizzo consapevole degli elettrodomestici, articoli divulgativi sulle tecnologie green, interviste a esperti sui temi della mobilità elettrica e molto altro.
- "Vivi la community": premia la frequenza di accesso alla piattaforma e la condivisione del programma su Facebook.
- "Conosciamoci": valorizza la volontà del cliente di rispondere alle survey periodiche proposte e permette di conoscere le risposte degli altri partecipanti alla community.

Tramite questo meccanismo i clienti si sentono gratificati poiché l'introduzione di sfide e giochi-premio fa leva sul loro desiderio di raggiungere obiettivi e di ottenere successi; essi si sentono realizzati e spinti a proseguire nell'interazione con l'azienda, percepiscono di fare qualcosa di positivo per l'ambiente a cui sono sempre più attenti e questo corrisponde alle loro aspettative: si rendono conto di essere parte integrante di una community, si sentono "socializzati" e ingaggiati.

In definitiva, il Gruppo Hera con la piattaforma #genHERAZIONI fornisce ai clienti un nuovo "copione" per renderli esperti nelle questioni ambientali ma anche per soddisfare le loro aspettative su un tema così attuale e rilevante.

10.1 Introduzione

Come illustrato nei capitoli precedenti, i clienti svolgono un ruolo attivo nella realizzazione del servizio e quanto più ne sono consapevoli, tanto migliore sarà ciò che riceveranno; spesso sono anche fisicamente presenti nella "fabbrica", nel luogo di produzione del servizio.

In questo capitolo verranno descritte alcune modalità per gestire al meglio la partecipazione del cliente. Si pensi, per esempio, all'impatto della presenza di un cliente inesperto: l'inesperienza di un turista straniero in un ambiente a lui nuovo, di cui non conosce abitudini locali o procedure (es. dove si acquistano i biglietti della metropolitana e quali sono le tariffe per le varie zone), incide sia sul servizio di cui intende fruire sia sul servizio per ogni altro cliente (es. si forma una coda mentre cerca di capire al distributore automatico o chiede informazioni ad altri, magari in una lingua poco diffusa).

I clienti possono essere coinvolti a diversi livelli e partecipare in misura maggiore o minore: nella preparazione della denuncia dei redditi, i contribuenti sono fondamentali per il successo del servizio perché, se non forniscono tutti i dati corretti, difficilmente il professionista riuscirà a svolgere un servizio impeccabile. In altri casi il cliente deve necessariamente rispettare delle regole, esplicite o implicite, dettate dal contesto: assistere alla proiezione di un film al cinema richiede una partecipazione non particolarmente attiva, ma infrangere le regole, come parlare durante la proiezione o alzarsi, può peggiorare o addirittura rovinare l'esperienza di tutti gli altri spettatori.

Il livello di partecipazione non è prestabilito e molte organizzazioni vedono nell'aumento della partecipazione del "cliente self-service" un modo per migliorare la produttività complessiva. Come descritto nel racconto del supermercato, talvolta le innovazioni apportate ai servizi per aumentare la soddisfazione del cliente richiedono a quest'ultimo di imparare nuove procedure o l'utilizzo di nuove tecnologie che possono comportare anche qualche disagio.

A seguire nel capitolo si andranno ad analizzare le problematiche organizzative che sorgono a seguito del fatto che il cliente rimane nella fabbrica nel momento della fruizione poiché è necessario gestire anche la percezione del servizio ricevuto. Si immagini due clienti presenti contemporaneamente in un luogo affollato come un club o un evento sportivo: uno percepisce le altre persone come una parte importante dell'esperienza e come qualcosa di divertente, mentre il secondo le trova invadenti o persino minacciose. Come si può spiegare questa differenza? Questo è un esempio estremo ma aiuta a domandarsi quali sono le percezioni che contano per i clienti e in che modo possono differire in maniera significativa dalla realtà oggettiva.

10.2 Clienti esperti e principianti come parte del processo di produzione

Un servizio è una prestazione nella quale i destinatari partecipano in maniera attiva. Ai clienti vengono attribuiti compiti specifici che devono essere eseguiti. Nei ristoranti generalmente ci si mette in fila all'ingresso in attesa dell'assegnazione del tavolo, si ordina da un menù quando viene richiesto e si liberano i tavoli al termine del servizio. Nell'ambulatorio di un medico i pazienti descrivono i sintomi e forniscono le informazioni necessarie per la diagnosi. La **performance del cliente**, cioè la sua partecipazione nel processo di produzione, necessita di essere

Performance del cliente: nei servizi i clienti talvolta svolgono una parte delle attività necessarie alla produzione.

Clienti esperti e principianti: non tutti i clienti sono in grado di eseguire le funzioni necessarie alla produzione del servizio; i clienti non esperti spesso non conoscono le procedure, mentre quelli esperti sanno cosa fare e quando farlo.

gestita per ottenere il risultato atteso. Non tutti i clienti hanno le stesse capacità e un'impresa di servizi deve tener conto dei **principianti** come degli **esperti**. Un principiante non sa bene cosa fare o come riuscire a svolgere la propria parte. Al contrario, un esperto sa come muoversi lungo il processo di produzione e come contribuire.

Si segua il dialogo (un po' surreale) raccontato da un ristoratore. Si tratta di un cliente inesperto?

Operatore: Salve, benvenuto da noi, come posso aiutarla?
Cliente: Sono affamato.
Operatore: Bene, cosa desidera oggi?
Cliente: Sono affamato, mi porti del cibo!
Operatore: Signore, se non mi dice cosa desidera, non posso aiutarla.
Cliente: Lei è inutile! Ho detto di essere affamato! Voglio solo del cibo!
Operatore: Signore, le chiedo che tipo di cibo desidera.
Cliente: Perché mi rivolge queste domande stupide? Le ho detto tutto quello che deve sapere!

Le conseguenze della partecipazione di clienti inesperti possono essere molto rilevanti. Nel settore della finanza, i promotori dedicano a un nuovo cliente un numero di ore quasi cinque volte superiore a quello dedicato a un cliente abituale. In parte ciò è dovuto al tempo necessario per la compilazione della modulistica, ma il resto del tempo serve al cliente per imparare a interagire con il consulente. Questo apprendimento collaborativo tra clienti e impresa può portare a enormi vantaggi futuri in termini di risultati.

Nella manutenzione dell'automobile, i clienti esperti sono anche meno costosi da servire poiché tendono a prenotare in anticipo gli appuntamenti, sono più flessibili sugli orari e sono più precisi nel descrivere il problema. I nuovi clienti, per contro, tendono ad arrivare all'ora di pranzo senza appuntamento e forniscono descrizioni vaghe del problema dell'auto. Un beneficio ulteriore della presenza di clienti esperti è il loro impatto sulla motivazione del personale di contatto perché, in quanto esperti, possono riconoscere un buon lavoro, magari con un elogio pubblico ai dipendenti. Allo stesso modo, sempre in quanto esperti, i clienti possono comprendere la complessità del sistema e di conseguenza essere più tolleranti se si verifica un imprevisto.

Occorre prestare attenzione anche al fatto che un cliente esperto, ovvero una persona che ha esperienza nel processo di utilizzo del servizio, non necessariamente ha performance superiori. I clienti esperti sono in grado di compiere buoni acquisti, ma potrebbero essere alle prime armi quando si tratta di partecipare al processo di produzione.

10.3 L'analogia con il teatro

Customer journey: percorso fisico o cognitivo che il cliente compie lungo tutte le fasi di utilizzo di un servizio, dalla decisione iniziale alla valutazione successiva all'esperienza.

La chiave per gestire al meglio le performance dei clienti è la comprensione del loro comportamento durante tutte le fasi del servizio (***customer journey***). Tale comprensione fornisce indicazioni per come renderli più consapevoli e su come progettare sistemi per gestire la partecipazione sia dei principianti che degli esperti.

Una metafora utile per immedesimarsi in questa situazione è quella della rappresentazione teatrale. La scena inizia con l'allestimento della scenografia in cui si svolge lo spettacolo (nei Capitoli 1 e 8 è stato definito il servicescape). Nel caso dei servizi ci sono due tipi di attori: i fornitori (che comprendono anche il personale di contatto) e i clienti. Agli attori vengono assegnati i ruoli che devono svolgere nella produzione. L'importanza dei ruoli del personale è stata evidenziata nei capitoli precedenti, ma la stessa logica può essere applicata ai clienti. Ciò che deve essere rappresentato è tutto scritto in un copione (*script*) e ogni attore riceve precise istruzioni; in questo modo la performance funzionerà nella misura in cui tutti gli attori conoscono la propria parte.

È interessante notare che già da tempo gli psicologi hanno riconosciuto che la conoscenza di situazioni familiari o frequenti è immagazzinata nella memoria come una sequenza coerente di eventi che ci si aspetta si verificherà: un copione, appunto. Il servizio bancario, per esempio, lo si immagina a partire dalla presenza di un addetto allo sportello, dei moduli da compilare e di altri clienti presenti all'interno della filiale. Analogamente, se si vede l'insegna di uno sportello automatico, si conosce il procedimento per cui si deve inserire o avvicinare una tessera, comporre un codice personale, scegliere i servizi desiderati, concludere l'operazione e ritirare la tessera.

I copioni sono molto utili; gli acquirenti sono continuamente bombardati da segnali che devono essere elaborati e i copioni consentono di riconoscere o categorizzare questi segnali e capire come procedere. Le persone hanno un bisogno profondo di controllo e di prevedibilità, come si è detto nel Capitolo 4. I copioni permettono di fronteggiare nuovi eventi e di prevedere i passi successivi da compiere. Gli psicologi suggeriscono che, così come un copione teatrale, anche il copione di un servizio può essere suddiviso in sottocategorie o scene. Una vendita online, per esempio, può essere composta da "scene" relative all'accesso (*login*), alla navigazione, al pagamento e all'uscita (check-out). I copioni sono composti da numerose azioni per ogni servizio. Alcuni ricercatori hanno dimostrato che, quando è stato chiesto agli intervistati di descrivere gli eventi che si verificano comunemente, molte azioni sono state ripetutamente citate dalla maggior parte delle persone. È interessante notare che i copioni possono essere così memorizzati che le persone riescono da sole a colmare eventuali lacune. Altri esperimenti hanno mostrato che le persone intervistate dopo la visione di un filmato riguardante una comune situazione di servizio spesso raccontano di aver visto azioni che non erano state presentate. Gli esperimenti hanno anche dimostrato che gli intervistati riordinano i passaggi che sono stati presentati loro in ordine casuale per conformarsi a ciò che normalmente si aspettano di trovare.

10.3a Definire i principianti e gli esperti utilizzando l'idea del copione

Gli psicologi che studiano i copioni per tutti i tipi di contesto possono fornire alcuni elementi che aiutano a distinguere i clienti esperti dai principianti.

Un cliente alle prime armi è colui che usa copioni più generali per gestire situazioni che possono differire anche in maniera significativa, come per esempio utilizzare un copione "cena" per trattare sia una cena di lavoro che un'esperienza con la famiglia in un ristorante. Il copione tenderà a essere relativamente semplice e conterrà pochi "se-allora". Di conseguenza, un principiante ha maggiori probabilità di commettere errori in un contesto specifico e minori probabilità di affrontare situazioni complesse.

Il cliente esperto, al contrario, utilizzerà copioni specifici e più complessi per gestire un particolare servizio. Grazie alle numerose esperienze del servizio, gli esperti saranno in grado di fronteggiare i cambiamenti non previsti e avranno numerosi "se-allora" nel copione. Essi hanno, per esempio, un copione sofisticato per la ristorazione e sono in grado di far fronte senza difficoltà all'assenza di personale specifico (un sommelier che consiglia il vino più adatto al cibo scelto) o a cambiamenti nell'offerta come l'indisponibilità di alcune voci del menu.

10.4 Le performance dei clienti e l'efficienza operativa

I responsabili delle operazioni di un'impresa di servizi talvolta considerano i clienti soprattutto come una fonte di problemi. Questa frase viene attribuita al personale di imprese diverse come le compagnie di autobus o quelle alberghiere: "Se riuscissimo a liberarci di questi clienti, potremmo gestire un servizio migliore". Poiché le performance dei clienti fanno parte delle operazioni di servizio, la diversità e l'imprevedibilità rappresentano una fonte di incertezza. In particolare, i clienti inesperti possono interrompere il processo non rispettando le procedure.

Come discusso anche nel Capitolo 5, la misura in cui il cliente entra nel processo produttivo è considerata il vincolo maggiore per un buon risultato e, in prima battuta, si potrebbe pensare che limitarne la partecipazione potrebbe aumentare l'efficienza.

Proteggere il nucleo tecnico: assicurare che il processo produttivo centrale sia il più efficiente possibile; nella produzione industriale di beni si creano magazzini con scorte di materie prime o di prodotti finiti per evitare interruzioni nel ciclo (vedi Capitolo 5).

Low-contact system: nei sistemi a basso contatto il cliente svolge compiti ridotti o residuali (vedi Capitolo 5).

High-contact system: nei sistemi ad alto contatto il cliente è parte integrante del processo di fornitura (vedi Capitolo 5).

Chi condivide questo approccio ritiene necessario **proteggere il nucleo tecnico** e isolare la produzione dai cambiamenti dell'ambiente esterno e dei clienti. Nella produzione manifatturiera, le scorte di materie prime vengono preparate prima per garantire un flusso costante nel processo e sono utilizzate per evitare che fluttuazioni della domanda influenzino il ciclo produttivo che deve rimanere ottimizzato. Tali modelli hanno rappresentato le fondamenta della moderna impresa manifatturiera fino all'emergere dell'idea di *lean manufacturing*. Applicato ai servizi, questo approccio cerca di minimizzare la dipendenza dalle prestazioni del cliente e identifica parti del processo che possono essere isolate dalle altre. Questi ***low-contact system*** consentono soluzioni più simili alle linee di produzione manifatturiere.

Non a tutti i servizi è però applicabile un approccio a basso contatto; in alcuni casi il cliente deve diventare necessariamente parte del processo, come nel caso del parrucchiere. In altri casi l'impresa sceglie di differenziarsi dalla concorrenza offrendo un servizio più personalizzato, cioè con un contatto maggiore. Gli ***high-contact system*** possono anche essere utilizzati per creare sistemi complessi che offrono all'organizzazione una migliore produttività e ai clienti una migliore esperienza. L'efficacia di questi approcci dipende molto dalla gestione del comportamento del cliente e dalle sue performance.

Un'opinione quindi vede il cliente come un nemico e fonte di incertezza, mentre un'altra opinione considera la partecipazione del cliente alle operazioni di servizio come un'opportunità, una risorsa per aumentare la portata e le prestazioni del cliente stesso. Si tratta, in questo secondo caso, di riconsiderare il servizio per trasferire al cliente parte dell'attuale produzione. Maggiore è la prestazione del cliente e minore è l'apporto di manodopera che l'impresa di servizi deve fornire. Esempi classici di trasferimento al cliente di alcune attività (*shifting labor*) sono i distributori self-service di benzina o la procedura, diventata ormai consuetudine, di portare personalmente i bagagli sull'aereo. Analogamente, l'introduzione della scansione automatica del codice prodotto nei supermercati è l'evoluzione nel trasferimento di lavoro verso i clienti, iniziato con il primo supermercato in assoluto, il Piggly Wiggly di Memphis nel 1916.

Si consideri la trasformazione del processo relativo a un viaggio aereo: con il vecchio modello si iniziava con un servizio al dettaglio presso un'agenzia di viaggio o gli uffici di una compagnia aerea. A quel punto il volo veniva prenotato attraverso un sistema informatico proprietario e un biglietto veniva stampato con un'apposita stampante. Una parte del biglietto veniva trattenuta dall'agente e spedita alla compagnia area. All'aeroporto, dopo aver fatto la coda, il check-in prevedeva il ritiro dell'intero biglietto o di una sua parte, la stampa di un nuovo documento (la carta d'imbarco) e la registrazione dei bagagli da imbarcare.

Nell'attuale modello di servizio, invece, i clienti possono utilizzare Internet per acquistare il biglietto preferito utilizzando uno dei tanti servizi online per individuare le offerte migliori o rivolgersi a un intermediario per effettuare la prenotazione oppure utilizzare direttamente il portale della compagnia aerea. Una volta concluso l'acquisto, viene emesso un biglietto elettronico che contiene le stesse informazioni della versione cartacea, le quali sono conservate nel database della compagnia aerea. Il documento contiene la data e l'ora del viaggio, l'origine, la destinazione e la classe di viaggio.

Si attribuisce alla Southwest Airlines il merito di aver emesso il primo biglietto elettronico nel 1994. Verso la fine del 2008 la IATA, l'ente regolatore, ha eliminato gradualmente gli ultimi biglietti cartacei. Il passaggio è stato quindi abbastanza rapido e si sarebbe potuto completare prima, se non fosse stato per le restrizioni imposte dopo la tragedia del settembre 2001.

Recentemente l'attenzione si è spostata sulla restante parte del processo. Le compagnie aeree possono ancora utilizzare gli addetti al check-in per elaborare biglietti elettronici negli aeroporti dove viene controllato il documento identificativo e creata una carta d'imbarco. Tuttavia, più della metà dei check-in viene effettuata in aeroporto utilizzando dei totem self-service che controllano l'identità con passaporti leggibili automaticamente, carte di credito o anche carte *frequent-flyer*. Questi punti self-service all'occorrenza possono anche stampare la carta d'imbarco.

Anche i totem stanno diventando obsoleti poiché i passeggeri possono stampare le proprie carte d'imbarco a casa o semplicemente scaricarle sullo smartphone per effettuare i controlli di sicurezza al gate. Inoltre, i passeggeri che effettuano il check-in in aeroporto scoprono che i posti migliori sono già occupati.

Senza i grandi progressi della tecnologia informatica, questa trasformazione non sarebbe stata possibile. I database delle compagnie aeree sono stati centralizzati e resi disponibili anche a distanza in qualsiasi parte del mondo. I sistemi di prenotazione via Internet devono essere integrati con i sistemi delle compagnie aeree per essere sincronizzati. I database dei biglietti elettronici devono essere disponibili per le centinaia di punti di check-in presenti in tutto il mondo e devono essere perfettamente integrati con il sistema delle carte d'imbarco. Storicamente, gli addetti al check-in riscrivevano i dati dei biglietti nel sistema delle carte d'imbarco.

I vantaggi per i clienti sono enormi, così come lo sono per le compagnie aeree. L'automazione elimina le code alle biglietterie e al check-in. I biglietti elettronici non si perdono e, per questo motivo, sono anche difficili da rubare. Tutti i documenti, come gli itinerari, possono essere ristampati se necessario. I biglietti elettronici facilitano la modifica delle rotte quando le condizioni del viaggio cambiano, per esempio a causa di ritardi causati dalle condizioni meteorologiche. Nei sistemi più recenti, poiché le registrazioni sono elettroniche e collegate agli smartphone, i passeggeri possono ricevere automaticamente un messaggio in caso di ritardo.

Secondo le stime della IATA, il passaggio ai biglietti elettronici ha permesso di salvare 50.000 alberi all'anno, ovvero l'equivalente di circa 7,7 chilometri quadrati di foresta all'anno.

Le compagnie aeree hanno ottenuto anche enormi vantaggi in termini di produttività poiché il lavoro che prima veniva svolto dagli addetti ai biglietti e al check-in è passato ai clienti. Un rapporto di ricerca relativo al 2017 rilevava che il check-in self-service costa alle compagnie aeree 16 centesimi di dollaro a passeggero rispetto ai 3,68 dollari che costano gli addetti allo sportello. Se si considera che per le festività natalizie 2023 American Airlines prevedeva di trasportare 12,7 milioni di passeggeri in 19 giorni, è semplice immaginare il risparmio in termini di tempo e denaro. Aumentare le performance dei clienti in questo modo, tuttavia, ha cambiato completamente il processo di utilizzo, con implicazioni significative anche per la loro soddisfazione.

I clienti del servizio descritto hanno dovuto imparare un copione completamente nuovo ogni anno; sebbene essi ora "lavorino" di più per le compagnie aeree, la soddisfazione sta aumentando e per questo motivo sarebbero disposti a impegnarsi ulteriormente, come testimonia un recente studio della *Society for International Telecommunications for Aeronautics* (SITA), l'organizzazione che fornisce la tecnologia del check-in alla maggior parte delle compagnie aeree nel mondo. Lo studio ha evidenziato un aumento della soddisfazione per il check-in self-service e un forte desiderio dei clienti di fare di più.

10.5 Soddisfazione e performance dei clienti

Se le performance dei clienti devono essere spostate, ridotte o aumentate, quale sarà l'impatto sulla soddisfazione dei clienti per il servizio ricevuto? Come gestire al meglio i clienti come parte del processo produttivo?

Il Capitolo 11 affronterà il tema della soddisfazione in maniera piuttosto dettagliata, ma già si intuisce che le prestazioni del cliente possono influenzare la soddisfazione in diversi modi. Il modello più semplice suggerisce che i clienti saranno soddisfatti quando percepiscono di aver ricevuto dall'esperienza di servizio ciò che si aspettavano. Utilizzando l'analogia teatrale descritta in precedenza, i clienti hanno un ***expected script***, un copione che portano con sé e sul quale esprimeranno le proprie valutazioni: se percepiscono che l'esperienza corrisponde o supera tale copione, saranno soddisfatti. Inoltre, il cliente spesso prova un senso di soddisfazione nell'aver affrontato con successo un'esperienza di servizio. È noto che la realizzazione è un fattore determinante della soddisfazione; una performance di successo darà anche al cliente un senso di controllo della situazione, aspetto che ha dimostrato di essere motivante.

Expected script: copione che i clienti conoscono e che utilizzano per valutare il servizio ricevuto.

I primi studi sul tema hanno rilevato che i clienti apprezzano il senso del controllo anche nell'utilizzo delle tecnologie self-service e la relativa prevedibilità, che a sua volta aumenta il senso di controllo, sebbene sia considerato come un fattore separato.

Altri studi hanno dimostrato che la mancanza di competenze nelle prestazioni dei clienti può essere causa di insoddisfazione. In uno studio sulla soddisfazione per le tecnologie self-service, i ricercatori hanno scoperto che oltre un terzo degli incidenti che hanno causato insoddisfazione è dovuto a una "cattiva progettazione"; tuttavia, un'ulteriore interpretazione di ciò che gli intervistati attribuivano al "cattivo design" ha mostrato che in realtà essi intendevano dire che erano inesperti e non avevano ancora imparato a partecipare al servizio.

Allo stesso modo, in base al concetto di script, gli esecutori esperti hanno copioni più complessi e sofisticati, basati su molti incontri di servizio, e questo permette loro di sentirsi in controllo quando ci si allontana dalla norma.

La performance può influenzare la soddisfazione anche attraverso l'**attribuzione**, cioè il processo attraverso il quale le persone assegnano delle responsabilità della riuscita o meno di quanto si erano ripromesse di realizzare o ottenere. È dimostrato che le persone rivendicano una maggiore responsabilità per il successo e una minore responsabilità per il fallimento in situazioni in cui il risultato è prodotto insieme ad altri. È stato dimostrato anche che il "*self-serving bias*" è applicabile alle situazioni di coproduzione del servizio. Studiando la tecnologia self-service, è stato dimostrato che i clienti tendono a incolpare la tecnologia quando le cose vanno male, ma a prendersi il merito quando l'esperienza è soddisfacente.

Attribuzione: allocazione di responsabilità a sé, ad altri o anche alla casualità per il servizio ricevuto e quindi per la soddisfazione o insoddisfazione.

APPROFONDIMENTO 10.1

E-service in azione
Local To You

Local To You è una startup specializzata nella commercializzazione di prodotti alimentari fondata nel settembre 2017, in provincia di Bologna, da un gruppo di amici con un duplice obiettivo: portare sulle tavole dei clienti i migliori prodotti disponibili sul mercato e contribuire allo sviluppo economico del territorio locale. Inizialmente i prodotti agroalimentari venivano consegnati esclusivamente a domicilio; solo in un secondo tempo il target si è esteso anche a ristoranti, associazioni e imprese attente agli acquisti responsabili. Il sistema di vendita si svolge attraverso il loro sito web, che dispone di un catalogo con oltre 600 articoli prodotti da contadini, artigiani e consorzi locali selezionati: tra i prodotti esposti si trovano frutta e verdura, confetture, pasta, riso, prodotti da forno, uova, carne, latte e derivati, bevande, ma anche vino e birra, salse e condimenti.

Il processo di ordinazione è piuttosto semplice: l'acquirente, senza obbligo di abbonamento o registrazione, seleziona gli articoli che intende comprare e pianifica la consegna indicando il giorno in cui preferisce ricevere la spedizione. Il giorno precedente all'arrivo, il cliente viene contattato dal corriere per accordarsi sulla fascia oraria più comoda per la consegna. Il servizio di spedizione è gratuito per importi superiori a 49 euro. Gli ordini vengono evasi in meno di 24 ore per i clienti privati, mentre per la ristorazione commerciale la spedizione avviene nelle prime ore della mattinata. L'emergenza sanitaria del 2020 ha dato una forte spinta al mercato del delivery alimentare e le consegne venivano effettuate tramite una società esterna; dal 2023 tale servizio è stato internalizzato, al fine di offrire al cliente maggior qualità anche durante questa fase finale.

Local To You si caratterizza per un marcato orientamento a portare beneficio lungo tutta la filiera, dalla terra al cliente finale passando per un'equa remunerazione dei produttori. Per questo motivo ha ottenuto la certificazione B Corporation.

Fonte: https://localtoyou.it.

10.6 La gestione degli script dei clienti

L'analogia teatrale e, in particolare, l'idea di un copione offrono l'opportunità di tenere legate l'efficienza operativa e la soddisfazione del cliente. La prestazione sarà efficiente nella misura in cui sia il fornitore del servizio sia il cliente seguiranno il copione assegnato. I clienti esperti solitamente sono più capaci di adattarsi al copione previsto e di ottimizzare l'efficienza dell'operazione.

Se la soddisfazione si ottiene quando le aspettative vengono raggiunte o superate e se l'esperienza del servizio segue il copione previsto, allora il cliente sarà soddisfatto. Se la prestazione supera in modo ineccepibile le aspettative, il cliente può anche essere entusiasta. Allineare i copioni dei clienti con le operazioni di servizio ha quindi il duplice vantaggio di migliorare l'efficienza e aumentare la soddisfazione dei clienti.

L'applicazione della logica descritta della performance suggerirebbe al management quattro compiti: verificare la competenza dei clienti, aumentare la quota di clienti esperti, gestire con attenzione i cambiamenti di copione e creare sistemi per gestire i novizi e gli esperti (Figura 10.1).

10.6a Verificare la competenza in materia di performance dei clienti

Audit delle prestazioni dei clienti: verifica quanto i clienti conoscono il copione che è stato loro assegnato.

È importante sapere quale percentuale di clienti è costituita da esperti. È possibile misurare il livello di conoscenza del copione da parte di un acquirente attraverso una ricerca di mercato: si tratta del cosiddetto **audit delle prestazioni dei clienti**, finalizzato a capire quanto i clienti hanno chiaro quello che dovranno fare. Gli approcci più semplici prevedono che le persone si limitino a descrivere sotto forma di copione l'esperienza del servizio. Questo approccio è già stato utilizzato nei servizi e si è rivelato abbastanza sensibile e in grado di distinguere tra copioni diversi della stessa categoria generale, per esempio tra quello di un ristorante e quello di un fast food. Si può quindi calcolare un punteggio che confronta il copione di una specifica impresa di servizio con il copione raccontato dal cliente.

Un approccio alternativo si basa sul riordino degli eventi all'interno dello script. Agli intervistati vengono presentati eventi tipici in modo confuso e viene chiesto loro di collocarli nell'ordine corretto. La competenza dei soggetti può essere valutata confrontando il loro riordino con quello corretto e calcolando un punteggio.

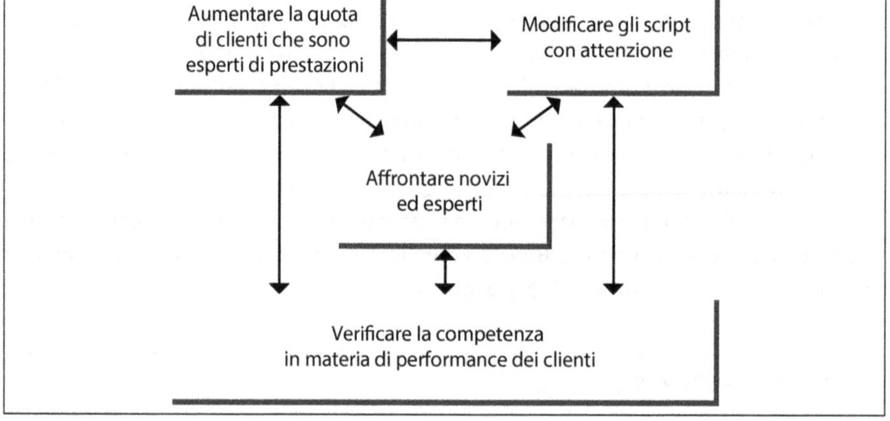

Figura 10.1 Quattro compiti del management.

10.6b Aumentare la quota dei clienti esperti

È possibile aumentare la percentuale di clienti dell'impresa che sono esperti e performanti? Le imprese possono adottare diverse strategie, insieme o separatamente: attirare clienti che hanno maggiori probabilità di diventare esperti, accelerare la creazione dei propri esperti oppure aumentare la fedeltà per trattenere gli esperti che sono già clienti.

Attirare i clienti che hanno maggiori probabilità di diventare esperti
Si presume che i nuovi clienti siano principianti, ma è possibile attirare acquirenti con maggiori probabilità di diventare esperti? Le campagne di marketing possono essere mirate solo a condizione che esista un bacino di potenziali esperti, preferibilmente definito in termini di età o di gruppo socioeconomico. Nel contesto del business online, è possibile misurare direttamente le prestazioni dei clienti e, tracciando i loro comportamenti, classificarli come esperti in modo oggettivo. Uno studio condotto su 20.000 utenti di un servizio web ha utilizzato la "velocità di utilizzo" per definire un esperto; l'analisi ha mostrato che gli esperti variano in termini di età, reddito, razza, stato di famiglia e forse regione. Inoltre, studiando gli stessi utenti per sei mesi, è emerso che i clienti esperti erano anche più fedeli.

È inoltre importante ricordare che prestazioni di servizio come, per esempio, i viaggi in aereo non sono specifiche di una singola compagnia aerea. La natura del copione è tale che un passeggero fedele a Star Alliance quando dovrà viaggiare con British Airways utilizzerà gran parte dello stesso copione. Attrarre gli esperti della concorrenza è un modo utile per aumentare la propria base di esperti.

Accelerare la creazione dei propri esperti
È possibile contribuire ad accelerare la creazione di clienti esperti insegnando loro il copione? Sono disponibili quattro approcci diversi che, idealmente, possono essere utilizzati insieme.

Fornire indizi su servizi analoghi. Gli psicologi suggeriscono che i copioni sono costruiti a partire da generalizzazioni sulle esperienze fatte nei primi anni di vita. Crescendo, si impara sia osservando gli altri sia dall'insegnamento delle persone vicine; si può iniziare con un copione specifico per andare, per esempio, a fare la spesa al supermercato, ma presto si capisce che questa è solo una parte di un'esperienza più generale chiamata *shopping*.

Quando ci si trova di fronte a un'esperienza di servizio nuova si adottano varie strategie. La prima cosa che solitamente si fa è approssimare utilizzando un'esperienza analoga. Per uno studio sulle prestazioni dei clienti, è stato ricreato un servizio bancario online e sono state deliberatamente selezionate persone inesperte; ad alcuni intervistati è stato chiesto di spostare denaro tra i conti e di controllare i saldi, senza ulteriori istruzioni. Poiché il sistema era elettronico, è stato possibile osservare direttamente le prestazioni, misurando per esempio il tempo necessario per la transazione e il numero di errori di battitura. Gli intervistati hanno anche compilato un questionario sulle esperienze di servizio vissute. I risultati hanno mostrato chiaramente che la previsione più affidabile delle prestazioni degli intervistati era l'esperienza precedente in rapporti con le banche, computer e sportelli automatici. È chiaro che le persone attingevano dalle esperienze precedenti per creare un copione approssimativo. Quando si crea un servizio nuovo o inedito, è importante fornire ai clienti indizi su servizi analoghi in modo che possano creare rapidamente un copione.

APPROFONDIMENTO 10.2

Servizi globali in azione
Compagnie aeree low cost

Ryanair è forse la più nota compagnia aerea europea tra le cosiddette "low cost", sicuramente quella che trasporta più passeggeri con un record di 16,8 milioni nel mese di agosto 2023. Fondata nel 1985 da Tony Ryan per collegare l'Irlanda (Waterford) con l'Inghilterra (London Gatwick), Ryanair è cresciuta costantemente negli anni anche per effetto della deregolamentazione del trasporto aereo avviata prima negli Stati Uniti (1978) e poi in Europa negli anni '90. La nuova normativa ha rimosso alcune forme di monopolio che favorivano le compagnie "di bandiera" nazionali e ha consentito una competizione tra operatori anche sulla base del prezzo. Oggi Ryanair si caratterizza per un servizio "*no frills*" (senza fronzoli): aerei con allestimento sempre uguale ed essenziale in modo da ridurre i costi di acquisto ma anche i tempi per le pulizie. Si narra che abbiano verificato la possibilità di eliminare anche la tendina oscurante del finestrino ma che la normativa non lo abbia consentito. Inoltre, il biglietto base non include servizi quali scelta del posto, bagaglio aggiuntivo, imbarco prioritario ecc., che eventualmente devono essere acquistati separatamente. Attualmente Ryanair raggiunge oltre 200 destinazioni in Europa e Paesi limitrofi, quasi sempre scegliendo aeroporti secondari. Ryanair negli anni ha subito varie contestazioni per i contributi che richiede alle destinazioni scelte (riduzione dei costi aeroportuali e richieste commerciali onerose), per la gestione del personale, per le emissioni di CO_2 e recentemente anche per il sistema tariffario molto aggressivo.

I clienti che utilizzano le compagnie aeree *low cost* (per un esempio si veda l'Approfondimento 10.2) hanno imparato nel tempo un copione per un'offerta innovativa, unendo il copione precedente noto per le compagnie tradizionali con quello nuovo. Chi viaggia con queste compagnie aeree sa che deve effettuare il check-in nei giorni precedenti e non più al banco presso l'aeroporto, stamparsi autonomamente la carta di imbarco o scaricarla sul proprio smartphone. Sa anche che il bagaglio non deve superare dimensioni e peso prestabiliti. Ogni eccezione al copione previsto rischia di costare cara. Talvolta i clienti meno esperti o quelli che hanno sottovalutato la rigidità del copione nuovo protestano e rimangono molto insoddisfatti per il servizio ricevuto.

L'esempio di Europcar riportato nell'Approfondimento 10.3 descrive invece un'organizzazione che insegna deliberatamente ai propri clienti un nuovo copione. In questo caso, però, più che sperare di aumentare l'efficienza o la soddisfazione, l'obiettivo è quello di migliorare la sostenibilità delle operazioni, inducendo a guidare in modo da ridurre le emissioni inquinanti.

Fornire indizi all'interno dell'esperienza del servizio. La seconda cosa che i clienti spesso fanno è utilizzare l'esperienza passata del servizio per cercare indizi di un copione. Questi indizi provengono da fonti diverse: dall'ambiente fisico, dai fornitori e da altri clienti. Si pensi alle toilette degli aerei: la soddisfazione del cliente può dipendere dal fatto che le insegne di occupato siano accese o meno, in modo che i passeggeri possano rendersi conto della situazione prima di lasciare il proprio posto. È quindi importante che i passeggeri chiudano correttamente la porta della toilette, facendo così scattare il segnale di occupato. Come fanno le compagnie aeree a garantire che ciò avvenga? Collegando la serratura della porta all'interruttore della luce. In altri casi gli indizi sono meno evidenti. Alcune organizzazioni di assistenza per prodotti elettrici inviano a tutti i loro clienti delle liste di controllo da preparare prima di fissare un appuntamento.

Alcune imprese di servizi prendono molto sul serio l'idea che il cliente sia un **dipendente temporaneo**. L'arrivo di nuovi dipendenti viene di solito "socializzato" all'interno dell'organizzazione e, logicamente, i dipendenti temporanei o i clienti dovrebbero essere socializzati allo stesso modo. Per avere successo, i nuovi dipendenti devono comprendere chiaramente il loro ruolo (chiarezza di ruolo), le loro capacità e la loro motivazione. Ovviamente, l'idea del copione è fortemente correlata alla chiarezza del ruolo che un cliente svolge. È anche importante, tuttavia, che il copione che i clienti sono chiamati a svolgere rientri nelle loro capacità.

Dipendente temporaneo: i clienti possono essere considerati dipendenti temporanei dell'impresa perché i responsabili della gestione operativa assegnano loro compiti da svolgere al pari degli operatori assunti.

Se un sistema di Internet banking richiede un livello di competenze troppo elevato per essere utilizzato, è chiaro che allontanerà i clienti. Se la socializzazione è efficace, i clienti comprenderanno le politiche dell'organizzazione e i suoi valori, se non il copione. La **socializzazione dei clienti**, cioè l'inserimento nel sistema organizzativo, si è rivelata correlata a risultati positivi per l'impresa, tra cui la soddisfazione dei clienti, la motivazione e la qualità percepita.

Socializzazione dei clienti: i clienti devono essere introdotti (*onboarding*) nell'organizzazione come tutti gli altri lavoratori.

Un hotel può fornire agli ospiti una descrizione degli orari e del funzionamento dei vari servizi disponibili (ristorante, servizi in camera, pay tv, lavanderia, palestra, piscina, ecc.) e infatti spesso si trova in camera una brochure con tutti i dettagli. Esperienze nuove come le fattorie della salute o le vacanze Club Med offrono un programma formalizzato introduttivo all'inizio del soggiorno dell'ospite. Tutti i servizi sono progettati per aumentare il livello di capacità dei clienti. Altri programmi di orientamento sono meno formali, ma altrettanto utili. Gli addetti al servizio possono essere istruiti su come riconoscere i clienti alle prime armi e su come istruirli. Alla concierge gli addetti spesso chiedono se si tratta del primo pernottamento in quell'hotel e, in caso affermativo, forniscono istruzioni sull'uso delle tecnologie della camera e sui diversi tipi di ristoranti a disposizione. Le compagnie aeree collocano gli agenti ai chioschi del check-in self-service per individuare i neofiti e insegnare loro il copione.

Lo studio sull'Internet banking descritto in precedenza ha preso in considerazione anche un altro campione di clienti e ha chiesto loro di sviluppare dei copioni fornendo istruzioni scritte e sessioni di pratica su schermo. Il miglioramento nell'uso dei copioni rispetto al gruppo dei principianti era evidente. Sia al gruppo di principianti che a questo gruppo di esperti è stato proposto un insieme confuso di affermazioni che descrivevano il processo di Internet banking ed è stato chiesto di collocarle nell'ordine corretto, ovvero di ricomporre il copione. Il gruppo di esperti ha ottenuto un punteggio superiore. Hanno commesso meno errori quando è stato chiesto loro di usare seriamente il sistema e così sono stati molto più soddisfatti dell'esperienza.

In un altro studio sullo screening mammografico, metà delle intervistate ha ricevuto un'anteprima dettagliata di ciò che sarebbe accaduto e un breve video che illustrava l'intera procedura. L'altra metà del campione non ha ricevuto alcuna anteprima. In una fase successiva, le intervistate hanno risposto a domande sul senso di controllo, sul livello di ansia e sull'accuratezza delle loro aspettative; i risultati hanno mostrato che illustrare il copione con un'anteprima aveva generato aspettative più accurate, una riduzione dell'ansia e livelli più elevati di controllo percepito. Sono state inoltre presentate a tutte le donne le descrizioni di tre esperienze mammografiche reali. Una seguiva esattamente l'anteprima, una conteneva errori dell'operatore e la terza descriveva un servizio migliorato. In tutti e tre gli scenari, chi aveva visto l'anteprima erano più soddisfatte dello scenario descritto.

APPROFONDIMENTO 10.3

Sostenibilità e servizi in azione
Europcar e gli eco-guerrieri del self-service

Durante la cerimonia di premiazione dei World Travel Awards 2012 tenutasi a Nuova Delhi, in India, Europcar, una delle principali compagnie di autonoleggio europee, ha ricevuto per la prima volta il premio "Europe's Responsible Tourism" e per la quarta volta il premio "World's Leading Green Transport Solution". I World Travel Awards sono considerati gli "Oscar dell'industria dei viaggi", con 213.000 professionisti del settore che hanno votato. Europcar è leader nei servizi di noleggio auto in Europa. Presente in 140 Paesi, la società offre l'accesso alla più grande rete di noleggio di veicoli al mondo. Europcar è focalizzata già da diversi anni sulla guida eco-consapevole e da cinque anni pubblica una "Eco-Charter" sul proprio sito web. Il parco veicoli è uno dei più moderni del settore e si caratterizza per un livello basso di emissioni inquinanti. I veicoli non hanno più di sei mesi di vita e vengono sottoposti a manutenzione regolare in modo da funzionare sempre al massimo dell'efficienza. L'impresa verifica anche che la pressione dei pneumatici sia corretta, al fine di non compromettere il funzionamento dei motori. Europcar si concentra inoltre sul risparmio dell'acqua e sul riciclo dei rifiuti e dei liquidi, compresa la separazione delle acque e il riciclo degli idrocarburi. Il parco macchine comprende un'ampia gamma di auto elettriche e ibride, tra cui la performante auto elettrica Tesla. I processi interni sono conformi agli standard ecologici globali ed è stato ridotto al minimo l'uso della carta nelle attività interne e in quelle rivolte ai clienti. Un terzo di tutti i voucher è ora in formato elettronico e gli uffici in Francia, Portogallo, Regno Unito e Belgio lavorano con fatture elettroniche. Europcar ha introdotto una tecnologia che consente la firma elettronica e un contratto di noleggio di formato ridotto in 72 grandi aeroporti europei.

Clienti self-service

Forse la parte più innovativa del programma Europcar è stata l'inclusione del cliente. Per citare il sito web di Europcar:

> Stiamo lavorando per sensibilizzare i nostri clienti sulle questioni ambientali. Le nostre iniziative attuali comprendono quanto segue. Educazione: ai clienti e al personale vengono fornite informazioni sulle tematiche ecologiche e sulle emissioni di CO_2. Un parco auto non fumatori: Europcar è stata la prima a implementare un intero parco auto non fumatori in Francia. Il Regno Unito e il Belgio l'hanno seguita, e presto molti altri Paesi offriranno lo stesso servizio.

Europcar offre ora ai clienti la compensazione delle emissioni di carbonio. Ha stretto una partnership con ClimateCare, che gestisce progetti di riduzione delle emissioni di carbonio, in modo che i clienti abbiano la possibilità di compensare le proprie emissioni. L'azienda si adopera inoltre per garantire che ogni cliente abbia un viaggio eco-compatibile. A ogni cliente vengono fornite le seguenti informazioni.

> Se anche voi avete a cuore una guida più ecologica, sarete contenti di sapere che ci sono alcuni semplici modi per fare la differenza:
>
> - *Guidare a una velocità costante.* Accelerare e frenare bruscamente riduce l'efficienza della guida di circa il 33%. Questo perché gli arresti e le partenze improvvise richiedono più energia. Cercate di mantenere una velocità regolare per sfruttare al meglio il carburante.
> - *Cambiare marcia a regimi più bassi.*
> - *Non lasciare il motore acceso.* Va da sé che lasciare il motore acceso comporta uno spreco di carburante.
> - *Risparmiare aria condizionata per una maggiore velocità.*
> - *Mantenere velocità costante.* Quando si è in mezzo al traffico, è meglio mantenere una velocità costante piuttosto che fermarsi e ripartire.
> - *Utilizzare il cruise control.* L'utilizzo del cruise control su terreni pianeggianti consente di risparmiare in media il 7% di carburante perché aiuta a mantenere una velocità costante. Evitate però di usarlo su strade collinari, perché il motore accelera e rallenta.

▷

- *Pianificare il viaggio.* Più il vostro percorso è diretto e meno tempo passate a rallentare per capire quale strada prendere, più il vostro viaggio sarà efficiente. Perché non chiedere informazioni sui sistemi di navigazione GPS quando prenotate con Europcar?
- *Rispettare il limite di velocità.* Viaggiare a 100 km all'ora in autostrada migliora la resa chilometrica del 7-23%. Se si va più veloci, si brucia molto più carburante.
- *Optare per le marce superiori.* Le marce più basse danno alla vostra auto una spinta di potenza. Ma un aumento di potenza presuppone un maggior consumo di carburante. Provate a inserire una marcia in più quando siete in autostrada e il vostro motore rallenterà, riducendo le emissioni.

Lasciare che i clienti si osservino a vicenda. La fonte principale per la realizzazione di un copione può essere lo studio del comportamento degli altri clienti. Fin dalla prima infanzia si impara a cercare gli esperti e a imitare il loro comportamento: il cliente del supermercato cerca indizi rapidi osservando ciò che fanno gli altri intorno. I turisti adottano spesso questa strategia. C'è una leggenda, non confermata, che racconta di come McDonald's abbia avuto problemi, al momento del lancio nel Regno Unito, a insegnare ai clienti a sparecchiare i propri tavoli. La soluzione, a quanto pare, è stata quella di assumere dei professionisti per mangiare hamburger e poi, con gesti plateali, svuotare i propri vassoi nei cestini e metterli sopra il contenitore.

Aumentare la fedeltà per trattenere gli esperti

Si diventa esperti e si impara il copione dopo molte esperienze di servizio. Una volta creato l'esperto, per l'impresa è importante trattenerlo e mantenerlo fedele. I clienti esperti sono preziosi e devono essere protetti, sia attraverso programmi di fidelizzazione, come i *frequent flyer* delle compagnie aeree, sia attraverso un riconoscimento nel corso dell'esperienza di servizio.

10.6c Modificare gli script con attenzione

Nella ricerca di efficienza operativa o della differenziazione del prodotto, le imprese di servizi sono inclini a innovare costantemente il modo in cui il servizio viene erogato. Nella misura in cui ciò comporta anche un cambiamento di copione, questo deve essere gestito con attenzione. Una modifica molto rilevante implica, per i clienti esperti, un aggiornamento della propria esperienza e delle aspettative che sono basate sul copione precedente e potrebbero indurre a percepire il nuovo servizio come un fallimento.

La rivoluzione dell'intera esperienza con le compagnie aeree descritta in precedenza pone i clienti di fronte a un ruolo profondamente diverso da svolgere. Ci si aspetta che essi siano abilitati a Internet e in grado di acquistare i biglietti elettronicamente. Dovranno poi stampare gli itinerari e le proprie carte d'imbarco o, ancora più impattante, scaricare solo una carta d'imbarco digitale su uno smartphone. In aeroporto devono essere in grado di utilizzare il chiosco o di sapere che hanno già una carta d'imbarco. Il copione è completamente diverso, così come sono molto diverse le competenze richieste e le performance dei clienti.

I clienti valutano la prevedibilità e il controllo, pertanto, nella maggior parte dei casi, migreranno verso un'esperienza di servizio di cui conoscono il copione e cercheranno oggetti e segnali sul modo in cui viene allestito il "palcoscenico" per verificare se si tratta di un copione familiare.

È stato proprio questo il problema che Citibank ha dovuto affrontare molti anni fa quando ha introdotto gli sportelli automatici nelle sue filiali di New York: i clienti abituali passavano davanti agli sportelli automatici vuoti per unirsi alla coda per gli sportelli tradizionali. Alla fine, la banca ha assunto alcune persone per intercettare i clienti e convincerli a utilizzare i bancomat.

L'unica eccezione al desiderio di prevedibilità sembra verificarsi quando si cerca volutamente qualcosa di nuovo. Il turismo all'estero proietta automaticamente in situazioni nuove, si torna a essere principianti e si gode la novità dell'esperienza. Si rischia di perdere la pazienza per l'incapacità di fare le cose più semplici, come per esempio prelevare denaro da una banca. Tuttavia, per riprendere il controllo, si ricorre a copioni familiari, come la ricerca di un ristorante o di un hotel di una catena famosa. Le catene alberghiere multinazionali tendono a offrire la prevedibilità di un copione familiare quando serve: un Holiday Inn sembra un Holiday Inn sia che si trovi ad Atlanta, a Londra o a Kuala Lumpur.

Naturalmente a tutti piace essere esperti. A volte si desidera imparare nuovi copioni per mantenere la sensazione di essere esperti. Questo permette anche di dimostrare la propria competenza sui social media o nei numerosi blog di condivisione dell'esperienza. Alcuni di questi blog possono essere estremamente utili alle aziende di servizi in quanto formano esperti. Purtroppo, a volte, sono formati con un copione molto diverso. Per esempio, si vedano i numerosi siti che offrono consigli su come utilizzare il self-scanning per rubare nei supermercati.

10.6d Affrontare novizi ed esperti

A prescindere dal tempo trascorso dall'avvio dell'attività, un'impresa avrà sempre clienti vecchi e nuovi. Non si possono avere solo clienti esperti, perché un'impresa cresce reclutando nuovi clienti e questi, con ogni probabilità, sono alle prime armi. Un'impresa di servizi dovrà imparare a gestire contemporaneamente due segmenti diversi: i novizi e gli esperti. Dal punto di vista operativo, ciò significa che il sistema deve gestire due livelli molto diversi di prestazioni.

Sfortunatamente, i principianti e gli esperti non arrivano con etichette che identificano il livello delle loro esperienze di consumo. Uno dei pochi ambiti in cui questo accade è quello del commercio elettronico: i clienti abituali, quando si collegano, possono essere identificati e l'esperienza del servizio è personalizzata per loro, ricevono meno istruzioni e sono invitati a utilizzare le scorciatoie del sistema. I clienti inesperti, invece, ricevono una guida e delle caselle di aiuto.

In assenza di informazioni riguardo alla capacità del cliente di eseguire la prestazione prevista, tutto ciò che un'impresa di servizi può fare è permettere di autoselezionarsi; i programmi per utenti e viaggiatori nel settore del turismo ne sono un buon esempio. Il banco del check-in Hilton Honors consente il riconoscimento dei clienti abituali e di utilizzare la propria esperienza per effettuare il check-in nel modo più efficiente possibile. Gli ospiti talvolta conoscono gli script meglio degli addetti al check-in e possono anticipare la domanda successiva o addirittura suggerire cosa fare.

Purtroppo, gestire contemporaneamente esperti e principianti implica anche la gestione della loro interazione. Non solo i principianti con un copione incompleto possono interferire con un esperto, ma i copioni possono essere in diretto contrasto tra loro. In uno studio su 330 incidenti di servizio, i ricercatori hanno esaminato come la presenza di altri abbia influito positivamente o negativamente sull'esperienza del servizio. Quasi la metà degli episodi descritti come soddisfacenti o insoddisfacenti si riferiva a quello che è stato classificato come "protocollo". Molti episodi insoddisfacenti si riferivano "al fare la fila" quando altri clienti non rispettavano chiaramente il protocollo o il copione del comportamento accettabile in una fila.

Avere esperti e principianti nello stesso contesto può anche mettere il fornitore di servizi nella posizione di eseguire due copioni allo stesso tempo, cosa che anche il miglior attore troverebbe difficile.

Un hotel è un classico esempio del problema. Nello stesso giorno si può avere a che fare con clienti molto diversi tra loro: singoli, coppie e gruppi che soggiornano nell'hotel, una grande conferenza che occupa la sala ricevimenti, una riunione del consiglio di amministrazione in una piccola sala conferenze e così via.

Si capisce subito la difficoltà a cui è esposto il personale del ristorante che serve ospiti con programmi molto diversi tra loro, dalla cena alla carta, ai gruppi con menu fisso, al buffet della conferenza con una pausa pranzo di un'ora e mezza. Tutti gli ospiti in questi contesti sono alle prime armi, poiché non si trovano normalmente ad affrontare situazioni del genere. Ed è difficile anche per gli altri ospiti interagire con commensali che hanno copioni molto diversi. La gestione di questi segmenti multipli e spesso contrastanti è stata definita **gestione della compatibilità**, ovvero la gestione di gruppi di clienti con esigenze diverse presenti nello stesso contesto. Le organizzazioni faranno del loro meglio per tenere separati e in gruppi omogenei i diversi tipi di clienti. A tale scopo si possono utilizzare spazi o sale separate, o anche una semplice segnaletica. La gestione della compatibilità deve comprendere anche la formazione dei clienti sul copione o l'utilizzo di codici di condotta (per esempio, "si prega di non utilizzare la sala da pranzo prima di..."; "si prega di utilizzare solo il servizio a buffet", ecc.). Infine, il personale di servizio deve essere formato e sensibilizzato per individuare e gestire il conflitto tra i segmenti.

Gestione della compatibilità: gestione di gruppi di clienti con esigenze diverse presenti nello stesso contesto di servizio.

10.7 La gestione delle percezioni dei clienti durante l'esperienza di servizio

I clienti basano la valutazione del servizio ricevuto sulle proprie percezioni, non sulla realtà, e le percezioni sono spesso condizionate da uno stato d'animo sul quale il fornitore del servizio non ha alcuna influenza. Le esperienze passate o il background culturale possono modificare le percezioni anche delle più semplici esperienze di servizio, come una cena al ristorante o un acquisto presso un grande centro commerciale. Un'esperienza culinaria europea differisce in modo significativo da un'esperienza culinaria giapponese. In Europa, la cena è concepita come un evento di conversazione dal ritmo lento. Le portate sono volutamente distanziate e se volete il conto probabilmente dovrete chiederlo. Un cameriere che consegna al tavolo un conto non richiesto potrebbe implicitamente chiedervi di andarvene. Non è così in Giappone, dice Misako Kamamoto, direttrice del Japan Travel Bureau: «Quando porto un gruppo di turisti giapponesi in un ristorante in Europa per la prima volta, mi preoccupo di avvisarli che devono rassegnarsi al fatto che ci vuole molto tempo per mangiare in un ristorante europeo».

Nonostante gli avvertimenti di Kamamoto, i turisti continuano a lamentarsi: «Perché i ristoranti europei sono così lenti nel servirci? Chiedete loro di accelerare il servizio. Non voglio aspettare il dessert e il caffè. Non sopporto un ristorante che offre un servizio così scadente».

I turisti giapponesi si sentono trattati male anche in Francia, dove i negozianti parigini non considerano i clienti delle divinità, come invece avviene in Giappone. I clienti giapponesi restano perplessi di fronte all'atteggiamento francese di "permettere al cliente di comprare", come se il venditore facesse un favore al cliente.

Tuttavia, lasciando da parte le differenze culturali e gli stati d'animo, dato che la fruizione del servizio spesso avviene in un ambiente controllato dall'impresa, ci sono cose che questa può fare per influire sulle percezioni. Una di esse riguarda la gestione delle code e dei tempi di attesa. Poiché la produzione e il consumo avvengono contemporaneamente, come si è già detto, diversi clienti spesso condividono un'esperienza di servizio comune. Di conseguenza, la domanda può superare l'offerta e si formano anche lunghe code che devono essere gestite in modo efficace per ridurre al minimo l'insoddisfazione dei clienti. A causa dell'imprevedibilità della domanda insita in molte operazioni di servizio, l'unico modo in cui l'offerta di servizi disponibili e la domanda si bilanciano esattamente è quasi casuale e i clienti si ritrovano spesso in attesa di essere serviti.

Gestire efficacemente le attese è molto importante poiché la prima impressione sulla percezione dell'esperienza di servizio che si riceve è cruciale. Le prime impressioni possono durare anche a lungo e influenzare drasticamente le valutazioni sull'esperienza complessiva, indipendentemente dalla qualità del servizio ricevuto dopo l'attesa. Un paziente che aspetta fino alle 16:00 per un appuntamento dal dentista fissato per le 14:00 molto probabilmente darà poco peso alla cordialità del dentista una volta iniziata la visita.

Esiste una differenza reale tra il tempo di attesa effettivo e quello percepito dai clienti. Nel corso degli anni, attraverso tentativi ed errori, sono stati sviluppati otto principi di attesa per aiutare i fornitori di servizi a gestire efficacemente la percezione delle attese da parte dei clienti. Tutti evidenziano il fatto che con una profonda comprensione del comportamento di utilizzo è possibile gestire le percezioni durante lo svolgimento dell'esperienza del servizio.

Cinque degli otto principi possono essere compresi a partire dall'idea che i clienti desiderano avere il controllo sull'esperienza del servizio.

10.7a Principio 1: le attese incerte sono più lunghe di quelle certe

Quando si aspetta in un ambulatorio medico, l'attesa prima dell'orario di appuntamento dichiarato passa molto più rapidamente del tempo trascorso in attesa oltre l'orario di appuntamento. I ristoratori hanno imparato questa lezione a caro prezzo: fino a poco tempo fa molti sottostimavano intenzionalmente i tempi di attesa per evitare che gli avventori andassero in un altro ristorante, ma questo comportamento si traduceva in clienti arrabbiati e frustrati che sentivano di essere stati volutamente ingannati. Al momento di sedersi, i clienti erano talmente sopraffatti dalla rabbia che il cibo, il servizio e l'atmosfera dell'incontro diventavano irrilevanti, indipendentemente dalla qualità offerta. Inoltre, molti di questi clienti giuravano di non tornare mai più. Oggi sembra che i ristoranti sovrastimino le attese al fine di fornire ai clienti un lasso di tempo realistico sul quale sviluppare le aspettative. Alcuni ristoranti si limitano a garantire le prenotazioni, eliminando così del tutto l'attesa del cliente. Altri fornitori, come

Disney, forniscono tempi di attesa in tempo reale indicati su cartelli posizionati strategicamente lungo la coda.

10.7b Principio 2: le attese non spiegate sono più lunghe di quelle spiegate

È nella natura umana desiderare una spiegazione; fa sentire consapevoli di ciò che sta succedendo e aumenta il controllo. Si può vedere subito la delusione nei volti delle persone quando dopo un ingorgo in autostrada a bassa velocità si riprende l'andatura normale senza motivi evidenti. I clienti vogliono sapere perché devono attendere, e quanto prima vengono fornite le informazioni, tanto più diventeranno comprensivi e di conseguenza l'attesa sembrerà più breve.

A causa dell'inseparabilità dei servizi, a volte i clienti difficilmente comprendono perché non tutti i prestatori di un servizio stiano servendo i clienti; gli sportelli bancari o quelli postali ne sono un esempio. Gli operatori talvolta devono svolgere mansioni operative di preparazione o sistemazione che impediscono di servire i clienti. Tuttavia, poiché tutte le postazioni sono visibili ai clienti, questi si chiedono perché non tutti gli addetti stiano servendo attivamente i clienti dato che sono in attesa.

Una gestione efficace può cercare di minimizzare questo problema in due modi. In primo luogo, la direzione può prendere in considerazione l'idea di spiegare ai clienti i compiti svolti dall'operatore di sportello, che vanno oltre le interazioni con i clienti. In secondo luogo, la direzione può prendere in considerazione lo sviluppo di una struttura in cui l'operatore di sportello non sia visibile quando svolge mansioni non legate ai clienti. Questo tipo di problema si estende anche a molti altri settori: le compagnie aeree, i supermercati e altre imprese che devono concedere periodi di pausa regolamentati ai propri dipendenti, che però rimangono visibili ai clienti, si trovano ad affrontare problematiche simili.

10.7c Principio 3: l'ansia fa sembrare l'attesa più lunga

Quanto tempo impiegano i semafori a cambiare colore quando si è di fretta? Questo perché l'ansia dilata la percezione del tempo di chi aspetta. Le imprese di servizi cercano di gestire i livelli di tensione dei loro clienti cercando di identificare e rimuovere i componenti ansiogeni dell'incontro con il servizio. L'utilizzo dei focus group è particolarmente utile per identificare efficacemente ciò che genera ansia, poiché molte paure dei clienti possono essere irrazionali e/o essere trascurate dai fornitori che comprendono appieno il processo di erogazione del servizio. Spesso l'informazione è uno degli strumenti più efficaci per alleviare l'ansia nell'attesa. Per esempio, informare i passeggeri che il volo è in ritardo o che potranno ancora usufruire di coincidenze, informare le persone in fila per un biglietto di uno spettacolo su quali posti sono disponibili e assistere gli studenti nella compilazione dei moduli per l'iscrizione all'università eliminerà gran parte dell'ansia.

10.7d Principio 4: le attese pre-processo sono più lunghe di quelle nel processo

Il periodo di attesa prima dell'inizio del servizio viene percepito dai clienti come più lungo rispetto all'attesa mentre il servizio è in corso. Per esempio, i medici solitamente spostano i pazienti in attesa in sale vuote per dare l'impressione che il servizio sia iniziato. In realtà, il medico ha soltanto cambiato il luogo d'attesa. Le tecniche efficaci per gestire le attese pre-processo includono semplicemente il riconoscimento del cliente. Per esempio, i fornitori di servizi sono spesso troppo occupati per servire i clienti appena questi si siedono. Frasi come "Sarò da lei il prima possibile" riconoscono la presenza del cliente e trasmettono il messaggio che il servizio è iniziato. Anche altre frasi, come "Il suo ordine è in fase di elaborazione", sono efficaci per tenere il cliente informato sullo stato dell'ordine.

Le attese post-processo sono le più lunghe di tutte. In molti casi, il servizio è erogato e il cliente aspetta semplicemente il conto o la fattura. È sconcertante per i clienti subire ritardi quando vogliono solo pagare il servizio.

Un altro esempio di impazienza dei clienti nei confronti di attese post-processo può essere sperimentato durante le procedure di sbarco in aeroporto. Durante il prossimo volo, si ascolti il rumore dei passeggeri che si slacciano le cinture di sicurezza non appena l'aereo si ferma completamente. Il portellone dell'aereo non è aperto, nessuno sta lasciando l'aereo, eppure le persone stanno letteralmente lottando per conquistare una posizione per scendere il più velocemente possibile. Nella fase di pre-processo, i clienti hanno ceduto il controllo della situazione al fornitore di servizi e si sono messi in fila. Nella fase di post-processo, il cliente è ansioso di riprendere il controllo della situazione.

10.7e Principio 5: le attese ingiuste sono più lunghe di quelle condivisibili

Una gestione per essere efficace deve sforzarsi di fissare regole eque. La maggior parte dei clienti non è irragionevole e comprende, per esempio, che al ristorante le comitive aspetteranno più a lungo dei gruppi più piccoli e che coloro che hanno una prenotazione siederanno prima al tavolo rispetto a coloro che non ce l'hanno. Tuttavia, probabilmente non c'è nessuno che possa scatenare uno scontro più velocemente di un cliente che si sente scavalcato da altri clienti che sono arrivati dopo di lui. Ciononostante, sono pochi i ristoranti che prevedono una fila per i clienti non prenotati, lasciando invece che siano i clienti con prenotazione ad avere sempre la precedenza.

Le file come quelle di McDonald's sono classici esempi di frustrazione: il cliente sceglie la fila che ritiene più veloce, ma se le altre file si muovono più velocemente può capitare che i clienti che si sono messi in fila in un momento successivo vengano serviti per primi, senza ordine. Dal punto di vista dell'equità, i locali che formano un'unica fila, come quelli di Wendy's, Burger King e molte banche, sono preferibili: i clienti vengono serviti nell'ordine in cui entrano nel processo di servizio (*first in first out*).

Un altro classico esempio di servizio che genera percezioni di iniquità è la priorità data alle telefonate ricevute rispetto ai clienti che sono fisicamente in fila. La persona al telefono di solito ha la priorità; ciò equivale a dire che la persona che telefona va in testa alla fila e scavalca tutti gli altri clienti che hanno pazientemente aspettato il loro turno. La gestione operativa deve considerare il costo di servire i clienti telefonici in un momento più appropriato rispetto al costo di allontanare i clienti in fila e soprattutto mettere il personale di contatto in una posizione scomoda e spesso indifendibile. Questi sistemi minano la sensazione di prevedibilità e controllo del cliente. La violazione di un copione previsto fa sentire il cliente come se avesse perso il controllo.

I tre principi che seguono si basano sulla letteratura che si è occupata della percezione del tempo. Gli studi hanno dimostrato che la percezione del tempo che passa è influenzata direttamente dal contesto in cui lo si trascorre. Dal punto di vista operativo, ciò suggerisce, per esempio, che le attese nelle quali non c'è niente da fare e quelle in solitaria saranno percepite come più lunghe.

10.7f Principio 6: se non c'è qualcosa da fare, le attese sembrano più lunghe

Mentre si aspetta, se non c'è qualcosa da fare, ogni minuto sembra più lungo. Le migliori imprese di servizi hanno imparato a gestire le attese dei clienti occupando il loro tempo; i ristoranti possono far accomodare i clienti in un lounge, aumentando anche le opportunità di ricavo; i golf club hanno campi pratica nei quali attendere il proprio turno di partenza, mentre gli studi dei medici tendono a mettere a disposizione qualcosa da leggere.

Idealmente, le proposte finalizzate a occupare il tempo dei clienti in attesa dovrebbero essere correlate con il servizio che seguirà. Tentativi banali, come la musica mentre si attende durante una telefonata, incontrano talvolta la resistenza e la frustrazione dei clienti.

10.7g Principio 7: le attese in solitaria sono più lunghe di quelle in gruppo

È curioso osservare le interazioni tra clienti in coda. Generalmente non ce ne sono, anche tra persone a pochi centimetri di distanza. Poi, si noti cosa succede quando si verifica un ritardo causato dal controllo del prezzo di un articolo o da un cliente che impiega troppo tempo a finalizzare il pagamento: il resto della fila lega rapidamente come se fossero tutti vecchi amici! Le attese di gruppo hanno la funzione di occupare il tempo dei clienti e di ridurre l'attesa percepita. Quando si gestiscono le attese dei clienti, si può considerare l'ipotesi di incoraggiarli attivamente a interagire.

10.7h Principio 8: quanto più prezioso è il servizio, tanto più a lungo il cliente aspetterà

Per quale motivo si dovrebbero aspettare due ore in un ambulatorio medico? C'è da stupirsi che la parola "paziente" sia una forma della parola "pazienza"? La quantità di tempo che i clienti sono disposti ad aspettare è spesso legata alla situazione. Quando il servizio è considerato prezioso ed esistono poche altre alternative, i clienti saranno disposti ad aspettare molto più a lungo.

Il valore percepito del servizio tende ad aumentare in relazione al titolo o allo status del fornitore. Gli studenti tenderanno ad aspettare più a lungo un professore che arriva in ritardo a lezione rispetto a un assistente, e aspetterebbero ancora di più il rettore. Allo stesso modo, i clienti sono disposti ad aspettare molto di più a cena in un ristorante di lusso che in un fast food. Nella gestione delle attese, l'impresa deve comprendere il valore che i clienti attribuiscono ai suoi servizi e il tempo che considerano ragionevole aspettare, perché varia da settore a settore e all'interno dei settori.

La metafora della rappresentazione teatrale suggerisce che i copioni in determinate situazioni hanno tempi più lunghi. In assenza di concorrenza si può avere solo il copione offerto dal fornitore del servizio, come dal medico. Tuttavia, una nuova formulazione del servizio con tempi di attesa più brevi potrebbe anche modificare il copione dell'intero settore.

La cosa più importante da comprendere è che l'applicazione di questi principi cambia la percezione del tempo di attesa da parte dei clienti senza modificare il tempo effettivo. Le organizzazioni possono spendere ingenti quantità di denaro e risorse per ridurre il tempo di attesa effettivo. Il compromesso è ovviamente tra aumentare l'attesa e aumentare la disponibilità di capacità produttiva. La coda agli sportelli di una banca può essere ridotta tenendo aperti più sportelli, ma questo costa tanto e comporta un basso utilizzo degli sportelli. La gestione delle percezioni, invece, può essere spesso più vantaggiosa.

Sebbene fin qui ci si sia concentrati sulla gestione della percezione del tempo di attesa, ci sono soluzioni anche per gestire altri aspetti dell'esperienza di servizio. Conoscendo la psicologia dei clienti, è possibile influenzare le loro percezioni mentre si trovano nell'ambiente in cui si svolge il servizio. Un supermercato prepara una piccola quantità di pane fresco per far sì che l'odore pervada l'intero negozio e dia l'idea di cucina casalinga e freschezza. Alcuni ristoranti utilizzano il ritmo della musica di sottofondo, rallentandolo se il ristorante è vuoto e accelerandolo se è pieno; è stato dimostrato che questo influenza il tempo che i clienti trascorrono al tavolo. Tutto ciò che è presente nell'ambiente in cui si svolge il servizio può essere impiegato per aiutare a gestire le percezioni dei clienti durante la fruizione del servizio stesso.

10.8 Le performance dei clienti e il ruolo del marketing e della gestione operativa

Dal punto di vista strategico, è importante rendersi conto che quanto maggiore è la partecipazione dei clienti alla produzione del servizio, tanto maggiore è la necessità di gestire le loro performance. Questo è l'unico modo per aumentare la produttività dei servizi ad alto contatto. Esperti e principianti sono più che semplici dipendenti temporanei di un'impresa di servizi. I clienti sono dipendenti e clienti allo stesso tempo e possono essere responsabili della propria soddisfazione, pertanto la percezione del servizio può essere gestita.

I responsabili del marketing dovrebbero allargare l'orizzonte del proprio pensiero. Tradizionalmente, il marketing crea valore per l'impresa concentrandosi sul modo in cui gli acquirenti effettuano le proprie scelte e su ciò che li soddisfa. La comprensione delle variabili legate alle scelte fornisce elementi per aumentare la quota di mercato, e i clienti soddisfatti possono essere mantenuti.

Nel caso dei servizi, gli strumenti del marketing possono essere applicati anche per migliorare la gestione operativa andando a formare degli esperti. Gli script possono essere insegnati e il cliente ne trarrà beneficio. Tutti sono motivati a imparare dal bisogno di controllo sull'ambiente. Aumentare la quantità di prestazioni svolte dal cliente può, in tante situazioni, aumentare il senso di prevedibilità e controllo. Per molti clienti, una volta imparato il copione, portare autonomamente i bagagli a bordo dell'aereo è apprezzabile ma bisogna evitare che un altro passeggero alle prime armi pensi che la cappelliera sopra il suo posto sia stata assegnata solo a lui.

Il marketing si occupa anche della gestione delle percezioni e non solo del servizio effettivo. In questo caso, la competenza di marketing deve essere applicata attraverso la progettazione dell'ambiente di servizio e del ruolo del fornitore di servizi. Una profonda comprensione della psicologia dei clienti può aggiungere valore e far risparmiare sui costi operativi.

I responsabili della gestione operativa devono includere il cliente nella pianificazione dei processi. Partendo da un punto di vista più prescrittivo, è importante essere in grado di definire un copione del cliente appropriato, data la natura dell'operazione di servizio. Anche in questo caso si affronta la questione dei copioni forniti attraverso la tecnologia rispetto a quelli forniti attraverso le persone.

La tecnologia impone ai clienti copioni più rigidi. I fornitori di servizi possono essere responsabilizzati, come descritto. L'empowerment consente di variare il copione per adattarlo al singolo cliente. Purtroppo, le macchine non possono essere responsabilizzate ma possono solo essere programmate attraverso decisioni "se-allora" per classificare i clienti e fornire loro il copione più appropriato. Sfortunatamente, tali programmi vengono spesso considerati noiosi e monotoni dai clienti.

I direttori della gestione operativa devono anche capire che è la percezione dei clienti che conta, e non solo le statistiche relative alla produttività dell'impianto (il ristorante, il parco macchine, la discoteca, ecc.). Ridurre i tempi di attesa effettivi del 25% potrebbe essere un risultato eccezionale, ma i problemi descritti in precedenza potrebbero far sì che l'attesa venga percepita come più lunga. Se i cambiamenti apportati per ridurre le attese fanno sentire i clienti meno sicuri e più ansiosi o infondono percezioni di iniquità, tutto il potenziale valore per il cliente generato dai cambiamenti organizzativi può andare perduto.

Il concetto di copione può essere applicato con facilità ai fornitori di servizi; anch'essi devono affrontare quotidianamente delle esperienze. Anzi, poiché i fornitori di servizi eseguono il copione così spesso, possono essere gli esperti per eccellenza. Il modo in cui il copione del fornitore e quello del cliente interagiscono, ed è quello che succede quando un fornitore esperto incontra un cliente inesperto e viceversa, sono tutti elementi fondamentali per progettare esperienze soddisfacenti per i clienti.

I sistemi di gestione del capitale umano devono essere costruiti per garantire che i fornitori di servizi conoscano ed eseguano il copione corretto, che assicura la loro efficienza operativa. Il copione può anche influenzare la percezione del servizio da parte dei clienti. È stato dimostrato che i copioni ripetuti di frequente producono un'esecuzione insensata o robotizzata. È necessario creare processi e sistemi per bilanciare le esigenze di chi offre il servizio, del cliente e dell'impresa. I fornitori di servizi devono essere esperti, con script in grado di adattarsi ai diversi livelli di competenza dei clienti. Una competenza eccessiva può generare un servizio simile a quello di un robot.

Utilizzando l'analogia teatrale, è il copione che lega tutti i diversi attori dello spettacolo. Gli attori che usano un copione diverso non possono dare vita a uno spettacolo di successo. Il copione del servizio deve essere appreso da tutti gli attori chiave dell'esperienza di servizio. Questo è anche il punto su cui devono convergere le diverse funzioni di fornitura dei servizi: operazioni, marketing e gestione del capitale umano. Tutte le funzioni devono seguire lo stesso copione, così come i clienti. Tuttavia, saranno la percezione del copione e l'esperienza dei clienti a determinare il successo finale.

Riepilogo

Un servizio è un'esperienza in cui il cliente spesso è un partecipante attivo. Questa inseparabilità ha due conseguenze per l'impresa di servizi. Innanzitutto i clienti agiscono in misura maggiore o minore come "dipendenti temporanei" del fornitore. Questo capitolo ha proposto l'analogia con una rappresentazione teatrale con attori, ruoli e copione per comprendere meglio questo ruolo del cliente. La partecipazione varia in base alla misura in cui il cliente conosce il copione e quindi alla misura in cui egli è un interprete esperto o principiante. Nel capitolo sono stati forniti quattro suggerimenti per gestire le performance sia degli esperti che dei principianti.

La seconda conseguenza è relativa alla percezione che i clienti hanno dell'esperienza di servizio, che può essere influenzata per tutto il periodo in cui essi sono parte del sistema del servizio. Anche elementi oggettivi come il tempo di attesa o l'affollamento possono essere condizionati dal contesto. Quello che conta per l'organizzazione è il servizio percepito. Il cliente come dipendente temporaneo e la necessità di gestire le percezioni cambiano gli obiettivi e i compiti dei responsabili della gestione operativa, del marketing e delle risorse umane, rendendoli molto più interdipendenti rispetto alla tipica impresa manifatturiera.

Domande di verifica

1. Fare un esempio di un'esperienza di servizio che è stata negativa a causa della presenza di un cliente inesperto. Che cosa ha fatto il principiante per essere identificato come tale? Descrivere le conseguenze per il cliente esperto in termini di analogia teatrale.
2. Descrivere un copione abitualmente utilizzato per la fruizione di un servizio.
3. Descrivere un ambiente di servizio in cui il design fisico, la segnaletica o il layout rendono facile la comprensione del copione. Descrivere un altro ambiente in cui è molto difficile comprendere il ruolo del cliente e il copione.
4. Scegliere un esempio, tratto dalla propria esperienza, di un'impresa di servizi che ha "cambiato lo script" per il cliente. Suggerire il motivo di questo cambiamento e i problemi che ha creato.
5. Descrivere un servizio in cui una parte della produzione viene svolta dal cliente attraverso tecnologie self-service.
6. In che modo è possibile personalizzare di più il servizio offerto e quali sono benefici e rischi?
7. Cosa si intende per gestione della compatibilità?
8. Descrivere un caso in cui l'attesa è stata gestita in maniera eccellente.
9. Illustrare un esempio di compromesso tra gestione operativa e strategie di marketing.
10. Cosa si intende con il concetto di dipendente temporaneo?

Parte 3

COMPETERE PER IL SUCCESSO NEI SERVIZI

Capitolo 11

La soddisfazione dei clienti

Obiettivi del capitolo

Questo capitolo intende definire la soddisfazione del cliente del servizio ed evidenziarne l'importanza. In particolare, verranno presentati alcuni metodi per la misurazione della soddisfazione, i fattori che possono condizionare le valutazioni dei clienti e i benefici che l'impresa può ottenere. Verranno fornite indicazioni per comprendere meglio come si formano i vari tipi di aspettative e come ciascuno di essi influenzi la valutazione finale dei clienti.

Camplus: l'esperienza che dà valore al *tuo* viaggio!

Camplus è il primo provider italiano di soluzioni abitative per studenti universitari. A partire dall'esperienza iniziale di una cooperativa studentesca, nei primi anni '80 si è sviluppata una realtà imprenditoriale che attualmente offre oltre 10.000 posti in 15 città italiane e 2 spagnole.

Con Camplus si può abitare nella forma tradizionale dell'appartamento da condividere con altri studenti ma anche in una camera singola prenotata per una sola notte all'interno di 11 collegi di merito (riconosciuti dal Ministero dell'Università e della Ricerca), 45 residenze universitarie, 700 appartamenti e 1 hotel. L'azienda intende continuare il suo programma di crescita che prevede l'espansione in Italia fino ad arrivare alla gestione di 20.000 posti letto, continuare la crescita in Spagna e approdare in Francia.

In generale, il mercato dello *student housing* si è evoluto in tutta Europa e molti provider, anche stranieri, hanno deciso di investire in Italia per la creazione di posti letto per gli studenti universitari. Se da un lato era necessario aumentare l'offerta abitativa per questa fascia di utenti, dall'altro la diffusione di residenze ha generato una standardizzazione. Le soluzioni sono sempre più simili tra loro in termini sia di strutture, spazi e servizi sia di comunicazione della proposta. A questo si aggiunga che la crescita dell'offerta non è stata seguita, almeno fino adesso, da una maturazione della domanda da parte del cliente, sia esso lo studente universitario o il genitore che nella maggior parte dei casi sostiene il costo per il servizio. il cliente quasi sempre continua a cercare una risposta basilare al suo bisogno abitativo: una camera dove trascorrere gli anni di studi universitari.

Cosa rende Camplus così efficace in un mercato così complicato come quello residenziale nelle principali città universitarie?

Il management descrive così il "Fattore Camplus": mettere al centro il cliente senza preoccuparsi di un immediato tornaconto. Puntare sul fattore Camplus significa che l'ospite interessa per il solo fatto che c'è, perché abita anche solo una notte in una struttura Camplus e perché possa vivere la propria esperienza di ospitalità.

Camplus negli anni ha scoperto che non è sufficiente fornire una risposta a un'esigenza abitativa, che non basta ampliare i servizi e gli spazi, ma è la consapevolezza della propria *value proposition* a cambiare il modo in cui il cliente è "servito".

Al servizio di pernottamento nelle strutture sono state aggiunte aule studio, palestra, sala musica, aule tutor, servizi ristorativi, di pulizia e di accompagnamento allo studio, un piano formativo integrativo per gli studenti meritevoli e un piano di riduzione del costo dell'affitto per gli studenti meritevoli ma privi di mezzi economici. Inoltre, Camplus ha sviluppato un programma "Alumni" che permette di entrare a far parte di un network e di continuare a partecipare alla vita di Camplus.

Ma soprattutto dall'analisi delle esperienze dei clienti e dal confronto con i propri studenti ospiti e con le famiglie si è capito che in questi spazi e servizi si faceva sempre più largo un'esigenza più grande e allo stesso tempo più nascosta, o meglio non esplicitata: sentirsi a casa lontano dalla propria casa. Quello che gli studenti e le loro famiglie ricercavano senza chiederlo esplicitamente era di trovare un luogo che fosse come una casa.

Per favorire l'emergere del vero valore della soluzione abitativa Camplus, l'esperienza viene raccontata da chi l'ha già fatta. È stato creato innanzitutto un gruppo di *content creator*: studenti che attraverso un percorso di formazione raccontano la Camplus Life sui canali social e il canale Tik Tok, lanciato da pochi mesi e gestito direttamente e autonomamente da alcuni di loro. Lo stesso blog presente sul sito camplus.it è ricco di racconti ed esperienze degli studenti; infine, è possibile visitare i Camplus accompagnati dagli studenti che vi abitano piuttosto che dallo Staff della Residenza Camplus.

Tutto questo percorso ha aiutato Camplus a distinguersi, a farsi riconoscere fin dal primo contatto e a ottenere un tasso altissimo di conferma del posto anche per l'anno successivo (*loyalty*), ma soprattutto ha aiutato migliaia di studenti a vivere con più entusiasmo e protagonismo il proprio viaggio, qualunque esso sia.

11.1 Introduzione

La soddisfazione del cliente (*customer satisfaction*) è una delle aree più indagate nell'ambito del marketing. Dal punto di vista cronologico, gran parte del lavoro di analisi è iniziato negli anni '70 di pari passo con l'aumento della capacità di acquisto da parte delle famiglie e quindi anche della concorrenza tra prodotti.

L'importanza attribuita alla soddisfazione dei clienti è strettamente legata anche al calo del livello dei servizi avvertito in quel periodo, che può essere attribuito a diverse cause: in primo luogo, l'impennata dell'inflazione che negli anni '70 ha costretto molte organizzazioni a tagliare alcuni servizi aggiuntivi nel tentativo di mantenere bassi i costi; poi la deregolamentazione, che ha introdotto, soprattutto in certi settori, una feroce concorrenza tra imprese che non avevano mai dovuto competere prima. Senza esperienze precedenti di questo tipo, il prezzo di vendita divenne rapidamente il principale mezzo per differenziarsi dai concorrenti. A quel punto molte imprese hanno tagliato ulteriormente i costi associati al servizio clienti nel tentativo di ridurre le spese operative.

Col passare del tempo, anche la carenza di manodopera ha contribuito al declino delle offerte sul mercato poiché era diventato più difficile trovare personale motivato; al lavoro nei servizi corrispondevano uno stipendio basso, nessun percorso di carriera, nessun senso di appartenenza e nessuna formazione nelle relazioni con i clienti. L'automazione ha aggravato il problema e la sostituzione del lavoro umano con delle macchine (pompe di benzina self-service, bancomat, casse automatiche nei negozi di alimentari, ecc.) ha reso più efficiente la gestione operativa, ma spesso questo è costato l'allontanamento dei clienti che si sentivano abbandonati dal loro fornitore. Da ultimo, anno dopo anno, è diventato sempre più difficile accontentare i clienti perché ora dispongono di più informazioni, hanno aspettative sempre più alte e sono più attenti a come spendono il denaro.

Il servizio rivolto ai clienti continua a essere un problema "caldo"; il susseguirsi di crisi economiche, le ridotte opportunità di lavoro e una forza lavoro sempre più istruita hanno portato le aspettative per il servizio a nuovi livelli. I clienti si aspettano che, quando decidono di spendere denaro durante periodi economici difficili, le aziende di servizi dimostrino gratitudine per il loro sostegno e rispettino gli impegni presi. Sfortunatamente, la realtà dei fatti mostra che le organizzazioni di servizi sono in difficoltà a soddisfare il cliente tanto quanto i loro predecessori quarant'anni fa.

11.2 L'importanza della soddisfazione del cliente

L'importanza della soddisfazione del cliente non può essere sottovalutata poiché senza clienti le organizzazioni di servizi non hanno ragione di esistere, e quindi ogni azienda dovrebbe gestire in modo proattivo e misurare come viene percepito il servizio. Provare a identificare i problemi nel sistema di erogazione o analizzare i progressi nella soddisfazione del cliente, basandosi solo sul numero di reclami ricevuti, è quantomeno ingenuo.

Dai dati raccolti dal Programma TARP (*Technical Assistance Research Program*) emergono alcune interessanti informazioni: intanto, la stragrande maggioranza dei clienti scontenti non lo comunica al fornitore, ma quelli che lo comunicano molto probabilmente non cambieranno fornitore, soprattutto se il problema che ha causato l'insoddisfazione è stato gestito rapidamente. Inoltre, i clienti che hanno riscontrato un problema tendono a condividerlo con il doppio delle persone rispetto a coloro che hanno visto risolvere il problema in modo soddisfacente.

I dati del TARP mostrano anche che i clienti non si lamentano attivamente con le società che gli hanno erogato il servizio, ma esprimono la loro insoddisfazione da un lato rivolgendosi ai concorrenti e dall'altro raccontando ad altri come sono stati trattati.

Sulla base dei dati del TARP, un'azienda che serve 100 clienti a settimana e rileva una valutazione di soddisfazione del 90% sarà l'oggetto di migliaia di storie negative nell'arco di un anno. Per esempio, se 10 clienti insoddisfatti alla settimana comunicano a 10 loro amici un disservizio ricevuto, entro la fine dell'anno (52 settimane) saranno stati generati 5.200 passaparola negativi.

Ma le cifre del TARP non danno solo cattive notizie. Le organizzazioni che rispondono in modo efficace ai reclami dei clienti generano comunicazioni positive tramite il passaparola. Anche se le notizie positive viaggiano alla metà del tasso delle notizie negative, possono alla fine tradursi in fidelizzazione del cliente e di nuovi clienti.

Infine, un'azienda dovrebbe anche imparare dai dati del TARP che anche coloro che esprimono lamentele sono amici dell'azienda. Infatti, essi sono una fonte gratuita di informazioni di mercato e le lamentele stesse dovrebbero essere viste come opportunità di miglioramento dei processi di gestione dei servizi, non come fonte di irritazione.

Da ultimo, si potrebbe pensare che i direttori generali degli hotel a cinque stelle detestino il fatto che gli ospiti possano accedere a tripadvisor.com e pubblicare lamentele che tutti leggono; sorprendentemente, i direttori generali adorano invece gli ospiti che esprimono le proprie lamentele, in particolare quando sono ancora in albergo, perché ciò offre allo staff l'opportunità di contattarli direttamente e risolvere il loro problema prima che partano. Questo tipo di reazione si traduce spesso in fidelizzazione dei clienti e passaparola positivo.

11.2a La soddisfazione e l'insoddisfazione del cliente

Sebbene esistano numerose definizioni, talvolta alternative, quella più diffusa inquadra la soddisfazione e l'insoddisfazione del cliente come l'esito del confronto delle aspettative dell'acquirente con le percezioni riguardo al servizio ricevuto. Il confronto delle aspettative con le percezioni si basa su un modello noto come **disconferma delle aspettative**. In poche parole, se le percezioni dei clienti soddisfano le aspettative, si dice che le aspettative confermano le percezioni e il cliente è soddisfatto. Se le percezioni e le aspettative non sono allineate, allora si dice che l'aspettativa sia stata delusa.

Disconferma delle aspettative: modello che propone di comparare le aspettative del cliente con la percezione del servizio ricevuto.

Disconferma negativa: la percezione riguardo al servizio è inferiore alle aspettative.

Disconferma positiva: la percezione riguardo al servizio è superiore alle aspettative.

Sebbene il termine "disconferma" evochi un'esperienza negativa, non è necessariamente così. Sono due i tipi di disconferma: se le percezioni effettive sono inferiori a ciò che era previsto, il risultato è una **disconferma negativa**, che si traduce in insoddisfazione del cliente e può portare a pubblicità negativa tramite passaparola e l'abbandono del fornitore. Al contrario, esiste una **disconferma positiva** quando le percezioni superano le aspettative e si genera soddisfazione del cliente, pubblicità positiva tramite il passaparola e fidelizzazione. Ogni giorno, gli acquirenti utilizzano il paradigma della disconferma confrontando le loro aspettative con le percezioni.

Un esempio di disconferma positiva è quando un cameriere anticipa il desiderio del cliente, per esempio offrendo a un'anziana signora un comodo cuscino e portando fogli e matite colorate per tenere occupati i bambini durante un pranzo di famiglia. Un servizio così curato in genere supera le aspettative dei clienti, soprattutto quando non sono in tanti a offrirlo.

11.2b I vantaggi della soddisfazione del cliente

Sebbene alcuni sostengano che i clienti a volte sono irragionevoli, ci sono solo poche evidenze della stravaganza nelle aspettative e soddisfare i clienti non è un obiettivo impossibile. Soddisfare e superare le aspettative dei clienti può fruttare preziosi vantaggi per l'azienda e un passaparola positivo generato dai clienti stessi attrae altri nuovi clienti.

Come in parte anticipato, i clienti soddisfatti solitamente acquistano più prodotti e con più frequenza e hanno meno probabilità dei clienti insoddisfatti di essere attratti dalla concorrenza.

Sul versante dell'offerta, le organizzazioni che riescono a ottenere alti livelli di soddisfazione dei propri clienti riescono a difendersi dalle pressioni competitive, in particolare dalla concorrenza sui prezzi; i clienti, infatti, sono spesso disposti a pagare di più e continuare a farsi servire da un'azienda che soddisfa le loro esigenze, piuttosto che correre il rischio associato al passaggio a un altro fornitore con prezzi più bassi.

Infine, le organizzazioni che sono orgogliose dei risultati raggiunti per la soddisfazione del cliente generalmente sono anche posti migliori in cui lavorare, ambienti positivi con una cultura aziendale in cui i dipendenti sono stimolati a performare bene e vengono ricompensati per il loro impegno.

Mentre alcune imprese riescono continuamente a soddisfare i clienti, altre proprio non riescono a farlo, ed è particolarmente preoccupante che tra queste ci siano soprattutto quelle di servizi.

11.2c I vantaggi delle indagini sulla soddisfazione dei clienti

I sondaggi sulla soddisfazione dei clienti, di per sé, offrono numerosi vantaggi significativi. Essi forniscono un canale formale attraverso il quale l'azienda può raccogliere il feedback dei clienti, aiutando a individuare sia i problemi esistenti che quelli potenziali. I sondaggi sulla soddisfazione trasmettono anche ai clienti che l'azienda ha a cuore il loro benessere e apprezza il loro contributo. I risultati dei sondaggi di soddisfazione vengono talvolta utilizzati nella valutazione delle prestazioni dei dipendenti per determinarne la retribuzione, nonché per la gestione delle vendite o lo sviluppo dei programmi di formazione alla vendita. I risultati sono utili anche per confrontarsi con la concorrenza e per determinare come l'azienda si distingue dagli altri. Quando le valutazioni sono favorevoli, molte aziende utilizzano questi risultati nelle campagne pubblicitarie.

Per contro, l'uso della modulistica da parte di alcuni fornitori, come qualche compagnia aerea che inserisce i sondaggi in fondo alle riviste di bordo, inducono il cliente a domandarsi se l'azienda è davvero interessata alla loro opinione.

11.3 La misurazione della soddisfazione del cliente

Le misure della soddisfazione del cliente si ottengono con misurazioni sia indirette che dirette. Le **misurazioni indirette** includono il tracciamento e il monitoraggio dei registri delle vendite, dei profitti e dei reclami dei clienti. Le imprese che si affidano esclusivamente a misurazioni indirette adottano un approccio passivo per determinare se le percezioni dei clienti si avvicinano o superano le loro aspettative. Inoltre, considerando che in media un'organizzazione non riceve notizie dal 96% dei suoi clienti insoddisfatti, sta perdendo un numero significativo di clienti mentre attende che il restante 4% esprima le proprie opinioni. In più, sebbene una diminuzione dei reclami da parte dei clienti possa indurre a un'errata illusione di successo, potrebbe semplicemente significare

Misurazioni indirette: misura della soddisfazione del cliente mediante il monitoraggio dei registri delle vendite, dei profitti e dei reclami dei clienti.

che i clienti hanno smesso di lamentarsi e che la soddisfazione complessiva è ai minimi storici.

Misurazioni dirette: misura della soddisfazione ottenuta direttamente dal cliente attraverso sondaggi o interviste.

Le **misurazioni dirette** della soddisfazione dei clienti sono invece ottenute mediante sondaggi con scale di misura molto diverse tra imprese e settori; le scale numeriche utilizzate per raccogliere i dati variano (per esempio, da 5 a 100 punti), le domande poste agli intervistati variano (da generali a specifiche) e i metodi di raccolta dati variano (da interviste personali a questionari autosomministrati).

Nella sezione che segue è descritto l'uso di alcune di queste scale.

11.3a L'approccio Scala da 100 punti

Alcune organizzazioni chiedono ai propri clienti di valutare le prestazioni ricevute utilizzando una scala di misura da 100 punti. Con un approccio di questo tipo, tuttavia, emergono alcuni problemi. Per esempio, se la domanda fosse: "Su una scala che va da 1 a 100, quanto sei soddisfatto del servizio che hai ricevuto oggi?", il punteggio ottenuto (es. 83) cosa significa? La valutazione di 83 significa la stessa cosa per tutti i clienti? Ma, ancora più importante, cosa dovrebbe fare quell'azienda per migliorare l'indice di soddisfazione?

Sebbene un punteggio di 83 fornisca alcune informazioni generali, è un risultato che non dà suggerimenti specifici per i miglioramenti che porterebbero a una maggiore soddisfazione del cliente.

11.3b L'approccio Molto insoddisfatto/Molto soddisfatto

Un'alternativa rispetto all'utilizzo della Scala da 100 punti è l'approccio che chiede di collocarsi lungo una scala ai cui estremi di trovano le valutazioni "molto insoddisfatto" e "molto soddisfatto". In pratica si presenta ai clienti una scala Likert, che tipicamente segue il formato mostrato nelle Figure 11.1 e 11.2.

Le organizzazioni che utilizzano questo formato di solito sommano le percentuali di risposte "abbastanza soddisfatto" e "molto soddisfatto" per calcolare un indice di soddisfazione. Allo stesso modo, le organizzazioni che utilizzano una scala di 10 punti con punti di ancoraggio come "molto insoddisfatto" e "molto soddisfatto" stabiliscono la soddisfazione del cliente come percentuale di clienti che attribuiscono un punteggio superiore a 6. Sebbene questa modalità restituisca un risultato più significativo rispetto alla Scala da 100 punti, manca ancora il potere diagnostico per indicare specifiche aree di miglioramento. In altre parole, indipendentemente dal fatto che un'impresa utilizzi una scala da 100, 10 o 5 punti, il valore interpretativo delle informazioni è ancora limitato dalla sua natura quantitativa.

Oltre a un punteggio quantitativo, le aziende che cercano veramente di migliorare la propria soddisfazione del cliente dovrebbero anche raccogliere informazioni qualitative per evidenziare aree specifiche di miglioramento.

Questo è esattamente il problema affrontato da FedEx quando ha avviato il primo programma di misurazione della soddisfazione del cliente. Inizialmente, essa era valutata su una scala da 100 punti e il successo della transazione era definito semplicemente dal fatto che il pacchetto fosse arrivato effettivamente il giorno successivo. Dopo un ulteriore esame qualitativo, FedEx ha stabilito che il successo della transazione, secondo il punto di vista del cliente, era molto più ampio. Da allora, l'azienda ha adottato un approccio proattivo per migliorare i propri punteggi di soddisfazione del cliente, concentrando gli sforzi sul continuo perfezionamento delle attività identificate come cruciali dalla propria clientela.

Quanto sei soddisfatto del servizio che hai ricevuto oggi?				
Molto insoddisfatto	Abbastanza insoddisfatto	Neutro	Abbastanza soddisfatto	Molto soddisfatto
1	2	3	4	5

Figura 11.1 L'approccio molto insoddisfatto/molto soddisfatto.

Gentile Utente,
Le chiediamo un po' del suo tempo per conoscere la Sua opinione sul servizio sanitario che ha ricevuto.
Il questionario è stato realizzato in collaborazione con l'Università.
La invitiamo gentilmente a rispondere alle domande fornendo così una sua valutazione sui vari aspetti delle prestazioni mediche offerte dalla Clinica Odontoiatrica.
La ringraziamo anticipatamente per la Sua collaborazione. Le Sue risposte saranno garantite dall'anonimato.
Le chiediamo di esprimere una valutazione alle affermazioni che seguono con un voto scelto in una scala di valori che vanno da 1 a 7, dove 1 rappresenta assoluto disaccordo e 7 totale accordo.

	Livello di soddisfazione						
	1	2	3	4	5	6	7
1. Il personale medico mi ha messo a mio agio	❑	❑	❑	❑	❑	❑	❑
2. Il personale medico è competente	❑	❑	❑	❑	❑	❑	❑
3. Il personale medico ha spiegato con completezza la diagnosi	❑	❑	❑	❑	❑	❑	❑
4. Il personale medico ha spiegato a sufficienza la terapia	❑	❑	❑	❑	❑	❑	❑
5. Il personale paramedico è cortese e disponibile	❑	❑	❑	❑	❑	❑	❑
6. Il personale paramedico è competente	❑	❑	❑	❑	❑	❑	❑
7. I medici hanno rispettato gli orari degli appuntamenti	❑	❑	❑	❑	❑	❑	❑
8. L'igiene degli ambienti della clinica è soddisfacente	❑	❑	❑	❑	❑	❑	❑
9. L'organizzazione degli appuntamenti è adeguata	❑	❑	❑	❑	❑	❑	❑
10. La sala d'attesa è confortevole	❑	❑	❑	❑	❑	❑	❑
11. Ho fiducia nel medico che mi ha curato	❑	❑	❑	❑	❑	❑	❑
12. Consiglierei il medico che mi ha curato a un familiare	❑	❑	❑	❑	❑	❑	❑
13. Il servizio ricevuto è distante dal mio servizio ideale	❑	❑	❑	❑	❑	❑	❑
14. Complessivamente il servizio ha superato le mie aspettative	❑	❑	❑	❑	❑	❑	❑
15. Complessivamente sono soddisfatto delle cure ricevute	❑	❑	❑	❑	❑	❑	❑

16. Intervistato: ❑ Paziente ❑ Genitore
17. Chi Le ha consigliato questa clinica?
    ❑ Un altro medico
    ❑ Amici/Familiari
    ❑ Altri centri sanitari
18. Come sono le Sue condizioni di salute attuali? ❑ Gravi ❑ Critiche ❑ Medie ❑ Buone
19. Qual è il Suo titolo di studio?
    ❑ Scuola Elementare ❑ Scuola Media Inferiore ❑ Scuola Media Superiore ❑ Università
20. Qual è la Sua occupazione?
    ❑ Studente ❑ Impiegato ❑ Dirigente ❑ Pensionato ❑ Libero professionista ❑ Altro

Figura 11.2 Un esempio di questionario.

Quanto sei soddisfatto del servizio che hai ricevuto oggi?				
Molto insoddisfatto	Abbastanza insoddisfatto	Neutro	Abbastanza soddisfatto	Molto soddisfatto
1	2	3	4	5
Se non sei completamente soddisfatto, cosa avrebbe potuto fare meglio l'azienda?				

Figura 11.3 L'approccio combinato.

11.3c L'approccio combinato

L'approccio combinato utilizza i punteggi quantitativi ottenuti con il metodo "molto insoddisfatto/molto soddisfatto" e aggiunge un'analisi qualitativa del feedback ottenuto da intervistati che hanno indicato di essere meno di "molto soddisfatti". Questi ultimi stanno informando l'azienda che il sistema di consegna sta performando a livelli inferiori alle attese. Spingendo i clienti a suggerire come ottenere risultati migliori, l'azienda può classificare e dare priorità a questi suggerimenti, sfruttandoli per continui miglioramenti (Figura 11.3).

L'approccio combinato fornisce due preziose informazioni. Il grado di soddisfazione quantitativo fornisce un punto di riferimento al quale si dovrebbero comparare i futuri sondaggi sulla soddisfazione. Inoltre, il *rating* quantitativo fornisce i mezzi per confrontare le performance dell'azienda a quelle della concorrenza. A complemento della valutazione quantitativa, i dati qualitativi forniscono informazioni diagnostiche che individuano aree specifiche per un miglioramento. La combinazione dei dati qualitativi e quantitativi supera l'efficacia di ciascun approccio utilizzato singolarmente.

11.4 La comprensione delle valutazioni di soddisfazione del cliente

Dopo che un consulente ha condotto un sondaggio sulla soddisfazione dei clienti per un'azienda d'ingegneria e i risultati hanno mostrato un tasso di soddisfazione dell'85%, la dirigenza si è chiesta se quel dato fosse positivo o meno; per interpretare e utilizzare in modo efficace le valutazioni dei clienti, è necessario comprendere i fattori che possono influenzarne le risposte.

Nonostante la mancanza di standardizzazione delle procedure di raccolta dei dati e delle misure utilizzate, gli studi sulla soddisfazione hanno una caratteristica comune: i risultati di quasi tutti i sondaggi in cui è il cliente stesso a rispondere alle domande che gli vengono poste (*self-reports*) sono positivi, con pochi intervistati che dichiarano di essere poco o molto soddisfatti. Non è inusuale ottenere un grado di soddisfazione tra l'80 e il 90%, e trovarsi sopra la media è del tutto normale.

11.4a I fattori che influenzano le valutazioni di soddisfazione del cliente

Le valutazioni sulla soddisfazione possono essere influenzate da molti fattori che intervengono durante il processo di raccolta dei dati. Di seguito sono illustrati alcuni motivi che spiegano il perché di alcuni risultati "gonfiati" e che rafforzano l'idea che ottenere misurazioni accurate della soddisfazione del cliente non sia un compito facile.

Clienti genuinamente soddisfatti

Una prima ragione per i punteggi di soddisfazione elevati è che i clienti sono soddisfatti dei beni e dei servizi che di solito acquistano, ed è proprio per questo che li acquistano da quel fornitore. Per esempio, è probabile che le società di Internet come Amazon.com, che lavorano per migliorare continuamente l'esperienza di servizio online del cliente, abbiano davvero soddisfatto i clienti. Intuitivamente, questo ha senso. Se la maggior parte dei clienti fossero indifferenti o insoddisfatti, molto probabilmente abbandonerebbero quel fornitore per rivolgersi a un concorrente. Questa spiegazione presuppone che i concorrenti nel mercato siano migliori nel fornire beni e servizi rispetto al fornitore che li sta servendo.

Bias di risposta

Un'altra possibile spiegazione per i risultati di soddisfazione elevati potrebbe risiedere in un ***bias* di risposta**. Alcuni esperti sostengono che talvolta le valutazioni sono così alte perché le aziende sentono solo la voce dei clienti soddisfatti, mentre i clienti insoddisfatti non rispondono oppure non credono che il sondaggio sarà loro utile e che valga la pena dedicare del tempo a completarlo.

Bias di risposta: distorsione nei risultati delle valutazioni che possono derivare dal fatto che solo alcuni clienti rispondono ai sondaggi.

Altri esperti escludono questa spiegazione e, al contrario, ritengono che abbia più senso per i clienti molto insoddisfatti esprimere la propria opinione di quanto non ne abbia per i clienti molto soddisfatti. Questa posizione è supportata da ricerche precedenti, che indicano che l'insoddisfazione dispone di più all'azione ed è emotivamente più intensa della soddisfazione. Altri ancora invece sostengono che i clienti molto insoddisfatti e quelli molto soddisfatti hanno maggiori probabilità di rispondere rispetto a quelli che sono più neutrali.

Sebbene tutte queste ipotesi siano intriganti, non riescono a spiegare del tutto la tradizionale rappresentazione della distribuzione delle risposte che vede poche persone molto insoddisfatte e il numero maggiore dei rispondenti soddisfatto ma non completamente.

Metodo di raccolta dei dati

Una terza spiegazione per i punteggi di soddisfazione elevati riguarda il metodo di raccolta dei dati utilizzato. Alcuni studi suggeriscono che si ottengono livelli più elevati di soddisfazione mediante interviste personali e sondaggi telefonici rispetto ai risultati ottenuti da questionari inviati tramite posta e/o autosomministrati. In effetti, i dati documentano una differenza fino al 10% tra i risultati ottenuti da questionari somministrati di persona e quelli che il cliente compila autonomamente; il motivo è che le persone intervistate di persona o tramite sondaggi telefonici possono sentirsi a disagio nell'esprimere ad altri giudizi negativi, cosa che non succede rispondendo in modo anonimo a un questionario autosomministrato. Le ricerche sull'impatto della modalità scelta per la raccolta dei dati sulle valutazioni hanno prodotto altri risultati interessanti: la modalità sembra influenzare il grado di soddisfazione dichiarato, ma la curva delle risposte continua a presentare le stesse asimmetrie (molti soddisfatti e gli altri distribuiti) a prescindere dal metodo di raccolta.

Formato delle domande: modalità in cui sono poste le domande all'interno di un questionario o di un'intervista.

Formato delle domande

Il modo in cui la domanda viene posta nel questionario, o nel modulo di intervista, è un'altra ipotesi che spiega le valutazioni di soddisfazione più alte. Sembra infatti che porre la domanda in forma positiva ("Quanto sei soddisfatto?") anziché in forma negativa ("Quanto sei insoddisfatto?") abbia un impatto sulle valutazioni di soddisfazione e che una domanda in forma positiva porti a livelli più alti di soddisfazione rispetto a una domanda in forma negativa.

Uno studio sugli effetti della formulazione della stessa domanda nelle due forme (positiva/negativa) mostra che il 91% degli intervistati ha riferito di sentirsi "molto" o "abbastanza soddisfatto" quando la domanda è stata formulata in forma positiva, ma solo l'82% quando formulata in forma negativa. Allo stesso modo, il 9% degli intervistati ha dichiarato di essere "piuttosto soddisfatto" o "molto insoddisfatto" quando gli veniva chiesto in forma positiva, rispetto a quasi il 18% quando richiesto in forma negativa.

Contesto delle domande: ordine in cui sono poste le domande all'interno di un questionario o di un'intervista.

Contesto delle domande

Anche il contesto in cui è collocata la domanda può influenzare la percezione di soddisfazione. Gli effetti del contesto della domanda riguardano l'ordine delle domande e come le domande poste precedentemente influenzino le risposte delle domande successive. In uno studio sulla soddisfazione dei veicoli, ponendo una domanda di soddisfazione generale ("In generale, quanto sei soddisfatto dei prodotti nazionali?") prima di una domanda specifica sulla soddisfazione del veicolo ("Quanto sei soddisfatto della tua Toyota?"), aumentava la tendenza verso una risposta di elevata soddisfazione per la domanda specifica.

Tempistica delle valutazioni: arco temporale che intercorre tra la fruizione del servizio e la valutazione del cliente.

Tempistica delle valutazioni

Il grado di soddisfazione indicato nella risposta può essere influenzato anche dal momento in cui la domanda è posta rispetto alla data di acquisto. La soddisfazione del cliente, infatti, sembra essere più alta subito dopo un acquisto e poi inizia a diminuire nel tempo. Analizzando gli acquisti di automobili è stato notato un calo anche del 20% della soddisfazione in un periodo di 60 giorni. Non è chiaro se le valutazioni iniziali siano enfatizzate per compensare un sentimento di dissonanza cognitiva o se le valutazioni raccolte in un momento successivo siano effettivamente più basse.

Una possibile spiegazione a questi fenomeni è che possano anche esserci diversi tipi di soddisfazione in momenti diversi. Un'altra possibile spiegazione è che i tassi di soddisfazione possono diminuire nel tempo man mano che i clienti riflettono sulle proprie decisioni di acquisto.

Infine, pare che gli eventi negativi, che si ricordano di più degli eventi positivi, abbiano maggior peso nelle valutazioni della soddisfazione nel corso del tempo; pertanto, capita che i sondaggi sulla soddisfazione distribuiti molto tempo dopo gli acquisti diano agli intervistati l'opportunità di "vendicarsi", poiché ricordano meglio questi eventi negativi.

Bias della desiderabilità sociale: allineamento della risposta del cliente con ciò che egli ritiene sia gradito all'intervistatore o alle altre persone.

Bias della desiderabilità sociale

La tendenza a fornire informazioni che il rispondente ritiene socialmente appropriate è nota come bias della desiderabilità sociale. In alcune culture, per esempio, ai bambini viene insegnata dai genitori una regola generale: "Se non hai qualcosa di carino da dire, allora non dire niente". Per questo motivo alcuni ricercatori sostengono che gli intervistati tendono a trattenere le critiche perché altrimenti sarebbe socialmente inappropriato, e ciò spiegherebbe indici di soddisfazione elevati e la distribuzione dei risultati. Sebbene l'ipotesi sia intrigante, manca un robusto supporto empirico.

Umore

Un ultimo fattore che potrebbe influenzare le valutazioni fornite riguardo alla soddisfazione per il servizio ricevuto è lo stato d'animo del cliente durante la compilazione del sondaggio. Numerose ricerche dimostrano l'influenza degli stati d'animo positivi verso comportamenti pro-sociali (positivi); in particolare è stato dimostrato che gli intervistati con stati d'animo positivi danno giudizi più positivi, valutano i prodotti che possiedono in modo più favorevole, tendono a vedere il lato positivo delle cose e sono più propensi a valutare favorevolmente gli estranei.

Ne consegue che le organizzazioni che riescono a influenzare positivamente gli stati d'animo dei clienti attraverso la creazione di situazioni di servizio invitanti e personale amichevole possono trarne vantaggio in termini di valutazioni di soddisfazione del cliente più elevate.

11.4b L'utilità delle indagini sulla soddisfazione del cliente

Considerata la quantità di fattori che possono distorcere i risultati, verrebbe da chiedersi se davvero valga la pena spendere tempo e denaro per questo tipo di analisi.

Il monitoraggio della soddisfazione del cliente può rientrare in quella categoria di esperimenti soggetti al cosiddetto "effetto Hawthorne", il quale suggerisce che i sondaggi stessi, indipendentemente dalla qualità del prodotto o servizio valutato, possano innalzare la soddisfazione del cliente.

Inoltre, dato l'attuale alto livello di soddisfazione dei clienti riscontrato nella maggior parte delle aziende, potrebbe non essere sensato cercare di incrementarlo in modo generalizzato. Due aree che invece meritano particolare attenzione sono (1) i tentativi dell'azienda di mantenere la soddisfazione nel tempo per contrastare un eventuale decadimento (la soddisfazione tende a diminuire nel tempo) e (2) la focalizzazione sulla coda della distribuzione della soddisfazione, cioè su quei clienti che sono insoddisfatti.

Di per sé, le valutazioni di soddisfazione non forniscono un'interpretazione molto significativa e, pertanto, sono il paragone (***benchmarking***) con valutazioni passate e il confronto con la concorrenza a fornire un feedback più significativo.

Benchmarking: raffronto dei risultati con indicatori significativi come le esperienze passate o le performance della concorrenza.

Tutto sommato, nonostante le possibili complicazioni e tenuto conto dei benefici derivanti dalla soddisfazione del cliente, quando le imprese utilizzano i sondaggi e altre misure, come quelle descritte nel seguito di questo capitolo, le informazioni fornite sono preziose.

11.5 Il livello di accettabilità della soddisfazione del cliente

Quale livello di soddisfazione bisogna raggiungere? Con un risultato del 98 per cento, un'azienda che completa 1.000 transazioni a settimana scontenta 20 clienti ogni settimana, che lo raccontano a 9 o 10 dei loro amici; questo scenario si traduce in 200 opinioni negative a settimana e 10.400 in un anno. Sebbene questi numeri supportino l'idea che servono continui perfezionamenti che migliorino le valutazioni del cliente, si tende a trascurare il fatto che, per ogni punto percentuale di miglioramento, sono necessari investimenti reali.

Per esempio, se un'organizzazione riceve attualmente una valutazione della soddisfazione del cliente del 95%, vale la pena investire €100.000 per aumentare la soddisfazione fino al 98%? La risposta è: "Dipende!".

Pete Babich, il responsabile della qualità per la divisione di San Diego di Hewlett-Packard, si è trovato esattamente di fronte a questa scelta. Hewlett-Packard definisce la soddisfazione come la disponibilità del cliente a consigliare i prodotti HP agli amici e ha rilevato che il 70% delle proprie vendite viene effettuato grazie a precedenti esperienze positive con il prodotto o per i consigli di altri. Sebbene Babich avesse ampie prove del fatto che mantenere i clienti è molto meno costoso che cercarne di nuovi, questa prima evidenza non ha risposto del tutto alla domanda iniziale: vale la pena investire €100.000 per aumentare la soddisfazione fino al 98%?

Babich ha sviluppato un modello di soddisfazione del cliente in grado di prevedere come cambia la quota di mercato nel tempo in relazione alla soddisfazione del cliente. Il modello di Babich applica un algoritmo, facilmente gestibile con un foglio di calcolo, che si basa su una serie di presupposti; innanzitutto, il modello ipotizza un mercato chiuso in cui tre imprese iniziano l'attività al "tempo zero" con pari quote (ossia 33,3%). Le tre aziende offrono prezzi e prodotti comparabili e competono per far crescere la propria quota. Il modello presuppone, inoltre, che i clienti soddisfatti continueranno ad acquistare dallo stesso fornitore e i clienti insoddisfatti si rivolgeranno ad altre imprese sul mercato. Il tempo di reazione degli acquirenti varia a seconda del prodotto (per esempio, una visita medica rispetto alla sistemazione del giardino).

Cosa ci dice il modello messo a punto da Peter Babich? In primo luogo, dimostra che un maggior tasso di soddisfazione del cliente rende l'organizzazione più resistente ai tentativi dei concorrenti di aumentare la propria quota di mercato. In secondo luogo, se l'azienda sa cosa genera un aumento dell'1% nella quota di mercato in termini di utili, può confrontare questo aumento con l'investimento necessario per migliorare la soddisfazione del cliente ottenendo così le informazioni necessarie per prendere decisioni aziendali. Da ultimo, il modello sottolinea la necessità di conoscere non solo il grado di soddisfazione raggiunto dalla propria organizzazione, ma anche quello dei concorrenti.

Tornando alla domanda iniziale, un'organizzazione dovrebbe quindi investire €100.000 per portare la soddisfazione dei clienti dal 95 al 98%?

La risposta dipende dai seguenti fattori:

- i tassi di soddisfazione dei concorrenti;
- l'investimento necessario per aumentare la soddisfazione del cliente e l'impatto sulla quota di mercato di un aumento della soddisfazione;
- il tempo necessario per recuperare l'investimento;
- i costi-opportunità associati ad altri utilizzi dei €100.000.

APPROFONDIMENTO 11.1

Servizi globali in azione
TerraPass: soddisfazione e coscienza sociale

Mentre molti fornitori di servizi come banche, ospedali, ristoranti e hotel stanno lavorando intensamente per diventare più rispettosi dell'ambiente, è stato sviluppato un servizio innovativo per aiutare i clienti ad aumentare la propria soddisfazione per i beni e i servizi che già possiedono, riducendo così l'impronta di carbonio. TerraPass è una realtà commerciale che offre "un piccolo pezzo di coscienza" investendo in progetti di riduzione dei gas serra come i parchi eolici, ma non solo.

Ecco come funziona TerraPass: se si ha appena sostituito la propria auto ecologica con una nuova auto sportiva ad alte prestazioni e si vuole essere più ecologici è sufficiente andare su www.terrapass.com, sito che aiuta a calcolare l'"orma" inquinante. Per esempio, una Ford Mustang del 2015 che percorre 19.300 km all'anno produce 5.600 kg di CO_2 all'anno. Per €70 all'anno, TerraPass investirà in vari progetti ecologici che compenseranno le emissioni del veicolo.

Inoltre, TerraPass invierà un adesivo da mettere in mostra con orgoglio sulla nuova automobile, che segnala visibilmente la propria coscienza sociale. TerraPass vende anche un Flight TerraPass per compensare le emissioni degli aerei, un Home TerraPass per compensare il consumo energetico domestico, e un Wedding TerraPass per matrimoni e una varietà di altri eventi.

TerraPass viene controllata regolarmente per certificare che l'azienda sta effettivamente mantenendo la sua promessa ai clienti e che i suoi investimenti stanno producendo gli effetti desiderati.

TerraPass è particolarmente focalizzata sull'investimento in progetti che si tradurranno in compensazioni di carbonio nell'immediato ed evita gli investimenti che promettono di produrre risultati diversi anni dopo nel futuro o per aiutare a pagare riduzioni avvenute anni prima.

Greenopia ha designato TerraPass come il miglior rivenditore di compensazione di emissioni di carbonio, mentre *GOOD Magazine* si vanta che "TerraPass ha stabilito lo standard per trasparenza ed esperienza dell'utente".

TerraPass vende anche una gamma di prodotti ecologici limitata, come gadget e caricabatterie, docce a basso flusso di acqua, giocattoli e una varietà di idee regalo.

Fonte: http://www.autoblog.com.

11.6 Quando la soddisfazione del cliente si traduce nella sua fidelizzazione

I punteggi elevati di soddisfazione non garantiscono necessariamente la fidelizzazione del cliente nel lungo termine; dal 65 all'85% dei clienti che si rivolgono alla concorrenza dichiarano di essere "soddisfatti" o "molto soddisfatti" dei loro precedenti fornitori. Perché questo? Sono cinque le criticità che sono state individuate relativamente al rapporto tra soddisfazione del cliente e fidelizzazione. Esse forniscono spunti interessanti per comprendere perché anche organizzazioni che registrano un'elevata soddisfazione possono ugualmente perdere clienti.

In primo luogo, le analisi sulla soddisfazione si concentrano sulle esigenze che vengono soddisfatte al momento dell'acquisto e della fruizione ma non indagano su quelle future. Con il tempo, i clienti tendono a cercare aziende che si adattino meglio alle loro mutevoli esigenze. Ne consegue che le organizzazioni di servizi devono impegnarsi proattivamente nella valutazione delle esigenze future dei propri clienti.

Una seconda criticità riguarda il fatto che i fornitori tendono a concentrarsi sulla registrazione dei reclami. Secondo i dati TARP presentati in precedenza, molti clienti che passano alla concorrenza non inoltrano mai i propri reclami a un dipendente o alla direzione dell'azienda. Succede spesso che le analisi che esaminano solo i reclami registrati trascurino una grande quantità di informazioni. Inoltre, limitare la ricerca ai soli reclami registrati probabilmente trascura anche molti dei problemi che devono essere risolti per abbassare i tassi di defezione.

Una terza criticità deriva dall'abitudine a concentrarsi sugli attributi globali e ignorare gli aspetti operativi. Per esempio, le aziende spesso formulano domande nei loro questionari sulla soddisfazione del cliente utilizzando affermazioni ampie e complessive come "L'azienda fornisce un buon servizio" e "L'azienda ha buoni dipendenti". Dichiarazioni generali come quelle citate trascurano gli elementi operativi che sottendono a certe dichiarazioni; elementi operativi che misurano le prestazioni dei dipendenti possono includere particolari come il contatto visivo, la conoscenza del prodotto, cortesia e credibilità. Elementi operativi relativi al buon servizio potrebbero includere la quantità di tempo necessaria per effettuare il check-in e il check-out in un hotel, la pulizia della struttura e gli orari di apertura. L'utilizzo nei sondaggi di attributi più generali invece di elementi operativi non riesce a fornire all'organizzazione le informazioni di cui ha bisogno per sviluppare soluzioni efficaci ai problemi.

Una quarta criticità delle analisi prevalenti sulla soddisfazione del cliente è che spesso queste escludono i dipendenti dal processo di indagine. La soddisfazione dei dipendenti guida la fedeltà dei clienti, come si è detto nel Capitolo 9. Le percezioni dei dipendenti circa il sistema di erogazione dei servizi devono essere confrontate con le impressioni dei clienti. Questo processo fornisce feedback ai dipendenti sulle prestazioni erogate e aiuta a garantire che dipendenti e clienti siano sulla stessa lunghezza d'onda. Come se fossero clienti interni, i dipendenti spesso contribuiscono con preziosi suggerimenti per migliorare l'operato dell'impresa.

Infine, una quinta criticità è originata dalla convinzione di molte organizzazioni che i clienti potrebbero non sapere esattamente ciò che vogliono e che a volte non considerare il cliente sia la miglior strategia da seguire, in particolare quando si tratta di innovazione di nuovi prodotti. Alcuni ritengono che talvolta si esagera nell'ascoltare i clienti, diventando così schiavi della statistica, delle ricerche di mercato e dei focus group. E, infatti, ascoltare i clienti spesso scoraggia lo sviluppo di prodotti veramente innovativi. Lo dimostra il fatto che il 90% dei cosiddetti nuovi prodotti è semplicemente un'estensione di linee di prodotti esistenti.

Ascoltare i clienti ha dunque alcuni limiti perché essi frequentemente si concentrano sulle esigenze immediate e hanno difficoltà a proiettare i propri bisogni nel futuro. Inoltre, gli acquirenti a volte intuiscono cosa vuole sentirsi dire l'intervistatore e tendono a rispondere in un modo che possa soddisfarlo. Altri problemi includono la fretta dei clienti, la mancanza di una piena comprensione delle domande, la tendenza a essere cortesi e di rispondere con entusiasmo e, soprattutto, il fatto che le decisioni prese non comportino l'utilizzo di denaro reale.

C'è un lungo elenco dei prodotti inizialmente rifiutati dagli acquirenti che poi hanno avuto un enorme successo: il minivan Chrysler, il fax, i videoregistratori, FedEx, CNN, PC Server Compaq, alcuni telefoni cellulari, e poi assistenti digitali personali, forni a microonde e anche i cibi surgelati Birdseye sono stati tutti rifiutati durante i primi test. Al contrario, prodotti che i clienti prevedevano come grandi successi nei sondaggi, come il McLean di McDonald's, il pollo fritto senza pelle di KFC, la pizza ipocalorica di Pizza Hut e la New Coke, tra gli altri, si sono rivelati dei flop.

Il problema delle organizzazioni non sta tanto nell'ascoltare quello che i clienti hanno da dire, quanto nel sentirsi paralizzate nell'assumere scelte strategiche senza un forte sostegno da parte degli acquirenti. Ovviamente, i clienti non dovrebbero mai essere ignorati, e alcuni esperti di marketing sostengono che le migliori informazioni sul mercato si ottengano da un'osservazione distaccata piuttosto che dalle tradizionali tecniche di indagine: "Ignora ciò che i clienti dicono e presta attenzione a cosa fanno".

11.7 La soddisfazione del cliente: uno sguardo più da vicino

Fin qui è stata fornita una panoramica generale sul tema della soddisfazione del cliente. Di seguito è approfondito un aspetto importante, quello delle aspettative degli acquirenti e il modo in cui queste intervengono nella valutazione sulla soddisfazione e la qualità del servizio. Questi dettagli ulteriori riguardo alla soddisfazione del cliente aiutano il passaggio al prossimo capitolo, quello sulla qualità del servizio.

11.7a Le aspettative del cliente

A una prima impressione, confrontare le aspettative con le percezioni di quanto ricevuto sembra abbastanza semplice; le aspettative servono come punti di riferimento per confrontare le esperienze di servizio attuali e future. Questa impostazione semplificata, però, diventa più complessa quando ci si rende conto che esistono almeno tre diversi tipi di aspettative a seconda che il servizio sia quello previsto, desiderato o adeguato.

Il **servizio previsto** è un'aspettativa che riflette il livello di servizio che i clienti ritengono probabile che verrà loro fornito. I clienti delle banche tendono a svolgere le operazioni bancarie nello stesso istituto, si abituano a trattare con lo stesso personale di banca e, nel tempo, iniziano a prevedere determinati livelli di servizio. Come detto in apertura del capitolo, si ritiene comunemente che le valutazioni della soddisfazione del cliente siano effettuate confrontando il servizio previsto con quello effettivamente ricevuto.

Servizio previsto: livello di qualità che l'acquirente prevede di trovare nel servizio.

Per contro, il **servizio desiderato** è un'aspettativa che riflette ciò che i clienti desiderano effettivamente ricevere, e può essere diverso dal servizio previsto. Nella maggior parte dei casi, il servizio desiderato genera un'aspettativa maggiore rispetto a quella per il servizio previsto. Il cliente della banca desidera non solo quanto probabilmente riceverà, ma anche che i cassieri lo riconoscano e magari lo chiamino per nome salutandolo con cordialità quando entra in banca.

Servizio desiderato: livello di qualità che l'acquirente vorrebbe ricevere dal servizio.

Il confronto tra le aspettative di servizio desiderato con le percezioni riguardo al servizio effettivamente ricevuto si traduce in una misura della **superiorità del servizio percepita**.

Superiorità del servizio percepita: livello di qualità in cui la percezione del servizio ricevuto supera il servizio desiderato.

Infine, un **servizio adeguato** è un'aspettativa che si attesta sul livello minimo di servizio che il cliente è disposto ad accettare. La valutazione su un servizio adeguato si basa su esperienze o norme che si sviluppano nel tempo. Per esempio, la

Servizio adeguato: livello di qualità accettabile da parte del cliente.

maggior parte delle persone adulte ha cenato molte volte al ristorante lungo il corso della vita; attraverso queste esperienze, si sviluppano norme che gli acquirenti si aspettano verranno rispettate. Un fattore che influenza il servizio adeguato è il servizio previsto. Le esperienze che non soddisfano le norme attese si collocano al di sotto delle aspettative di un servizio adeguato. Il confronto tra servizio adeguato e servizio percepito produce una misura dell'adeguatezza del servizio percepita.

In altre parole, la soddisfazione del cliente si raggiunge quando la percezione riguardo al servizio ricevuto supera il servizio previsto; la superiorità sta nell'avvicinarsi al servizio desiderato e non solo rimanere al livello del servizio considerato adeguato.

11.7b La zona di tolleranza

Zona di tolleranza: differenza tra il servizio desiderato e quello considerato adeguato dai clienti.

A causa dell'eterogeneità dei servizi, i clienti imparano ad aspettarsi variazioni nella fornitura del medesimo servizio tra un punto vendita e un altro e persino da un giorno all'altro presso lo stesso fornitore. I clienti che accettano queste variazioni sviluppano una **zona di tolleranza** identificabile nella differenza tra servizio desiderato e quello adeguato (Figura 11.4).

La zona di tolleranza si espande e si contrae tra i vari clienti e per lo stesso cliente a seconda del servizio utilizzato e delle condizioni alle quali viene erogato. Altri fattori, come per esempio il prezzo, possono influenzare questa zona. In genere, all'aumentare del prezzo, la zona di tolleranza del cliente si riduce poiché le esigenze del servizio desiderato iniziano a prevalere e il cliente diventa meno indulgente nei confronti di un servizio non curato.

Un altro aspetto interessante rispetto alla zona di tolleranza è che il servizio desiderato è meno soggetto a cambiamenti rispetto a un servizio adeguato. In altre parole, ciò che il cliente ritiene che il fornitore ideale dovrebbe offrire resta invariato, mentre il livello di adeguatezza varia in base alle circostanze e modifica le dimensioni della zona di tolleranza.

Intensificatori duraturi: le aspettative derivate e i convincimenti personali rappresentano degli intensificatori stabili nella formazione delle aspettative.

Bisogni personali: bisogni fisici, psicologici e sociali.

11.7c Fattori che influenzano le aspettative del servizio desiderato

A questo punto, resta da capire meglio come si formano le aspettative sul servizio.

Due fattori stabili nel tempo e che aumentano la sensibilità del cliente su come dovrebbe essere erogato il servizio sono gli **intensificatori duraturi** e i **bisogni**

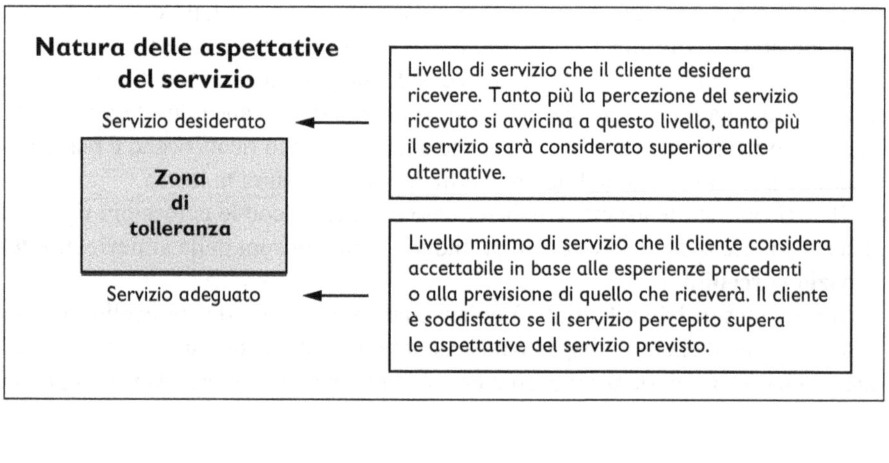

Figura 11.4
La zona di tolleranza.

personali. Appartengono alla prima categoria le **aspettative derivate** e **i convincimenti personali**.

Aspettative derivate: aspettative che si formano sulla base dell'esperienza di altri.

Convincimenti personali: visione del cliente riguardo a come dovrebbe essere erogato il servizio.

Le aspettative derivate si formano sulla base delle aspettative di altri; per esempio, se una persona stimata chiede di cercare qualcuno per svolgere una determinata attività, molto probabilmente le aspettative nei confronti del fornitore che eseguirà il lavoro saranno più alte che se il fornitore fosse cercato per una propria necessità. Infatti, nel tentativo di soddisfare le aspettative della persona stimata, la sensibilità alla qualità del servizio aumenta notevolmente.

Allo stesso modo, i convincimenti del cliente o le opinioni personali sul significato del servizio e sul modo in cui i fornitori dovrebbero comportarsi aumentano anche la sua sensibilità a determinati aspetti del servizio. Per esempio, i clienti che lavorano nel settore dei servizi sono particolarmente sensibili alla qualità del servizio offerto. Questi clienti hanno proprie opinioni su come dovrebbe essere esattamente erogato il servizio e vogliono essere trattati come credono di trattare i propri clienti.

Il secondo fattore che influenza le aspettative di servizio desiderate (bisogni personali del cliente) comprende i bisogni fisici, psicologici e sociali. In poche parole, alcuni clienti hanno più esigenze e richiedono maggiori attenzioni rispetto ad altri. Alcuni clienti sono estremamente esigenti riguardo al posto in cui vengono accomodati in un ristorante, mentre altri sono più flessibili e si adattano a qualsiasi posto disponibile. In un hotel, alcuni clienti sono molto interessati ad alcuni servizi, come la piscina, la sauna, la sala da pranzo e altre forme di intrattenimento disponibili, mentre altri cercano semplicemente una stanza pulita. Questo è uno dei motivi per cui la gestione di un'organizzazione di servizi è particolarmente impegnativa. I clienti hanno esigenze diverse e non esistono due clienti uguali in tutto e per tutto.

11.7d Fattori che influenzano le aspettative del servizio desiderato e previsto

Vi sono poi altri quattro fattori che influenzano sia le aspettative per il servizio desiderato che quelle per il servizio previsto e includono (1) le promesse esplicite, (2) le promesse implicite, (3) le comunicazioni tramite passaparola e (4) le esperienze passate.

Le **promesse esplicite** comprendono la pubblicità che un'organizzazione fa di sé stessa, le vendite personali, i contratti e altre forme di comunicazione. A causa della mancanza di tangibilità del prodotto, gli acquirenti di servizi formulano i propri giudizi sulle varie forme di informazioni disponibili. Più il servizio è difficile da capire, più i clienti si affidano alla pubblicità. Se un hotel pone l'accento su camere moderne e pulite, i clienti si aspettano che le camere siano esattamente come erano raffigurate nell'annuncio. Allo stesso modo, se un costruttore annuncia che l'appartamento sarà completato a dicembre, il cliente lo considera una promessa e al contempo sarà il parametro su cui baserà le valutazioni successive.

Promesse esplicite: impegno che l'impresa, presentandosi, prende con il cliente.

Anche le **promesse implicite** influenzano il servizio desiderato e il servizio previsto. Gli elementi tangibili e il prezzo sono tipologie comuni di promesse implicite. All'aumentare del prezzo, i clienti si aspettano di fruire di servizi di qualità superiore; in assenza di tangibilità, come si è visto nel Capitolo 6, il prezzo diventa un indicatore di qualità per la maggior parte degli acquirenti. Allo stesso modo, se gli elementi tangibili che fanno parte del servizio offerto

Promesse implicite: impegno che l'impresa prende con il cliente mediante forme meno esplicite di comunicazione (es. il prezzo, gli arredi, ecc.).

sono lussuosi, i clienti li interpretano come un segno di qualità: per esempio, solitamente, più bello è l'arredamento dei locali di servizio, più alte saranno le aspettative degli acquirenti.

Passaparola: informazioni veicolate da qualcuno che ha già fatto esperienza diretta o indiretta del servizio.

Anche il **passaparola** (*word-of-mounth*) gioca un ruolo importante nella formazione delle aspettative del cliente. Come si è detto nel Capitolo 4, quando devono scegliere tra alternative, gli acquirenti tendono a fare più affidamento su fonti di informazione personali piuttosto che su quelle non personali. Poiché i servizi non possono essere valutati completamente prima dell'acquisto, i clienti vedono le informazioni derivanti dal passaparola come informazioni imparziali provenienti da qualcuno che già ha vissuto l'esperienza del servizio.

Le fonti del passaparola vanno da amici e familiari a consulenti e alle pubblicazioni di recensioni.

Esperienza passata: precedenti esperienze di servizio.

Infine, anche l'**esperienza passata** contribuisce alla formazione delle aspettative desiderate e previste. Le valutazioni sul servizio si basano spesso sul confronto del servizio di cui si sta fruendo con altre esperienze con lo stesso fornitore, altri fornitori del settore e altri fornitori in altri settori. Nel sistema educativo, è probabile che le aspettative desiderate e le aspettative previste dello studente riguardo un insegnante siano basate sull'esperienza passata in altre classi con lo stesso insegnante e in altre classi con altri insegnanti.

11.7e Fattori che influenzano le aspettative del servizio adeguato

Un servizio si considera adeguato quando è allineato con ciò che l'acquirente è disposto ad accettare. Sono cinque i fattori che contribuiscono alla definizione dell'adeguatezza del servizio: (1) gli intensificatori transitori del servizio, (2) le alternative di servizio percepite, (3) i ruoli di servizio percepiti, (4) i fattori situazionali e (5) il servizio previsto.

Intensificatori di servizio transitori

Intensificatori transitori: fattori personali di breve termine che aumentano la sensibilità verso il servizio.

Contrariamente a quelli duraturi, gli **intensificatori transitori** sono fattori personali di breve termine che aumentano la sensibilità del cliente al servizio. Per esempio, i clienti che hanno avuto problemi in passato con determinati fornitori sono più sensibili alla qualità del servizio fornito durante le esperienze successive. Così come aumenta la necessità di assistenza in situazioni di emergenza personale: di solito i pazienti sono disposti ad attendere il proprio turno per essere visitati da un medico, ma in condizioni di emergenza personale sono meno tolleranti e si aspettano un livello di servizio più elevato in un periodo di tempo più breve. Quindi, il livello di un servizio adeguato aumenta e la zona di tolleranza si restringe.

Alternative di servizio percepite

Alternative percepite: servizi che il cliente percepisce come comparabili o sostitutivi.

Un servizio è considerato adeguato anche in relazione alle **alternative percepite** dal cliente. Maggiore è il numero di servizi alternativi possibili, più alto è il livello delle aspettative di servizio adeguato e più ristretta è la zona di tolleranza. I clienti che ritengono di poter ottenere altrove servizi comparabili o che possono produrre da soli il servizio si aspettano livelli più elevati di servizio adeguato rispetto a quei clienti che, invece, pensano di non poter ricevere qualcosa di migliore da un altro fornitore.

APPROFONDIMENTO 11.2

Servizi globali in azione
Il caso NTV

I primi treni, secondo la concezione attuale e cioè con una locomotiva automotrice che traina delle carrozze per il trasporto di merci o persone, si sviluppano a inizio Ottocento e diventano ben presto il simbolo dello sviluppo industriale. In Italia nel 1839 viene inaugurata la prima tratta ferroviaria, la Napoli-Portici.

Dal punto di vista della gestione del servizio, tuttavia, i primi cambiamenti significativi in Italia si avranno solo nel 1985 quando inizia il percorso delle liberalizzazioni che porterà anche, a fine 2006, alla nascita di Italo – Nuovo Trasporto Viaggiatori S.p.A., per iniziativa di un gruppo di imprenditori italiani. Nel 2007 il Ministero dei Trasporti rilascia a NTV la licenza per la fornitura dei servizi ferroviari e il titolo per l'accesso all'infrastruttura nazionale, e l'azienda ordina ad Alstom la costruzione di 25 treni Agv575 e relativa manutenzione. Il 21 aprile 2012 si tenne il viaggio inaugurale di Italo sulla linea Milano-Bologna e Roma-Napoli, fatto che segna la fine del monopolio nel settore ferroviario. Da quel giorno Italo ha raggiunto traguardi importanti: più di 100 milioni di viaggiatori trasportati, una rete di 53 stazioni raggiunte in 48 città, 116 collegamenti al giorno e una squadra di oltre 1.400 dipendenti. Dal 2018 la Società è controllata da un fondo di investimenti (GPI, *Global Infrastructure Partners*) che opera a livello internazionale nel settore energetico e dei trasporti.

L'entrata di Italo ha avuto effetti significativi su tutto il mercato ferroviario nazionale e ha modificato i comportamenti in un settore sostanzialmente fermo, dal punto di vista organizzativo, da più di un secolo. Italo ha deciso di puntare fin da subito sulla soddisfazione dei propri clienti e tiene monitorato costantemente questo indicatore.

Le ricerche partono da focus group, tecnica di analisi che consente di raccogliere informazioni più ricche ed esaustive a cui fanno seguito altre indagini di carattere qualitativo per capire se e come cambiano nel tempo alcuni parametri sulla valutazione generale di soddisfazione. Questo perché non esistono ricette che rimangono valide per sempre, ma si manifestano continui cambiamenti in relazione all'andamento del mercato e della concorrenza (si pensi all'emergenza Covid-19 e all'importanza attribuita alla sanificazione). Oppure in un periodo in cui su una linea si verificano frequenti ritardi per motivi tecnici indipendenti da Italo (fattori situazionali), allora il cliente nel proprio giudizio enfatizzerà la puntualità, più che altri elementi.

Poi c'è la fase con metodi quantitativi, nella quale vengono somministrati da Italo circa 300.000 questionari al mese per garantire una rappresentatività statistica. Le domande inserite nei questionari restano in genere invariate per tenere sotto controllo alcune tendenze; in questo modo si riesce a capire se ci sono parametri che segnalano criticità oppure, al contrario, indicano maggiore soddisfazione. In pratica sono i clienti stessi che decidono quale parametro è più importante per loro in un determinato momento.

I benefici che l'analisi della customer satisfaction apporta sono numerosi. Il primo è il contenimento del livello di churn, cioè il tasso di abbandono, detto anche tasso di "cambio di fornitore". Nel caso dei trasporti, diversamente dalle compagnie telefoniche in cui il cliente ha quasi sempre sottoscritto un abbonamento che rappresenta una barriera in uscita, mantenere un tasso di abbandono basso è una sfida piuttosto impegnativa, poiché il cliente volontariamente deve continuare a scegliere quel fornitore.

Ma quali azioni può attuare Italo per correggere eventuali elementi di insoddisfazione? In primo luogo, non tutti gli aspetti sono immediatamente correggibili; nel caso dei ritardi, spesso le cause non sono provocate dall'azienda o essa non dispone di permessi per intervenire. È consuetudine, però, che Italo contatti personalmente alcuni clienti insoddisfatti per via telefonica, con l'obiettivo di comprendere meglio le motivazioni del passeggero. In questo modo si riescono a individuare più facilmente le problematiche e a pianificare interventi di miglioramento. Questo impegno costante avvantaggia l'azienda, perché se i clienti sono soddisfatti, trasferiscono stabilità economica, aiutano a mantenere un livello di offerta elevato e forniscono suggerimenti, recensioni e feedback sui servizi.

Ruoli di servizio percepiti

Come è stato evidenziato più volte, il cliente del servizio è spesso coinvolto in prima persona nel processo di produzione e ciò può influenzare direttamente il risultato del sistema di erogazione del servizio stesso.

Senso del proprio ruolo: contributo che il cliente ritiene di fornire o dover fornire per la realizzazione del servizio.

Quando i clienti hanno forte il **senso del proprio ruolo**, cioè quando ritengono di aver svolto la propria parte, l'aspettativa di servizio adeguato aumenta. Tuttavia, se i clienti ammettono serenamente di non essere riusciti a completare il compito o fornire le informazioni necessarie per produrre un risultato di servizio superiore, le aspettative di servizio adeguato diminuiscono e la zona di tolleranza si amplia.

Fattori situazionali

Fattori situazionali: circostanze esterne che possono influenzare la qualità del servizio fornito.

Nel complesso i clienti non sono irragionevoli; essi capiscono che di volta in volta si presentano **fattori situazionali** al di fuori del controllo del fornitore che faranno abbassare la qualità del servizio: se manca elettricità in una zona della città all'ora di cena, i ristoranti delle zone limitrofe saranno più affollati del solito e si formeranno lunghe attese fino a quando il servizio non verrà ripristinato. Allo stesso modo, dopo che si è verificata una calamità naturale, gli agenti assicurativi potrebbero non essere reattivi come farebbero in circostanze normali. Quando si verificano situazioni al di fuori del controllo del fornitore e il cliente ne è consapevole, le aspettative di servizio adeguate vengono abbassate e la zona di tolleranza si amplia.

Servizio previsto

L'ultimo fattore che influenza le aspettative di un servizio adeguato è il livello di servizio previsto dagli acquirenti. Il servizio previsto è una funzione delle promesse di servizio esplicite e implicite dell'organizzazione, del passaparola e delle esperienze passate del cliente. Considerando questi fattori, i clienti formulano giudizi sul servizio che è probabile verrà fornito e, contemporaneamente, stabiliscono aspettative di servizio adeguate.

11.7f Il rapporto tra aspettative, soddisfazione del cliente e qualità del servizio

Dopo aver introdotto le nozioni di servizio previsto, adeguato e desiderato, ci si potrebbe chiedere come stanno insieme tutti questi concetti. La risposta è semplice e lineare: quando valutano l'esperienza del servizio, i clienti confrontano i tre tipi di aspettative (servizio previsto, servizio adeguato e servizio desiderato) con il servizio percepito. La soddisfazione del cliente viene calcolata confrontando il servizio previsto e il servizio percepito.

La percezione dell'adeguatezza del servizio, che mette a confronto il servizio adeguato e il servizio percepito, e la percezione della superiorità, che mette a confronto il servizio desiderato e il servizio percepito, sono invece misure della qualità del servizio.

Nel prossimo capitolo si entrerà più nel dettaglio del concetto di qualità del servizio e della sua misurazione.

Riepilogo

La ricerca sulla soddisfazione del cliente continua a essere una delle aree di maggior interesse nella ricerca di mercato. Definita come un confronto tra percezioni e aspettative previste di servizio, la soddisfazione del cliente è associata a benefici per l'impresa come acquisti ripetuti e più frequenti, incremento del margine di guadagno, passaparola positivi, protezione dalla concorrenza sui prezzi e anche gradimento dell'ambiente di lavoro.

I questionari sulla soddisfazione del cliente, inoltre, inviano ai clienti il segnale che il fornitore si preoccupa delle loro necessità e desidera il loro contributo. I dati raccolti dai questionari agevolano anche lo sviluppo dei programmi di formazione dei dipendenti, identificano i punti di forza e di debolezza nel processo di erogazione dei servizi dell'azienda e forniscono informazioni da utilizzare per valutare e ricompensare le prestazioni dei dipendenti.

Le organizzazioni di servizi utilizzano una varietà di metodi per monitorare la soddisfazione del cliente, ma una serie di fattori può aumentare o diminuire drasticamente i punteggi delle risposte. Le principali lezioni da apprendere sono che (1) raccogliere sia dati qualitativi che quantitativi nei sondaggi sulla soddisfazione del cliente è più efficace che raccoglierli solo di una tipologia e (2) indipendentemente dai metodi utilizzati (il momento in cui viene svolta l'indagine, il contesto delle domande, il metodo di raccolta dati, ecc.) l'azienda di servizi deve essere coerente nell'approccio scelto in modo da poter utilmente osservare l'andamento nel tempo.

Nel complesso, i punteggi di soddisfazione del cliente tendono ad avere un'inclinazione particolare e indicano che la maggior parte dei clienti è soddisfatta.

Nonostante le difficoltà, valutare la soddisfazione del cliente è un esercizio prezioso per la gestione, ma le aziende non dovrebbero cercare di aumentare i punteggi di soddisfazione senza considerare attentamente (1) i punteggi di soddisfazione delle offerte concorrenti, (2) il costo di un investimento nell'aumento della quota di mercato rispetto all'impatto sul margine di profitto dell'azienda, (3) il tempo necessario per recuperare tale investimento e (4) il rapporto costi-benefici degli investimenti da fare.

Da ultimo, tra i principali *driver* della soddisfazione del cliente vanno riconosciute le aspettative; nel capitolo ne sono state indicate di tre tipi, legate a servizi previsti, desiderati o adeguati, ognuna delle quali agisce in maniera diversa sulla valutazione sia della soddisfazione che della qualità.

Domande di verifica

1. Cosa si intende per disconferma delle aspettative?
2. Quali sono alcune misure indirette per valutare la soddisfazione del cliente?
3. Cos'è il bias di risposta?
4. In che modo la formulazione delle domande può influenzare i punteggi di soddisfazione?
5. Un'organizzazione deve sempre cercare di raggiungere il 100% della soddisfazione?
6. Quale relazione intercorre tra soddisfazione e fidelizzazione?
7. Quando il servizio si considera adeguato?
8. Cosa si intende per zona di tolleranza?
9. Cosa sono gli intensificatori?
10. Portare un esempio di fattore situazionale.

Capitolo 12

La qualità dei servizi

Obiettivi del capitolo

Dopo aver compreso l'importanza della soddisfazione del cliente e illustrato i metodi per misurarla, è necessario specificare che la qualità del servizio è un concetto a sé stante, anche se collegato a quello di soddisfazione. Siccome la produzione di servizi è diversa da quella dei beni manifatturieri verranno presentati due modelli specifici di analisi della qualità dei servizi (il modello dei cinque gap e il SERVQUAL) e gli strumenti che compongono un sistema informativo di monitoraggio continuativo della qualità offerta.

Casa Angelina: oltre i limiti si trova la perfezione

A pochi passi da Praiano, incantevole borgo di pescatori situato nella Costiera Amalfitana, a metà strada tra Positano e Amalfi, c'è un angolo di paradiso affacciato sul mare, in una posizione mozzafiato che sembra sospesa nel tempo. La sensazione di pace e tranquillità è ciò che caratterizza questo boutique hotel di lusso a picco sulla scogliera, caratterizzato da un design fresco e con raffinati tocchi di eleganza italiana. Nonostante lo stile minimalista e la visione di un lusso bisbigliato e discreto vadano oltre quelli della tradizione locale, Casa Angelina rappresenta un rifugio romantico ben radicato nel territorio. Che sia per un soggiorno di coppia, con amici o in famiglia, ogni dettaglio è pensato per offrire la percezione di trovarsi ospiti nella casa da sogno di amici di sempre, un ritiro intimo, contemporaneo, dall'atmosfera calda e informale.

L'hotel dispone in totale di 36 unità tra camere e suite, un ristorante fine dining *Un piano nel cielo*, insignito della prima stella Michelin nel novembre 2023, una spa con i prodotti del pluripremiato marchio internazionale Augustinus Bader, un centro fitness di ultima generazione e attrezzature all'avanguardia. Inoltre, su un'incantevole terrazza sul mare, si possono organizzare cene private con lo chef ed eventi riservati fino a 25 ospiti con *show cooking* guidati grazie a un ampio banco cucina a vista.

Casa Angelina è membro di The Leading Hotels of the World, vanta le 5 stelle di Forbes Travel Guide e una Chiave Michelin.

«Grazie alla sensibilità, il lusso nasce prima nella mente di chi accoglie e successivamente si riflette nei gesti dedicati all'ospitalità. Discrezione, sobrietà e poi l'elemento fondamentale: l'eleganza dell'intelligenza.» È cosi, come spiega il general manager Domenico De Simone, che Casa Angelina riesce a interpretare esigenze tanto diverse di ospiti di ogni età provenienti da tutto il mondo che inseguono il mito della Costiera in cerca di bellezza e relax, ma non solo.

Dopo il successo della Suite Azure, la rinomata interior designer Paola Lenti ha firmato anche la nuova Vermarine, il nome scelto per il colore che guida la palette della suite. Continua così il progetto iniziato già nel 2021 di elevare l'offerta di Casa Angelina, riducendo l'inventory totale da 44 a 36 unità tra camere e suite.

Sempre con la firma della designer, c'è la nuovissima Costiera Terrace in uno degli angoli più panoramici dell'hotel, con vista mozzafiato su Positano: un tributo allo stile tipico della Costiera.

Per le avventure estive, l'hotel mette a disposizione degli ospiti il nuovo gozzo *Lady Angelina*, varato a giugno 2024, progettato e costruito dai cantieri Apreamare, con l'idea di ricreare una suite dell'hotel anche sull'acqua.

Continua anche l'attenzione alla cucina: uno straordinario nuovo duo culinario notturno – un panettiere e un pasticcere – garantisce una selezione di prelibatezze appena sfornate al risveglio degli ospiti, che potranno assaporare pane fresco e altre delizie durante la prima colazione, ma anche per snack notturni.

Cresce l'impegno nella sostenibilità, un importante pilastro che da sempre guida le scelte aziendali di Casa Angelina, che a fine 2023 ha ottenuto la certificazione *Global Sustainable Tourism Council* (GSTC), la principale autorità mondiale per il turismo sostenibile. L'hotel è anche entrato nel nuovo programma "Sustainability Leaders", lanciato da The Leading Hotels of the World, in quanto struttura virtuosa che soddisfa i più alti standard di sostenibilità culturale, sociale e ambientale.

In passato, all'aumentare della competizione, sia locale che internazionale, gli operatori del settore *hospitality* hanno investito tanto sulla soddisfazione del cliente perché, a quel tempo, questa era l'intuizione principale: la soddisfazione conduce alla fidelizzazione. Ora questo potrebbe non bastare più, e per offrire un servizio "world class" occorre mettere in campo idee che garantiscano un servizio di ospitalità di lusso attento e responsabile, attraverso l'integrazione di buone pratiche che coinvolgeranno gli ospiti.

12.1 Introduzione

La qualità di un servizio è un concetto sfuggente e astratto, difficile da definire o misurare. Questo è uno dei pochi punti su cui i ricercatori concordano e tale indeterminatezza rappresenta una sfida sia per gli accademici sia per gli operatori del settore.

Anche gli indicatori tradizionali della produttività, come il prodotto interno lordo (PIL), non riescono a catturare l'effetto della qualità di un prodotto e, paradossalmente, fornire un servizio di bassa qualità potrebbe addirittura aumentare

il PIL del Paese; per esempio, se c'è un errore in un acquisto online (il prodotto, l'indirizzo oppure l'orario di consegna sbagliato), la cifra spesa per correggerlo (telefonate, secondo invio, ecc.) va a contribuire alla misura del PIL del Paese.

Alcune istituzioni governative, come il *Bureau of Labor Statistics* (BLS), hanno cercato di computare gli aumenti di qualità aggiustando l'indice dei prezzi al consumo. Per esempio, se un'auto viene venduta a un prezzo più alto rispetto all'anno precedente ma sono state apportate migliorie come l'aggiunta dell'airbag laterale e la riduzione dei consumi e delle emissioni, il BLS sottrarrà il valore stimato dei miglioramenti prima del calcolo dell'indice dei prezzi. Tuttavia, questo aggiustamento viene realizzato solo per alcuni settori e senza il coinvolgimento dei clienti, che sono i veri valutatori dei miglioramenti qualitativi. Anche le misure di efficienza non sono di aiuto; un negozio al dettaglio con una grande quantità di merce può soddisfare un maggior numero di clienti e guadagnare di più, nonostante ciò diminuisca l'indice di efficienza dell'azienda.

A ulteriore riprova della complessità della valutazione della qualità si pensi ai servizi educativi o a quelli dell'Amministrazione Pubblica; gli aumenti di qualità, come l'innalzamento del livello di istruzione e la formazione dei dipendenti pubblici all'adozione di nuove tecnologie o al miglioramento del rapporto con gli utenti, non appaiono nelle misure di produttività. Ancora, un'università può aumentare la qualità del suo corpo docente ma alla fine è il numero di laureati (a prescindere da quanto hanno imparato) che spesso definisce la performance dell'università.

Nonostante le incertezze di cui si è detto, è del tutto evidente che un aumento della qualità può avere un impatto molto significativo sulla sopravvivenza di un'organizzazione o addirittura di un intero settore; in passato, il Giappone si è fatto spazio sui mercati internazionali non solo per i prezzi più bassi dei propri prodotti ma anche per una qualità superiore rispetto alla concorrenza.

12.2 Che cos'è la qualità del servizio?

Forse il modo migliore per iniziare a spiegare cosa si intende per **qualità del servizio** è distinguere questo concetto da quello di soddisfazione del cliente. La maggior parte degli esperti concorda sul fatto che la soddisfazione è una valutazione di breve termine, specifica di una transazione, mentre la qualità è un'opinione che si consolida nel tempo dopo una valutazione complessiva di una prestazione.

Qualità del servizio: giudizio complessivo che si forma in un lungo periodo riguardo alle prestazioni di un fornitore.

Senza dubbio, i due concetti sono interconnessi anche se i termini della relazione tra essi non sono ancora del tutto chiariti. Alcuni ritengono che la soddisfazione del cliente conduca alla percezione di qualità di un servizio, mentre altri che la qualità del servizio determini la soddisfazione del cliente. In sostanza, la relazione tra la soddisfazione del cliente e la qualità del servizio e soprattutto il modo in cui le due influenzano il comportamento di acquisto rimangono questioni in gran parte da precisare.

Un'ipotesi plausibile è che la soddisfazione per un servizio ricevuto aiuta di volta in volta i clienti a rivedere le percezioni sulla qualità del servizio. La ragioni a supporto di questa posizione sono le seguenti.

- La percezione dell'acquirente sulla qualità del servizio di un fornitore con il quale non ha già avuto precedenti esperienze si basa sulle sue aspettative.

- Gli incontri successivi guidano il cliente attraverso il processo di valutazione (in cui si confrontano le percezioni e le aspettative) che lo porta alla formazione di nuove percezioni sulla qualità del servizio.
- Ogni ulteriore incontro successivo rivede o rafforza la percezione sulla qualità del servizio. In altre parole, la somma dei giudizi di soddisfazione di un cliente nel corso del tempo equivale alla percezione della qualità del servizio ($Sodd_1$+$Sodd_2$+ $Sodd_3$+$Sodd_4$+$Sodd_n$ = Qualità del servizio).
- La percezione della qualità del servizio rivista dopo ogni acquisto modifica le intenzioni di riacquisto.

Per offrire una sequenza significativa di esperienze soddisfacenti che giustifichino una valutazione di qualità alta è necessario che tutta l'organizzazione sia focalizzata su questo obiettivo; le esigenze degli acquirenti devono essere comprese nel dettaglio, così come devono essere chiari i vincoli in cui operano le organizzazioni di servizi. I fornitori devono concentrarsi sulla qualità e il sistema deve essere progettato per supportare tale impegno mediante un corretto controllo e fornendo servizi nella maniera in cui erano stati progettati.

12.2a La qualità nei servizi e nei beni tangibili

Un alto livello di qualità conferisce una superiorità a un servizio, soprattutto quando esso è in concorrenza con altri, e ciò è particolarmente vero se la competizione avviene tra un piccolo numero di fornitori che offrono servizi quasi identici in un'area limitata (per esempio, lavanderie, banche locali, ristoranti e agenti assicurativi). In questi casi investire sulla qualità può essere l'unico modo per differenziarsi; alcuni ristoranti stanno scoprendo che "essere ecologici" ha migliorato la loro reputazione in termini di qualità percepita del servizio.

La differenziazione sulla base della qualità del servizio può generare anche un aumento della quota di mercato e, in ultima analisi, può fare la differenza tra il successo economico e il fallimento. È ampiamente dimostrato che la qualità dell'offerta può aumentare la ripetitività degli acquisti e l'acquisizione di nuovi clienti, come verrà spiegato in modo più approfondito nel Capitolo 14. In estrema sintesi, clienti fidelizzati generano molti vantaggi all'organizzazione di servizi: i costi di marketing si riducono, i clienti conoscono il copione appropriato grazie alle precedenti esperienze e sono esperti delle procedure del servizio (il bancomat, i servizi online, il check-in sul treno, la consegna di un pacco, ecc.). Quando i clienti acquisiscono fiducia nell'organizzazione, il loro livello di rischio percepito si riduce ed è più probabile che consolidino il rapporto con il fornitore; per esempio, i clienti delle compagnie assicurative tendono a trasferire le polizze esistenti e ad acquistarne di nuove dal fornitore che ritengono più adatto alle loro esigenze, siano esse finanziarie o emotive.

I produttori di beni manifatturieri hanno imparato questa lezione negli ultimi trent'anni e la qualità è stata posta come priorità; migliorare la qualità dei prodotti è diventata una strategia importante sia per rendere la gestione operativa efficiente e senza intoppi, sia per aumentare la quota di mercato facendo leva su un aspetto su cui i clienti sono sempre più attenti. Le azioni di miglioramento si sono concentrate in gran parte sugli attributi dei prodotti stessi e, in particolare, sull'eliminazione degli errori. All'inizio, queste iniziative introducevano un controllo più rigoroso di tutti i prodotti prima che arrivassero al cliente e successivamente un controllo su tutto il processo produttivo in modo da "farlo bene la prima volta" e ridurre a zero i difetti alla fine della linea di produzione. L'evoluzione è stata quella di definire la qualità come la consegna del prodotto giusto al cliente giusto al momento giusto, estendendo quindi il concetto di qualità oltre il bene tangibile e utilizzando misure sia esterne che interne per completare la valutazione.

Tuttavia, la qualità nei servizi non può essere intesa esattamente allo stesso modo; il fornitore di servizi non è separato dal cliente che partecipa al processo di produzione e le normali misure di controllo, che consistono nell'eliminazione dei difetti prima che il cliente veda il prodotto, non sono praticabili. Ne consegue che la qualità del servizio non è soltanto un obiettivo o un programma dettagliato che può essere raggiunto o completato, ma deve essere una costante di tutta la gestione e della produzione quotidiana. In definitiva, la qualità del servizio è tanto un'arte quanto una scienza.

12.3 Il modello dei cinque gap per la qualità dei servizi

Ottenere e valutare la qualità del servizio è un compito difficile. In primo luogo, le percezioni tendono a basarsi su un confronto ripetuto con le aspettative del cliente su un particolare servizio; se un servizio, per quanto buono, fallisce ripetutamente nel soddisfare le aspettative del cliente, quest'ultimo percepirà il servizio come di scarsa qualità. In secondo luogo, a differenza dai beni tangibili di cui i clienti valutano solo il prodotto finito, i clienti del servizio valutano sia il processo che il risultato; un paziente dopo la visita di un medico valuterà il servizio non solo in base al risultato (si sente meglio, ha diagnosticato il problema, ecc.) ma anche su altri fattori (puntualità, empatia, bravura nel comunicare, ecc.).

Per comprendere come un'organizzazione può migliorare la qualità complessiva del servizio è stato proposto un modello che esamina il processo di fornitura sulla base di cinque divari (*gap*) tra le aspettative e le percezioni da parte del management, dei dipendenti e dei clienti.

Il divario più importante, il **gap di servizio** (noto anche come gap 5), descrive la distanza tra le aspettative degli acquirenti e la loro percezione del servizio effettivamente ricevuto. In ultima analisi, l'obiettivo del fornitore di servizi è colmare questo gap di servizio, o almeno ridurlo il più possibile. In questo senso, l'esame delle lacune nella qualità del servizio è molto simile al modello della valutazione delle aspettative illustrato nel Capitolo 11. Tuttavia, la qualità del servizio enfatizza l'importanza della soddisfazione accumulata dal cliente e che matura a seguito di una serie di esperienze di servizio positive o negative.

Gap di servizio: divario tra le aspettative degli acquirenti e la percezione del servizio effettivamente ricevuto.

Gap di conoscenza: divario tra le aspettative degli acquirenti e la percezione della direzione riguardo a esse.

Gap degli standard qualitativi: divario tra ciò che la direzione percepisce che gli acquirenti si aspettano e gli standard di qualità stabiliti per la fornitura del servizio.

Gap di prestazione: divario tra gli standard di qualità stabiliti per l'erogazione del servizio e la qualità effettivamente erogata.

Prima di riuscire a colmare il gap di servizio, l'organizzazione deve tentare di ridurre gli altri quattro divari elencati di seguito.

Divario 1, il **gap di conoscenza**: differenza tra ciò che gli acquirenti si aspettano da un servizio e ciò che la direzione percepisce che essi si aspettano.

Divario 2, il **gap degli standard qualitativi**: differenza tra ciò che la direzione percepisce che gli acquirenti si aspettano e gli standard di qualità stabiliti per la fornitura del servizio.

Divario 3, il **gap di prestazione**: differenza tra gli standard di qualità stabiliti per l'erogazione del servizio e la qualità effettiva del servizio erogato. Per esempio, i dipendenti erogano il servizio nelle modalità previste e per le quali sono stati formati?

Gap di comunicazione: divario tra l'effettiva qualità del servizio fornito e la qualità del servizio descritta nelle comunicazioni esterne.

Divario 4, il **gap di comunicazione**: differenza tra l'effettiva qualità del servizio fornito e la qualità del servizio descritta nelle comunicazioni esterne dell'azienda (per esempio, pubblicità, materiali presso il punto vendita e attività di vendita personali).

Quindi, il gap di servizio è una funzione del gap di conoscenza, del gap degli standard qualitativi, del gap di prestazione e del gap di comunicazione. In altri termini, Gap 5 = f (Gap 1 + Gap 2 + Gap 3 + Gap 4) e cioè man mano che ciascuno dei gap aumenta o diminuisce, anche il gap di servizio si modificherà di conseguenza.

12.3a Il gap di conoscenza (Divario 1)

Il divario più immediato ed evidente di solito si genera tra ciò che i clienti vogliono e ciò che i manager pensano che i clienti vogliano. In pratica, molti manager pensano di conoscere le esigenze dei loro clienti ma molte volte si sbagliano; le compagnie aeree potrebbero erroneamente credere che i clienti di tutto il mondo abbiano le stesse aspettative e percezioni riguardo ai viaggi aerei, così come le banche potrebbero pensare che i clienti preferiscano un buon tasso di interesse alla sicurezza, e così via per ogni servizio. La direzione di un albergo può pensare che i suoi clienti preferiscano camere confortevoli, quando in realtà la maggior parte di loro trascorre poco tempo in camera ed è più interessata a servizi aggiuntivi, come strutture per l'esercizio fisico, la piscina o un centro benessere.

Se si manifesta un divario di conoscenza, si tende a commettere anche una serie di altri errori: si rischia di progettare strutture inadeguate, assumere il personale sbagliato e avviare la formazione sbagliata o fornire servizi di cui i clienti non hanno bisogno al posto di quelli che vorrebbero ricevere.

Per colmare questo divario è necessario conoscere in modo preciso e dettagliato le esigenze dei clienti e organizzare l'offerta sulla base delle informazioni raccolte.

Fattori che influenzano il gap di conoscenza

Orientamento alla ricerca: atteggiamento dell'organizzazione verso le attività di ricerca sui clienti e il mercato.

Comunicazioni verso l'alto: flusso di informazioni dal personale di contatto verso i vertici aziendali.

Livelli gerarchici: complessità della gerarchia organizzativa e numero di livelli tra la dirigenza e i clienti.

Tre fattori principali determinano l'entità del divario di conoscenza: in primo luogo, l'**orientamento alla ricerca** dell'organizzazione, cioè la sua attitudine a condurre analisi sui clienti. Le indicazioni ottenute dalle ricerche che vengono svolte chiariscono le aspettative degli acquirenti. Man mano che l'orientamento alla ricerca del fornitore aumenta e questi acquisisce una maggiore comprensione dei bisogni e dei desideri dei suoi clienti, ci si aspetta che la dimensione del divario di conoscenza diminuisca. Il flusso di **comunicazioni verso l'alto** è un secondo fattore che influenza l'entità del divario. Il riferimento è alle informazioni che il personale di contatto trasmette ai livelli superiori dell'organizzazione e soprattutto a quanto i vertici aziendali ascoltano e valorizzano il feedback fornito dal personale che interagisce più frequentemente con i clienti. All'aumentare del flusso di comunicazione verso il top management, il divario di conoscenza dovrebbe ridursi. Da ultimo, quando la struttura dell'organizzazione diventa più complessa e si aggiungono **livelli gerarchici**, quelli più alti tendono a trovarsi più distanti dai clienti e dalla gestione operativa quotidiana. Di conseguenza, quando i livelli gerarchici aumentano, il divario di conoscenza tende ad aumentare.

12.3b Il gap degli standard qualitativi (Divario 2)

Anche se le aspettative degli acquirenti sono state individuate con precisione dal management, potrebbe aprirsi un divario tra la percezione di queste aspettative e gli standard effettivamente stabiliti per la fornitura dei servizi. Prendiamo come esempio l'interlocuzione tra un architetto e un suo cliente che ha comprato casa: se l'architetto comprende chiaramente i desideri del cliente, non si manifesta un gap di conoscenza. Se però, nel momento in cui vengono realizzati i progetti con le esatte specifiche che devono poi essere eseguite dall'impresa di ristrutturazione, l'architetto non è in grado di convertire le richieste del cliente in indicazioni di progetto, si crea il gap 2, quello relativo agli standard qualitativi.

Nello sviluppo degli standard, il fornitore dovrebbe utilizzare un diagramma di flusso dei processi per identificare tutti i punti di contatto con i clienti. Si possono predisporre standard qualitativi dettagliati per: (1) le modalità in cui il sistema deve funzionare e (2) per il comportamento del personale di contatto in ogni punto del sistema. Nel caso di un ristorante, per esempio, si possono redigere specifiche per il personale di sala indicando come debba accogliere i clienti, offrire un drink di benvenuto, prendere le ordinazioni delle bevande, servire le bevande, prendere le ordinazioni per il cibo e servire i piatti, tutto entro tempi precisi. In sostanza, le specifiche forniscono una guida che i dipendenti devono seguire con l'obiettivo di soddisfare o superare le aspettative dei clienti.

Fattori che influenzano il divario degli standard qualitativi

In molti casi, il management non crede di poter o dover soddisfare davvero le esigenze del cliente; per esempio, la consegna della posta durante la notte era considerata un'ipotesi assurda prima che Fred Smith e FedEx dimostrassero che si poteva fare. Un altro fattore che influenza l'entità del divario degli standard qualitativi è l'impegno effettivo assunto dal vertice aziendale, il quale può stabilire altre priorità che ostacolano il raggiungimento di standard che garantiscano un servizio di qualità. Per esempio, l'adozione di una strategia di riduzione dei costi al fine di massimizzare i profitti nel breve termine è spesso citata come una priorità che, nei fatti, riduce progressivamente la fornitura di servizi di qualità; le compagnie telefoniche che introducono linee automatizzate per ridurre il numero di addetti al servizio clienti si trovano poi in difficoltà quando i clienti che necessitano di assistenza sono costretti a rimanere in attesa per ore prima di poter parlare con un operatore in carne e ossa.

Altre circostanze rilevanti che spiegano il divario tra gli standard di qualità sono: (1) a volte nell'organizzazione non c'è proprio una cultura della qualità del servizio e la dirigenza non riesce a comprendere la posta in gioco; (2) la dirigenza può anche desiderare di soddisfare le richieste dei clienti, ma si sente intralciata da metodi inadeguati a misurare la qualità oppure a convertire tali misurazioni in standard; (3) a causa delle difficoltà nel tentare di scrivere specifiche per particolari comportamenti dei dipendenti, alcuni dirigenti ritengono che non valga la pena misurare la qualità percepita dei servizi offerti.

12.3c Il gap di prestazione (Divario 3)

Il terzo divario si manifesta tra gli standard fissati dalla direzione e la prestazione effettivamente erogata. L'esistenza del gap dipende sia dalla volontà sia dall'attitudine del personale a fornire il servizio secondo le indicazioni ricevute. Rimanendo nell'analogia del compratore della casa, se l'impresa di ristrutturazione non si attiene agli standard fissati dai progetti dell'architetto, si crea un gap di prestazione, così come se i camerieri di un ristorante non eseguono le procedure previste e per le quali sono stati formati.

Fattori che influenzano il divario di prestazione

Disponibilità del personale: intenzione degli operatori di fornire il servizio al massimo delle proprie potenzialità.

La **disponibilità del personale** a fornire il servizio è il primo fattore da prendere in esame nel caso di un divario di prestazione. Ovviamente, questa disponibilità varia notevolmente da persona a persona e, per lo stesso lavoratore, nel corso del tempo. Molti iniziano sfruttando a pieno le proprie potenzialità ma poi perdono quella spinta a causa della frustrazione e dell'insoddisfazione nei confronti dell'organizzazione per cui lavorano. Inoltre, talvolta c'è una distanza tra ciò che il lavoratore è effettivamente in grado di fare e il minimo che gli è richiesto di fare per mantenere il proprio posto di lavoro. Nella maggior parte dei casi, i responsabili faticano a ottenere dai propri sottoposti una prestazione sempre al massimo delle potenzialità. Altri, per quanto volenterosi, potrebbero semplicemente non essere in grado di eseguire il servizio secondo le indicazioni impartite.

Adeguatezza: grado di capacità del personale di eseguire i compiti assegnati.

In tal senso, emerge un secondo fattore che genera un gap di prestazione: l'**adeguatezza** del lavoratore all'incarico da svolgere. Le persone possono essere state assunte per mansioni per le quali non sono qualificate o non sono adatte dal punto di vista caratteriale oppure non hanno ricevuto una formazione sufficiente per i compiti a loro assegnati. In genere, i dipendenti che non sono in grado di svolgere i compiti assegnati sono meno disposti a continuare a impegnarsi.

Conflitto di mansioni: incongruenza tra ciò che il responsabile del servizio si aspetta dai dipendenti e il servizio effettivamente richiesto dai clienti.

Un altro fattore rilevante per il formarsi di un divario di prestazione è il **conflitto di mansioni**. Indipendentemente dal fatto che il gap di conoscenza sia stato colmato o meno, i fornitori di servizi possono percepire un'incongruenza tra ciò che il responsabile del servizio si aspetta dai dipendenti e il servizio effettivamente richiesto dai clienti. Un cameriere che deve promuovere determinati piatti del menù può infastidire alcuni clienti che preferiscono fare le proprie scelte senza essere sollecitati. In contesti meno informali, ai camerieri insistenti può capitare che i clienti reagiscano non lasciando la mancia. In altri casi, al personale sono richieste troppe funzioni, come rispondere al telefono e contemporaneamente ai clienti presenti nel locale affollato; se questo tipo di conflitto continua a verificarsi, i dipendenti sono frustrati, perdono gradualmente la motivazione a fornire il miglior servizio possibile o addirittura abbandonano.

Ambiguità di ruolo: incertezza sulle mansioni da svolgere o sugli obiettivi da raggiungere.

Un'altra causa del divario di prestazione è l'**ambiguità di ruolo** che emerge quando i dipendenti, a causa della scarsa idoneità al lavoro o della formazione inadeguata, non comprendono i compiti e gli obiettivi assegnati. A volte non conoscono nemmeno bene l'azienda e i suoi obiettivi. All'aumentare dell'ambiguità di ruolo, il divario di prestazione si allarga.

Perdita del controllo: impossibilità del personale di rispondere alle richieste del cliente senza autorizzazione dei livelli gerarchici superiori.

Senso di impotenza: percezione da parte del personale di essere impossibilitato a fornire un servizio adeguato.

Un'ulteriore complicazione nel garantire le prestazioni è data dalla **perdita del controllo**, la situazione in cui il controllo sulla natura del servizio fornito viene sottratto dalle mani del personale. Quando il personale, per rispondere alle richieste dei clienti, non è autorizzato a prendere decisioni autonomamente senza prima consultarsi con un manager, può sentirsi emarginato e isolato dall'organizzazione e impegnarsi meno nel proprio lavoro. Inoltre, quando il controllo su alcuni aspetti del servizio viene spostato a un livello diverso, come il controllo sul credito che viene rimosso dalle singole filiali bancarie, l'insofferenza degli operatori è destinata ad aumentare. Alla fine, i dipendenti sperimentano un **senso di impotenza** e non si sentono in grado di rispondere alle richieste di assistenza che provengono dai clienti. All'aumentare della perdita di controllo si amplia il divario di prestazione.

Da ultimo, il gap di prestazione può verificarsi a causa di un **supporto inadeguato**, come la mancanza di formazione personale o di risorse tecnologiche e di altro tipo necessarie per svolgere al meglio il proprio lavoro. Anche i dipendenti migliori possono scoraggiarsi se sono costretti a lavorare con attrezzature obsolete o difettose, soprattutto se le organizzazioni concorrenti dispongono di risorse superiori e sono in grado di fornire lo stesso livello di servizio o un livello superiore con uno sforzo molto minore. L'indecisione nel supportare adeguatamente il personale genera una scarsa produttività, clienti insoddisfatti e, in generale, uno spreco di risorse e un aumento dell'entità del divario di prestazione.

Supporto inadeguato: mancanza di formazione personale o di risorse tecnologiche e di altro tipo necessarie per svolgere al meglio il proprio lavoro.

12.3d Il gap di comunicazione (Divario 4)

Il gap di comunicazione riflette la differenza tra il servizio che l'organizzazione promette e il servizio che effettivamente fornisce ai suoi clienti. Se la pubblicità o le promozioni di vendita o tutte le altre forme di comunicazione descritte nel Capitolo 7 promettono un tipo di servizio e il cliente riceve qualcosa di diverso, il divario diventa più ampio. Le organizzazioni devono capire che le comunicazioni esterne sono essenzialmente promesse ai propri clienti e aumentano le loro aspettative. Quando il divario di comunicazione è ampio, il fornitore ha infranto le sue promesse e come conseguenza perde la fiducia dei clienti. Un cliente che ordina una bottiglia di vino da un menù e si sente rispondere che è esaurita potrebbe rimanere deluso perché l'offerta indicata nel menù non è stata rispettata.

Fattori che influenzano il gap di comunicazione

Due fattori ampliano il divario di comunicazione. Il primo è la propensione del fornitore a un **eccesso di promesse** al mercato e si manifesta soprattutto in ambienti commerciali altamente competitivi, quando le offerte cercano di superarsi l'un l'altra per accaparrarsi nuovi clienti. Il secondo fattore, invece, riguarda il flusso di **comunicazione orizzontale** all'interno dell'organizzazione. In altre parole, "la mano sinistra sa cosa sta facendo la mano destra?". Troppo spesso le comunicazioni vengono sviluppate presso la sede centrale senza coinvolgere le sedi operative decentrate a livello regionale e locale. In alcuni casi, i nuovi programmi di servizio vengono annunciati al pubblico dalla sede centrale prima che le filiali locali ne siano informate. La mancanza di comunicazione orizzontale può mettere il fornitore in una situazione imbarazzante se questi non è al corrente delle richieste dei clienti per il servizio promesso.

Eccesso di promesse: sproporzione tra quanto il fornitore comunica al mercato e il servizio effettivamente erogato.

Comunicazione orizzontale: disallineamento in termini di informazioni tra reparti o sedi diverse della stessa organizzazione.

12.4 La misurazione della qualità del servizio: il modello SERVQUAL

Sebbene sia le analisi sulla soddisfazione del cliente che quelle sulla qualità del servizio comparano le percezioni con le aspettative, le differenze tra i due concetti emergono quando si scelgono le unità di misura da adottare; mentre la soddisfazione confronta le percezioni degli acquirenti con ciò che questi normalmente si aspettano, la qualità del servizio confronta le percezioni con ciò che ci si dovrebbe aspettare da un fornitore di servizi di alta qualità. Sulla base di questa impostazione, la qualità del servizio sembra misurare uno standard più elevato di fornitura del servizio.

SERVQUAL: modello di misurazione della qualità del servizio composto da 44 domande su aspettative e percezioni dei clienti in merito a 5 dimensioni.

Un modello frequentemente utilizzato e al tempo stesso molto discusso è il **SERVQUAL**. Nelle intenzioni degli ideatori, il SERVQUAL è uno strumento diagnostico che rileva i punti di debolezza e i punti di forza della qualità di un'offerta di servizio. Esso si basa su cinque dimensioni, identificate mediante dei focus group con i clienti. Le cinque dimensioni sono: la tangibilità, l'affidabilità, la reattività, la rassicurazione e l'empatia, e costituiscono lo "scheletro" della qualità del servizio.

La scala di misurazione SERVQUAL è composta da due sezioni. La prima sezione è composta da una batteria di 22 domande in cui si chiede agli intervistati di indicare le proprie aspettative nei confronti di fornitori considerati eccellenti nel settore che si sta indagando. La seconda sezione è composta da altre 22 domande che misurano le percezioni dei clienti nei confronti di un determinato fornitore che si vuole valutare. Per esempio, la dimensione tangibile con il SERVQUAL viene affrontata confrontando la media di quattro risposte sulle aspettative con la media di quattro risposte sulle percezioni. Quando il punteggio medio delle aspettative viene sottratto dal punteggio medio delle percezioni (P-E), si genera il "punteggio di divario". I punteggi positivi riflettono situazioni in cui le percezioni superano le aspettative e i clienti sono soddisfatti. Per contro, i punteggi risultano negativi quando le percezioni sono inferiori alle aspettative e riflettono situazioni insoddisfacenti e la delusione del cliente. Quando il punteggio è pari a zero, le percezioni dei clienti sono allineate con le loro aspettative e i clienti sono soddisfatti.

In pratica, lo scopo della scala di misurazione del SERVQUAL è quello di confrontare le percezioni medie e le aspettative medie per ottenere i punteggi di gap per ciascuna delle cinque dimensioni.

Le aspettative dei clienti sono misurate su una scala di sette punti con il minimo che corrisponde a "per niente essenziale" mentre il massimo ad "assolutamente essenziale". Allo stesso modo, le percezioni dei clienti sono misurate su un'altra scala di sette punti con i punteggi estremi che corrispondono a "fortemente d'accordo" e "fortemente in disaccordo"; in pratica, il SERVQUAL è composto da una batteria di 44 domande che misurano le aspettative e le percezioni dei clienti in merito a cinque dimensioni della qualità del servizio.

Di seguito verranno descritte le cinque dimensioni del SERVQUAL e aggiunte alcune riflessioni su questo strumento di misurazione.

12.4a La dimensione della tangibilità

A causa dell'assenza di un prodotto fisico, come si è visto nei capitoli precedenti, gli acquirenti spesso si basano sugli elementi tangibili legati al servizio per formulare le loro valutazioni. La prima dimensione analizzata con il modello SERVQUAL confronta le aspettative con le percezioni riguardo all'abilità del fornitore nel gestire questi elementi tangibili (l'architettura, il design, il layout, la moquette, le scrivanie, l'illuminazione, i colori delle pareti, gli opuscoli, la corrispondenza quotidiana e l'aspetto del personale).

La dimensione tangibile del SERVQUAL è su due livelli: il primo si concentra sulle attrezzature e sulle strutture, l'altro sul personale e sui materiali di comunicazione.

La **dimensione della tangibilità** del SERVQUAL viene analizzata mediante quattro domande sulle aspettative (A1-A4) e quattro domande sulla percezione (P1-P4). Come detto, le domande sulle aspettative fanno riferimento ai fornitori eccellenti in un particolare settore, mentre le domande sulla percezione si applicano al fornitore in esame. Confrontando i punteggi di percezione con quelli di aspettativa si ottiene un risultato numerico che indica una distanza relativa agli elementi tangibili. Più basso è il numero, minore è il divario e più le percezioni dei clienti si avvicinano alle loro aspettative. Le domande che riguardano la dimensione della tangibilità sono le seguenti.

Dimensione della tangibilità: analizza gli elementi tangibili disponibili nell'esperienza di servizio.

Aspettative sugli elementi tangibili

A1. Le organizzazioni eccellenti avranno attrezzature dall'aspetto moderno.
A2. Le strutture fisiche delle organizzazioni eccellenti saranno visivamente accattivanti.
A3. Il personale delle organizzazioni eccellenti avrà un aspetto ordinato.
A4. I materiali associati al servizio (come opuscoli o dichiarazioni) di un'organizzazione eccellente saranno visivamente attraenti.

Percezioni sugli elementi tangibili (XYZ è sostituito con il nome dell'impresa oggetto di valutazione)

P1. XYZ dispone di attrezzature dall'aspetto moderno.
P2. Le strutture fisiche di XYZ sono visivamente accattivanti.
P3. Il personale di XYZ ha un aspetto ordinato.
P4. I materiali associati al servizio (come opuscoli o dichiarazioni) di XYZ sono visivamente attraenti.

12.4b La dimensione dell'affidabilità

La **dimensione dell'affidabilità**, invece, riflette la coerenza e la sicurezza delle performance del fornitore. L'organizzazione garantisce ogni volta lo stesso livello di servizio o la qualità varia notevolmente di volta in volta? L'organizzazione mantiene le sue promesse, emette puntuali ricevute di pagamento, aggiorna costantemente i database ed esegue correttamente il servizio sin dalla prima volta? Niente può essere più frustrante per un cliente di un fornitore di servizi inaffidabile.

Dimensione dell'affidabilità: analizza la coerenza e la sicurezza del servizio offerto.

Il numero di imprese che non mantengono le promesse è preoccupante; in molti casi, il cliente è disponibile a spendere denaro solo se il fornitore del servizio si presenta e si impegna sui risultati perché è capitato a tanti di non aver ricevuto quanto promesso (allaccio della fibra ottica, disponibilità di una stanza silenziosa, appuntamento per la manutenzione dell'automobile, ecc.).

Sulla base dei risultati di molti studi che hanno utilizzato il SERVQUAL, i clienti considerano l'affidabilità la più importante delle sue cinque dimensioni. In definitiva, poco altro conta se il servizio è inaffidabile. Le domande utilizzate per valutare il gap di affidabilità sono le seguenti.

Aspettative di affidabilità

A5. Quando le organizzazioni eccellenti promettono di fare qualcosa entro un certo tempo, lo faranno.
A6. Quando i clienti hanno un problema, le organizzazioni eccellenti mostreranno un sincero interesse a risolverlo.

A7. Le organizzazioni eccellenti eseguiranno il servizio correttamente al primo tentativo.
A8. Le organizzazioni eccellenti forniranno i loro servizi nel momento in cui promettono di farlo.
A9. Le organizzazioni eccellenti mirano a fornire servizi senza errori.

Percezioni di affidabilità
P5. Quando XYZ promette di fare qualcosa entro un certo tempo, lo fa.
P6. Quando hai un problema, XYZ mostra un sincero interesse a risolverlo.
P7. XYZ esegue correttamente il servizio al primo tentativo.
P8. XYZ fornisce i suoi servizi nel momento in cui promette di farlo.
P9. XYZ mira a un'erogazione del servizio senza errori.

12.4c La dimensione della reattività

Dimensione della reattività: analizza l'impegno di un'organizzazione a fornire i propri servizi in modo tempestivo.

Per reattività si intende l'impegno di un'organizzazione di fornire i propri servizi in modo tempestivo, pertanto la **dimensione della reattività**, la terza del SERVQUAL, intercetta la disponibilità e la prontezza del personale; talvolta ai clienti capita di trovare il personale occupato in conversazioni private o che non si accorge delle loro necessità. Questo è un esempio di scarsa disponibilità.

La reattività riflette anche la prontezza dell'organizzazione nel fornire il servizio; in genere, i nuovi ristoranti non pubblicizzano la loro serata di apertura in modo che il sistema di erogazione del servizio possa essere messo a punto e preparato per gestire folle più numerose, riducendo così al minimo i disservizi e le conseguenti lamentele dei clienti. Le domande che analizzano le aspettative e le percezioni di reattività sono le seguenti.

Aspettative di reattività
A10. Il personale delle organizzazioni eccellenti saprà dire ai clienti esattamente quando sarà erogato il servizio.
A11. Il personale delle organizzazioni eccellenti fornirà un servizio tempestivo ai clienti.
A12. Il personale delle organizzazioni eccellenti sarà sempre disposto ad aiutare i clienti.
A13. Il personale delle organizzazioni eccellenti non sarà mai troppo occupato per rispondere alle richieste dei clienti.

Percezioni di reattività
P10. Il personale di XYZ ti dice esattamente quando sarà erogato il servizio.
P11. Il personale di XYZ ti offre un servizio tempestivo.
P12. Il personale di XYZ è sempre disposto ad aiutarti.
P13. Il personale di XYZ non è mai troppo occupato per rispondere alle tue richieste.

12.4d La dimensione della rassicurazione

Dimensione della rassicurazione: analizza la competenza, la cortesia e la capacità di trasmettere sicurezza da parte del fornitore.

La **dimensione della rassicurazione** del SERVQUAL riguarda la competenza del fornitore, la cortesia nei confronti dei clienti e la sicurezza delle operazioni effettuate. Per competenza si intende la capacità nell'esecuzione del servizio, mentre la cortesia esprime le modalità con cui il personale interagisce con il cliente. In quanto tale, la cortesia comprende l'educazione, la cordialità e la considerazione per le proprietà del cliente (un meccanico che mette i tappetini di carta nell'auto del cliente per evitare di sporcarne la moquette, la cameriera che sistema gli abiti nella stanza d'albergo, ecc.).

Anche la sicurezza è una componente importante nella dinamica di rassicurazione poiché induce nel cliente la sensazione di essere protetto da pericoli, rischi e dubbi. Le rapine agli sportelli bancomat dimostrano ampiamente i possibili danni che possono verificarsi nei luoghi di servizio. Oltre al pericolo fisico, la componente di sicurezza concerne anche rischi finanziari o di riservatezza (le cartelle cliniche, informazioni sensibili, ecc.). SERVQUAL utilizza le seguenti domande per esaminare la capacità di rassicurazione.

Aspettative di rassicurazione

A14. Il comportamento del personale di organizzazioni eccellenti infonderà fiducia nei clienti.

A15. I clienti delle organizzazioni eccellenti si sentiranno sicuri nelle loro transazioni.

A16. Il personale delle organizzazioni eccellenti sarà sempre cortese con i clienti.

A17. Il personale delle organizzazioni eccellenti avrà le conoscenze necessarie per rispondere alle domande dei clienti.

Percezioni di rassicurazione

P14. Il comportamento del personale di XYZ infonde fiducia nei clienti.

P15. Ti senti al sicuro nelle transazioni con XYZ.

P16. Il personale di XYZ è sempre cortese.

P17. Il personale di XYZ ha le conoscenze per rispondere alle domande.

12.4e La dimensione dell'empatia

L'empatia è la capacità di vivere i sentimenti di un altro come propri. Le organizzazioni più empatiche non perdono di vista cosa significa essere clienti, pertanto comprendono le loro esigenze e rendono i propri servizi accessibili. Al contrario, le organizzazioni che non forniscono un'attenzione personalizzata quando richiesto e definiscono procedure convenienti per il proprio funzionamento e non per i clienti (orari, moduli, ecc.), non mostrano un atteggiamento empatico. La **dimensione dell'empatia** del SERVQUAL analizza il divario di empatia come segue.

Dimensione dell'empatia: analizza la capacità di immedesimarsi con le esigenze dei clienti.

Aspettative di empatia

A18. Le organizzazioni eccellenti dedicheranno un'attenzione personalizzata ai propri clienti.

A19. Le organizzazioni eccellenti avranno orari di apertura convenienti per tutti i loro clienti.

A20. Le organizzazioni eccellenti avranno dipendenti che si occuperanno dei clienti in modo personalizzato.

A21. Le organizzazioni eccellenti avranno a cuore il miglior interesse del cliente.

A22. Il personale delle organizzazioni eccellenti capirà le esigenze specifiche dei propri clienti.

Percezioni di empatia

P18. XYZ dedica un'attenzione individuale.

P19. XYZ ha orari di apertura convenienti per tutti i suoi clienti.

P20. XYZ ha dipendenti che si occupano di te in modo personalizzato.

P21. XYZ ha a cuore il tuo migliore interesse.
P22. Il personale di XYZ comprende le tue esigenze specifiche.

12.4f La determinazione dell'importanza di ciascuna delle cinque dimensioni

I manager che utilizzano il SERVQUAL per valutare eventuali lacune nella qualità del servizio dovrebbero anche comprendere l'importanza che i clienti attribuiscono a ciascuna delle dimensioni così da stabilire le priorità su cui allocare le risorse per gli interventi di miglioramento del servizio. Se un manager attribuisce lo stesso valore alle dimensioni tangibili ed empatiche, quale dimensione dovrebbe ricevere l'attenzione più immediata?

Un metodo semplice per accertare le percezioni dei clienti sull'importanza di ciascuna dimensione è quello di chiedere agli intervistati stessi di distribuire un punteggio, per esempio 100 punti, tra le cinque dimensioni. Come riferito in precedenza, la dimensione dell'affidabilità è costantemente segnalata come la più importante delle cinque dimensioni, mentre quella sulla tangibilità è spesso segnalata come la meno importante; ciò non significa che gli aspetti tangibili non siano importanti, ma indica che i clienti ritengono che le altre dimensioni del SERVQUAL siano più importanti e che quindi il management ne deve tenere conto nel momento in cui programma gli interventi migliorativi. Una struttura esteticamente attrattiva che fornisce un servizio inaffidabile diventerà presto una bella struttura per l'attività di qualcun altro; interessante in questo senso è l'esempio descritto nell'Approfondimento 12.1, perché in un ristorante in cui una dimensione è intenzionalmente esclusa, l'attenzione sarà richiamata sulle altre dimensioni.

APPROFONDIMENTO 12.1

Servizi globali in azione

LA CENA AL BUIO

Benché gli elementi tangibili abbiano solitamente un peso notevole per valutare la qualità del servizio, si sta diffondendo un format di ristorante unico nel suo genere che elimina del tutto le capacità visive dei clienti. Conosciuto come "cena al buio", i clienti mangiano in completa oscurità e, al tempo stesso, contribuiscono a una nobile causa.

I ristoranti dove si cena al buio sono stati avviati in Europa e in Nord America, Londra, New York, Parigi e Zurigo e si sono poi diffusi in tutto il mondo, come "Senses" a Hong Kong, "Blind Art Restaurant" a Seul, "Trojan Fairy" a Pechino, "Bandung's Blind Cafe and Restaurant" in Indonesia e "Dine in the Dark" a Bangkok.

La maggior parte di questi ristoranti segue uno script comune: i clienti vengono accolti da un maître, che aiuta i clienti a selezionare il pasto tra le varie opzioni (cucina locale, cibo vegetariano e altro), e poi vengono condotti da un cameriere ipovedente fino alla sala che è completamente buia. Senza la vista, i clienti possono fare affidamento solo sugli altri sensi, toccando e annusando il cibo che non riescono a vedere; i clienti raccontano che sapori e odori sono vivaci e inaspettati e talvolta confondono anche un frutto con un altro.

Oltre a proporre un'esperienza gastronomica unica, la cena al buio offre opportunità di lavoro per i non vedenti, che spesso non trovano un supporto occupazionale adeguato. Inoltre, questi ristoranti donano una parte dei loro profitti per sostenere programmi che aiutano la comunità ipovedente, rendendo la cena al buio un'opportunità vantaggiosa per clienti, dipendenti e la società in generale.

12.4g Critiche al modello SERVQUAL

Il modello SERVQUAL non è stato esente da critiche; le osservazioni essenzialmente riguardano la lunghezza del questionario e la validità delle cinque dimensioni della qualità. Di seguito si entrerà nel merito delle due questioni.

Lunghezza del questionario

Mettendo insieme l'analisi delle aspettative e delle percezioni per tutte le cinque dimensioni descritte si ottiene uno strumento di indagine composto da 44 domande. I critici del SERVQUAL sostengono che le domande siano troppo ripetitive e aumentino inutilmente la lunghezza del questionario. Essi sostengono inoltre che la parte relativa alle aspettative non abbia alcun valore aggiuntivo e che quella delle percezioni (prestazione effettiva) dovrebbe essere utilizzata da sola per valutare la qualità del servizio.

A queste obiezioni gli autori del modello SERVQUAL rispondono che l'inclusione della sezione delle aspettative migliora l'utilità della scala come strumento diagnostico ai fini gestionali grazie ai punteggi sviluppati per ciascuna dimensione. I punteggi di percezione presi separatamente valutano semplicemente se chi risponde è d'accordo o in disaccordo con ciascuna domanda.

Per esempio, i punteggi relativi alla percezione potrebbero suggerire di dare uguale importanza alle dimensioni dell'affidabilità e dell'empatia, ma se si considerano anche le aspettative derivanti dall'analisi SERVQUAL potrebbe emergere che c'è maggiore aspettativa sulla dimensione dell'affidabilità, indicando che questa dovrebbe ricevere la massima priorità in un progetto di miglioramento. Dato che aumentare il livello di qualità del servizio richiede un investimento anche economico da parte dell'organizzazione, considerare le aspettative diventa molto prezioso.

Peraltro sono stati forniti suggerimenti per non perdere la componente delle aspettative e contemporaneamente ridurre la lunghezza del questionario di 22 domande. In particolare, sono stati proposti tre approcci: (1) utilizzare un'unica scala per chiedere ai partecipanti dove collocano un'organizzazione di alta qualità e poi dove collocano il fornitore in esame; (2) utilizzare il punto medio della scala come livello di servizio atteso da un'organizzazione di alta qualità, quindi valutare il fornitore specifico rispetto al valore medio, al di sopra o al di sotto delle aspettative; (3) utilizzare il valore massimo (per esempio, 7 su una scala di 7 punti) come livello atteso da un'organizzazione di alta qualità e valutare il fornitore specifico rispetto all'organizzazione di alta qualità sulla stessa scala. Tutti e tre gli approcci rappresentano valide alternative per valutare le percezioni e le aspettative dei clienti riducendo, al tempo stesso, la lunghezza del questionario.

La validità delle cinque dimensioni

Un'altra critica frequente al modello SERVQUAL è che le cinque dimensioni proposte della qualità del servizio – tangibilità, affidabilità, reattività, rassicurazione ed empatia – non reggono dal punto di vista statistico, pertanto i critici del SERVQUAL mettono in dubbio la validità stessa delle dimensioni scelte per lo strumento di misurazione. Gli ideatori del SERVQUAL oppongono che, sebbene rappresentino aspetti concettualmente distinti della qualità del servizio, le cinque dimensioni sono correlate e quindi possono esistere alcune sovrapposizioni; in particolare, la distinzione tra le dimensioni di reattività, rassicurazione e affidabilità tende a sfumare a un controllo statistico. Tuttavia, quando agli intervistati viene chiesto di assegnare pesi di importanza a ciascuna dimensione, i risultati indicano che i rispondenti distinguono effettivamente tra le cinque dimensioni. La letteratura scientifica dispone di numerosi articoli a sostegno della fattibilità della struttura a cinque dimensioni.

12.4h SERVQUAL: alcune considerazioni finali

Da ultimo, il modello SERVQUAL mette in evidenza alcuni aspetti aggiuntivi che i fornitori di servizi dovrebbero considerare quando intendono analizzare la qualità del servizio.

L'importanza del personale di contatto
In primo luogo, le percezioni del servizio da parte dei clienti dipendono fortemente dagli atteggiamenti e dalle prestazioni del personale di contatto. Delle cinque dimensioni misurate, reattività, empatia e rassicurazione riflettono direttamente l'interazione tra i clienti e il personale. Anche la valutazione della dimensione tangibile dipende in parte dall'aspetto, dall'abbigliamento e dall'igiene del personale di servizio.

Il processo è importante quanto il risultato
Il modo in cui i clienti giudicano un servizio dipende tanto dal processo quanto dal risultato e le modalità di erogazione del servizio sono importanti quanto la frequenza e la natura del servizio stesso. Di conseguenza, la soddisfazione del cliente, come si è visto nel precedente capitolo, è condizionata dal fornitore ma anche dall'utilizzatore del servizio.

Intendere i servizi come processi solleva notevoli difficoltà per il management quando cerca di programmare gli standard di qualità per il servizio, poiché essi possono essere stabiliti in base sia alla prospettiva del cliente sia a quella della gestione operativa. Per esempio, si può redigere una procedura a partire dalle valutazioni dei clienti sulla reattività dell'organizzazione, ma, sebbene si tratti di una misura quantitativa, questo non è sufficiente del tutto per guidare il comportamento dei responsabili della gestione operativa e del personale di contatto.

Le percezioni degli acquirenti sono imprevedibili
Le valutazioni della qualità del servizio ricevuto sono influenzate anche da fattori al di fuori del controllo dell'organizzazione e che possono non essere immediatamente visibili ai manager; stati d'animo e atteggiamenti degli acquirenti condizionano le risposte. Alcune ricerche hanno rilevato che, nel valutare i servizi, i clienti utilizzano una varietà di indizi; uno studio recente mostra che, anche se un fornitore genera un risultato negativo, potrebbe non essere giudicato negativamente, come se non avesse fornito un livello di soddisfazione insufficiente; questo accade poiché, essendo parte del processo, talvolta i clienti attribuiscono gli insuccessi a sé stessi o a fattori al di fuori del controllo dell'organizzazione. È dimostrato che tali attribuzioni dipendono, per esempio, dalle caratteristiche tangibili del servizio: un ufficio ordinato attenua la colpa del fornitore; per contro, un ufficio disordinato genera sentimenti di insoddisfazione nei confronti del fornitore, indipendentemente da chi sia realmente responsabile dell'insuccesso.

APPROFONDIMENTO 12.2

Servizi globali in azione
Thales Alenia Space, leader nella space economy

La *space economy*, o economia dello spazio, rappresenta un settore emergente a livello globale e comprende una vasta gamma di attività legate all'utilizzo dello spazio extraterrestre a fini sia di ricerca scientifica che di sfruttamento commerciale.

Quando si fa riferimento all'economia dello spazio si pensa prevalentemente all'utilizzo dei satelliti per l'osservazione della Terra; essi costituiscono una parte importante e fondamentale del contorno spaziale, ma l'operatività e l'influenza della space economy va oltre questo ambito.

Nel settore spaziale, la catena del valore può essere divisa in tre grandi categorie: lo sviluppo dei sistemi, la gestione delle operazioni e l'applicazione del sistema. Queste categorie corrispondono rispettivamente alle fasi di *Upstream*, *Midstream* e *Downstream*, che riflettono la creazione, la gestione e l'uso delle tecnologie spaziali.

Thales Alenia Space è una realtà industriale di eccellenza a livello mondiale (Thales 67% e Leonardo 33%) e forma con Telespazio la "Space Alliance", che offre una gamma completa di servizi e soluzioni nel settore; in particolare, il sito di Torino è noto nel mondo come leader nel campo delle infrastrutture spaziali, dei satelliti scientifici e delle sonde per l'esplorazione dell'universo, nonché come maggior protagonista nella costruzione, progettazione e integrazione della Stazione Spaziale Internazionale.

Sia l'industria privata che quella governativa contano su Thales Alenia Space per progettare sistemi satellitari che forniscano connessione e posizionamento ovunque e in qualsiasi luogo, monitoraggio del pianeta, potenziamento della gestione delle sue risorse ed esplorazione del nostro sistema solare e oltre.

L'azienda è impegnata in diversi ambiti: nel settore delle comunicazioni (che costituisce il 50% delle sue attività) attraverso la costruzione di satelliti realizzati per fornire servizi in tutto il mondo, incluse le aree rurali o inaccessibili tramite infrastrutture terrestri; in progetti di monitoraggio dell'ambiente e dei cambiamenti climatici collaborando con agenzie spaziali nazionali e internazionali, come l'Agenzia Spaziale Europea (ESA) e la NASA, nonché con organizzazioni ambientali e scientifiche; nell'ambito della difesa, attraverso la fornitura di tecnologie e sistemi spaziali avanzati che supportano le esigenze di sicurezza e difesa, l'azienda fornisce sistemi di comunicazione avanzati per le forze armate e le organizzazioni governative.

Se in passato parlare di qualità in questo ambito significava prevalentemente la produzione di attrezzature tecnologicamente all'avanguardia e conformi agli standard di progettazione, ora sempre di più l'azienda deve fornire soluzioni progettate insieme al cliente per rispondere a richieste molto specifiche e sofisticate.

Valutare le critiche del SERVQUAL

Nonostante le critiche citate, il SERVQUAL rimane uno strumento molto utilizzato per esaminare la qualità di un servizio e da qualche tempo si cerca di estenderlo anche al commercio elettronico e più in generale ai servizi digitalizzati. Fin dall'inizio, i suoi ideatori hanno ammesso che il SERVQUAL è un utile punto di partenza per la misurazione della qualità del servizio e non è mai stato pensato come la risposta definitiva. Essi inoltre sostengono che, se usato insieme ad altre forme di misurazione, sia quantitative che qualitative, il SERVQUAL è un valido strumento diagnostico. In linea di massima, come anche nel caso delle misure di soddisfazione, il SERVQUAL è più efficace se i risultati sono confrontati sia con osservazioni precedenti sulla qualità del servizio sia con le misure delle prestazioni della concorrenza.

12.5 I sistemi informativi per la qualità del servizio

Sistema informativo per la qualità del servizio: strumenti integrati che forniscono in maniera continuativa dati ai manager che devono prendere tempestivamente le decisioni.

Le organizzazioni che intendono migliorare la qualità del proprio servizio utilizzano una serie di strumenti integrati che vanno a comporre il **sistema informativo** necessario a comprendere le percezioni e le aspettative degli acquirenti. Si tratta di un flusso continuo che fornisce dati preziosi ai manager per prendere tempestivamente le decisioni. Più specificamente, i sistemi informativi sulla qualità utilizzano misure della qualità del servizio e della soddisfazione del cliente insieme ad altre ottenute in vari punti per valutare le prestazioni complessive dell'azienda.

Gli strumenti di un sistema informativo sulla qualità del servizio includono:

- report sui reclami dei clienti;
- sondaggi post-vendita;
- interviste di gruppo ai clienti;
- risultati del *mystery shopping*;
- sondaggi sul personale;
- sondaggi sulla qualità dei servizi del mercato totale.

Ricerca sui clienti: analisi dal punto di vista dei clienti.

Ricerca sui non clienti: analisi sulla gestione del servizio da parte della concorrenza e sulla percezione dei dipendenti rispetto ai punti di forza e di debolezza dell'azienda.

In prima approssimazione, i sistemi informativi sulla qualità del servizio si basano su due tipi di ricerche: la **ricerca sui clienti** e la **ricerca sui non clienti.** La ricerca sui clienti analizza l'opinione dei clienti sui punti di forza e di debolezza del fornitore e comprende misure quali i reclami, i sondaggi post-vendita, le interviste di gruppo e i sondaggi sulla qualità del servizio. La ricerca sui non-clienti, invece, si concentra sulle prospettive dei dipendenti in merito ai punti di forza e di debolezza dell'azienda e sulle prestazioni dei dipendenti (per esempio, sondaggi sui dipendenti e mystery shop). Inoltre, la ricerca sul non-cliente esamina le prestazioni dei concorrenti relativamente ai vari aspetti del servizio (tramite sondaggi sulla qualità del servizio nel mercato totale) e serve come base per il confronto.

12.5a Reclami dei clienti

L'obiettivo della gestione dei reclami dei clienti è duplice. In primo luogo, i reclami identificano i clienti insoddisfatti, e l'impegno del fornitore può consentire di trattenere molti di essi prima che passino alla concorrenza. Il secondo obiettivo è quello di identificare i punti deboli del sistema di erogazione del servizio e di adottare le azioni correttive necessarie per ridurre al minimo il ripetersi dello stesso problema in futuro. I reclami dei clienti devono essere raccolti in modo continuativo.

I continui feedback dei clienti devono essere analizzati con attenzione; purtroppo, invece, molte organizzazioni gestiscono un reclamo alla volta e non esaminano il contenuto nel suo insieme. Il Chicago Marriott ha impiegato 15 anni per capire che il 66% delle chiamate al servizio clienti riguardava la richiesta di un ferro o di un'asse da stiro. Dopo essersi accorto di questo dato, l'hotel ha ridestinato $20.000, inizialmente stanziati per dotare di televisori a colori i bagni delle stanze, all'acquisto di ferri e assi da stiro.

12.5b Sondaggi post-vendita

Sondaggi post-vendita: analisi dopo la fornitura del servizio.

Come parte del sistema informativo sulla qualità del servizio, anche i **sondaggi post-vendita** dovrebbero essere condotti in maniera continuativa. Poiché essi si riferiscono a singole transazioni, di fatto si tratta di sondaggi sulla soddisfazione del cliente quando il servizio è ancora fresco nella sua mente e, in quanto tali, sono soggetti ai vantaggi e agli svantaggi evidenziati nel Capitolo 11. Le informazioni riflettono le recenti prestazioni dell'azienda, ma possono essere falsate dal tentativo involontario del cliente di minimizzare la dissonanza cognitiva.

Sebbene anche i sondaggi post-vendita possano accertare aree di miglioramento, rappresentano un approccio più proattivo rispetto alla raccolta di reclami; molte organizzazioni aspettano che i clienti si lamentino e poi prendono provvedimenti. Data la riluttanza del cliente medio a lamentarsi, l'attesa dei reclami non fornisce al fornitore un quadro reale delle sue prestazioni. Il sondaggio post-vendita cerca di contattare tutti i clienti e di intraprendere azioni correttive se un cliente non è soddisfatto della sua decisione di acquisto.

12.5c Interviste a focus group di clienti

Un'altra componente importante del sistema informativo sulla qualità del servizio è rappresentata dalle interviste ai clienti mediante dei **focus group**. Queste interviste di gruppo sono conversazioni informali con 8-12 clienti guidate da un moderatore esperto. I partecipanti al focus group sono incoraggiati a esprimere le proprie opinioni e reagire ai suggerimenti provenienti dagli altri membri del gruppo. Grazie all'interazione, i clienti tendono a sentirsi più a loro agio e sono motivati a parlare in modo più aperto e onesto; pertanto, i ricercatori ritengono che le informazioni ottenute siano più ricche dei dati che rilevano le opinioni di una singola persona.

Focus group: interviste informali con gruppi di 8-12 persone finalizzate a far emergere aspetti non rilevabili con strumenti più strutturati.

I focus group sono probabilmente il metodo di ricerca di mercato più utilizzato, sebbene il loro scopo principale sia identificare le aree su cui raccogliere dati nelle successive ricerche di mercato. Nonostante le informazioni fornite dal gruppo siano considerate molto preziose, sono generalmente necessarie altre forme di ricerca per confermare che le idee dei gruppi riflettono i sentimenti di un più ampio segmento di clienti. I sostenitori dei sistemi informativi sulla qualità del servizio ritengono che i focus group dovrebbero essere condotti su base mensile.

12.5d Mystery shopping

Il **mystery shopping** è una modalità di ricerca che non richiede di contattare i clienti perché osserva il comportamento dei singoli operatori nei servizi. Come indica anche il nome, i ricercatori sono addestrati, non rivelano il loro ruolo (mystery shopper), si fingono clienti e fanno acquisti come tutti gli altri. L'idea è quella di esaminare una reale esperienza di servizio; i mystery shopper valutano i dipendenti in base a una serie di caratteristiche, come il tempo impiegato per riconoscere il cliente, il contatto visivo, l'aspetto e molte altre procedure del servizio al cliente e di vendita promosse dall'azienda.

Mystery shopping: analisi effettuate mediante ricercatori che si fingono clienti.

Il mystery shopping è una forma di ricerca per osservazione e viene raccomandato su base trimestrale. I risultati ottenuti sono utilizzati come feedback costruttivo per il personale e aiutano l'organizzazione a istruire, formare, valutare e gratificare formalmente i propri dipendenti. I camerieri del Texas Roadhouse, un ristorante popolare negli Stati Uniti, sono premiati con un bonus di circa $100 ogni volta che ricevono la valutazione massima da un mystery shopper. Il bonus non solo premia il lavoratore, ma rafforza anche i comportamenti di servizio migliori auspicati dalla direzione.

12.5e Sondaggi sul personale

Sondaggi sul personale: analisi effettuate intervistando il personale.

Un'altra componente fondamentale del sistema informativo è rappresentata dai **sondaggi sul personale**. Quando il prodotto offerto è una prestazione, è essenziale che l'organizzazione ascolti chi effettivamente la svolge. Troppo spesso nei sondaggi si dimentica il personale, nonostante la soddisfazione dei clienti sia legata direttamente alla soddisfazione dei dipendenti nei confronti dell'azienda, come si è visto nel Capitolo 9; i fornitori di servizi devono imparare che per mettere al primo posto le esigenze dei clienti non devono trascurare le esigenze del personale.

Condotti trimestralmente, i sondaggi sui dipendenti forniscono una misura del loro stato d'animo, dei loro atteggiamenti e degli ostacoli percepiti alla fornitura di servizi di qualità. Spesso i dipendenti vorrebbero fornire un livello più alto di servizi, ma sentono di essere limitati da procedure e politiche interne.

I sondaggi sul personale forniscono i mezzi per scoprire questi ostacoli, in modo da poterli rimuovere quando è opportuno. Inoltre, i dipendenti sono clienti dei servizi interni e ne valutano quotidianamente la qualità. Grazie al loro coinvolgimento diretto nell'erogazione dei servizi, i reclami dei dipendenti fungono da sistema di allarme preventivo; in altre parole, i dipendenti spesso si accorgono del malfunzionamento dei servizi prima dei clienti.

12.5f Sondaggi sulla qualità del servizio nel settore

Sondaggi sulla qualità del servizio nel settore: indagini che misurano la qualità offerta sia dall'organizzazione che promuove la ricerca sia dai concorrenti.

I sondaggi sulla **qualità del servizio nel settore** non misurano solo il servizio erogato dall'organizzazione che li promuove, ma valutano anche la percezione della qualità dei servizi dei fornitori concorrenti. Quando misure come quelle del SERVQUAL vengono utilizzate insieme ad altri strumenti, un'organizzazione può confrontare le proprie prestazioni attuali con quelle di periodi precedenti e con quelle dei concorrenti. I sondaggi sulla qualità del servizio forniscono informazioni sui miglioramenti da apportare al sistema di erogazione del servizio e misurano i progressi compiuti nelle aree di necessità precedentemente identificate.

I sostenitori di un sistema informativo sulla qualità del servizio raccomandano di condurre i sondaggi sulla qualità offerta sul mercato tre volte all'anno, anche se la frequenza dipende molto dalle dimensioni della base di clienti; un contatto troppo frequente con gli stessi clienti può infastidirli, mentre condurre sondaggi troppo di rado può costare la vita all'azienda.

In pratica, un sistema informativo sulla qualità del servizio fornisce una visione complessiva delle prestazioni e supera molte delle carenze delle singole misure utilizzate isolatamente. Come per tutte le misure, il vero valore del sistema informativo risiede nei dati che fornisce ai manager e ai dipendenti in prima linea per aiutarli a prendere decisioni. Le misure devono servire come sistema di supporto alle decisioni, ma non devono essere gli unici input del processo decisionale; l'esperienza manageriale e l'intuizione rimangono componenti fondamentali di ogni decisione aziendale.

In sintesi, i tasselli fondamentali che devono essere inseriti in ogni sistema informativo sulla qualità del servizio includono quanto segue.

- *Ascolto*: la qualità è definita dal cliente. La conformità alle specifiche prefissate dall'organizzazione non è necessariamente qualità, mentre lo è la conformità alle specifiche del cliente. L'adeguatezza degli investimenti per migliorare il servizio deriva dall'apprendimento continuo delle aspettative e delle percezioni dei clienti.

- *Affidabilità*: l'affidabilità è il fulcro della qualità del servizio. Poco altro conta per un cliente quando il servizio è inaffidabile.
- *Servizio di base*: non serve curare gli orpelli se non funzionano le cose essenziali. I clienti dei servizi vogliono l'essenziale; si aspettano i fondamentali, non il lusso, le prestazioni o le promesse vuote.
- *Design del servizio*: l'erogazione affidabile del servizio di base che i clienti si aspettano dipende, in parte, dal buon funzionamento delle varie componenti di un sistema di servizi. I difetti di progettazione in una parte qualsiasi del sistema di fornitura possono ridurre la percezione della qualità.
- *Recupero*: le ricerche dimostrano che le organizzazioni ricevono costantemente i punteggi più sfavorevoli per la qualità del servizio dai clienti i cui problemi non sono stati risolti in modo soddisfacente. In effetti, i fornitori che non rispondono efficacemente ai reclami dei clienti aggravano il fallimento del servizio.
- *Sorprendere i clienti*: superare le aspettative dei clienti richiede il "fattore sorpresa". Se le organizzazioni di servizi riescono non solo a essere affidabili nei risultati, ma anche a sorprendere il cliente nel modo in cui il servizio viene fornito, allora sono davvero eccellenti.
- *Correttezza*: i clienti si aspettano che i fornitori di servizi li trattino in modo equo, ma si risentiranno e diventeranno diffidenti se percepiscono di essere trattati diversamente.
- *Lavoro di squadra*: la presenza di "compagni di squadra" è una dinamica importante per sostenere la motivazione al servizio. La creazione di una squadra di servizio non deve essere lasciata al caso.
- *Sondaggio sul personale*: il sondaggio sul personale è importante per il miglioramento del servizio quanto quello sui clienti.
- *Leadership al servizio*: fornire un servizio eccellente richiede una leadership speciale. La leadership deve essere al servizio del personale, per ispirarlo, formarlo e metterlo in condizione di raggiungere i suoi obiettivi.

Riepilogo

In questo capitolo è stato affrontato il tema della qualità del servizio. I concetti di qualità e di soddisfazione del cliente sono interconnessi; in termini generali, la soddisfazione del cliente è definita come una misura a breve termine, specifica di una transazione, mentre la qualità del servizio è una misura più ampia e di lungo termine. Inoltre, la soddisfazione riflette il confronto tra le percezioni e ciò che i clienti si aspettano in quella circostanza, mentre la qualità del servizio emerge nel confronto tra le percezioni e ciò che i clienti pensano che un fornitore di alta qualità dovrebbe offrire. Le stime della soddisfazione effettuate dopo ogni transazione di servizio aiutano a rivedere le valutazioni complessive della qualità del servizio dell'azienda da parte dei clienti.

Le organizzazioni che offrono servizi di qualità eccellente lo fanno evitando lacune nei propri sistemi di fornitura; in questo capitolo ne sono state presentate quattro: il divario (gap) di conoscenza, il divario degli standard qualitativi, il divario di prestazione e il divario di comunicazione. Numerosi fattori manageriali, di marketing e operativi influenzano l'entità di ciascuna di queste lacune. In definitiva, l'obiettivo di ogni organizzazione è quello di ridurre al minimo il quinto divario, quello più generale del servizio, ovvero la differenza tra le percezioni e le aspettative dei clienti. Il gap di servizio è una funzione degli altri quattro divari.

Un metodo molto popolare per valutare la qualità del servizio è il modello SERVQUAL, strumento di indagine composto da 44 domande che mettono a confronto le aspettative degli acquirenti con la percezione del servizio. Le valutazioni degli acquirenti si basano su cinque dimensioni della qualità del servizio: tangibilità, reattività, affidabilità, rassicurazione ed empatia. I punteggi per ciascuna delle cinque dimensioni possono essere calcolati confrontando le aspettative medie con quelle della percezione dei clienti. I risultati ottenuti con il SERVQUAL indicano quelle aree che necessitano di intervento e aiutano il fornitore di servizi nei suoi sforzi di miglioramento continuo.

Il SERVQUAL è solo uno dei metodi per valutare la qualità del servizio; un sistema informativo sulla qualità utilizza continuativamente una serie di strumenti per valutare le prestazioni di un'organizzazione nel suo complesso. I principali componenti di un sistema di questo tipo raccolgono informazioni sui clienti (analisi dei reclami dei clienti, sondaggi post-vendita, interviste di gruppo e sondaggi sulla qualità dei servizi nel settore) e sui non-clienti (sondaggi sui dipendenti e il mystery shopping).

In conclusione, la qualità del servizio si traduce in un vantaggio soprattutto quando la competizione è tra fornitori che offrono prodotti simili. I potenziali benefici associati alla qualità includono l'aumento della quota di mercato, la ripetizione degli acquisti e l'aumento della redditività. In definitiva, le chiavi per ottenere la qualità del servizio risiedono in una conoscenza dettagliata delle esigenze degli acquirenti, nel personale focalizzato sulla qualità e in sistemi di erogazione del servizio progettati per sostenere la missione di qualità generale dell'azienda.

Domande di verifica

1. Quali sono le principali differenze tra la soddisfazione del cliente e la qualità del servizio?
2. Spiegare il gap di conoscenza e quali fattori lo generano.
3. Descrivere un'occasione in cui si è verificato un gap di prestazione.
4. Illustrare i principi guida del modello SERVQUAL.
5. Perché un manager dovrebbe voler conoscere l'importanza che i clienti attribuiscono a ciascuna delle cinque dimensioni della qualità del servizio?
6. Pensare a un'esperienza di servizio e indicare quali sono la più e la meno importante delle cinque dimensioni della qualità del servizio.
7. Quali sono le critiche al SERVQUAL?
8. Quali sono gli strumenti del sistema informativo per la qualità del servizio?
9. Perché intervistare anche il personale è importante?
10. Immaginare un utilizzo innovativo delle tecnologie di osservazione della Terra e come si valuta la qualità in questi casi (Approfondimento 12.2).

Capitolo 13

Gestione dei reclami e del recupero del disservizio

Obiettivi del capitolo

Talvolta il cliente non riceve quello che si aspettava. L'obiettivo principale di questo capitolo è quello di evidenziare l'importanza del recupero del disservizio. Verranno descritti i motivi che portano i clienti a lamentarsi e le tipologie di clienti che reclamano. Verranno poi descritti i vari passaggi per lo sviluppo di un programma efficace di gestione delle situazioni in cui emergono errori nell'erogazione del servizio.

Messicano: Veloce e fresh è la nuova moda

Steve Ells è uno chef esperto, laureato al Culinary Institute of America, ma la sua creatura, Chipotle Mexican Grill, non è nata da una ricetta. La scintilla che ha innescato l'attuale tendenza del "fast casual" è scaturita da una scena a cui ha assistito più di 25 anni fa mangiando in un locale di burrito. Osservando il personale che serviva i clienti come su una catena di montaggio, intuì che la rapidità del servizio non doveva necessariamente precludere la qualità o il gusto, cosa che all'epoca i locali cosiddetti "fast food" non capivano.

Oggi i ristoranti di quel tipo sono diffusi ovunque, combinano un servizio più raffinato con prezzi più alti e ingredienti migliori. A differenza di altri format, dove la scelta si concentra su prodotti facili da cucinare come hamburger e patatine fritte surgelati, Chipotle vende solo cibi freschi (non ha congelatori) e prepara tutto a mano, personalizzando un menù limitato con salse, carni e verdure già pronte. Invece di tenere il cibo in cucina, Chipotle espone gli ingredienti in bella vista, in modo che i clienti possano indicare ciò che preferiscono e guidare il processo di assemblaggio.

La velocità è ancora fondamentale. L'efficienza operativa di Chipotle deriva in gran parte dal fatto che i dipendenti vengono pagati di più e licenziati quando le performance non sono all'altezza, così da presentare ai clienti un team cordiale, energico e motivato. Inoltre, Chipotle si impegna a migliorare continuamente la qualità del servizio e ad accorciare i tempi di attesa. L'impresa ha investito 20 milioni di dollari in impianti per ridurre di qualche secondo il tempo di cottura delle tortillas.

Anche il sistema di consegna di Chipotle è strutturato come una catena di montaggio. Prima dell'arrivo dei clienti, i dipendenti preparano il cibo e organizzano gli spazi di lavoro in modo da ottimizzare l'efficienza del servizio. Vi sono supervisor che supportano i dipendenti sul campo per garantire un servizio tempestivo, ridurre al minimo i colli di bottiglia e risolvere le esigenze di servizio non soddisfatte.

Il successo del processo di servizio di Chipotle è evidente: più di 1.600 negozi aperti, il servizio ai clienti ideato da Steve Ells imitato dalla concorrenza e più di 4 miliardi di dollari di ricavi all'anno.

Fonte: http://www.fastcompany.com; http://www.businessinsider.com.

13.1 Introduzione

Nonostante un'organizzazione si impegni al massimo per soddisfare i propri clienti, la possibilità che qualcosa vada storto è inevitabile: a volte gli aerei o i treni ritardano, non sempre i pasti sono preparati alla perfezione, non sempre il personale di contatto è attento a ogni dettaglio e così via. Per contro, anche se alcuni clienti sono irragionevoli e non sono mai contenti, rimanere indifferenti alla loro insoddisfazione può risultare fatale.

I clienti sono pronti a punire le aziende poco reattive e a premiare con la loro fedeltà chi invece si fa carico delle proprie esigenze. YouTube, Facebook, Twitter e altri social media consentono ai clienti di comunicare la propria insoddisfazione a un pubblico molto ampio e di fomentarsi vicendevolmente. Un cliente insoddisfatto di United Airlines ha creato un proprio sito web chiamato Untied.com, interamente dedicato all'insoddisfazione di clienti e dipendenti di questa specifica compagnia aerea, che ha acquisito popolarità.

Errori nel servizio: interruzioni nella fornitura del servizio o situazioni di "fallimento" in cui il servizio non risponde alle richieste del cliente.

Recupero del disservizio: reazione dell'organizzazione a un reclamo da parte del cliente.

In estrema sintesi, un'organizzazione deve adottare un atteggiamento proattivo sia per ridurre il verificarsi di **errori nel servizio** (*service failure*) sia per dotare il personale di strumenti efficaci per il **recupero del disservizio** (*service recovery*), quando ciò accade.

Gli errori, generalmente descritti con l'espressione "fallimento del servizio", sono intrinseci dell'esperienza dei servizi viste le caratteristiche specifiche che distinguono i servizi dai beni tangibili e che sono state estesamente descritte nelle pagine precedenti.

A causa dell'intangibilità, il confronto delle percezioni dei clienti con le aspettative è altamente soggettivo; di conseguenza, la soddisfazione dei clienti può variare, poiché le loro aspettative individuali e le percezioni personali del mondo circostante sono diverse. A causa dell'eterogeneità, si verificano variazioni nel processo di erogazione del servizio e ogni esperienza sarà diversa, per cui un cliente può domandarsi perché l'esperienza attuale non coincida con quella passata. Inoltre, la caratteristica della deperibilità crea spesso problemi di allineamento tra domanda e offerta, pertanto talvolta il cliente deve attendere per ricevere il servizio. Se l'attesa è eccessiva, i clienti diventano impazienti. Da ultimo, l'inseparabilità pone quasi sempre il fornitore di servizi in un'interazione faccia a faccia con il cliente con alte possibilità di errore.

I contatti dei fornitori di servizi con i clienti sono già stati definiti "incidenti critici" o "momenti della verità" e sono esposti ai pro e contro che derivano da questa interazione ravvicinata; quasi due terzi dei clienti che cambiano il fornitore di servizi lo fanno a causa di un'interazione spiacevole con il personale dell'azienda.

13.2 Il comportamento dei clienti che reclamano

Una ricerca qualche tempo fa ha analizzato l'impatto dei fallimenti del servizio ed è stato chiesto ai clienti: "Sei mai stato/a così arrabbiato con un dipendente o un'azienda al punto da dire: non entrerò mai più in quel negozio o comprerò quella marca? E hai mantenuto la parola?". I ricercatori hanno constatato che dovevano limitare i partecipanti a riportare solo tre incidenti per mantenere ragionevole la durata dell'intervista. Il più vecchio di tali incidenti era accaduto oltre 25 anni prima, e l'86% di essi era risalente a più di cinque anni: i clienti non dimenticano e non perdonano facilmente quando si tratta del servizio.

Gli errori nel servizio possono avere conseguenze drammatiche; la maggior parte dei partecipanti al sondaggio (l'87%) ha dichiarato di essere ancora profondamente turbata ed era rimasta più colpita dal trattamento ricevuto dal personale di contatto che dalle prestazioni dell'impresa o del prodotto. Più di tre quarti ha riferito ad altri l'esperienza spiacevole con passaparola negativi (il 46% ha affermato di averlo riferito a molti). Infine, in linea con il comportamento tipico delle lamentele dei consumatori di oggi, solo il 53% dei clienti ha espresso direttamente il proprio disappunto, ma il 100% dei clienti è passato ad altri fornitori.

La maggior parte delle organizzazioni teme i clienti che si lamentano, mentre altre li considerano come un male necessario nel gestire un'attività economica. In ogni caso, si dovrebbe incoraggiare i clienti a reclamare, per poter individuare problemi operativi o manageriali da correggere. Chi si lamenta offre (implicitamente) al fornitore una consulenza gratuita per diagnosticare i problemi, e allo stesso tempo dà la possibilità di ristabilire la relazione e ottenere soddisfazione. Inoltre, chi reclama è più propenso a continuare a rivolgersi allo stesso fornitore rispetto a chi non lo fa, per cui le aziende di successo dovrebbero considerare queste occasioni come un'opportunità per accontentare i clienti insoddisfatti e prevenire defezioni e passaparola negativi.

I fornitori di servizi dovrebbero preoccuparsi di più di chi non reclama, poiché o sono già andati via o hanno intenzione di passare alla concorrenza; il 63% dei clienti che hanno acquistato servizi o prodotti dal costo da 1 a 5 dollari, se sono insoddisfatti e non lo dicono al fornitore passeranno alla concorrenza. Questa percentuale si avvicina al 91% per spese superiori ai 100 dollari.

La letteratura sulla gestione dei reclami segnala l'importanza di sollecitare proattivamente le lamentele dei clienti. Sebbene molti si lamentino dei servizi ricevuti parlando con gli amici, i familiari e i conoscenti, raramente i clienti reclamano direttamente con il fornitore e, soprattutto, il comportamento del cliente varia a seconda della cultura di provenienza (vedi Approfondimento 13.1).

APPROFONDIMENTO 13.1

Servizi globali in azione
Fallimenti e strategie di recupero

Per gestire efficacemente i fallimenti e recuperare il disservizio è bene tenere in considerazione le differenze culturali tra i vari clienti, in particolare nel settore dell'ospitalità, dove è alto il livello di interazione tra il personale e ospiti provenienti da Paesi e tradizioni diverse. Alcuni studi hanno rilevato queste differenze nella valutazione della qualità del servizio, nelle modalità di reclamo e nelle percezioni dell'efficacia del recupero del disservizio.

Per esempio, la cultura cinese influenza profondamente le aspettative e le percezioni degli errori nel servizio e delle strategie di recupero. Le persone di molte culture orientali (inclusa quella cinese) possono attribuire la causa di un disservizio a forze esterne come la fortuna o il destino anziché incolpare direttamente il fornitore così da mantenere un rapporto armonioso con gli altri ed evitare conflitti. In particolare, sembra che i cinesi si basino su cinque aspetti chiave quando valutano l'efficacia delle strategie di recupero del disservizio.

1. Protezione della propria immagine: la tutela della reputazione propria o altrui. La protezione dell'immagine è composta da *lian* (la reputazione morale di un individuo) e *mianzi* (l'onore che gli individui possono rivendicare dai loro successi e risultati). Questo tema illustra l'importanza elevata della giustizia interazionale per i clienti cinesi.
2. Equità: il desiderio di essere trattati in modo equo. Così come le culture occidentali, le persone cinesi confrontano il servizio ricevuto con i costi sostenuti e se c'è uno squilibrio si aspettano un risarcimento della differenza. Il valore dell'equità documenta l'importanza della giustizia distributiva.
3. Valorizzazione dei clienti: essere rispettati e valorizzati nelle relazioni di scambio. Un cliente valorizzato si sente accettato, indipendentemente dalla razza o dalle capacità economiche. Quando si verifica un problema nel servizio, i clienti si aspettano di ricevere scuse, di essere trattati con gentilezza, cortesia e onestà; si aspettano che i loro diritti siano rispettati e che il personale si preoccupi in modo genuino di recuperare il disservizio.
4. Aspirazione *junzi*: cercare di vivere con i valori di compassione, gentilezza e benevolenza. Per esempio, un cliente con un comportamento junzi crede che "il rispetto si guadagni non essendo aggressivi nei confronti degli altri". In altre parole, in situazioni di errori nel servizio, i clienti cinesi possono comportarsi in modo non conflittuale per preservare la loro immagine junzi.
5. Armonia sociale: il desiderio di relazionarsi in modo armonioso quando c'è un contenzioso. L'armonia si ottiene quando entrambe le parti in causa mostrano buona volontà, diplomazia, pazienza, comprensione e tolleranza l'una verso l'altra.

Quattro dei cinque punti descritti enfatizzano l'importanza della giustizia interazionale, aspetto estremamente rilevante nella cultura cinese soprattutto per chi opera nel settore dell'ospitalità.

Fonte: http://jht.sagepub.com.

13.2a Le tipologie di reclamo

Reclamare è spesso considerato un'espressione di dissenso, insoddisfazione, risentimento o rammarico. Un reclamo è diverso da una critica poiché il primo esprime un'insoddisfazione personale, mentre la seconda può essere un'osservazione oggettiva e disinteressata su una persona o un oggetto. Dagli studi di psicologia del consumatore emerge che non tutti i reclami sono uguali, ed essi possono essere strumentali o non strumentali. I **reclami strumentali** sono espressi con lo scopo di modificare una circostanza indesiderata, come per esempio lamentarsi con un cameriere che la bistecca è poco cotta aspettandosi che lui agisca per sistemare la situazione. Purtroppo sembra che i reclami strumentali siano i meno frequenti.

Reclami strumentali: reclami finalizzati a modificare una circostanza indesiderata.

Al contrario, i **reclami non strumentali** vengono espressi senza l'aspettativa che la situazione indesiderata si modifichi. Questi reclami avvengono assai più frequentemente, come per esempio lamentarsi del meteo: frasi come "fa troppo caldo!" non esprimono una reale aspettativa che la situazione cambi. Sono reclami non strumentali quelli rivolti a terzi e non a chi ha creato il problema; lamentarsi con un amico delle cattive condizioni di una camera d'albergo è un reclamo non strumentale; l'amico non si prenderà la responsabilità di sistemare la camera, né la persona che si è lamentata si aspetta che lui lo faccia.

Reclami non strumentali: reclami espressi senza l'aspettativa che una situazione indesiderata cambi.

Si possono suddividere le lamentele tra ostensive e riflessive, a seconda di quale sia ritenuta la fonte del problema. Le **lamentele ostensive** sono rivolte a qualcuno o qualcosa esterno a chi le esprime, ovvero la fonte del problema è percepita come staccata da chi si lamenta: "lo chef ha cotto troppo la mia bistecca!". Invece le **lamentele riflessive** sono espresse da chi attribuisce la causa del problema a una propria mancanza: per esempio, "non sono stato chiaro su come volevo che la mia bistecca fosse preparata".

Lamentele ostensive: espressioni di insoddisfazione manifestate a qualcuno che non ha responsabilità sul problema.

Lamentele riflessive: insoddisfazione che il cliente attribuisce a una propria mancanza.

La maggior parte dei clienti esprime lamentele ostensive, e la letteratura individua due ragioni per spiegare questo fenomeno: la prima è che le persone evitano di fare commenti negativi su sé stesse per non sminuire la propria autostima, e la seconda è che raramente le persone vogliono trasmettere agli altri attributi negativi su di sé.

Stew Leonard, proprietario di una catena di alimentari, Stew Leonard's Dairy, ha imparato questa lezione quando ha aperto il suo locale, considerata "la più grande latteria del mondo" e una delle prime aziende in cui lavorare a giudicare dalla lista stilata dalla rivista *Fortune*. Entrando nel negozio, i clienti trovano scritte due semplici regole: "Regola n. 1: il cliente ha sempre ragione!" e "Regola n. 2: se il cliente avesse torto, rileggi la regola n. 1". Stew Leonard ha imparato che se il cliente è insoddisfatto non importa chi ha davvero ragione, ma chi è la fonte del problema seconda la percezione del cliente.

In conclusione, la maggior parte di chi reclama vive in un mondo ostensivo, mentre i fornitori di servizi dovrebbero essere grati quando i clienti esprimono reclami strumentali.

13.2b Le tipologie dei clienti che reclamano

Prima di entrare più nel dettaglio delle motivazioni che portano i clienti a reclamare, è utile comprendere la diversità tra le persone che si lamentano; gli ultimi studi sul tema le categorizzano in cinque tipologie.

- Il *cliente remissivo* è un cliente che generalmente non si lamenta. La strategia per gestire i clienti remissivi è sollecitare attivamente commenti da parte loro e agire in modo appropriato per risolvere le problematiche. Il cliente potrebbe non esprimere apertamente le sue difficoltà, ma i fornitori del servizio possono cogliere la sua insoddisfazione dai segnali non verbali.

- Il *cliente aggressivo* è l'alter ego del cliente remissivo. Si lamenta regolarmente, spesso a lungo e con un tono di voce forte per essere udito anche dagli altri clienti. Per gestire questa tipologia di persone si consiglia di ascoltarle fino in fondo, concordare sull'esistenza del problema senza fornire giustificazioni, indicare cosa verrà fatto per risolverlo e, dopo che sarà stato risolto, chiedere se c'è qualche altro problema. Questo atteggiamento dimostra che l'organizzazione è desiderosa di aiutare il cliente facendo anche uno sforzo aggiuntivo. Dato che il cliente è rumoroso e aggressivo, si consiglia di portarlo in disparte per evitare che influenzi negativamente l'esperienza degli altri.
- Il *cliente VIP* è un cliente che si aspetta il meglio ed è disposto a pagare per ottenerlo. Solitamente è un cliente ragionevole (a meno che non sia un cliente aggressivo con disponibilità economiche), per cui si consiglia di seguire le stesse raccomandazioni fornite per il cliente aggressivo: ascoltare attentamente senza giustificarsi, fare domande per individuare la causa reale del problema e rispondere in modo appropriato. Di solito non c'è bisogno di isolare questo cliente dagli altri, poiché reclama in modo ragionevole.
- Il *cliente calcolatore* è un cliente che vuole più di quanto gli spetti. Questa tipologia è rapidamente riconoscibile perché ribatte a tutte le soluzioni che il fornitore propone per risolvere il problema dichiarandole non sufficienti. Per gestire questo cliente le opzioni variano dal lasciarlo andar via insoddisfatto a consentirgli di stabilire il recupero appropriato, chiedendogli semplicemente "Cosa possiamo fare per sistemare le cose?", ponendo così la soluzione di recupero nelle sue mani.
- Il *cliente che si lamenta sempre* è un cliente che non è mai soddisfatto ma comunque continua a tornare. I "lamentatori cronici" mettono alla prova la pazienza dei fornitori di servizi, ma non vanno ignorati: tendenzialmente accettano le scuse e apprezzano ogni sforzo per correggere la situazione. Spesso cercano soltanto qualcuno che li ascolti, e se i loro problemi vengono risolti riferiranno l'esperienza positiva tramite passaparola.

Le tipologie sopra elencate sono generiche e si possono riscontrare in tanti settori. Alcune industrie hanno creato proprie tipologie particolari; per esempio, nel settore alberghiero ne sono state identificate altre, a cui sono stati dati anche nomi bizzarri come "Persone con sogni infranti", "Amanti dei regali", "Guerrafondai feriti", "Clienti fedeli" e così via.

Occorre da ultimo precisare che i clienti non devono essere soddisfatti e fidelizzati a tutti i costi; certi clienti sono più importanti di altri per l'azienda. Nel Capitolo 14 saranno fornite alcune linee guida per stabilire quali clienti mantenere e quali lasciar andare.

13.2c Perché i clienti reclamano

Le ragioni per cui i clienti reclamano sono direttamente legate al tipo di lamentela espressa. La ragione dei reclami strumentali è il desiderio di modificare una situazione indesiderata.

In particolare, le ragioni sottostanti i reclami strumentali non sono così tanto ovvie e gli esperti ne hanno individuate varie. La prima è che reclamare è una valvola di sfogo, fornisce un rilascio emotivo della frustrazione ed è un meccanismo per esternare i propri sentimenti.

La seconda ragione è collegata al controllo, più precisamente reclamare è un meccanismo per riacquistare un certo senso di controllo; se il cliente riesce a influenzare le valutazioni altrui con la propria lamentela, allora ha l'impressione di ristabilire il controllo. Per esempio, il passaparola negativo allo scopo di vendicarsi di un fornitore dà a chi si lamenta una certa misura di controllo come ripercussione indiretta.

La terza e quarta motivazione delle lamentele non strumentali è il bisogno di cercare simpatia e testare il consenso attorno al proprio problema, convalidando così la valutazione soggettiva dei fatti che hanno portato alla lamentela. In altre parole, chi si lamenta vuole sentirsi giustificato della propria frustrazione, per cui desidera sapere se altri proverebbero gli stessi sentimenti in quella situazione.

Infine, chi si lamenta può farlo semplicemente per lasciare un'impressione. Sebbene appaia strano, chi si lamenta di solito è considerato più intelligente e più perspicace di chi non lo fa. Lamentarsi implica avere standard e aspettative più alti, per cui, benché possa risultare pesante nei confronti degli altri, chi reclama sempre tende a ottenere più rispetto da parte di un fornitore. Le organizzazioni di servizi possono sollecitare attivamente reclami da questi "lamentatori cronici" visto il passaparola che possono generare.

13.2d Perché i clienti non reclamano

Una percentuale molto significativa di clienti non si lamenta con il fornitore e ciò accade principalmente per i servizi più che per i beni tangibili. Spesso i problemi riscontrati nella fruizione di un servizio non vengono segnalati perché anche chi sarebbe intenzionato a reclamare non sa bene come procedere o pensa che non farebbe alcuna differenza. Questa situazione deriva direttamente dall'intangibilità e dall'inseparabilità intrinseche alla fornitura di servizi. Data la natura intangibile dei servizi, la valutazione del processo è molto soggettiva, per cui i clienti si sentono spesso insicuri riguardo alle proprie osservazioni. Per esempio, chi affida lavori di ristrutturazione della casa spesso ha difficoltà a valutare la competenza e la qualità del lavoro svolto da fornitori come pittori, elettricisti o installatori di pavimenti in legno.

A causa dell'inseparabilità, i clienti spesso contribuiscono direttamente al processo di realizzazione del servizio, pertanto se il risultato finale non è quello atteso, essi possono attribuire a sé parte della responsabilità. Inoltre, l'inseparabilità implica un'interazione faccia a faccia tra il cliente e il fornitore, e il cliente potrebbe sentirsi a disagio a reclamare avendo il fornitore davanti a sé. Per esempio, se una signora va dal parrucchiere e non è soddisfatta del taglio, a volte non lo dice per evitare un confronto diretto con il parrucchiere o magari incolpa sé stessa per non essere stata in grado di descrivere accuratamente le proprie preferenze.

Da ultimo, molti servizi sono specialistici e con una dimensione tecnica molto marcata; in questi casi i clienti potrebbero non sentirsi adeguatamente qualificati per reclamare a causa della mancanza di esperienza o delle competenze necessarie per valutare la qualità del servizio; si pensi ai servizi sanitari o quelli forniti da commercialisti, avvocati o ingegneri.

Una sintesi di quanto descritto è riportata nella Tabella 13.1.

Tabella 13.1 Ragioni per cui i clienti reclamano o non reclamano.

Ragioni per cui i clienti reclamano	Ragioni per cui i clienti non reclamano
Per correggere una situazione indesiderata	Non credono che cambierà qualcosa
Per sfogarsi e rilasciare la frustrazione	Non sanno a chi rivolgersi
Per riacquistare una certa misura di controllo	Attribuiscono a loro stessi la colpa
Per sollecitare la simpatia	Dubitano della propria valutazione soggettiva
Per creare l'impressione di essere più intelligenti e perspicaci	Potrebbero non avere competenze tecniche o specialistiche
Per verificare il consenso	Possono sentirsi a disagio a lamentarsi faccia a faccia

13.2e Altre reazioni al disservizio

Voice: reclamo esplicito con cui il cliente comunica la sua insoddisfazione.

Exit: decisione del cliente di cambiare fornitore a seguito di un disservizio.

Retaliation: ritorsione da parte del cliente che ha subito un disservizio.

In linea di massima sono tre i comportamenti che seguono il verificarsi di un disservizio: la trasmissione dell'insoddisfazione (***voice***), il cambio di fornitore (***exit***) e la ritorsione (***retaliation***).

Quando ha deciso di reclamare, il cliente può innanzitutto esprimere la propria insoddisfazione al responsabile effettivo del servizio oppure a qualcuno con una posizione elevata nella gerarchia organizzativa (*high voice*), all'operatore che ha fornito il servizio (*medium voice*) oppure ad altri non direttamente connessi all'impresa fornitrice (*low voice*) senza aspettarsi che la lamentela sistemi la situazione (lamentela non strumentale).

L'exit, il secondo tipo di comportamento, descrive la situazione in cui un cliente smette di rivolgersi a quel fornitore di servizi. Anche qui c'è una versione alta quando il cliente sceglie deliberatamente di non acquistare più dallo stesso fornitore o addirittura non comprare più quel prodotto, una media se cerca di utilizzare il meno possibile i servizi di quel fornitore e ne cerca di alternativi, e poi una "bassa" se decide solo di modificare il comportamento d'acquisto ma continua a utilizzare gli stessi servizi.

Il terzo tipo di comportamento conseguente a un disservizio è la ritorsione, ovvero l'avvio di azioni per danneggiare chi ha generato il problema. In caso di retaliation "alta", il cliente può arrivare a danneggiare anche fisicamente le strutture del fornitore o impegnarsi attivamente per screditare l'azienda. Nella retaliation "media", il cliente che ha patito il disservizio crea problemi minori al fornitore o racconta a poche persone dell'incidente. La retaliation "bassa" non comporta alcuna azione avversa ma si limita a un passaparola negativo.

Questi tre tipi di reazioni non si escludono tra loro e talvolta si integrano. Sperimentare livelli alti in tutte e tre le tipologie può generare comportamenti quasi pericolosi, per esempio un cliente può urlare pubblicamente la propria insoddisfazione contro l'operatore e i supervisori, giurare di non comprare mai più nel negozio e, dopo essere uscito, sfondare con l'auto le vetrate del locale distruggendo la struttura. Per contro, un cliente con un comportamento del tipo voice alta, exit bassa e retaliation bassa è il tipico personaggio che si lamenta sempre ma continua ad acquistare.

APPROFONDIMENTO 13.2

Sostenibilità e servizi in azione
Le problematiche di TreeHugger con Delta Sky

Negli ultimi anni Delta Airlines ha guidato l'industria aerea nella promozione di pratiche commerciali eco-friendly, lanciando il primo programma negli Stati Uniti di riciclaggio completo a bordo. Delta ha anche collaborato con The Conservation Fund, un'organizzazione senza scopo di lucro che consente ai passeggeri di compensare le emissioni di carbonio derivanti dai loro viaggi aerei. Inoltre, ha ricevuto una certificazione da Sustainable Forestry Initiative per la rivista *Delta Sky* prodotta con carta acquistata da foreste gestite in modo sostenibile.

Nonostante Delta sia riuscita a posizionarsi come compagnia aerea rispettosa dell'ambiente, ci sono stati alcuni ostacoli. TreeHugger, il principale media dedicato a promuovere la sostenibilità, ha criticato il lancio della sua rivista a bordo a tema ambientale. L'evento ha avuto luogo presso lo Sky 360 lounge della compagnia a Manhattan, dove sono state servite grandi quantità di Vodka 360, presumibilmente il primo marchio di vodka eco-lusso al mondo. Le critiche di TreeHugger non erano nei confronti della vodka, ma dei dettagli dell'evento che andavano contro i valori ambientalisti che Delta si vanta di sostenere. Il contenuto delle *goodie-bag*, le borsine regalo consegnate agli ospiti, non era ecologico o sostenibile. Esse erano fatte di polipropilene riciclabile proveniente dalla Cina e contenevano:

1. una maglietta Sky 360, taglia grande, in cotone convenzionale;
2. una borsa per amenità Delta (contenuti tutti *made* in China);
3. un asciugamano viso Heineken in cotone convenzionale;
4. una copia della guida di San Francisco di Greenopia, più un coupon per una copia gratuita della guida di New York City per quando verrà rilasciata;
5. un portachiavi SkyMall e un voucher per uno sconto del 10%;
6. una lampadina compatta a fluorescenza;
7. un bicchiere da martini Vodka 360;
8. una piccola bottiglia di Stirrings Simple Apple Cocktail Mix.

A parte la lampadina compatta, gli altri oggetti si sono rivelati un grande insuccesso agli occhi degli ospiti attenti all'ambiente che si sarebbero aspettati regali naturali o biologici. Un dipendente di Delta ha commentato sul blog di TreeHugger che erano imbarazzati dal contenuto delle borsine e che la compagnia aerea si sarebbe dovuta informare di più prima di presentarsi come azienda sostenibile. Un redattore freelance invitato all'evento non è neanche stato fatto entrare e ha percepito che l'evento era più una promozione della compagnia aerea e della sua rivista che un sostegno ai valori ecologici di Delta.

Fonte: http://www.treehugger.com.

13.3 Lo sviluppo di un programma di recupero dei disservizi

I manager e il personale delle imprese si trovano ad affrontare pressioni sempre maggiori sul fronte del rapporto con i clienti, poiché essi sono sempre più informati, hanno aspettative di qualità più alte e le condizioni economiche complessive hanno aumentato la sensibilità nei confronti di un servizio scadente. Quando si verifica un fallimento del servizio, la reazione del fornitore può rafforzare il legame con il cliente o trasformare un semplice errore in un incidente catastrofico. Di conseguenza, è fondamentale per le organizzazioni definire un programma di gestione del recupero del disservizio.

Approccio organico: insieme di valori e norme non formalizzate che costituiscono la cultura del recupero del disservizio.

Processi meccanici: procedure formalizzate per facilitare la comprensione dei fallimenti di servizio e la definizione delle strategie e delle azioni da intraprendere.

La Figura 13.1 descrive un esempio di programma che le organizzazioni possono utilizzare come guida; esso è composto da un **approccio organico** e da **processi meccanici** che assistono il fornitore nel recuperare in modo efficiente ed efficace gli insuccessi. Per approccio meccanico si intende quello che porta alla predisposizione di procedure formalizzate per facilitare l'analisi dei fallimenti e le attività di recupero. Al contrario, l'approccio organico implica un insieme di valori che fondano la cultura di recupero del disservizio.

13.3a Lo sviluppo di una cultura interna di recupero positiva

Cultura del recupero del disservizio: credenze e comportamenti riguardo al recupero del disservizio.

Il primo passo di un programma di recupero del disservizio consiste nello sviluppo e nella diffusione all'interno dell'organizzazione di una **cultura del recupero**; si tratta di un approccio organico composto da norme non formalizzate o sistematizzate, ma che si fondano su un insieme di valori, comportamenti e pratiche che determinano il tono con cui un'organizzazione desidera affrontare le lamentele dei clienti. Se la cultura interna è positiva, l'ambiente valorizza l'impegno per la gestione delle lamentele; se è negativa, gli sforzi per il recupero vengono frenati in partenza.

Di questo ne è esempio la giapponese Mitsubishi Motors, che per decenni ha occultato le lettere di reclamo dei clienti; la ragione di fondo è culturale, e alla fine il presidente Katsuhiko Kawasoe ha dovuto ammettere alla stampa i tentativi sistematici e deliberati dell'azienda di evitare il richiamo di oltre 800.000 veicoli difettosi, scusandosi e ammettendo di non aver segnalato i reclami per un senso di

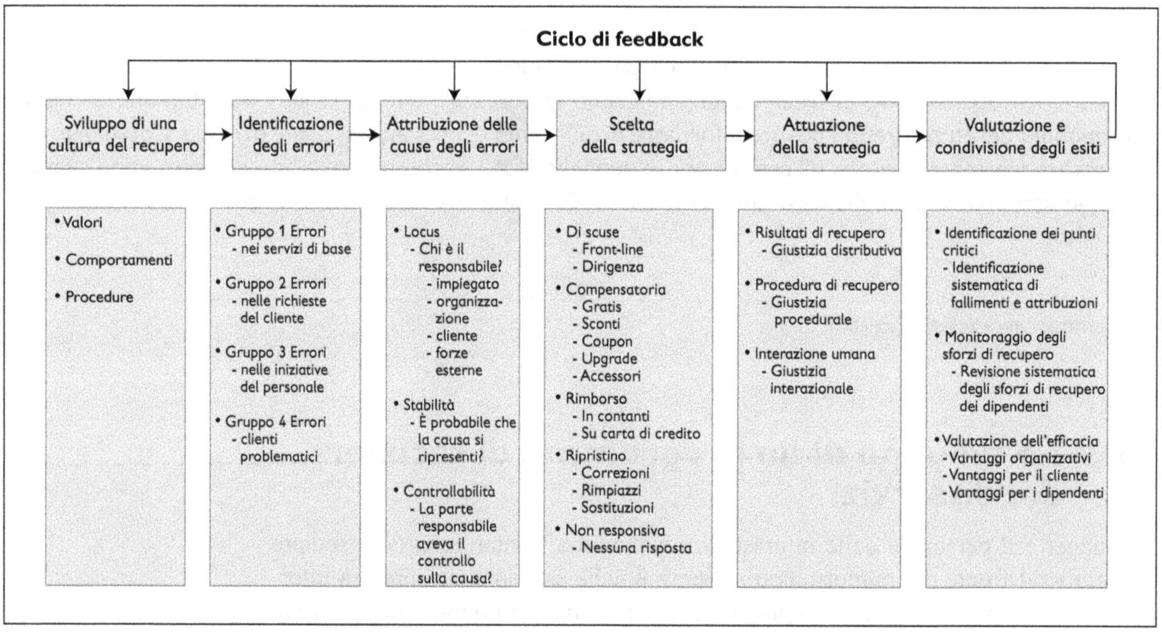

Figura 13.1 Implementazione di un programma di gestione del recupero del disservizio.

vergogna. Il costo di questo comportamento è stato stimato nell'ordine di decine di milioni di dollari, ma il danno alla reputazione dell'azienda e della marca è ancora più grave.

Per consolidare una cultura del recupero del disservizio, i valori devono essere trasmessi dall'alto, a partire dalla dirigenza, che deve mettere effettivamente in pratica quanto dichiara e facilitare gli sforzi di recupero di tutto il personale.

Una cultura di recupero positiva consiste nel riconoscere che talvolta si verificano fallimenti del servizio e fornisce la formazione e gli strumenti necessari al personale per recuperare efficacemente il disservizio rendendolo una priorità.

I programmi tradizionali di formazione per i nuovi dipendenti si concentrano su come fornire correttamente il servizio, ma non su come recuperare in caso di fallimento, come se fallire non fosse un'evenienza. Le organizzazioni, invece, devono mettere in conto che si verificheranno incidenti di servizio, che ignorarli peggiora solo la situazione ed è più prezioso focalizzarsi sul desiderio di trattenere i clienti attraverso strategie efficaci di recupero.

13.3b L'identificazione degli errori del servizio

Un'organizzazione con una cultura interna del recupero positiva (approccio organico) è più propensa a sviluppare anche processi formalizzati (approccio meccanicistico) per analizzare e comprendere i fallimenti accaduti per evitare che si ripetano. Ne consegue che il secondo passo per implementare un programma di gestione del recupero del disservizio consiste nell'identificazione degli errori; sono centinaia o migliaia le lamentele che ogni organizzazione riceve ma, sostanzialmente, esse fanno riferimento a quattro categorie: (1) errori nel sistema di erogazione dei servizi di base, (2) errori che riguardano le esigenze e richieste del cliente, (3) errori relativi ad azioni spontanee dei dipendenti non richieste/non sollecitate e (4) errori connessi a clienti problematici.

Fallimenti nel sistema di erogazione dei servizi di base

I **fallimenti nel servizio di base** sono quelli che si riferiscono direttamente all'offerta fondamentale del servizio: compagnie aeree che non partono in orario, hotel con camere non adeguatamente pulite, compagnie assicurative che non elaborano tempestivamente le richieste.

Fallimenti nel servizio di base: errori nelle componenti tipiche del servizio come il funzionamento o i tempi di fornitura.

Questi problemi emergono in tre modalità: (a) servizio non disponibile, (b) servizio irragionevolmente lento e (c) altri fallimenti del servizio di base.

Per servizio non disponibile si intende un servizio che normalmente è disponibile ma che si presenta carente o addirittura assente (un call center che non risponde o un negozio chiuso nell'orario indicato come aperto); il servizio invece è irragionevolmente lento quando i clienti percepiscono il processo o il personale straordinariamente lento nello svolgimento della funzione; infine, gli altri fallimenti del servizio di base si verificano quando ci sono mancanze diverse da quelle precedentemente elencate. Questa terza categoria è volutamente ampia per includere tutte le eventuali problematiche relative ai servizi base dei vari settori, come servizi finanziari, assistenza sanitaria, assicurazioni, viaggi, vendita al dettaglio, ecc. Ogni servizio ha le proprie caratteristiche di base: per la ristorazione, per esempio, rientrano in questa categoria problemi di preparazione dei cibi, problemi strutturali, politiche aziendali non chiare oppure esaurimento delle scorte.

Errori relativi a esigenze e richieste del cliente: errori nella comprensione delle reali necessità del cliente, siano esse implicite o esplicite.

Errori relativi a esigenze e richieste del cliente

Vi sono poi **errori relativi a esigenze e richieste dei clienti** e in particolare al modo in cui il personale le affronta, siano esse implicite o esplicite.

Le esigenze implicite di solito non emergono apertamente; un cliente seduto su una sedia a rotelle non dovrebbe incontrare difficoltà lungo il percorso. Le richieste esplicite, per contro, vengono avanzate chiaramente, per esempio un cliente può richiedere che la bistecca sia ben cotta o di sostituire una pietanza con un'altra per motivi di intolleranza alimentare.

In generale, le esigenze e le richieste del cliente sono riconducibili a quattro fattispecie che conducono in errore: (a) esigenze speciali, (b) preferenze del cliente, (c) errori del cliente e (d) disturbatori. Di fronte a esigenze speciali, al fornitore è chiesto di conformarsi alle richieste basate, per esempio, su necessità mediche, alimentari, psicologiche, linguistiche o culturali; preparare un pasto per un cliente vegetariano significa soddisfare una richiesta speciale. Le preferenze dei clienti richiedono al fornitore di modificare il sistema di erogazione per soddisfarle (una camera vista mare oppure situata vicino ad altri clienti). Gli errori possono essere anche del cliente che, per esempio, ammette di aver perso i biglietti o la chiave dell'hotel oppure di essersi dimenticato di comunicare al cameriere un'intolleranza ai latticini. Da ultimo ci sono i disturbatori che impongono al personale di risolvere problemi creati da loro stessi o da altri (liti tra clienti, rumori al cinema o a teatro, violazioni del divieto di fumare).

Comportamenti inattesi del personale: difetti di attenzione di comportamento e di violazione di norme.

Comportamenti inattesi del personale

L'erogazione del servizio potrebbe "fallire" anche a causa di **comportamenti inattesi del personale**. Azioni di questo tipo non vengono richieste dal cliente e non fanno parte del sistema di erogazione base. Si possono suddividere in: (a) difetti di attenzione, (b) gesti inconsueti, (c) violazione delle norme sociali, (d) gestalt e (e) condizioni avverse.

Talvolta gli atteggiamenti del personale risultano sgradevoli per i clienti che si sentono ignorati o di aver ricevuto insufficiente attenzione. Può accadere anche l'opposto e cioè che un addetto presti troppa attenzione a qualche cliente, tanto da generare disagio o addirittura timore. Ne sono esempi camerieri che corteggiano dei clienti o commessi che li pedinano temendo che vogliano rubare.

Un gesto inconsueto può manifestarsi in senso sia positivo che negativo. Per esempio, un fattorino di Domino's ha notato casualmente una famiglia che cercava tra i resti carbonizzati della propria casa mentre stava consegnando un ordine a un altro cliente della zona; quando ha segnalato il fatto al proprio responsabile, insieme hanno immediatamente preparato e consegnato delle pizze alla famiglia gratuitamente. La famiglia è rimasta colpita dalla gentilezza del gesto nel momento del bisogno. Purtroppo un'azione inconsueta può avere anche risvolti negativi; maleducazione, abusi o comportamenti inappropriati rientrano in questa fattispecie.

Le norme sociali rafforzano positivamente valori come l'uguaglianza, l'equità e l'onestà; le violazioni a tali norme includono comportamenti discriminatori, disonestà (mentire, imbrogliare e rubare) e altre attività considerate ingiuste dai clienti, come anche violare lo spazio personale di un cliente.

Per gestalt si intendono le valutazioni olistiche del cliente; in pratica il cliente non descrive il servizio come una serie di eventi, ma utilizza frasi generali come "l'esperienza è stata terribile" oppure "è incredibile quanto siamo stati trattati male dalla vostra compagnia aerea, è un esempio perfetto di pessimo servizio clienti".

Infine, la sottocategoria di condizioni avverse comprende le azioni positive e negative del personale in condizioni stressanti. Se in un frangente difficile un operatore assume efficacemente il controllo della situazione, i clienti saranno impressionati dalle sue prestazioni; ma se il capitano o l'equipaggio salgono sulle scialuppe di salvataggio per primi, i clienti valuteranno negativamente questo comportamento in condizioni avverse.

Clienti problematici

L'ultimo tipo di fallimento del servizio non è causato dall'operatore o dall'azienda, ma è da attribuire a **clienti problematici**, i cui comportamenti possono essere causati da: (a) ubriachezza, (b) eccesso verbale e fisico, (c) violazione delle politiche aziendali e (d) assenza di collaborazione.

Errori causati da clienti problematici: fallimenti di servizio dovuti al comportamento del cliente.

I comportamenti causati dall'ubriachezza dei clienti possono influire negativamente su altri clienti, sui lavoratori o, più in generale, sull'ambiente di servizio. Se durante una vacanza alcuni clienti dell'albergo o del villaggio si ubriacano, possono iniziare ad avere comportamenti sconvenienti verso gli altri clienti rovinando il loro soggiorno. Gli eccessi causano problemi se il cliente maltratta verbalmente o fisicamente l'operatore o altri clienti, come se per esempio un gruppo di giovani litiga nel mezzo di un ristorante e inizia a urlare o persino a picchiarsi. Un cliente invece viola le politiche aziendali quando rifiuta di conformarsi alle procedure che il personale sta cercando di far rispettare, come nel caso in cui un cliente non rispetti la fila. Infine, un cliente non collaborativo è generalmente una persona scortese, ostile e irragionevolmente esigente. Questo genere di cliente rimarrà insoddisfatto indipendentemente da tutti gli sforzi del fornitore.

13.3c L'attribuzione delle cause degli errori: identificare il problema

Il terzo passo dello sviluppo di un programma di recupero del disservizio è l'attribuzione degli errori; dopo aver individuato i tipi di fallimenti che si verificano, le organizzazioni devono determinare le origini degli errori. Comprendere a chi i clienti attribuiscono la colpa del fallimento aiuta l'organizzazione a rintracciare anche le cause percepite degli errori e facilita gli step successivi del programma di recupero, ovvero come e cosa offrire ai clienti.

Le attribuzioni si possono suddividere in valutazioni di locus, stabilità e controllabilità.

- *Locus* – Chi è responsabile del fallimento? Il fornitore di servizi, l'azienda, il cliente o qualche agente esterno?
- *Stabilità* – Quanto è probabile che si ripeta l'errore? Si tratta di un incidente isolato (instabile) o è probabile che ricapiti (stabile)?
- *Controllabilità* – La parte responsabile del fallimento aveva il controllo delle cause?

Per **locus** si intende il soggetto responsabile dell'errore; a volte è l'operatore che ha eseguito il servizio (scortesia, apatia e incompetenza), oppure l'azienda (policy contrarie o cultura interna negativa del recupero), il cliente (mancata prenotazione o mancato rispetto delle indicazioni) o sono forze esterne (maltempo o condizioni economiche generali).

Locus: soggetto che ha generato l'errore.

Il locus del fallimento per un'organizzazione può essere diverso da quello percepito dal cliente; l'analisi dettagliata del problema da parte dell'azienda aiuta a prevenire che si verifichi nuovamente in futuro. Inoltre, il cliente può reagire diversamente al fallimento e aspettarsi un recupero diverso a seconda di chi percepisce come causa del problema. Per esempio, i clienti online sono più propensi a considerare le proprie prestazioni come origine del problema, mentre i clienti dei negozi tradizionali tendono a incolpare il fornitore o i dipendenti per problematiche che emergono nel servizio. Alcuni studiosi affermano che se i clienti ritengono che il personale di contatto sia la causa del fallimento, tendono a effettuare più reclami, generare più passaparola negativi, diminuire la propria soddisfazione e avere aspettative più elevate sul recupero del disservizio.

Stabilità: probabilità che l'errore si ripeta.

Con **stabilità** ci si riferisce alla probabilità che il fallimento del servizio si ripeta. Se l'organizzazione individua la causa del fallimento come un evento raro, è probabile che non investa molto tempo per correggere il problema; se i responsabili ritengono invece che l'evento possa riaccadere, allora viene dedicata un'attenzione immediata.

Dal punto di vista dei clienti, la percezione di quanto la situazione di fallimento sia stabile influisce sulle loro aspettative di recupero; se essi credono che il problema possa verificarsi nuovamente, preferiscono ricevere un rimborso piuttosto che effettuare un cambio, poiché temono di rischiare un'ulteriore delusione. Se invece ritengono che sia un evento casuale e isolato, accettano facilmente un cambio come recupero in previsione di una futura soddisfazione.

Controllabilità: capacità dell'organizzazione di gestire la probabilità di errore.

La **controllabilità** riguarda il controllo da parte dell'azienda della causa del fallimento. Come per le valutazioni di stabilità, il tempo e lo sforzo che l'organizzazione è disposta a investire dipendono da quanto essa crede di poter controllare gli esiti futuri. Per esempio, se la causa dell'incidente è stata un evento meteorologico che ha causato un black-out in un ristorante in una serata affollata, allora il ristorante non cambia il proprio sistema di erogazione perché c'è poco che possa fare per evitare che si ripeta. Anche in questo caso, il livello di controllabilità che il cliente percepisce potrebbe essere diverso dalla valutazione dell'azienda. Se i clienti ritengono che il fallimento si sarebbe potuto evitare (ovvero fosse controllabile), allora tendono ad arrabbiarsi di più, hanno minori intenzioni di riacquistare e vogliono esprimere maggiormente la loro insoddisfazione.

Le attribuzioni dei clienti riguardo ai fallimenti influenzano notevolmente le loro aspettative di recupero, per cui è necessaria una formazione sul recupero del disservizio che sottolinei l'importanza di comprendere le percezioni del cliente lungo le tre dimensioni principali del locus, della stabilità e della controllabilità e di come queste influenzino le strategie di recupero.

13.3d La scelta della strategia di recupero: cosa proporre al cliente

Il quarto passo di un programma di recupero consiste nella selezione di una strategia. Le organizzazioni che tracciano sistematicamente l'origine dei fallimenti sono più inclini a definire delle strategie formali di recupero.

Le strategie portano poi ad azioni per rimediare a fallimenti di servizio, come nel caso in cui in un albergo viene sostituita la camera a un cliente se c'è un malfunzionamento dell'impianto di aria condizionata o una banca restituisce le commissioni riscosse se il contratto prevede condizioni diverse.

Le strategie di recupero si dividono in cinque categorie: compensative, di ripristino, di scuse, di rimborso e non responsive. Sebbene le differenze tra una categoria e l'altra sembrano minime, le valutazioni dei clienti sull'efficacia della soluzione può variare di molto. Le azioni di recupero compensative e di ripristino tendono a risolvere il bisogno originale del cliente, mentre quelle di scuse, rimborso e non responsive lasciano l'esigenza originale irrisolta. Le strategie di recupero possono essere usate singolarmente o anche insieme. Di seguito viene riportato un elenco e una descrizione di ciascuna di esse.

Le **strategie compensative** mirano a risarcire il cliente per bilanciare i costi (emotivi, monetari, tempo perso) dovuti al fallimento del servizio. Di solito, i clienti mantengono il servizio fornito e il risarcimento fornisce un valore aggiunto. Le forme di compensazione sono varie.

Strategie compensative: scelta di risarcire il cliente per i costi sostenuti a seguito del fallimento del servizio.

- *Gratuità* (il cliente non paga per il servizio)
- *Sconto* (al cliente viene immediatamente offerto uno sconto)
- *Coupon* (il coupon è riscattabile in una data successiva e collegato a un futuro acquisto)
- *Upgrade gratuito* (erogazione di un servizio di livello superiore senza aggiunta di costi per il cliente)
- *Prodotto accessorio gratuito* (per esempio una cena gratuita in hotel per compensare un ospite per problemi associati alla camera)

Le **strategie di ripristino** vengono utilizzate per sistemare i fallimenti fornendo ai clienti un nuovo prodotto identico, apportando correzioni al prodotto originale o offrendo un prodotto sostitutivo.

Strategie di ripristino: scelta di ripristinare una situazione normale di servizio.

- *Sostituzione totale* (sostituzione del servizio difettoso con uno funzionante)
- *Correzione* (riparazione del prodotto difettoso e restituzione al cliente)
- *Sostituzione* (se il prodotto difettoso è indesiderato o non disponibile, allora fornitura di un prodotto sostitutivo)

Le **strategie di scuse** consistono nell'ammettere l'errore mostrando che l'organizzazione è veramente dispiaciuta per il fallimento del servizio. Le scuse possono provenire dagli operatori di prima linea o dai manager; nel primo caso le risposte sono tipicamente più rapide, mentre quelle che provengono dai responsabili sono più apprezzate dai clienti, poiché essi sentono che i loro reclami sono giustificati e sono stati accolti da personale di alto livello.

Strategie di scuse: scelta di scusarsi con il cliente per il fallimento del servizio.

- *Scuse da parte del front line* (l'operatore si scusa con il cliente)
- *Scuse da parte dei responsabili* (i manager si scusano con il cliente)

Le **strategie di rimborso** differiscono da quelle compensative poiché i clienti restituiscono (se possibile) il prodotto fornito e ricevono un rimborso o del credito in negozio. Dato che il prodotto viene riconsegnato, le esigenze o i desideri originali del cliente rimangono insoddisfatti, costringendolo a cercare un altro fornitore.

Strategie di rimborso: scelta di rimborsare il cliente per il fallimento del servizio.

- *Rimborso* (il cliente riceve il rimborso del prezzo di acquisto del prodotto in contanti o sulla carta di credito)
- *Credito in negozio* (il cliente riceve il rimborso del prezzo di acquisto del prodotto sotto forma di credito in negozio)

Strategie non responsive: scelta di non rispondere a seguito del fallimento del servizio.

Le **strategie non responsive** descrivono la situazione in cui il fornitore semplicemente non risponde alle lamentele dei clienti sui fallimenti del servizio. Questo può essere causato dalla mancanza di una cultura interna di recupero del disservizio oppure può essere una scelta consapevole dell'organizzazione che, avendo un flusso costante di nuovi clienti, riesce a compensare la perdita di quelli insoddisfatti.

- *Nessuna risposta* (nessuna risposta alle lamentele del cliente)

La formazione relativa alla scelta della strategia di recupero dovrebbe includere una discussione sulle varie differenze tra le opzioni e sulle sottili, ma significative, differenze delle azioni da intraprendere all'interno di ogni strategia. Inoltre, la formazione deve esplicitare quali sono le preferenze dell'organizzazione a riguardo, quali sono le pratiche di recupero accettabili sia per il cliente che per il fornitore e in quali situazioni e per quali tipi di clienti applicarle.

A un fornitore non è chiesto di regalare i propri prodotti ma di trovare soluzioni valide per soddisfare o superare le aspettative del cliente e al contempo mantenere i margini di profitto.

13.3e L'attuazione della strategia di recupero: come presentarla al cliente

Dopo aver scelto la strategia di recupero più adeguata, il quinto passo è l'effettiva attuazione delle decisioni. I piani per il recupero del disservizio devono prevedere anche le modalità in cui sono presentati al cliente. In sostanza, per riconquistare la soddisfazione va ristabilito l'equilibrio tra gli input e gli output del cliente e occorre fare in modo che quest'ultimo senta che è stata "fatta giustizia". Gli input tipici del cliente consistono in costi monetari, temporali ed energetici, mentre gli output includono il valore che il cliente attribuisce al risultato dell'attività di recupero, al processo necessario per ottenerlo e all'interazione avvenuta per il recupero del disservizio.

La percezione riguardo al recupero si fonda cioè su tre componenti: giustizia distributiva, giustizia procedurale e giustizia interazionale.

Giustizia distributiva: percezione di un equo recupero del disservizio calcolata sul rapporto tra costi e risultati.

La **giustizia distributiva** si riferisce al risultato effettivo dell'impegno di recupero da parte dell'organizzazione, ovvero a ciò che è stato offerto al cliente per recuperare il disservizio e se questo sforzo (output) ha compensato i costi (input) del fallimento. I risultati, in termini distributivi, sono il frutto delle cinque strategie di recupero: compensativa, di ripristino, di scuse, di rimborso e non responsiva.

Giustizia procedurale: percezione di un equo processo di recupero del disservizio.

La **giustizia procedurale** attiene al processo necessario per giungere al risultato finale; un cliente può essere soddisfatto di ciò che gli è stato offerto per recuperare il disservizio, ma comunque valutare negativamente il processo attuato per ottenere il risultato. Gli studi effettuati mostrano che a parità di strategie di recupero, quelle concretizzate tempestivamente sono di norma valutate più efficaci e hanno tassi di mantenimento del cliente superiori rispetto a quelle che hanno tardato nella risposta.

Giustizia interazionale: percezione di un equo rapporto interpersonale nel recupero del disservizio.

La **giustizia interazionale** si riferisce invece alle dinamiche interpersonali con cui viene svolto il processo di recupero o con cui vengono presentate le decisioni; si riferisce cioè alla cortesia e alla gentilezza del personale, all'empatia e agli sforzi profusi per cercare di risolvere il problema. I fallimenti del servizio provocano frustrazione nei clienti, e di conseguenza le dinamiche interpersonali hanno un impatto significativo su come vengono percepiti i tentativi di recupero del disservizio.

Queste tre componenti devono essere tenute in debita considerazione nella formulazione delle strategie; impiegare risorse che soddisfano le esigenze di giustizia distributiva senza tener conto delle esigenze di giustizia procedurale e interazionale del cliente può comunque portare all'insoddisfazione.

13.3f Valutazione e condivisione degli esiti

Per molti fornitori di servizi non è spontaneo attivarsi per recuperare un errore e, quando capita di doverlo fare, si sentono intrappolati tra le aspettative dei clienti e le necessità di contenimento dei costi operativi. Le strategie di recupero possono richiedere al personale di prendere decisioni autonomamente e talvolta anche di violare regole aziendali adottando comportamenti esplicitamente vietati. In questi casi gli operatori si trovano in un **conflitto di ruolo**, bloccati dai regolamenti aziendali che impediscono di gestire efficacemente le esigenze dei clienti. Altre volte, a causa della mancanza di formazione specifica, il personale non è in grado di gestire i fallimenti e le risposte alle lamentele dei clienti sono scarse, con conseguente ambiguità di ruolo.

Conflitto di ruolo: situazione in cui l'operatore è combattuto tra le aspettative del cliente e le procedure organizzative.

Per preparare i dipendenti all'evenienza di un fallimento prima che si verifichi, bisogna fornire loro indicazioni formalizzate sui tipi di fallimento e sulle attribuzioni. Questa formazione evita che le persone si trovino impreparate davanti a clienti insoddisfatti. Inoltre, la conoscenza delle strategie di recupero disponibili e delle modalità in cui dovrebbero essere proposte riduce lo stress e l'ambiguità delle posizioni di prima linea. Alcune ricerche mostrano che quasi la metà delle risposte alle lamentele rafforzano nei clienti un sentimento negativo nei confronti del fornitore, per cui non si deve sottovalutare l'importanza di fornire feedback costruttivi ai dipendenti. Allo stesso tempo è necessario rafforzare la cultura positiva di recupero del disservizio e dimostrare quanto la dirigenza ritiene importante il recupero del disservizio per la cultura organizzativa nel suo insieme.

13.4 L'arte del recupero del disservizio: principi base

Mentre alcune organizzazioni sono eccellenti nel fornire il servizio fino a quando qualcosa non va come previsto, altre gestiscono egregiamente il recupero del disservizio e sorprendono i clienti nel rimediare all'errore. Molti clienti concedono al fornitore una possibilità di sbagliare, ma si aspettano che questi si attivi subito se ciò accade. Sfortunatamente, molte organizzazioni non recuperano dopo l'errore aggravando ulteriormente la situazione.

Quando il sistema di erogazione del servizio fallisce, è il personale di contatto a reagire al reclamo; il contenuto e la modalità della risposta del dipendente determinano la soddisfazione o l'insoddisfazione percepita dal cliente. I clienti infatti possono valutare positivamente un servizio anche se c'è stato un problema, a condizione che il personale di contatto risponda in maniera adeguata. Anzi, la valutazione del cliente potrebbe essere più alta nel caso in cui si verifichi un problema e venga recuperato con successo rispetto al caso in cui il servizio venga erogato correttamente la prima volta. Questo fenomeno è stato chiamato il **paradosso del recupero del disservizio**.

Paradosso del recupero del disservizio: situazione in cui il cliente esprime maggiore soddisfazione nel caso ci sia stato un problema prontamente recuperato piuttosto che nel caso in cui non ci siano stati problemi nel servizio.

Per cercare di migliorare gli sforzi di recupero del disservizio, si dovrebbero tenere in considerazione i seguenti aspetti.

APPROFONDIMENTO 13.3

Sostenibilità e servizi in azione

Attribuzioni del cliente per i fallimenti dei servizi online

A seguito dello sviluppo delle applicazioni online (prenotazioni di voli, hotel, ecc.) in cui il cliente deve partecipare attivamente alla realizzazione del servizio diventando un dipendente temporaneo, i fornitori devono saper recuperare in modo appropriato il fallimento che il cliente stesso può aver causato.

Non tutti i clienti sanno gestire le procedure online alla stessa maniera e alcuni compiono errori, così come non tutte le procedure online sono uguali e alcune sono più *user-friendly* di altre.

Siccome il fenomeno sarà sempre più frequente, occorre rispondere a due domande principali: (1) I clienti attribuiscono i fallimenti online in maniera diversa da quelli offline?; (2) I clienti hanno aspettative di recupero diverse per i fallimenti online rispetto a quelli offline?

Una ricerca sui clienti offline e online di banche e compagnie aeree ha scoperto che i clienti online tendono a incolparsi più spesso per i fallimenti dei servizi, e quelli che si auto-attribuiscono la colpa si aspettano meno una soluzione di recupero e sono più disposti a pagare tariffe aggiuntive per modificare la situazione. Inoltre, i clienti online sono più disposti a risolvere il problema da soli se ne viene data loro l'opportunità. Al contrario, i clienti offline sono più propensi a incolpare il fornitore per il fallimento del servizio e hanno aspettative più alte per il recupero.

Da queste osservazioni seguono due conclusioni. In primo luogo, dato che i clienti online hanno aspettative di recupero più basse, il costo del recupero del fallimento dovrebbe essere inferiore rispetto a quello offline. I costi di recupero dei clienti online possono essere ulteriormente ridotti attivando opzioni di recupero fai-da-te. D'altro canto, dato che le aspettative sono più basse, le organizzazioni possono facilmente superarle e accontentare il cliente. In secondo luogo, gli operatori di prima linea devono essere formati per gestire i clienti offline, che tendono a incolpare maggiormente l'azienda e si aspettano un livello più alto di recupero. In pratica, il personale del servizio deve essere formato per ascoltare le attribuzioni online e offline dei clienti e rispondere in modo appropriato. Il costo e il modo in cui un'azienda di servizi recupera sono determinati da chi il cliente incolpa per il fallimento.

Fonte: http://www.emeraldinsight.com.

13.4a Stimare i costi

I costi della perdita del cliente e i benefici che derivano dal mantenimento di quelli esistenti rispetto alla ricerca di nuovi sono notevoli. In breve, acquisire nuovi clienti costa da tre a cinque volte in più rispetto a mantenere quelli che si stanno già servendo; i clienti di un'organizzazione sono più ricettivi agli sforzi di marketing e quindi sono una fonte importante di profitto. Inoltre, pongono meno domande, sono più familiari con le procedure e il personale e sono anche disposti a pagare di più per i servizi.

13.4b Incoraggiare attivamente i reclami

Incoraggiare attivamente i clienti a sporgere reclami è una buona strategia per rompere il silenzio, dato che la maggior parte dei clienti non si lamenta e l'azienda perde le opinioni del 96% dei clienti insoddisfatti. Chi non si lamenta con il fornitore lo fa con amici o familiari, come si è detto in precedenza. Le azioni utili per incoraggiare i reclami includono sondaggi, focus group e il monitoraggio attivo del processo di erogazione del servizio per garantire la soddisfazione del cliente durante l'intera esperienza e prima che il cliente esca dall'ambiente di servizio.

13.4c Anticipare le necessità di recupero

Ogni esperienza di servizio è composta da una serie di incidenti critici, i punti nel sistema in cui il cliente e il fornitore interagiscono. Per recuperare efficacemente il disservizio, le organizzazioni prevedono in anticipo quali sono i momenti del processo di erogazione in cui è più probabile che si verifichino fallimenti. Queste aziende cercano di ridurre al minimo la possibilità di errore, ma sono pronte a intervenire se qualcosa non va come dovrebbe. Gli esperti ritengono che si dovrebbe prestare particolare attenzione alle aree in cui c'è un'alta rotazione di personale poiché queste posizioni sono solitamente ad alto contatto e con salari bassi, in cui i dipendenti non sono motivati e non hanno l'esperienza o l'incentivo a recuperare efficacemente il disservizio.

13.4d Formare i dipendenti

È irrealistico aspettarsi che il personale sia preparato e autonomo nel recupero del disservizio. Se si verifica un fallimento, la maggior parte dei lavoratori non sa come procedere e non è in grado di prendere decisioni improvvise.

La formazione del personale nel recupero del disservizio dovrebbe avvenire su due livelli. In primo luogo, l'organizzazione deve creare consapevolezza interna riguardo alle preoccupazioni dei clienti; spesso un operatore si dimentica cosa significa essere un cliente di quel fornitore e mettersi nei panni dei clienti può essere utile. Negli ospedali, il personale talvolta viene fatto vestire con camici e trasportato in barella per sperimentare in prima persona alcune delle procedure quotidiane ospedaliere.

Il secondo livello di formazione consiste nel definire le aspettative della direzione per quanto attiene l'impegno per il recupero. I piani alti devono individuare le strategie che reputano accettabili e concedere più autonomia agli operatori permettendo loro di correre rischi, aumentando così l'empowerment del personale di prima linea.

13.4e Empowerment del personale di prima linea

Un recupero efficace spesso richiede che l'operatore infranga i regolamenti aziendali, facendo ciò che viene insegnato di non fare. Le regole talvolta vincolano il personale che, a quel punto, non è in grado di recuperare il disservizio o di farlo tempestivamente. In molti casi, gli operatori devono aspettare l'approvazione della direzione prima di poter compensare il cliente, e la risposta tarda dato che i manager sono spesso impegnati in altre attività; in questi casi la frustrazione del cliente e dell'operatore aumenta. Per evitare questo, i dipendenti del Ritz Carlton hanno il potere di spendere autonomamente fino a $2.000 per gli sforzi di recupero, quando necessario.

13.4f Rispondere velocemente

Quando si verifica un fallimento del servizio, tanto più rapidamente l'organizzazione risponde, tanto più è probabile che lo sforzo di recupero porti a un risultato positivo. Alcuni studi hanno mostrato che se il reclamo viene gestito prontamente, l'azienda può trattenere fino al 95% dei suoi clienti insoddisfatti a fronte del 64% dei clienti insoddisfatti trattenuti normalmente. Da ciò si capisce che le tempistiche sono essenziali e più velocemente si risponde al problema, più si irrobustisce il messaggio che la soddisfazione del cliente è importante. Discutere in maniera accesa con i clienti o non accontentarli non porta grandi benefici.

Una banca a Spokane nello Stato di Washington negli Stati Uniti ha sperimentato l'importanza di gestire tempestivamente i reclami. A un cliente che aveva milioni di dollari depositati nei conti correnti fu negata un'operazione perché non si trovava nella sua filiale abituale. Il cassiere non ha ammesso deroghe alla procedura, e neanche il direttore della filiale con cui il cliente aveva fortemente insistito. A quel punto il cliente si è recato nella propria filiale e ha minacciato di chiudere tutti i conti correnti se non avesse ricevuto una risposta dalla dirigenza della banca entro la fine della giornata. La chiamata non è arrivata e il cliente ha ritirato tutto la mattina successiva. Quando la banca si è accorta dell'accaduto era troppo tardi per recuperare.

13.4g Chiudere il cerchio

Da ultimo, una delle attività più apprezzate nel recupero del disservizio è fornire un feedback al cliente su come il suo reclamo abbia fatto la differenza. Le organizzazioni orientate al cliente, quelle che hanno una strategia consolidata di recupero, risolvono il problema, ma le aziende veramente eccellenti si spingono anche oltre e ricontattano i clienti per informarli sull'esito dei loro reclami. Inserire il reclamo del cliente in una sessione di formazione del personale o sviluppare nuove procedure a partire dal reclamo stesso in modo da ridurre al minimo i fallimenti futuri chiude il cerchio e conquista un cliente per la vita!

Riepilogo

Molte organizzazioni di servizi hanno sistemi di erogazione che funzionano perfettamente fino a quando succedono degli imprevisti. Al manifestarsi di qualche problema, molte organizzazioni non sono preparate ad affrontare clienti insoddisfatti che pretendono una soluzione o un risarcimento. Quasi la metà delle risposte ai reclami rafforza i sentimenti negativi dei clienti nei confronti del fornitore.

Le organizzazioni veramente eccellenti sono quelle che mettono a disposizione del proprio personale un insieme di strumenti per ripristinare il disservizio quando si verificano fallimenti o vengono espresse lamentele da parte dei clienti.

I reclami dovrebbero essere considerati come opportunità per migliorare il sistema di erogazione e garantire che il cliente sia soddisfatto già prima che l'esperienza di servizio termini.

Nel capitolo sono state descritte cinque tipologie di persone che si lamentano e quattro categorie di reclami: strumentali, non strumentali, ostensivi e riflessivi.

Le ragioni per cui i clienti reclamano sono varie: possono voler risolvere il problema, semplicemente sfogarsi, recuperare un certo grado di controllo influenzando l'opinione degli altri, rendersi simpatici, verificare se c'è consenso sul problema o lasciare un'impressione. In ogni caso, le organizzazioni di servizi non dovrebbero preoccuparsi di chi reclama, ma di coloro che non lo fanno, perché possono cambiare fornitore e generare passaparola negativi.

Ci sono varie ragioni per cui i clienti invece non reclamano e la più basilare è che non sanno a chi rivolgersi o se servirà a qualcosa. Le altre motivazioni sono: la valutazione dei servizi da parte dei clienti è altamente soggettiva; i clienti tendono ad attribuire a sé stessi parte della colpa per non aver specificato chiaramente le proprie esigenze; molti servizi sono tecnici e specializzati, quindi molti clienti non si sentono sufficientemente qualificati per esprimere le proprie lamentele; a causa dell'inseparabilità dei servizi, i clienti non vogliono gestire una situazione di conflitto.

Indipendentemente dal fatto che il cliente reclami o meno, gli esiti associati a esperienze negative del servizio includono la trasmissione dell'insoddisfazione (*voice*), il cambio di fornitore (*exit*) e la ritorsione (*retaliation*).

Le organizzazioni che eccellono nel recupero dei disservizi hanno un programma formalizzato per la sua gestione che si compone di una cultura positiva di recupero, dell'identificazione degli errori, dell'attribuzione degli errori, della selezione delle strategie di recupero, dell'attuazione delle strategie di recupero e infine della restituzione di feedback al personale. Si tratta di componenti organiche e meccaniche. L'approccio organico è un insieme informale di valori che costituiscono la cultura di recupero dei disservizi dell'azienda, mentre quello meccanico attiva processi formali per facilitare l'analisi dei fallimenti e gli sforzi di recupero dei disservizi.

Da ultimo, nella pratica le organizzazioni eccellenti nel recupero dei disservizi misurano i costi, incoraggiano attivamente i clienti a reclamare, anticipano la necessità di recupero dei disservizi, formano il personale, rendono più autonomi gli operatori di prima linea, rispondono rapidamente e forniscono un feedback al cliente, chiudendo il cerchio. Recuperare con successo il disservizio è fondamentale per mantenere e fidelizzare i clienti.

Domande di verifica

1. Spiegare le differenze tra i vari tipi di reclami: strumentali, non strumentali, ostensivi e riflessivi.
2. Da una ricerca risulta che il 96% dei clienti insoddisfatti non si lamenta; quali sono gli effetti?
3. Quali tipi di organizzazioni sono più inclini a ricevere lamentele da parte di clienti insoddisfatti: un'azienda che produce beni tangibili o un'azienda di servizi? Perché?
4. Illustrare esempi di reazioni di tipo voice, exit e retaliation a un disservizio
5. Descrivere le differenze tra l'approccio organico e i processi meccanici per il recupero dei disservizi.
6. Una catena di ristoranti intende analizzare e suddividere in tipologie le lamentele dei clienti. Portare un esempio per ogni categoria di errore.
7. Perché talvolta il personale si trova in un conflitto di ruolo? Descrivere un caso di questo tipo.
8. Cosa si intende per paradosso del recupero del disservizio?
9. Come si forma la percezione della correttezza delle strategie di recupero del disservizio?
10. Dopo che un cliente esprime una lamentela a un dipendente o a un manager, cosa significa "chiudere il cerchio"? Perché questo passo è particolarmente importante nella gestione delle lamentele?

Capitolo 14

Fedeltà e fidelizzazione dei clienti

Obiettivi del capitolo

In questo capitolo si approfondiranno due concetti fondamentali del marketing dei servizi: la fedeltà e la fidelizzazione dei clienti. Dopo la descrizione di entrambi e dei numerosi benefici che ne derivano, verranno illustrate alcune modalità per ottenere i risultati attesi e mantenere i clienti già acquisiti. In ultimo sarà data attenzione specifica alla cultura aziendale orientata a ridurre al massimo le defezioni.

La fedeltà per il Gruppo Teddy

Teddy è un'impresa di abbigliamento nata nel 1961 e nota nel mondo soprattutto per i propri marchi: Terranova, Calliope, Rinascimento.

A fronte dell'aumento della competizione soprattutto nel proprio mercato di riferimento, quello cosiddetto "*fast fashion*", Teddy ha avviato un *loyalty program*, che rappresenta tuttora uno dei motori principali della relazione con i clienti.

In precedenza gli sforzi commerciali erano focalizzati soprattutto sulla pubblicità che, per quanto utile, risultava essere molto costosa. Nel 2012 Teddy ha deciso di capitalizzare i contatti già esistenti attraverso la profilazione dei clienti. Attualmente, il programma fedeltà conta circa sette milioni di iscritti e i dati raccolti consentono di analizzare le preferenze e i comportamenti e offrire esperienze o promozioni sempre più personalizzate.

Ai principi il Gruppo Teddy era fortemente orientato alla distribuzione, ma ha poi riconosciuto la centralità del cliente, il quale attraverso il programma fedeltà passa da figura esterna all'impresa a parte integrante delle decisioni strategiche. Questo aspetto rappresenta non solo una rivoluzione commerciale, ma anche un cambio culturale che impegna non soltanto a livello di vendite e promozioni: "È importante non abbandonare i clienti perché una volta perso uno, sono persi tutti".

I clienti sono fedeli a qualcosa in cui si riconoscono, ancor più che a un acquisto che li ha soddisfatti.

Tutte le imprese sono in grado di soddisfare, chi più chi meno, un cliente, ma l'identità del fornitore è ciò che fa la differenza. È importante che il cliente si senta vicino al brand, che pensi di farne parte. In questo senso il programma fedeltà ha svolto un ruolo importante, perché ha consentito ai clienti di entrare a fare parte di una community e di sentirsi parte integrante di un'organizzazione più grande.

Essendo i negozi del Gruppo Teddy distribuiti in tutto il mondo, è stato necessario anche riconoscere delle differenze culturali che possono influire sulla fedeltà. Ogni Paese risulta sensibile a determinate espressioni o strategie comunicative, quindi il programma fedeltà ha declinazioni specifiche per ogni area geografica. La cultura influenza non solo la percezione del programma fedeltà, ma anche le modalità di acquisizione dei clienti. Questa in principio avveniva soprattutto in negozio; nonostante ci siano tanti strumenti per contattare i clienti, i punti vendita che hanno fidelizzato maggiormente sono quelli che hanno speso tempo nella comunicazione col cliente.

Lo sviluppo tecnologico sta sollecitando modifiche alle strategie di comunicazione di Teddy, aprendo molte possibilità ma costringendo anche l'impresa a un'ulteriore innovazione e differenziazione geografica e culturale. Nei paesi dell'Est Europa il Gruppo Teddy ha potuto osservare come la comunicazione diretta col cliente abbia un'incidenza minore, in quanto questa categoria di clienti non si trattiene in cassa e quindi genera meno relazioni.

In alcune località, dunque, è possibile prevedere una migrazione dalla comunicazione "real time" verso metodi più tecnologici, che risultino più efficaci e rilevanti per la cultura di destinazione. Di conseguenza il programma fedeltà, che nasce per svolgere una funzione di leva puramente commerciale, diventerà anche parte integrante del dialogo vero e proprio.

Negli ultimi anni il management di Calliope ha cambiato le collezioni e i prezzi medi di vendita, e si è reso conto che il proprio programma fedeltà, pur essendo estremamente vantaggioso dal punto di vista dei benefici, non corrispondeva più all'identità del brand. È stato allora deciso di stravolgere il programma, per rendere le esperienze offerte coerenti al target di clienti e alle relazioni che vogliono costruire, andando oltre la concezione del semplice vantaggio commerciale. In sintesi, non bisogna avere paura di cambiare o innovarsi continuamente ma, anzi, occorre avere il coraggio di domandarsi ogni volta che si presenta l'occasione se l'esperienza che si decide di offrire corrisponda ai valori che il brand intende comunicare all'esterno.

Da questo punto di vista la fedeltà è la risposta del cliente a una promessa mantenuta dall'azienda.

14.1 Introduzione

Fedeltà e fidelizzazione del cliente sono due concetti chiave nella gestione dei servizi poiché consentono di introdurre una prospettiva che guarda anche al futuro dell'organizzazione. La misurazione della soddisfazione, come esposto nel Capitolo 11, analizza il risultato delle prestazioni che il fornitore sta offrendo ma non coglie appieno l'insieme delle esigenze del cliente, soprattutto perché le preferenze possono cambiare nel tempo. Per questa ragione è utile integrare quelle indagini con considerazioni sulla fedeltà e la fidelizzazione e sono necessarie metriche aggiuntive in grado di fare previsioni sull'atteggiamento del cliente nei confronti del fornitore abituale di servizi, sull'evoluzione delle sue aspettative, sulla probabilità di acquisti futuri e sull'intenzione di iniziare una relazione con fornitori concorrenti.

14.2 La fedeltà del cliente

Sebbene alcuni usino i termini fedeltà (*loyalty*) e fidelizzazione (*retention*) in maniera intercambiabile, in questo libro la **fedeltà del cliente** viene definita come un legame emotivo oltre che un legame commerciale con un fornitore.

Fedeltà del cliente: legame non solo commerciale tra un cliente e un fornitore.

In assenza di concorrenza, il concetto di fedeltà non è così rilevante poiché i clienti non hanno altre alternative, ma quando aumenta la competizione nel mercato conquistare la fedeltà diventa essenziale per non perdere i clienti acquisiti. Non è più sufficiente soddisfare le aspettative, ma è necessario raggiungere il cuore e la mente degli acquirenti.

In ultima analisi, per un'organizzazione di servizi la fedeltà del cliente rappresenta una sicurezza maggiore rispetto alla fidelizzazione. È tranquillizzante credere che la soddisfazione del cliente porti meccanicamente alla sua fidelizzazione; purtroppo, senza fedeltà, la soddisfazione del cliente non garantisce la fidelizzazione e le organizzazioni che desiderano sviluppare la propria attività e coltivare relazioni durature con i clienti devono comprendere il valore strategico della fedeltà.

14.2a La relazione tra soddisfazione e fidelizzazione

Intuitivamente ci si aspetta che livelli alti di soddisfazione portino alla fidelizzazione dei clienti, ma i dati e l'esperienza dicono che non succede proprio così. Un sondaggio condotto su 767 dirigenti riguardo all'acquisto di prodotti pensionistici e assicurativi per le loro aziende ha mostrato che la soddisfazione non è sufficiente per garantire la fidelizzazione; il 75% degli intervistati ha dichiarato di essere soddisfatto del proprio fornitore attuale, ma il 66% ha riferito di voler cercare un'alternativa. Ciò che sembrava mancare era una relazione personale tra cliente e fornitore. Nei risultati si notavano anche altri indizi di una rottura imminente: solo il 49% degli intervistati considerava etico il comportamento del fornitore e solo il 38% riteneva che il fornitore trattasse correttamente i propri clienti.

L'instabilità tra soddisfazione e fidelizzazione si riscontra non solo nelle transazioni tra imprese (*business to business*) ma anche in quelle verso il cliente finale (*business to consumer*): si possono verificare situazioni in cui i clienti che non sono soddisfatti non cambiano fornitore (ospedali, trasporto aereo, software, banche) oppure in cui i clienti che sono soddisfatti passano ugualmente a fornitori alternativi (noleggio auto, autolavaggio, lavanderia).

14.2b Le strategie per aumentare la fedeltà del cliente

Un vecchio detto recita: "È l'attenzione ai dettagli a fare di un semplice lavoro un capolavoro". Queste parole sono adattabili agli aspetti relazionali che possono essere coltivati sia con i clienti sia con il personale per accrescere la fedeltà.

La letteratura di marketing dei servizi è ricca di suggerimenti per ottenere la fedeltà del cliente; di seguito sono riportati alcuni suggerimenti.

- *Sviluppare una prospettiva adeguata.* Sia i dirigenti che i dipendenti non dovrebbero trattare i clienti come materie prime lungo una catena di montaggio e non dovrebbero essere scortesi perché lo scopo di un'organizzazione è servire i clienti. USAir, compagnia aerea statunitense, ha scelto come slogan "*The U in USAir starts with you, the passenger*", un gioco di parole che vuole sottolineare che il punto di partenza dell'azienda è il passeggero. In questo modo le organizzazioni influenzano le aspettative dei clienti indicando loro dove sono le proprie priorità. Interagire con i clienti non è semplice: essi pongono più volte le stesse domande o sono sgarbati. Ciò nonostante, i fornitori devono tenere una prospettiva adeguata, ovvero una mentalità orientata al cliente e un'attitudine per il servizio. Il personale non può dimenticarsi che ogni cliente ha esigenze differenti e che sono le aspettative del cliente, non quelle del fornitore, a determinare il risultato.
- *Restare in contatto.* Restare in contatto con i clienti nell'intervallo di tempo tra un'esperienza di servizio e un'altra è utile per rinforzare le relazioni. È importante che il contatto sia franco e personale; alcuni fornitori inviano messaggi di auguri nell'occasione del compleanno e informazioni dettagliate riguardo alle promozioni in corso o eventi in arrivo, segnalano degli obiettivi raggiunti, ecc. Queste pratiche intendono comunicare ai clienti che il fornitore si preoccupa costantemente di loro.
- *Fare un passo in più.* Alcuni fornitori fanno un passo in più verso il cliente oltre allo stretto necessario: la cassiera del supermercato che aiuta a imbustare la spesa, l'albergo che invia a casa, senza costi aggiuntivi, gli oggetti dimenticati in stanza durante il soggiorno, la compagnia di trasporti pubblici che invia un messaggio per informare che il treno sta viaggiando in ritardo o che arriverà a un determinato binario, ecc. Questi piccoli gesti segnano la differenza tra una singola transazione commerciale e una relazione duratura.
- *Ispirare fedeltà dall'alto.* I dirigenti che dimostrano fedeltà ai propri collaboratori creano una cultura organizzativa, e il personale, a sua volta, adotterà gli stessi comportamenti con i clienti. La lealtà del dipendente porta il cliente a essere leale.
- *Formare e abilitare i dipendenti.* I dirigenti possono comunicare ai sottoposti le aspettative di un servizio eccellente, ma devono anche formarli e dare loro gli strumenti e l'autonomia per poterlo fornire.
- *Fornire incentivi.* Anche se i clienti sono già legati al fornitore, la fedeltà è sostenuta da incentivi, che piacevolmente la coltivano e la conservano.
- *Ricordare gli acquisti passati.* Il fatto che venga tenuta traccia degli acquisti passati fa sentire il cliente non isolato o parte di una massa indefinita. Inoltre, una buona memoria non solo costruisce fedeltà, ma aiuta anche a vendere altri beni e servizi che integrano l'acquisto principale.
- *Ispirare fiducia.* La fiducia può essere definita come una ferma convinzione sull'onestà, integrità e affidabilità di un'altra persona. Nei servizi le tre componenti principali della fiducia sono: (1) l'esperienza del fornitore, (2) l'affidabilità e (3) l'attenzione verso il cliente.

In generale, per ispirare fiducia è opportuno:
- rispettare la privacy e proteggere le informazioni sensibili;
- dire sempre la verità (anche se sgradita);
- fornire tutte le informazioni, sia positive che negative;
- essere cortesi e premurosi.

- *Essere flessibili.* La mancanza di flessibilità e frasi come "Questa è la nostra politica" spersonalizzano il servizio e mettono a rischio di perdita di clienti.
- *Gestire il bilanciamento tra tecnologia e risorse umane.* La frase "La tua chiamata è importante per noi!" pronunciata da un sistema telefonico automatizzato allontana i clienti. Spesso la tecnologia può far sentire i clienti non desiderati e fa perdere la loro fedeltà.
- *Ricordare i nomi.* Chiamare i clienti per nome rende il servizio personalizzato e facilita la relazione. L'hotel Fullerton a Singapore ha imparato l'arte di salutare il cliente per nome anche se è la prima volta che vi soggiorna. Gli operatori sanno chi dovrà effettuare il check-in e cercano in anticipo informazioni e foto su Internet per accogliere in modo personale gli ospiti appena arrivano, facendo su di loro un'ottima impressione.
- *Essere disponibili nel momento del bisogno.* Ogni organizzazione si dovrebbe assicurare che tutte le transazioni siano gestite per la soddisfazione del cliente, e soprattutto che quando sorgono dei problemi il personale sia disponibile. Nelle situazioni di difficoltà, la maggior parte dei clienti è realistica e comprensiva, a volte cerca consigli o soluzioni alternative ai problemi e non qualcuno da incolpare. Esprimere una sincera preoccupazione per la situazione del cliente rafforza gli sforzi di fidelizzazione.

In definitiva, è la fedeltà del cliente che porta alla fidelizzazione con tutti i benefici associati. Il resto del capitolo si focalizza sull'importanza e i vantaggi di fidelizzazione del cliente, i programmi emergenti a riguardo e le linee guida per lo sviluppo di un programma di gestione della defezione.

14.3 La fidelizzazione del cliente

Il termine **fidelizzazione** si riferisce alle attività di marketing finalizzate al mantenimento dei clienti già acquisiti. Oltre ad attirare nuovi clienti le organizzazioni, per far crescere il giro d'affari, si pongono l'obiettivo di soddisfare i clienti serviti in modo da consolidare relazioni che possano durare nel tempo.

Fidelizzazione del cliente: attività di marketing finalizzate al mantenimento dei clienti già acquisiti.

Ora, più che in passato, molte organizzazioni stanno ripensando a cosa offrono veramente ai clienti e cercano di ridefinire il proprio business; comprendere come i clienti utilizzano i servizi e quali fasi attraversano per ottenerli aiuta il fornitore a ideare soluzioni con cui differenziarsi dalla concorrenza.

Fornire servizi aggiuntivi, per esempio, ridisegna la relazione abituale e talvolta conflittuale con il cliente. British Airways ha deciso di ridefinire le proprie attività proponendo servizi aggiuntivi al trasporto aereo. Per esempio, ha rafforzato i servizi a terra per i passeggeri di prima classe: avendo appurato che questi clienti preferivano passare la notte indisturbati dormendo senza essere svegliati, ha proposto l'opzione di cenare nella propria lounge prima dell'imbarco. Una volta a bordo, i passeggeri di prima classe ricevono pigiami, cuscini veri e un piumone in cui avvolgersi.

Dopo l'atterraggio e una bella dormita, ai passeggeri viene offerta la colazione a terra e possono farsi la doccia e indossare i vestiti appena stirati, in modo che siano pronti e riposati per la giornata. Con un servizio così, i profitti di British Airways crescono costantemente.

Per comprendere l'importanza della fidelizzazione dei clienti si immagini un recipiente bucato in cui viene versato il 10% di nuova acqua ogni ora (es. nuovi clienti). Il tasso di mantenimento non è del 100% a causa del buco che fa uscire acqua. Il recipiente perde il 5% dell'acqua presente ogni ora, per cui dopo 20 ore ha raddoppiato la quantità d'acqua raccolta. Un altro recipiente invece perde il 10% del contenuto, per cui il contenuto iniziale non aumenta o diminuisce mai.

14.3a La tendenza alla fidelizzazione del cliente

La concorrenza sui mercati oggigiorno è completamente diversa dal passato; la competizione è più intensa e la differenziazione è minima. Il rischio associato con il cambio di fornitore in molti casi è stato drasticamente ridotto e c'è meno differenza tra le varie offerte. Si pensi alle compagnie assicurative, alle banche o alla telefonia mobile; molti acquirenti si focalizzano solo sul prodotto di maggior valore o il miglior rapporto qualità-prezzo, rinunciando alla fedeltà alla marca.

Marketing di conquista: attività di marketing finalizzate all'acquisizione di nuovi clienti.

La risposta di molti manager in un ambiente di "parità" di marca o non fedeltà alla marca è stata l'inseguimento continuo di nuovi clienti. Questo "**marketing di conquista**" comprende l'applicazione di sconti, ribassi, offerte e altre promozioni che incentivano le vendite. I risultati ottenuti sono generalmente di breve termine poiché i clienti, appunto, non sono fedeli a una marca. Alcuni clienti potrebbero anche ripetere l'acquisto ma fintanto che un concorrente non offre uno sconto più alto.

La redditività a lungo termine per chi si affida esclusivamente alle tecniche di marketing di conquista è dubbia e, considerati i costi di una campagna per attirare nuovi clienti, i profitti sono minimi; si pensi alle offerte continue, anche attraverso i call center da parte di compagnie telefoniche o quelle di luce e gas.

Paradossalmente, il successo delle tecniche di marketing di conquista può rivelarsi la rovina per un fornitore che poi deve onorare gli impegni assunti. Spesso le imprese sono tentate da una crescita veloce per aumentare il volume delle vendite. A causa dell'inseparabilità dei servizi, l'espansione di molte imprese è associata alla diminuzione della qualità. Dopo anni di forte crescita, Starbucks ha deciso di ridimensionare la propria attività operativa, tornando alle basi e riconquistando la fedeltà del cliente.

Considerando i costi associati all'acquisizione di nuovi clienti, l'unica via per mantenere la redditività ed evitare le continue campagne di sconti è aumentare la spesa a lungo termine dei clienti esistenti. In definitiva, mantenere i clienti esistenti è molto più importante che attrarne di nuovi.

14.3b L'importanza della fidelizzazione del cliente

Alle attuali condizioni di mercato la fidelizzazione dei clienti è sempre più importante; mentre alcuni settori sono stagnanti, altri sono estremamente dinamici. A ciò si aggiunge in molti Paesi un serio problema demografico, sia in termini di riduzione delle nascite che di anzianità della popolazione, che ha aumentato le differenze tra aree geografiche; questo può significare meno acquirenti e minore capacità di spesa.

Come si è detto, la concorrenza è aumentata. I motivi sono vari: si è ridotta la differenza tra le offerte e quindi il vantaggio che qualcuno aveva maturato, molti settori sono stati liberalizzati ed esposti alla competizione tra più attori, le informazioni sono molto più accessibili La fidelizzazione dei clienti è sempre più importante per tutti, sia fornitori che acquirenti, e in questo scenario è impegnativo mantenere i propri clienti, esposti come sono ai tentativi di conquista da parte di altri fornitori.

Un'altra ragione che sottolinea l'importanza del mantenere i clienti è l'aumento dei costi di marketing. La pubblicità sui mass media, che è ancora lo strumento principale per il marketing di conquista, è aumentata considerevolmente in termini di costo. All'aumento del costo della pubblicità si accompagna nel tempo una perdita della "quota di voce" dell'inserzionista. Inoltre, il numero di spot pubblicitari è aumentato di circa il 25% e la loro durata è diminuita (da 60 a 30 e poi a 15 secondi). Di conseguenza, le imprese competono per l'attenzione dello spettatore in un mezzo in costante sviluppo e che, in certi casi, consente di saltare gli annunci pubblicitari.

La pubblicità online continua a evolversi su piattaforme come Facebook, YouTube, Twitter, Instagram e Snapchat, cosicché i mercati sono sempre più frammentati e diminuiscono ulteriormente le possibilità che il messaggio raggiunga il proprio pubblico target.

A causa dell'aumento dei costi è cresciuto il marketing diretto. I responsabili del marketing sono più selettivi su come e dove vengono spesi i loro soldi pubblicitari, per cui hanno costruito dei database per identificare i clienti attuali e monitorare gli acquisti. Conseguentemente, la pubblicità ai clienti attuali è diventata molto più efficiente rispetto al marketing di massa nel raggiungere il mercato target.

Anche il cambiamento nei canali di distribuzione sta avendo un impatto sulla fidelizzazione del cliente. La distanza fisica tra produttore e acquirente aumenta, come testimonia l'aumento delle vendite online e per corrispondenza in alternativa ai negozi tradizionali.

Se le transazioni possono essere effettuate al telefono, per posta o su Internet, limitando il contatto fisico tra fornitore e cliente, questo non deve ridurre l'impegno alla fidelizzazione perché, come recita il motto "lontano dagli occhi, lontano dal cuore", i fornitori devono capire che la separazione dal cliente non diminuisce la loro responsabilità.

Anche la presenza di intermediari o terze parti è un cambiamento nei canali di distribuzione; l'intermediario di marketing diventa esso stesso un fornitore e, come tale, rappresenta il produttore. In questo modo la copertura sul mercato aumenta, ma può influire negativamente sulla fidelizzazione dei clienti. Un'agenzia di viaggio che vende i prodotti di una compagnia aerea potrebbe rappresentarla in modo errato (per esempio, orari dei voli, disposizione dei posti, ecc.) e danneggiarne il rapporto con il cliente. Ancora una volta, la distanza fisica con il cliente non riduce la responsabilità.

Da ultimo occorre prendere atto che i clienti sono cambiati; rispetto alle generazioni precedenti, gli acquirenti attuali arrivano più informati alle decisioni di acquisto, hanno più reddito discrezionale e sono sempre più scettici nei confronti del comportamento delle imprese e del loro modo di trattare i clienti. Per i motivi detti, le organizzazioni che si impegnano nella fidelizzazione del cliente vengono ricompensate al momento dell'acquisto.

14.4 I benefici della fidelizzazione del cliente

Alcuni esperti ritengono che la fidelizzazione dei clienti abbia un impatto sui profitti maggiore di altre leve, come la quota di mercato, le economie di scala o variabili comunemente associate alla generazione del vantaggio competitivo. Uno studio ha rilevato che il 95% dei profitti deriva dai clienti di lungo termine, a motivo della quantità di ricavi, della riduzione dei costi operativi e delle raccomandazioni ad altri clienti (*referral*).

14.4a I profitti derivanti dalle vendite

Uno dei benefici principali della fidelizzazione è la quantità di servizi venduti, sia in termini di numero di clienti che di frequenza di acquisto. I clienti esistenti, peraltro, hanno una maggiore disponibilità a pagare, poiché la familiarità con il personale e la modalità di erogazione del servizio riducono la loro percezione di rischio. In definitiva, i clienti pagano di più e acquistano più frequentemente laddove sanno che il rischio è ridotto o inesistente. I gestori di carte di credito, per esempio, incoraggiano i clienti a utilizzare le loro carte negli acquisti online, proteggendoli dalle frodi nel processo.

Un aumento dei tassi di mantenimento dei clienti può avere un effetto significativo sulla redditività di un'azienda. Alcuni studi hanno dimostrato che un aumento del 5% nel tasso di fidelizzazione può tradursi in profitti superiori dell'85% per una filiale bancaria, profitti superiori del 50% per un intermediario assicurativo e profitti superiori del 30% per una catena di autonoleggio.

14.4b I profitti derivanti dalla riduzione dei costi operativi

Alcune ricerche hanno mostrato che mantenere un cliente costa da tre a cinque volte meno di acquisirne uno nuovo. La relazione di fiducia che si instaura tra il fornitore e i suoi clienti rende questi ultimi più recettivi agli sforzi di marketing; i clienti sono più disponibili nei confronti dei nuovi servizi e questo, nel tempo, consentirà un abbassamento degli investimenti nel marketing.

In generale, i clienti a lungo termine tendono ad avere costi di mantenimento inferiori, conoscono il fornitore, il suo personale e le sue procedure, per cui hanno meno richieste, meno problemi e richiedono meno attenzione.

Nel corso degli anni, le compagnie aeree hanno dovuto fronteggiare guerre di prezzi con conseguenze indesiderate. Da un lato, i prezzi bassi hanno ottenuto l'effetto auspicato di aumentare le vendite; dall'altro, la presenza di molti passeggeri che non avevano mai volato e lo facevano raramente e non erano familiari con le procedure di prenotazione, check-in e ritiro dei bagagli ha oberato di lavoro e stressato molto il personale abbassando il livello di qualità del servizio a cui gli altri clienti erano abituati.

14.4c I profitti derivanti dal passaparola

Mantenere soddisfatti i clienti genera una pubblicità positiva tramite il passaparola. I clienti aiutano il fornitore a crearsi una reputazione che, a sua volta, attrae nuovi clienti. I clienti soddisfatti spesso raccomandano un fornitore ai loro amici e familiari, il che, peraltro, rafforza la loro stessa decisione. Le fonti di informazione personali sono particolarmente importanti per gli acquirenti di servizi per via dell'intangibilità del prodotto e della percezione di un aumento del rischio associato agli acquisti. I nuovi clienti portati dalle raccomandazioni di clienti esistenti possono essere tanti; per esempio, un costruttore di case negli Stati Uniti ha scoperto che il 60% del suo business si basa sulle referenze da parte di clienti già serviti.

14.4d Un chiarimento sui benefici della fidelizzazione del cliente

Si potrebbe supporre che i clienti migliori di un'azienda siano quelli più fedeli, ma uno studio ha mostrato che ciò non è sempre vero; analizzando i database dei clienti di quattro aziende, si è constatato che c'era poca evidenza che i clienti che acquistavano regolarmente fossero quelli meno costosi da servire, i meno sensibili ai prezzi o quelli che raccomandavano il fornitore ad altri. In alcuni casi è stato riscontrato l'opposto, come nell'industria high-tech, dove i clienti che spendono di più capiscono il valore che rappresentano per l'azienda e richiedono servizi extra a prezzi ridotti.

Per valutare il valore di un cliente viene solitamente usata la tecnica RFM (*Recency, Frequency and Monetary value*, ovvero ricorrenza, frequenza e valore monetario). La recency misura il tempo trascorso dall'ultimo acquisto effettuato; i clienti che hanno fatto acquisti più recentemente ottengono punteggi più alti. La frequency conteggia il numero di acquisti effettuati in uno specifico intervallo di tempo, calcolato come media; maggiore è il numero degli acquisti, maggiore è il punteggio assegnato al cliente. Alla fine si sommano i punteggi di recency e frequency e si calcola il valore dei clienti.

Questa metrica suggerisce di analizzare la percentuale di clienti fidelizzati e collegarla alla loro redditività per determinare quali siano i clienti migliori.

14.4e Il valore del cliente

Per apprezzare maggiormente l'importanza della fidelizzazione, si può calcolare il valore di un cliente per l'intera durata della relazione con il fornitore (***Customer lifetime value*, CLV**). Questa misura rappresenta la somma di tutti gli acquisti già effettuati da un cliente più quelli che probabilmente farà in futuro e documenta che un cliente vale molto di più di un singolo acquisto.

Customer Lifetime Value (CLV): valore di un cliente considerando tutta la durata del rapporto con il fornitore.

Man mano che i clienti ritornano ad acquistare, il CLV della sua base clienti aumenta.

Detto in maniera semplificata, per calcolare il CLV occorre moltiplicare il valore medio delle vendite per il numero di volte che un cliente effettua un acquisto; in questo senso il valore di un cliente sarà:

$$CLV = (\text{Vendita media}) \times (\text{Numero di vendite})$$

Per esempio, se un cliente di una compagnia telefonica ha un contratto da 10 euro al mese attivo da 5 anni e che lo vincola per un altro anno, il suo valore è di 720 euro (10×12×6).

Le organizzazioni di servizi possono anche determinare quanto sia consentito spendere per acquisire un nuovo cliente, quantificando il **margine di profitto di un cliente** (*Lifetime profit*, LTP).

Margine di profitto di un cliente: contributo di un singolo cliente al profitto dell'azienda.

Così come il CLV, anche il LTP si ottiene moltiplicando il margine medio derivante dalla singola vendita per il numero di vendite stimate di un cliente e descrive quanto ogni cliente contribuisce al profitto dell'azienda per tutta la durata del rapporto.

Profitto medio a vita =
(Profitto medio per vendita) × (Numero di volte stimato di acquisti)

Con questi elementi a disposizione, l'importo di riferimento per decidere quanto investire per acquisire nuovi clienti e ottenere profitti a lungo termine si ottiene sommando il **costo medio di acquisizione** al margine di profitto di un cliente.

Costo medio di acquisizione: investimento necessario per acquisire un cliente; si ottiene dividendo l'investimento complessivo per il numero di clienti acquisiti.

Punto di pareggio per l'acquisizione di un cliente =
Margine di profitto medio (per l'intera durata del rapporto) +
Costo medio di acquisizione

Se un'organizzazione riesce a spendere meno di questa cifra per acquisire ciascun nuovo cliente otterrà un profitto.

14.4f Vale sempre la pena mantenere un cliente?

Sebbene l'utilità di mantenere tutti i clienti a ogni costo sia un argomento controverso e le opinioni in merito siano discordanti, molti esperti concordano che non tutti i clienti valgono allo stesso modo e in qualche caso è del tutto accettabile "licenziare" un cliente. Per esempio quando:

- il cliente non è più redditizio;
- le condizioni specificate nel contratto di vendita non sono più soddisfatte;
- il cliente maltratta il personale al punto da demoralizzare qualcuno;
- le richieste del cliente sono irragionevoli e soddisfarle significa fornire un servizio scadente agli altri.
- la reputazione del cliente è così negativa che danneggia l'immagine del fornitore.

Altri, pur ritenendo validi questi criteri, suggeriscono che quando si interrompe la fornitura deve essere comunque tenuto aperto un canale di comunicazione.

Gli sforzi sul mantenimento dei clienti si dovrebbero concentrare su quelli redditizi. Benché l'obiettivo di non avere defezioni sia auspicabile, non sempre è giustificato, dal punto di vista strettamente economico, investire in programmi di mantenimento del cliente e di recupero del disservizio. Inoltre, concentrarsi prevalentemente sulla fidelizzazione dei clienti esistenti trascurando l'acquisizione di nuovi clienti potrebbe nuocere all'azienda nel lungo periodo.

14.5 I programmi di fidelizzazione del cliente

Nel corso degli anni, sono stati introdotti vari programmi di marketing orientati alla fidelizzazione del cliente, come i programmi fedeltà, il marketing relazionale, le attività post-vendita e le garanzie di servizio. Ogni programma documenta l'impegno dei fornitori per mantenere la clientela già acquisita.

14.5a I programmi fedeltà

Programmi fedeltà: iniziative finalizzate a mantenere il cliente e aumentare la frequenza d'acquisto o l'ammontare della spesa.

L'obiettivo principale dei **programmi fedeltà** è rendere più "produttivi" i clienti già serviti, aumentando la frequenza o l'ammontare speso per gli acquisti (più spettacoli nello stesso teatro, più polizze o aumento del valore delle polizze, più pernottamenti nello stesso albergo, più viaggi in treno).

APPROFONDIMENTO 14.1

Sostenibilità e servizi in azione
"Green" e la fedeltà nelle banche

Un rapporto pubblicato da una società di consulenza sostiene che potrebbero essere risparmiate 687 mila tonnellate di carta all'anno se i clienti delle banche optassero per soluzioni non cartacee. Per capire l'enormità di questo numero, si pensi che tale quantità di carta sarebbe sufficiente per circondare la Terra 239 volte.

Un'azienda dovrebbe impegnarsi a essere più sostenibile non solo per questioni ambientali, ma anche per stabilire un legame più personale con la clientela. Un altro studio recente sostiene che i clienti ricompensano gli istituti di credito più ecologici con la propria fedeltà, e ha rilevato anche che i clienti sono sei volte più propensi a essere fedeli alle istituzioni finanziarie che adottano pratiche ecologicamente sostenibili.

Per questo motivo, Washington Mutual ha donato 1 milione di dollari alla National Arbor Day Foundation per celebrare un milione di propri clienti passati alle certificazioni *paperless*.

Altri risultati includono:

- Il 34% dei clienti passati alla banca elettronica lo ha fatto per ridurre al minimo il proprio impatto sull'ambiente.
- Il 43% dei clienti ha dichiarato che preferisce fare affari con aziende che percepisce ecologicamente sostenibili.
- Il 60% dei clienti che aderiscono alla banca "green" o che hanno indicato la sostenibilità della banca come "estremamente importante" per le proprie decisioni bancarie è costituito da donne.
- Il 64% dei clienti che hanno dichiarato di essere "molto meno propensi" alla fedeltà alla banca per le pratiche ecologiche è costituito da uomini.

Nonostante la maggior parte dei clienti abbia manifestato interesse per le pratiche bancarie "green", il 75% di loro continua a ricevere documenti cartacei.

Poiché le banche propongono opzioni "green" facili da adottare, il futuro si prospetta più verde.

Fonte: http://www.environmentalleader.com.

Il primo passo del programma consiste nel raccogliere dati sul comportamento dei clienti e determinare il loro livello di ingaggio con il fornitore; per esempio, un cliente può avere un conto corrente ordinario presso una banca, ma può anche rivolgersi a essa per la gestione del risparmio, un mutuo ipotecario per la casa o un prestito a breve termine per l'acquisto dell'auto.

Il passo successivo è stabilire con i clienti una relazione più personale. Le comunicazioni devono diventare interattive, nel senso che i clienti possono anche fare domande per chiarirsi, e orientate all'azione, cioè invitare i clienti a una reazione. Le comunicazioni personali documentano ai clienti che il fornitore riconosce la loro importanza. Una comunicazione che invita i clienti a rispondere entro un certo periodo è una comunicazione orientata all'azione.

Uno degli esempi meglio riusciti tra i programmi fedeltà è il *frequent-flyer*, che ormai quasi tutte le compagnie aeree attivano per premiare i passeggeri che volano frequentemente; la rete Star Alliance, per esempio, è un programma condiviso tra oltre venti compagnie aeree, tra cui United, Thai e Lufthansa, e i punti ottenuti con un vettore si accumulano a quelli ottenuti viaggiando con altri partner della rete. La fedeltà dei passeggeri è premiata con crediti per le "miglia" viaggiate, che possono essere riscattati con tariffe scontate, voli gratuiti, *upgrade* della classe di viaggio oppure omaggi di beni o servizi. Questi programmi fedeltà sono un efficace strumento per competere rivolto soprattutto a chi viaggia frequentemente per lavoro, perché questi clienti prenotano i voli spesso all'ultimo minuto pagando tariffe più elevate rispetto a chi viaggia per turismo; si tratta quindi di un segmento di viaggiatori molto redditizio a cui, in certi casi, vengono offerti anche livelli premium (gold, platino, ecc.) che includono linee telefoniche dedicate per la prenotazione, imbarco prioritario e sale d'attesa esclusive.

I punti ottenuti possono essere riscattati non solo per sconti o vantaggi associati alle compagnie aeree, ma anche per pernottamenti, buoni d'acquisto, pasti in ristoranti, crociere e altri servizi di partner. Gli esperti sostengono che i membri dei programmi frequent-flyer guadagnano il 40% delle loro miglia senza volare e riscattano il 10% per premi diversi da viaggi gratuiti.

14.5b Il marketing relazionale

Marketing relazionale: approccio orientato a costruire una relazione di lungo periodo con il cliente.

Un altro approccio orientato alla fidelizzazione dei clienti è il **marketing relazionale**, che mette insieme servizio clienti, qualità e marketing operando su due livelli: macro e micro. A livello macro, le organizzazioni che adottano questo approccio riconoscono che il marketing agisce sui clienti, il personale, i mercati interni e quelli influenti (come i mercati finanziari e le agenzie governative). Allo stesso tempo, a livello micro, c'è la consapevolezza che l'azione di marketing non è più concentrata solo a completare una singola transazione o a conquistare un nuovo cliente, ma tende a costruire una relazione a lungo termine con i clienti esistenti.

I sostenitori del marketing relazionale riconoscono che i prodotti possono variare e il vero valore risiede nella relazione a lungo termine con il cliente. Per esempio, John Deere & Co., che produce attrezzature per la costruzione e l'agricoltura, misura il suo successo contando il numero delle generazioni di agricoltori che hanno utilizzato i suoi prodotti. Anche Baxter International, fornitore di prodotti e servizi sanitari per 11 miliardi di dollari, ha adottato il marketing relazionale e propone ad alcuni clienti di condividere il rischio aziendale stabilendo congiuntamente obiettivi di vendita e di riduzione dei costi e spartendo i risparmi o le spese extra.

In sintesi, il marketing relazionale enfatizza l'importanza della fidelizzazione del cliente con un focus sulla qualità che supera i confini dipartimentali e amplia la definizione di cliente includendo tutti coloro che sono coinvolti nel portare il servizio sul mercato (fornitori, dipendenti, mercati influenti, ecc.). Mantenere una relazione con tutti questi tipi di clienti è il fulcro del marketing relazionale.

14.5c Le attività post-vendita

Il terzo programma per la fidelizzazione del cliente si concentra sulle attività di marketing dopo che la vendita iniziale è stata effettuata. Un esempio potrebbe essere un medico che contatta il proprio paziente per verificare i progressi qualche giorno dopo la visita. Questo semplice gesto rafforza fortemente la fedeltà e la fidelizzazione del paziente. Altre tecniche di **attività post-vendita** includono:

Attività post-vendita: iniziative rivolte al cliente a seguito della decisione d'acquisto.

- identificare i clienti e creare un database in modo che sia più facile contattarli a seguito della vendita;

- misurare la soddisfazione del cliente e apportare continuamente miglioramenti basati sui feedback ricevuti;
- stabilire programmi formali di comunicazione con il cliente, come una newsletter che illustri come il fornitore sta utilizzando i feedback ricevuti per un continuo miglioramento;
- creare una cultura in tutta l'organizzazione per rafforzare l'importanza di mantenere una relazione con il cliente dopo la vendita iniziale.

Il settore automobilistico ha fatto passi significativi nelle attività post-vendita; i clienti vengono spesso contattati dal personale dopo l'acquisto di un veicolo o il completamento di un intervento di assistenza, e in generale rimangono positivamente colpiti dall'attenzione della concessionaria, in un settore storicamente incentrato sulla vendita rapida.

Weyerhaeuser, impresa specializzata in legname e carta, ha fatto passi ulteriori richiedendo ad alcuni dei suoi dipendenti di lavorare presso i propri clienti per una settimana. Questa scelta ha portato ad alcune scoperte interessanti: sui rotoli di carta stampata venduta veniva posizionato un codice a barre, che però si attaccava regolarmente alle presse ad alta velocità dei clienti. I dipendenti di Weyerhaeuser si sono resi conto del problema stando sul campo e hanno visto che era facilmente risolvibile spostando di qualche centimetro il codice a barre. In seguito Weyerhaeuser ha scoperto che anche altri clienti avevano avuto problemi simili ma non si erano mai lamentati. Inviare alcuni dipendenti a osservare come i clienti utilizzavano i prodotti è stato prezioso sia per il fornitore che per i clienti.

14.5d Le garanzie

Una delle modalità più innovative e interessanti degli ultimi anni per fidelizzare i clienti è quella di garantire l'esito del servizio. Le garanzie in sé non sono una novità, ma l'applicazione ai servizi, e in particolare ai servizi professionali, è un fenomeno abbastanza recente.

Gli obiettivi delle garanzie sono sostanzialmente tre:

- rafforzare la fedeltà del cliente;
- aumentare la quota di mercato;
- incentivare il fornitore a migliorare la qualità complessiva del servizio.

Le garanzie di maggior successo sono senza restrizioni, espresse in termini chiari e specifici, significative, prive di complicazioni quando vengono attivate e rapide nel pagamento. Inoltre, nel definire una garanzia vanno evitati i seguenti errori: (1) promettere qualcosa di banale che il cliente si aspetta già di ricevere, (2) specificare condizioni eccessive come parte della garanzia e (3) rendere la garanzia così poco conveniente da non venire mai attivata.

Tipi di garanzia

Ci sono tre tipi di garanzie: (1) la garanzia incondizionata, (2) la garanzia di un risultato specifico e (3) la garanzia implicita. La **garanzia incondizionata** è la più completa delle tre poiché promette la soddisfazione del cliente, un eventuale rimborso o una risoluzione del problema senza costi aggiuntivi. In primo luogo, l'azienda trae vantaggio dall'influenza positiva che la garanzia esercita sui clienti. Più specificamente, i benefici per i clienti associati alle garanzie incondizionate includono i seguenti:

Garanzia incondizionata: strumento che promette ai clienti la piena soddisfazione per il servizio offerto.

- i clienti ritengono di ottenere più valore dall'acquisto;
- il rischio percepito associato all'acquisto è inferiore;
- i clienti percepiscono l'azienda come più affidabile;
- i clienti sono aiutati a scegliere tra offerte concorrenti;
- i clienti sono aiutati a superare la resistenza verso l'acquisto;
- la garanzia rafforza la fedeltà del cliente, aumenta le vendite e costruisce la quota di mercato;
- una buona garanzia può contrastare la pubblicità negativa del passaparola;
- la garanzia può portare al riconoscimento del marchio e alla differenziazione; di conseguenza, può essere richiesto un prezzo più alto.

In secondo luogo, il vantaggio deriva dall'impegno che l'organizzazione assume; affinché essa possa offrire una garanzia incondizionata è necessario che la gestione operativa e tutte le funzioni aziendali siano perfettamente coordinate, altrimenti i pagamenti associati ai rimborsi potrebbero mandarla in bancarotta. I benefici per l'organizzazione sono i seguenti:

- la garanzia costringe il fornitore a definire il buon servizio sulla base di ciò che percepisce il cliente;
- la garanzia indica un chiaro obiettivo di performance che viene comunicato al personale e ai clienti;
- il numero di garanzie attivate fornisce una metrica oggettiva per monitorare gli errori;
- la garanzia costringe l'azienda a riesaminare l'intero sistema di erogazione del servizio per individuare punti di fallimento;
- la garanzia può essere fonte di orgoglio e creare uno spirito di gruppo all'interno dell'azienda.

Ogni tipo di garanzia comporta anche qualche rischio; le garanzie incondizionate possono trasferire anche un messaggio negativo ad alcuni clienti che si domandano se questo impegno è dovuto a fallimenti precedenti o al disperato tentativo di cercare nuovi clienti. Un altro rischio riguarda il pagamento effettivo quando la garanzia viene attivata perché alcuni si sentono in imbarazzo a richiedere il rimborso ed evitano di lamentarsi. Altri problemi potenziali riguardano il pagamento, la documentazione necessaria e le tempistiche previste.

Garanzia di un risultato specifico: strumento che promette ai clienti il raggiungimento di un determinato risultato.

Il secondo tipo è una **garanzia di un risultato specifico**. Questa opzione è considerata meno robusta rispetto alla precedente perché le condizioni per esercitare il diritto al rimborso o alla sostituzione sono più ristrette e specifiche e i pagamenti meno impegnativi. Questo tipo di garanzia copre solo alcuni passaggi o output specifici e si applica più facilmente a risultati oggettivamente valutabili (per esempio, consegna entro il giorno successivo).

Garantendo un risultato preciso, il fornitore può dichiarare più efficacemente il suo impegno verso un obiettivo particolare. L'aspetto negativo è che questa garanzia è più debole rispetto a una garanzia incondizionata e può sembrare una mancanza di fiducia nelle proprie capacità organizzative.

Garanzia implicita: accordo non scritto tra fornitore e cliente riguardo alle caratteristiche del servizio fornito.

La **garanzia implicita** è essenzialmente una garanzia non scritta che sancisce un patto tra fornitore e clienti. Anche se non è formalizzata, i clienti sono certi che l'azienda è dedicata alla loro completa soddisfazione, per cui si genera una sorta di partnership tra fornitore e clienti basata sulla fiducia reciproca e il rispetto.

Siccome la garanzia è implicita, non vi sono regole certe secondo le quali debba essere applicata e il fornitore la adatta alla gravità dell'errore. La garanzia implicita ha più flessibilità rispetto a un accordo del tipo "tutto o niente" e apporta altri benefici perché (1) evita di apparire come una mossa opportunistica di marketing come talvolta viene percepita una garanzia esplicita e (2) evita di dichiarare pubblicamente che il fornitore in alcune circostanze potrebbe non mantenere le promesse. In sintesi, la garanzia implicita è il modo più "elegante" di perseguire una strategia di tutela all'acquisto.

Anche una garanzia implicita presenta alcuni svantaggi: siccome le regole non sono né dette né scritte, il fornitore guadagnerà una buona reputazione solo dopo atti ripetuti e passaparola, e questo processo richiede tempo. Di conseguenza, una garanzia implicita non può essere utilizzata come strumento di differenziazione nei primi stadi del ciclo di vita aziendale. Inoltre, i nuovi clienti, non essendo a conoscenza dell'orientamento dell'azienda alla soddisfazione del cliente, potrebbero non reclamare e quindi non usufruire della garanzia.

Da ultimo, meritano alcune considerazioni distinte le garanzie offerte per i servizi professionali. Nel caso di servizi come l'assistenza sanitaria, i servizi legali o di ingegneria, solo per citarne alcuni, le garanzie esercitano un impatto forse ancora maggiore per i motivi seguenti.

- *Prezzi elevati.* I prezzi dei servizi professionali raggiungono facilmente cinque o sei zeri, per cui le garanzie possono alleviare il rischio legato a decisioni così costose.
- *Alti costi di un esito negativo.* Per decisioni importanti, il rischio associato a un esito negativo è molto elevato.
- *Servizio personalizzato.* A differenza dei servizi più standardizzati dove gli esiti sono abbastanza certi, i servizi personalizzati sono accompagnati da un elevato grado di variabilità. La garanzia contribuisce ad alleviare alcuni dei rischi associati all'incertezza dei risultati.
- *Difficile riconoscimento del fornitore.* È difficile riuscire a differenziare i servizi professionali; visite oculistiche o servizi odontoiatrici sembrano abbastanza simili tra i vari professionisti. In questi casi una garanzia di servizio incondizionata può essere uno stratagemma per differenziarsi con successo dalla concorrenza.
- *Elevata resistenza all'acquisto.* Dati i costi e l'incertezza dell'esito, gli acquirenti procedono con cautela, per cui una garanzia incondizionata può aiutare a superare le riserve dei clienti e concludere la vendita.

14.6 La gestione degli abbandoni

Un'altra modalità efficace per aumentare il tasso di fidelizzazione del cliente è ridurre l'**abbandono** da parte dei clienti già acquisiti. Il controllo delle defezioni ha le sue radici nella gestione della qualità totale (*Total Quality Management*, TQM) ed è un processo sistematico che tenta preventivamente di evitare che i clienti cambino prodotto o fornitore; esso monitora le ragioni per cui i clienti se ne vanno e utilizza queste informazioni per migliorare continuamente il sistema

Gestione dell'abbandono: processo sistematico diretto a mantenere i clienti prima che abbandonino il fornitore.

di erogazione del servizio. Le motivazioni per impegnarsi in questo senso sono dunque chiare: dimezzare gli abbandoni raddoppia il tasso di crescita medio e ridurli anche solo del 5% può aumentare i profitti dal 25% all'85%, a seconda del settore.

14.6a Zero difetti *versus* zero defezioni

Modello zero difetti: approccio che tende ad azzerare gli errori di produzione.

Nel settore manifatturiero, la gestione della qualità totale cerca di applicare un **modello zero difetti**. Questo approccio è appropriato per i beni tangibili in cui le caratteristiche specifiche (materiali, dimensioni, colori, performance, ecc.) possono essere chiarite prima della produzione, ma non si adatta perfettamente al settore dei servizi.

I clienti di servizi sono gli unici a conoscere le proprie esigenze e spesso non riescono nemmeno a esplicitarle a pieno ai fornitori. Le signore possono mostrare ai parrucchieri le foto delle acconciature desiderate ma l'immagine è un'approssimazione del risultato desiderato, così come è difficile far capire bene a un architetto come si vorrebbe la casa.

Inoltre, ogni cliente ha il proprio set di aspettative e di specifiche che ostacola l'applicazione del modello zero difetti. Un parrucchiere si lamentava dicendo: "Vengono qui con due capelli in croce e si aspettano di uscire assomigliando a Diana Ross!". Le peculiarità dei servizi non sono sempre standardizzabili e il fornitore deve essere in grado di adattarsi sul momento alle aspettative del cliente.

Modello zero defezioni: approccio che tende ad azzerare gli abbandoni dei clienti.

È stato detto più volte che una delle caratteristiche dei servizi è l'eterogeneità, per cui il modello zero difetti non è in linea con la realtà dei servizi. Un approccio più adeguato è il cosiddetto **modello zero defezioni**; i prodotti difettosi non vendibili del settore manifatturiero, nei servizi si traducono in clienti insoddisfatti che probabilmente non torneranno più.

14.6b L'importanza della gestione degli abbandoni

Le imprese, in media, perdono dal 15% al 20% dei loro clienti ogni anno. In alcuni settori il tasso è molto più elevato; l'industria della telefonia mobile registra un turnover fino al 25% all'anno, con variazioni significative tra Paese e Paese. Ridurre le defezioni porta vantaggi immediati; nel mercato delle carte di credito, una diminuzione del 2% delle defezioni ha un effetto netto sul bilancio pari a una diminuzione del 10% dei costi.

Come descritto in precedenza, i tassi di abbandono non sono necessariamente collegati alla soddisfazione del cliente e questo è il motivo per cui un monitoraggio di quello che succede è essenziale. La soddisfazione del cliente non si traduce automaticamente in fedeltà e un numero di clienti compreso tra il 65% e l'85% dei dei clienti che migrano per motivi tecnologici, i cosiddetti defezionisti, dichiara di essere rimasto soddisfatto o molto soddisfatto dal loro precedente fornitore.

14.6c Le tipologie di defezioni

Vi sono diverse cause per cui i clienti abbandonano il servizio.

Defezionisti per il prezzo: clienti che cambiano fornitore per ottenere beni e servizi a prezzi più bassi.

I **defezionisti per il prezzo** sono clienti che passano a fornitori concorrenti che propongono beni o servizi più economici; solitamente questi sono i clienti meno fedeli. Molti fornitori che intendono fidelizzare la clientela sono disposti a sacrificare questo tipo di acquirenti per evitare di dover applicare continuamente sconti e cercano di differenziarsi dalla concorrenza tramite altri fattori come l'affidabilità, la reattività, l'empatia, la sicurezza e una gestione efficace degli elementi tangibili.

I **defezionisti per il prodotto** passano ai concorrenti che offrono beni e servizi superiori e, una volta che se ne vanno, è difficile riconquistarli poiché non vorranno un servizio di qualità inferiore dopo averne sperimentato uno di qualità superiore. Per ridurre al minimo i defezionisti per il prodotto, un'organizzazione non si deve accontentare dei successi passati ma deve sempre cercare di migliorare e innovare.

Defezionisti per il prodotto: clienti che cambiano fornitore per ottenere beni e servizi di qualità superiore.

I **defezionisti per il servizio** abbandonano in seguito a esperienze negative. A differenza degli altri casi, è il fornitore stesso che fornisce ai clienti esistenti ragioni per andarsene: personale poco informato, promesse non mantenute e comportamenti inaccettabili sono le ragioni per cui i clienti cambiano fornitore. Fallimenti del servizio combinati con risposte inadeguate da parte del personale possono portare a defezioni per il servizio.

Defezionisti per il servizio: clienti che abbandonano il fornitore a seguito di esperienze negative.

I **defezionisti di mercato** sono coloro che escono dal mercato per ragioni di ricollocazione o fallimento aziendale. Sia singole persone che imprese talvolta abbandonano i loro fornitori o i loro clienti perché non operano più in un determinato settore (fallimento, scelte strategiche, ecc.).

Defezionisti di mercato: clienti che cambiano fornitore per ragioni legate al mercato.

APPROFONDIMENTO 14.2

Servizi globali in azione

SINGAPORE AIRLINES

I programmi che offrono ricompense ai clienti abituali come un frequent-flyer sono comuni in tutto il mondo: quasi il 75% degli acquirenti negli Stati Uniti è iscritto almeno a un programma fedeltà. L'idea principale di questi programmi è quella di tracciare le abitudini di acquisto, identificare i clienti più redditizi e inviare loro offerte speciali e promozioni.

Sviluppati originariamente negli anni '70, i programmi frequent-flyer "legano" i clienti delle compagnie aeree, specialmente chi viaggia frequentemente o per affari, a una sola compagnia per poter ricevere i vantaggi del programma. I viaggiatori sono spesso disposti a spendere di più o avere scali meno favorevoli in cambio di premi come voli gratuiti o scontati, un aumento delle franchigie bagagli o posti migliori.

Ora più che mai, i clienti sentono di avere diritto a un trattamento speciale per la loro appartenenza ai programmi fedeltà. Uno studioso ha affermato che le compagnie aeree hanno infranto quello che era uno standard "prezzo unico per tutti" e hanno introdotto una logica per cui "alcune persone sono più speciali di altre" che ha cambiato il mercato americano e globale per sempre. Di conseguenza, ciò che una volta era considerato un ottimo modo per tracciare gli acquisti ora è diventato il prezzo da pagare per fare affari. I programmi fedeltà hanno creato un comportamento di mercato scomodo, e per alcune aziende come Singapore Airlines addirittura insostenibile.

Recentemente, Singapore Airlines ha cercato di revocare alcuni benefici riservati ai membri del livello più alto del programma fedeltà, tra cui l'iscrizione a vita. La compagnia ha dichiarato che il programma non era sostenibile e ha applicato il regolamento che le permetteva di apportare modifiche. I clienti hanno reagito immediatamente e un gruppo di imprenditori e professionisti di alto profilo ha minacciato la compagnia aerea di una vertenza legale collettiva, ponendo Singapore Airlines in una situazione molto delicata ed esponendola al rischio di perdere i suoi clienti più potenti e più fedeli.

Fonte: http://www.reuters.com e http://www.cioinsight.com.

Defezionisti tecnologici: clienti che adottano soluzioni tecnologicamente diverse per soddisfare le proprie esigenze.

I **defezionisti tecnologici** sono clienti che migrano verso soluzioni provenienti da altri settori: per esempio, chi passa dall'energia prodotta a carbone a quella più ecologica dei pannelli solari oppure chi evita gli spostamenti con trasporto ferroviario o aereo privilegiando riunioni online. Come nel caso dei defezionisti per il prodotto, spesso la responsabilità della perdita di clienti per motivi tecnologici è del fornitore stesso che non reagisce rapidamente agli sviluppi in corso anche al di fuori del proprio settore. I produttori di dischi in vinile sono stati colti alla sprovvista dallo sviluppo e la diffusione dei compact disc (CD) e hanno perso una buona parte dei loro ricavi; successivamente le vendite di CD sono state sostituite da piattaforme online (Spotify, iTunes, ecc.) poiché le innovazioni continuano a cambiare i modelli tradizionali del settore.

Defezionisti organizzativi: clienti che cambiano fornitore a seguito di scelte strategiche decise a monte.

I **defezionisti organizzativi** sono il risultato di scelte strategiche delle imprese; un dipendente potrebbe essere obbligato a passare da un'agenzia di viaggi a un'altra perché il proprio datore di lavoro ha cambiato fornitore di viaggi, oppure un'impresa ha acquisito un proprio sub-fornitore e pertanto gli acquisti verranno effettuati solo presso la propria controllata.

14.6d Il processo di gestione degli abbandoni

Sebbene perdere clienti sia frustrante per molti fornitori, i tassi di abbandono sono misurabili e gestibili. Raccogliendo questi dati si può avviare un percorso di miglioramento continuo che analizza la tendenza dei ricavi e le motivazioni della perdita di clienti; è fondamentale creare una cultura che tenda a zero defezioni in modo da rendere chiaro a tutti che questo è l'obiettivo primario dell'organizzazione.

Il primo step di questo processo è comunicare a tutto il personale l'importanza di mantenere i clienti già acquisiti e i benefici ottenuti riducendo gli abbandoni. L'obiettivo di zero defezioni deve essere sostenuto a tutti i livelli, partendo dal vertice aziendale. È fondamentale che la dirigenza guidi con l'esempio e metta in pratica questi principi; non serve sostenere la necessità e l'importanza del servizio clienti nelle riunioni e poi parlar male dei clienti in altri momenti, perché in questo modo non si radicherà nell'organizzazione una cultura di zero defezioni.

Il secondo step è formare i dipendenti nella gestione degli abbandoni, basata sui seguenti punti.

1. Raccogliere informazioni: chi sono i clienti, che cosa acquistano, quanto acquistano e con che frequenza?
2. Fornire istruzioni specifiche al personale sull'utilizzo di queste informazioni: chiamare il cliente per nome, proporre altri beni e servizi aggiuntivi e riconoscere la sua importanza per il successo a lungo termine della relazione.
3. Istruire i dipendenti su come reagire nelle diverse situazioni: non tutti i clienti sono uguali, e alcuni hanno bisogno di un trattamento più speciale di altri.
4. Incoraggiare i dipendenti a rispondere alle richieste.

Il terzo step è quello più critico poiché riguarda il legame tra gli incentivi e i tassi di defezione; se l'azienda è veramente interessata a ridurre le defezioni, la struttura delle ricompense deve rafforzare gli sforzi di fidelizzazione dei clienti. Alcune organizzazioni hanno sviluppato sistemi di ricompensa coerenti con gli obiettivi di fidelizzazione dei clienti e il personale si impegna a parlare con ogni cliente che desidera interrompere i suoi servizi arrivando a guadagnare fino al 20% in più con bonus associati alla riduzione delle defezioni. Gli incentivi e gli investimenti extra nella comunicazione con i clienti consentono di mantenere anche il 50% dei clienti che chiamano con l'intenzione di cambiare fornitore.

In aggiunta, le organizzazioni che pianificano con attenzione delle "barriere all'uscita" scoraggiano gli abbandoni: per cambiare banca, l'utente deve chiudere il conto presso la banca precedente, aprirne uno nuovo e passare tutti gli addebiti automatici da una banca all'altra; oppure, cambiare dentista può tradursi nel costo di nuove radiografie, nella compilazione di nuovi moduli informativi e nell'effettuazione di un esame approfondito. Le barriere efficaci sono basse e non manipolative in entrata, ma elevate in uscita.

Da ultimo, è bene ricordarsi che le defezioni dei clienti sono misurabili e gestibili. Spesso le aziende cancellano dai database i clienti che non richiedono più i loro servizi, mentre una gestione efficace delle defezioni si concentra sulla fidelizzazione dei clienti già prima che se ne vadano, cercando di capirne le motivazioni, poiché chi abbandona è una fonte preziosa di informazioni sulla gestione operativa, sul personale e, in generale, sul futuro dell'azienda.

Riepilogo

La concorrenza crescente, l'aumento dei costi di marketing, il cambiamento dei canali di distribuzione e delle esigenze dei clienti hanno reso i concetti di fedeltà e fidelizzazione sempre più importanti.

La fedeltà dei clienti riflette i tentativi delle organizzazioni di costruire un legame emotivo oltre che commerciale con gli acquirenti; i clienti "trattenuti" non sono necessariamente fedeli e forse continuano a utilizzare i servizi soltanto per mancanza di alternative o perché i costi connessi a un cambiamento sono troppo elevati.

La fedeltà dei clienti può essere coltivata in vari modi: inviando comunicazioni frequenti, anticipando le richieste, formando e responsabilizzando il personale, ricordando gli acquisti passati, comportandosi in maniera affidabile e flessibile, bilanciando l'uso della tecnologia con un approccio umano e ricordandosi i loro nomi ma soprattutto orientandosi a mantenere con essi una relazione di lungo periodo.

In definitiva, fidelizzare la clientela significa concentrare gli sforzi di marketing sulla base dei clienti già acquisiti per soddisfarli e sviluppare ulteriormente la relazione.

La fidelizzazione del cliente è associata a una serie di benefici, tra cui un aumento delle vendite, una riduzione dei costi operativi e un passaparola positivo. Dall'altra parte, i clienti già acquisiti fanno un uso più efficiente dell'offerta disponibile e preferiscono rimanere con lo stesso fornitore per un lungo periodo per ridurre i rischi associati agli acquisti.

Nonostante l'importanza della fidelizzazione, non vale la pena mantenere tutti i clienti; le organizzazioni di servizi dovrebbero seriamente valutare di lasciar andare quei clienti che non sono più redditizi, non seguono le condizioni contrattuali, maltrattano il personale, pongono richieste irragionevoli o, non godendo di buona reputazione, trasferiscono questa immagine anche sul fornitore.

Le organizzazioni orientate al mantenimento della propria base clienti attivano dei programmi fedeltà, adottano un approccio di marketing relazionale, propongono iniziative post vendita, offrono garanzie di servizio e hanno potuto sperimentare i benefici attesi dal loro impegno.

Oltre ad attirare clienti e costruire fedeltà, le organizzazioni di servizi si impegnano nella gestione degli abbandoni. La motivazione è chiara: dimezzare le defezioni raddoppia il tasso di crescita medio di un'azienda. Le ragioni per cui un cliente se ne va sono diverse: prezzo, prodotto, servizio, mercato, tecnologia e cause organizzative.

Per costruire un programma efficace è necessario sviluppare una cultura aziendale, a partire dai vertici, che punti a ottenere zero defezioni.

Domande di verifica

1. Spiegare la relazione tra soddisfazione e fidelizzazione del cliente.
2. Perché il marketing di conquista è diventato una pratica frequente per molte organizzazioni?
3. Illustrare i problemi associati al marketing di conquista.
4. È sempre conveniente mantenere un cliente?
5. Descrivere un programma fedeltà a cui si è iscritti.
6. In che modo i cambiamenti nei canali di distribuzione dei servizi hanno avuto un impatto sulla fidelizzazione del cliente?
7. Qual è la distinzione tra zero difetti e zero defezioni?
8. Descrivere i vari tipi di defezionisti.
9. Quali sono le forme di garanzia per il servizio?
10. Sviluppare un programma di marketing relazionale.

Capitolo 15

Conclusioni: lo sviluppo di una cultura dei servizi

Obiettivi del capitolo

Per sviluppare un sistema efficace di erogazione dei servizi è cruciale coltivare una cultura organizzativa, affinché l'azienda possa offrire al cliente un'esperienza senza soluzione di continuità. In questo capitolo saranno descritti due ostacoli alla fluidità del servizio, i modelli gestionali prevalenti a cui si ispirano i fornitori dei servizi e gli strumenti per sviluppare una cultura del servizio eccellente.

Gi Group

Gi Group è la prima multinazionale italiana del lavoro e una tra le principali realtà che offrono servizi e consulenza a livello globale.

Gi Group si occupa di Temporary, Professional e Permanent Staffing, Ricerca e Selezione, Executive Search, Operations & Supply Chain, Sales & Field Marketing, Technology Consulting, Formazione e Sviluppo, Amministrazione HR, Consulenza HR, Transizione e Sviluppo di Carriera.

Dal 1998, il Gruppo persegue i propri obiettivi contribuendo all'evoluzione del mercato del lavoro.

Il principio ispiratore delle attività aziendali è rappresentato da un forte orientamento all'aspetto umano: il quotidiano operato si basa sul valore inequivocabile delle persone, sulla comprensione della grande importanza che il lavoro ha per ognuno e sul profondo rispetto dell'azienda come importante strumento per lo sviluppo della società.

Le recenti crisi sanitarie ed economiche, e le transizioni demografiche, tecnologiche ed ecologiche, hanno un forte impatto anche sul mondo del lavoro e rendono necessario un ripensamento.

Per dare una risposta concreta, Gi Group Holding si è impegnata nella promozione e nella realizzazione del lavoro sostenibile, ovvero a creare condizioni di vita e di lavoro che supportino le persone nel rimanere a lungo attive. Da qui è nato "Il Manifesto del Lavoro Sostenibile" che guida, insieme agli obiettivi dell'Agenda 2030 delle Nazioni Unite, il percorso del Gruppo. Si tratta di una dichiarazione che impegna Gi Group Holding e le sue persone in un processo virtuoso di miglioramento continuo attraverso la realizzazione di iniziative strategiche e complementari rivolte a persone, aziende e società.

In quest'ottica, Gi Group Holding ha avviato una serie di progetti sia verso il mercato, coinvolgendo le aziende partner e i candidati, sia al proprio interno, per diffondere una cultura del lavoro sostenibile in azienda. Ecco alcuni esempi.

- "Academy100%Employability": un format che promuove l'occupabilità attraverso la realizzazione di percorsi di formazione di *upskilling* e *reskilling* gratuiti finalizzati a un'assunzione a tempo indeterminato in collaborazione con i brand partner.
- "Women4": un progetto a sostegno dell'occupazione femminile in quei settori tipicamente considerati a prevalenza maschile, creando opportunità professionali per tutte le donne, attraverso percorsi di formazione e crescita in collaborazione con aziende e istituzioni.
- "Gi Group Training Hub": nell'ambito dell'orientamento e della formazione continua, rappresenta uno spazio fisico e digitale dedicato all'orientamento, per contribuire allo sviluppo della competitività delle aziende sul territorio e all'inserimento dei candidati nel mondo del lavoro.

Per quanto riguarda la sensibilizzazione del personale interno al Gruppo, la diffusione di una cultura del Lavoro Sostenibile e della qualità del servizio è supportata da "b*right", la Corporate University del Gruppo, che attraverso la declinazione delle strategie di business offre ai dipendenti programmi per la crescita di competenze dei singoli e la capitalizzazione del know-how aziendale. "b*right" diffonde l'impegno nei confronti dei temi legati alla sostenibilità del lavoro integrando l'offerta formativa con percorsi *ad hoc* e approfondimenti, affinché ci sia consapevolezza condivisa tra tutti i dipendenti.

Un'iniziativa particolarmente significativa è "b*right Inside", uno spazio di confronto inaugurato per promuovere il valore dell'apertura all'altro, creando una cultura sempre inclusiva in azienda attraverso iniziative, eventi e attività mirate alla comprensione, al dialogo e alla valorizzazione dell'unicità di ciascuno. Tra i temi affrontati nel 2023 vi sono, per esempio, gli *unconscious bias*, le differenze e i pregiudizi tra vecchie e nuove generazioni, le ripercussioni di sessismo, abilismo e razzismo sul mercato del lavoro e il *body shaming*.

La strategia di CSR del Gruppo è fortemente integrata in tutti i livelli aziendali, in termini di governance, attività e coinvolgimento. Questo significa che anche tutte le iniziative sono coerenti con l'impegno a costruire un mondo del lavoro sostenibile. "Destination Work" è l'iniziativa che, in linea con questo impegno, supporta e orienta le persone ad avere un approccio al mondo del lavoro più consapevole ed efficace. Attraverso webinar, workshop, eventi e sessioni di orientamento personalizzate, fornisce supporto a diverse fasce di candidati per aiutarli a fare chiarezza sul loro futuro e sulle opportunità offerte nel mondo del lavoro.

15.1 Introduzione

Servizio senza intoppi: servizio offerto senza interruzioni, incertezze o inconvenienti per il cliente.

Per offrire un prodotto eccellente, le varie componenti dell'organizzazione devono agire insieme e "confezionare" un **servizio senza intoppi**, ovvero un servizio senza interruzioni, confusione o, più in generale, senza problemi per il cliente. Un servizio è impeccabile, veloce e di qualità se lo sono il personale, i processi (sistemi) e le strutture e se sono disponibili tutte le risorse necessarie; la fluidità del servizio, infatti, si basa sullo stretto collegamento tra i fattori che influenzano l'esperienza del cliente e sull'ampia diffusione di una cultura del servizio.

Nelle organizzazioni con una forte cultura del servizio, l'attenzione è rivolta non solo ai clienti ma anche al personale, per valorizzare i propri collaboratori, considerandoli la risorsa più importante nell'offerta del servizio.

Per cambiare la propria cultura, un'organizzazione deve conoscere quella attuale; analizzandola, può aspirare a fornire un servizio senza intoppi dove tutto il personale comprende le sfide e i contributi delle varie parti ed è impegnato a offrire un servizio di livello "world class".

15.2 Gli ostacoli a un servizio di livello "world class"

I modelli di gestione tradizionali basati sui principi del **funzionalismo** e della **dipartimentalizzazione** ostacolano la fluidità del servizio. Si consideri l'esempio di un giovane direttore di una filiale bancaria che nello stesso giorno riceve tre comunicazioni: mentre il dipartimento di marketing lo informa che sta per essere avviata una nuova campagna pubblicitaria e gli chiede di verificare che il personale della sua filiale mantenga le promesse, il reparto che coordina la gestione operativa lo informa che sono state bloccate le nuove assunzioni per contenere i costi, e il dipartimento delle risorse umane lo informa che è in corso un aggiornamento dei contratti di lavoro per cui chiede di ridurre al minimo la pressione sul personale.

Funzionalismo: approccio gestionale che privilegia lo schema di funzionamento piuttosto che l'esperienza generata dal servizio.

Dipartimentalizzazione: suddivisione dell'organizzazione in sottoinsiemi (dipartimenti) focalizzati sulle proprie attività.

Le indicazioni provenienti dai tre diversi dipartimenti sono evidentemente in conflitto tra loro: il dipartimento che cura la gestione operativa invita a non assumere altro personale, aumentando così il carico per gli operatori di contatto, andando contro le richieste delle risorse umane, attualmente impegnate in delicate trattative con i sindacati. Inoltre, l'aumento del carico di lavoro avrà un effetto negativo sul morale del personale, che sarà percepito dai clienti e rischia di compromettere le promesse della nuova campagna pubblicitaria preparata dal dipartimento di marketing.

Se questa specifica filiale bancaria è più orientata al marketing, il giovane direttore cercherà di bilanciare le tre indicazioni attribuendo peso maggiore a quelle provenienti dal dipartimento marketing.

Nelle organizzazioni di servizi è quasi impossibile essere orientati esclusivamente al marketing; i clienti non possono ottenere tutto ciò che desiderano poiché vi sono vincoli imposti dal sistema di erogazione. Per esempio, in un ristorante, non tutti i clienti possono avere una vista panoramica dati i limiti fisici della struttura.

Se la filiale della banca è invece focalizzata più sulla gestione operativa, il giovane direttore si potrà concentrare su questo tipo di richieste, inviando le istruzioni del dipartimento di marketing a quello che coordina la gestione operativa per chiedere chiarimenti. Questo potrebbe generare tensione tra i dipartimenti, tanto che il dipartimento della gestione operativa potrebbe richiedere a quello di marketing la sua autorizzazione prima di procedere.

Le aziende che continuano ad aggrapparsi a principi funzionali e dipartimentali sono spesso intrappolate da conflitti interni poiché i dipartimenti tendono a competere tra loro per accaparrarsi le risorse invece che collaborare per fornire un servizio eccellente. Questi conflitti sono il risultato di culture diverse che, a loro volta, scaturiscono dagli obiettivi specifici, dagli orizzonti di pianificazione, dalla struttura dipartimentale e dalla gestione del personale all'interno dei singoli dipartimenti.

15.2a La mentalità dei compartimenti stagni: comprendere le logiche interne

Logica interna: principi espliciti o impliciti che guidano i comportamenti dei singoli dipartimenti.

Logica della gestione operativa: enfasi sull'efficienza operativa e il contenimento dei costi.

Logica del marketing: enfasi sulla soddisfazione del cliente e il valore offerto.

Per fornire un servizio senza intoppi, i vari reparti devono lavorare insieme, spinti da un obiettivo comune: servire il cliente. Tuttavia, per integrare i dipartimenti, è importante comprendere che ognuno è guidato da una propria **logica interna**, una serie di principi impliciti ed espliciti che determinano le decisioni e la gestione quotidiana. Ciascun dipartimento individua le proprie priorità creando inevitabilmente interruzioni nel processo di erogazione del servizio. Questa mentalità "a compartimenti stagni" isola il reparto dal resto dell'organizzazione, che persegue obiettivi parziali e genera dipartimentalizzazione e funzionalismo.

La **logica della gestione operativa**, per esempio, è guidata dall'obiettivo di ridurre o contenere i costi attraverso la produzione su larga scala o l'applicazione di tecnologie evolute. Questa logica è spesso in conflitto con quella di marketing e crea problemi nell'erogazione del servizio. Chi ha la responsabilità del marketing si preoccupa di identificare e capire le esigenze del cliente e fornire beni e servizi per soddisfarle, mentre il dipartimento che ha la responsabilità della gestione operativa si preoccupa di come questi beni e servizi saranno prodotti e consegnati. In sostanza, il marketing si concentra sulla gestione della domanda e la gestione operativa si concentra sulla fornitura dell'offerta. Il dipartimento di marketing cerca di soddisfare la domanda in modo efficace occupandosi di prodotto, posizione, prezzo e promozioni, mentre la gestione operativa si sofferma sui risvolti economici.

Come si è visto nei capitoli precedenti, nella gestione dei servizi un elemento di tensione è dato dalla partecipazione dei clienti nel processo di produzione. A differenza delle materie prime impiegate nella produzione manifatturiera, i clienti sono un fattore imprevedibile della produzione e riducono l'efficienza del sistema di erogazione, per cui chi deve occuparsi della gestione operativa è tentato di rimuovere la loro partecipazione mentre il marketing ne sottolinea l'importanza. In pratica, è necessario stabilire un equilibrio tra la varietà dei servizi che il marketing vorrebbe offrire e la struttura dei costi in modo da soddisfare la domanda attraverso soluzioni efficienti.

Mentre la gestione operativa è concentrata su questioni più interne, il marketing guarda più all'esterno per soddisfare le aspettative e le esigenze dei clienti. Per esempio, gli hotel potrebbero voler soddisfare la sensibilità ambientale dei loro ospiti tramite pratiche più sostenibili. Idealmente, la **logica del marketing** è fornire ai clienti opzioni che meglio soddisfino le loro esigenze individuali. Anche se aumentare le opzioni è l'ideale per i clienti, ciò porta a gravi inefficienze di costo nella gestione delle pratiche.

Oltre ai conflitti con il dipartimento della gestione operativa, il marketing può essere in contrasto anche con quello delle risorse umane. Per esempio, il marketing vorrebbe assumere solo dipendenti con elevate competenze tecniche e abilità relazionali che consentano di comunicare al meglio con i suoi clienti. Tuttavia, ciò è di solito più costoso che assumere personale che svolge semplicemente in maniera adeguata il proprio ruolo. Inoltre, certi segmenti di mercato non hanno bisogno di essere serviti da operatori con elevate capacità relazionali, ma basta semplicemente che il personale sia cortese e svolga il proprio lavoro; in un ristorante, un cliente non sempre desidera iniziare una lunga conversazione con il cameriere su questioni personali, ma si aspetta solo che l'ordine venga preso e consegnato in modo efficiente.

A differenza delle precedenti, la **logica delle risorse umane** è quella di assumere personale e continuare a formarlo per migliorarne le prestazioni. Partendo dal presupposto che non esiste il dipendente perfetto, è bene trovare quello giusto per una data posizione, a seconda che il lavoro sia più o meno a contatto con altre persone.

Logica delle risorse umane: enfasi sul personale, dalla selezione alla formazione in modo da migliorare le performance.

L'importanza del personale nell'interazione con i clienti evidenzia il legame tra risorse umane e marketing. Nelle organizzazioni di servizi, le risorse umane sono una delle poche fonti che garantiscono la qualità; di conseguenza, i criteri di assunzione, la formazione e le retribuzioni programmati dalle risorse umane hanno un ruolo fondamentale nel modo in cui i dipendenti interagiscono con i clienti dell'azienda.

Nonostante le risorse umane possano apportare un contributo significativo per raggiungere i risultati attesi, spesso sono bloccate dalla loro stessa mentalità di compartimenti stagni orientata alla produzione. I manager orientati alla produzione commettono l'errore di utilizzare gli stessi modelli di valutazione dei dipendenti anche per impieghi molto diversi, condurre gli stessi programmi di formazione standardizzati senza aggiornarli anno per anno e utilizzare procedure generiche di selezione anche per mansioni che richiedono effettivamente set di competenze differenti. Al contrario, i programmi delle risorse umane orientati al servizio devono essere progettati e condotti con i manager, e i modelli di valutazione possono diventare dispositivi di coaching e valutazione anziché essere utilizzati solo per determinare le retribuzioni. Nel complesso, un dipartimento delle risorse umane orientato al servizio dovrebbe lavorare molto più strettamente con i suoi clienti, ovvero i dipendenti dell'azienda, per creare una relazione continua, interattiva e a lungo termine, sostenendo coloro che servono i clienti finali dell'azienda.

Nei servizi, la gestione operativa, il marketing e le risorse umane sono inestricabilmente collegati; quando tutti e tre i reparti si trovano su un piano di parità, il servizio sarà fornito senza intoppi. Se uno dei reparti, invece, prende il sopravvento, non ci sarà fluidità, aumenterà lo stress e il livello di servizio inizierà a vacillare.

In definitiva, è la **logica del servizio** che tiene uniti i tre dipartimenti per fornire un servizio senza interruzioni. Nel gergo militare si utilizza l'espressione "*tooth to tail*" per indicare il rapporto tra i soldati impegnati direttamente nel combattimento (*tooth*) e quelli si supporto (*tail*). Il personale di prima linea deve essere supportato con rifornimenti coordinati, risorse informative, rinforzi del personale e così via. Allo stesso modo, nello sviluppo di una cultura del servizio, gli sforzi principali del fornitore di servizi dovrebbero concentrarsi contemporaneamente sulle esigenze del cliente (logica di marketing), sul processo di erogazione del servizio (logica della gestione operativa) e sul personale che eroga i servizi (logica delle risorse umane).

Logica del servizio: tentativo di coordinare l'azione dei vari dipartimenti per erogare un servizio senza intoppi.

Tuttavia, prima che ciò possa accadere, le organizzazioni devono comprendere quali sono gli orientamenti che informano la propria cultura di servizio.

15.2b Gli orientamenti gestionali: modelli di gestione industriali e orientati al mercato

Modello di gestione industriale: approccio gestionale orientato ai ricavi e al controllo della struttura dei costi ma che sottovaluta il ruolo del personale per ottenere la soddisfazione del cliente e una sostenibilità nel tempo.

Per creare una cultura del servizio eccellente, un'organizzazione deve innanzitutto valutare l'attuale approccio gestionale e comprendere le implicazioni, anche quelle non intenzionali.

Esistono due modelli prevalenti a cui si ispirano i fornitori di servizi e che influenzano la cultura aziendale: il modello di gestione industriale e il modello di gestione orientato al mercato.

Il **modello di gestione industriale** è quello più tradizionale e, benché fondato da scuole di pensiero passate e metodi datati, è ancora ampiamente diffuso.

15.2c Il modello di gestione industriale

Nato nel settore manifatturiero, il modello di gestione industriale è ancora utilizzato anche da molti fornitori di servizi che credono che: (1) le strategie di posizionamento, le promozioni delle vendite e la pubblicità guidino il fatturato; (2) i costi operativi e del lavoro dovrebbero essere mantenuti il più bassi possibile. In sintesi, il modello di gestione industriale si concentra sui ricavi e sui costi operativi, trascurando l'impatto del personale sulla soddisfazione del cliente e sugli utili nel lungo periodo. Questo modello, infatti, non tiene in debito conto l'importanza del personale durante l'incontro di servizio, risultando, di conseguenza, un modello sorpassato. Nonostante questo, molte organizzazioni continuano a ispirarsi a esso; il direttore generale di una catena alberghiera nota a livello internazionale ha recentemente detto a un gruppo di studenti di marketing che la chiave del successo dell'hotel consiste nel massimizzare le tariffe giornaliere delle camere e minimizzare i costi del lavoro. La cultura aziendale di tale impresa alberghiera segue il modello di gestione industriale: nelle chiavi di successo elencate dal direttore generale non sono presenti la soddisfazione dei dipendenti e degli ospiti, mantenere i dipendenti, la qualità del servizio ecc.

In linea generale, chi gestisce le attività a partire da questo modello crede che sia difficile reperire dipendenti capaci e che sia meglio fare affidamento su tecnologia e impianti piuttosto che sulle persone. Inoltre, ritiene che i lavoratori siano poco motivati e in grado di svolgere solamente le mansioni più semplici, motivo per cui i compiti sono affidati in modo dettagliato senza lasciare spazio a iniziative autonome. Di conseguenza, le aspettative verso i dipendenti sono basse, con poche opportunità di crescita e salari non elevati. Invece che valorizzare gli operatori di prima linea, il modello industriale attribuisce maggior valore ai dirigenti, considerati gli unici a poter risolvere i problemi; questo approccio crea spesso difficoltà nella ricerca di soluzioni, poiché il processo di erogazione del servizio richiede interazioni aggiuntive per coinvolgerli.

15.2d Le conseguenze del modello di gestione industriale

Per come è progettato, il modello industriale rischia di condurre inevitabilmente a fallimenti di servizio; in assenza di supporto al personale di prima linea, l'approccio industriale, involontariamente, induce il personale di contatto a essere meno attento a richieste individuali e ai problemi specifici di alcuni clienti. Per quanto un operatore desideri assistere il cliente, si trova talvolta impossibilitato a intraprendere qualsiasi azione per via della procedura che è stata progettata. All'indifferenza del personale, il cliente reagisce negativamente: due terzi dei clienti cambiano fornitore non a causa del prodotto ma per l'inefficienza del personale che eroga il servizio.

Per contenere ulteriormente i costi operativi, molte aziende che seguono il modello industriale hanno sostituito il personale a tempo pieno con dipendenti part-time, con minore esperienza e motivazione. Questi dipendenti vengono pagati meno, dispongono di pochi (o nessun) benefit aziendali e vengono licenziati prima del raggiungimento degli scatti di stipendio o dell'aumento dei benefit previsti dai contratti. Negli Stati Uniti si è creata una nuova categoria di lavoratori che migrano da un lavoro a breve termine a un altro. Nei fatti, questo modello di gestione industriale è in contrasto con quello della Service Profit Chain descritto nel Capitolo 9; il personale non è valorizzato, trattenere i dipendenti e accrescere loro produttività non è tra gli obiettivi stabiliti e la qualità interna del servizio non è una priorità.

Le conseguenze associate al modello industriale per le organizzazioni di servizi sono dannose. Il modello industriale crea posizioni di prima linea senza prospettive, salari bassi, formazione superficiale, nessuna opportunità di avanzamento e quasi nessun benefit aziendale. Inoltre, questo approccio genera insoddisfazione nel cliente, ricavi delle vendite stabili o in calo, alta rotazione del personale e poca o nessuna crescita nella produttività complessiva del servizio.

Si potrebbe concludere che l'approccio industriale sia negativo per i clienti, i dipendenti, gli azionisti e persino per la qualità della vita dei Paesi in cui si protrae. Nonostante tutto ciò, questo modello continua a diffondersi, poiché queste abitudini vengono tramandate ai futuri leader aziendali, che invece dovrebbero staccarsi dal passato e promuovere una cultura orientata al servizio che bilancia le esigenze dei dipendenti, dei clienti e della gestione operativa.

15.2e Il modello di gestione orientato al mercato

A differenza del modello di gestione industriale, il **modello di gestione orientato al mercato** è basato sull'idea che lo scopo principale dell'azienda è quello di servire il cliente; ne consegue che, se questo è lo scopo, l'azienda dovrebbe essere organizzata internamente in modo da sostenere le persone che servono il cliente, e il focus principale diventano il servizio e i vantaggi che consentono di differenziarsi dai concorrenti. In pratica, questo approccio promuove una cultura del servizio a beneficio dei clienti, del personale e dell'organizzazione stessa, generando sei implicazioni.

Modello di gestione orientato al mercato: approccio gestionale che organizza le attività in modo da sostenere le persone che servono il cliente.

In primo luogo, la strategia deve essere comunicata ai clienti; se la decisione dell'azienda è fornire un servizio eccellente e differenziarsi dalla concorrenza, ciò deve essere comunicato ai clienti. L'hotel Ritz-Carlton, per esempio, sostiene che la cura e il comfort degli ospiti siano la sua missione più elevata; il suo impegno è rivolto a fornire il miglior servizio personale e le migliori strutture, garantendo agli ospiti un'atmosfera calda, rilassata e raffinata, oltre a un'esperienza che vivacizza i sensi, infonde benessere e soddisfa anche i desideri e i bisogni non espressi degli ospiti.

Tuttavia, prima di annunciare ai clienti di avere un servizio eccellente è bene assicurarsi della sua effettiva efficacia in modo da garantire il raggiungimento degli obiettivi dichiarati.

In secondo luogo, la strategia deve essere socializzata con il personale. Un buon servizio inizia dall'alto e i dirigenti devono impegnarsi a dare l'esempio in modo tale che i processi facilitino il servizio e il personale di prima linea riesca nel compito affidato. Coloro che interagiscono con i clienti emulano la leadership: se i manager valorizzano i clienti e attuano processi che generano soddisfazione sia ai dipendenti che ai clienti, si possono aspettare che il personale condivida gli stessi valori. Al contrario, se i dirigenti trascurano i clienti, creano una cultura negativa di servizio sia per i clienti che per i dipendenti.

La terza implicazione riguarda la relazione tra la strategia decisa e i processi pianificati per la gestione operativa quotidiana. Questa relazione deve essere coerente, ovvero i sistemi di erogazione del servizio devono scaturire logicamente dalla strategia per migliorare l'incontro di servizio tra tutte le parti coinvolte. Per esempio, i servizi online delle banche sono un'estensione dell'interazione della banca con i suoi clienti e devono funzionare egregiamente se la banca dichiara pubblicamente che il servizio è una sua priorità. Sebbene questa relazione sia intuitiva, è difficile da mettere in atto. Quante aziende proclamano l'importanza del servizio clienti, ma poi lasciano i clienti in interminabili loop telefonici automatizzati o li dirottano verso call center esternalizzati dove le barriere linguistiche impediscono una comunicazione efficace con i dipendenti dell'azienda? In più, il cliente si sente schernito sentendosi ripetere dall'azienda che la sua chiamata è importante.

La quarta implicazione riguarda l'impatto delle procedure aziendali sull'esperienza del cliente e come questi sistemi migliorano l'esperienza complessiva. Per esempio, se l'azienda intende fornire un servizio eccellente, allora le procedure di prenotazione, la consegna o le politiche di reso devono essere eccellenti. Come descritto nel Capitolo 9, i sistemi non devono essere burocratizzati con lo scopo di impedire a una piccola minoranza dei clienti di approfittarsene. Politiche di reso troppo rigide, per esempio, possono essere un deterrente per clienti disonesti, ma sono un ostacolo per i clienti onesti che si sentono trattati come sospettati anziché come clienti preziosi.

La quinta implicazione si riferisce al collegamento tra i sistemi organizzativi e gli sforzi del personale. I regolamenti non dovrebbero ostacolare i dipendenti desiderosi di fornire un ottimo servizio. Per esempio, all'aeroporto internazionale di Denver gli addetti alle carrozzine possono trasportare i passeggeri che ne hanno bisogno solo fino al marciapiede del terminal, ma non possono accompagnarli fino al parcheggio che si trova a pochi metri di distanza (apparentemente per motivi di responsabilità). Ne consegue che i familiari devono uscire dal parcheggio, pagare il pedaggio e farsi trovare all'uscita del terminal, aggiungendo 15-20 minuti sulla tabella di marcia per un passaggio aggiuntivo che potrebbe essere effettuato molto più rapidamente dal personale.

Infine, la sesta implicazione è forse la più importante di tutte: l'interazione tra cliente e fornitore di servizi. Queste interazioni non devono essere sottovalutate e sono definite come "incidenti critici" o "momenti di verità". Per il cliente, la persona che gli fornisce il servizio rappresenta il volto dell'azienda; trovandosi in una posizione in cui la comunicazione è bidirezionale (dall'organizzazione al cliente e dal cliente all'organizzazione), il personale di prima linea deve essere flessibile, comunicativo e pronto per prendere iniziativa per risolvere eventuali problemi. Per gestire con successo questa relazione cliente-fornitore, le aziende devono evitare la "trappola delle risorse umane", che consiste nello scaricare il peso dei "momenti di verità" sul personale di contatto. In pratica, l'ambiente di servizio, l'amministrazione e il personale di supporto devono essere perfettamente funzionanti permettendo agli operatori di prima linea di svolgere il proprio lavoro per fornire un servizio senza intoppi. In ultima analisi, le capacità dei fornitori di servizi dipendono dai processi di erogazione del servizio e dalla cultura del servizio che supportano i loro sforzi.

In sintesi, il modello di gestione orientato al mercato si basa sulla convinzione che lo scopo dell'azienda è servire il cliente e che un'organizzazione deve aiutare a servire le persone che servono il cliente.

L'approccio di gestione orientato al mercato, da vari punti di vista, è coerente con l'enfasi posta dalla Service Profit Chain sulla qualità del servizio interno e sulla soddisfazione del personale. L'approccio di gestione orientato al mercato crede che i dipendenti desiderino fare un buon lavoro e vogliano crescere professionalmente. Pertanto, i sostenitori di questo approccio sono più ottimisti sulla loro fiducia nella natura umana rispetto a quelli del modello di gestione industriale.

15.3 Lo sviluppo di una cultura del servizio

La **cultura aziendale** riflette i valori che permeano un'organizzazione; le comunicazioni formali o informali e gli accadimenti quotidiani aiutano il personale a capire le norme che caratterizzano un'organizzazione. La cultura aziendale stabilisce pertanto quali sono i comportamenti accettati e quelli da evitare e indica il comportamento considerato esemplare.

Cultura aziendale: insieme di principi e norme che guidano le scelte organizzative e gestionali.

15.3a La valutazione dell'attuale cultura di servizio: osservazione e domande indirette

Prima di cambiare la propria cultura di servizio, un'organizzazione deve comprendere quella che la caratterizza. Per effettuare tale valutazione, sono adottabili approcci informali (osservazione e domande indirette) e approcci formali (esecuzione di un audit formale del servizio). Di seguito sono descritte alcune tecniche di osservazione tramite le quali la dirigenza può cogliere i valori e le credenze dell'organizzazione e dei suoi dipendenti.

1. Osservare in maniera imparziale: cosa si può dedurre dalle conversazioni e dal comportamento dei dipendenti senza averli mai visti prima?
2. Valutare le emozioni del personale: a cosa è appassionato? Per cosa si entusiasma e di cosa discute? Le persone provano emozioni forti solo su questioni che ritengono importanti.
3. Osservare gli oggetti: cosa c'è appeso negli uffici e cosa si trova sulle scrivanie dei dipendenti? Vignette sull'incompetenza della direzione o sulla stupidità dei clienti sono indicatori delle opinioni del personale.
4. Osservare ciò che manca: cosa dovrebbe essere visibile e non lo è? Alcuni uffici sono decorati come una seconda casa, mentre altri sono fortemente impersonali. I primi possono indicare che l'impiegato considera il lavoro come parte integrante della vita, mentre i secondi descrivono solo un luogo dove ottenere uno stipendio.
5. Camminare nei locali dell'azienda: passeggiando nelle strutture aziendali si possono notare gli elementi fisici che testimoniano la cultura, come per esempio i seguenti.

a. Assegnazione dello spazio e posizione degli uffici: a chi appartengono gli uffici migliori e più spaziosi? Da chi sono separati?
b. Lavagne e bacheche: cosa c'è scritto nelle bacheche o lavagne dell'organizzazione? Che cosa si può dedurre dell'azienda?
c. Aree comuni: per cosa e da chi sono usate le aree comuni?
d. Memo ed email: qual è il contenuto e il tono delle comunicazioni verbali e scritte tra i dipendenti?
e. Interazione tra dipendenti: come interagiscono i dipendenti tra di loro?

6. Intervistare riguardo alla cultura aziendale: oltre alle tecniche di osservazione, rispondere a domande indirette come quelle che seguono permette di raccogliere informazioni sulla cultura condivisa.
   a. Cosa direbbero i dipendenti ai loro amici riguardo al lavoro in questa organizzazione?
   b. Cos'è che i dipendenti vorrebbero cambiare?
   c. Quali caratteristiche hanno gli "eroi" dell'azienda? Chi sono?
   d. Qual è la caratteristica preferita dei dipendenti dell'azienda?
   e. Che tipo di persone non avrebbero successo in questa azienda?
   f. Quali sono le domande importanti da fare a un candidato in un colloquio?

Nonostante sia difficile, l'osservazione e le domande indirette possono aiutare la direzione a determinare e valutare la cultura attuale per comprendere come far progredire l'azienda verso gli obiettivi e i valori prefissati.

15.3b La valutazione dell'attuale cultura di servizio: un audit del servizio

Audit del servizio: analisi del servizio che, attraverso una serie di domande, induce a riflettere sui principali driver della creazione del valore e suggerisce azioni per raggiungere un vantaggio competitivo e sostenibilità nel lungo periodo.

Un altro approccio utile per analizzare la cultura di un'organizzazione è effettuare un **audit del servizio**, che consiste nel porre domande direttamente al personale di prima linea e alla dirigenza, richiedendo loro di riflettere sui driver della creazione del valore; coinvolgere attivamente il personale e la dirigenza facilita il cambiamento culturale, quando è necessario.

L'audit consiste in 22 domande relative a nove aspetti: profitti e crescita, soddisfazione del cliente, valore esterno del servizio, produttività e fedeltà del personale, soddisfazione dei dipendenti, qualità interna del servizio, leadership e, infine, la relazione tra queste variabili.

15.3c Audit del servizio: profitto e crescita

1. ***L'azienda come definisce la fedeltà del cliente?*** Tradizionalmente, la fedeltà del cliente si misura sulle vendite ripetute, la frequenza degli acquisti e gli aumenti delle quantità acquistate. L'azienda deve anche prendere in considerazione quanto è profonda la relazione con il cliente; in ambito bancario questo si rileva dai tipi di transazioni, che vanno dal conto corrente, la gestione dei risparmi, i certificati di deposito, i prestiti per acquisti, i mutui per la casa, gli affitti delle cassette di sicurezza e così via.
2. ***L'azienda misura i profitti derivanti dai passaparola?*** La fedeltà e la soddisfazione del cliente dovrebbero essere misurate anche in termini della

volontà dei clienti di raccomandare quel fornitore ad amici, familiari e colleghi. Data l'importanza che i clienti attribuiscono alle fonti personali di informazioni nella scelta di servizi, è cruciale incoraggiare il passaparola e creare una relazione tale per cui i clienti si sentono liberi di informare altri clienti sui servizi offerti.

3. ***Quale percentuale degli investimenti viene dedicata al mantenimento dei clienti esistenti e quale alla ricerca di nuovi clienti?*** Come discusso nel Capitolo 14, mantenere i clienti già serviti genera numerosi vantaggi: i clienti attuali generano passaparola, sono meno costosi da servire, acquistano con maggiore frequenza, conoscono già le procedure dell'azienda. Essi sono fruitori efficienti del sistema e una fonte di informazioni su come migliorare l'offerta. Purtroppo, per i modelli tradizionali di gestione, le organizzazioni spendono buona parte delle loro risorse per acquisire nuovi clienti trascurando quelli esistenti.
4. ***Quali sono le ragioni per cui i clienti cambiano fornitore?*** Per poter migliorare l'offerta di servizi, un'organizzazione deve prestare attenzione anche alle recensioni negative. Un fornitore riceve prevalentemente valutazioni positive, poiché sono i clienti abituali a rispondere di più ai questionari, pertanto indagare anche riguardo i clienti che hanno deciso di rivolgersi altrove potrebbe rivelare problematiche nel sistema di erogazione di cui il fornitore non è a conoscenza. Contattare i clienti che hanno abbandonato un servizio offre l'opportunità di apportare miglioramenti e di proiettare un'immagine positiva, ovvero di un'organizzazione interessata ai propri clienti e alle loro difficoltà; inoltre, tale approccio può facilitare il recupero di clienti persi.

15.3d Audit del servizio: la soddisfazione dei clienti

5. ***I dati sulla soddisfazione del cliente vengono raccolti sistematicamente?*** Nei Capitoli 11 e 12 sono stati presentati vari metodi per analizzare la soddisfazione del cliente e la qualità del servizio. Per ottenere metriche utili, è necessario che i metodi di raccolta dati siano validi e affidabili in modo da confrontare i risultati ottenuti con quelli del passato. Inoltre, misurare la soddisfazione regolarmente e non solo a fronte di problematiche contingenti permette di individuare tempestivamente le soluzioni, prima che si verifichino gravi lacune nell'erogazione del servizio.
6. ***Quali metodi vengono utilizzati per raccogliere feedback dal cliente?*** Il sistema informativo sulla qualità del servizio, come si è visto nel Capitolo 12, è composto da diversi metodi per ottenere un feedback dal cliente: sollecitazione attiva dei reclami, questionari post-vendita, interviste di gruppo con i clienti, mystery shopping e sondaggi sui concorrenti. Oltre a tutto questo, anche il personale deve essere interpellato poiché è quotidianamente esposto alle interazioni con la clientela; purtroppo, spesso accade che venga escluso dai tradizionali circuiti di rilevazioni.
7. ***Come vengono utilizzati i dati raccolti sulla soddisfazione del cliente?*** Le informazioni ottenute devono essere utilizzate e non rimanere solo a disposizione dei dirigenti. Il personale che fornisce il servizio deve essere a conoscenza dei dati raccolti sulla soddisfazione del cliente, affinché si senta parte attiva degli obiettivi complessivi dell'organizzazione e sia orgoglioso

se i punteggi di soddisfazione migliorano. I dati dovrebbero far emergere i punti di forza del servizio che possono essere utilizzati a fini promozionali e i punti di debolezza che possono essere corretti attraverso programmi di formazione o modificando il servizio stesso.

15.3e Audit del servizio: il valore del servizio esterno

8. ***Cosa fa l'azienda per misurare il valore?*** Per fornire un servizio eccellente, è fondamentale definire il valore servito dal punto di vista del cliente. Approcci più tradizionali definiscono il valore internamente trascurando ciò che è davvero importante per il cliente. La percezione del valore per l'acquirente è un compromesso tra i benefici percepiti del servizio da acquistare e il sacrificio percepito in termini dei costi totali da sostenere.
9. ***Come vengono condivise le informazioni sulla percezione del cliente all'interno dell'azienda?*** Se le informazioni provenienti dai clienti rimangono solo nelle mani della dirigenza, il servizio fatica a migliorare. Le informazioni raccolte sulle percezioni dei clienti devono essere condivise con il personale di prima linea, affinché sia attento a ciò che è davvero importante per il cliente, apportando miglioramenti che aumentino i punteggi di soddisfazione. Allo stesso modo, condividere le informazioni con il personale operativo, il marketing e le risorse umane dovrebbe aiutare ciascuna area a comprendere la percezione del cliente sull'intero processo di erogazione del servizio.
10. ***L'azienda misura attivamente il divario tra le aspettative dei clienti e la percezione dei servizi erogati?*** Conoscere le percezioni del cliente sul servizio non è sufficiente, poiché è necessario confrontarle con le aspettative per valutare la loro soddisfazione. Come rilevato dal modello SERVQUAL, i punteggi relativi alla percezione riflettono semplicemente se i clienti sono d'accordo con l'affermazione e non se ciò che stanno valutando è davvero importante per loro. Misurare anche le aspettative aumenta l'utilità delle informazioni ai fini della gestione e quindi aiuta l'organizzazione ad allocare le risorse nelle aree più appropriate.
11. ***Il recupero dei servizi è una strategia attiva discussa dalla direzione e dai dipendenti?*** Sebbene molte risorse vengano impiegate per capire come erogare il servizio correttamente, è normale che si verifichino errori e non sempre siano pianificati percorsi appropriati per gestirli. Capita che il personale sia lasciato a sé stesso ad affrontare clienti insoddisfatti e che gli sforzi di recupero del disservizio non siano sufficienti. Nel Capitolo 13 sono stati sottolineati i benefici nell'analizzare sia il fallimento del servizio che il recupero: tenere traccia degli insuccessi e degli eventuali recuperi serve per identificare eventuali problematiche del sistema di erogazione, capire come risolverle e formare il personale per recuperare il disservizio.

15.3f Audit del servizio: la produttività del dipendente

12. ***Cosa fa l'azienda per misurare la produttività dei dipendenti?*** Se l'azienda non misura ciò che ritiene importante, non può aspettarsi che questo sia valorizzato dai dipendenti. Inoltre, se la produttività viene misurata sem-

plicemente in termini di output e risultati e non tramite i comportamenti utilizzati per raggiungere questi risultati, l'azienda potrebbe involontariamente premiare attività contrarie all'orientamento del cliente. Per esempio, un dipendente potrebbe essere brusco con un cliente indeciso per concludere un'altra vendita velocemente con un cliente che già sa cosa vuole. Misure di produttività tramite tempestività, precisione e prontezza devono essere sviluppate per rinforzare comportamenti orientati al cliente.

15.3g Audit del servizio: la fedeltà del dipendente

13. ***L'azienda persegue attivamente strategie per promuovere la fedeltà dei dipendenti?*** La lealtà dei dipendenti è spesso visibile ai clienti e influenza direttamente le loro valutazioni. Se i lavoratori hanno un atteggiamento positivo nei confronti dell'azienda, i clienti percepiranno positivamente ciò che il fornitore ha da offrire; un'azienda che predica che i dipendenti sono la sua risorsa più grande e poi li licenzia massicciamente nei periodi di ridimensionamento trasmette un messaggio ipocrita sia ai dipendenti che ai clienti.
14. ***L'azienda fissa obiettivi di fidelizzazione dei dipendenti?*** Generalmente ridurre il turnover del personale genera un risparmio in termini di costi per la selezione e la formazione. Inoltre, i clienti gradiscono la continuità dell'interazione con gli stessi dipendenti nel tempo. Il personale potrebbe essere il principale elemento di vantaggio competitivo rispetto ai concorrenti, tanto che se il dipendente cambia datore di lavoro, i suoi clienti abituali potrebbero seguirlo; si pensi a un promotore finanziario che gestisce il risparmio di una famiglia e che cambia banca.

15.3h Audit del servizio: la soddisfazione del dipendente

15. ***Le misure di soddisfazione dei dipendenti sono collegate a quelle dei clienti?*** La soddisfazione del dipendente è collegata a un aumento della produttività e del valore del servizio. Quest'ultimo è collegato alla soddisfazione del cliente e al beneficio aggiuntivo della fedeltà del cliente, che genera un aumento delle entrate e della redditività per l'azienda. Gli esiti associati alla soddisfazione del dipendente – valori del servizio esterno, soddisfazione del cliente, fedeltà del cliente, crescita delle entrate e aumento della redditività – rafforzano la qualità interna del servizio e la soddisfazione stessa del dipendente.
16. ***Le esigenze dei clienti e dell'organizzazione sono prese in considerazione al momento della selezione del personale?*** Per tener conto delle esigenze dei clienti, Southwest Airlines ne invita alcuni a partecipare al processo di selezione degli assistenti di volo. Se assumere persone competenti è importante nelle aziende che producono beni tangibili, nelle organizzazioni di servizi diventa vitale selezionare dipendenti con buone competenze professionali e relazionali.
17. ***I programmi di ricompensa dei dipendenti sono legati alla soddisfazione dei clienti, alla loro fedeltà e alla qualità delle prestazioni dei dipendenti?*** Le aziende che desiderano incentivare i propri dipendenti devono prevedere sistemi di ricompensa basati sui comportamenti, monitorando le attività dei

dipendenti e valutandoli sugli aspetti del lavoro su cui hanno controllo. I sistemi di ricompensa tradizionali incentrati solo sui risultati spesso scoraggiano lo sviluppo di relazioni a lungo termine con la clientela e tendono al perseguimento della redditività di breve termine.

15.3i Audit del servizio: la qualità interna

18. ***I dipendenti sono consapevoli dei clienti interni ed esterni?*** Un'organizzazione di servizi ideale dovrebbe lavorare come un team senza soluzione di continuità. Ogni membro deve comprendere come le proprie azioni e prestazioni influenzano gli altri membri del team nel fornire un servizio di qualità ai clienti esterni, diventando consapevole che i clienti esterni non sono gli unici destinatari dei propri sforzi.
19. ***I dipendenti hanno il supporto necessario per svolgere il proprio lavoro?*** L'organizzazione non si deve impegnare solo per fornire un servizio di qualità, ma anche verso i propri dipendenti, fornendo loro le risorse e il supporto necessario affinché possano fare un buon lavoro. Ultimamente, Taco Bell (nota catena della ristorazione) ha implementato strategie di servizio piuttosto evolute per supportare il suo personale tramite tecnologie avanzate, formazione di team autogestiti, attrezzature efficaci e una pianificazione del lavoro che migliora le prestazioni dei lavoratori.

15.3j Audit del servizio: la leadership

20. ***La leadership aiuta o ostacola il processo di erogazione del servizio?*** Spesso i dipendenti si trovano vincolati nella gestione del servizio da manager autoritari e conservatori e, quindi, anche se desiderano fornire un buon servizio, non riescono a farlo. Spesso la dirigenza è distante dal fronte operativo, senza contatto con la realtà delle interazioni quotidiane. I leader delle aziende di successo agiscono come abilitatori, coordinatori e facilitatori, sono partecipativi nell'ascoltare i dipendenti e incoraggiano approcci creativi alla risoluzione dei problemi.
21. ***La leadership dell'azienda sta creando una cultura aziendale che aiuta i dipendenti a interagire con i clienti?*** La dirigenza di alto livello stabilisce il tono e fornisce le risorse per supportare il personale che interagisce con i clienti. Il modello della Service Profit Chain mostra come la soddisfazione del personale e la soddisfazione del cliente siano direttamente correlate; pertanto, il compito del vertice aziendale è creare una cultura organizzativa in cui i dipendenti prosperano.

15.3k Audit del servizio: la relazione tra le misure

22. ***In che modo le precedenti misure della performance del servizio si riferiscono alla redditività complessiva dell'azienda?*** Le componenti precedenti dell'audit forniscono indicazioni che facilitano l'offerta di un servizio eccellente. Idealmente, ciascun elemento dovrebbe contribuire alla redditività complessiva dell'azienda, trasmettendo chiaramente il messaggio a tutti i livelli aziendali che il servizio e la qualità pagano.

15.4 Le strategie che agevolano il cambiamento culturale

Dopo aver analizzato la cultura aziendale che caratterizza l'organizzazione, la dirigenza potrebbe aspirare a un aggiornamento dei valori e delle prassi sui quali si fonda il lavoro. Il cambiamento può avvenire agendo in quattro direzioni: sulla struttura, sui sistemi, sulle persone o direttamente sulla cultura organizzativa.

Per **struttura** si intendono le vie di comunicazione formali rappresentate generalmente in un organigramma aziendale (i dipendenti di prima linea fanno riferimento ai responsabili intermedi che, a loro volta, fanno riferimento ai responsabili regionali, che fanno riferimento ai responsabili nazionali, che fanno riferimento al vertice aziendale).

Struttura: ruoli e procedure formali che ordinano in maniera gerarchica le attività da svolgere; è solitamente rappresentata da un organigramma.

Sistemi: connessioni ordinate tra le varie parti dell'organizzazione.

La componente dei **sistemi** si riferisce invece ai processi interni come la gestione del personale, il monitoraggio, le valutazioni, le promozioni e il riconoscimento. I sistemi di valutazione e promozione includono, infatti, dinamiche formali e informali: la gestione degli obiettivi è un esempio di dinamica formale, mentre chiedersi cosa fare per farsi notare è un esempio di dinamica informale. Anche i premi possono essere elargiti in maniera formale (viaggi aziendali o corsi di formazione) o informale (partecipazione o inviti a momenti conviviali).

Le altre due componenti della dimensione culturale sono le persone che lavorano nell'organizzazione e la cultura attuale dell'azienda.

In sintesi, per creare un'organizzazione più orientata al cliente, è possibile modificare una qualsiasi delle quattro componenti: struttura, sistemi, persone e cultura, singolarmente o insieme.

15.4a Cambiare la cultura attraverso la struttura

Cambiare la cultura attraverso la struttura è un percorso lento e ottenere un cambiamento organizzativo di successo richiede anni. Per plasmare un'organizzazione più orientata al cliente tramite un cambiamento strutturale sono stati sperimentati due approcci: (1) utilizzare il dipartimento marketing come agente di cambiamento e (2) ristrutturare l'organizzazione intorno all'esperienza del cliente.

Dipartimento marketing come agente di cambiamento

I dipartimenti marketing possono essere istituiti per diventare i "difensori" del cliente all'interno di un'organizzazione e spingere verso l'orientamento al mercato.

Per apportare una trasformazione radicale alla cultura aziendale, dopo 100 anni di attività, State Farm Insurance, la più grande compagnia assicuratrice di case e automobili negli Stati Uniti, ha creato il suo team di marketing. Per quasi un secolo, l'azienda ha venduto i prodotti assicurativi sviluppati al proprio interno. In seguito, State Farm ha riconosciuto l'importanza della pianificazione strategica e del marketing per il raggiungimento degli obiettivi di crescita futuri. Passando da una cultura orientata alle vendite a una cultura orientata al marketing, State Farm ha trasformato la propria filosofia aziendale da "vendere ciò che produciamo" a "produrre ciò che possiamo vendere". Questo cambiamento è stato realizzato su vari fronti, tra cui la struttura; istituire un dipartimento di marketing ha inviato il messaggio che il marketing e l'esperienza del cliente erano diventati dei punti chiave per tutta l'azienda.

Introdurre un dipartimento marketing è una strategia efficace, ma è necessario procedere con cautela. Alcuni esperti ritengono che in questo modo gli altri dipartimenti potrebbero trasferire l'intera responsabilità della soddisfazione del cliente al dipartimento marketing, creando così conflitti tra i dipartimenti. Si ripensi alle tensioni tra i dipartimenti della gestione operativa e del marketing, il primo impegnato ad abbassare i costi e semplificare le procedure e con un breve orizzonte temporale, e il secondo a migliorare il prodotto per creare un vantaggio competitivo, difficilmente raggiungibile nel breve periodo.

Task force interfunzionali: gruppi di lavoro creati per risolvere specifici problemi e composti da persone con prospettive diverse in modo da avere una maggiore comprensione.

Trasferimenti interfunzionali: spostamento di personale da un dipartimento all'altro in modo da favorire rapporti informali tra dipartimenti.

Coordinare dipartimenti in conflitto tra loro richiede capacità gestionali non convenzionali, dato che le logiche e le necessità dei gruppi sono diverse. Dal punto di vista organizzativo, le ***task force* interfunzionali** sono un modo classico per mettere insieme persone con punti di vista diversi e sviluppare una migliore comprensione delle prospettive reciproche. Allo stesso modo, i **trasferimenti interfunzionali** possono creare reti informali di lavoratori provenienti da diversi dipartimenti che si comprendono e si fidano reciprocamente. Per esempio, si consideri un responsabile operativo che viene promosso a dirigere un dipartimento marketing; inizialmente si troverà in difficoltà poiché il suo approccio è operativo e il suo ruolo richiede una prospettiva di marketing, ma successivamente questo trasferimento può rivelarsi un successo poiché risulterà un direttore capace di prendere decisioni razionali e chiare tra gestione operativa e marketing, creando collegamenti e contatti diretti tra i due reparti.

Ristrutturazione intorno all'esperienza del cliente

Come illustrato nel Capitolo 1, il modello di Servuction ha individuato le forze principali che influenzano l'esperienza complessiva del servizio per il cliente; diverse aziende di servizi hanno ristrutturato esplicitamente o implicitamente le proprie organizzazioni basandosi sull'esperienza del cliente. Per esempio, in una grande compagnia aerea quasi tutti i dipartimenti, tranne il reparto ingegneristico e quello dell'equipaggio di volo, fanno riferimento al responsabile del marketing. In questo modo, tutti i dipartimenti a contatto diretto con il cliente sono rivolti al marketing, che ha invertito le argomentazioni da "Costerà troppo, è inefficiente" a "Il cliente ne ha bisogno, come possiamo realizzarlo?". Altre aziende hanno persino creato il ruolo di vice presidente dell'esperienza del cliente, ristrutturando di conseguenza le linee di reporting.

15.4b Cambiare la cultura attraverso i sistemi

La cultura dell'azienda dipende anche dai sistemi messi in atto per monitorare, valutare, promuovere e ricompensare il personale. Esistono vari approcci per modificare la cultura attraverso i sistemi. Alcune aziende utilizzano i punteggi di soddisfazione come metrica per assegnare i bonus ai manager, tuttavia solo una parte della soddisfazione del cliente è sotto il loro controllo e i punteggi potrebbero diminuire se le aspettative del cliente variano.

Introdurre i ricavi tra gli obiettivi dei direttori di filiale è stata la strategia di una grande banca di New York per cambiare il loro orientamento, affinché tenessero in considerazione non solo costi e sicurezza ma anche i clienti. Con questo nuovo sistema di valutazione, quasi il 20% dei manager si è allontanato per divergenze sulla gestione, mentre quelli rimasti hanno iniziato a considerare i clienti non più come un disturbo ma come un'occasione, cominciando a collaborare attivamente con il dipartimento di marketing centrale della banca per attrarre più clienti.

Il risultato a lungo termine del cambiamento nel sistema è stato un aumento dei clienti oltre che dei crediti inesigibili: il denaro è facile da vendere, ma deve essere strutturata anche una funzione efficace di controllo del credito.

È possibile ricorrere anche ai sistemi di pianificazione per cambiare l'orientamento delle aziende. La pianificazione formale del marketing può spingere a comprendere meglio i bisogni degli acquirenti. Per esempio, oltre a creare un dipartimento marketing, State Farm ha agevolato anche la sua trasformazione culturale mettendo in atto nuovi sistemi di ricompensa per accelerare la cultura di marketing. State Farm ha sviluppato il programma "Select Agent" come riconoscimento per gli agenti che sviluppavano un piano di marketing: al termine degli spot pubblicitari aziendali, i nomi degli agenti coinvolti nel programma venivano elencati, facendo loro pubblicità. Modificando i sistemi esistenti, come in questo caso il sistema di ricompense, State Farm è riuscita efficacemente a promuovere il cambiamento desiderato.

15.4c Cambiare la cultura attraverso le persone

Molte organizzazioni assumono persone esterne nei dipartimenti di marketing per cambiare l'orientamento. Una strategia è creare posizioni chiave all'interno dell'organizzazione per sostenere l'impegno nel marketing. State Farm, per cambiare la sua cultura, ha cambiato la struttura dell'azienda (introducendo un dipartimento marketing) e implementato nuovi sistemi (fornendo incentivi modificando il sistema di ricompense esistenti). Oltre a questi sforzi, State Farm ha creato una posizione di gestione molto visibile all'interno dell'organizzazione per guidare il dipartimento marketing aziendale: il Vice Presidente del Marketing, una posizione con pari potere e influenza di tutti gli altri vice presidenti dell'azienda. La creazione di questa posizione molto visibile, avvenuta contemporaneamente al cambiamento nella struttura e nei sistemi, ha nuovamente segnalato l'importanza del nuovo ruolo del marketing in tutta l'organizzazione.

15.4d Intervenire direttamente sulla cultura aziendale

Oltre a cambiare la cultura attraverso la struttura, i processi e le persone, il cambiamento culturale può essere favorito anche direttamente mediante programmi di formazione interni; molte organizzazioni già da qualche tempo hanno avviato questo percorso, per esempio istituendo delle Academy aziendali.

I programmi di "trasformazione culturale" stanno diventando sempre più popolari e vanno da percorsi formativi su larga scala ad attività di potenziamento del personale per ripensare il modello di erogazione dei servizi intorno al cliente.

Questi programmi potrebbero essere classificati su due dimensioni a seconda del coinvolgimento dei lavoratori (gruppi misti o gruppi specifici) e del livello di discrezionalità (alta o bassa).

Mettere al centro il cliente: programmi finalizzati a sviluppare una cultura che pone il cliente al centro dell'attività.

Il primo tipo di programma, che si potrebbe denominare "**mettere al centro il cliente**" si crea con gruppi misti all'interno dell'organizzazione dotati di un buon grado di discrezionalità. Durante le riunioni, il personale viene motivato a mettere il cliente al primo posto tramite spiegazioni e giochi di ruoli, mediante i quali i dipendenti sono incoraggiati a riconoscere l'importanza dei clienti e a modificare il loro comportamento di conseguenza. Questi programmi possono avere successo, ma devono essere rinforzati dai comportamenti dei responsabili, che devono condividere lo stesso livello di entusiasmo e dedizione verso l'obiettivo di creare un'organizzazione orientata al cliente. Altrimenti, il valore del programma sarà una perdita totale, poiché i comportamenti appresi saranno banalizzati dai colleghi fino addirittura a ripristinare i vecchi comportamenti.

Cambio di orientamento: programmi finalizzati a modificare i comportamenti lavorativi individuali.

Il secondo tipo, "**cambio di orientamento**", supera alcuni dei problemi menzionati perché il personale è gestito come un gruppo familiare i cui membri possono rinforzarsi a vicenda sul lavoro.

Entrambe le tipologie, tuttavia, si concentrano sul cambiamento di atteggiamenti e comportamenti individuali senza introdurre cambiamenti nei processi e nei sistemi organizzativi; pertanto, possono sorgere conflitti di ruolo poiché i comportamenti individuali desiderati sono bloccati da vincoli organizzativi come l'ambiente fisico o il sistema operativo in vigore.

Cambio nel modo collettivo di lavorare: programmi finalizzati a modificare i comportamenti lavorativi collettivi.

"**Cambio nel modo collettivo di lavorare**" è un tipo di programma che si basa sulle idee di potenziamento descritte dettagliatamente nel Capitolo 9. Richiede una partecipazione attiva del personale che ha più autonomia nel rispondere alle esigenze del cliente. A causa del gruppo misto, tuttavia, questo tipo di iniziativa è incentrato sull'individuo piuttosto che sui processi.

Cambio nel modo individuale di lavorare: programmi finalizzati a modificare i comportamenti dei singoli lavoratori.

L'ultimo tipo di programma "**cambio nel modo individuale di lavorare**", si riferisce a varie iniziative presentate in questo libro. I gruppi sono "familiari" e possono essere chiamati a fare un diagramma di flusso delle proprie attività e a rielaborare il processo per servire meglio i clienti. L'entusiasmo di questi gruppi è proporzionale a quello dei loro capi, che si trovano nel ruolo di abilitatore, coordinatore e facilitatore, che è esattamente quello che dovrebbe essere il ruolo del capo. Nella creazione di un'organizzazione eccellente, non è compito della dirigenza imporre ai dipendenti di offrire un servizio eccellente: il compito della dirigenza è mettere insieme un sistema che renda effettivamente possibile offrire un servizio di qualità.

Riepilogo

Per creare un servizio di livello "world class", i vari reparti di un'organizzazione devono lavorare all'unisono e offrire un servizio senza intoppi, senza spezzettare le risorse sui singoli obiettivi. Prima di cercare di integrare tra loro i vari dipartimenti, è importante capire che ognuno di essi è guidato dalle proprie logiche interne, principi impliciti ed espliciti che guidano le prestazioni quotidiane. La logica del servizio tiene uniti i confini dipartimentali, dal marketing alla gestione operativa e alle risorse umane per contribuire a fornire un servizio impeccabile.

Tuttavia, prima che ciò possa accadere, le aziende di servizi devono conoscere gli approcci di gestione industriale e di gestione orientata al mercato.

Generare e sostenere una cultura organizzativa orientata al mercato è fondamentale per sviluppare un'offerta impeccabile; la cultura aziendale guida il comportamento del personale e influenza direttamente la qualità del servizio e le valutazioni successive dei clienti.

Prima che un'organizzazione possa cambiare la propria cultura, deve comprendere e valutare quella attuale. Questo può essere realizzato con metodi informali (tecniche osservative e di interrogazione indiretta) e metodi più diretti come la conduzione di un audit formale del servizio, che allo stesso tempo promuove la cultura del servizio desiderata poiché i dipendenti coinvolti apprezzano le sfide dell'organizzazione e comprendono come i loro sforzi contribuiscano efficacemente a erogare un servizio impeccabile. L'audit del servizio affronta direttamente questioni come profitto e crescita, soddisfazione del cliente, valore esterno del servizio, produttività dei dipendenti, fedeltà dei dipendenti, soddisfazione dei dipendenti, qualità del servizio interno, leadership e misure che valutano l'impatto di ciascuna di tali questioni sul risultato finale dell'azienda.

Le organizzazioni di servizi che intendono trasformare la propria cultura aziendale possono facilitare il processo cambiando la struttura, i sistemi e il personale chiave dell'azienda, oppure possono cambiare la cultura direttamente attraverso programmi formativi su larga scala.

Implementando contemporaneamente tutte e quattro le iniziative di cambio culturale, le aziende di servizi possono notevolmente accelerare il tasso di trasformazione culturale e aumentare drasticamente le probabilità di successo.

Domande di verifica

1. Descrivere i motivi per cui la dipartimentalizzazione e il funzionalismo facilitano oppure ostacolano la fluidità del servizio.
2. Che cos'è la cultura organizzativa?
3. Spiegare come un conflitto per il controllo delle risorse tra i reparti delle risorse umane, del marketing e della gestione operativa influisce sulla cultura di un'organizzazione di servizi.
4. Descrivere le principali differenze tra l'approccio di gestione industriale e l'approccio di gestione incentrato sul mercato.
5. Che cosa si intende per logica interna di un dipartimento?
6. Elencare quattro circostanze che possono fornire preziose informazioni sul funzionamento del servizio.
7. Quali sono i componenti chiave di un audit dei servizi?
8. Spiegare l'importanza delle task force interfunzionali e dei trasferimenti interfunzionali in relazione alla cultura aziendale.
9. Elencare quattro approcci per cambiare la cultura direttamente.
10. Descrivere brevemente dieci caratteristiche principali della cultura di un'azienda che offre un servizio di classe globale.

Glossario

Acquisto per il futuro: offerte scontate per fare scorte di cui gli acquirenti approfittano per momenti successivi. (Pag. 131)

Activity-Based Costing: metodo di calcolo dei costi che suddivide il funzionamento dell'organizzazione in singole attività e ripartisce tra esse le risorse necessarie e relativi costi. (Pag. 50)

Adeguatezza: grado di capacità del personale di eseguire i compiti assegnati. (Pag. 264)

Alternative percepite: servizi che il cliente percepisce come comparabili o sostitutivi. (Pag. 252)

Alto coinvolgimento: il personale è formato per lavorare in autonomia ed è gestito attraverso strumenti di controllo e valorizzazione. (Pag. 201)

Altri clienti: in molti casi l'utilizzo del servizio avviene alla presenza di altri clienti che condividono la stessa esperienza. (Pag. 53)

Altri elementi tangibili: i biglietti da visita, le ricevute o le uniformi sono altri elementi che il cliente può vedere e toccare. (Pag. 167)

Ambiguità di ruolo: incertezza sulle mansioni da svolgere o sugli obiettivi da raggiungere. (Pag. 264)

Anticipazione: pianificazione delle fluttuazioni di domanda e offerta. (Pag. 101)

Approccio "catena di montaggio": applicazione di tecnologie hard e soft alla gestione operativa in modo da standardizzare l'erogazione dei servizi. (Pag. 104)

Approccio compensativo lineare: modello secondo cui l'interessato crea un punteggio globale per ogni alternativa moltiplicando la valutazione di ciascun attributo per la rilevanza conferita a quell'attributo e sommando i punteggi. (Pag. 74)

Approccio lessicografico: approccio sistematico secondo cui l'interessato prende una decisione esaminando ogni attributo, a partire dal più importante, per escludere le alternative. (Pag. 74)

Approccio organico: insieme di valori e norme non formalizzate che costituiscono la cultura del recupero del disservizio. (Pag. 288)

Armonia: grado di equilibrio visivo con gli ambienti circostanti. (Pag. 180)

Articoli di riferimento: prodotti che l'acquirente conosce bene e di cui ricorda il prezzo di mercato. (Pag. 128)

Aspettative derivate: aspettative che si formano sulla base dell'esperienza di altri. (Pag. 251)

Attività post-vendita: iniziative rivolte al cliente a seguito della decisione d'acquisto. (Pag. 312)

Attributi di esperienza: attributi del prodotto che possono essere valutati solo durante e dopo il processo produttivo. (Pag. 79)

Attributi di fiducia: attributi del prodotto che non possono essere valutati con sicurezza, nemmeno immediatamente dopo la ricezione del bene o la fruizione del servizio. (Pag. 79)

Attributi di ricerca: attributi di un'offerta valutabili prima dell'acquisto. (Pagg. 33, 79)

Attribuzione: allocazione di responsabilità a sé, ad altri o anche alla casualità per il servizio ricevuto e quindi per la soddisfazione o insoddisfazione. (Pag. 217)

Audit del servizio: analisi del servizio che, attraverso una serie di domande, induce a riflettere sui principali driver della creazione del valore e suggerisce azioni per raggiungere un vantaggio competitivo e sostenibilità nel lungo periodo. (Pag. 330)

Audit delle prestazioni dei clienti: verifica quanto i clienti conoscono il copione che è stato loro assegnato. (Pag. 218)

Benchmarking: raffronto dei risultati con indicatori significativi come le esperienze passate o le performance della concorrenza. (Pag. 245)

Beni e servizi: i beni sono manufatti, oggetti tangibili; i servizi sono azioni. (Pag. 5)

Bias della desiderabilità sociale: allineamento della risposta del cliente con ciò che egli ritiene sia gradito all'intervistatore o alle altre persone. (Pag. 244)

Bias di risposta: distorsione nei risultati delle valutazioni che possono derivare dal fatto che solo alcuni clienti rispondono ai sondaggi. (Pag. 243)

Bisogni personali: bisogni fisici, psicologici e sociali. (Pag. 250)

Blueprint: Diagramma di flusso, o mappa, della fornitura del servizio. (Pag. 107)

Boundary spanner: il personale ricopre un ruolo di collegamento per superare i confini tra l'interno e l'esterno dell'organizzazione o tra ambiti diversi al suo interno. (Pag. 34)

Buffering: tentativo di arginare, utilizzando unità periferiche, l'attività del nucleo tecnico al fine di ridurre l'influenza delle condizioni esterne. (Pag. 101)

Bundling: offerta di un insieme (pacchetto) di servizi a un unico prezzo. (Pag. 129)

Bundling misto: strategia che commercializza i servizi sia insieme, sotto forma di pacchetto, che separatamente. (Pag. 135)

Cambio di orientamento: programmi finalizzati a modificare i comportamenti lavorativi individuali. (Pag. 338)

Cambio nel modo collettivo di lavorare: programmi finalizzati a modificare i comportamenti lavorativi collettivi. (Pag. 338)

Cambio nel modo individuale di lavorare: programmi finalizzati a modificare i comportamenti dei singoli lavoratori. (Pag. 338)

Categorizzazione: classificazione operata dagli acquirenti basata su esperienze precedenti. (Pag. 176)

Circoli di qualità: piccoli gruppi di dipendenti provenienti da dipartimenti diversi che si riuniscono, senza un programma predefinito (brainstorming) per individuare soluzioni di miglioramento dei servizi. (Pag. 201)

Clienti apatici: clienti che ricercano soprattutto la convenienza sia nel prezzo che nella cura del servizio. (Pag. 175)

Clienti di servizi personalizzati: clienti che desiderano ricevere attenzioni particolari e sono meno sensibili al prezzo. (Pag. 175)

Clienti esperti e principianti: non tutti i clienti sono in grado di eseguire le funzioni necessarie alla produzione del servizio; i clienti non esperti spesso non conoscono le procedure, mentre quelli esperti sanno cosa fare e quando farlo. (Pag. 212)

Clienti etici: clienti sensibili a fattori di ordine etico o valoriale. (Pag. 175)

Clienti molto sensibili al prezzo: clienti che basano le scelte principalmente sul prezzo del servizio. (Pag. 175)

Clima organizzativo: percezione condivisa riguardo alla gestione, alle procedure previste per la realizzazione del servizio e ai comportamenti apprezzati. (Pag. 193)

Codice etico: documento che formalizza i comportamenti attesi e aiuta a guidare le azioni individuali e collettive. (Pag. 38)

Coinvolgimento nei suggerimenti: il personale è sollecitato a fornire suggerimenti per migliorare il servizio. (Pag. 201)

Coinvolgimento per le mansioni: il personale esamina il contenuto del proprio lavoro e collabora alla definizione del ruolo e delle mansioni. (Pag. 201)

Colli di bottiglia: punti nel sistema in cui i clienti devono attendere maggiormente. (Pag. 109)

Complessità: misura del numero e della difficoltà nelle fasi che costituiscono un processo. (Pag. 114)

Comportamenti di attrazione-rifiuto: tipo di risposta degli acquirenti a uno stimolo. (Pag. 171)

Comportamenti inattesi del personale: difetti di attenzione di comportamento e di violazione di norme. (Pag. 290)

Comportamenti individuali: risposte al contesto dei servizi spesso descritte come comportamenti di attrazione e rifiuto. (Pag. 177)

Comunicazione orizzontale: disallineamento in termini di informazioni tra reparti o sedi diverse della stessa organizzazione. (Pag. 265)

Comunicazioni non mirate: comunicazioni ricevute da destinatari sbagliati. (Pag. 151)

Comunicazioni verso l'alto: flusso di informazioni dal personale di contatto verso i vertici aziendali. (Pag. 262)

Concetto di beneficio: l'aggiunta nella mente del cliente delle componenti tangibili e intangibili di un prodotto. (Pag. 9)

Condivisione delle risorse: utilizzo condiviso delle risorse con altri fornitori per fronteggiare la mancanza di capacità produttiva. (Pag. 64)

Condizioni ambientali: caratteristiche distintive dell'ambiente di servizio (illuminazione, aereazione, rumore, ecc.). (Pag. 174)

Conflitti di interesse: situazioni in cui le finalità dell'organizzazione, del personale e dei clienti non coincidono. (Pag. 36)

Conflitti tra clienti: la presenza contestuale di più clienti nella fornitura del servizio può generare conflitti tra aspettative diverse, e il personale deve cercare di risolverli. (Pag. 190)

Conflitto di obiettivi: incongruenza tra ciò che il responsabile del servizio si aspetta dai dipendenti e il servizio effettivamente richiesto dai clienti. (Pag. 265)

Conflitto di mansioni: incongruenza tra ciò che il responsabile del servizio si aspetta dai dipendenti e il servizio effettivamente richiesto dai clienti. (Pag. 264)

Conflitto di ruolo: situazione in cui l'operatore è combattuto tra le aspettative del cliente e le procedure organizzative. (Pag. 295)

Conflitto di ruolo e di identità personale: si verifica quando i dipendenti sono chiamati a svolgere un nuovo ruolo che è in contrasto con la loro percezione di sé stessi. (Pag. 149)

Conflitto diretto: condizione in cui a un operatore è chiesto di svolgere attività in contrasto tra loro. (Pag. 149)

Conflitto organizzazione/cliente: se le procedure prefissate non consentono di soddisfare le richieste di un cliente, può sorgere un conflitto. (Pag. 190)

Conflitto persona/ruolo: se la percezione che un lavoratore ha di sé stesso è molto distante dalla mansione che sta svolgendo, può generarsi un conflitto di ruolo. (Pag. 190)

Congruenza del copione: il copione è congruente quando ciò che viene svolto da clienti e personale è allineato con quanto ci si aspetta. (Pag. 87)

Consapevolezza del problema: nel secondo stadio della fase di pre-acquisto, l'interessato determina se esiste una necessità per il prodotto. (Pag. 72)

Contesto delle domande: ordine in cui sono poste le domande all'interno di un questionario o di un'intervista. (Pag. 244)

Contrasto e conflitto: grado di disaccordo con gli ambienti circostanti. (Pag. 180)

Controllabilità: capacità dell'organizzazione di gestire la probabilità di errore. (Pag. 292)

Controllo correttivo: utilizzo di incentivi e sanzioni per rinforzare i comportamenti attesi. (Pag. 38)

Convincimenti personali: visione del cliente riguardo a come dovrebbe essere erogato il servizio. (Pag. 251)

Convinzioni: opinioni degli acquirenti riguardo alla capacità del fornitore di erogare il servizio. (Pag. 175)

Copy: contenuto del messaggio. (Pag. 147)

Costi di cambiamento: costi che possono emergere quando si passa da un fornitore di servizi a un altro. (Pag. 80)

Costi di energia: energia impiegata dal cliente per la fruizione del servizio. (Pag. 118)

Costi di tempo: tempo complessivo speso dal cliente per la fruizione del servizio. (Pag. 118)

Costi fissi: costi pianificati e sostenuti indipendentemente dal livello di produzione e vendita. (Pag. 122)

Costi monetari: pagamento effettuato dal cliente per l'acquisto. (Pag. 118)

Costi variabili: costi direttamente associati agli aumenti nella produzione e nelle vendite. (Pag. 122)

Costo medio di acquisizione: investimento necessario per acquisire un cliente; si ottiene dividendo l'investimento complessivo per il numero di clienti acquisiti. (Pag. 310)

Costo pasto: calcolo del lavoro necessario per il servizio (al netto delle materie prime). (Pag. 109)

Cultura aziendale: insieme di principi e norme che guidano le scelte organizzative e gestionali. (Pag. 329)

Cultura del recupero del disservizio: credenze e comportamenti riguardo al recupero del disservizio. (Pag. 288)

Customer journey: percorso fisico o cognitivo che il cliente compie lungo tutte le fasi di utilizzo di un servizio, dalla decisione iniziale alla valutazione successiva all'esperienza. (Pag. 212)

Customer Lifetime Value (CLV): valore di un cliente considerando tutta la durata del rapporto con il fornitore. (Pag. 309)

Customer Relationship Management (CRM): strumenti e metodi di gestione della relazione con i clienti attuali e quelli potenziali. (Pag. 203)

Defezionisti di mercato: clienti che cambiano fornitore per ragioni legate al mercato. (Pag. 317)

Defezionisti organizzativi: clienti che cambiano fornitore a seguito di scelte strategiche decise a monte. (Pag. 318)

Defezionisti per il prezzo: clienti che cambiano fornitore per ottenere beni e servizi a prezzi più bassi. (Pag. 316)

Defezionisti per il prodotto: clienti che cambiano fornitore per ottenere beni e servizi di qualità superiore. (Pag. 317)

Defezionisti per il servizio: clienti che abbandonano il fornitore a seguito di esperienze negative. (Pag. 317)

Defezionisti tecnologici: clienti che adottano soluzioni tecnologicamente diverse per soddisfare le proprie esigenze. (Pag. 318)

Deperibilità: i servizi si definiscono deperibili perché non è possibile immagazzinarli, conservarli per un utilizzo successivo, come i beni tangibili. (Pag. 59)

Dimensione dell'affidabilità: analizza la coerenza e la sicurezza del servizio offerto. (Pag. 267)

Dimensione della rassicurazione: analizza la competenza, la cortesia e la capacità di trasmettere sicurezza da parte del fornitore. (Pag. 268)

Dimensione della reattività: analizza l'impegno di un'organizzazione a fornire i propri servizi in modo tempestivo. (Pag. 268)

Dimensione della tangibilità: analizza gli elementi tangibili disponibili nell'esperienza di servizio. (Pag. 267)

Dimensione dell'empatia: analizza la capacità di immedesimarsi con le esigenze dei clienti. (Pag. 269)

Dimensione, forma e colori: principali stimoli visivi che attraggono gli acquirenti. (Pag. 179)

Dipartimentalizzazione: suddivisione dell'organizzazione in sottoinsiemi (dipartimenti) focalizzati sulle proprie attività. (Pag. 323)

Dipendente temporaneo: i clienti possono essere considerati dipendenti temporanei dell'impresa perché i responsabili della gestione operativa assegnano loro compiti da svolgere al pari degli operatori assunti. (Pag. 221)

Disconferma delle aspettative: modello che propone di comparare le aspettative del cliente con la percezione del servizio ricevuto. (Pag. 238)

Disconferma negativa: la percezione riguardo al servizio è inferiore alle aspettative. (Pag. 238)

Disconferma positiva: la percezione riguardo al servizio è superiore alle aspettative. (Pag. 238)

Discriminazione dei prezzi: strategia che fissa prezzi diversi per lo stesso servizio. (Pag. 126)

Disponibilità del personale: intenzione degli operatori di fornire il servizio al massimo delle proprie potenzialità. (Pag. 264)

Dissonanza cognitiva: dubbio nella mente del cliente per quanto riguarda la correttezza della decisione d'acquisto. (Pag. 76)

Divario di ricchezza: aumento delle differenze, in termini economici, tra le fasce di lavoratori con retribuzioni più basse e quelli con retribuzioni alte. (Pag. 30)

Divergenza: grado di libertà concesso al personale di servizio. (Pag. 114)

Domanda inelastica: domanda poco sensibile al prezzo; a variazioni di prezzo non corrispondono variazioni nella domanda. (Pag. 124)

Dominanza-sottomissione: stato emotivo che indica il senso di controllo da parte di acquirenti e lavoratori che si sentono liberi nell'esperienza di servizio. (Pag. 171)

Dual entitlement: principio secondo il quale gli acquirenti si formano un giudizio sull'equità del prezzo applicato in uno scambio di mercato. (Pag. 133)

Durata dell'attività: tempo necessario per svolgere un'attività presso una stazione. (Pag. 109)

Durata del processo: tempo necessario per svolgere il singolo processo (si calcola dividendo la durata dell'attività per il numero di stazioni). (Pag. 109)

Eccesso di promesse: sproporzione tra quanto il fornitore comunica al mercato e il servizio effettivamente erogato. (Pag. 265)

Eccitazione-non eccitazione: stato emotivo in cui acquirenti e dipendenti provano (o non provano) eccitazione a seguito di uno stimolo. (Pag. 171)

Economia dei servizi: parte dell'economia che ricomprende le attività diverse da quelle primarie (agricoltura) o secondarie (manifattura); si tratta di prestazioni intangibili incorporate o meno in un bene tangibile. (Pag. 25)

Economie di scala: economie che si generano in relazione alla quantità di prodotto realizzato. A una maggiore quantità corrisponde una riduzione dei costi di produzione e quindi dei prezzi di vendita. (Pag. 122)

Effetto alone: condizionamento dovuto a un'impressione (positiva o negativa) generata nel cliente nelle prime interazioni con il fornitore. (Pag. 160)

Effetto ritardato: esito di una comunicazione che si manifesta con tempi più lunghi. (Pag. 150)

Elasticità incrociata: misura della reazione alla domanda per un prodotto a seguito della variazione di prezzo di un altro prodotto. (Pag. 125)

Employer branding: reputazione di cui un'organizzazione gode nel mercato del lavoro così come succede per i propri prodotti nei confronti dei clienti. (Pag. 197)

Empowerment: responsabilizzazione degli operatori per attribuire maggior autonomia nella risposta alle esigenze dei clienti. (Pag. 200)

Enfranchisement: emancipazione e affrancamento dei dipendenti; la responsabilizzazione è integrata con il sistema retributivo e premiale. (Pag. 200)

Errori causati da clienti problematici: fallimenti di servizio dovuti al comportamento del cliente. (Pag. 291)

Errori nel servizio: interruzioni nella fornitura del servizio o situazioni di "fallimento" in cui il servizio non risponde alle richieste del cliente. (Pag. 280)

Errori relativi a esigenze e richieste del cliente: errori nella comprensione delle reali necessità del cliente, siano esse implicite o esplicite. (Pag. 290)

Esperienza passata: precedenti esperienze di servizio. (Pag. 252)

Eterogeneità: i servizi si definiscono eterogenei poiché si può riscontrare una notevole variazione tra un'esperienza e l'altra anche del medesimo servizio. (Pag. 56)

Etica: branca della filosofia che si occupa di ciò che è bene e ciò che è male con i relativi obblighi morali. Definisce i principi di condotta di un singolo o della collettività. (Pag. 32)

Etica aziendale: definisce le linee guida delle scelte economiche e aziendali. (Pag. 32)

Evidenza fisica e indizi tangibili: elementi dell'ambiente o del processo di servizio che possono essere utilizzati dagli acquirenti come indicazione per riconoscere o valutare l'esperienza di servizio. (Pag. 47)

Exit: decisione del cliente di cambiare fornitore a seguito di un disservizio. (Pag. 286)

Expected script: copione che i clienti conoscono e che utilizzano per valutare il servizio ricevuto. (Pag. 216)

Fabbrica specializzata: sede nella quale vengono svolti solo determinati compiti; l'efficienza si ottiene per la focalizzazione su determinate attività e per l'accumulo di esperienza. (Pag. 100)

Fabbrica sul campo: sede periferica di un'organizzazione che produce su larga scala. (Pag. 56)

Facilitazione del lavoro: disponibilità di infrastrutture, macchinari o tecnologie che consentono all'operatore di erogare il servizio atteso. (Pag. 194)

Fallimenti nel servizio di base: errori nelle componenti tipiche del servizio come il funzionamento o i tempi di fornitura. (Pag. 289)

Fattori situazionali: circostanze esterne che possono influenzare la qualità del servizio fornito. (Pag. 254)

Fedeltà del cliente: legame non solo commerciale tra un cliente e un fornitore. (Pag. 303)

Fidelizzazione del cliente: attività di marketing finalizzate al mantenimento dei clienti già acquisiti. (Pag. 305)

Focus group: interviste informali con gruppi di 8-12 persone finalizzate a far emergere aspetti non rilevabili con strumenti più strutturati. (Pag. 275)

Fonti di informazione personali: amici, conoscenti o familiari rappresentano una fonte informativa per prendere decisioni su situazioni non facilmente valutabili in anticipo. (Pag. 49)

Formato delle domande: modalità in cui sono poste le domande all'interno di un questionario o di un'intervista. (Pag. 244)

Formazione interpersonale: formazione finalizzata a gestire la relazione con i clienti. (Pag. 198)

Formazione tecnica: formazione finalizzata all'apprendimento dei compiti operativi necessari a erogare il servizio. (Pag. 197)

Fornitore: il soggetto principale nell'erogazione del servizio. (Pag. 12)

Funzionalismo: approccio gestionale che privilegia lo schema di funzionamento piuttosto che l'esperienza generata dal servizio. (Pag. 323)

Gap degli standard qualitativi: divario tra ciò che la direzione percepisce che gli acquirenti si aspettano e gli standard di qualità stabiliti per la fornitura del servizio. (Pag. 261)

Gap di comunicazione: divario tra l'effettiva qualità del servizio fornito e la qualità del servizio descritta nelle comunicazioni esterne. (Pag. 262)

Gap di conoscenza: divario tra le aspettative degli acquirenti e la percezione della direzione riguardo a esse. (Pag. 261)

Gap di prestazione: divario tra gli standard di qualità stabiliti per l'erogazione del servizio e la qualità effettivamente erogata. (Pag. 261)

Gap di servizio: divario tra le aspettative degli acquirenti e la percezione del servizio effettivamente ricevuto. (Pag. 261)

Garanzia di un risultato specifico: strumento che promette ai clienti il raggiungimento di un determinato risultato. (Pag. 314)

Garanzia implicita: accordo non scritto tra fornitore e cliente riguardo alle caratteristiche del servizio fornito. (Pag. 314)

Garanzia incondizionata: strumento che promette ai clienti la piena soddisfazione per il servizio offerto. (Pag. 313)

Gestione dell'abbandono: processo sistematico diretto a mantenere i clienti prima che abbandonino il fornitore. (Pag. 315)

Gestione della compatibilità: gestione di gruppi di clienti con esigenze diverse presenti nello stesso contesto di servizio. (Pag. 225)

Giustizia distributiva: percezione di un equo recupero del disservizio calcolata sul rapporto tra costi e risultati. (Pag. 294)

Giustizia interazionale: percezione di un equo rapporto interpersonale nel recupero del disservizio. (Pag. 294)

Giustizia procedurale: percezione di un equo processo di recupero del disservizio. (Pag. 294)

High-contact system: nei sistemi ad alto contatto il cliente è parte integrante del processo di fornitura. (Pag. 214)

Imperativo del servizio: riflette l'idea che gli elementi intangibili del prodotto sono diventati prioritari e differenziano l'offerta sul mercato. (Pag. 5)

Impianto all'interno di un impianto: suddivisione di grandi impianti non specializzati in unità più piccole separate tra loro, ciascuna con la propria aria di competenza. (Pag. 101)

Incidente critico: specifica interazione tra cliente e fornitore di servizi. (Pag. 51)

Inseparabilità: nei servizi è quasi sempre impossibile separare il fornitore dal cliente e dagli altri clienti che condividono l'esperienza perché il servizio è prodotto e utilizzato contemporaneamente. (Pag. 51)

Insieme di consapevolezza: l'insieme di alternative di cui l'interessato è a conoscenza. (Pag. 73)

Insieme di considerazione: alternative effettivamente prese in considerazione dopo aver eliminato quelle non pertinenti. (Pag. 73)

Insieme evocato: alternative che una persona ricorda effettivamente al momento della decisione. (Pag. 73)

Intangibilità: caratteristica di un prodotto senza sostanza fisica. (Pag. 5)

Intensificatori duraturi: le aspettative derivate e i convincimenti personali rappresentano degli intensificatori stabili nella formazione delle aspettative. (Pag. 250)

Intensificatori transitori: fattori personali di breve termine che aumentano la sensibilità verso il servizio. (Pag. 252)

Intensità: saturazione di uno specifico colore. (Pag. 181)

Isolare il nucleo tecnico: separare il luogo in cui vengono svolte le attività principali da ingerenze esterne. (Pag. 103)

Lamentele ostensive: espressioni di insoddisfazione manifestate a qualcuno che non ha responsabilità sul problema. (Pag. 283)

Lamentele riflessive: insoddisfazione che il cliente attribuisce a una propria mancanza. (Pag. 283)

Livelli gerarchici: complessità della gerarchia organizzativa e numero di livelli tra la dirigenza e i clienti. (Pag. 262)

Livello emotivo: reazione emozionale all'ambiente di servizio. (Pag. 176)

Locus: soggetto che ha generato l'errore. (Pag. 291)

Logica del marketing: enfasi sulla soddisfazione del cliente e il valore offerto. (Pag. 324)

Logica del servizio: tentativo di coordinare l'azione dei vari dipartimenti per erogare un servizio senza intoppi. (Pag. 325)

Logica della gestione operativa: enfasi sull'efficienza operativa e il contenimento dei costi (Pag. 324)

Logica delle risorse umane: enfasi sul personale, dalla selezione alla formazione in modo da migliorare le performance. (Pag. 325)

Logica interna: principi espliciti o impliciti che guidano i comportamenti dei singoli dipartimenti. (Pag. 324)

Low-contact system: nei sistemi a basso contatto il cliente svolge compiti ridotti o residuali. (Pag. 214)

Mancanza: necessità di un bene o servizio dovuta al fatto che l'interessato non ha quel particolare bene o servizio. (Pag. 72)

Mappa unilaterale: diagramma di flusso basato solo sulle percezioni del management. (Pag. 112)

Mappe bidirezionali: diagrammi di processo che tengono in considerazione sia le percezioni degli operatori che quelle dei clienti di come vengono realmente svolte le attività. (Pag. 113)

Margine di profitto di un cliente: contributo di un singolo cliente al profitto dell'azienda. (Pag. 309)

Marketing di conquista: attività di marketing finalizzate all'acquisizione di nuovi clienti. (Pag. 306)

Marketing mix: insieme degli strumenti di marketing a disposizione dell'organizzazione per soddisfare le esigenze degli acquirenti. (Pag. 44)

Marketing relazionale: approccio orientato a costruire una relazione di lungo periodo con il cliente. (Pag. 312)

Materialismo snobbery: atteggiamento di chi pensa che solo il settore industriale manifatturiero crei benessere. (Pag. 30)

Mercati di riferimento: mercati a cui ogni organizzazione intende rivolgere la propria offerta; sono anche definiti mercati "target" o obiettivo. (Pag. 141)

Mettere al centro il cliente: programmi finalizzati a sviluppare una cultura che pone il cliente al centro dell'attività (Pag. 337)

Miopia dei servizi: così come le imprese produttrici di beni tangibili rischiano di sottostimare la componente di servizio dell'offerta ("miopia del marketing"; vedi Capitolo 1), anche le imprese di servizi rischiano di guardare solo al proprio settore e non all'intera economia dei servizi (Pag. 29)

Miopia del marketing: le imprese che producono beni tangibili corrono il rischio di sottostimare gli attributi di servizio della propria offerta. (Pag. 7)

Misurazioni dirette: misura della soddisfazione ottenuta direttamente dal cliente attraverso sondaggi o interviste. (Pag. 240)

Misurazioni indirette: misura della soddisfazione del cliente mediante il monitoraggio dei registri delle vendite, dei profitti e dei reclami dei clienti. (Pag. 239)

Mix di comunicazione: insieme di strumenti di comunicazione che include pubblicità, vendita personale, propaganda, promozioni e sponsorizzazioni. (Pag. 141)

Modellizzazione del comportamento: classificazione dei clienti per comportamenti simili in modo da consentire agli operatori di servire i vari tipi di clienti e ridurre lo stress. (Pag. 198)

Modello di gestione industriale: approccio gestionale orientato ai ricavi e al controllo della struttura dei costi ma che sottovaluta il ruolo del personale per ottenere la soddisfazione del cliente e una sostenibilità nel tempo. (Pag. 326)

Modello di gestione orientato al mercato: approccio gestionale che organizza le attività in modo da sostenere le persone che servono il cliente (Pag. 327)

Modello di mondo perfetto: modello in cui la gestione operativa perfetta si ottiene mantenendo costanti e certi gli input, gli output e la qualità. (Pag. 100)

Modello molecolare: rappresentazione grafica della relazione tra i benefici tangibili e intangibili.

Modello di Servuction: rappresentazione dei quattro fattori che influenzano l'esperienza del cliente. (Pag. 10)

Modello SOR: sviluppato da psicologi ambientali, intende descrivere gli effetti dell'ambiente di servizio sul comportamento dei clienti. (Pag. 171)

Modello zero defezioni: approccio che tende ad azzerare gli abbandoni dei clienti. (Pag. 316)

Modello zero difetti: approccio che tende ad azzerare gli errori di produzione. (Pag. 316)

Moderatori della risposta: stati emozionali che moderano la risposta agli stimoli provenienti dall'ambiente. (Pag. 175)

Modificare i comportamenti dei clienti: per ridurre le conseguenze della presenza contemporanea di più clienti si può cercare di modificare alcuni comportamenti. (Pag. 55)

Mystery shopping: analisi effettuate mediante ricercatori che si fingono clienti. (Pag. 275)

Norme degli script: procedure sviluppate unendo gli eventi comunemente citati dagli operatori e dai clienti e poi ordinandoli in sequenza. (Pag. 113)

Nucleo tecnico: luogo in cui sono svolte le principali attività di produzione del servizio. (Pag. 99)

Orientamento alla ricerca: atteggiamento dell'organizzazione verso le attività di ricerca sui clienti e il mercato. (Pag. 262)

Paradosso del recupero del disservizio: situazione in cui il cliente esprime maggiore soddisfazione nel caso ci sia stato un problema prontamente recuperato piuttosto che nel caso in cui non ci siano stati problemi nel servizio. (Pag. 295)

Partecipazione attiva dei clienti: delega ai clienti dello svolgimento di una parte dell'attività. (Pag. 65)

Passaparola: informazioni veicolate da qualcuno che ha già fatto esperienza diretta o indiretta del servizio. (Pag. 252)

Percorso visivo: materiali stampati (carta intestata, brochure, biglietti da visita, ecc.) predisposti per trasmettere l'immagine aziendale. (Pag. 161)

Perdita del controllo: impossibilità del personale di rispondere alle richieste del cliente senza autorizzazione dei livelli gerarchici superiori. (Pag. 264)

Performance del cliente: nei servizi i clienti talvolta svolgono una parte delle attività necessarie alla produzione. (Pag. 211)

Personale di contatto: lavoratori, diversi dal fornitore principale, che interagiscono temporaneamente con il cliente. (Pag. 12)

Personale di servizio di Tipo 1: ha contatti rapidi ed efficienti con un numero elevato di clienti. I contatti non sono ripetuti. (Pag. 148)

Personale di servizio di Tipo 2: ha contatti limitati con numerosi clienti ma di durata maggiore rispetto al Tipo 1 e talvolta ripetuti. (Pag. 148)

Personale di servizio di Tipo 3: ha rapporto con i clienti per problemi più complessi per cui sono richieste capacità di ascolto e decisionali. (Pag. 149)

Personalizzazione del servizio: adattamento delle prestazioni alle esigenze specifiche del cliente. (Pag. 57)

Piacere-dispiacere: stato emotivo che riflette il grado di soddisfazione di lavoratori e clienti per l'esperienza di servizio. (Pag. 171)

Posizionamento: lo spazio che una determinata offerta ricopre nella mente degli acquirenti; come l'offerta è percepita in relazione a proposte concorrenti.

Prepararsi in anticipo: pianificazione di un'espansione futura adottando un orientamento di lungo termine per la progettazione di impianti e attività. (Pag. 64)

Prezzi orientati ai benefici: strategia finalizzata a collegare il prezzo ai benefici effettivamente ottenuti. (Pag. 133)

Prezzi orientati alla soddisfazione: strategia di prezzo finalizzata a ridurre la percezione del rischio associata a un acquisto. (Pag. 133)

Prezzo adattivo: strategia che mira a ridurre i prezzi temporaneamente, senza intaccare il prezzo di riferimento del cliente. (Pag. 137)

Prezzo di riferimento: è il prezzo che l'acquirente utilizza come parametro per valutare i benefici offerti dal servizio. (Pag. 128)

Pricing orientato all'efficienza: strategia mirata a ridurre i prezzi riducendo i costi e le inefficienze operative. (Pag. 135)

Pricing per linea di prodotto: strategia che fissa i prezzi per un'intera linea differenziandoli tra versioni di prodotto. (Pag. 131)

Principio SMART: gli obiettivi di comunicazione devono essere SMART (Specifico, Misurabile, Attuabile, Rilevante e Temporizzato) per essere efficaci. (Pag. 144)

Processi meccanici: procedure formalizzate per facilitare la comprensione dei fallimenti di servizio e la definizione delle strategie e delle azioni da intraprendere. (Pag. 288)

Processo decisionale del cliente: tre fasi nelle decisioni d'acquisto: pre-acquisto, fruizione e post-acquisto. (Pag. 71)

Processo di consumo: attività di acquisto, utilizzo e smaltimento del prodotto. (Pag. 76)

Prodotti prevalentemente intangibili: prodotti privi di elementi tangibili che possono essere valutati dagli acquirenti prima della decisione d'acquisto. (Pag. 6)

Prodotti prevalentemente tangibili: prodotti per lo più costituiti da elementi fisici che possono essere valutati prima dell'acquisto. (Pag. 6)

Prodotto: termine utilizzato per definire indistintamente beni e servizi. (Pag. 5)

Produrre in più sedi: soluzione organizzativa che consente di superare la distanza tra fornitore e cliente e gestire l'offerta a livello locale. (Pag. 55)

Produzione massima per ora: numero massimo di persone che possono essere servite presso una stazione. (Pag. 109)

Programmi fedeltà: iniziative finalizzate a mantenere il cliente e aumentare la frequenza d'acquisto o l'ammontare della spesa. (Pag. 310)

Promesse esplicite: impegno che l'impresa, presentandosi, prende con il cliente. (Pag. 251)

Promesse implicite: impegno che l'impresa prende con il cliente mediante forme meno esplicite di comunicazione (es. il prezzo, gli arredi, ecc.). (Pag. 251)

Prospettiva del controllo percepito: modello secondo cui i clienti valutano i servizi in base alla percezione di controllo sulla situazione. (Pag. 85)

Prospettiva dello script: per facilitare le interazioni quotidiane, dagli eventi che si ripetono alla fruizione dei servizi, si consolidano delle regole, norme culturalmente o socialmente variabili. (Pag. 86)

Proteggere il nucleo tecnico: assicurare che il processo produttivo centrale sia il più efficiente possibile; nella produzione industriale di beni si creano magazzini con scorte di materie prime o di prodotti finiti per evitare interruzioni nel ciclo (Pag. 214)

Psicologia ambientale: disciplina che studia l'utilizzo degli elementi fisici negli ambienti e la loro influenza sulle percezioni e sui comportamenti delle persone. (Pag. 170)

Punti di fallimento: punti nel sistema in cui possono verificarsi malfunzionamenti visibili anche al cliente. (Pag. 111)

Qualità del servizio: giudizio complessivo che si forma in un lungo periodo riguardo alle prestazioni di un fornitore. (Pag. 259)

Rapporto spazio-funzione: dimensioni dell'ambiente di servizio. (Pag. 174)

Razionamento: allocazione diretta di input e output se le richieste superano la capacità produttiva. (Pag. 101)

Reclami non strumentali: reclami espressi senza l'aspettativa che una situazione indesiderata cambi. (Pag. 283)

Reclami strumentali: reclami finalizzati a modificare una circostanza indesiderata. (Pag. 283)

Recupero del disservizio: reazione dell'organizzazione a un reclamo da parte del cliente. (Pag. 280)

Relationship pricing: strategia finalizzata a rinforzare la relazione con i clienti. (Pag. 134)

Relazioni organizzative: legami tra i vari attori coinvolti nella produzione del servizio caratterizzati da ruoli e mansioni specifici. (Pag. 36)

Retaliation: ritorsione da parte del cliente che ha subito un disservizio. (Pag. 286)

Ricerca delle informazioni: passaggio nella fase di pre-acquisto in cui l'interessato raccoglie informazioni relative a possibili alternative. (Pag. 73)

Ricerca esterna: approccio proattivo alla raccolta di informazioni in cui l'interessato cerca nuove informazioni da fonti al di fuori della propria esperienza personale. (Pag. 73)

Ricerca interna: approccio passivo alla raccolta di informazioni; la propria memoria è la fonte di informazioni principale riguardo ai prodotti. (Pag. 73)

Ricerca sui clienti: analisi dal punto di vista dei clienti. (Pag. 274)

Ricerca sui non clienti: analisi sulla gestione del servizio da parte della concorrenza e sulla percezione dei dipendenti rispetto ai punti di forza e di debolezza dell'azienda. (Pag. 274)

Ricompense estrinseche: forme di ricompensa che integrano il motivo per cui il dipendente lavora (es. premi in denaro). (Pag. 199)

Ricompense intrinseche: forme di ricompensa che motivano il dipendente, come il piacere di svolgere il lavoro o essere gratificato dai colleghi o dai supervisor. (Pag. 199)

Rischio finanziario: possibilità di una perdita monetaria nel caso in cui l'acquisto non vada come previsto o non funzioni correttamente. (Pag. 78)

Rischio fisico: possibilità che qualcosa vada storto, causando eventuali lesioni all'acquirente. (Pag. 78)

Rischio prestazionale: possibilità che l'articolo o il servizio acquistato non adempia alla funzione attesa. (Pag. 78)

Rischio psicologico: possibilità che un acquisto influenzi l'autostima di un individuo. (Pag. 78)

Rischio sociale: possibilità di una perdita di status sociale personale associata a un particolare acquisto. (Pag. 78)

Risposte: reazioni degli acquirenti a uno stimolo. (Pag. 171)

Risposte fisiologiche: reazioni fisiologiche all'ambiente di servizio. (Pag. 176)

Ruoli di servizio subordinati: mansioni meno prestigiose, dove l'impiegato si sente subordinato non solo rispetto all'organizzazione, ma anche rispetto al cliente. (Pag. 190)

Ruota delle risorse umane per il servizio: la "ruota" descrive l'insieme delle attività che creano il clima organizzativo. (Pag. 194)

Sabotaggio del servizio: iniziative intenzionalmente finalizzate a rovinare l'esperienza del servizio o danneggiare il fornitore principale. (Pag. 192)

Scala delle entità di mercato: scala che dispone una serie di prodotti lungo un continuum in base alla loro tangibilità. (Pag. 6)

Script convergenti: copioni del personale e dei clienti che corrispondono e aumentano la probabilità di soddisfazione. (Pag. 112)

Script divergenti: aspettative del personale e dei dipendenti che vanno allineate per ottenere la soddisfazione. (Pag. 112)

Segmentazione: suddivisione del mercato in gruppi (segmenti) omogenei al loro interno e diversi dagli altri. (Pag. 126)

Segnali, simboli e altri elementi: evidenze fisiche dell'ambiente di servizio. (Pag. 174)

Senso del proprio ruolo: contributo che il cliente ritiene di fornire o dover fornire per la realizzazione del servizio. (Pag. 254)

Senso di impotenza: percezione da parte del personale di essere impossibilitato a fornire un servizio adeguato. (Pag. 264)

Service-Dominant Logic: approccio teorico che spiega la creazione di valore come uno scambio di risorse e competenze all'interno di una configurazione di attori economici; ciò che viene scambiato sono soprattutto dei servizi. (Pag. 45)

Servicescape: l'ambiente, il contesto e il paesaggio in cui viene fornito il servizio. (Pag. 10)

Servizi complementari: servizi aggiuntivi connessi a quello principale. (Pag. 63)

Servizi da remoto: servizi nei quali gli operatori sono fisicamente presenti mentre il coinvolgimento del cliente potrebbe essere anche distante. (Pag. 172)

Servizi interpersonali: servizi in cui il cliente e il personale interagiscono. (Pag. 173)

Servizio adeguato: livello di qualità accettabile da parte del cliente.

Servizio desiderato: livello di qualità che l'acquirente vorrebbe ricevere dal servizio. (Pag. 249)

Servizio previsto: livello di qualità che l'acquirente prevede di trovare nel servizio. (Pag. 249)

Servizio senza intoppi: servizio offerto senza interruzioni, incertezze o inconvenienti per il cliente. (Pag. 322)

Servizi self-service: servizi che richiedono la presenza fisica del cliente che può autonomamente co-produrre il servizio. (Pag. 172)

Servizi sostitutivi: servizi la cui domanda varia in maniera inversa, ovvero l'aumento del prezzo del servizio A aumenta la domanda del servizio B. (Pag. 125)

SERVQUAL: modello di misurazione della qualità del servizio composto da 44 domande su aspettative e percezioni dei clienti in merito a 5 dimensioni. (Pag. 266)

Sforzo psicologico: sacrificio psicologico sostenuto dal cliente per la fruizione del servizio. (Pag. 118)

Significato simbolico: significato che si evince dagli elementi tangibili utilizzati dal fornitore di servizi. (Pag. 176)

Sistema di prenotazione: i fornitori in molti casi richiedono una prenotazione per evitare sovraffollamento o sottoutilizzo della capacità produttiva. (Pag. 62)

Sistema informativo per la qualità del servizio: strumenti integrati che forniscono in maniera continuativa dati ai manager che devono prendere tempestivamente le decisioni. (Pag. 274)

Sistemi: connessioni ordinate tra le varie parti dell'organizzazione. (Pag. 335)

Smoothing: livellamento delle fluttuazioni di domanda e offerta. (Pag. 101)

Socializzazione dei clienti: i clienti devono essere introdotti (*onboarding*) nell'organizzazione come tutti gli altri lavoratori. (Pag. 221)

Socializzazione dei dipendenti: processi che portano a condividere i valori, le norme e i comportamenti che guidano un'organizzazione. (Pag. 38)

Sondaggi post-vendita: analisi dopo la fornitura del servizio. (Pag. 274)

Sondaggi sulla qualità del servizio nel settore: indagini che misurano la qualità offerta sia dall'organizzazione che promuove la ricerca sia dai concorrenti. (Pag. 276)

Sondaggi sul personale: analisi effettuate intervistando il personale. (Pag. 276)

Stabilità: probabilità che l'errore si ripeta. (Pag. 292)

Standardizzazione: scelta di fornire anche a clienti diversi un servizio uniforme. (Pag. 58)

Stazioni: postazioni presso cui sono svolte le attività. (Pag. 109)

Stimolo: il pensiero, l'azione o la motivazione che induce una persona a prendere in considerazione un acquisto. (Pag. 72)

Stimolo commerciale: stimolo (evento o motivazione) caratterizzato dall'iniziativa promozionale dell'azienda. (Pag. 72)

Stimolo fisico: stimolo come la sete o la fame o un altro segnale biologico. (Pag. 72)

Stimolo sociale: stimolo (evento, suggerimento, ecc.) proveniente dal gruppo dei pari o da altre persone care. (Pag. 72)

Strategia di comunicazione: comunica gli obiettivi dell'impresa a tutti gli interessati (clienti, personale, fornitori, azionisti) al fine di raggiungere gli obiettivi aziendali prefissati. (Pag. 140)

Strategia di nicchia: aumento della divergenza per sviluppare prodotti "su misura" per ciascun cliente. (Pag. 114)

Strategia di penetrazione: scelta di aumentare la propria quota di mercato sviluppando i servizi offerti o aggiungendone altri. (Pag. 115)

Strategia di specializzazione: riduzione della complessità suddividendo i vari servizi offerti. (Pag. 114)

Strategia orientata al volume: riduzione della divergenza per uniformare i prodotti e ridurre i costi. (Pag. 114)

Strategie compensative: scelta di risarcire il cliente per i costi sostenuti a seguito del fallimento del servizio. (Pag. 293)

Strategie di rimborso: scelta di rimborsare il cliente per il fallimento del servizio. (Pag. 293)

Strategie di ripristino: scelta di ripristinare una situazione normale di servizio. (Pag. 293)

Strategie di scuse: scelta di scusarsi con il cliente per il fallimento del servizio. (Pag. 293)

Strategie non responsive: scelta di non rispondere a seguito del fallimento del servizio. (Pag. 294)

Struttura: ruoli e procedure formali che ordinano in maniera gerarchica le attività dal svolgere; è solitamente rappresentata da un organigramma. (Pag. 335)

Strutture esterne: parte esterna dell'ambiente in cui è fornito il servizio, ovvero architettura delle strutture, insegne, parcheggio, paesaggio circostante. (Pag. 167)

Strutture interne: parte delle strutture interne, come gli arredi, la segnaletica, le attrezzature necessarie per produrre il servizio ma anche la qualità dell'aria e la temperatura. (Pag. 167)

Superiorità del servizio percepita: livello di qualità in cui la percezione del servizio ricevuto supera il servizio desiderato. (Pag. 249)

Supporto inadeguato: mancanza di formazione personale o di risorse tecnologiche e di altro tipo necessarie per svolgere al meglio il proprio lavoro. (Pag. 265)

Supporto interdipartimentale: collaborazione di tutti i reparti per raggiungere l'obiettivo di erogare il servizio atteso. (Pag. 194)

Tariffazione forfettaria: strategia che fissa un prezzo in anticipo. (Pag. 134)

Task force interfunzionali: gruppi di lavoro creati per risolvere specifici problemi e composti da persone con prospettive diverse in modo da avere una maggiore comprensione. (Pag. 336)

Tecnologie hard: impianti che facilitano la produzione. (Pag. 104)

Tecnologie self-service: tecnologie che consentono ai clienti di svolgere in tutto o in parte l'attività necessaria alla fornitura del servizio. (Pag. 18)

Tecnologie soft: ruoli, regole e procedure che facilitano la produzione standardizzata. (Pag. 104)

Tempi morti: momenti in cui la capacità produttiva è sottoutilizzata e può essere sfruttata per prepararsi per quando ci sarà un picco di domanda o per rivolgersi ad altri acquirenti con preferenze diverse. (Pag. 63)

Tempistica delle valutazioni: arco temporale che intercorre tra la fruizione del servizio e la valutazione del cliente. (Pag. 244)

Teoria della conferma e disconferma delle aspettative: teoria secondo cui le persone valutano i servizi confrontando le aspettative con le percezioni. (Pag. 84)

Terze parti: soggetti esterni all'organizzazione di servizi con cui collaborare per ampliare l'offerta. (Pag. 64)

Tonalità: colore base, come rosso, blu, giallo o verde. (Pag. 180)

Trasferimenti interfunzionali: spostamento di personale da un dipartimento all'altro in modo da favorire rapporti informali tra dipartimenti. (Pag. 336)

Triple bottom line: approccio che tiene in considerazione il benessere economico e le finalità aziendali e personali anche con riferimento al rispetto dell'ambiente e della giustizia sociale. (Pag. 32)

Unbundling: scorporo dei diversi servizi per concentrarsi e specializzarsi solo su alcuni. (Pag. 114)

Valore del personale: valore assegnato dal cliente al personale. (Pag. 118)

Valore del servizio: valore assegnato dal cliente al servizio. (Pag. 118)

Valore dell'immagine: valore assegnato dal cliente all'immagine del fornitore. (Pag. 118)

Valore totale del prodotto: valore assegnato dal cliente a un determinato prodotto. (Pag. 118)

Valore: luminosità dei colori in base alla presenza di bianco o di nero. (Pag. 180)

Valutazione delle alternative: fase in cui l'acquirente attribuisce un valore o classifica le alternative disponibili. (Pag. 74)

Valutazione non sistematica: scelta tra le alternative in modo casuale o in base all'istinto. (Pag. 74)

Valutazione sistematica: scelta tra le alternative utilizzando una serie di passaggi formalizzati per arrivare a una decisione. (Pag. 74)

Vigilanza: attenzione alle azioni svolte e al perché di determinati comportamenti. (Pag. 32)

Visione olistica: percezione complessiva dell'ambiente di servizio. (Pag. 174)

Voice: reclamo esplicito con cui il cliente comunica la sua insoddisfazione. (Pag. 286)

Volontà insoddisfatta: necessità di avere un prodotto o servizio a causa dell'insoddisfazione verso un bene o servizio già disponibile. (Pag. 72)

Zona di tolleranza: differenza tra il servizio desiderato e quello considerato adeguato dai clienti. (Pag. 250)